KB240244

솔벗한국학총서 10

특권문서로 본 조선사회

완문(完文)의 문서사회학적 탐색

김 혁

지식산업사

김 혁

경희대학교 사학과 졸업.
한국학중앙연구원 고문헌관리학 전공(문학박사).
국사편찬위원회 국내사료과정 수료.
한국정신문화연구원 국학진흥사업 장서각 연구원.
파리국립도서관 소장 외규장각의궤조사사업 참여.
현재 경북대학교 영남문화연구원 HK교수.

주요 논문과 저서
〈조선시대 녹패 연구〉, 〈조선시대 청탁문서의 특성〉, 〈조선후기 중앙관청 기록물에서 등록의 위상〉
〈조선후기 수령의 부임의례〉, 〈19세기 김채상 집안의 효자정려 취득 과정〉,
〈19세기 사족층의 선영경관 조성과 그 의의〉, 〈낙동강 범람의 사회적 영향〉 등
《화성사람들, 정조를 만나다》, 《천리의 거울을 닦은 괴헌가 사람들》,
《파리국립도서관 소장 외규장각 의궤 조사연구》(공저)

특권문서로 본 조선사회

초판 제1 쇄 발행 2008. 5. 27.
초판 제2 쇄 발행 2009. 9. 25.

지은이 김 혁
펴낸이 김경희
펴낸곳 ㈜지식산업사
　　　　본사 • 경기도 파주시 교하읍 문발리 520-12
　　　　　　전화 (031)955-4226 · 4227 팩스 (031)955-4228
　　　　서울사무소 • 서울시 종로구 통의동 35-18
　　　　　　전화 (02)734-1978 팩스 (02)720-7900
　　　　인터넷한글문패 지식산업사
　　　　인터넷영문문패 www.jisik.co.kr
　　　　전자우편 jsp@jisik.co.kr
　　　　등록번호 1-363
　　　　등록날짜 1969. 5. 8.

책값은 뒤표지에 있습니다.

ⓒ 김혁, 2008
ISBN 978-89-423-1112-5 93910

이 책을 읽고 지은이에게 문의하고자 하는 이는
지식산업사 전자우편으로 연락 바랍니다.

책을 내면서

　이 책은 필자의 박사학위 청구논문인 〈조선시대 완문(完文)에 관한 연구〉(한국학중앙연구원, 2005)를 저본으로 하였다. 제목에서도 짐작할 수 있듯이, 이 논문에서는 조선시대 관문서의 하나인 완문의 성격을 해명하는 데 초점을 맞추었다.

　필자가 완문 연구에 매달렸던 것은 지도교수인 박병호 선생님의 권유를 따라서였다. 선생님은 한국 고문서학의 기초를 확립하고자 이 목적에 합당한 여러 연구주제들을 학생들에게 각각 나누어 연구하게 하셨다. 이 연구도 선생님이 구상하신 프로젝트의 하나로 시작되었다.

　논문을 작성할 당시만 하더라도, 필자는 완문이 증빙문서라는 관점을 가지고 있었다. 그런데 탈고를 하고 보니 이 연구가 애초의 의도와는 다소 멀어져 있다는 사실을 깨달았다. 지금은 완문을 특권문서로 이해하는 쪽이 더 적절하다는 생각이 든다. 사실 완문에서 특권이라는 주제를 빼고 나면 달리 특기할 만한 것이 없기 때문이다.

　특권문서에 관한 유럽에서의 관심은 비교적 연원이 깊다. 유럽의 근대사회 성립기에 토지소유권을 둘러싼 시비가 한창이었을 때, 봉건시대에 발급되었던 특권문서의 진위 여부는 문서를 수취한 사람의 현실적 이익과 직접 연관되어 있었다. 이 같은 현실적 문제를 해결하기 위해 특권문서에 관한 당시의 관심은 증폭되었고, 그 뒤 이 문서는 서양 고문서 연구에서 큰 비중을 차지하게 되었다.

그런데 완문에 관한 필자의 관심은 이러한 실용적인 목적과는 거리가 멀다. 무엇보다 이 책에서의 관심은 조선시대 특권의 일반적인 양상에 관한 역사문화적인 해석으로 귀결될 것이다. 특권문서의 성격을 밝히는 것은 곧 당시 사회에서 특권이 갖는 질서를 해명하는 일이기도 하기 때문이다. 따라서 특권문서를 연구하면서 필자의 관심이 특권의 문제로 확대되었던 것은 불가피하기도 하고, 한편으로 자연스러운 일이기도 하였다. 학위논문을 제출한 뒤 이 문제에 대해 본격적으로 해명해 보려 했던 것을 이 책의 후반부에 상당 부분 담았다.

조선은 신분제 사회였다. 그러므로 당시의 사회적 권리는 신분에 따라 분배되었다. 지배신분 사람들은 특권을 부여받았고 피지배신분 사람은 특권으로부터 배제되었다는 것이 신분사회에서 가장 주목되는 특징이다. 이러한 권리의 차등적 분배는 공식화되었고, 법적으로 공인되었으며, 이념적으로 정당화되었다는 점이 오늘날과 두드러진 차이다.

그런데 조선 후기의 정부는 균평(均平)과 대동(大同)의 이상을 강력하게 추구하며 지배신분층의 지나친 특권을 제한하려 하였다. 당시에도 공식적으로 규정된 것을 넘어서는 지나친 특권은 결코 정당화될 수 없었다. 사회성원 각자가 자신의 타고난 몫인 분수를 지키는 한, 질서 있고 아름다운 세상이 될 것이라는 이상은 당시 사람들이 공유하였던 꿈이다. 이러한 이상 때문에 분수를 지키는 일은 피지배층에게 강요되는 의무였을 뿐 아니라 지배신분층에게도 마찬가지로 요구되던 윤리였다.

그러함에도 조선의 지배신분층은 문화 이데올로기를 이용하여 국가로부터 더 많은 특권을 획득하여 나갔으며, 그들은 이러한 특권의 확대를 통하여 지배권을 더욱 강화해 나갈 수 있었다. 마침내 이와 같은 특권의 지나친 확대는 국가 체제를 위협하는 데까지 이르렀다.

그렇다면 제한된 특권만 허용되었던 국가 규범 속에서 사족들은 어떠한 방식으로 자신의 특권을 확대해 갈 수 있었을까? 이 문제는 특권 문서와 관련하여 이 책에서 풀어내고자 하는 핵심 주제 가운데 하나다.

오늘날 한국 사회에서 법적으로나 이념적으로 특권의 존재 자체는 부정되고 있다. 그러나 누구나 아는 것처럼, 특권은 여전히 대낮의 거리를 활보하고 있다. 다만 특권을 부정하는 이념의 깃발만이 거리의 한 켠에서 나부끼고 있을 뿐이다.

특권에는 어느 시인의 말처럼 그림자가 없다. 특권은 사회적 장치에 의해 은폐된 채, 우리와 너무나 가까운 곳에서 우리의 삶과 친근하게 공존한다. 그래서 특권은 자기 모습을 쉽게 드러내지 않는다. 심지어 현실적으로 많은 특권을 누리고 있는 사람들조차도 자신의 특권을 의식하지 못하며, 그것으로 무슨 일을 저질렀는지도 모르는 경우가 있다. 따라서 역설적이게도 오늘날 특권의 존재방식을 해명하는 주제는 과학적 탐구의 영역이 되기에 충분하다. 그런 점에서 특권에 대한 비판은 특권이 부당하다는 당위적인 주장을 거듭하는 것만으로는 매우 부족하며, 특권이 존재하는 방식과 작동하는 원리에 대한 탐구가 필요하다.

법 앞에서 평등을 내세우며 공화정(共和政)의 이상을 완수하려는 이념의 도가니 속에는 자유, 평등, 민주주의 등 온갖 이념들이 뒤섞여 들끓어 왔다. 그리고 이러한 이념들은 교과서에 실려 학생들의 입에서 여전히 암송되고 있다. 그런데 만일 이러한 이념들이 현실과의 연결고리를 찾지 못하고 추구해야 할 이상으로 주장되는 데에 그친다면, 현실 속에서 특권에 좌절당한 서민들의 슬픔과 탄식을 외면하는 것일 지도 모른다.

조선시대의 위정자들이 가장 두려워하였던 것도 백성들의 이 같은 탄식이었다. 그들은 백성들의 탄식이 곧 반항으로 이어지고 마침내는 체제의 붕괴를 초래한다는 사실을 역사의 거울을 통해 너무나 잘 알고 있었다. 그래서 당시에도 지배신분의 과도한 특권을 둘러싼 문제는 늘 국가 정책의 주요 현안이었다.

조선시대의 특권에 대한 이 탐구가, 이념적으로 신분제가 폐지된 오늘날의 사회에서 어느 정도 유용할지 장담하기 어렵다. 그런데 어느 사회에서나 지배신분층이 자신의 특권을 확대해 나가는 방식이나 국가가 사회적 공리를 위하여 그것을 제약하는 방식에는 비슷한 점이 있다고 생각한다. 이 탐구의 결과가 현대 한국 사회에서 특권이 구체적으로 어떤 양태를 보이는가 하는 문제에 대한 이해의 지평을 조금이라도 넓힐 수 있다면, 아니 그러한 문제의 자리가 현실 속에 존재한다는 사실을 확인할 수 있다면 그것만으로도 매우 다행일 것이다.

특히 짧은 민주주의 역사를 통해 보여주었던 한국인들의 평등을 향한 강렬한 에토스는 무엇보다 특권의 거부를 통해 드러났다. 이 에토스에 대해서는 현재의 사회적 역학을 우위로 하여 설명하는 기능주의적 해석만으로는 결코 접근하기 쉽지 않다. 이 에토스는 오랜 세월을 거치면서 쌓여 왔던, 사람들에게 깊이 내면화된 생활 습관이 이루어낸 결과기 때문이다.

어느 유명한 스님 한 분이 자신은 말년에 맹자를 통해서야 부처님의 말씀을 겨우 이해할 수 있었다고 한 고백을 들은 적이 있다. 그 말을 듣는 순간 저 분은 불자이면서 어찌 저런 말씀을 하시나, 하도 괴이하여 그 말이 잊히지 않은 채 마음 한 구석에 남아 있었다. 그런데 이제 와서 그의 말이 의미심장하게 되살아나는 것은 무슨 까닭일까.

애초에는 그물의 한 코인 완문 하나만을 들어 올리려 한 것뿐이었는데, 그 그물의 나머지 부분까지 모두 딸려와 버렸다. 이것은 전혀 예상하지 못한 결과였다. 물고기 한 마리가 머금고 있는 한 모금의 바닷물은 바다 전체와 비등하다는 불가에서의 말이 떠오른다. 이 말은 완문의 성질 하나만 제대로 파고들어도 그 속에서 한국 사회의 특성을 모두 들여다볼 수 있다는 뜻으로 받아들여진다.

그런데 이제 와 돌이켜보니 바다는 고사하고 물고기 한 마리라도 제대로 잡았는지 의문이다. 오히려 그 물고기가 필자를 삼켜 버린 꼴이 되지나 않았을까 두렵다. 그러나 과거로 가는 항해에서 익사하여 돌아오지 못할 바에는 차라리 과거와 만나지 않는 편을 택하겠다는 것이 필자의 뒤틀린 심사이다.

학위논문을 작성하는 막바지에 필자는 열탕과 냉탕을 오가며 끙끙댔다. 과거로부터 미래의 길을 열려는 작업은 매력적인 일이기는 하였지만 즐거움보다는 괴로움이 더 컸다. 그러다가 솔벗재단이 필자에게 기울여준 관심과 배려는 메마른 여름날 오후 동쪽 처마에서 갑자기 불어닥친 바람만큼이나 상쾌한 청량제가 되었다. 이 점에 대하여 이온규 이사장님을 비롯한 솔벗재단 관계자 여러 분에게 거듭 감사드린다.

결코 재목감이 못 되는 필자의 더딘 성장을 지켜보아 주신 정구복 선생님과, 공부의 지난한 행로에서 배려를 아끼지 않으셨던 이종묵 선생님, 학문의 동지로 늘 필자를 부축하여 주었던 신명호 선생님에게 그 전에 미처 표현하지 못하였던 감사의 마음을 꼭 전하고 싶다. 학위논문을 작성하는 과정 내내 전경목 선생님은 자신의 혜안을 아낌없이 빌려 주었다. 16세기 완문의 가치에 대하여 환기시켜 주었던 안승준 선생님의 지적도 참으로 적절하였다. 여러 방면에서 정해은 선생님과 김소은 선생님의 날카로운 코멘트도 좋은 약이 되었다.

학위를 받은 이후 딱히 적이 없던 필자에게 기꺼이 학문의 도반으로 손을 내밀어 주셨던 지역문화연구소의 정승모 소장님을 비롯한 여러 선생님들, 그리고 현재 필자의 연구를 지원하고 있는 경북대학교 영남문화연구원의 황위주 원장님, 남권희 교수님 외 여러 선생님들에게도 감사한다. 무엇보다 한문과 초서에 대해 여러 해 동안 신실한 가르침을 주셨던 김동주 선생님에게 사의를 표한다.

이 책을 완성하기까지 교정 과정에서 자신의 귀중한 시간을 쪼개 주었던 김자운 선생에게 특히 감사한다. 이정일, 김은미, 유지영, 조미은, 박성호, 정무곤, 이상균, 김장경, 고민정, 성광동, 장상길 등 여러 후배들의 성원도 큰 힘이 되었다. 누구보다 먼저 이들에게 이 책이 나왔다는 소식을 알리고 싶다. 아울러 보잘것없는 원고를 멋진 책으로 만들어 주신 지식산업사의 김경희 사장님과 직원들께도 감사드린다.

자식이 무엇을 하는지 잘은 모르나 그저 잘되기만을 바라는 기도 하나로 긴 세월 애를 태우시던 양가 부모님의 간절함도 이 책을 가능하게 하였던 한쪽 날개였다. 무엇보다 결혼 후 20년 가까운 세월 동안 남편의 길을 묵묵히 따라와 주었던 아내 김연자 님에게 미안하고 고맙고 사랑한다는 것 말고 더 이상 할 말이 없다.

이 한 권의 책은 필자가 학문의 길에 들어서면서 인연을 맺은 많은 사람들과 함께 지어낸 직조물과 같다는 생각이 든다. 그러나 뜨개에 잘못이 있다면 그것은 모두 필자가 감당해야 할 몫이다. 그리고 이 책을 읽는 현자들의 서슴없는 비판을 기대하며 또 그 단련을 달게 받고 싶다는 것도 필자의 진정이다.

무엇으로도 대신할 수 없는 소망 한 가지를 덧붙이는 것으로 이 글을 맺고자 한다. 사랑하는 두 딸 신혜와 다혜가 먼 훗날이라도 유년기에 많은 시간을 함께할 수 없었던 아빠의 딱했던 처지를 이 조그마한 작업을 보며 너그럽게 이해해 주었으면 좋겠다.

2007년 10월 대구 팔공산 아래 복현골의 한 연구실에서
김 혁 쓰다.

차 례

II부 완문과 조선사회 _281

표·그림·사진 차례

서 론

조선시대 관문서의 일종인 완문의 성격을 해명하기 위하여 이 연구는 시작되었다. 나아가 이 문서가 당시 사람들의 삶과 어떻게 연관되어 있는지를 해명하였으면 하는 바람도 컸다. 그런데 대부분의 연구자들은 완문이 문서의 이름이라는 것조차 몰랐다. 심지어 이 문서에 관해 처음 들어보았다고 하는 조선사 연구자도 있었다. 그때 완문이 우리 학계에서 결코 주목받지 못하고 있다는 사실을 알았다.

완문에 관한 연구가 우리 사회에 어떤 기여를 할 수 있을까? 여기서 제기되는 문제들은 혹시 연구자 한 사람의 치우친 관심이 아닐까? 그래서 이 연구의 결과는 빈 계곡의 메아리처럼 공허한 것이 되지 않을까? 이 같은 회의는 이 연구를 시작한 때부터 유령처럼 따라붙었다.

그러나 필자는 크게 동요하지 않을 수 있었다. 막연하나마 문서 연구가 인문학 전반에 크게 기여할 수 있을 것이라는 기대감이 컸기 때문이다. 이러한 기대감은 문서에는 다른 자료에서 찾아볼 수 없는 그 자체만의 독특한 성격이 있다는 데서 말미암은 것이다.

문서가 성립하기 위해서는 무엇보다 문서효력이 전제되어야 한다.

이 효력은 현실 세계에서 제도적인 강제력을 의미한다. 그리고 이 같은 강제력은 타인에 대한 타동성으로 존재한다. 이때 타동성이란 문서를 통해 타인에게 명령하고 지시하거나 증빙하는 것을 통하여 문서의 발급자가 수급자를 구속하는 힘을 뜻한다.

그런데 문서의 이 같은 타동성을 가능하게 하는 현실에서의 힘은 또 무엇일까? 그것은 결국 문서의 이면에서 작용하는 법제를 포함한 사회제도와 관습이다. 따라서 어떤 문서의 탄생과 죽음은 곧 그와 결부된 제도나 관습의 탄생과 사멸을 의미한다. 제도와 관습이 현실적인 힘을 상실하고 폐지되면 그것으로부터 생산되었던 문서도 자연히 죽음을 맞게 되어 그야말로 고문서가 된다. 이와 같이 관련된 제도가 이미 사멸하여 효력을 상실한 문서를 고문서라고 한다.

문화사적인 관점에서 고문서학의 주된 임무는 그 문서가 존재할 때 함께했던 모든 제도와 관습, 문화 등에 생명력을 다시 불어넣는 데 있다. 그래서 한 건의 고문서를 대할 때는 마치 긴 시간을 머금고 있는 화석을 마주하는 듯한 느낌을 받는다. 고생물학자가 화석을 통해 장구한 시간 너머의 세계에 있던 생명을 탐구하듯, 고문서학자도 고문서를 통해 그 문서의 문서효력이 살아 있던 당대의 사회적 실상에 이르는 길을 열고자 한다.

이와 같이 인간과 문명에게 문서란 무엇인가를 화두로 문서의 질서를 연구하는 것이 문서학이고, 또 그러한 관점에서 문서의 역사를 돌아보는 것이 문서사라고 할 수 있다. 그렇다면 그동안 우리 학계에서 이러한 관점에 입각한 연구는 너무나 미진하였다.

설사 국어학이나 국문학, 또는 국사학, 법학 등의 학문 분야에서 고문서를 활용하여 이러저러한 연구 성과를 축적하여 왔다고 할지라도, 그 근본 취지가 문서의 본질에 관해 묻지 않는 한, 그 어느 것도 고문서학의 고유한 연구영역을 대신하지는 못한다. 따라서 문서 자체의 질서 및 그것과 연관된 인간행위를 이해하는 것, 다시 말하여 인간사회에서 문서가 차지하는 의미가 무엇인지를 설명하고, 동시에 문서를 통해 인간사회의 특성을 해명하는 일은 고문서학이 감당해야 할 고유한 학문적 사명이 된다.

한편, 역사 자료로서 고문서가 갖는 가치도 크다. 그러한 가치 가운데에서 고문서가 역사의 정상상태를 해명할 수 있는 자료라는 것을 그 특징으로 꼽을 수 있다.

역사 연구자들이 혁명이나 급격한 사회적 변화를 역사적 계기로서 포착하고 중시하였던 것은 변화의 동력을 이해하고자 하는 데에서도 찾을 수 있겠지만, 역사가에게는 그 병리를 통하여 정상 사회의 구조적 단면을 이해하는 데 좋은 소재라는 점도 중요한 이유일 것이다.

그러나 사회적 병리구조를 통해서 그 사회의 정상 구조를 이해하는 것이 어느 정도 의미가 있었는지는 여전히 의문이다. 그것은 참고 될 만한 근거가 될 수 있겠지만, 그렇다고 병리에서 불거진 일면을 가지고 생리의 자리 전체를 대신할 수는 없기 때문이다.

정상 상태에서의 사회 구조는 관습이 축적되어 나타난 일상적인 무게가 사회 성원 각자에게 주체화되어 나타나고 그것은 장기적인 추세를 이룬다. 여기서 한 사회의 정상 구조는 사회 구성원들 개개인의 주체화된 습관들로 지지되고 있음을 알 수 있다. 주체화된 습관은 일상을 이루며 그것은 곧 구조를 의미한다. 사회 구성원들이 주체적으로 그 정상 구조를 유지하려 하지 않는 한, 그 구조가 그토록 장기적으로 유지되었을 리는 만무하기 때문이다. 이는 그들이 그 지배구조를 자신의 내면에 깊이 수용한 결과라고 할 수 있다.

한편 병리 구조란 사회 성원들이 자신에게 주체화된 습관을 거부하고 있는 상태를 의미한다. 병리 구조에서 진단된 여러 징후들이 병리의 결과인지, 병리를 일으킨 원인인지를 판단하는 데에는 적잖은 어려움이 따른다. 때문에 병리 현상에서 이 같이 장기화되고 주체화된 습관을 관찰할 수는 없다. 그렇다면 이와 같이 주체화된 습관으로 이루어진 정상구조가 존재한다고 하더라도, 그것을 직접적으로 대면할 수 있는 제도와 관습이 자취를 감춘 오늘날 그것에 접근하는 길을 어디에서 찾을 수 있을까?

필자는 이를 위한 한 가지 방안으로 고문서의 적극적인 활용을 기대한다. 문서는 개개인의 의지를 반영하는 것일 뿐만 아니라 자신의 욕망을 실현하는 과정에서 그 욕망을 노골화할 수밖에 없는 불가피한 구조의 산물이었다.

그뿐 아니라 문서는 그 시대에 사람과 사람 사이를 소통시키는 매개로서 기능하였다. 이러한 매개는 그 자체가 현실적인 영향력을 의미하는 것이기도 하며, 더욱이 사회 동력이 작동하는 흔적을 보여준다. 이 동력을 통해 그 사회가 작동하는 시스템을 이해할 수 있을 것이다. 이는 시스템이 구조를 이해할 수 있는 기반이며, 그 구조는 다시 현실적인 패러독스의 지점에서 개인의 의지가 어떻게 투사되는지를 보여준다. 이와 같이 문서를 통해 이해할 수 있는 사회 시스템은 그 시대의 정상 상태를 투시할 수 있는 유용한 도구가 되며, 이는 곧 방사선에 비추어진 판독 사진과 같다.

따라서 각 시대의 문서에는 그 시대가 정상 상태로 운동하는 시스템을 징후적으로 파악할 수 있는 뚜렷한 단서가 고스란히 남아 있다. 그런 의미에서 고문서를 갑작스런 화산의 폭발로 인해 화산재에 싸인 활물(活物)의 응고체에 비유할 수 있을 것이다.

그러나 현실적으로 우리가 고문서를 통하여 이미 사라져 버린 과거의 제도를 상상하기에는 적지 않은 어려움이 따른다. 더욱이 완문과 같이 그 기능과 맥락에 정확히 상응할 만한 문서나 제도가 남아 있지 않는 오늘날에는 더욱 그렇다. 이는 과거의 문명적 질서가 변화함에 따라 이전의 질서를 상상할 수 있는 근거를 상실해 버렸기 때문이다.

따라서 필자가 완문을 중심으로 한 이 같은 탐구를 수행하기 위해서는 현존하는 완문 그 자체에 의존할 수밖에 없다. 즉, 이 책에서의 연구는 우선 개별적인 완문 한건 한건을 탐구하여, 각 문서가 보여주는 인간 행위와 그것이 가능하였던 사회적 환경을 통해 그 실상에 접근하고자 한다.

이러한 방법은 추상적인 역사상을 전제로 하여 그 형이상학적 전제에 필요한 자료를 수집하고 역사적 상징을 형성해 나가는 형이상학적 역사학의 연구방법과는 사뭇 구별된다. 이러한 역사학에서는 문서를 온도계의 눈금처럼 이용하려 한다. 즉 문서를 문서의 질서, 그것을 통한 사회적 질서를 맥락적으로 탐구하고자 하는 것이 아니라 역사 운동의 대전제를 하나의 형이상학으로 설정하고 문서로부터 얻어낸 '사실'들을 그 전제를 검증하기 위한 도구로서 이용하였다.

그래서 필자는 그와 같은 문서의 이용법을 실증주의적 연구방법이라고 규정하고, 그러한 접근방식이 갖는 문제점에 대하여 지적한 바 있다.[1] 필자가 문서를 이용해 역사를 연구하는 데에서 문서 그 자체의 질서는 매우 중요하다. 문서는 그 자체로 하나의 사회 현상이라고 간주하였다. 이 연구에서 문서를 문서 그 자체의 질서를 이용하기 위하여 사회 시스템에 접근하기 위한 노둣돌로 이용할 것이다. 따라서 현존하는 문서들은 필자의 연구가 닻을 내리는 첫 번째 지점이다.

조선시대 이전의 사회는 물론이거니와, 중국, 일본, 서양에서도 완문과 같은 성격의 문서가 발생할 수 있는 개연성은 충분하다.[2] 실제로

---

1) 실증주의적 역사연구 방법론에 대한 비판은 김혁, 〈조선시대 완문에 관한 연구〉, 한국학중앙연구원 박사학위논문, 2005, 7~58쪽 참조.

2) 서양에서 왕이 발급하는 확인문서(Pracetum), 특권문서(Privilegium), 문디부르디움(Mundiburdium) 등 여러 문서는 국왕이 특권을 부여하는 문서다.(체사레 파올리 지음/자코모 바스카페 엮음/김정하 옮김, 《서양고문서학개론》, 아카넷, 2004, 32~38쪽 참조)

그와 유사한 문서들이 이미 소개된 바 있다.[3] 그러나 그 유산은 그 사회를 조명할 정도로 풍부하지는 않다. 상대적으로 현존하는 완문의 유산은 제한된 맥락에서 조선 사회의 윤곽을 그려줄 정도는 된다.

이러한 접근 방식에는 결코 간과될 수 없는 한 가지 전제 조건이 따른다. 완문이 조선 사회에서 출현하여 생산된 만큼 그 사회의 독특한 사회구조를 반영하고 있는 만큼, 이 문서를 이해하는 근거는 조선시대의 특수한 맥락에서만 이해되어야 한다는 점이다.

따라서 이 연구는 완문을 자기 질서에 입각하여 계통적으로 정리하는 것에서부터 출발한다. 완문 그 자체의 질서와 이치를 드러내는 것만으로도 고문서학은 물론 조선 사회에 대한 연구에 상당 부분 기여할 수 있을 것이지만, 그것만으로는 충분하지 않다. 나아가 이러한 연구의 결과로부터 파악된 완문의 윤곽은 그 나머지 형상을 추정하는 데 이용되어야 한다. 이를 통해 조선 사회의 전체 사회상에 대해 새롭게 통찰할 수 있는 고지를 확보할 수 있을 것이라고 생각한다.

그러나 유감스럽게도 완문은 우리 학계에서 지금까지 별다른 주목의 대상이 되지 못하였다. 다른 고문서들, 예컨대 소지(所志)는 조선 사회를 갈등의 측면에서 이해할 수 있는 유용한 자료로 인정받았다. 분재기(分財記)도 조선시대 가계의 계승원리를 구명할 수 있는 핵심자료로서 주목받아왔다. 이에 견주어 완문은 그 동안 지나치게 홀대받아왔다고 하여도 지나친 말이 아니다.

거기에는 그럴 만한 까닭이 있다. 대개의 완문은 내용이 짧고 단편적이다. 따라서 이 문서만으로는 역사의 이해에 도움을 줄 만한 별다른 이야기를 끄집어내기가 쉽지 않을 것으로 보였다. 그리고 완문이

---

3) 예컨대 고려시대에 발행되었던 사찰을 수호하는 특권문서들이 있다.(나카무라 준 등, 〈송광사 원대 티베트문 법지의 성격과 그 의의〉, 《순천 조계산 송광사 소장 불교문헌의 조명》, 2004년 4월 22~23일 발표문 참조)

역(役)의 면제와 관련되어 어느 특정 신분의 특권과 관련된 문서라는
특성은 그 결론을 너무나 쉽게 예측할 수 있는 것처럼 보였으므로 완
문이 역사 자료로서 갖는 매력을 반감시켰다. 그 때문에 필자가 이 연
구를 시작할 당시만 하더라도 사계의 많은 동료들은 그것이 연구거리
나 되겠느냐는 적지 않은 회의를 드러내 보인 바 있다.

지금까지 완문이 소홀하게 취급되어 왔던 것은 이와 같이 분명하지
만, 그렇다고 학계에서 그 가치에 대하여 전혀 주목하지 않았던 것은
아니다. 완문을 조선후기 사회의 특성을 보여줄 수 있는 중요한 문서
로 소개한 연구도 있었다.4) 그런가 하면, 완문에는 다른 문서에서는 찾
아보기 힘든 발급 관행이 있고, 이것을 수령권과 연관하여 이해해야
한다는 적실한 지적도 있었다.5)

물론 이 문서를 역사 연구에 부분적으로 이용한 예도 더러 있었다.
관(官)에서 완의(完議)나 계(契)와 같이 사회성원 상호 간의 약조를 보증
하는 완문을 소개하는 경우도 있었다.6) 완문을 통해 19세기 양반가의
몰락을 해명하려 하였던 연구도 주목된다.7) 그리고 서원(書院)이나 향
교(鄕校)의 경제적 기초를 연구하는 데 일부 이용하기도 하였고,8) 조선
후기의 사회변동에 대해 잠깐 언급되는 연구자료로도 이용된 적이 있
었다.9)

---

4) 박병호, 〈거래와 소송의 문서생활〉, 《호남지방 고문서 기초연구》, 한국정신문화연구원,
   1999.
5) 전경목, 〈소지류의 데김에 나타나는 '고과'(告課)에 대하여—친심(親審)과 대리심(代理審)
   을 구별하는 방법〉, 《고문서연구》 11, 1997, 114~115쪽.
6) 정구복, 〈19세기 중엽 영광(靈光) 영월신씨가(寧越辛氏家)의 서재계문서(書齋稧文書)〉,
   《고문서연구》 20, 2002, 8쪽.
7) 이해준, 〈고문서를 통해 본 호남지방의 촌락〉, 《호남지방 고문서 기초연구》, 221~227쪽.
8) 윤희면, 《조선후기향교연구》, 일조각, 1996; 이수환, 《조선후기서원연구》, 일조각, 2001;
   윤희면, 《조선시대 서원과 양반》, 집문당, 2004.
9) 정진영, 《조선시대 향촌사회사》, 한길사, 1999, 513~517쪽.

위의 연구들은 일시적이고 산발적인 주목에 불과했을 뿐, 완문 그 자체에 대한 더욱 진전된 연구로 이어지지는 못했고, 완문의 내용을 자기 연구 목적에 맞게 매우 부분적으로 이용한 것에 불과하였다. 지금까지 완문의 가치를 이처럼 소극적으로 인정하였으나 완문이 역사 자료로서 갖는 가치는 매우 크다.

완문은 발급자와 수급자만 살펴보아도 우선 그 범위가 매우 넓다는 것에 놀라지 않을 수 없다. 완문의 발급자는 가장 많은 빈도를 차지하는 각 고을의 수령을 위시로 하여 비변사(備邊司), 의정부(議政府), 예조(禮曹), 병조(兵曹), 호조(戶曹), 형조(刑曹), 성균관(成均館), 한성부(漢城府), 충훈부(忠勳府), 종부시(宗簿寺), 궁방(宮房), 감영(監營), 군영(軍營), 암행어사(暗行御史), 이청(吏廳), 서원(書院), 문중(門中) 등, 상급관청으로부터 최말단의 하급관청 및 사회집단에 이르기까지 거의 모든 공공기관을 망라하고 있다. 수급자도 궁방(宮房), 감영(監營), 읍사(邑司), 이청(吏廳), 서원(書院), 향교(鄕校), 공장(工匠), 사찰(寺刹), 사족(士族), 중인(中人), 평민(平民), 천민(賤民) 등, 다양한 관청과 사회결사체 및 개인을 포함한다.

이와 같이 다양한 발급자와 수급자가 씨줄과 날줄로 교직(交織)되어 있는 완문이라는 그물망에는 각각의 발급자와 수급자가 얽혀서 자아내는 다양한 사회현상들이 담겨 있다.

따라서 그 주제를 개관해 보면 그곳에서 다양한 사회상을 접하게 된다. 그 가운데에는 탈역을 주제로 하는 경우가 가장 많고, 공공기관의 수호, 민고의 구폐, 도고의 독점권 인정, 사회적 규약의 공증, 잔민들의 농업경영 보장 등 다양한 주제가 있다. 그리고 동일한 탈역을 주제로 한 경우라고 하더라도, 사족, 묘직(墓直), 서원의 속점(屬店), 효자열녀 집안, 선파(璿派) 및 공신(功臣)의 자손과 선현(先賢) 자손 등을 대상으로 각각 다른 명분에서 발급되고 있다.

현대문서 가운데에서 한 종류의 문서가 이처럼 다양한 기능을 담당하는 예는 매우 드물다. 이는 완문이 현대사회보다는 사회적 분업이 덜 진전된 사회에서 생산된 문서였기 때문에 나타난 특성이라고도 생각할 수 있다. 그러나 정작 조선시대에서조차 한 종의 문서가 다양한 기능을 동시에 담당하는 문서의 예는 결코 흔치 않았다. 따라서 이러한 특성은 완문이 갖는 고유한 특성에서 찾아야 할 것이다.

또한 완문은 수급자의 입장에서 볼 때 특권문서로서의 특성을 보여준다. 이 문서는 국가 및 사회를 구성하고 있던 각 신분의 욕망이 노골화되어 나타난 문서라고 할 수 있다. 이러한 점 때문에 이 문서를 통해 국가와 사족, 국가와 하민(下民), 사족과 사족, 사족과 하민 사이의 관계를 동태적인 시각에서 파악할 수 있다.

완문에 나타난 복잡한 사회현상은 매우 어지럽게 펼쳐져 있어서, 그 모습을 한눈에 파악하기란 결코 쉽지 않다. 그런데 완문의 이러한 특성은 대부분 특권의 보장을 내용으로 하는 문서라는 점에서 파생한 것이다. 그리고 특권이 조선사회의 신분적 특성을 반영하고 있다는 점을 되새긴다면, 이 문서는 틀림없이 조선사회의 신분제적 특성에 대해 접근할 수 있는 노둣돌로 삼을 수 있을 것이다.

완문 발급제도는 16세기에 출현하여 조선의 멸망과 함께 바로 사라졌다. 그 뒤 이것과 유사한 성격의 문서는 결코 등장하지 않았다. 이것은 완문의 성격을 이해하는 데 매우 유의해야 할 사항이다. 이 사실 하나만 보더라도 완문에는 조선 사회가 갖는 단면적인 특성을 파악하기에 매우 유용한 정보가 담겨 있으리라고 짐작할 수 있다.

무엇보다 완문이 16세기라는 특정 시기에 갑자기 출현하였다는 사실은 완문의 성격을 해명하는 데 중요한 관건이 된다. 특정 시기에 어떤 문서가 출현하게 된 배경을 탐구하는 일은 고문서학에서 매력을 느낄 만한 주제 가운데 하나이다. 잘 알려진 바와 같이 16세기가 사족층

(士族層)의 형성기였고, 완문의 수급자가 사족이었다는 것은 완문이라는 문서가 사족에 대한 연구에서 중요한 자료가 될 수 있을 것이라는 기대를 갖게 한다.

따라서 완문을 분석함으로써 사족의 특권과 지배를 다루어 보려는 것이 이 책의 주요 과제가 될 터이다. 완문을 통해 특권과 지배라는 주제에 주목하고자 하는 데에는 그만한 이유가 있다. 완문에 얽힌 사회관계야말로 특권과 지배의 문제가 폭주하는 곳이기 때문이다.

완문의 발급과 수급이라는 수수(授受)관계가 일어나는 현장은 곧 '특권'이 발생하는 지점도 된다. 더욱이 특권이 공식적으로 수수된다는 것은 신분제 사회의 고유한 특색이기도 하다. 특히 완문에 규정된 특권의 내용이 사족 자신의 군역이나 잡역 면제에만 한정된 것이 아니라 그 수하인의 특혜까지도 포함한다는 것은, 사족이 특권을 매개로 다른 신분과 맺는 사회적 관계, 즉 '지배'를 어떻게 관철시키는가에 대하여 탐구할 수 있는 계기를 제공한다.

지방 사회에서 사족에게 부여된 특권은 단순히 특권을 통한 현실적 이익에 대한 접근권만 가리키는 것이 아니라, 지배 상징을 위한 도구로서 기능하였음을 알 수 있을 것이다. 지배 상징물로서 홍패나 백패, 고신(告身)은 대표적인 사례이다. 그것들은 단순히 관직이나 성균관 입학을 위한 자격을 입증하거나 관직의 임명장에 불과하지만, 그것이 향촌으로 옮겨오면 자기 집안의 위세를 높여주는 상징물로서 기능하게 된다. 그 밖에 어필(御筆)이나 사액 등도 지방 사회에서 이용되었던 지배 상징물의 하나이다. 결국 이와 같은 모든 지배 상징물은 자기 집안과 국왕과의 관계를 표시하는 것으로, 이를 통해 자신의 권위를 높이는 데 기여하였다.

완문은 특권을 내용으로 하는 문서이므로, 이 문서의 발급과 수취가 이루어지는 맥락을 이해하는 것은 곧 특권의 지배 상징적 성격과 그를 통해 지배가 발생하는 당시 신분제 사회의 구조를 이해하는 것이다. 따라서 이 문서의 발생, 전개, 소멸을 시계열적으로 탐구하는 것은 곧 특권과 지배의 사회적 맥락이 어떻게 변화하는가 하는 문제, 즉 조선시대 신분제의 원리와 변화 추이를 구체적으로 설명해 주는 일이기도 하다.

그리고 이 문서를 통해 더 많은 특권을 취득하려는 사족과, 그 욕망을 억제하려는 조가(朝家) 사이에 나타났던 긴장관계를 적절히 파악할 수 있을 것이다. 더욱이 조가에서 억제하려던 사족의 특권을 사족이 완문을 통해 실현할 수 있었던 데에는, 조가와 관가의 분열이라는 상황이 끼어들어 있었고, 여기에 조선만의 독특한 정치적 구도가 있을 것이라고 예측할 수 있다.

그리고 완문을 통해, 19세기에 국가가 더 이상 사족의 지나친 특권을 옹호하지 않고 이에 대해 이완적인 태도를 취하자, 사회의 전 신분층이 특권의 쟁취에 뛰어들게 된 배경과 양상을 이해할 수 있을 것이다. 이것은 당시 사회에서 신분이 갖는 의미를 다시 한번 생각하게 하는 대목이다.

따라서 완문은 조선시대 국가기구의 공적 의지나, 그에 대응하여 각 사회 신분층에 속한 집안들이 현실적 욕망과 그 욕망을 실현하려 하였던 의지의 실태를 아울러 관찰할 수 있는 문서라고 할 수 있다. 완문은 조선을 구성하였던 국가와 사회, 사회 각 신분이 맺고 있던 정상적 관계의 실상을 여실히 관찰할 수 있는 단서를 제공하는 문서이다. 이러한 점을 감안한다면, 완문은 조선을 구성하는 국가 및 각 사회신분 사이의 합의와 균열, 동시에 그 갈등의 접합점을 이해할 수 있게 해주는 보고(寶庫)인 셈이다.

이러한 문제를 이해하는 데에는 완문 한 가지만으로는 분명히 무리가 많다. 그 밖에 정치·사회·경제적인 역사적인 여러 요인들을 종합적으로 검토한 결과에서라야 이 문제를 조감하는 눈을 얻을 수 있을 것이다.

하지만 이 연구에는 뚜렷한 제약점이 있다. 그것은 이 연구가 주로 완문이라는 특정 자료를 통해 이루어졌기 때문이다. 그러나 단점이 곧 장점이 될 수 있다. 이러한 제약된 자료를 통해 보는 역사상에는 많은 구멍이 보일 것이다. 필자가 여기서 택하고 있는 전략은 오히려 그러한 수많은 틈들을 사변적으로 메우지 않고 그대로 놓아두는 편이 어쩌면 역사에 대한 우리의 인식을 모호한 상태로 내몰지 않을 수도 있다는 데 있다. 이 연구에서 필자의 목적은 완문을 통해 밝아진 주변의 역사상을 그 불꽃이 명멸하는 동안에 잠시 비추어보려는 데 있다.

앞서 언급하였듯이 고문서 학자가 문서에 접근하는 것은 화산재에 덮인 화석에 접근하는 일에 견줄 수 있다. 우선 화산재를 걷어내고 유물을 수습해 나가는 것이 이 연구의 첫 번째 수순이다. 이 단계에서는 완문 그 자체의 문서적 특성을 해명하는 데 주안점을 둘 것이다. 여기에는 완문을 '개념', '형태', '분류', '문서행정'의 세분화된 주제로 나누어 각각을 실증적으로 검토할 것이라는 의미가 담겨 있다. 이것이 이 책의 'I부 특권문서로서의 완문'에서 주로 다룰 내용이다.

그 다음 단계는, 이러한 기초연구 위에서 완문과 연관된 인간 행위의 의미를 끌어내고자 한다. 이 과정에서는 다음과 같은 질문이 예상된다. 완문은 어떠한 사회적 배경에서 탄생하였을까? 완문은 어떠한 역사적 과정을 통하여 변화하였으며, 그 변화의 원인은 어디에서 찾을 수 있을까? 완문을 통해 볼 때 사족의 특권은 어떻게 설명될 수 있을까? 무엇보다 완문에 반영된 특권으로부터 도립(倒立)하고 있었을 당대의 현실에서, 특권이 사회적으로 어떻게 구조화되었을까? 그리고 그러한 특권은 신분과 어떠한 관련이 있었는가? 'II부 완문과 조선사회' 가운데 상당 부분이 이러한 물음들을 해명하는 데에 할애되었다.

I부 특권문서로서 완문

"고통의 영사판 뒤에 서서
어룽대며 변하여가는 찬란한 현실을 잡으려고
나는 어떠한 몸짓을 하여야 되는가.

하기는 현실이 고귀한 것이 아니라
영사판을 받치고 있는 주아(晝夜)를 가리지 않는 어둠이
표면에 비치는 현실보다 한 치쯤은 더
소중하고 신성하기도 한 것인지 모르지만…"
_김수영, 〈영사판〉(映寫板)에서

1장 완문의 개념

1.1. 개념의 변화 추이

완문에 관해 직접 언급한 기록은 거의 남아 있지 않다. 시대가 올라갈수록 더욱 그렇다. 16세기의 한 일기에서, 완문과 관련된 "물역완문"(勿役完文) 또는 "비기아서완문"(擬只安徐完文) 등의 용어가 눈에 띄는 것이 고작이다.[1] 이와 같이 완문에 관해 처음으로 나타난 단서를 해명함으로써 그에 대한 당시 사람들의 통념을 조금이나마 헤아려 보도록 하자.

'물역완문'이란 무슨 뜻인가? '물역'에서 '물'(勿)은 금지사로서 '하지 말라'는 뜻이고, '역'(役)은 '부리다'의 의미이다. 따라서 '물역'은 '역을 부과하지 말도록 하는 것'이라는 의미로 이해할 수 있다. '역'에는 조가(朝家)에서 부여하는 국역(國役)으로부터, 관가가 부여하는 각종 잡역(雜役), 사가에서 사적으로 노비에게 부여하는 사역(私役)에 이르기까지 부과하는 주체에 따라 종류가 다양하다.

그런데 여기서의 '역'은 국역이나 잡역을 의미하는 것으로, 공적으

---

1) 김혁, 〈조선시대 완문에 관한 연구〉, 한국학중앙연구원 박사학위논문, 2005, '제2장-제2절-2-2)-(1) 16세기 일기를 통해 본 완문의 용례' 참조.

로 부과하도록 되어 있는 공역(公役)을 가리킨다. 그러한 역을 부과하지 말도록 관가에서 보장하였다면, 관가에서 역을 부과 받은 대상자가 역을 감당하지 못할 만큼 탈(頉: 문제)이 생긴 것으로 받아들였다는 의미이다.

후대에는 '완호'나 '물역'보다는 '탈역'이라는 말을 훨씬 더 많이 사용하였다. '탈역'(頉役)이란 '역을 탈면(頉免)시켜 준다'는 뜻이다. 여기서의 '탈'(頉)은 '탈이 났다'고 할 때의 '탈'과 같은 뜻으로, 연고(緣故)라는 의미의 순 우리말이다. '탈'의 뜻을 역(役)과 연관하여 해석해 보면, '연고가 있으므로 역을 감면해 준다'는 뜻이 된다.

이러한 탈역은 다른 각도에서 보면 그 탈역의 대상자를 보호해 준다는 의미도 된다. 탈역은 완전히 보호해 준다는 뜻인 '완호'(完護)와 깊이 연관되어 있다. 따라서 탈역 또는 물역을 내용으로 하는 완문의 기두사에는 완호라는 말이 가끔 등장하곤 한다.

'완호'가 '완전히 보호한다'는 뜻이라면 누가 무엇으로부터 무엇을 보호해 준다는 말일까? 현존하는 완문의 내용에 의거해 볼 때, 이 문서의 발급자는 주로 관가이다. 관가가 보호해 주도록 처분을 내리는 수신처는 실무 행정을 담담한 관리들인 경우가 많다. 그리고 발급 대상은 완문의 수취자들인 역을 부과 받을 자들이다.

한편 '물역완문'과 함께 등장하는 또 다른 용어인 '비기아서완문'(擬只安徐完文)은 어떤 뜻일까? '비기'의 뜻은 《대명률》(大明律) 〈형률〉(刑律) '각수'(却囚)에서 '구섭'(句攝)의 뜻을 '비기'[擬只]로 풀이한 데서 해명의 단서를 찾을 수 있다. 여기서 '구섭'은 '책임을 지우다'(負定令是), '담당하여 행하다, 또는 담당하게 하다'(次知使內)라는 뜻으로 사용되었다. 그리고 '비기'는 '의지하다, 빙자하다, 겨누다, 핑계 대다, 준하다, 흉내 내다, 청탁하다'는 뜻이다.[2)]

이 가운데에서 완문과 연관된 '비기'는 '책임을 지운다'는 뜻으로 풀

이하는 쪽이 적절하다. 그리고 '아서'[安徐]는 금지 명령을 나타내는 이두식 표현으로 '안 된다'는 뜻이다.[3] 이 두 어구를 합한 '비기아서완문'은 '책임을 지우지 말라'는 뜻이다. 따라서 '비기아서완문'은 '물역완문'(勿役完文)을 뜻하는 이두식 표현임을 알 수 있다.

이와 같은 용례를 통해 '물역=탈역=완호=비기아서'의 관계가 성립됨을 알 수 있다. 이와 같이 완문은 완호, 즉 물역을 보장해 주는 증빙문서에서 출발하였다. 이것은 모든 사람이 누구나 져야 할 역을 면제받는 것을 보장한다는 점에서 특권문서였다.

그런데 18세기에 작성된 한 완문에서 '완'(完)의 의미를 위와는 다른 각도에서 풀이하였다.

> 완(完)이란 세월이 흘러 오래되어도 변함없이 영구히 준행(遵行)한다는 뜻이다.[4]

이 정의에서는 '영구히'라는 말에 강조점이 있다. 이 말에서 완문에서 보장한 특권이 미래에도 계속 지속될 것이라는 점을 규정하고 있다. 이 정의는 탈역이 영구적이라는 시간의 지속성 여부를 부여하였다는 것이 특징이다. 현실적으로 완문은 그 내용을 결코 영원히 보장해 주지 못하였지만, 이념적으로 완문은 그 처분의 내용을 영구히 보장하는 문서로 변모하였음을 알 수 있다. 이것은 완문에서 규정한 특권의 내용이 더욱 공고하게 제도적으로 확정되었음을 보여준다.

그런데 19세기에 이르러 이러한 완문의 의미가 변화하였음을 당시에 간행되었을 것으로 보이는 《광재물보》(廣才物譜)에 실린 정의로 이

---

2) 박성종, 〈조선 초기 이두 자료와 그 국어학적 연구〉, 서울대 박사학위논문, 1996, 218~219쪽.

3) 위의 글, 324쪽.

4) "完者 久而不渝 永久遵行之意也."(《古文書集成》 65, 完文 9)

해할 수 있다. 다음을 보자.

법이 정하여지면 그 사항을 문서로 작성하여 그 일을 완수한다.[5]

여기서의 설명은 어떤 일을 '완수'하기 위하여 기준을 제시하고, 그것을 지켜 나간다는 협약의 의미가 강하다. 그런 점에서 이 정의는 그 이전의 정의에서 볼 수 있는 보장이나 증빙을 위주로 한 개념보다 합의에 무게를 더 둔 것이다. 그리고 이것은 보호하는 직접적인 행위보다는 협약된 법적인 원리의 준수를 더 강조한 정의이다.

이러한 정의가 나타난 배경에는 19세기가 다른 어느 시대보다 완의(完議)나 절목(節目), 입지(立旨), 계(契)문서가 많이 등장하였고, 합의와 조절을 중시하였다는 시대 분위기가 한몫하였다. 실제로 현존하는 19세기 완문에는, 이와 같이 절목이나 입지 또는 계문서가 완문과 큰 구분 없이 사용되는 경우를 흔히 볼 수 있으며, 완문에 절목이 도입된 사례도 흔하다. 이때의 완문은 합의문서 성격이 강하였다고 할 수 있다.

이것은 완문에서 규정한 특권의 내용인 탈역이 이미 관가의 단독적인 행정처분에 의해 보장받기 어려웠던 현실 상황을 반영한 것이었다고 생각한다. 예컨대 탈역의 경우만 하더라도, 19세기가 되면 부역 체제가 공동납의 형식을 띠었기 때문에, 어느 집안을 탈역해 준다는 것은 그 부담이 공동의 부담으로 전가되었음을 의미하였다. 따라서 어느 집안의 탈역에 대한 공동체 전체의 사회적 합의가 전제되지 않고는 현실적으로 탈역이 보장되기는 힘들었다. 이와 같이 변화된 사회환경 속에서 완문의 성격도 차츰 변해 갔다.

기록에 나타난 완문의 의미로만 볼 때, 완문은 보장문서에서 출발하

---

5) "法定而成文 以完其事也."(鄭良婉 등, 《朝鮮後期漢字語彙檢索辭典—物名考·廣才物譜》, 한국정신문화연구원, 1997, 401쪽 참조)

여 증빙문서로, 그리고 다시 합의문서로 변화하였음을 알 수 있다. 이와 같은 통시적 변화는 완문을 둘러싼 사회관계의 변화를 반영한 것이며, 완문의 사회적 효력이 갖는 실제적 의미가 변모하였다는 사실을 확인할 수 있다. 무엇보다 보장의 대상이 되는 특권에 대한 당대 사람들의 관점이 변화하였음을 이해할 수 있다.

1.2. 현대의 개념 검토

1.2.1. 기존 정의의 검토

고문서 개설서나 도록에서는 으레 각종 고문서에 관해 간단한 정의를 개략적으로 소개하고 있다. 그곳에는 대개 완문에 관한 정의도 포함되어 있다. 그 가운데 최승희, 전경목, 박병호가 내린 다음의 세 가지 정의는 비교적 자기 주장이 분명한 경우이다.

최승희는 완문을 "관(官)에서 향교[校生], 서원[院生], 결사(結社), 촌[民], 개인 등에게 발급하는 문서로서, 어떠한 사실의 확인 또는 권리나 특전의 인정을 위한 확인서, 인정서이다"라고 정의하였다.[6]

그리고 그는 완문을 관에서 발급한 관부문서 가운데서도 '대사인(對私人) 문서'로 분류하였다. 특히 이 정의에서는 완문을 완의(完議)와 명확히 구분한 점이 주목된다. 한편 완의의 경우는 종중(宗中) 등 사회결사 집단의 사문서(私文書)로 따로 구분하였다. 완문과 완의를 이처럼 뚜렷이 구분하는 것은 문서를 수수행위에 입각하여 분류하는 그의 원칙에 따른 것이다.

---

6) 최승희, 《한국고문서연구》(증보판), 지식산업사, 2003, 262쪽.

전경목은 "완문이란 관이나 향교와 종중과 같은 단체에서 어떠한 사실을 확인하거나 혹은 특전을 부여하고서 이를 증빙하기 위해 발급한 문서이다"[7]라고 정의하였다. 이 정의는 완문의 발급자를 관가뿐 아니라 '향교와 종중과 같은 단체'로까지 확장하여 이해하였다는 점이 주목된다. 결국 이것은 완문에 완의를 포함시키는 결과를 낳았다. 전경목이 이와 같이 완문에 완의를 포함시킨 이유는, 두 문서 모두 미래에 '증빙'하는 효력을 가진 문서로서 이해하였기 때문이다.

박병호는 완문을 "주로 관에서 공사(公私)의 단체, 결사, 개인 등에 대하여 폐단의 광정(匡正), 권리나 특권의 부여 등 처분을 하는 행정행위 문서이다"라고 정의하였다.[8] 그가 완문을 '권리나 특권 부여의 행정행위를 처분'하는 문서라고 정의하였던 것은, 무엇보다 이 문서가 관가에서 권력적 단독행위를 하는 처분적 성격에 주목한 때문이다. 이는 발급자의 행정행위를 강조한 정의라고 할 수 있다.

최승희와 전경목이 완문에 관해 견해차를 보이는 것은 문서 자체를 이해하는 시각의 차이에서 비롯되었다. 최승희는 문서 분류에서 발급자와 수급자의 관계를 중심으로 한 분류에 치중하고, 문서의 기능이나 내용을 분류의 기준으로 삼지 않았다. 전경목은 윤병태의 문서의 내용을 기준으로 한 분류법에 의거하여 증빙문서의 개념을 수용하고 있다.[9]

그런데 최승희의 정의대로 완문을 사실을 확인하거나 권리나 특전을 인정하는 문서로만 이해한다면, 완문이 명문(明文)이나 분재기(分財記)와 다른 점을 찾기 어렵다.

널리 알려진 바와 같이 명문은 매매 사실에 대한 증명을 목적으로

---

7) 《박물관도록－고문서》, 전북대학교박물관, 1998, 124쪽. 당시 전북대박물관 학예연구사 전경목이 이 도록을 제작한 실무 책임자였으므로 이 도록에서의 정의를 전경목의 것으로 볼 것이다.
8) 박병호, 앞의 글, 69쪽.
9) 윤병태 등, 《한국고문서정리법》, 한국정신문화연구원, 1994, 57∼70쪽 참조.

작성된 문서이다. 그런데 명문의 효력을 보증하는 전제에는 국가의 공권력이 일단 배제되어 있다. 다만 명문은 누군가 매매에 대하여 시비를 일으킬 경우, 법정에 제출함으로써 매매 사실을 입증하는 증명문서로서 구실을 할 수 있을 뿐이다.

그러한 의미에서 명문 자체는 미래에 대해 직접 보증하는 힘이 없다. 따라서 이 명문만으로는 보증이 불투명하다고 할 수 있다. 이와 같이 더욱 확실한 보증이 요청될 경우, 증인을 불러 명문에 제시된 매매사실을 입증하도록 하여 관가로부터 매매사실을 보장받는 제도가 따로 마련되어 있었다. 그것이 입안 제도이다. 그런 점에서 명문은 원칙적으로 사회구성원 사이에서 통용되는 증명력만 가질 뿐이다.

이러한 증명문서로서의 특성은 명문뿐 아니라 분재기에도 똑같이 해당될 수 있다. 분재기도 분재하거나 분재한 사실을 관으로부터 직접 인증 받는 것은 아니라는 점에서 사문서이다. 이 문서도 명문과 마찬가지로 분재 사실에 대해 이후 일어날지 모르는 시비를 대비해 작성하였다.

따라서 이 문서들은 그 자체로 미래의 효력 자체를 법적 구속력에 의해 담지하고 있는 것이 아니다. 그런 점에서 이 문서들은 결국 이미 과거의 시점에 완료된 행위를 증명하는 구실을 할 뿐, 그 자체로 미래에 대한 결정적인 효력까지 보장하고 있지는 않다.10)

표 1-1. 완문의 정의

분류	발급자	내용	문서성격	강조점
최승희	관(官)	사실의 확인 또는 권리나 특전(特典)의 인정	증명문서	문서의 수수행위
전경목	관(官), 향교(鄕校), 종중(宗中)	사실 확인 혹은 특전 부여를 증빙	규정문서	수급자의 증빙행위
박병호	관(官) 등	폐단의 광정(匡正), 권리나 특권의 부여를 처분	처분문서	발급자의 발급행위

10) 문숙자, 《조선시대 재산상속과 가족》, 경인문화사, 2004, 25쪽 참조.

1.2.2. 처분문서로서의 성격

조선시대의 전체 문서체계에서 완문은 어떠한 자리를 차지하고 있었을까? 이 문제를 해명하기 위해서는 우선 문서 체계 전반에 대한 이해가 전제되어야 한다.

문서체계는 분류기준에 따라 구축하는 방식도 다르다. 그 가운데에서 대표적으로 발급자와 수급자를 기준으로 한 분류가 있을 수 있고, 아니면 문서효력이 분류의 기준일 수도 있다. 최승희는 발수급자 중심의 분류체계를 세웠다.

한편 그는 문서효력에 입각하여 문서를 이해할 수 있는 시사점을 다음과 같이 제시하기도 하였다.

문서는 발수(發受)됨으로써 그 효력을 발생하게 된다. 그러나 문서의 효력은 그 발수와 동시에 종결되는 것과, 일정한 시간 동안만 유효한 일시적인 것이 있고, 그 효력이 장기적 영속적인 것이 있다. 일시적 효력을 가진 문서로는 소차(疏箚)·계본(啓本)·계목(啓目)·장계(狀啓)·초기(草記) 등 상신문서(上申文書)와 관(關)·첩정(牒呈)·서목(書目)·감결(甘結) 등 관부문서(官府文書)와 통문(通文)과 같은 것이 있겠는데…… 그러나 문서 가운데는 그 효력이 지속적 영속적인 것이 있다. 장기적인 법적 구속력을 갖는 왕명(王命)이나 사패(賜牌) 또는 완문(完文)·입안(立案)·제음(題音) 등의 관급문서(官給文書), 재산상속이나 분집관계(分執關係)의 문기(文記), 토지·노비 등의 매매문기 또는 공물주인(貢物主人)·여각주인·경주인·상고주인 등의 영업권을 매매하는 문기 등은 그 효력이 지속적인 것이다.[11]

---

11) 최승희, 앞의 책, 34~36쪽 참조.

이 견해에 따르면, 문서 효력이 문서의 발급과 수취 과정에서 종결되는 문서인가, 아니면 그 효력이 영속적이고 지속되는 문서인가에 따라 문서의 성격은 달라진다. 발급과 수취 과정에서 문서 효력이 종결되는 문서는 발급자가 자신의 명령을 전달하거나 사실의 보고를 목적으로 하는 것이다.

여기에는 상신문서[상달문서]와 하달문서와 같이 상·하의 행정체계에서 생산된 행이문서(行移文書), 그리고 통문(通文) 등과 같이 수평적 정보 전달을 목적으로 한 문서가 포함되어 있다. 필자는 이러한 성격의 문서를 통칭하여 '전달문서'라고 이름 붙이고자 한다.

한편, 증빙문서는 그 효력이 지속적 영속적이었다는 점에 특색이 있다. 그런데 문서 효력에 이 같은 차이가 보이는 까닭은 문서 효력이 발생하는 과정에서 차이가 나기 때문이다. 전달문서는 발급자와 수급자 사이에서 문서 효력이 완결되지만, 증빙문서는 본성상 증빙 대상인 제3자를 요청하고 있다.

전달문서와 증빙문서의 이 같은 대비점을 더욱 명확히 이해하기 위하여 두 문서가 갖는 효력에서의 특성을 다음과 같이 도식화하였다.

그림 1-1. 문서의 종류에 따른 문서 효력의 의미

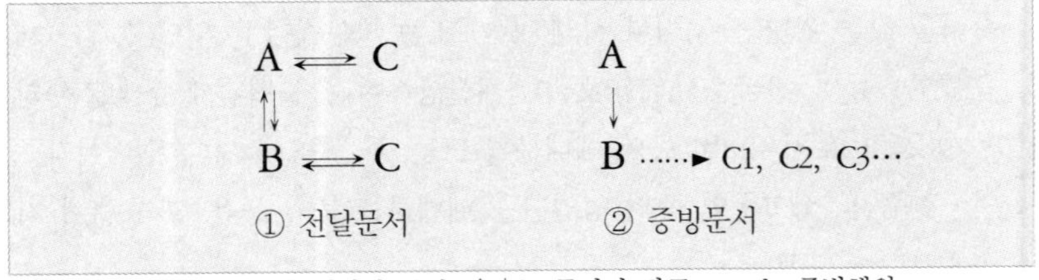

* A, B, C는 문서 관련 행위의 주체, ↑↓는 문서의 발급, ┈▶ 는 증빙행위.

① 전달문서의 수수행위는 발급자인 A(또는 B)가 수급자인 B(또는 A)에게, 또는 A(또는 B)가 C에게 명령이나 정보를 전달하기 위하여 개시

되어, 그 문서가 수급자인 B에 이르렀을 때 효력이 완수됨과 함께 종식된다. 이것은 한 방향으로 진행되며 1회적이라는 데 특징이 있다.

② 증빙문서의 수수행위에서 발급자인 A가 수급자인 B에게 문서를 발급하는 목적은 B가 C에게 증빙하는 행위를 전제로 하고 있다. 이 문서는 발급행위와 증빙행위가 별도로 상정되어 있다.

따라서 이때의 수수행위는 A가 B에게 문서를 전달함으로써 완료되지만, 문서효력은 B가 C에게 증빙하는 행위를 통해 드러난다. 이것은 C가 불특정이라는 점에서 1회적인 행위에 그치는 것이 아니라 이후 불특정 다수에 대한 영구적인 증빙 행위가 예상된다.

이때 전달문서는 발급자의 의지를 수급자에게 전달하고자 발급한다. 그런 점에서 이 문서는 발급자 중심의 문서라고 할 수 있다. 한편, 증빙문서의 경우는 그 문서의 발급이 수급자의 증빙 행위를 목적으로 하고 있다. 그러므로 이 문서는 결국 수급자 중심의 문서라고 할 수 있다.[12]

그런데 증빙문서는 다시 그 내부에서 개념 분화가 나타난다. 이러한 개념 분화를 좀 더 면밀히 검토하기 위해서는 체사레 파올리가 문서를 '증명문서'(Documenti di prova)와 '규정문서'(Documenti dispositivi)로 나누어 이해한 구분법이 유용하다.[13] 그에 따르면, 증명문서란 "문서가 작성되기에 앞서, 이미 완료되어 완벽하고 충분한 효력을 가지는 법적 행위를 단순히 입증"하는 문서인 반면, 규정문서는 "완료된 행위에 효력을 부여하고 장래에도 관련 행위를 입증하여, 이로 인한 결과들의 근거와 타이틀에 대한 유일한 증거"로 삼는 문서로 구분하였다.

위의 견해를 덧붙여 설명하자면, 증명문서가 과거의 행위를 증빙의 대상으로 삼는 것이라고 한다면, 규정문서는 증빙 대상이 미래의 행위

---

12) 김혁, 〈증빙의 개념에서 본 증빙문서 연구의 과제〉, 《영남학》 10, 2006.
13) 체사레 파올리 지음/자코모 바스카페 엮음/김정하 옮김, 《서양고문서학개론》, 아카넷, 2004, 20쪽 참조.

를 보장하는 데 있다고 하겠다. 이러한 개념에 비추어볼 때, 증명문서와 규정문서의 차이는 문서 안에 미래에도 처분 내용을 보증할 문서효력을 밝혀 놓았느냐의 여부에 달렸음을 알 수 있다.

이 개념에 따른다면, 완문의 문서 성격을 '인정이나 확인'이라는 개념에 한정하여 해석하는 것은 충분하지 않으며, 미래에 대한 보장이라는 개념을 반드시 포함시켜야 할 것이다. 즉, 완문이 증명문서인가 규정문서인가라고 묻는다면, 완문은 증빙을 그 자체의 문서 효력으로 가진 규정문서로서 기능하였다고 답할 수 있을 것이다. 그런 점에서 위에서 전경목이 내린 증빙문서의 개념은 규정문서에 가깝다고 하겠다.

그런데 미래의 효력을 담보하는 문서로서 완문을 정의하는 것조차 완문의 성격을 온전히 드러내었다고 할 수 없다. 이 같은 성격은 완문뿐 아니라 입안에도 마찬가지로 적용될 수 있는 개념이기 때문이다. 완문이나 입안은 모두 국가 공권력이 문서 안에 내포되었고, 그 공권력이 미래에 효력을 발휘할 수 있도록 규정되어 있다.

완문과 입안의 성격을 대비하여 이해할 수 있는 중요한 참고 예로, 효자열녀집안에 정려를 내리는 과정에서 발급하는 완문과 입안이 있다. 예조에서 정려를 내리기 전에 탈역을 보증하는 완문을 내리고, 그 뒤에 정려를 내릴 때 다시 입안을 발급하는 것이 통례였다. 그럴 경우, 완문과 입안은 같은 관청에서 같은 사안에 대해 발급하였던 비슷한 내용을 담고 있는 문서임에도 문서의 기능이나 본질에서는 성격이 다르다.

예조에서 완문을 발급할 때 효자집안으로서 해당 집안에 대한 공의(公議)가 아직은 광범위하게 형성되지 않았다는 점에 주목할 필요가 있다.[14] 이것은 이후 예조에서 발급한 입안을 반증하여 설명하는 근거가 되는 동시에 완문의 특성을 적시하는 말이기도 하다. 따라서 입안은

---

14) 김혁, 앞의 글(2005), 제6장 완문의 문서사회사, 제1절 완문과 집안, 3. 孝子烈女完文과 부안 김채상 집안을 참조.

사회적 합의가 완료된 행위를 입증하는 경우가 많으므로 완문과 같이 관의 단독적인 처분에 의한 것은 아니다.15)

완문이 갖는 처분문서로서의 특성을 또 다른 규정문서와 비교해 보면 그 의미는 더욱 분명해진다. 예컨대 공신의 후예임을 입증하는 문서의 경우, 충훈부등급을 발급하여 그들이 공신의 후예임을 증명하고 특권의 규정을 밝혀 놓았음에도, 동시에 그와 비슷한 성격의 문서인 완문을 발급하는 사례가 있다.16)

충훈부에서 거의 같은 내용의 문서 2종을 동시에 발급하였다는 것은 완문의 성격을 이해하는 데 시사하는 바가 크다. 이는 충훈부에서 이 두 문서를 각각 다른 성격의 문서로 인식하였다는 반증일 수 있기 때문이다. 충훈부등급은 충훈부가 발급자이지만 국왕의 교시에 따를 뿐, 충훈부의 처분권에 의거하는 것이 아니므로 규정문서로 보는 것이 타당하다. 그런데 완문은 이와는 달리 충훈부의 직접적인 처분권이 행사된 것으로 이해할 필요가 있다. 그런 점에서 완문을 처분문서로 이해하는 것이 타당하다고 생각한다.

증빙문서에서 완문이 차지하는 위상에 대해서는 다음의 〈그림 1-2〉에서 간략히 정리하였다.17) 여기서는 증빙의 근거가 될 수 있도록 작성된 문서는 모두 증빙문서로 정의하였다. 증빙문서는 다시 문서의 효력이 갖는 특성에 따라 증명문서와 규정문서, 처분문서로 나누었다.

증명문서는 사회성원 사이의 합의를 문서로 작성한 사문서와 관청

---

15) 입안에 대해서는 최연숙, 〈조선시대 입안(立案)에 관한 연구〉, 한국학중앙연구원 박사학위논문, 2005 참조. 입안은 법원(法源)이 법전에 규정되어 있거나 왕의 교시라는 점에 특색이 있다.

16) 예컨대 화성시 정남면 괘랑 2리에 거주하는 남산 밑 차씨의 문서 가운데, 1886년 충훈부에서는 차석봉에게 충훈부등급과 완문을 동시에 발급하고 있다.(김혁, 《화성사람들, 정조를 만나다》, 화성문화원, 2004, 172~175쪽)

17) 윤병태 등, 앞의 책, 64~65쪽 참조.

이 발급하는 증명문서인 관문서로 나누어 이해하였다. 분쟁으로 인해 재판이 벌어졌을 때 이 문서들은 증빙자료로 이용될 수 있지만, 사회 성원 사이의 합의가 국가의 인정 없이 문서로 작성된다는 점에 특색이 있다.

그림 1-2. 증빙문서에서 완문의 위상

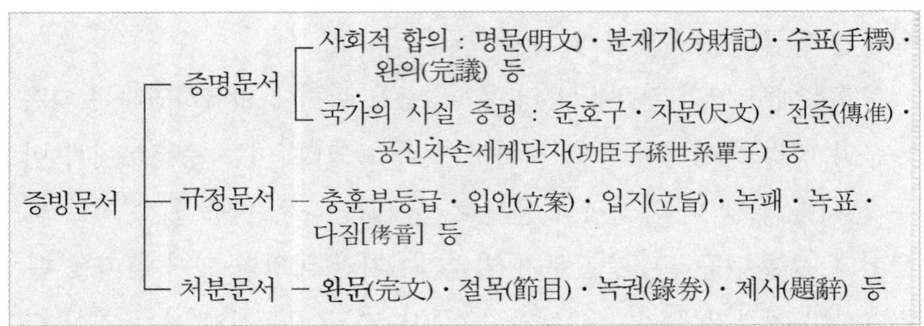

규정문서와 처분문서는 둘 다 문서의 보증력을 미래에 두고 있다는 점에서 성격이 같다. 차이점은 문서의 보증력이 증빙에 초점을 두었는가, 처분에 두었는가에 있다. 예컨대 입안의 경우는 법적 근거에 충족된 사회행위나 이미 완료된 사회적 합의를 발급근거로 한다.

말하자면 입안을 발급받기 위해서는 법적 근거에 입각하거나 사회적 합의에 근거하여야 하는 것은 물론, 그 사실을 입증할 수 있는 여타의 증명문서가 첨부되거나 증인의 증언에 의해 청원하는 과정을 거친다는 특성이 있다. 반면에 완문은 관의 단독적 처분에 의하여 발급되기 때문에, 입안보다 관의 재량권이 훨씬 강조된 문서라고 할 수 있다

1.2.3. 특권문서로서의 특성

특권문서란 글자 그대로 이 문서를 수취한 사람에게 사회적 특권을

보장해 주기 위해 발급하는 문서이다. 수급자는 이 문서에 의거해 자신의 특권을 증빙하고 주장할 수 있었다. 이러한 특권의 부여는 발급자의 고유 권한에 속한다. 따라서 특권을 부여하는 발급자의 권력이 전제되지 않고서는 특권문서가 그 자체로 가질 수 있는 의미는 없다. 특권문서란 곧 발급자의 권력을 나누어 갖는 문서이기 때문이다.

조선시대의 특권은 조선 초기부터 지배신분에게 공식적으로 분배되었다. 그런 점에서 조선사회는 신분사회라고 할 수 있다. 이러한 특권의 분배는 주로 팔의(八議)에 의해 규정되었다. 팔의란 왕친, 외척, 공신, 고급 관료를 포함한 여덟 부류의 집단들을 의미하며, 이들에 대해 이와 같은 규정을 두었던 것은 그들을 예우하기 위해서였다. 이들에게 부여된 특권은 주로 형사상의 면책 특권이었다.[18]

이 같은 특권을 보장하는 대표적인 문서로는 팔의의 하나인 공신의 특권을 보장하는 녹권(錄券)이 있다. 녹권은 국왕 문서의 하나로서, 국왕의 처분권에 의거해 발급된다는 점에서 처분문서이며, 이를 통해 특권을 부여받은 사실을 증빙한다는 점에서 증빙문서이다. 그리고 그 특권이 당자에게만 한정된 것이 아니라 후손들에게까지 영속적으로 이어지는 보장을 명기하고 있다는 점에서 규정문서이기도 하다.[19] 이런 관점에서 본다면 주제 면에서 녹권은 완문과 가장 유사한 문서라고 할 수 있다.

그런데 녹권과 완문은 특권의 내용 및 발급자에서 차이가 난다. 녹권에 규정된 특권은 작위(爵位)·노비·토지의 부여를 내용으로 한다. 이 권리는 최고 권력자인 국왕에 의해 부여되는 권리로서, 왕조가 멸망하지 않는 한 지속되는 권한이다. 녹권에는 누가 보아도 특권이라고

---

18) 신명호, 〈조선초기 팔의(八議)의 형사상의 특권〉, 《청계사학》 12, 1996.
19) 녹권의 개념에 대해서는 최승희, 앞의 책, 107쪽; 노명호, 〈고려후기의 공신녹권(功臣錄券)과 공신교서(功臣教書)〉, 《고문서연구》 13, 1998 참조.

부를 만한 배타적 권리를 명기하고 있다.

완문에 규정된 특권의 내용으로는, 산림 등 공유지에 대한 이용권 및 군역과 각종 요역에 대한 탈역 등이 주를 이룬다. 이러한 권리는 완문의 주 발급자인 수령이 행사할 수 있는 권한으로부터 나온다. 그런데 수령이라는 존재는 그가 관할하는 고을에서는 단독적인 권력을 행사할 수 있지만 일정한 임기에 구속되어 있었기 때문에, 그가 부여한 특권이라는 것도 그의 임기 동안에만 통용될 수 있는 매우 불안정한 성격을 띠게 마련이었다.

완문의 수급자는 주로 공신[議功]의 먼 후손들, 종친[議親]의 먼 후손들, 고급 관료[議貴]의 먼 후손들, 전조 왕실[議賓]의 먼 후손들, 삼강의 행실이 인정되는 자나 그 후손들이었다. 따라서 완문의 발급대상은 대부분 팔의와 전혀 관계가 없는 것은 아니지만, 원래 규정된 범주에는 포함되지 않는 사람이 대부분이다. 이들은 국왕권이 아니라 주로 수령권 안에서 보호받는 사람들이었다.

그런데 수령은 비교적 짧은 임기가 지나면 바로 떠나야 할 나그네에 불과하므로, 완문에서 규정된 권리는 상대적으로 불안하였다. 그 결과 이러한 발급자가 갖는 특성은 완문의 중첩발급과 중복발급 등 매우 불안정한 발급관행을 야기시켰다.

그런데 수급자의 입장에서 보면 녹권보다는 완문 쪽이 접근하기가 쉬웠다. 녹권이란 대개 국가의 대사와 관련하여 그 공적을 논하면서 발급하는 것이 통례였다. 반면에 완문은 발급자가 수령이었으며, 그의 단독적인 처분권에 의해 발급되었기 때문에 그것에 접근하는 일은 비교적 쉬웠다.

조선 후기의 일반 민들에게는 완문을 수급하는 것이야말로 국가에서 부여하는 특혜에 접근할 수 있는 거의 유일한 통로였다고 보아도 무방할 것이다. 사족을 포함한 일반 민들의 완문 수취 노력은 지대하였으며, 이런 노력을 추동하는 힘은 완문이 갖는 특권에 있었다. 그리고 이것이 당시에 완문이 남발되는 주요한 사회적 배경 가운데 하나가 되었다.

1.3. 방법으로서의 개념

앞서 완문의 개념을 여러 측면에서 검토하였다. 그런데 이러한 설명들은 대체로 1종 문서로서 완문을 대상으로 한 것이다. 그 정의들로는 1건 문서로서 완문을 이해할 수 있는 개념적 도구를 얻기가 어렵다. 1종 문서는 1건과는 전혀 다른 개념적 층위에 위치해 있다. 따라서 1건 완문의 특성을 이해하기 위해서는 1종과는 다른, 그것에 부합하는 특수한 접근법이 요구된다. 그것은 1건 완문에 대한 개념 정의로부터 시작한다.

완문을 1종 문서로서 취급한다는 것은 완문을 다른 종의 문서와 범주적으로 구별하는 관점을 취한다는 의미다. 여기서는 앞서 설명하였듯이 '완문은 입안과 어떤 점에서 다른가?'와 같은 종류의 질문을 하게 되는 것이다. 물론 여기서의 입안도 1종 문서로서의 입안을 의미한다.

그리고 1종 문서의 완문을 이해하는 것은 개별적인 완문들이 발급될 수 있는 근거, 즉 완문의 발급 제도에 대해 관심을 갖게 한다. 이 제도는 어떠한 사회 배경에서 발생하였는가? 그 발생을 어떠한 사회 관습, 제도와 관련하여 이해할 수 있을까? 또는 시대적으로 그 제도에 따라 종으로서의 완문은 어떤 변화를 보였는가? 이와 같이 제도적인 시점에서 완문은 시간의 흐름에 따라 관찰될 수 있을 것이다.

그런데 1건 문서로서 완문은 이와는 다른 범주에서 관찰된다. 즉 1건의 완문은 1종 완문이 갖는 제도적 규정성 속에서 존재한다. 1건 문서의 발생은 1종 문서가 제도로서 발생하는 것과는 달리, 개별적이고 구체적인 사회적 맥락 속에 위치해 있다. 여기서는 문서를 발급한 발급자와 수취자가 개체적 인간으로 구체적인 모습을 드러낸다.

1건 문서에 나타난 사회현상 속에서 사회 시스템의 운동을 동태적으로 관찰하기 위해서는 발급자와 수급자가 갖는 각각의 입장이 함께 고려되어야 한다. 이는 문서 생산의 두 당사자인 발급자와 수급자가 이해 적합성에 따라 합의하거나 타협하는 지점에서 문서는 생성되기 때문이다. 따라서 1건 문서를 연구하는 데에서 둘의 의지가 어떠한 배경에 처해 있는가 하는 맥락을 이해하는 것은 문서를 통하여 사회현상을 이해하기 위한 관건이다.[20]

이러한 연구 시각을 완문에 적용해 보자. 완문은 관문서이므로 발급자인 관인이 국가의 의지를 실현할 목적으로 발급한 것이다. 관문서의 본질을 이해하기 위해서는 나카무라 유이치(中村裕一)의 다음과 같은 지적이 참고 된다.

문서는 공문서(公文書)의 종류와 문서양식이 규정됨으로써 관인(官人)·관부(官府)·국가(國家)의 의지를 표현하고, 그들의 의지에 보편성과

---

20) 국내에서 공간(公刊)된 대표적인 고문서학 개설서로는 최승희와 허흥식의 것을 꼽을 수 있다. 최승희는 "甲의 特定한 意志가 그 目的을 달성하기 위하여 乙에게 전달되는 글을 '文書'라고 정의할 수 있겠다"고 규정함으로써 발급자의 의지를 강조하는 쪽에서 문서를 정의하고 있다.(최승희, 앞의 책, 22쪽) 한편, 허흥식은 자신의 사회사 연구의 경험을 바탕으로 "고문서는 인간 사이의 긴장관계를 상실한 문서라고 불릴 수 있다"고 정의함으로써 고문서에 대한 독창적인 개념을 끌어낼 수 있었다.(허흥식, 《한국의 고문서》, 민음사, 1988, 15쪽) 고문서에 대한 허흥식의 정의를 뒤집어 이해하면, 고문서는 발급자와 수급자 사이의 상호적 긴장관계에서 생산되었다는 의미로 받아들일 수 있을 것이다.
필자는 허흥식의 정의가 문서의 발생과 효력을 설명하는 데 발급자의 의지는 물론 수급자의 의지도 아울러 수용하는 견해라는 점에서 완문과 같이 사회적 현상과 연관되어 있는 문서의 성격을 해명하는 데에 더 유용한 견해라고 생각한다. 따라서 이 책에서 문서의 정의에 관한 한 기본적으로 허흥식의 견해를 수용할 것이다.

정당성을 부여한다. 즉 어떤 의지가 문서로서 정립될 때 그것은 단지 개인의 머릿속에 머물러 있는 사적인 의지가 문자화된 것에 불과한 것은 아니다.21)

위의 인용문에서 공문서가 국가의지를 표현하고 있다고 설명한 부분은 이 논의에서 매우 중요하다. 이것을 따른다면 발급자도 완문에서 국가의 공적인 합리성과 보편성을 드러낸다. 한편 수급자는 자신의 사적인 욕망을 실현하려는 데에 목적이 있었다고 할 수 있다.

이 같은 공적 의지에는 본질적으로 사적 욕망과 충돌하며, 그것을 통제하는 기능이 부여되어 있다. 그러므로 수급자는 늘 발급자가 제시하는 공적인 조건을 통해서 자신의 욕망을 실현할 수밖에 없는 처지에 놓인다. 따라서 수급자가 자신의 사적 욕망을 실현하기 위해서는, 공적인 의지와 모순되지 않으면서 자신의 사적 욕망을 실현할 수 있는 방법을 모색해야만 한다.

따라서 관문서에서 발급자와 수급자의 의지 사이에 형성된 긴장관계는 '국가 이성 대 사적 욕망'이라는 대립구도를 가지면서도 그 속에서 현실적인 타협점을 찾게 마련이다. 대립과 타협이 균형을 이루는 지점에서 사회적 긴장은 발생하므로, 문서란 발급자와 수급자의 의지에서 나온 산물이라고 할 수 있다. 이 점에서는 관문서인 완문도 예외일 수 없다.

완문은 대개 수급자의 청원에 따라 발급된다. 따라서 이 문서에는 어느 다른 문서보다도 수급자의 소망이 더 많이 반영되어 있다. 역설적이게도 수급자는 발급자의 의지를 고려한 바탕 위에서 청원하므로, 수급자의 청원행위에는 이미 발급자의 의지가 상당 부분 반영되어 있

---

21) 中村裕一, 《唐代官文書研究》, 中文出版社, 1991, 5쪽.

다. 그런 의미에서 완문은 발급자와 수급자가 형성한 긴장관계에서 생산된 문서라고 할 수 있다.

다음으로는 위에서 언급한 개념을 바탕으로 완문에 대한 연구방법을 제시하고자 한다. 문서가 갖는 그 자체의 질서를 이해하는 것은 곧 연구방법과 매우 깊이 연관되어 있기 때문이다.

완문의 생산 과정을 보면, 발급제도가 정착된 이후부터 대개 일정한 패턴에 따라 진행되었음을 알 수 있다. 위에서 언급한 바와 같이 완문의 생산은 수급자의 청원에서부터 시작한다. 수급자는 먼저 자신이 완문을 수취할 수 있는 근거를 작성하여, 주로 소지 등 청원서의 형태로 관에 제출한다. 이것을 청원행위(請願行爲)라고 한다. 관가에서는 이러한 청원을 법적 관습적 타당성에 비추어 검토한다. 이것이 심의행위(審議行爲)이다.

이후 완문의 발급 여부에 대해서 행정처분을 내린다. 이것을 처분행위(處分行爲)라고 한다. 처분은 제사(題辭)의 형식으로 작성되며, 청원서에 함께 기록하는 것이 통례이다. 그 다음 순서로는 처분의 결과에 따라 완문이 발급되는데, 이것을 발급행위(發給行爲)라고 한다. 발급행위는 완문을 직접 제작하여 수급자에게 인도하는 행위를 포함한다. 이와 같이 완문은 '청원행위 → 심의행위 → 처분행위 → 발급행위'로 이어지는 일련의 행정절차를 거치면서 생산된다.

따라서 완문 문서 발급 과정에 나타난 수급자의 청원행위는 단순한 문서수취를 위한 행정행위에 그치는 것만은 아니라, 이 과정은 행정행위의 외부에서 진행되는 사회행위와 밀접히 연관되어 있다. 넓게 보아서 발급자와 수급자의 행정행위는 그들이 공동으로 참여하는 일련의 사회행위 속에서 함께 진행된다. 이와 같이 행정행위를 전체 사회행위와 연관하여 이해하고자 하는 고문서학의 분과학을 문서사회사라고 할 수 있을 것이다.[22]

문서사회사의 관점에서 볼 때, 완문 수급자의 청원행위는 다른 무엇보다 큰 무게가 있다. 수급자의 청원행위는 완문 수취 이후 완문에 근거하여 타자를 구속할 수 있는 현실적 권력을 취득하고 그것으로 자신의 생활양식을 변화시키고자 하는 의지에서 출발한다. 그리고 이러한 행위는 자신이 동원할 수 있는 모든 사회자원에 대한 고려를 전제로 하고 있다.

이 과정에서 수급자는 발급자와 맺는 여러 관계 속에서 완문의 발급을 청구하는 자신의 의지가 실현될 수 있도록 청원의 명분을 발급자의 검토 기준에 맞추려 의도하였다. 따라서 완문을 청구하기 위하여 내건 수급자의 문서 청구요건은 발급자가 관습, 법적 효과나 관행 등으로 이미 구성되어 있는 사회적 의미체계를 의식하여 작성하게 마련이다.

그리고 완문 수급자의 주체 형식은 개인이 아닌 집안으로 드러난다. 이것이 현대와는 구별되는 뚜렷한 특성이다. 그런 점에서 각 집안은 자신의 사회적 여건에 따라 완문 수취를 위해 동원할 수 있는 사회자원의 내용과 동원방식이 달라질 수밖에 없다.[23]

생활을 변화시킨다는 것은 곧 수급자가 자신이 처한 구체적인 환경을 변화시킨다는 의미이다. 이것은 결국 행위자와 환경이 어떠한 관련성 속에 자리잡고 있으며, 그러한 환경에 어떻게 대응하였는가 하는 문제로 귀결된다.

그런데 행위자와 환경의 관계를 이해하기 위해서는 환경에 대한 행

---

22) 문서사회사의 의미에 대해서는 김혁, 앞의 글(2005), 26~31쪽 참조.

23) 자원동원론은 본래 "합리적 행위이론에 기반한 집단적 행위이론으로서……사회운동이 일반화되고 고도로 전문화되었으며 부분적으로는 실로 상품화된 사회에서 활동하고 있는 사업지도부의 관점에 상응"하는 행위모델이었다. 그런데 필자는 이 같은 행위모델은 상품화된 사회에서만 적용되는 것이 아니라 전근대사회에서도 인간의 행위를 추동하는 원인을 구명하는 데 유용한 개념이라고 생각한다. 즉, 이 이론을 사회계층이 자신의 현실적 필요에 직면해서 이에 대처하기 위하여 사회자원을 활용하는 일반적인 행위모델로 이해하고자 한다.(한스 요아스/ 신진욱 역, 《행위의 창조성》, 한울, 2002, 330~332쪽 참조)

위자의 합리적 대응만을 강조하는 사회행위에 대해 모델에 의거한 접근방법만으로는 다가가기 힘든 점이 있다. 모델은 사회행위를 단선적이고 결정론적으로 이해하여, 인간행위의 복합적이고 주체적이며 창조적인 측면을 간과할 우려가 있기 때문이다.[24]

필자는 완문의 발급과정에 비추어 볼 때 이러한 우려에 동감한다. 왜냐하면 1건의 완문에서 간취된 인간행위는 특수한 환경 아래에서 이루어진 것이며, 그 자체가 각각의 독특한 행위유형을 만들어내기 때문이다.

수급자가 완문을 수취하기 이전에 그 문서의 수취를 자신의 목적으로 설정하고자 하는 것은 사회환경과 상호 주관적으로 교호한 결과이다. 따라서 그의 행위는 환경에 의해 무조건 결정되기만 한 것도 아니고, 그렇다고 환경을 무시한 자신의 주관적인 의도성만을 실현하려 한 결과라고도 볼 수 없다. 수급자는 환경에 영향을 받으면서도 기존의 환경을 새롭게 변화시키려 도모하였다는 점에서 그의 사회행위에는 사회적 창조성이 있다.

더욱이 조선과 같은 신분제 사회에서는 그러한 환경이 더욱 복합적으로 설정되어 있었다. 그러한 환경에는 신분과 연관되어 있는 명분에 의한 제약성이 컸으며, 이것은 외부에서 관찰하기 힘든 매우 복합적인 연망에 따라 결정되었다. 이 연망은 지역적으로 형성된 특수한 사회적 맥락 속에서 존재하므로, 연구자로 하여금 더 많은 것을 고려하게 한다

이와 같이 수급자의 개체적 행위는 독자적인 외양을 띠는 듯이 보이지만, 사실상 발급자와 함께 형성하는 상호적인 행태기대(行態期待)의 범례를 공동으로 지향함으로써 이를 통해 자신의 욕망을 조절하는 동시에, 이것으로 자신의 욕망을 실현하고자 한 것이다. 다시 말해 완문

---

24) 위의 책, 243~244쪽 참조.

의 수급자는 단순히 완문을 수동적으로 수취하는 사람에 불과한 것이 아니라, 완문을 수취하고자 하는 동기 그 자체가 이미 문서를 수취하고자 기도하였던 최초의 지점에서부터 동행하고 있는 셈이다.

따라서 완문을 수취하는 행위는 단순히 타자의 행위와 대비된다는 의미에서 개체적 행위에 불과한 것이 아니라, 그 개체적 행위는 이미 타자인 발급자의 행위와 결합된 공동성을 실현하는 데 동참하는 것이라고 할 수 있다. 따라서 완문의 문서화 과정에 나타난 개체적 행위 속에는 그의 의도에 선행하는 공동의 사회행위가 전제된 셈이다. 그런데 이 공동의 사회행위는 이를 가능하게 하는 사회구조를 떠나서는 설명되지 않는다. 이 사회구조는 공동의 사회행위를 가능하게 하고, 심지어 배태하고 있다는 점에서 공동의 사회행위에 대해 자궁 역할을 한다.

사회구조는 그 자체로서 현실에 직접 가담하지는 않지만, 그것을 현실로부터 분리시켜 이해해서는 곤란하다. 사회구조는 법이나 관습의 이름으로 현실에 존재하며 행위자의 구체적인 행위와 인지에 지속적인 영향을 미치며, 그 역 또한 성립한다. 사회구조는 행위자들이 상호 관련을 맺고 끊임없이 생산해내는 창조적 행위와 조응과 반발을 반복한다.

그런 점에서 사회구조와 공동의 사회행위는 완문에서의 개체적 행위를 이해할 단초가 될 뿐 아니라, 문서사회사의 가장 궁극적인 영역에 함께 참여하고 있다. 완문이 문서로 생산되는 과정과 그곳에 나타난 공동의 사회행위와의 연관성을 그림으로 나타내면 다음과 같다.

그림 1-3. 완문의 문서 생산 과정

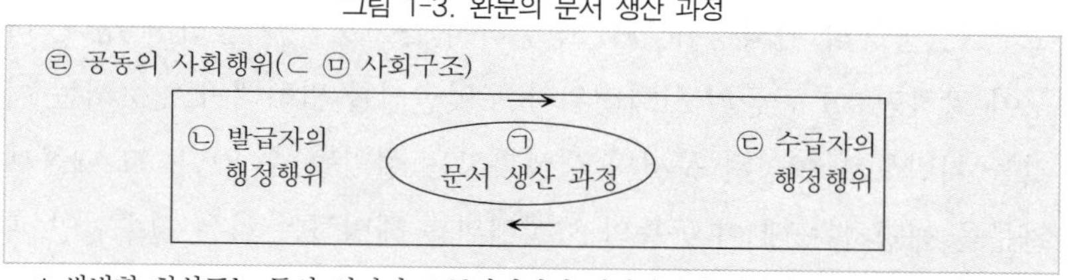

* 쌍방향 화살표는 둘의 의지가 공동적이면서 긴장관계가 있음을 표현한 것임.

〈그림 1-3〉에 의거해서 완문의 문서 생산 과정 및 그와 연관된 사회행위를 다시 정리하면 다음과 같다.

'㉠ 문서 생산 과정'은 위에서 설명하였듯이 수급자의 청원행위로부터 발급행위에 이르는, 문서가 생성되기까지 나타나는 일련의 행정행위를 가리킨다. 문서의 생산 과정에서 무엇보다 눈길을 끄는 점은, 수급자와 발급자의 청원·발급행위이고, 그 과정은 시간의 흐름에 따라 차례대로 진행된다.

이와 같은 발급자와 수급자의 행정행위는 발급자와 수급자의 심리적 의지에 의거한다. 각각의 심리적 의지란 결국 발급자 처지에서는 국가의 정책적 의지의 구현으로, 수급자 처지에서는 특권을 취득하여 자신의 생활양식을 변화시키려는 의지로 드러난다. 그리고 심리적 의지는 발급자에게는 발급자의 개체적 사회행위(㉡)를 뜻하며, 수급자에게는 수급자의 개체적 사회행위(㉢)를 뜻한다. 그리고 이 각각의 사회행위는 일종의 의지를 가진 사회행위로서 '독해 가능한 특성들'을 지닌다.

이와 같은 사회행위는 상호 교호적으로 긴장관계 속에서 형성되므로 문서가 생산되는 과정과는 구별된다. 문서화 과정이 한 방향의 양상을 보여준다면, 이 문서화 과정에서 나타난 발급자와 수급자의 심리적 의지를 반영한 사회행위는 쌍방향의 특성을 보여준다.

그런데 서로 마주보는 양상으로 드러나는 발급자와 수급자 사이에 형성된 쌍방향적인 긴장관계는 발급자와 수급자 모두가 기반으로 하고 있는 공동의 사회행위(㉣)를 상정하지 않고서는 가능하지 않다. 바꾸어 말하면, 이 공동의 사회행위가 무엇인지를 밝혀내지 않고서는 이것을 기반으로 형성된 문서의 생성과정은 설명될 수 없다. 그 때문에 완문을 해명하는 데 이 공동의 사회행위를 해명하는 일은 필수적인 과제이다.

필자는 이와 같이 문서화 과정을 둘러싸고 나타나는 일련의 사회행위를 연구 절차로 환원해 보았다. 따라서 문서사회사의 연구대상인 각종의 완문을 생성시킨 발급자와 수급자 사이에 형성된 긴장관계를 구체적으로 연구하는 데에는, 대개 다음과 같은 연구과정을 따를 것이다.

① 각종의 완문을 생성하게 된 일련의 문서 생산 과정을 정리한다.
② 그 문서화 과정의 실질적 계기가 되는 발급자와 수급자의 심리적 의지를 탐구한다.
③ 발급자와 수급자의 심리적 의지를 발동시킨 개체적 사회행위를 탐구한다.
④ 발급자와 수급자 각자의 개체적 사회행위를 떠받치고 있는 공동의 사회행위에 대하여 탐구한다.

이러한 과정은 1건의 완문을 중심으로 이루어진 문서 생산 과정, 문서 작성 과정에 감추어진 발급자와 수급자의 심리적 의지, 그리고 이 둘의 심리적 의지의 직접적인 기초가 되는 각각의 개체적 사회행위, 그리고 그 개체의 사회행위를 통합하는 공동의 사회행위가 겹겹이 쌓인 중층적 행위구조로 이루어져 있다. 이와 같은 구조는 실천적으로 문서 생산 과정이라는 구체적인 행정행위에서 출발하여 그 행정행위의 심리적 의지로부터 개체적 사회행위를 구축하고, 그로부터 공동의 사회행위를 추상하는 과정을 거칠 것을 전제한다.

이와 같은 구조에 따라 그 결과물로 나온 실물인 완문을 통해 입체적 현실구조를 구성할 수 있다. 따라서 필자가 이러한 현실적 과정을 구조적으로 이해하려 하는 것은, 이것을 문서사회사 연구의 한 방법론으로 채택하여 현실이 도립(倒立)된 현상으로 파악하기 위해서이다. 이것은 또 개체성을 총체성으로 상승시키는 방법이기도 하다. 그러나 그 총체성은 개체성을 독단적으로 규정하는 것이 아니라, 그 개체성에 영향력을 행사하면서도 결국 괴리를 드러낼 수밖에 없는 성격으로 파악된다.

완문의 문서화 과정에는 발급자와 수급자를 규정하는 각각의 영역이 뚜렷한 연구대상으로 설정될 수 있다. 이 과정에서 ① 완문의 발급원칙을 반영하고 있는 제도적 영역과, ② 이에 대한 각 사회신분층의 대응력에 해당한다고 할 수 있는, 각 사회신분층이 자신의 욕망 실현을 위하여 어떠한 사회자원을 어떻게 동원하였는가라는 사회행위의 영역으로 구분하여 이해할 것이다.

더욱이 완문이 관문서였다는 사실은 이러한 문서화 과정이 결코 문서의 수급자와 발급자 사이가 수평적 인간관계에 의거한 것이 아니라, 관과 각 사회신분층 사이에 나타나는 수직적 관계에 기초하고 있음을 보여준다.

따라서 완문의 문서화 과정에서 관이 발휘하는 규정력이 제1의 규정력이 되고, 그에 대한 대응으로서 수급자의 의지는 제2의 규정력이 된다. 관의 규정력이란 것도 조선의 관습법 체제에서 관의 재량권에 기초하여 관의 단독적 성격이 강한 것이지만, 관의 단독적 처분을 단순히 관습과 무관한 그의 독단적인 자의에 의거한 것으로 이해해서는 결코 안 될 것이다.

필자는 제1의 규정력이 조선에서 과연 어떠한 성격을 띠었고, 어떻게 형성 변화되었는지를 이해함으로써 그것에 반영된 국가의 의지가 수급자인 각 신분과 어떤 타협점을 형성해 나갔는지를 살필 것이다.

그리고 제2의 규정력이라 할 수 있는 각 사회신분층의 대응방식을 탐구함으로써, 각 사회신분층의 사회적 존재양식을 이해하고자 한다. 이러한 상황은 시각을 달리하여 이해할 수도 있다. 그들이 택하는 사회자원의 종류와 동원방식은, 거꾸로 그들의 사회적 지위를 결정할 수 있기 때문이다.

이것은 곧 제1의 규정력 안에서 발휘될 수 있는 그들의 생존전략이며, 동시에 이것은 사회적 지위를 결정한다는 관점에서 조선 사회를 동태적으로 파악할 수 있는 적극적인 수단으로 이해하고자 한다.

그런데 국가와 각 사회신분층 사이의 긴장관계에서 발생하는 동태적 운동은 결국 공동의 사회행위를 형성하고 있지만, 이 공동의 사회행위가 의미를 갖기 위해서는 그 동태성이 운동하는 사회구조에 주목하여야 할 것이다. 그런데 여기서 구조란 사회적 동태성을 배태하여 국가와 사회신분층이 그것을 통해서만 비로소 운동을 시작한다는 의미에서 사용할 수 있는 것이지, 그 자체가 동태성에 구체적으로 관여하고 있다는 것은 아니다. 문서를 중심으로 파악할 수 있는 사회행위란 결국 공동의 사회행위와 사회구조의 모순 사이에서 오는 부조응 속에서 격렬한 마찰음을 내며 굴러가는 기관차인 셈이다.

2장 완문의 서지적 특성

2.1. 완문의 형태

2.1.1. 크 기

문서의 크기는 문서가 갖추고 있는 외용(外容)을 한눈에 파악시켜 주는 요소다. 그 때문에 크기는 문서의 여러 형태적 특징 가운데에서 주목할 만한 요소들 가운데 하나다. 다음 쪽의 〈표 2-1〉은 여러 완문들을 임의적으로 선택하여 크기를 정리한 것이다.

〈표 2-1〉에서 보듯이, 완문의 크기는 성책인 경우와 낱장인 경우로 나눌 수 있다. 성책인 경우는 사방 30에서 40센티미터의 크기로 비교적 일정한 규격을 갖추고 있는 반면, 낱장인 경우는 일정하게 정해진 규격이 없다. 그리고 성책으로 제작될 경우, 문서의 양과는 그다지 큰 관련이 없다.

낱장 완문의 크기는 대체로 내용에 따라 임의로 결정되며, 내용이 많으면 크게, 적으면 작게 작성되었다. 이는 완문의 문서식 자체가 정해지지 않았고, 내용도 매우 임의적이었으므로 분량도 제각각이었다는 점에 기인한다. 따라서 완문의 성격과 크기 사이에는 뚜렷한 상관관계가 없음을 알 수 있다.

이와 같이 완문의 크기에서 일정한 규칙을 찾아내기 힘들다는 것은

표 2-1. 완문의 크기

번호	발급연도	발급자	수급자	크기	전거	비고
1	1742	수령	송진사댁	103×61	《古文書》14, 완문1	낱장
2	1789	경주부윤	옥산계정	67×65	《古文書集成》65, 완문1	낱장
3	1809	수령	오동	37×31	《古文書》14, 완문2	성책
4	1823	순찰사	심씨댁	53×119	《古文書》14, 완문3	낱장
5	1841	명온공주방		33×27	《古文書》14, 완문5	성책
6	1851	예조	인동장씨댁	58×83	《古文書》14, 완문8	낱장
7	1854	수령	강문학댁	33×31	《古文書》14, 완문9	성책
8	1855	형방	영동동중	49×57	《古文書》14, 완문12	낱장
9	1856	목사	삼전방민	43×29	《古文書》14, 완문14	성책
10	1859	겸사		41×27	《古文書》14, 완문15	낱장
11	1860	김해도호부사	궁방	42×36	《古文書》14, 완문16	성책
12	1861	내수사	각동	33×28	《古文書》14, 완문17	낱장
13	1864	예조	부안김씨가	40×49	《古文書集成》2, 완문3	성책
14	1895	초토사	부안김씨가	34×64	《古文書集成》2, 완문5	낱장

오히려 완문이 갖는 특성을 그대로 드러낸다고도 할 수 있다. 크기가 제각각이라는 것은, 그만큼 발급자의 조건이 다르며, 또 매우 임의적이라고 볼 수 있다. 더욱이 완문 가운데에는 수급자 쪽에서 작성하는 경우도 있어서, 이 같은 현상은 더욱 심했다.

2.1.2. 표 장

완문은 표장을 기준으로 낱장과 성책으로 나눌 수 있다. 완문에 실리는 문자의 양은 시대가 후반으로 갈수록 늘어나는 추세였다. 이는 완문에서 지시하는 내용이 더욱 구체화되고 자세히 표현되었으며, 따라서 그러한 세세한 항목을 낱장의 문서로는 모두 담아내기 어려웠기

사진 2-1. 완문의 표장 여부

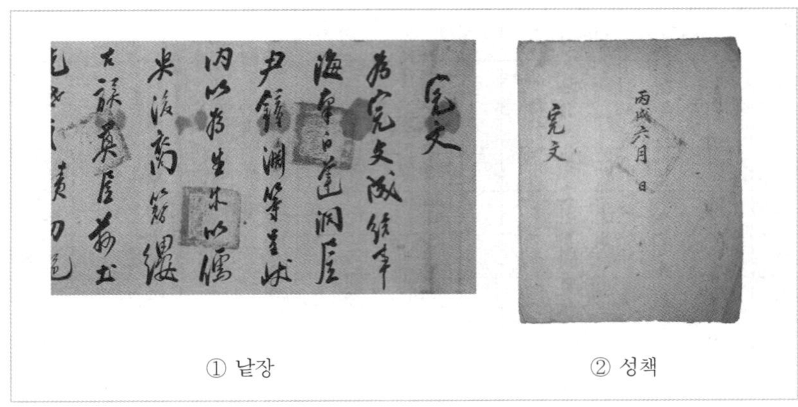

① 낱장　　　　　　　② 성책

때문에, 완문의 양이 자연스레 늘어나는 것과 함께 그 형태도 성책의 형태로 변해가는 추세를 보여주었다.

더욱이 성책 여부는 완문의 종류와 깊이 연관되어 있다. 예컨대 공신의 후예에게 발급하는 훈예완문은 대부분 낱장 형태이고, 분쟁이나 폐단을 구제하기 위하여 발급하는 구폐완문은 대부분 성책 형태이다. 구폐완문의 경우 분쟁이나 폐단의 타협이나 구제를 내용으로 하는 경우가 대부분이므로, 구폐의 조건을 세세하게 밝히기 위해서는 내용이 늘어나게 마련이었고, 그러다 보니 성책의 형태가 불가피하였다.

2.1.3. 재 질

일반적으로 문서는 재질이 종이·나무·돌·옥·금·쇠 가운데 어느 한 가지다. 완문의 재질은 종이가 대부분이고, 나무로 된 경우도 가끔 있다. 그런데 재질과 관련된 완문의 형태는 이보다는 다양하여 다음의 다섯 가지 형태로 제작되었다.

① 종이에 먹

② 탑본

③ 목판 인쇄물

④ 필사 부분을 일부 빼놓은 목판 인쇄물

⑤ 현판

사진 2-2. 재질에 따른 완문의 형태 비교

① 탑 본

《고문서집성》 50, 완문 1

② 부분 목판본

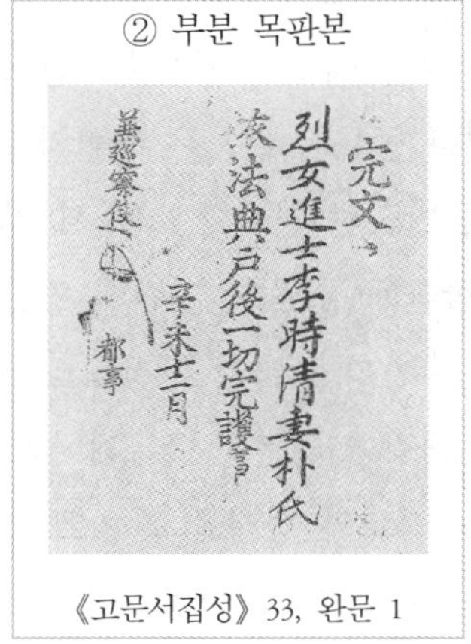

《고문서집성》 33, 완문 1

③ 목판본

문서번호 V-4-6[1]

---

1) 여기서의 문서번호는 필자의 학위논문에 따른 것임. 이하 같음.

소수박물관 소장

　탑본으로 남아 있는 완문은 원래 현판으로 제작된 완문을 찍은 경우
이다. 이 경우는 문서라고 보기 힘들다. 왜냐하면 수취자들이 완문을
수취하는 문서 행위 밖에서 그 효력을 영구화시키고자 하는 또 다른
목적을 위해 제작한 것이기 때문이다.

　그리고 같은 나무를 재질로 하더라도 목판 인쇄물의 형태로 제작된
완문은 현판으로 제작된 목판과는 구별하여 살펴야 할 것이다. 목판
인쇄물로 제작된 경우는 대량으로 발급될 조건에서 생산된 것이다.

　목판 인쇄물의 형태로 제작된 대표적인 예로는 왕실후예인 선파에
게 발급한 완문을 꼽을 수 있다. 이러한 종류의 완문은 왕실의 후예에
대한 특권을 인정하라는 교시에 따라 발급한 것이다. 따라서 왕실 후
예라고 인정만 되면 그에게 완문을 발급해야 했다. 그런데 왕실 후예
는 불특정 다수였고, 그 대상 인원은 헤아리기 어려울 정도로 많았다.
따라서 같은 조건에 속한 사람들에게 대량의 완문을 발급해야만 할 조
건은 완문의 대량생산에 적합한 목판 인쇄의 형태를 필요로 하였다.

　그 밖에 일부 필사할 자리만 비워 놓고 나머지는 목판으로 제작하여
찍는 경우가 있다. 비워 놓은 자리는 대개 성명이 표기될 부분이다. 이
러한 형태의 완문의 경우는, 국가에서 대대적으로 효자나 열녀를 포상

할 때, 각 도의 관찰사가 효자나 열녀를 찾아내어 보고하는 경우에 발
생하였다. 이러한 경우에는 평시보다는 많은 효자나 열녀를 대상으로
하기에 목판 제작이 불가피하였지만, 지역이나 시기적으로 제한된 범
위 안에서 이루어졌으므로 부분 목판본의 형태를 띠었다.

그 밖에 원래 지본(紙本)으로 발급된 완문을 현판으로 제작한 경우도
있다. 현판으로 제작하여 걸어놓는 장소는 재사(齋舍), 서원(書院), 정사
(精舍) 등 공공장소인 경우가 많았다. 이 경우는 엄밀하게 문서라고 보
기는 힘들고, 문서를 새로운 목적으로 이용한 것으로 보아야 타당할
것이다.

그 한 가지 예로 소수박물관에 소장되어 있는 현판을 들 수 있을 것
이다. 이 완문 현판은 경상감영에서 1768년에 순흥부에 내린 것이다.
그 내용은 구고서원(九皐書院)에 소속된 도예들의 탈역 규모를 현재의
13명에서 15명으로 2명 더 추가할 것을 보장하는 것이다. 이 현판은 구
고서원에 걸려 있었던 것으로 추정된다.

이와 같이 완문을 현판으로 제작하는 것은, 완문에서 부여된 특권
내용을 공적으로 현시함으로써 그 특권을 확실히 보장받기 위한 조처
였다.[2] 이것은 원래 완문을 발급한 발급자의 의도와는 관계없이 수급
자가 그 완문을 자신의 목적에 맞게 다시 이용한 경우이다.

2.1.4. 문 자

현존하는 완문을 검토하여 파악한 결과, 완문에 사용된 문자로는 한
문, 한글, 국한문 혼용이 있었다.

---

2) 이와 같이 현판으로 제작된 또 다른 예는 뒤에 소개할 작산재사(鵲山齋舍)의 현판이나
금계정사(錦溪精舍)의 현판을 들 수 있다.(작산재사의 현판은 서울역사박물관에 소장되어
있으며, 그 도판은 《옛 종가를 찾아서》, 역사박물관, 2005, 139쪽 참조)

1) 한 문

완문에 사용하는 문자는 한문인 경우가 가장 일반적이다. 그 가운데에서도 중앙 관서에서 발급한 완문은 〈사진 2-3〉에서 볼 수 있듯이 해정한 글씨로 매우 정성스럽게 제작되었다. 반면 지방 관아에서 발급된 완문의 경우 거친 초서로 급히 쓴 경우가 많다. 이는 완문이 갖는 위격(位格)에 따라서 글씨의 해정 여부가 좌우되었음을 보여준다.

2) 한 글

완문이 한글로 씌어진 예는 매우 드물다. 그렇다면 어떤 경우에 한글로 작성하였을까?

고문서 가운데에서도 한글로 작성된 소지(所志)가 소개된 적이 있다. 이에 대해 홍은진은 한글로 소지를 작성한 까닭은 원통한 사정에 대해 여성으로서 재판관의 동정을 사려는 뜻이라고 보았다.[3]

그런데 한글 완문의 경우는 이와 상황이 다르다. 이 완문의 발급자가 장방청(長房廳) 등 하급 실무 관청이며 수급자가 일반 평민이었고, 이 문

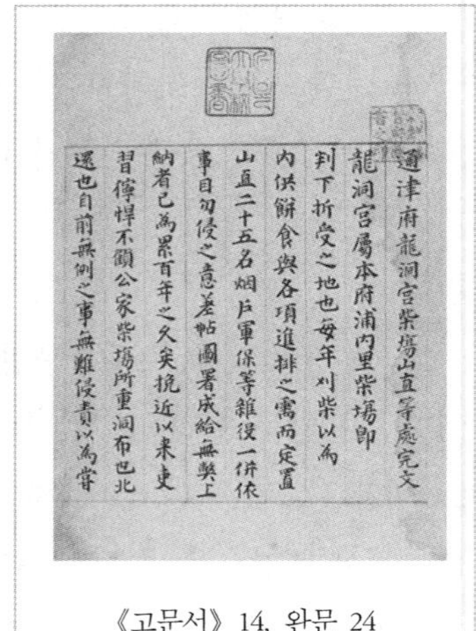

사진 2-3. 한문 완문

通津府龍洞宮柴場山直等處完文
龍洞宮屬本府浦內里柴場卽
判下折受之地也每年刈柴以為
內供餅食與各項進排之需而定置
山直二十五名烟戶軍保等雜役一倂依
事目勿侵之意差帖圖署成給無貳上
納者已為累百年之久矣挽近以來吏
胥侮悍不顧公家柴場所重洞布巴北
遷也自前無例之事無難侵責以為當

《고문서》 14, 완문 24

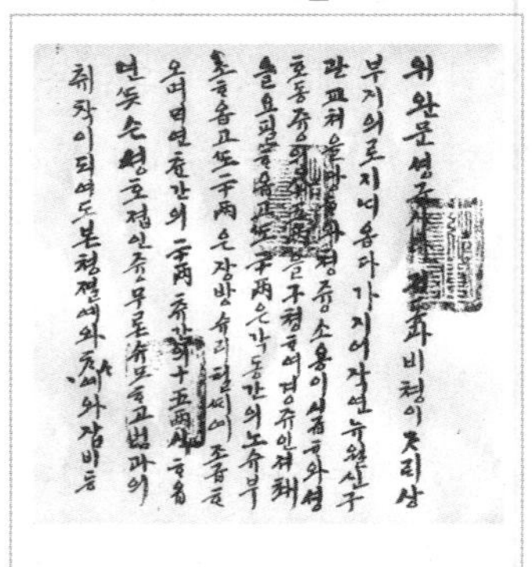

사진 2-4. 한글 완문

국사편찬위원회, MF 01520

---

3) 홍은진, 〈구례(求禮) 문화유씨가(文化柳氏家)의 한글소지(所志)에 대하여〉, 《고문서연구》 13, 1998, 142쪽.

서 말고도 다른 한글 문서가 함께 나타났다는 것은, 완문을 한글로 작성한 원인이 앞의 경우와는 다를 것이라는 판단을 하게 한다. 추론하건대, 한글이 여성 이외에 하층민들 사이에서도 상용되었음을 알 수 있다.

3) 국한문

완문에 국한문 혼용체를 사용한 것은 갑오경장 이후이다. 이러한 국한문 혼용의 문자식은 1894년 11월 공문식(公文式) 제14조에 "법률·칙령은 모두 국문(國文)으로써 근본을 삼되, 한문(漢文)을 부역(附譯)하거나 혹은 국한문을 혼용할 수 있다"는 규정에 근거하였다. 다음은 국한문 완문의 한 예이다.[4]

사진 2-5. 국한문 완문

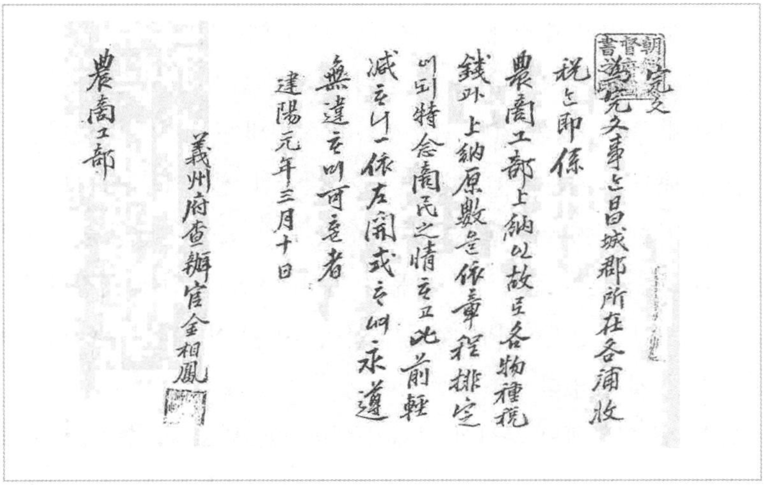
完文
爲完文事ᄂᆞᆫ昌城郡所在各浦收
稅ᄂᆞᆫ卽係
農商工部上納인故로各物種稅
錢과上納原數를依章程排定
이되特念商民之情ᄒᆞ고比前輕
減ᄒᆞ니一依左開式ᄒᆞ야永遵
無違ᄒᆞ미可ᄒᆞᆷ者
建陽元年三月十日
義州府查辦官金相鳳
農商工部

4) 《고문서》 15, 529쪽 소수.

2.2. 문서식

2.2.1. 특 성

완문은 관문서임에도 그 문서식이 공식 법전이나 문서 서식집에 실려 있지 않다.5) 공문서의 거의 모든 문서식이 《경국대전》(經國大典), 《속대전》(續大典), 《전률통보》(典律通補) 등에 실려 있는 것을 상기한다면, 이것은 매우 이례적이다. 공식 법전에 문서식을 정해놓은 것은, 문서가 위조되는 것을 방지하거나, 나아가 문서식을 공식화함으로써 국가가 문서를 통해 실행하는 법적 집행력을 분명히 표시하려는 데에 목적이 있다.

그러나 완문의 문서식이 공식 법전에 실려 있지 않다고 해서 완문의 효력을 의심할 수는 없다. 현실적 효력이 없는 문서를 조선시대 내내 그토록 많이 발급 수취했을 리는 만무하기 때문이다.

그렇다면 완문의 문서식은 왜 공식 법전에 실려 있지 않았을까? 이는 완문이 중앙관청의 일반 관문서와는 구별되는 위격이 있었다는 사실을 말해준다. 완문은 대부분 수령이 발급한 경우가 많았다는 것이 이에 대한 한 가지 이유일 수 있다. 수령이 한 고을의 행정을 위해 사용하였던 문서들의 문서식도 완문과 마찬가지로 법전에 규정되어 있지 않다는 점을 상기한다면, 완문의 문서식이 공식화되지 않았다고 해서 이상할 것이 없다.

그렇다면 완문에는 문서식 자체가 아예 없었다고 할 수 있을까? 완문이라는 문서명으로 이루어진 모든 문서에 공통으로 적용될 수 있는 문서식은 없었지만, 완문에 문서식 자체가 아예 없었다고 보기에는 곤

---

5) 김재문의 조사에 따르면 완문을 뺀 모든 관문서가 법전에 규정되어 있다.(김재문, 〈조선 왕조의 법전상의 고문서와 한국법연구〉, 《정신문화연구》 46, 1992, 150쪽 참조)

란한 점이 있다. 적어도 동일한 발급자에 의해 발급된 완문들은 구성상 유사한 특성이 나타나기 때문이다.

그러나 이러한 완문의 문서식은 특정한 발급자의 특성을 드러내는 것일 뿐이다. 완문은 공적으로 규정된 통일된 문서식이 없었으므로 여기에서 관문서의 문서식이 갖는 고유한 기능, 즉 문서의 진위를 검증할 수 있는 기능은 기대하기 힘들다.

2.2.2. 구 성

다음에서 완문의 구성요소를 좀더 분석적이고 세분화된 시각에서 살펴볼 것이다. 필자는 완문이 어떻게 구성되었는가를 알아보기 위하여 구성으로 볼 때 전형이 될 만하다고 판단되는 완문을 선택할 것이다. 여기서 필자가 뽑은 완문은 이미 최승희가 《한국고문서연구》에서 소개한 바 있다. 필자는 이 완문을 ㉠ 제목, ㉡ 기두사(起頭辭), ㉢ 본문, ㉣ 결사(結辭), ㉤ 증빙대상, ㉥ 작성시기, ㉦ 발급자 표기, ㉧ 서압(署押), ㉨ 관인(官印), ㉩ 후기(後記) 등 열 가지 요소로 나누어 접근하고자 한다.6)

이 완문은 철종 10년(1859)에 발급되었다. 발급자는 충청도관찰사겸순찰사(忠淸道觀察使兼巡察使)이고 수급자는 김유근(金逌根) 댁이다. 완호의 대상자는 청양현 북하면 야광리 박달봉 남향에 있는, 판돈녕부사 김유근이 미리 묘로 쓰기 위해 치표(置標)해 둔 곳의 산지기 및 산하동민(山下洞民)들이다. 증빙대상자는 청양현의 향청·질청·장청과 해당

---

6) 최승희, 《한국고문서연구》(증보판), 지식산업사, 2003, 265~266쪽에 수록. 원래 소장처인 서울대 규장각의 문서번호는 229207이다. 이 완문에 관한 탈초는 《고문서》 14, 452~453쪽에도 실려 있다. 그런데 최승희의 책에는 뒤의 고문서에 실려 있는 제6면이 빠져 있다. 여기서는 뒤의 탈초본을 따랐다.

그림 2-1. 완문 문서식의 구성요소

(표지)		01	完文
		02	
		03	己未三月 日
(제1면)	㉠ 제목	04	完文
	㉡ 기두사	05	右完文爲成給事靑陽
	㉢ 본문	06	縣北下面野光里朴達峯
		07	午坐之原卽寺洞
		08	金判府事宅置標處也四山
(제2면)		09	局內定界守護松楸犯斫
		10	之弊山直侵漁之端一切禁
		11	斷山下村烟戶雜役虛額
		12	軍丁還上分給戶斂火粟
		13	等凡干貽弊之事隨處勿
(제3면)		14	侵爲旀監官山直等依後錄
		15	別加顧助以爲專意守護之
		16	地是矣如或橫侵是去等山直
		17	輩這卽告官各別懲治是
	㉣ 결사	18	遣以此完文永久遵行宜
(제4면)		19	當者
	㉤ 증빙대상	20	右下靑陽鄕作廳及該面里
		21	任掌輩準此
	㉥ 작성시기	22	己未三月 日
		23	成給
㉦ 발급자표기 ㉧ 서압		24	兼使 [署押]
(제5면)	㉨ 후기	25	後都監官張命新
		26	都山直金基遠頉代金星仲
		27	身故代金基遠
		28	金信遠頉代金翼遠身故
		29	金昌遠
		30	姜大成
		31	金乭伊
(제6면)		32	姜判成

면임(面任)과 이임(里任) 등이다. 발급 목적은 산지기들에게 부과된 각종 잡역과 군역을 탈면하는 데 있다.

다음 면의 〈그림 2-1〉 문서는 표지를 포함하여 총 7면으로 구성된 성책 고문서이다. 표지의 "완문"(제1항)은 표제이고, 제4항의 "완문"은 이 완문의 'ㄱ 제목'에 해당한다. 그런데 다시 본문에서 '완문'이라고 시작하는 것으로 보아 표제는 본문 구성에서 큰 의미를 갖지 못함을 알 수 있다.

제5항의 "우완문위성급사"(右完文爲成給事)는 'ㄴ 기두사'이다. 기두사는 문서의 발급 목적을 표시한다. 이 기두사는 "이 완문은 작성해 주기 위한 것임"이라고 해석된다. 이것에 따르면 이 문서의 작성목적이 완문을 작성하여 준다는 뜻으로, 제23항에서 또 한 차례 문서의 작성목적을 밝힌 "성급"(成給)이라고 쓴 부분과 호응한다. 이와 같이 월과 일 옆에 작은 글씨로 문서의 성격 전체를 표기하는 것은 완문뿐 아니라 다른 공문서에도 가끔 보이는 일반적인 관례였다.

그런데 완문을 발급하면서 완문의 발급 목적이 '완문을 작성해 주기 위함'이라고 표기하는 것은 문맥상 어색하다. 그것은 뒤에서 자세히 말할 것이지만, 완문을 발급하라는 행정처분을 실현하고 있다는 의미를 담고 있다. 이 같은 형식의 기두사는 19세기 완문에서 가장 보편적으로 사용되었다.

제5항의 "청양"(靑陽)에서부터 제17항의 "고관각별징치이고"(告官各別懲治是遣)까지는 'ㄷ 본문'에 해당한다. 본문은 이 완문이 작성된 경위와 연유를 설명하는 '서술서식'과, 그에 따라 내려진 행정적 처분을 내용으로 하는 '처분서식'의 두 부분으로 나눌 수 있다.

이 완문에서 서술서식은 처분의 근거에 대해 이야기하고 있다. 서술서식은 "청양현(靑陽縣)·북하면(北下面)·야광리(野光里)·박달봉(朴達峯) 오좌(午坐)의 언덕은 곧 사동(寺洞) 김판부사댁(金判府事宅)이 치표

(置標)한 곳이니 사산국내(四山局內)는 경계를 정하여 수호(守護)해야 하므로"에서 나타난다.

이 구절에 따르면 "충청도 청양현은 서울 사동에 거주하는 김판부사, 즉 김유근(金逌根)댁이 앞으로 묘소로 쓰기 위해 치표해 둔 곳이다. 따라서 이곳의 사산국내를 미리 수호하여 보존하고자" 이 문서를 발급하였다. '이곳'은 곧 조산, 좌청룡, 우백호, 안산으로 이루어진 사산이 둘러쳐진 그 안쪽의 땅을 의미하며, 이곳의 송추나 재산 가치가 있는 모든 것은 당시 자신의 관할 아래 두었던 것이 사대부가의 관례였다.

그런데 이 경우와 같이, 현재 묘소가 아니라 앞으로 묘소로 쓰기 위해 표시해 둔 곳을 근거로, 사산국내의 수호권을 유지하기 위해 산직과 산하동의 탈역을 규정한 것은 매우 드문 예이다. 이와 같은 특권이 가능하려면 안동김씨와 같이 상당한 권세가가 아니고서는 현실적으로 불가능하였다.

처분서식은 처분의 근거인 서술서식에 의거하여 이 사안에 대한 처분을 적은 부분이다. 여기서의 처분서식으로는 "송추(松楸)를 멋대로 작벌하고, ……, 만일 횡침하거든 산지기 무리들은 즉각 관에 고하여 관에서 그 죄를 다스려서"에 해당한다. 그 권리가 침해되었을 때 이 완문이 행사할 수 있는 문서 효력에 대하여 기술하였다.

'㉣ 결사'는 "이 완문에 입각하여 영구히 준행(遵行)하는 것이 의당할 것임"에 해당한다. 이것은 처분의 내용대로 영원히 지켜 나갈 것을 다짐하는 내용으로 이루어졌다. 대체로 규정문서에 이와 같은 결사가 붙는다.

'㉤ 증빙대상'은 수급자가 수취한 완문을 제시하였을 때 문서의 효력을 발휘할 수 있게 하는 대상을 말한다. 여기서는 "이 아래에 있는 청양현의 향청(鄕廳)과 질청 및 해당 면임(面任), 이임(里任) 등 일을 관장하는 무리들은 이것에 의거해야 함"에 해당한다. 즉, 이 문서의 수급자가 이 문서를 통하여 행정적으로 효력을 발휘하도록 하는 대상을 가리킨다. 향청과 질청, 해당 면임과 이임은 세역의 실무자로서 19세기 당시에는 향촌 사회에서 행정집단으로서 뚜렷한 사회적 지위를 차지하고 있었다.

‘ⓗ 작성시기’는 “기미 3월 일”(己未 三月 日)로 표기되어 있다.

‘ⓢ 발급자 표기’는 겸사(兼使)라고 쓴 부분이다. 이때 겸사는 “관찰사겸순찰사”(觀察使兼巡察使)의 준말이다.

‘◎ 서압(署押)’은 문서 발급자의 신원을 입증하는 부분으로, 오늘날로 말하면 서명이라고 할 수 있다.

‘ⓩ 관인(官印)’은 문서의 공신력을 높이는 중요한 도구이다. 여기서 관인(官印)은 모두 12과가 찍힌 것으로 파악된다. 관인 1과가 표지에 찍혀 있으므로, 이것을 빼면 본 문서에는 원칙대로 홀수의 관인이 찍혔음을 알 수 있다.

‘ⓩ 후기’에 해당하는 부분은 앞에 “후”(後)라고 표기하였다. 여기서는 이 완문에서 특기할 만한 내용을 따로 기록하는 것이 통례이다. 일반적으로 완문에서 후기에 해당하는 부분은 탈역의 수혜대상자 명단이나 처분의 시행조칙인 절목에 해당하는 부분이다.

이 완문에서 후기에 해당하는 부분은 ‘후’ 다음에 오는 도감관(都監官) 이하 부분이다. 즉 도감관 이하 부분이 본문에서 이야기한 특별히 보호하도록 한 대상 인물들이다. 여기서 특별한 완호 대상자는 모두 4명이다. 이것은 묘촌을 제외한 묘직만 대상으로 한 것이므로 실제 탈역의 범위는 훨씬 넓었음을 짐작할 수 있다.

〈사진 2-6〉은 위 완문의 후기로서 산직 명단을 표기한 것이다. 후기에 따르면 이곳을 수호하기 위하여 서울 집에서 도감관으로 장명신이란 사람을 차정하였다. 그리고 그 밑에 도산직(都山直)을 둔 점도 다른 집안의 완문에서는 좀처럼 보기 어려운 부분으로 산직의 관리자를 따

사진 2-6. 후기의 산직 명단

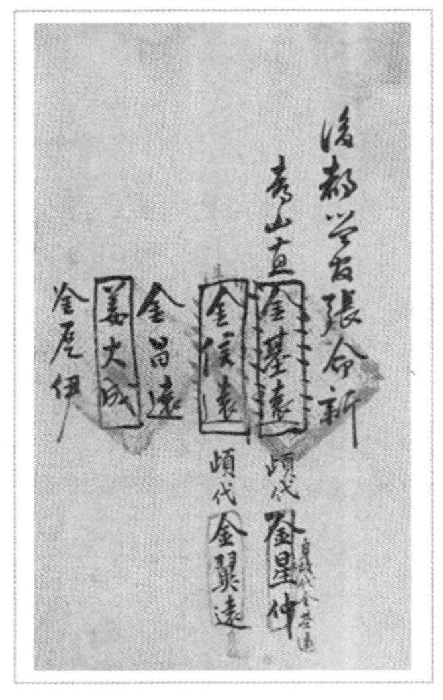

로 두었음을 알 수 있다.

□로 표시된 부분은 그 안의 내용을 지운다는 뜻으로 이것을 효주(爻周)라고 한다. 그리고 그 위에 빗금을 풀고 생(生)이라고 쓴 부분은 효주를 다시 풀어 원래의 상태로 되돌린다는 의미이다.

"탈대"(頉代)는 문제가 생겨 탈역을 대신할 사람 앞에 표기하고 있다. 김기원(金基遠)과 김신원(金信遠)이 탈이 생겨 명단에서 제외시킬 때는 그 이름 위에 효주를 하고, 김성중(金星仲)과 김익원(金翼遠)을 써넣어 그를 대신 임명하였음을 표시하였다.

그들이 다시 제외되자 이전의 김기원 등이 또다시 산직이 되었다. 완호의 대상이 되는 산지기의 전체 인원이 일정하게 정해져 있고, 그 대상이 되는 사람만 이후 계속 교체되었다. 이것으로 탈역의 인원이 정해져 있고 그 인원에 한해서만 완호가 가능하였으며, 완호 대상자에게 사고가 생기면 그 자리를 다른 사람으로 대체할 수 있었음을 알 수 있다.

1) 제 목

완문은 제목을 밝히는 경우가 그렇지 않은 경우보다 일반적이다. 그리고 제목은 '완문'이라고 쓰는 경우가 가장 많았지만, 다른 표기 방식도 가끔 눈에 띈다. 이와 같은 예외적인 경우를 다음 쪽에서 표로 정리해 보았다.(표 2-2)

다음 〈표 2-2〉에서 예로 든 완문의 제목들은, '완문'이라는 단어 앞

표 2-2. 완문의 제목

번호	발급시기	발급자	완문의 제목	출전	비고
1	1607	수령	鵲山齋舍完文	《古文書集成》49, 454쪽	탑본
2	1742	수령	乾隆柒年丙寅三月卄日完文	《古文書》14, 405쪽	
3	1848	수령	戊申五月日龜巖祠宇除役村完文	《古文書集成》22, 436~438쪽	
4	1856	수령	咸豐六年十一月日本州三田坊麻田坪作民頉還完文	《古文書》14, 450쪽	
5	1860	도호부사	咸豐十年庚申十二月日金海府新島捄弊完文	《古文書》14, 454쪽	
6	1880	국왕	壽進宮圖署完文	《古文書》14, 481쪽	

에 발급자가 줄 수 있는 정보를 적절히 배치하여 구성하였다. 연도를 표기한 경우에는, 우선 중국의 연호 및 연도와 월·일자를 밝혀서 적거나(번호 2, 4, 5), 중국 연호 대신에 간지명을 쓴 경우도 있다(번호 3). 그리고 완문의 내용을 적는 경우도 눈에 띈다(번호 3, 4, 5). 또한 발급관청의 이름을 쓰거나(번호 6), 수급자를 표기하는 경우도 보인다(번호 1, 3, 4, 5).

'작산재사완문'(鵲山齋舍完文)은 작산재사라는 완문의 수급자를 명기한 완문이다(번호 1). 그러나 여기에는 발급시기와 발급한 내용이 씌어 있지 않다.

그런데 '무신오월일귀암사우제역촌완문'(戊申五月日龜巖祠宇除役村完文; 번호 3)에서는 발급시기와 귀암사우(龜巖祠宇)라는 수급자뿐만 아니라, '제역촌'이라는 완문의 주요 내용까지 씌어 있다.

'함풍육년십일월일본주삼전방마전평작민탈환완문'(咸豐六年十一月日本州三田坊麻田坪作民頉還完文; 번호 4)은 발급시기, 수급자, 발급내용을 한눈에 파악할 수 있다. '함풍십년경신십이월일김해부신도구폐완문'(咸豐十年庚申十二月日金海府新島捄弊完文; 번호 5)이라는 문서명도 마찬가지다.

‘수진궁도서완문’(壽進宮圖署完文; 번호 6)은 제목에서도 수진궁이라는 발급자를 명기하고 있다. 그런데 제첨 위에 씌어 있는 수진궁도서완문이라는 제목은 뒷날 누군가 줄을 그어 지우고 그 위에 ‘건봉사면역완문’(乾鳳寺免役完文)이라고 고쳐 썼다. 앞의 제목은 발급자 중심의 표현이라고 한다면, 뒤의 것은 수급자 중심의 표현이라고 할 수 있다. 이와 같이 문서 제목은 어느 쪽의 관점에서 보느냐에 따라 달리 붙여질 수 있는 것이다.

2) 기두사·결사

문서의 기두사는 문서의 발급자 또는 작성자가 문서 작성 목적을 요약하여 쓰는 부분이다. 다시 말하여 문서의 작성자는 기두사를 통해 수급자에게 본론의 내용에 대해 총체적으로 지시한다. 그런 의미에서 기두사는 문서의 서언 격에 해당한다.

문서의 기두사를 이해하기 위한 예로 첩(帖)의 경우를 들어보자. 첩에서는 “병조위조사사”(兵曹爲朝謝事)나 “이조위차정사”(吏曹爲差定事) 또는 “행현감위하첩사”(行縣監爲下帖事), “행군수위차정사”(行郡守爲差定事)라는 기두사를 사용하고 있다.7) 이와 같은 기두사들은 병조나 이조 또는 현감(縣監) 등 발급자를 밝히고, 조사(朝謝)·차정(差定)·하첩(下帖) 등 문서 작성 행위의 목적을 분명히 하는 역할을 한다. 따라서 이 기두사에 의해 이 첩을 누가 작성한 것이고, 해당 문서가 어떤 목적으로 작성되었는지를 명확히 이해할 수 있다.

첩은 상급관청이 하급관청에게 어떤 사실을 통보하는 전달문서(傳達文書)로서의 성격이 강하였기 때문에, 상급관청으로서는 통보하는 내용에 대해 첩을 수취하는 관청이 잘못 읽지 않도록 세심하게 주의를

---

7) 최승희, 앞의 책, 103~198쪽.

표 2-3. 완문의 기두사와 결사

번호	발급연도	발급자	수급자	기두사	결사	출전
1	1607	안동부사	작산재사	府爲永定守護事	其有所考而諒之向事	《古文書集成》49, 454쪽
2	1631	관찰사	이시청가	없음	戶役一切完護事	《古文書集成》33, 212쪽
3	1700	경주부윤	충렬사	없음	雜役勿侵事 完文成給者	《古文書集成》50, 820쪽
4	1702	경주부윤	충렬사	右爲完護勿侵事	雜役勿侵事 完文成給者	위의 책, 821쪽
5	1702	경주부윤	충렬사	右爲完護勿侵事	--事 完文成給者	위의 책, 822쪽
6	1716	경주부윤	숭열서원	右文爲完護事	雜役永爲蠲減事	위의 책, 823쪽
7	1742	수령	士人	右完文爲成給事	憑考宜當向事	《古文書》14, 405쪽
8	1789	거제부	항리	爲完文成給事	爲完文成給爲去乎 幷以憑考施行宜當者	《古文書集成》35, 571쪽
9	1789	경주부윤	옥산계정	右完文憑後事	後考次完文成給者	《古文書集成》65, 548쪽
10	1790	부사	항리	右爲完文成給事	無復牴牾之弊宜當者	《古文書集成》35, 572쪽
11	1790	수령	오미동	右完文爲成給事	宜當者	《古文書集成》37, 507, 508쪽
12	1791	동소		右爲完文成給事	洞中一齊爲乎事	《古文書集成》35, 574쪽
13	1797	영사	장산별사	右完文爲後考事	永久遵行宜當向事	《古文書集成》65, 549쪽
14	1809	관	오동방수	右完文爲成給事	永久遵行之意	《古文書》14, 406쪽
15	1822	순찰사	본관	右完文爲成給事段	永久遵行之地 宜當向事	위의 책, 410쪽
16	1841	수령	명온공주궁	右完文爲成給事	永久遵行之地 宜當向事	위의 책, 434쪽
17	1847	수령	인평대군방	右完文事段	以爲日後憑考事	위의 책, 435쪽
18	1851	예조	사인	禮曹爲完文成給事	宜當向事	위의 책, 436쪽
19	1854	수령	사인	爲完文成給事	依此遵行永久勿替俾有實效之地宜當向事	위의 책, 436쪽
20	1855	동녕위궁	사인	右完文	依此永久遵行宜當向事	위의 책, 437쪽
21	1855	형방	민	右明文爲後考事	永爲勿侵於配人保囚之意 成文以給事	위의 책, 449쪽
22	1856	목사	민	右節目爲成給事	依此永久遵行宜當者	위의 책, 450쪽
23	1859	순찰사	임장배	右完文爲成給事	永久遵行宜當者	위의 책, 452쪽
24	1860	토포사	감관	右爲完文爲成給事	永遵無替宜當者	위의 책, 453쪽
25	1861	수령	동민,내수사	爲完文永久遵行事	依此擧行永久遵行者	위의 책, 456쪽
26	1861	수령	士人	右完文成給事	惕念宜當向事	위의 책, 459쪽
27	1861	통사		右爲完文成給事	依此永久遵行宜當者	위의 책, 460쪽
28	1862	형방	영동동중	右爲完議事	以此爲日後憑考事	위의 책, 462쪽
29	1864	충훈부	차재준	右完文爲成給事	施行宜當者	위의 책, 462쪽
30	1864	형방	영동동중	爲永久遵行事	以此遵行事	위의 책, 463쪽
31	1864	용동궁	통진부사		擧行之地宜當者	위의 책, 464쪽
32	1865	현감	사인	右完文爲成給事	永勿侵漁宜當向事	위의 책, 466쪽

기울였다.

반면에 완문은 수급자의 청원 과정을 거쳐 발급된 문서이므로, 그 발급목적이 이미 수급자에게 숙지되어 있다. 따라서 완문의 문서 특성상 첩과 같이 발급자와 그 목적을 새삼스럽게 밝힐 필요는 없었다. 그래서 완문의 기두사로는 "우완문위성급사"(右完文爲成給事)나 "우위완문성급사"(右爲完文成給事)가 가장 일반적인 형식이다.

완문에는 어떤 기두사가 있는지 구체적 실례를 〈표 2-3〉로 정리하였다. 이 표에 제시된 기두사에 주로 사용되는 어휘와 의미로 보면, 완문을 다음 세 유형으로 분류할 수 있다.

① 완호형(完護型) — '府爲永定守護事', '右爲完護勿侵事' 등.
② 성급형(成給型) — '爲完文成給事', '右完文爲成給事' 등.
③ 준행형(遵行型) — '爲完文永久遵行事', '爲永久遵行事' 등.

이 같은 기두사의 세 가지 유형은 시대의 추이에 따라 일정한 규칙이 나타남을 확인할 수 있다. 17세기에서 18세기 중반까지는 주로 '완호형' 완문이 나타났다. 이것은 완문의 성격을 이해하는 데 주목되는 현상이다. 1607년 한 완문(문서번호 1)의 기두사에서는 완호라는 용어를 사용하지 않고, 대신 "영정수호"(永定守護)라고 쓰고 있다.

그런데 앞서 언급하였듯이, 그 시대에 '완'(完)을 '영구 준행'의 의미로 쓰고 있으므로, 이 말이 곧 '완호'와 같은 뜻임을 알 수 있다. 그리고 18세기 초에 완호라는 용어가 기두사에 본격적으로 쓰였음을 확인할 수 있다(문서번호 4·5·6).

더욱이 다음 〈문서 2-1〉의 완문을 통해 17, 18세기에 완호의 기두사가 보편적으로 쓰였을 것이라는 단서를 얻을 수 있다.

이 문서는 안동 이정회 집안이 소장해온 완문 가운데 하나이다. 연

문서 2-1

01	完文
02	**爲完護**事 退陶李先生 先塋在
03	□…□(安)東府兜率院可倉山搜理洞坎
04	岳山四處矣 先賢祖山與他自別固當
05	永世禁護是如乎寒崗先生苞本附時
06	旣有成給完文至今遵行云山直頉役名數
07	及僧徒□□召募名數從舊例施行更勿
08	侵□……………………………………□

* 여기서 양각으로 진하게 표시한 부분은 목판으로 찍힌 부분을 표기한 것임.

대는 미상이다. 파손이 심하기는 하지만 "완문"(完文)과 "위완호"(爲完護)라고 쓴 부분만 목판으로 인쇄되었음을 알 수 있다. 본문에 "안동부"(安東府)라고 표기되어 있는 것으로 보아, 만일 발급자가 해당 수령으로 안동부사였다면 굳이 안동부라고 지칭할 이유가 없으므로, 발급자가 경상도관찰사였을 것으로 추정된다.

목판으로 기두사를 찍었다는 것은 이 문서식이 상용적으로 또 대량으로 사용되었음을 알려준다. 그리고 발급자가 경상도관찰사였다는 것은 발급 범위가 경상도였음을 말해주는 것으로, 이 문서가 사용된 범위가 제한되어 있음을 알 수 있다. 이러한 근거에 따라 필자는 이 완호형(完護型) 기두사가 그 시대에 통용되었던 일반적인 문서식이 아니었을까 미루어 짐작한다.[8]

연대 부분이 잘려나가 이 문서의 정확한 작성연대는 알 수 없으나, 승도들의 탈역을 언급한 부분이 있어 문서의 작성연대를 추정하는 근거가 된다. 이 집안에 소장되어 있는 일괄 문서를 검토해 볼 때, 동일

---

8) 《古文書集成》 41, 完文 7.

한 사안에 대하여 숙종 26년(1700)의 소지에서는 탈역의 대상에 승도가 있는 것에 비해,9) 정조 1년(1777)의 소지에는 승도에 대한 언급이 없다. 따라서 이 완문의 발급시기는 이 두 소지가 발급된 중간 어디쯤이라고 생각한다.

18세기 후반 이후는 '성급형'이 주종을 이루고 있고, 현존하는 완문 대부분이 성급형에 속할 정도로 다수이다. 그리고 19세기에는 성급형이 주종을 이루지만 '준행형'도 나타나기 시작하였다.

이러한 완문의 기두사가 시대적 추이에 따라 출현하는 양상을 보면, 대개 '완호형 → 성급형 → 준행형'의 순서를 따랐다. 그렇다면 이러한 문서식의 변화를 어떻게 이해해야 할까?

16세기 완문은 완호형으로 나타났다. 완문은 발생 초기부터 주제에서 탈역을 위주로 하였다. 그리고 수령의 독단적인 처분권에 의지하는 경향이 강하였다. 그런 점에서 보면 완호형의 기두사는 당시 완문의 시대적 성격과 어느 정도 부합된다.

기두사의 유형 가운데 필자가 가장 주목하는 것은 '성급형'이다. 이는 성급형이 조선 후기에 기두사 가운데에서 가장 일반적으로 사용되었기 때문이다. 그리고 성급형에도 여러 가지 형식이 있을 수 있지만, 그 가운데에서 "이 문서는 완문을 작성하여 주기 위한 것임[右完文爲成給事]"이 가장 일반적인 형식이다.

그런데 여기서 한 가지 의문이 든다. 앞서 언급한 바와 같이 현재 관에서 완문을 작성해 주는데도 굳이 '완문을 발급하여 주기 위함'이라고 표현하였던 것은 어째서인가?

이 문제는 완문의 발급행정을 살펴보는 데에서 이해의 실마리를 찾을 수 있다. 완문은 17세기 중반 이후 청원서에 입각한 공식적인 행정

---

9) 위의 책, 所志 6.

절차를 통해서만 발급될 수 있었다. 그런데 소지에 명기된 완문의 발급을 허용하는 제사를 보면 "완문을 성급해 줄 것"[完文成給向事]이라고 표기하는 것은 매우 관례적인 표현이었다.

필자는 이 같은 제사가 완문의 기두사와 호응 관계를 이룬다고 생각한다. 즉 이 같은 성급형의 기두사가 사용되었던 까닭은 이 완문이 수령의 행정처분에 의해 발급되는 것임을 표기하기 위함이라고 생각한다. 이를 뒤집어서 이해하면, '성급형'의 기두사는 '청원→심의→처분→발급'의 문서화 과정이 제도적으로 정착된 이후, 다시 말하여 완문의 발급제도가 어느 정도 정착된 이후에 등장한 기두사였을 것으로 보인다.

완문의 기두사에 준행형이 나타난 것은 대체로 19세기 중엽 이후의 일이다. 준행이란 '준수하여 행한다'는 의미이다. 따라서 이때 생략된 목적어는 정해진 규약을 가리키는 것으로 이해해야 할 것이다. 이는 완문이 단순히 관의 단독 처분권에 의존하는 것이 아니라, 관의 처분권이 공리적 성격을 띤 분명한 근거에 의거하였음을 대변하는 것이다.

그리고 당시 완문에는 절목 등 새로운 협약 또는 법에 준하는 내용의 규칙이 첨부되는 경우가 많았다. 이때 완문의 기두사가 준행형으로 작성되는 것은 절목 등을 준행하도록 하는 협약문의 성격이 강해지는 추세를 반영하고 있다.

이러한 세 가지 형식의 기두사는 가장 일반적인 경향성만 살펴본 것에 불과하다. 그 밖에도 완문의 기두사는 완문이 생산되는 상황에 맞게 비교적 적확하고 자유롭게 설정되었음을 알 수 있다. 예컨대 기두사에 "우완문위성치사"(右完文爲成置事)라고 쓰는 경우가 있는데, 이는 대체로 완문을 청원자에게 발급할 경우보다는 해당 관청에 보관하여 그것을 자유롭게 참고한다는 의미가 강하였다. 그리고 "우완문위지실거행사"(右完文爲知悉擧行事)는 완문을 통문처럼 회람할 필요가 있을 때 사용하였다. "우완문위의차거행사"(右完文爲依此擧行事)는 종친부 완문, 그 가운데서도 인쇄본에서 주로 나타나는데, 이는 종친부에서 자신이 명한 행정처분이 일률적으로 거행되어야 함을 표시하기 위해 명령어법을 사용하였음을 알 수 있다.

이와 같이 완문의 기두사는 해당 완문이 어떠한 환경에서 발급되었는지를 적절히 지시해 주는 역할을 한다. 이와 같이 완문의 기두사는 그때그때 완문의 발급목적에 맞게 변조되고 있음을 알 수 있다.

다음으로는 완문의 결사식에 대하여 살펴보도록 하자. 결사식은 문서의 끝을 마감하는 형식적인 측면이 크다. 그 내용은 다짐, 예언, 선포이고, 완문이 갖는 보장의 성격을 강조하고 있다.

완문에 나타난 결사식의 대표적인 예는 다음과 같다.

① '其有所考而諒之向事'
② '戶役一切完護事'
③ '雜役勿侵事 完文成給者'
④ '憑考宜當向事'
⑤ '依此永久遵行宜當向事 以此遵行事 擧行之地宜當者'

①의 경우는 후임 수령에게 당부하는 어투로 사용되고 있다. ②의 경우는 호역을 모두 완호할 것이라는 식으로 관찰사가 해당 수령에게 명령하는 어투를 띠고 있다. ③은 현재 완문을 성급해 주고 있다는 사실을 언급함으로써 발급자 자신의 행위를 강조하고 있다.

이 세 가지 경우는 모두 실제적인 완호권을 행사할 수 있는 담당자에게 당부하거나 명령하는 직접화법으로 구성되어 있고, 따라서 완문 발급자가 단독으로 행정처분을 하였다는 1인칭 화법이 주류를 이루고 있다.

한편, ④와 ⑤에서는 "빙고"(憑考), "의당"(宜當), "준행"(遵行)의 용어를 사용하여 1인칭인 발급자의 단독적 행위를 강조하기보다는, 수급자의 행위가 완호될 수 있는 사안의 근거가 타당하다는 점을 강조하는 인상이다. 이 같은 글의 투식은 앞선 ①, ②, ③의 경우보다는 훨씬 객관적인 화법으로 변화하였음을 알 수 있다. 18세기 중반 이후 완문의 기두사는 대개 이와 같은 형식이었다.

이러한 완문의 기두사와 결사의 대체적인 경향을 살펴봄으로써, 완문의 서식이 관의 단독적 처분을 강조하는 1인칭의 주관적인 화법으로부터, 점차 발급근거의 적법성 여부를 강조하는 내용의 서식으로 변화하였음을 확인할 수 있었다. 이는 완문의 발급의 객관성을 확보하려는 취지이다.

3) 본 문

완문의 본문은 서술서식과 처분서식으로 나누어 이해할 수 있다. 서술서식과 처분서식은 문서화된 사실을 언급하는 것으로, 문서가 전달하고자 하는 내용의 증언을 구성하는 부분인 만큼 문서의 내용에서 핵심에 해당한다.

서술서식에서는 문서작성자인 발급자 또는 발급자를 대리한 작성자가 사실 제시를 통해 완문을 발급하는 근거를 서술하고 있다. 그 시점은 대체로 1인칭으로 발급자인 관의 입장을 나타낸다. 처분서식은 위에 서술된 근거에 따라 보증된 사실을 적는 서식으로 완문의 보증내용을 표시하고 있다. 여기에는 하급관리들이 이 사실을 준행할 것을 서약하는 서식을 포함한다.

그런데 서술서식은 자신의 주관적인 견해를 토로하는 경우와, 객관적인 근거를 제시하는 경우로 나눌 수 있다. 주관적인 견해를 토로하는 경우는 객관적인 근거를 제시하지 않고 자신의 견해를 무조건 설득하려 드는 경우이므로 이것은 초기의 완문에 해당한다.

객관적인 근거를 제시하는 경우는 대개 18세기 후반 이후의 완문으로 ㉠ 발급의 법적 또는 준법적 근거를 제시하거나, ㉡ 정장의 내용을 그대로 전제하거나, ㉢ 상부기관의 명령을 그대로 전제하는 경우를 들 수 있다.

㉠ 발급의 법적 근거를 제시하는 경우의 예로는, "사대부가의 분산을 금양하는 일은 국전에 실려 있으니[士夫家墳山禁養 自是國典]"[10]라는 것으로, 근거를 제시하며 발급의 합법성을 주장하고 있다.

㉡ 수급자가 올린 정장의 내용을 싣는 경우의 예를 들면, "오천 김순교가 올린 소장을 보니[卽接烏川居金舜敎呈狀則]"[11]라고 쓰거나, "서후 금하리 존위의 첩보를 보니[卽接西後金下里尊位牒報則以爲]"[12]라고 하듯이, '卽接…則…'의 서식을 사용하는 경우가 많다.

㉢ 상부기관의 명령인 경우 인용하는 예를 들어보면, "이번에 도착한 본현 유생 이원달 등이 예조에 올린 정장에 적힌 배관을 요약하자면[卽到付本縣儒生李源達等呈禮曹背關內節該]"[13]이라 하여, "卽到付…內節該…"의 형식을 보여준다.

이와 같은 사례들은 완문의 서술방식이 자신의 주관적 진술 대신에 법적 근거나, 완문 발급을 요청하는 아래로부터의 문서, 상부기관으로부터 완문 발급을 명하는 문서를 게재하여 문서의 신빙성을 높이고 있음을 보여준다.

이와 같은 서술 형식에는 그 내용을 그대로 전재함으로써 굳이 문장을 짓지 않아도 된다는 행정상의 편리함도 한몫하였을 것이다. 이와

---

10) 《古文書集成》 47, 完文 2.

11) 《古文書集成》 1, 完文 1.

12) 《古文書集成》 6, 完文 8.

13) 《古文書集成》 2, 完文 4.

같은 서술방식을 택한 것은 무엇보다 완문의 서술방식이 시대 추이에 따라 발급자의 주관적 술회에서 점차 객관적 근거를 자세히 제시하는 방식으로 진행된 결과가 아닐까 생각한다. 이를 통해 시대가 내려갈수록 완문에 나타난 발급근거나 사유가 자세하고 분명해짐을 알 수 있다.

완문의 처분서식은 완문을 통해 관철하고자 하는 발급자의 의지를 설명하는 부분으로서, 발급근거에 입각한 실질적인 행정처분을 담고 있다. 이를 통해 완문에 의해 실현하고자 하는 문서 효력에 대한 발급자나 수급자의 현실적인 목적을 이해할 수 있다.

4) 증빙대상

완문에서 증빙대상자를 거론하는 까닭은 완문의 1차적인 기능이 증빙에 있는 만큼, 발급된 완문의 증빙력이 증빙대상자에게 완문을 제시함으로써 실현될 수 있기 때문이다.

완문은 대개 1인칭으로 서술되므로 완문의 본문 안에 완문의 증빙대상자를 밝혀 놓는 경우가 많다. 완문의 증빙대상자는 본문 안에서 제시되거나, 별도의 표기방식으로 특기하는 경우로 나눌 수 있다.

완문의 증빙대상자를 일별해 보면 ㉠ 수령, ㉡ 향청, ㉢ 공형(公兄)을 포함한 행정담당의 하리(下吏)인 것이 일반적이다. 한편, 증빙대상자를 표기하는 기술방식을 보면, 문서의 본문 안에서 언급하는 경우가 있는가 하면, 별도로 증빙대상자를 밝힐 수 있는 문서식을 이용하는 경우도 있다.

5) 발급자 표기, 서압(署押), 관인(官印)

문서에서 발급자 표기와 서압, 관인은 문서 본론의 진실성을 보증해 주는 문서의 핵심 요소 가운데 하나이다. 이것들은 완문의 증빙력을 결정적으로 확인해 주는 요소들이기도 하다. 발급자 표기는 발급자의

사진 2-7. 완문의 발급자 표기와 서압

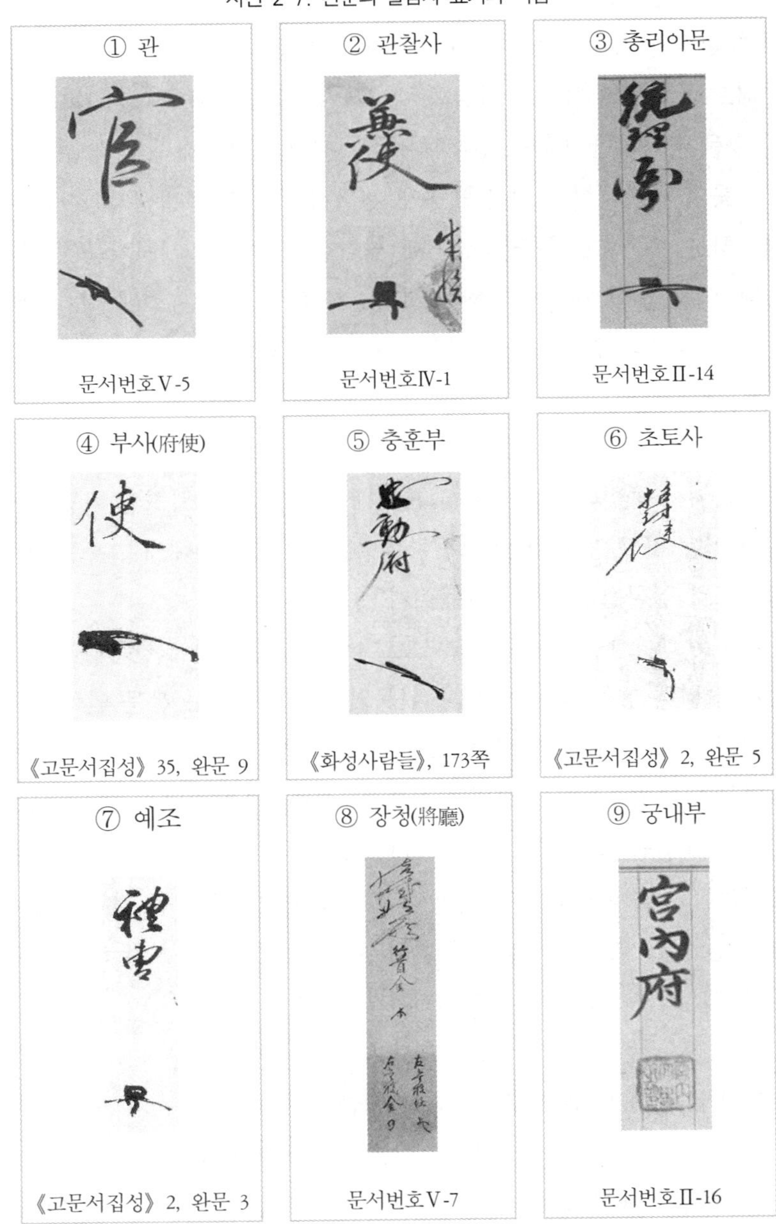

* 문서번호는 〈부록 3〉에 의거한 것임.

직함을 크게 흘려쓴 부분으로, 완문의 발급자가 누구인지를 확인시켜
주는 부분이다.

　다음은 완문에 나타난 발급자 표기의 예이다. 완문에 나타난 관장의
발급자 표기는 대개 문서의 왼쪽 윗부분에 위치하며, 서압은 그 발급
자 표기 아래에 위치한다.(사진 2-7)

　완문의 발급자 표기는 관장의 직함을 사용하거나, 그 관청 자체를
표기하는 경우가 있다. 행초로 쓴 것도 있지만 대부분 정자체에 가깝
고 절제된 필체를 보여준다. 특히 소지에 나타난 발급자 표기와 비교
해 볼 때 그 정제된 필체가 더욱 눈에 띤다.

　이에 대한 한 가지 예를 들어보면 〈사진 2-8〉과 같다. 위의 소지와
완문은 관련 문서로서 동일 발급자인 행사(行使)에 의해 거의 같은 시
기인 1847년 3월과 4월에 각각 발급된 것이다.

사진 2-8. 소지와 완문의 발급자 표기와 서압 비교

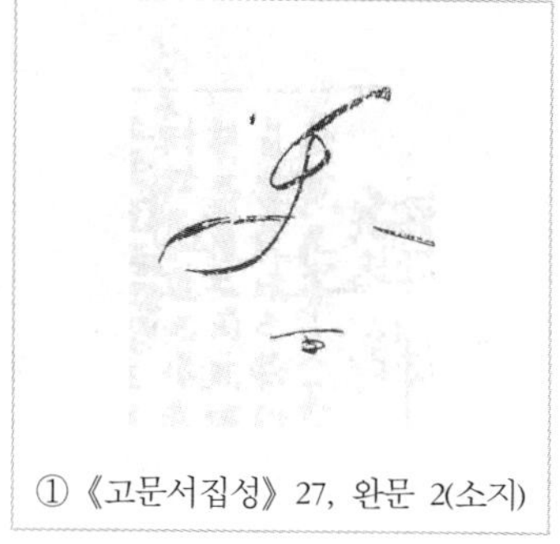

① 《고문서집성》 27, 완문 2(소지)

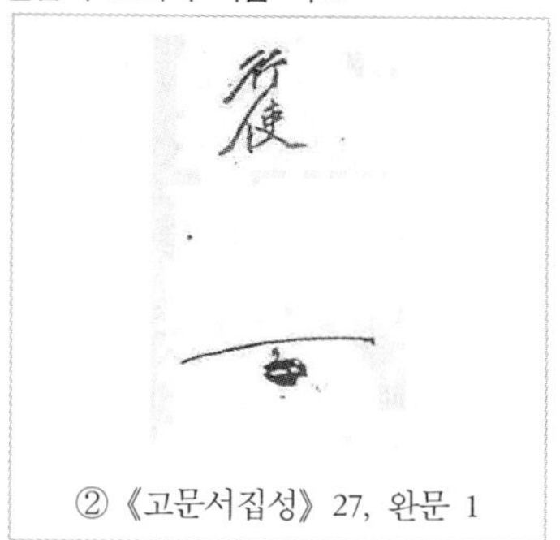

② 《고문서집성》 27, 완문 1

　①은 완문의 발급을 청원하는 소지이고, ②는 그 결과 발급된 완문
이다. 두 문서의 발급자가 동일인이라는 것은 문서의 서압이 같은 데
서 확인할 수 있다. 반면, 이 두 문서의 발급자 표기 방식에는 차이가
커서 ①은 '행사'자를 휘둘러 표기하고 방만한 힘을 과시하는 듯한 느

낌이라면, ②는 상대적으로 매우 정제된 분위기를 전해준다. 소지의 발급자 표기와 서압은 동일인이 작성하였음을 알 수 있다.

한편 완문의 경우 '행사'의 발급자 표기가 완문의 본문 글씨체와 같으므로 '행사'까지도 완문의 작성자가 함께 쓴 것이고 발급자는 다만 서압만 하였음을 알 수 있다.

이런 차이는 소지와 완문에 나타난 발급자 표기가 지니는 의미의 차이에서 나타난다. 소지의 발급자 표기는 소지를 올린 청원자의 소청에 대해 관이 결재하는 의미를 가지고 있으므로 소지 내용과 대립되는 측면이 있는 반면, 완문의 발급자 표기는 완문 작성자와 동일인이기 때문이다.

〈사진 2-9〉에서도 완문 작성자가 이른바 발급자 표기에 해당하는 관(官)까지 작성하였고, 서압은 발급자가 따로 작성하였음을 알 수 있다. 일단 관의 필체가 본문의 필체와 같고, 서압의 위치가 관 아래에 오는 것이 아니라 멀찍이 떨어져 있다는 것은 이 같은 추정을 더 확실히 해 준다. 그러나 모든 완문의 발급자 표기가 작성자에 의해 씌어졌다고 볼 수는 없다.

사진 2-9. 완문 서압의 예 ①

《고문서》 14, 완문 122

그러나 발급자 표기를 쓴 사람이 서압한 사람과 반드시 동일인인지는 알 수 없다. 이 소지에서 발급자를 표기한 사람과 서압한 사람이 동일인임이 확실한 반면, 완문에서는 이 두 사람이 반드시 동일인이었다고는 말할 수 없다.

〈사진 2-10〉의 완문에서 유의할 점은 본문에 '관'이라는 글자가 있음

에도 다시 착관(着官)을 하였다는 점이다.(아래 〈사진 2-11〉도 마찬가지다)

이는 완문의 작성자가 '관'까지도 쓰는 것이 당시 완문 작성의 일반적인 규식이었으므로 이런 결과가 나타났던 것은 아닌가 생각한다. 이 때 '관'은 소지의 '관'과 같은 필체이므로 관장(官長)이 직접 쓴 것으로 추정된다. 그리고 이 문서가 완문인데도 제사가 있는 것으로 보아, 이 완문의 작성자가 수급자인 조씨 댁으로 추정된다.

그러나 분명한 것은 완문은 관의 처분문서라는 특징 때문에 1인칭으로 작성되고, 따라서 발급자인 해당 관장의 수결이 필수적이긴 하지만 대개 완문의 작성자가 관은 아니라는 점이다. 그리고 완문의 본문 작성자와 발급자 표기의 작성자 사이의 관계에 대해서는 앞서 언급한 바 있듯이, 동일인에 의해 이루어지는 경우도 있고 그렇지 않은 경우도 있었던 것 같다. 그리고 본문과 발급자 표기의 작성자도 반드시 수결 작성자와 동일인은 아니었다.

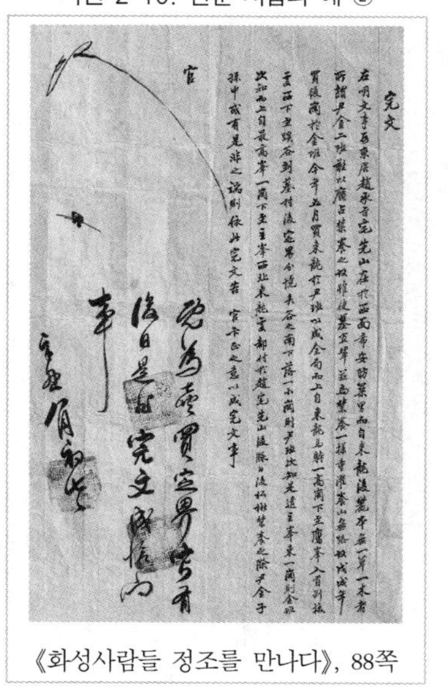

사진 2-10. 완문 서압의 예 ②

《화성사람들 정조를 만나다》, 88쪽

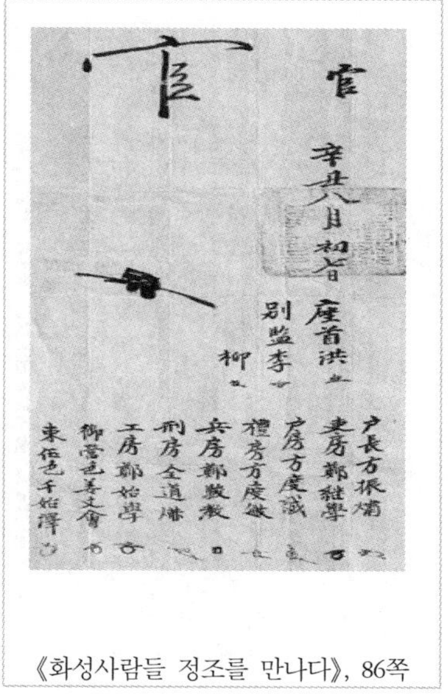

사진 2-11. 완문 서압의 예 ③(확대)

《화성사람들 정조를 만나다》, 86쪽

또 완문에 나타난 서명(sign)은 관장의 서압만은 아니었다. 〈사진 2-11〉에서 보이듯이, 날짜 아래에 대개 향소나 공형들이 증서(證署) 형식으로 서명을 하고 있는데, 이는 완문의 내용을 함께 보증한다는 의미를 담고 있다.

그런데 계방완문의 경우 발급자가 질청(作廳), 장청(將廳) 등이며, 이곳에서 완문은 그곳에 소속된 관원들이 모두 합의하는 완의 절차에 의해 발급되는 점이 특징이다. 이럴 경우 이러한 행정구조는 어떻게 표현할 수 있을까? 예컨대 장청의 경우 〈사진 2-10〉 완문의 발급자 표기와 〈사진 2-7〉 서압 ⑧ 장청(將廳)의 예에서도 볼 수 있듯이 "결성장청"(結城將廳)이라는 착관 아래에 "행수(行首) 김(金) [着名]－좌병교(左兵校) 임(任) [着名]－우병교(右兵校) 김(金) [着名]"의 형식을 띠고 있다.

즉, 해당 관청을 쓰고 그 관청에 소속된 관원을 모두 쓰는 형식을 사용하였음을 알 수 있다. 이런 특징은 위에서 언급한 증서와는 다르다. 이러한 형식상의 특성을 다음의 비교를 통해 밝혀보도록 하자.

사진 2-12. 발급자의 서압과 증서의 비교

① 향청과 질청의 증서	② 질청의 발급
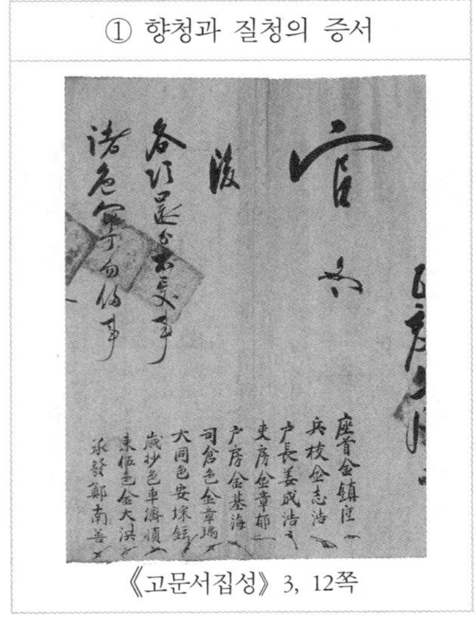	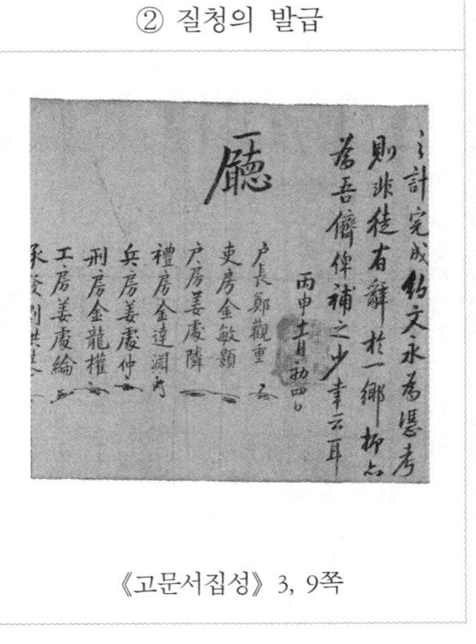
《고문서집성》 3, 12쪽	《고문서집성》 3, 9쪽

①의 완문은 관이 발급하고 향청과 질청이 증서하고 있다. 사진에서 볼 수 있듯이 관이 착관하고 서압하였으며, 그 아래 멀찍이 좌수와 병교 등이 ②에 비해서는 작은 글씨로 성명을 쓰고 서압하였다. 그런데 ②의 경우 청(廳)이라고 크게 쓴 아래에 호장과 이방 이하의 인물이 성명을 쓰고 서압하였다. 이 경우 청 아래에 쓴 인물들이 청에 소속된 인물이라는 의미이므로 ①의 경우와는 의미가 다르다.

이와 같은 발급자의 서압이나 증서자의 착명은 갑오경장 이후 중대한 변화를 거치게 되는데, 무엇보다 서압 대신 모두 인장을 사용하였다는 점이다. 〈사진 2-13〉에서 확인할 수 있는 것처럼 이때 관장(官長)의 인기(印記)는 "해남군수지장"(海南郡守之章)이다. 그리고 증서자에 해당하는 향청과 질청의 각 관원들의 서압은 정원형이나 정방형의 관인으로 바뀌었다. 특히 향장(鄉長)의 인기는 가운데가 정방형으로 뚫린 원형의 엽전 형태로 "해남(海南)…"으로 되어 있다.

완문의 관인은 수결과 더불어 완문의 증빙력을 높여주는 요소로서 결코 지나칠 수 없는 부분이다. 관인은 관의 지위에 따라 크기가 다르다. 상급관청일수록 관인의 크기가 크고 지위가 낮은 사람일수록 관인의 크기가 작다. 이는 관인의 크기에 따라 발급자의 위계가 다르다는 것을 나타내는 지표라고 할 수 있다. 관인은 형태에서도 차이가 있다. 정식 관청의 경우 정방형을 사용하는 것이 일반적이지만, 지방의 이서관

사진 2-13. 갑오경장 이후 서압의 변화

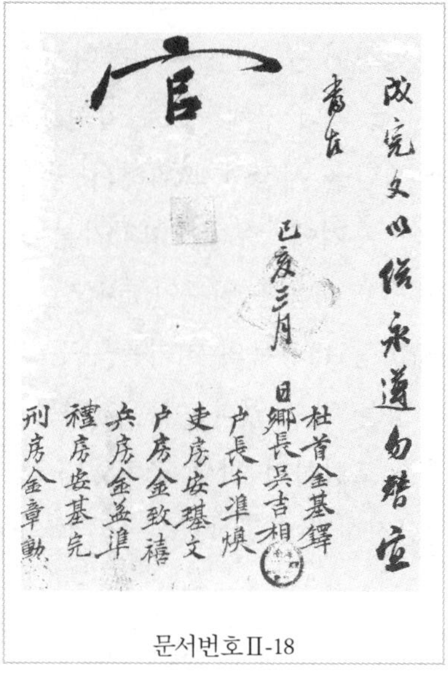

문서번호 II-18

청의 경우 직방형을 사용하는 것도 주목할 만한 예이다.

6) 후기(後記)

완문의 후기는 형식면에서 다양하다. 후기로 표기할 내용 앞에 '후'(後) 또는 '후기'(後記) 또는 '절목'(節目), '조례'(條例)로 표기하고 있다. 이러한 표기 없이 부록될 내용을 그대로 기록하는 경우도 있다.

후기는 대개 본문에 대한 내용을 보충하거나 강조하기 위하여 그 사안을 따로 작성할 필요가 있을 때 사용한다. 후기의 사용은 낱장문서보다는 성책완문인 경우가 많다. 어떤 조건이 문서 뒤에 첨부되다 보면, 문서의 양이 늘어나서 성책의 형태를 취할 수밖에 없기 때문이다.

후기는 다양한 내용을 포괄한다. 예컨대 묘직을 탈역시키기 위한 완문이라면 탈역자의 명단을 후기에 표기하는 경우가 대부분이지만, 탈역 조건에 대해 절목 형식으로 덧붙이는 경우도 있다. 구폐완문인 경우에는 구폐 대상이 되는 양쪽 당사자의 구폐 조건을 나열하는 경우도 많다. 또는 환자를 배정하는 경우, 배정하는 양과 순서에 대한 구체적인 약정이 주 내용을 이룬다.

이를 좀더 구체적으로 살펴보도록 하자. 광주 우치면에 부과된 역가의 폐단을 시정하기 위해서 광주부사가 새로 성급한 완문을 보면, 완문의 후기에 "우치각항역가절목"(牛峙各項役價節目)이 제목으로 붙어 있다.14) 내용은 원주인(元主人), 풍헌삭지가(風憲朔紙價), 정간지가(井間紙價) 등 14항목의 역가를 춘등(春等)과 추등(秋等)으로 나누어 그 금전의 양을 적고 있다. 이는 역가를 명시함으로써 역가를 둘러싼 여러 분쟁을 조정하기 위한 조처였다.

강진현감이 광국공신 이후백의 봉사손에게 모든 잡역을 면제한다는

---

14)《古文書資料集(1)》, 광주민속박물관, 1996, 完文 4, 146~148쪽.

내용으로 발급한 완문에서 문서의 말미에 '후'(後)라고 표기하고 물침 (勿侵)의 각 조항을 기록하였다.15) 각 조목은 한 일(一) 자16) 아래에 '물 침' 조건을 열거하고 있다.

구폐완문의 경우는 '구폐질'(捄弊秩)이나 '혁파질'(革罷秩) 등의 질차 를 두어 각 항목을 나누는 경우도 있다.17) 이때 구폐와 혁파는 의미가 다른 것이므로 이 같은 사항이 뒤섞이지 않도록 일목요연하게 표현하 였음을 알 수 있다. 이와 같이 완문의 발급에서 후기에는 일정한 형식 과 내용이 정해져 있지 않고, 상황에 따라 비교적 자유로운 모습으로 나타났다.

---

15) 위의 책, 完文 5, 149~151쪽.

16) 통상 이것을 '일'로 발음하는 경우가 있는데, 잘못되었다. 이는 ○과 같은 기호로서 항을 나누는 구실을 하므로, 발음하지 않는 것이 원칙이다.

17) 《古文書資料集(1)》, 152~153쪽.

3장 완문의 분류

3.1. 분류의 기준

완문은 발급자와 수급자가 매우 다양하다. 그리고 완문이 담고 있는 내용도 발·수급자의 종류만큼이나 다양하다. 필자는 이와 같이 여러 가지 복잡한 내용을 담고 있는 완문의 내용을 통일적으로 파악하기 위하여 앞서 말한 문서 발생에 관한 이론적인 전제, 다시 말하여 '문서는 발급자와 수급자의 심리적 의지 사이에 놓인 긴장관계에서 발생한다'는 일반적인 입각점에 의거해서 완문을 분류하고자 한다.

문서에 관한 이 같은 전제는 완문을 내용에 따라 분류하는 데 유용한 기준을 제시한다. 즉, 완문에 반영된 발급자와 수급자의 의지를 해명함으로써 완문의 성격을 분류하고 통일적으로 파악하고자 하는 것이 완문의 분류를 통해 추구하고자 하는 필자의 궁극적인 의도이다.

그렇다면 완문을 어떠한 기준에 입각하여 분류해야 할 것인가? 필자는 이를 위하여 사회적 기능, 국가정책, 행정처분을 그 기준으로 제시하고자 한다. 사회적 기능은 완문의 수급자가 완문을 이용하는 완문의 사회적 효용, 다시 말하여 완문을 수취하고자 하는 수급자의 의도를 해명하는 것과 크게 다르지 않다. 국가정책은 완문이 관문서인 만큼 발급자의 발급 목적을 기준으로 한 것이다. 행정처분은 수급자의 청원과 발급자의 발급 목적이 충돌한 지점에서 발생한 현실적인 결과를 의미한다.

3.1.1. 사회적 기능

필자는 현존 완문과 각종 사료에 등장하는 구체적인 예에 입각하여 사회적 기능에 따라 완문을 분류한 결과 다음 16종으로 나눌 수 있었다.

표 3-1. 사회적 기능에 따른 분류

⑴ 묘직탈역완문(墓直頉役完文) ⑵ 선산수호완문(先山守護完文) ⑶ 서원완문(書院完文)
⑷ 현예완문(賢裔完文) ⑸ 삼강행실완문(三綱行實完文) ⑹ 훈예완문(勳裔完文)
⑺ 향교완문(鄕校完文) ⑻ 계방완문(楔房完文) ⑼ 궁방완문(宮房完文)
⑽ 사찰완문(寺刹完文) ⑾ 성촌완문(成村完文) ⑿ 재개간완문(再開墾完文)
⒀ 빈농구제완문(貧農救濟完文) ⒁ 구폐완문(捄弊完文) ⒂ 완의완문(完議完文)
⒃ 도고완문(都賈完文)

여기서의 분류는 주로 수급자의 의지를 기준으로 한 것이다. 앞서 밝혔듯이, 수급자의 의지라는 것은 결국 수급자가 수취한 완문을 가지고 자신의 생활양식을 변화시킴으로써 사회적 효용을 취득하려는 욕망에서 나온 것이다. 이것이 완문을 수취하고자 하는 실질적인 동기이다. 그만큼 수급자의 의지란 완문의 사회적 효용과 깊이 연관되어 있고, 완문의 사회적 효용은 곧 완문이 사회적으로 어떤 기능을 할 수 있느냐와 깊이 연관되어 있다.

따라서 완문은 절차로 볼 때 수급자의 요청에 따라 발급된다는 점에서 완문을 수취하기 이전에 발급자와 수급자 사이에 형성된 사회적 관계가 전제가 된다. 이와 같이 전제된 사회관계에 대한 탐구는 완문의 성격을 이해하는 데 반드시 필요하다. 이 가운데 사회적 기능에 따른

분류는 주로 사회적 효용을 중심으로 한 분류라는 점에서 사회적으로
는 수급자의 의지를 중시한 분류라고 할 수 있다.

이 같은 사회적 기능에 비추어볼 때 완문은 사족에게는 사회적 특권
을 보장받는 수단으로, 사족 이외의 신분에게는 사회적 지위를 상승시
킬 수 있는 사다리로, 국가는 사회성원들 사이의 사회분쟁을 조절하거
나 농업경영을 안정시킬 수 있는 수단으로 다양하게 이용되었음을 알
수 있다.

3.1.2. 국가정책

일반적으로 증빙문서는 문서 생산 과정에서 발급자와 수급자의 의
지가 결합할 때 발생하는 긴장관계에 의해서 생산된다. 문서는 발급자
와 수급자 어느 한쪽의 의지만으로 생산되는 것은 아니다. 그렇다면
위에서 언급한 바와 같이 완문 수급자의 의지가 완문의 사회적 기능으
로 드러난다면, 반대편에 대립해 있는 완문 발급자의 의지는 어떻게
이해하여야 할까?

여기서 완문의 발급자가 대부분 관청이라는 사실에 주목할 필요가
있다. 관청이란 국가에 소속된 기구이므로 당연히 국가의 의지를 실현
시키려는 의도가 모든 행정행위에 기본적으로 반영되어 있다. 그런데
각 관청이 갖는 특색과 시대적 상황에 따라 국가의 의지는 다양한 형
태로 표현될 수 있다.

다만 여기서의 주제는 국가의지 전반을 논의 대상으로 하는 것이 아
니라, 완문에 반영된 국가의지를 파악하는 것에 한정되어 있다. 그러므
로 완문을 발급하는 국가의지 또한 그 정책 기능을 통하여 밝힐 수밖
에 없다. 즉 국가로서는 완문을 발급할 때, 완문을 발급함으로써 이후
발휘될 것으로 예상되는 완문의 문서효력을 상정하고 있기 때문이다.

앞에서 완문을 수급자의 의지를 기준으로 삼아 16종의 완문으로 분류한 바 있다. 필자는 이와 같은 16종의 완문을 다시 발급자인 국가의 입장에서 정리하고자 하였다. 완문으로 인한 특혜는 대부분 국가로부터 부여받은 것이므로, 완문에 드러난 국가의지는 완문을 발급하기까지 발급자인 국가와 수급자인 민 사이의 사회적 관계를 단적으로 드러내준다.

'(1) 묘직탈역완문(墓直頉役完文), (2) 선산수호완문(先山守護完文), (3) 서원완문(書院完文)'은 결국 '양반문화의 보호'라는 조선 후기 국가의 정책과 연관되어 있다.[1] 이들 완문의 특색은 선영과 서원이라는 사족문화의 핵심적인 구현체를 보호하여, 이를 통해 사족층의 이익을 적극적으로 수호해 준다는 의미에서 국가가 사족층에게 특혜를 주려는 의지를 표명한 것이라고 볼 수 있다.

한편, '(4) 삼강행실완문(三綱行實完文), (5) 훈예완문(勳裔完文), (6) 현예완문(賢裔完文)'은 '사회풍속의 교화'라는 항목으로 정리하였다. 조선의 국가이념이 유교였던 만큼, 사회풍속을 교화시키려는 의지가 강하였다. 그 윤리적 귀추는 다름 아닌 그들의 충성을 유도하는 데에 있었다. 효자를 포상하는 이유조차 상투적으로 효자 집안에서 충신이 난다는 논리를 끌어온 것은 이러한 특색을 단적으로 반영하는 예이다.

그리고 '(7) 향교완문(鄕校完文), (8) 계방완문(稧房完文), (9) 궁방완문(宮房完文), (10) 사찰완문(寺刹完文)'은 '공공기관의 재정확보'라는 정책의 관점에서 이해할 수 있다. 향교나 향청 등은 조가(朝家)에서 책정한 별도의 재정이 없었으므로, 이에 대한 재정을 확보할 목적으로 일반 민 등에게 완문을 발급하여 그 대가로 재정을 확보하였다. 한편 궁방과 사찰은 주로 왕실의 재정이나 원찰의 보호를 위하여 그들에게 일정

---

1) 본문에서 묘직탈역완문(墓直頉役完文)과 선산수호완문(先山守護完文)은 경우에 따라 선영완문으로 묶어서 논의하기도 하였음을 밝혀둔다.

한 재정적 혜택을 부여하고자 발급한 완문이다.

'⑾ 성촌완문(成村完文), ⑿ 재개간완문(再開墾完文), ⒀ 빈농구제완문(貧農救濟完文)'은 '호구증가의 지원'이라는 관점에서 이해할 수 있다. 이들 완문의 발급자는 수령으로서 해당 관내에서 촌락을 이루거나, 재개간을 하거나 빈농을 구제하는 것을 목적으로 그들에게 세역을 면제하는 특혜를 부여하는 완문이다.

'⒁ 구폐완문(捄弊完文), ⒂ 완의완문(完議完文), ⒃ 도고완문(都賈完文)'은 국가가 사회 문제에 적극 개입하여 국가의 보증력으로 사회 갈등을 해결하려는 의지를 표출한 완문이라 할 수 있다.

필자는 완문을 발급하는 국가의 의지가 무엇인지를 파악하기 위하여 앞서 분류한 바 있는 16종의 완문을 다시 추상적 범주로 재편성하였다. 그 결과 완문의 발급주체인 국가의 의지를 '① 양반문화의 보호, ② 사회풍속의 교화, ③ 공공기관 재정의 확보, ④ 호구의 증가, ⑤ 사회갈등의 조절'이라는 다섯 가지 범주로 묶을 수 있었다. 그리고 이러한 분류에 따라서 국가가 완문을 통하여 실현하고자 하였던 정책의지를 엿볼 수 있었다.

국가의 정책의지를 실현하는 기능이라는 관점에서 볼 때, 완문은 사족을 포함한 민의 욕망을 부분 수용하는 기능을 하였다는 점에서 일종의 완충 역할을 하였음을 알 수 있다. 국가에서는 이와 같은 성격의 문서를 발급함으로써 이를 통해 양반문화를 보호하거나 사회 교화를 이루는 수단으로 사용하는 한편, 공공기관의 재정을 확보하거나 호구를 증가시키거나 사회적 갈등을 조절하는 기능을 수행하였다.

3.1.3. 행정처분

완문은 주로 국가기관에서 발급한 관문서이다. 그 때문에 이 문서에는 국가기관의 의지가 지배적이다. 넓은 의미에서 완문의 내용은 국가기관의 행정처분을 실현하는 것이라고 할 수 있다.

그런데 완문은 청원에 따라 발급되므로 발급자가 완문을 발급하고자 하는 의도에는 사실상 수급자이기도 한 청원자의 영향력이 크다. 다시 말하여 현실적으로 수급자가 완문의 발급을 청원할 경우, 대개 발급자인 국가의 의지를 선행적으로 파악하고 난 뒤에 청원이 이루어지고 있으므로, 완문의 행정처분에는 결국 배후에 있는 수급자의 의지가 숨어 있는 셈이다.

따라서 완문의 행정처분에서 그 명분으로는 국가의 이념이 무엇인지 살필 수 있고, 행정처분의 실제 내용으로는 사실상 수취자가 이 문서를 가지고 실현하고자 하는 것이 무엇이었는지를 알 수 있다. 필자는 이러한 행정처분의 내용을 탈역(頉役), 분쟁예방, 광정(匡正)의 세 영역으로 나누어 정리할 것이다.

탈역을 행정처분으로 하는 완문에는 (1) 묘직탈역, (2) 선산수호, (3) 서원수호 등 사족의 특권을 보호하는 경우를 꼽을 수 있다. 그 밖에 (4) 효자열녀, (5) 공신의 후예, (6) 선현의 후예 등에게 특혜의 일종으로 탈역을 부여하거나, (7) 향교, (8) 계방, (9) 궁방, (10) 사찰 등 공기관이 재정을 확보할 수 있도록 각종 탈역의 특혜를 이용할 수 있도록 하거나, 수령칠사(守令七事)의 하나라고 할 수 있는 호구 증가를 도모할 수 있도록 탈역을 부과하는 경우 등이 포함되어 있다. 그런 점에서 완문 가운데 탈역의 보장을 행정처분으로 하는 경우가 가장 많음을 알 수 있다.

그런데 19세기에는 새로운 성격의 완문이 나타났다. 이 완문들은 사족의 특권을 보호하는 기존 완문과는 성격이 달랐다. 이들이 가진 주목할 만한 특성은 관과 민, 민과 민 사이에서 도출된 사회적 합의를 보증하거나, 민의 폐해를 광정하는 등 국가가 사회에 적극 개입하는 성격을 띠었다.

그림 3-1. 완문의 전체 분류

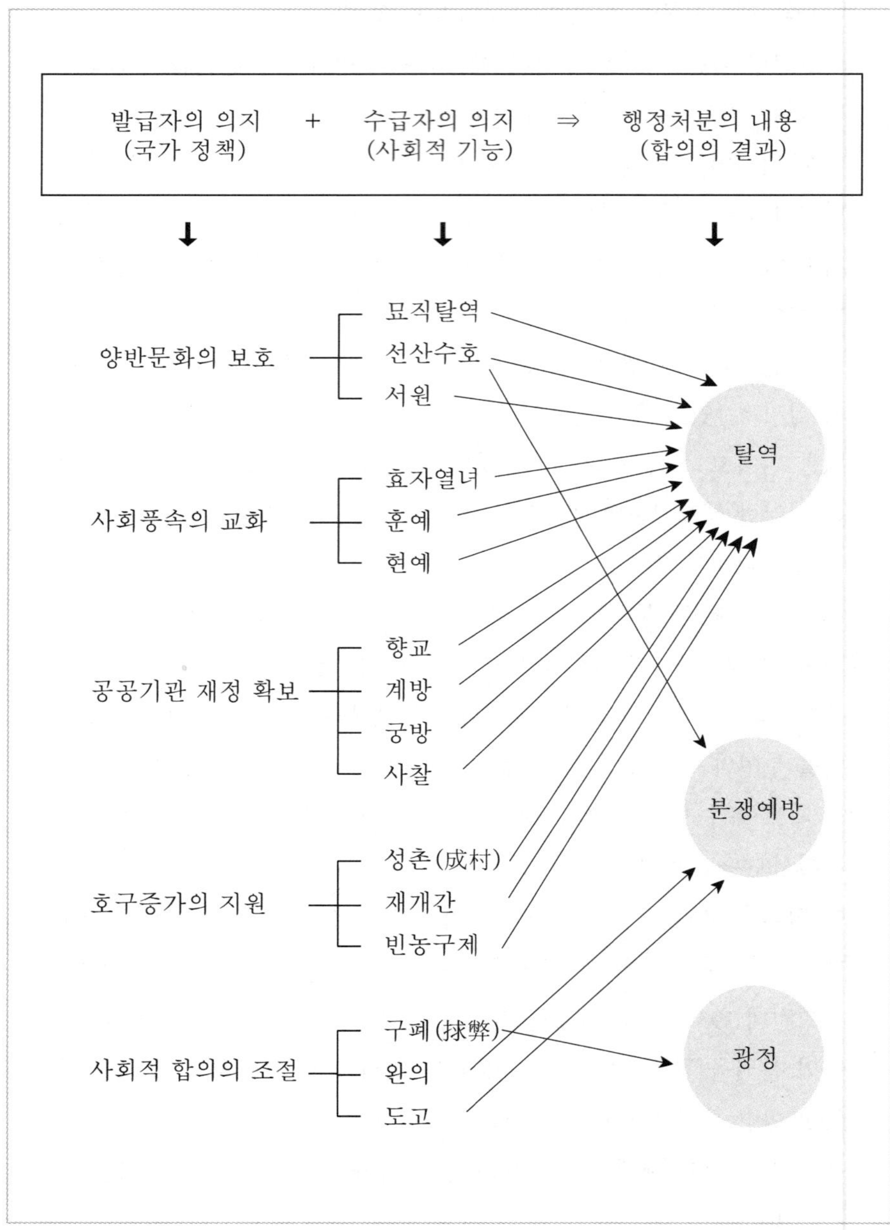

분쟁예방을 행정처분으로 하는 완문은, (1) 선산의 경계를 확정하여 사족끼리의 분쟁을 막거나, (2) 문중(門中)이나 향중(鄕中) 등 사회결사체에서 합의한 사항을 보증하는 내용을 속성으로 한다. 또는 (3) 상인이나 광대 등 특정집단에게 독점권을 허용할 때도 완문을 발급한다.

광정을 행정처분으로 하는 경우는, 관에서 광정의 결과 기존 폐단을 조정한 사항을 절목 형식으로 뒤에 첨부하여 규정하는 경우가 많다. 이때 절목은 완문의 처분에 대한 구체적인 조목으로 기능한다. 즉 완문의 처분이 대체적인 방향을 말하는 것이라면, 후기에 붙은 절목은 그러한 대강의 방향이 구체적으로 무엇을 가리키는지를 말한다.

3.2. 분류별 특성

3.2.1. 선영경관의 수호

1) 선영완문의 의미와 갈래

조선 후기의 사족(士族)들에게 조상의 무덤을 수호하는 일은 남다른 의미를 지녔다. 선영(先塋)은 무엇보다 묘제(墓祭)를 거행하는 제례 공간이었다. 묘제는 가묘(家廟)에서의 제사보다 넓은 친족 범위에 속한 사람들을 참여시켰다. 이러한 제례를 통해 집안사람들은 더욱 넓은 단위의 결합체, 가문이나 문중으로 통섭될 수 있었다.[2] 그런 점에서 선영은 다른 집안이나 신분층으로부터 자신을 구별지울 수 있도록 발명된 문화적 상징물로서 강조되었다.

---

2) 김문택은 묘제를 전 문중을 결속하기 위한 상징적 구심체로 지적한 바 있다.(김문택, 〈16~17세기 안동의 진성이씨(眞城李氏) 문중 연구〉, 한국학중앙연구원 박사학위논문, 2005, 144~208쪽 참조)

조상숭배를 위한 명분에 의해 선영을 조성하는 일은 사족뿐 아니라 전 사회 신분층이 모두 공감하는 지배적 문화가 되었고, 더욱이 조가(朝家)에서도 사족층의 사회적 지위를 존중한다는 의미에서 이러한 문화를 적극 보장하고 심지어 장려하기까지 하였다.

따라서 조선 초기에 조가에서는 사족 선영의 수호 범위를 주위의 한정된 영역을 그들의 특권으로 허용하였다. 그런데 조선 후기의 사족들은 그 허용범위를 되도록 확대하여 그들의 특권을 확대하고자 하였다. 이러한 광점의 경향에 대하여 숙종 이후에는 좌청룡 우백호의 영역으로 제한하여 허용하는 것으로 법제화되었다. 이 법제를 기초로 사족들은 선영의 수호범위를 확정하고자 하였으니, 이때 그 권리를 보장받기 위하여 수취한 문서가 완문이다.

그런 점에서 완문은 양반문화의 독자적인 표현물이면서 동시에 사족층의 사회적 신분을 유지할 수 있는 중요한 보호막으로 기능하였다. 그리고 선영문화는 사족만이 누릴 수 있는 문화적 특권이었으며, 동시에 그것은 특권을 통해서만 유지가 가능한 문화이기도 하였다.

그렇다면 선영문화는 어째서 사족만의 문화일 수 있었을까? 그것은 선영을 수호하기 위해서는 사족만의 현실적 기반이 전제되어야 했다. 여기에서는 두 가지 점이 우선 고려되어야 했다. 한 가지는 토지, 다른 한 가지는 인력이었다.

사족들이 토지를 확보하고 그 사용권을 안정적으로 보장받기 위해서는 관가로부터 산지의 이용권을 인정받거나, 매득한 산지의 경계를 보장받고 그 경계 안에 있는 송추의 보호를 내용으로 하는 문서를 관가로부터 수취하여야만 했다.

조선 중기까지 산지는 공유지였으므로 사족들은 대부분 산지를 점유함으로써 이용권을 행사하였다. 사족이 이용권을 보장받기 위해서는 그 지역의 주인[土主]인 수령의 허락을 받아야 했다. 이때 그 이용권을 보장받는 문서가 완문이었다.

그런데 조선 후기 이래로 산지는 소유의 대상이 되었으므로 점유가 아닌 매득에 의해서 이용이 가능하였다. 이것은 산지에 대한 수요의 증대에 따라 발생하는 자연스런 결과였다. 그 결과 일반 상민까지도 산지를 소유하고 선영 경관을 조성하는 데까지 이를 수 있었다.

자기 소유의 산지에 대해 경계를 확정하는 일은 앞으로 벌어질 분쟁을 막고 자기 소유권을 안정적으로 유지하기 위하여 긴요한 일이었다. 소유지의 경계를 확정하고 관가에게 그 보장을 요청하여 수취하는 문서가 요구되었고 그 경우에도 완문이 사용되었다.

한편 선영을 경영하기 위해서는 토지를 확보하는 것 말고도 선영을 관리할 만한 인원이 필요하였다. 그런데 선영을 직접 관리하는 묘직은 대개 주인가로부터 떨어져서 묘역 근처에 거주해야만 하였다. 묘직이 다른 관내에 거주하는 경우, 그들에게는 온갖 잡역과 군역이 부과되는데, 이것은 그들이 독립적인 가계 경영을 하는 데 막대한 지장을 가져왔다.

이때 이들을 역으로부터 보호할 것을 보장받는 완문을 묘가 있는 관내의 수령으로부터 수취하였다. 필자는 이 완문을 묘직탈역완문(墓直 頉役完文)이라고 이름 붙일 것이다.

그런데, 사족이 자신의 선영으로 산지를 점유하기 이전에, 그곳에서 땔나무를 하던 산 아래 촌민들이 있었다는 사실에 유념할 필요가 있다. 이들은 사족이 산지를 선영으로 정하기 전부터 살아왔던 사람들인 경우가 많았다. 따라서 사족이 산지를 점유하고 그곳의 송추를 보호하는 일이 그들에게는 기존의 생활터전을 빼앗는 것이 된다.

그러므로 사족들이 송추를 보호하는 데에 촌민들은 직접적인 위협이 되었다. 따라서 이들의 도움 없이 송추를 보호하기란 현실적으로 불가능하였다. 이러한 상황에 처한 사족들은 이들을 탈역시키고 그 대가로서 자신의 송추를 보호하도록 요청하였다. 이때 관가로부터 묘촌의 탈역을 보장받는 완문을 수취하였는데, 이 완문을 묘촌탈역완문(墓村頉役完文)이라고 명명할 수 있을 것이다.

그림 3-2. 선영 수호를 위한 완문의 분류

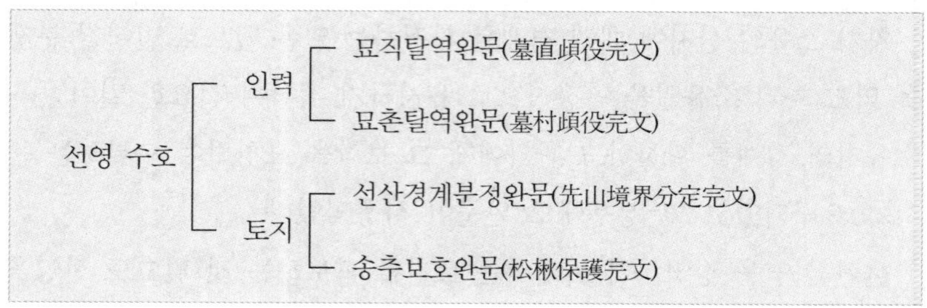

2) 수호 영역의 경계 분정

다음 문서는 선산의 영역 안에 있는 송추를 수호하고자 수취한 완문의 전형적인 모습을 그대로 보여준다.

문서 3-1[3]

완문

경좌천(庚坐川)의 후록(後麓)은 공주(公州)에 거주하는 홍참봉댁(洪參奉宅)이 새로 입장(入葬)한 산이다. 그러므로 주산(主山)과 안산(案山), 좌청룡, 우백호로 이루어진 사산국내(四山局內)의 송추를 보호하도록 특별히 완문을 작성하여 줌.

갑자년(甲子年) 8월 일

관(官) [署押]

경좌천(庚坐川)의 후록(後麓)은 공주(公州)에 거주하는 홍참봉댁(洪參

---

3)《古文書》 14, 完文 122.

奉宅)이 새로 입장(入葬)하였던 선산이므로, 수령은 이 선산의 사산국내(四山局內)를 보호하기 위하여 외부 사람의 침입을 금지하여 송추를 보호하여 기른다는 내용을 이 문서로 보장하고 있다.

당시의 은유 관념으로 보면 묘는 집이고 그것을 지키는 네 산은 그 집을 둘러싸고 있는 담이다. 여기서 네 산은 좌청룡(左靑龍), 우백호(右白虎), 조산(祖山), 안산(案山)을 가리키며 이것을 집을 지키는 네 마리 짐승[四獸]이라고도 하였다. 그래서 이 담 안에 들어와 묘를 쓰는 것을 집에 침입한 도둑에 빗대어 투장(偸葬)이라고 하였다.

그런데 유감스럽게도 이 문서가 언제 어느 지역에서 생산된 것인지는 알 수 없다. 그리고 여기서 홍참봉댁이란 구체적으로 어떤 집안을 가리키는 것인지도 이 문서의 내용만으로는 알기 어렵다.

그렇지만 이 문서에 공주라는 지명을 굳이 표기한 것으로 보아 이곳이 공주가 아닌 타관이라는 것과, 홍참봉댁이라는 직위로 볼 때 입산하는 집안이 미관말직이었음을 알 수 있다. 그들이 사족인 이상 이 지역 수령은 그들의 산지 점유를 보장하지 않을 수 없었을 것이다.

그런데 사족들의 사산국내 수호는 송추를 보호하는 것에 한정되지 않았음을 다음의 18세기 중엽의 완문에서 확인할 수 있다.

문서 3-2[4)]

건륭 7년 3월 20일 완문

이 완문은 작성해 주기 위해 작성된 것임.

개군면(介軍面) 앙덕동(仰德洞) 송진사댁의 선산(先山)은 본동(本洞) 자좌(子坐)의 언덕에 있다. 송추(松楸)를 금양(禁養)한 지 누세가 흘러 지금까지 수호하여 왔다. 사표(四標)는 동쪽이 구포촌(龜浦村), 서쪽이 신은천(新恩川) 하류, 남쪽이 여강수(驪江水), 북쪽이 석장촌(石墻村)이다. 앞 강인

---

4) 《古文書》 14, 405쪽.

서심탄과 구포곡탄(龜浦曲灘)의 어살에 대해 수세(收稅)하는 등의 일에 대하여 옛날에 완문을 받았는데 화재로 소실되었다. 이에 다시 소장을 올려 선조를 위하고자 한다고 한다. 들으니 극히 가상하다.

금양(禁養)하는 사표(四標)는 자명하므로 양쪽 개울의 어살 수세를 옛날 그대로 하겠다는 내용으로 완문을 작성하여 주니 이에 의거하여 고찰하는 것이 의당할 것임.

관(官) [署押]

이 문서는 송문조(宋文朝)가 사산(四山)의 경계를 인정받은 사실을 바탕으로 그 앞 강인 서심탄(西心灘)의 어살에 대한 수세권 보호를 보장하는 완문이 화재로 소실되자 다시 완문을 작성해 줄 것을 요청한 결과, 영조 18년(1741) 3월 20일에 수취한 완문이다.

이 완문은 금양하는 경계인 사방의 표지를 정하고 공증 받았다는 점에서는 다른 완문과 같지만, 이 금양 사표 안의 어살 수세권을 보장하였다는 점이 특징이다. 그런 점에서 이 완문을 통해 사산국내에 대한 독점권이 송추권에만 한정된 것이 아니라, 사산국내에 있는 모든 이권까지 포함한다는 것을 확인할 수 있다.

이와 같이 사족들이 선산의 금양권을 확보하기 위하여 노력하였고, 그 방도로 경계를 분명히 하고자 하였으며, 그 권한은 비단 송추의 금양권에 그치는 것이 아니라 그 국내에서 발생할 수 있는 모든 이권을 포함한다는 사실을 위 문서로 확인할 수 있다.

이 문서를 앞의 17세기 문서와 비교하면 사표의 경계를 분명히 정하였다는 점에서 차이가 있다. 이런 정황을 미루어 볼 때 18세기에 이르러 국내의 수호권은 애매한 상태로 방치되지는 않았음을 알 수 있다.

19세기가 되면 사산국내의 범위는 더욱 명확한 경계구분을 요구하게 된다. 이 같은 정황은 다음의 경주김씨 집안의 문서를 보면 이해할 수 있다. 다음의 완문은 서울에 살던 이 집안이 과천에 있는 선영경관의 국내 경계를 명확히 확정하고자 수취한 문서다.

문서 3-3[5]

도순사(都巡使) [署押]
갑오(甲午) 5월 일

완문 반첩(反貼)

경기도 과천현(果川縣) 완문 2책 중 1책은 집에서 보관하고
1책은 산직의 집에 둔다.

이 완문은 작성해 주기 위해 발급된 것임.

김직각댁의 산소가 본읍 상서면 외비산에 있다. 주룡(主龍)과 좌우용호
(左右龍虎) 이내에 경계를 정하는 일에 대한 순영문(巡營門)의 감칙(勘飭)
에 의하여 사표(四標)에 의한 경계를 정한 뒤에 완문을 작성해 준다.

이것을 가지고 이후의 일을 증빙하도록 하는 것이 의당할 것임.

관(官) [署押]

주룡(主龍) 서쪽으로 110보까지

청룡(靑龍) 서북쪽 30보까지

백호(白虎) 남쪽으로 50보까지

순전(脣前) 동쪽으로 90보까지

 끝

〈산도〉

* 감영(監營)의 인기(印記) 4개,
  관(官)의 인기 12개

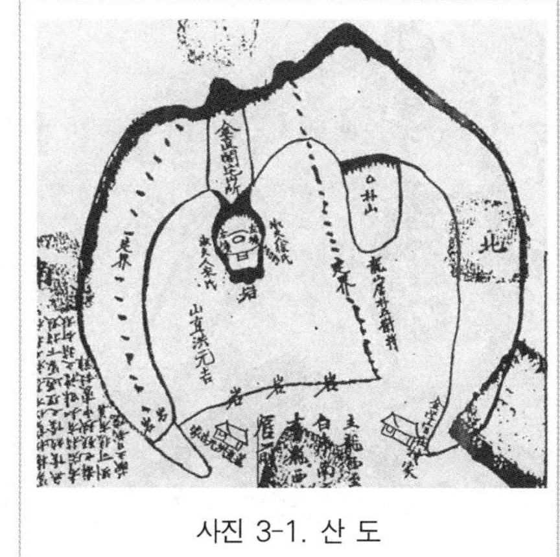

사진 3-1. 산 도

이 문서의 작성시기는 1894년으로 추정된다. 이와 같이 추정하는 근
거는 문서의 수급자가 김직각댁으로 표기되어 있는데, 규장각 직각 벼
슬을 한 이는 이 집안에서 김상덕(金商悳; 1852~1924)뿐이었으므로 여기

---

5)《古文書集成》8, 한국정신문화연구원, 完文 1.

에 의거한 것이다.6)

이 문서는 일단 발급과정이 주목된다. 발급경위를 추정할 수 있는 내용이 부록된 산도(사진 3-1)의 하단에 표기되어 있다.

"임오(壬午) 연간에 군요(軍擾)를 만났다. 이에 앞서 서씨와 송씨 양부인을 모두 권취(權窆)하였으나 군요를 만나서 장사지내는 것만 급히 서둘러서 서부인(徐夫人)은 외종남자내(外終南字內)로부터 천장하고, 송부인(宋夫人)은 서교(西郊) 성산(成山)으로부터 천장(遷葬)하여 과천의 외경산(外經山)인 학관(學官) 김재정(金在楨)의 산록 좌우(左右) 혈(穴)을 빌려서 각각 묻었다. 그러나 이때에 역력(役力)을 아직 펴지 못하고 임시로 양혈의 단총을 행하였으니 이것은 또한 대개 영원히 하폄한 것은 아니다. 그런데 아직까지 역을 행하는 것이었으나 10년 동안 아직 역을 시행하지 못하였다.

갑오년에 난을 만나 무덤을 잃을까 두려워서 경기감사에게 부탁하여 감영의 아전을 파견하여 과천현의 장리(將吏)와 함께 경계를 정하고 완문 2책을 작성하여 1책은 집에 두고 1책은 묘직에 두었다. 그 뜻은 산록을 차지하는 것에 있는 것이 아니고 단지 초목(樵牧)을 금하는 데 있었을 뿐이다.……"

여기서 임오 연간의 군요(軍擾)라고 한 것은 임오군란을, 갑오년의 난은 갑오농민전쟁을 각각 가리킨다. 이처럼 혼란한 와중에 인력 동원이 힘들었으므로 자기 집안의 서씨와 송씨의 장사를 치루기 어려워지자 임시로 매장하였다.

금양권을 보장받기 위하여 경기감사에게 청원하는 데에서 완문의 발급은 시작되었다. 순영(巡營)에서는 영리를 보내 감결(甘結)로 과천현감(果川縣監)에게 사표(四標)의 경계를 정하고 완문을 작성하라고 명하

---

6) 위의 책, 15쪽 참조.

였다.[7] 과천현감은 이 명령에 따라서 완문을 작성하고, 산도(山圖)를 덧붙였다.

이렇게 발급된 완문은 다시 도순사(都巡使)에게 올려져 이를 통해 청원자에게 반첩되었다. 이와 같이 문서가 작성되는 과정을 간략히 정리하면, '김직각댁[발급 신청] → 경기도관찰사 → [감결(甘結)] → 과천현감[완문(完文) 작성] → 경기도관찰사[반첩(反貼)] → 김직각댁[수취]'의 과정을 따른다. 직접적으로 과천현감에게 청원하지 않은 것은 당시 김직각댁이 줄을 댈 수 있는 관직자가 경기도관찰사였으므로 그를 통해 실질적인 행정조처를 단행할 수 있는 과천현감에게 힘을 행사한 결과라고 생각한다.

이 산도에 따르면 김직각댁의 묘소 경계는 점선으로 이루어진 지역이다. 왼쪽으로 산마루를 타고 경계가 이루어져 있고 아래로는 바위가 있는 지역까지이며, 오른쪽으로는 박산(朴山)과 경계를 가르고 있다. '박산'에서의 '산'(山)은 '묘'의 이칭이기도 하므로 '박씨 성을 가진 이의 묘'란 뜻이다. 왼쪽 아래에는 산직(山直) 홍원길의 집이 있다. 그 아래에 조산(祖山), 청룡(靑龍), 백호(白虎), 순전(脣前)의 보수를 비교적 세세하게 규정하고 있다.

완문에 산도까지 첨부한 이와 같은 사례는 매우 드문 일이기는 하지만 그만큼 선영 국내의 영역을 세세히 획정하고 있는 것은 산록을 광점하는 것이 전대와 같이 쉽지 않았음을 보여준다.

따라서 이 완문의 작성 목적이 '산록의 광점을 위한 것이 아니라 국내의 송추를 수호하기 위한 조처'라는 점을 굳이 밝히고 있다고 생각한다. 이는 19세기 후반에 이르면 광점을 목적으로 한 무단 점유가 실제로 어려웠다는 현실을 단적으로 보여주는 사례라고 할 수 있다.

---

7) 감결은 상급관청이 하급관청에게 명령이나 지시를 하는 문서다.(최승희, 《한국고문서연구(증보판)》, 지식산업사, 2003, 216쪽 참조)

위의 세 완문을 통하여, 토지를 수호하기 위한 범위가 광점에서 점차 줄어들고 있음을 확인할 수 있다. 17세기에는 사산국내를 보호한다고만 규정하고 따로 사표에 대한 경계를 표시하지 않았다. 18세기가 되어서는 사표를 지명으로 표기하고, 19세기에 이르러 사표를 보수(步數 ; 거리)에 따라 세밀하게 표기하였다. 이것은 시대적 추이에 따라 국내의 범위를 좀더 명확히 표기해야 할 사회적 조건이 대두되었음을 보여준다.

3) 묘직의 탈역 보장

완문에서 선영을 수호하기 위한 인력은 묘직(墓直), 산직(山直), 재직(齋直), 마름[舍音], 수호군(守護軍), 수직군(守直軍), 묘하동(墓下洞), 묘촌(墓村) 등 다양하게 표현되었다. 그렇지만 이러한 인력을 묘직(墓直)과 묘동(墓洞)으로 나누어 이해할 수 있다.

묘직의 전형적인 성격에 대해서는 17세기에 작성된 《안씨치가법제》(安氏治家法制)를 보면 알 수 있다.[8] 이 가훈에 따르면 묘직은 ① 제물(祭物) 및 기명(器皿)의 관리, ② 산소 주위의 소나무나 잡목 관리, ③ 제사의 보조 등 다양한 업무를 담당하였다. 따라서 묘직은 묘 자체의 관리를 포함하여 제사 준비를 위한 일체의 보조 업무를 총괄하였다고 하겠다.

묘직들은 대체로 잔호(殘戶)에 불과하였기에, 국가가 부과하는 각종 군역이나 잡역까지 지게 될 경우, 그들의 농업경영은 더 이상 유지되지 못하고 곧바로 유리도산(遊離倒産)하게 되어 있었다. 이들의 농업경영이 깨지면 그 피해는 다름 아닌 사족에게 돌아가게 된다. 따라서 사

---

8) 《안씨치가법제》(安氏治家法制)의 원문과 번역, 작자의 소개에 대해서는 안승준, 〈조선전기 사노비(私奴婢)의 사회경제적 성격〉, 한국정신문화연구원 박사학위논문, 1999, 55~8쪽 참조.

족은 이들의 농업경영을 보조해줄 수밖에 없었다. 결국 이들에게 부과된 역(役)을 막아내지 않고서는 선영 수호의 목적을 달성할 수 없었다.

사족들은 그들의 사회적 지위를 이용하여 관(官)으로부터 이들의 역을 덜어주어야만 하였다. 사족들이 그들의 신분을 이용하여 묘직 등에게 부과된 역을 탈역시킬 수 있었다는 점에서 묘직의 탈역은 대표적인 신분적 특권이었다.

다음의 문서는 묘직을 탈역하는 완문의 기본적인 형식과 내용을 비교적 잘 보여준다.

　　문서 3-4[9]
　　완문
　　이 완문은 작성해 주기 위해 발급된 것임.
　　충재공(沖齋公) 권선생(權先生)의 묘직노(墓直奴) 득선(得先), 마부리(馬夫里), 백한(百漢) 등 3명은 전례(前例)에 의하여 잡역(雜役) 및 호환(戶還)을 모두 침책(侵責)치 말라는 것을 내용으로 완문을 작성해 줌.
　　병신(丙申)년 3월　일
　　관(官)　[署押]

이와 같이 묘직 탈역을 보장하는 완문들 가운데에는 연대를 간지로 표기한 경우가 많다. 이 문서는 다행히 일괄 문서로 보존되어 있어서 그것을 통해 이 문서가 1836년에 발급되었음을 확인할 수 있었다.

위의 문서 내용에서도 밝혀 놓았듯이, 이 완문은 전례에 따라 발급되었다. 여기서 전례란 무엇을 가리키는 것일까? 수령이 새로 도임하게 되면 수급자가 완문을 수취하기 위해 청원서를 올리는 일련의 관행적인 과정을 거치게 마련이다. 이와 같이 전례란 전임수령이 완문을

---

9) 《嶺南古文書集成(Ⅰ)》, 영남대학교출판부, 1992, 461쪽. 완문 33.

발급해 주었던 예를 가리킨다.[10]

이 완문은 권벌의 묘직노 3명에게 부과될 잡역 및 환자의 면제를 내용으로 하고 있다. 이와 같이 탈역 받을 수 있는 묘직노의 수가 임의로 정해지는 것은 아니다. 그 수는 집안의 현실적 위세가 어떠한지에 따라 결정되는데, 대개 일정하게 유지되어 거의 변화가 없음이 관례였다.

선영을 수호하기 위하여 필요한 또 다른 인력으로 묘촌민들이 있다. 그들은 묘직과는 성격이 달랐다. 묘촌은 묘동, 묘하촌, 묘하동이라고도 불렸다. 이들은 묘산 아래에 거주하면서 그 선영의 주인에게 예속되지 않은 일반 백성들을 가리킨다. 묘가 산에 조성되면서 이전에 있던 마을이 묘동이 되는 경우도 있으나, 묘의 주인이 묘촌의 백성들을 모집하여 인위적으로 조성하는 경우도 있었다.

그렇다면 선영 수호에 왜 묘촌민이 필요하였을까? 선영은 대개 묘로 쓰기 이전부터 그곳에 살았던 묘촌민들이 땔감을 채취하여 왔던 곳이다. 그들이 생활하는 순환구조에서 땔감은 필수적이었으므로, 묘의 주인이 선영으로부터 멀리 떨어진 지역에 거주할 경우, 그들의 동의와 협조가 없다면 그들의 침탈은 계속될 수밖에 없었다. 그리고 묘촌을 설정하게 되면 오히려 선영의 송추에 대한 관리가 묘직만을 두는 것보다 훨씬 쉬웠을 것이다.

그런데 사족들이 무엇으로 이들의 동의와 협조를 얻어낼 수 있었는가가 문제이다. 이는 사족들이 묘촌민들을 보호할 수 있는 권리인 탈역으로 가능했다. 산 아래 있는 촌민들의 역을 면제해 주고, 그 역 대신 자신의 선산을 보호해 줄 것을 요청하는 구조이다. 크게 보면 공적으로 부과된 역의 탈면과 선산을 보호해줄 것을 요청하는 사역이 교환되는 관계로 이루어져 있었다.

---

10) 여기서의 청원서는 위의 책, 449쪽, 소지 9임.

이때 이러한 관계를 형성할 수 있는 매개고리는 사족이 묘촌민의 역을 면제할 만한 권리에 있었음을 주목하여야 할 것이다. 이러한 탈역권도 묘직의 탈역권과 마찬가지로 선영을 보호한다는 명분으로 사족이 취득한 전형적인 특권의 하나였다. 그런데 탈역 대상의 범위와 수는 단순히 권리의 차원을 넘어 특정 사족이 가진 권력과 관련되어 있었다. 이 점을 이해하기 위해서, 한 권세 있는 경화사족(京華士族)이 어느 정도의 탈역권을 행사할 수 있었는지 다음 문서에서 살펴보자.

문서 3-5[11]

완문

이 완문은 작성해 주기 위하여 발급된 것임.

청양현 북하면 야광리 등방산·천봉·설인봉·박달봉·성주봉·중신봉·장군봉·형제봉·빙동·장동·가장동·백석암·소등방산·등방현·도장동·노가동·갈울현·불당동·세동·유점동, 구야광리·자계동·중산요동·점동·석양은 곧 서울 사동에 사는 김판서댁이 묘촌으로 입안(立案)한 곳이다. 그러므로 폐를 끼치는 단서에 대하여 곳곳마다 보호하지 않을 수 없다.

본 읍의 연호잡역과 허액군정·환자·호렴·화속 및 그 외의 각 진영 교졸이 출몰하는 폐단, 괴뢰점(傀儡店)과 사사당(士舍堂)에 무뢰배(無賴輩)들이 침색(侵索)하는 우환이 있으니 모두 침책치 말아서 전심(專心)으로 그곳을 수호할 수 있도록 하라.

사산 국내의 송추를 범작(犯斫)하는 폐단은 각각 적발하여 착실히 금양(禁養)하겠다는 뜻으로 완문과 입안을 작성하여 주니 혹시라도 이러한 일이 있으면 일일이 적발하고 금단(禁斷)하여 대단한 죄책이 없게 하도록 하는 것이 의당할 것임.

기미(己未)년 3월 일

---

11) 《古文書》 14, 完文 121.

이 청양현(淸陽縣)의 각 청 및 해당 면임(面任)·이임(里任)을 맡은 이들은 이것에 의거할 것임.

순사(巡使) [署押]

이 완문은 철종 10년(1859)에 발급된 것으로, 발급자는 충청도관찰사 겸 순찰사(忠淸道觀察使兼巡察使)이고 수급자는 김유근(金逌根)댁이다. 그들은 지방관에 대한 직접적인 장악력이 있었으므로 실제의 묘가 아닌 허묘의 치표처에 이르기까지도 묘촌 및 산직 등에 대한 탈역 범위가 광범하였다. 결국 완문의 특혜라는 것은 현실적 권력, 즉 지방관을 현실적으로 어느 정도 장악할 수 있느냐에 따라서 특혜의 범위와 규모가 정해진다는 사실을 보여주는 실례라고 하겠다.

이 완문의 발급목적은 김씨댁에서 미리 입안(立案)을 받아둔 청양현 일대의 묘촌을 수호를 보장하기 위함이다. 특히 당시 묘를 쓴 곳이 아니라 앞으로 묘로 쓸 치표처 아래에 있는 묘촌의 탈역을 목적으로 발급되었다는 점에서 이 특권이 의미하는 바가 크다는 것을 알 수 있다.

여기서는 묘촌 내의 탈역 규모가 구체적으로 기재하지 않고 있어서 탈역 인원을 알 수 없다. 바로 이러한 애매한 규정 때문에 묘촌의 탈역 규모를 얼마든지 자의적으로 늘릴 수 있었던 것으로 보인다. 이는 완문의 탈역 규모가 사족의 사회적 위세와 깊이 연관되어 있다는 현실을 시사해 준다.

그렇다고 당시 모든 사족에게 이와 같은 묘촌의 형성이 쉬웠던 것은 아니다. 위의 장동김씨 집안과는 대조적으로, 현실 권력으로부터 소외되어 묘촌의 형성조차 어려운 경우가 있었다. 다음에서는 그 한 예로, 들목조씨 집안이 선산을 조성하고자 하였던 사례를 소개하고자 한다.

문서 3-6[12)

완문

여기 명문을 작성하는 것은 다음과 같은 이유에서이다.

서울에 사는 조승지댁(趙承旨宅)의 선산은 온양면 희안리에 있다. 전부터 묘촌에는 4, 5가(家)가 사는 데 불과하여 분산을 수호할 길이 없었다. 그래서 백성들로 하여금 그곳에 살면서 선산의 나무들을 보호하게 하고자, 촌락을 이루기 전에는 잡역을 침책하지 말도록 감영과 수령의 완문을 발급받은 것이 일찍이 한두 번이 아니었다.

그런데 인심이 가면 갈수록 전과 같지 않기 때문에, 근래 고을의 수령은 여러 가지로 침어하여 장차 마을이 없어질 지경에 이르렀다. 다른 곳에 사는 면역민(免役民)을 간신히 들어와 살게 하면 본 읍의 수령이 온갖 방법으로 역을 부과하였으므로 필경에는 묘촌민을 보존하기 어려워서 그들은 다 흩어져버렸다.

이러한 일은 본 읍에 인정(人丁)을 늘리는 이익이 없지 않은데도 묘촌에 단지 역을 부과할 수 있는 빌미만을 남기게 되어서, 온 마을사람들은 도망간 유민의 신역(身役)까지도 근거 없이 징수 당하였다. 이로 인해 점차 온 마을이 탕패하기에 이르게 된 것은 바로 이 때문이다. 그러는 사이에 선산을 수호할 수 없게 되었으니 이처럼 낭패스러운 일이 또 어디 있겠는가? 이제부터는 다시는 역을 부과하지 말도록 조처하고 묘촌의 잔민들이 흩어지지 않게 하도록 산소를 금양(禁養)하고자 한다는 뜻으로 다시 완문을 작성하니 이것으로 영구히 준행(遵行)토록 할 것임.

관(官) [署押]　　　　신축년 8월 7일　　　　좌수 홍[着名]

별감 이[着名]

류[着名]

호장 방진소 [着名]

이방 정계학 [着名]

호방 방도기 [着名]

---

12) 김혁, 《화성사람들, 정조를 만나다》, 화성문화원, 2004, 28~33쪽 참조.

예방 방도민 [着名]

병방 정준교 [着名]

형방 전도혁 [着名]

공방 정시학 [着名]

어영색 강문회 [着名]

속오색 천시택 [着名]

위 완문은 수급자가 화성부 송동면 야목리에 거주하던 들목조씨 집안이었다. 들목조씨는 조복양(趙復陽; 1609~1671)을 현조(玄祖)로 하는 종손 집안을 가리킨다.13) 이 들목조씨 집안이 번창하게 된 것은 조복양의 7세손 조만원(1762~1822)이 정조대에 발탁되어 득세한 뒤부터였다. 그러나 이 집안은 전형적인 소론 집안으로서, 재력이나 집안의 위세 면에서 위 문서에서 소개한 노론 집안과 비교할 수 없을 정도로 매우 미약하였다.

이 완문은 조만원이 순조 22년(1822) 사망하여 온양현(溫陽縣) 서면(西面) 희안리(希安里)에 묻힌 뒤에, 그의 후손에 의해 묘산 아래에 묘촌이 조성된 지 20년이 지난 1841년(辛丑)에 발급된 것이다. 완문의 내용을 보면, 이 사족이 묘촌을 형성하기까지 얼마만큼 애를 썼으며, 또 그 과정에서 얼마만큼 어려움을 겪었는지 이해할 수 있다. 이 집안의 묘촌은 애초에 4, 5가에 불과하였으므로 분산(墳山)을 수호할 길이 없었다

묘촌에 거주할 백성들을 모집하여 하나의 촌락을 형성하기 전까지는 관가에서 부과하는 역의 침책을 면하려 하였다. 촌락을 이루기까지

---

13) 이 집안의 자세한 내력과 계보에 대해서는 김혁, 위의 책, 28~33쪽 참조.. 여기서 들목조씨라고 한 것은 화성 야목리에 사는 풍양조씨를 가리킨다. 이렇듯 세거지로 본관을 대신한 것은 제2의 본관이라고 할 정도로 통용되었는데, 설사 이 본관을 가진 사람이 다른 곳으로 이주한다고 하더라도, '들목'이라는 본관은 따라다녔다. 이러한 관행에 대해서는 송준호, 〈물기재(勿欺齋) 강응환(姜膺煥)의 생애와 업적〉, 《조선사회사연구》, 일조각, 1987, 376~377쪽 참조.

촌민의 호역을 면제하는 것은 호구의 증가를 꾀하고자 하는 수령칠사(守令七事)의 하나로서 국가에서도 허용된 것이었다. 이 책에서 설정한 완문의 분류체계에 따를 때, 이 당시 이 집안에서 수취한 완문은 일종 성촌(成村)의 보장을 위한 특혜를 구하는 완문이었음을 알 수 있다.

완문의 내용에 따르면 심지어 "다른 곳에 사는 면역민(免役民)을 간신히 들어와 살게 하였으나, 본 읍의 수령이 온갖 방법으로 역을 부과"하여 끝내는 흩어져버릴 지경이 되었다고 하니, 수령의 적극적인 협조 없이 묘촌을 형성하는 것이 얼마나 힘든 일이었는지를 이해할 수 있다. 이 집안은 소론이라는 당색을 가지고 있었으므로 노론 위주의 정국에서 수령들에게 영향력을 가지기가 쉽지만은 않았던 것 같다.

다음에서는 경화사족이 자기 거주지와 떨어져 있는 지방의 선산을 경영하는 방식을 볼 수 있다. 실제 거주하는 곳으로부터 선산이 멀리 떨어져 있으면 선산을 조성하기가 쉽지 않았으리라는 것은 짐작하고 남음이 있다. 이러한 난점을 사족들은 어떠한 방식으로 극복하였을까? 다음의 사례를 통해 살펴보자.

문서 3-7[14]

완문

이 완문은 작성해 주기 위한 것임. 지금 여기 북내면(北內面) 지내리(池內里)의 묘촌(墓村)은 곧 초창기라서 연호잡역(烟戶雜役)과 환자를 다른 예에 의거해 침책할 수 없다. 선산을 영구히 보존할 계책에는 조처할 밑천이 없어서는 안 되므로 돈 100냥을 본동에 출부(出付)하여 그들로 하여금 존본취리(存本取利)하게 할 것이다.

양 존위(尊位)가 이것을 담당하여 점검하고 이자를 취하여 역을 보충하되 지금부터 묘직·수묘군·산직을 막론하고 영구히 역을 침책하지 말고

14) 한국학중앙연구원, MF35-004666.

만일 새로 이주하는 묘촌민이 있으면 모두 침책치 말라. 이와 같이 신경 써서 재산을 덜어준 것은 오로지 무궁한 염려에서 나온 것이니 만일 법을 어기고 사용하거나 중간에 가로채는 폐단이 있다면 책임을 지울 것이다. 명심하여 준행(遵行)하는 것이 마땅할 것임.

을사(乙巳)년 8월 10일

조영부사댁 [署押]

묘직(墓直)·산직(山直)·수묘군(守墓軍)에게 역을 면제하라는 뜻으로 전에 이미 완문을 두었는데, 묘촌은 초창기라서 새로 거주하는 백성들에게 연호잡역과 환자 등을 침책하는 일이 있다면 실로 영구히 보존할 길이 없다. 그러므로 이번 행차에서는 이러한 폐단을 특별히 염려하여 재물을 덜어내어 이자를 불려서 그들로 하여금 역을 보충하도록 하였다. 완문에 의거하여 영구히 준행(遵行)할 것이며 혹시 법에 어긋나게 사용하여 중간에 떼어먹는 일이 있다면 해당 이임과 동임은 중한 처벌을 면키 어려울 것임.

을사(乙巳)년 8월 10일

사(使) [署押]

위의 문서는 여주목사(驪州牧使)가 북내면(北內面) 지내리(池內里)에 있는 조영부사댁(趙領府事宅) 선영의 묘직·수묘군·산직 및 묘촌에 새로 들어오는 사람들에게까지 환자[還上]와 연호잡역 등 제반 역을 침책하는 것을 막기 위하여 발급한 완문이다.

그런데 이 문서는 형식상 다른 완문에서 보기 힘든 독특한 특성이 있다. 우선 완문의 중간에 분산(墳山)의 주인인 조영부사댁의 수결이 있다. 이것은 조영부사댁에서 돈을 내어 묘동으로 하여금 취식(取殖)하도록 하고, 그 이자를 가지고 동민의 잡역을 대신하는 방식을 사용하였다는 점과 깊이 연관되어 있다. 조영부사댁에서 동민(洞民)의 탈역을 안정적이고 지속적으로 유지하여 묘동을 안정적으로 경영하고자 한 것이다.

조영부사댁은 자신의 돈을 투척하여 존본취식(存本取殖)을 통해 그에 대한 이자로 묘촌의 잡역세를 대신하고자 하였다. 이 규례의 공증성을 위하여 조영부사가 함께 수결하였음을 알 수 있다. 이와 같이 존본취식으로 역을 보충하고자 방식은 감영이나 수령의 완호권에 의한 완문 발급이 별다른 효험이 없자 내려진 실질적인 조처라는 점에서 주목된다. 탈역의 문제는 묘촌의 입장과 하급관청의 입장이 서로 맞닿아 있는 사안으로서 현실적으로 어느 한쪽 입장을 내세워서 처리할 수 있는 문제는 아니었다.

이와 같이 존본취식 방식에 따른 묘촌의 경영은 서울 등의 재력 있는 집안에서 묘촌을 안정적으로 운영하기 위해 도입한 것으로서, 선산 수호를 위한 더욱 현실적인 대처방안임은 물론, 이렇게 해서라도 묘촌을 유지하여 이를 통해 선산의 송추를 보호하려 하였던 고육책이었음을 알 수 있다.

지금까지 살펴본 선영 수호를 위한 완문들의 특색을 정리하면 다음과 같다.

첫째, 묘직탈역완문의 발급자는 암행어사(暗行御史), 한성부(漢城府), 예조(禮曹), 감영(監營), 관가(官家)다. 이 가운데에서도 관가가 주 발급자다. 그런데 한성부와 예조에서 발급한 완문의 용도는 관가로부터 완문을 재발급 받을 때 증빙자료로 이용되었다. 이를 통해 상위기관이 수령에게 어느 정도 영향력을 미치고는 있었지만, 해당 수령이 발급한 탈역 완문이 실질적인 효력 면에서 더 크게 작용하였음을 알 수 있다.

둘째, 묘직탈역완문을 수급자 측면에서 살펴보면, 수급자가 대부분 사족이고, 관력이 있는 현달한 선조를 둔 경우가 많다. 이는 묘직탈역완문이 비교적 사회적 지위가 상당한 집안에서 수취되고 있음을 나타낸다. 또 집안의 사회적 지위에 따라 각 집안에 허용된 탈역의 규모에 차이가 남을 알 수 있다. 그런데 그 집안에서만큼은 시대에 따라 거의 변동 없이 대체로 일정한 탈역 규모를 유지하였음을 알 수 있다.

이로부터 유추할 수 있는 사실은 탈역의 규모가 해당 사족의 위세에 따라 결정되며, 한 번 결정된 규모는 그 이후 대체로 일정하게 유지된다는 점이다. 이는 사족의 위세가 사회적 통념에 따라 정해진 규칙에 의하여 결정된다는 것을 반증한다.

셋째, 탈역의 내용은 주로 군역이나 연호잡역이며, 환자 등이 추가되는 경우도 있다. 이것 또한 집안의 위세와 각 고을의 환경 등의 차이를 고려하여야 하므로 일률적으로 이야기하기는 어렵다.

넷째, 묘직탈역완문은 국역을 매개로 한 만큼 불안정한 면모를 드러낸 반면, 선산수호완문은 대부분 일정 영역에 대한 수호를 인정하는 경우가 많아서 중첩발급이나 중복발급의 사례가 없다.

다섯째, 선산수호완문도 발급자가 수령인 경우가 대부분인 점을 미루어보아, 이 완문의 사안 또한 수령권의 범주에서 처리되었음을 알 수 있다.

3.2.2. 서원(書院)의 수호

1) 서원완문의 의미와 갈래

서원완문은 주로 관가에서 서원에 소속된 인원들, 즉 서재생(西齋生), 액외원생(額外院生), 원보(院保), 서원촌(書院村), 속사(屬寺), 철점(鐵店), 옹기점(甕器店) 등에 부과된 각종 역을 탈면시켜주기 위해 발급된 문서이다.

서원완문은 서원의 사액(賜額) 여부와는 관계없이 발급되었으며, 아직 서원으로 승격되지 못한 사우(祠宇)나 서재(書齋), 정사(精舍)까지도 발급의 대상이었다. 조선 후기에는 이러한 사우 등도 서원과 거의 같이 취급되었으므로, 사우에서도 자신의 관리를 위하여 서원과 동일하

게 위와 같은 특혜를 보장하는 완문을 발급받았다.15)

관가는 서원을 보호해 준다는 명목 아래 완문을 발급하였고, 서원은 이러한 특권에 의거해서 서원에서 필요로 하는 경상비를 충당할 수 있었다. 조선 후기 이후로는 이러한 재원이 노비나 서원전보다 서원의 중요한 경제기반이 되었다. 이것은 수령의 도움 없이는 서원의 건립이나 운영이 매우 어려웠음을 말해 준다.16)

수령이 공권력을 동원하여 서원을 보조할 수 있었던 것은 수령의 의무 가운데 하나인 흥학(興學)의 명분에 따른 것이었고, 다른 한편 서원에서 향사하는 선현(先賢)을 존숭한다는 이념적 명분도 한몫하였다. 그런데 서원은 알려진 바와 같이 대표적인 사족문화로서 존숭 받았다는 점에서 서원완문 또한 사족의 특권을 반영하였다.

서원을 경영하기 위해서는 어떤 보장이 필요하였고, 그에 따라 어떤 종류의 완문이 필요하였는가? 이를 알아보기 위하여 용천정사(龍泉精舍)에 발급된 완문책을 예로 들고자 한다. 거의 한 시기에 정사의 건립과 운영에 관한 조처를 한몫에 하고 있기 때문에, 이 완문책을 통해 서원이 운영되기 위해서는 관가에서 어떠한 조치를 취하였는가를 알 수 있다.

당시 거창부사였던 김인순(金麟淳)의 적극적인 주도로 용천정사를 새롭게 창건하였다.(1810년, 庚午) 이 완문책은 다음 해인 1811년에 용천정사를 개창하는 데 70냥을 원납한 진성우(陳星佑)에게 발급한 문서이다.17) 용천정사는 거창군(居昌郡) 가조면(加祚面) 용산(龍山)에 위치하고

---

15) 서원과 사우는 원래 건립목적에 차이가 있었다. 서원은 교육기관으로, 사우는 애초부터 사현(思賢)과 풍화(風化)만을 목적으로 건립된 것이었다. 그러나 17, 18세기 사회에서는 서원과 사우의 구별이 없어졌다. 이러한 정황에 대해서는 정만조, 〈17~18세기의 서원(書院)·사우(祠宇)에 대한 시론〉, 《조선시대 서원 연구》, 집문당, 1997을 참조할 것.

16) 윤희면, 《조선시대 서원과 양반》, 집문당, 2004, 442쪽 참조.

17) 김인순(金麟淳)의 정치적 의도 등에 대한 분석은 정순우 등, 〈해제〉, 《고문서집성》 23,

있으며, 이곳은 정온(鄭蘊; 1569~1641) 집안의 선대 묘소가 자리 잡은 곳이다.

용천정사가 창건된 것은 인조 11년(1633)이며, 이 정사의 이름은 주자(朱子)의 한천정사(寒泉精舍)에서 따와 지은 것이라고 한다. 용천정사는 정온의 주요 활동무대였다. 정온은 이곳에서 안의(安義)·거창(居昌)·함양(咸陽) 등 인근 지역의 사림들과 학문을 강론하고 계를 모았다. 이 용천정사는 무신난을 일으킨 주동자의 한 사람인 정희량(鄭希亮)의 난과 연루되어 훼철(毁撤)되었다가 이때에 이르러 다시 세워졌다고 한다.

정사는 명유(名儒)나 현사(賢士)가 사저나 별사(別舍)에 둔 일종의 서실(書室)로서, 그곳에서 학업을 닦고 후학의 훈회(訓誨)를 겸하여 마련하였던 곳이다. 정사는 넓은 의미에서 서원이나 사우(祠宇)에 포함시킬 수 있으므로 정사의 경영은 서원이나 향교의 경영과 크게 다르지 않았다.18)

이 완문책에는 다른 완문과 구별되는 형태적인 특징이 보인다. 이 완문은 광곽과 계선이 있는 공책(空冊) 안에 완문을 정서(精書)하는 책 형태로 되어 있다는 점이 주목된다. 여기에는 이 완문을 포함하여 모두 9건의 완문이 실려 있는데, 그 가운데 8건이 거창부사가 발급한 것이다.

더욱이 발급시기를 살펴보면 '신미년 정월 20일'로 모두 같다. 이 사실로 미루어볼 때, 당시에 김인순이 이 용천정사를 새로 짓고 나서 다음해 정월에 정사의 운영을 위해서 완문을 발급하였다는 것을 알 수 있다.

〈표 3-2〉는 정사를 건립하면서 동시에 발급된 10건의 문서를 개략 정

1995 참조. 이하 용천정사에 대한 설명은 이 해제에 의거한다.

18) 정만조, 앞의 글, 88~89쪽 참조.

리하였다. 이것으로써 정사 경영에 어떠한 요소가 필요하였는지를 짐작할 수 있을 것이다.

1-2와 1-3은 정사의 중창으로 인해 들어갈 수밖에 없는 재용과 이후 서원 경영에 필요한 재용을 마련하기 위한 것이다. 원납답의 경우(1-2), 서원에서 서원의 경영을 위해 서원전을 두고 있는 것과 유사하다. 이 재답(齋畓)을 형성하는 방식으로 원납하는 자에 대하여 면역을 보상으로 주고 있는 것은, 행정처분으로 수령이 택할 수 있는 권한이 면역권에 의거하고 있음을 알 수 있다.

부록에 재답의 설정과 그 경영에 대하여 서술하고 있다. 재답은 위의 원납답과 본재에서 사들인 답으로 이루어져 있다. 그 경영에 대해

표 3-2. 용천정사 완문책 수록 완문들의 종류와 내용

문서번호	문서제목	내용	비고
1-1	죽전완문 (竹田完文)	정온 선생이 이곳에 대나무를 심은 뜻을 이어 죽전을 조성해 전벌하지 말라고 명령	죽순은 향사에 쓰도록
1-2	원납답완문 (願納畓完文)	논을 원납함으로써 면역발신(免役拔身)을 허락	재전(齋田) 운영방침 부록
1-3	본재원납전완문 (本齋願納錢完文)	원납전 납부, 탈역	
1-4	재생완문 (齋生完文)	재생 6인을 두고, 재생으로서의 임무를 부과	
1-5	재속완문 (齋屬完文)	묘직, 재직, 사환을 정하고, 이들의 신역 면제	
1-6	보노완문 (保奴完文)	속전을 맡고 보노로 차정하여 신역 면제와 속전을 내는 규정 정함	보노 10인의 성명·부명·거주지 부록
1-7	본리완문 (本里完文)	본리에 살고 있는 백성들의 연호 잡역을 면제	
1-8	속사완문 (屬寺完文)	도산서원 오도암(吾道菴)의 예를 따라, 당전서당과 계명서당을 속사로 정하고, 지물(紙物)을 공급토록 함	매년 백지 20속

서는 다음과 같이 열거하고 있다.

1. 재답의 작자는 반호(班戶)에게 허락하지 말고 소민(小民) 중 부지런한 자에게 병작하라고 규정한다.
2. 도지를 한 번 정한 뒤에 재임이 멋대로 깎지 않는다.
3. 재답 작자에게 매년 도지를 받을 때 왕골자리 1좌를 함께 받는다.

1-4는 재생들에 대한 규정을 담고 있다. 재생 6인을 정하여 후록하고 이들에게도 역을 면제하고 있다. 재생들에 관한 규정은 서원이나 향교의 예를 따라 정하고 있다. 그런데 이들은 나이가 어렸던 듯, 도산서원의 원생으로 하여금 색장이 되게 하여 그들로 하여금 식례를 가르치도록 규정하였다. 이들 또한 매년 왕골자리 1좌를 납부하게 하였다.

1-5에서는 재속들의 임무를 알 수 있다. 이들은 묘직 2명, 재직 2명, 사환 2명으로 구성되었는데, 각각 맡은 일에 차이가 있었다. 묘직은 묘역을 관리하는 일을 맡았고, 재직은 재우와 죽전의 관리를 담당하였고, 강회나 제회, 향음회에서 행하는 자질구레한 일은 사환의 일이었다. 이들에게도 역을 면제시켜 주었다. 이들이 사실상 이러한 탈역의 특혜를 받기 위해서는 그 이전에 지고 있던 군역 등을 어떠한 방식으로든 정리해야 했던 듯하다. 마군(馬軍)의 직을 맡고 있다가 묘직이 된 경우는 원래 마군의 본전(本錢)을 환납해야 했는데, 이들은 대부분 극빈했기 때문에 이것을 환납할 사정이 안 되었지만, 특별히 거창부에 고하여 탈급해 준 사례를 볼 수 있다.

1-6의 보노(保奴)는 원보와 거의 같은 자격이었다. 이들은 속전(贖錢)을 내고 보노가 되어 역을 면제받은 사람들이었다. 거창부사는 신역이 없는 사람 10명을 보노로 채우고, 이들로 하여금 매년 속전을 내게 하여 이 비용으로 국천일에 들어가는 비용으로 쓰고자 하였다. 그리고 보노의 명단 10명을 뒤에 붙였다.

1-7의 본리완문(本里完文)은 교촌완문이나 원촌완문과 유사하다. 이들은 정사가 있는 마을에 거주하는 백성들에게 연호잡역의 역을 면제해 주고, 국천일에 필요한 인력이나 죽전 번리 등의 제초 등 잡역을 거행하게 하였다. 여기서 이들이 행하였던 연호잡역의 종류가 열거되어 있어 참고가 된다. 여기서 이들이 담당하였던 역은 돌을 옮긴다든지 남여(藍輿)를 매는 일, 또는 옥이나 창고 담을 수리하는 일 등이었다.

1-8은 서원이나 향교의 속사와 똑같은 기능을 하도록 하였다. 정사에서 필요한 문서나 창호지 등 종이를 감당하기 위해 매년 백지 20속씩 납부하게 규정하였다. 그 반대급부로 관에서는 경내 사찰들이 이들에게 다른 역을 침책하지 말라고 규정하였다. 그런데 여기서 속사로 정한 곳은 달전서당(達田書堂)과 계명서당(啓明書堂)이며, 뒤에 달전서당이 훼철 당하자 견암서당(見巖書堂)으로 대체하였다.

여기서 의아한 점은, 속사로 정한 곳이 절이 아니라 서당이라는 점이다. 서당이 종이를 만드는 것과 무슨 상관이 있는지 필자의 상식으로는 선뜻 이해가 가지 않는다. 그러나 이 예에 의거해 본다면, 여기서의 서당은 지역(紙役)과 관련이 있고, 경내 사찰이 잡역을 물침하도록 조처하고 있는 것으로 보아 서당 안에 승려가 있었던 것은 아닌가 미루어 짐작한다.

이와 같이 정사에 발급한 완문들은 서원이나 향교에 발급하는 완문들과 다름이 없었고, 그러한 기관을 완호하는 방식에서도 유사함을 확인할 수 있었다. 대개 수령의 행정권 가운데 중대한 권한이라고 할 수 있는 탈역권을 매개로 재정과 인력을 확보하였다는 것은 지적할 만한 특성이라고 할 수 있다.

이러한 사례들은 서원완문이 얼마만한 보장과 보호 속에서 공적인 기관으로 운영될 수 있는가 하는 점을 보여주고 있다. 이와 같은 완문들에 의거하여 서원완문의 이상적인 형식을 살펴보면, 탈역 대상인 서재생(西齋生), 액외원생(額外院生), 원촌(院村), 속사(屬寺)·속점(屬店) 등에 따라 성격을 분류할 수 있다. 원촌완문은 서원 인근에 있는 촌락을 서원촌으로 지정하고, 서원촌에 거주하는 촌민들에게 관에서 부과되는 각종 역을 탈면해 주는 한편, 그 대가로 서원에 노동력 등을 제공하도록 하는 완문이다. 서재생 탈역완문의 수급자로는 이른바 향촌중인(鄕村中人)이라고 부를 만한 신분이 포함되어 있다.

액외원생 완문도 위와 같이 서원 소속 액외원생들을 탈역시키는 완문을 말한다. 이때 액외원생들은 평민 신분이었다. 속사완문은 각 서원에 소속된 암자나 사찰 승려들의 군역과 연호잡역 등을 탈면하는 것을 내용으로, 그 대가로 승려들이 생산하는 종이 등을 서원에 공납하도록 하는 완문이다. 속점완문은 서원에 소속된 각 점, 이를테면 옹기점(甕器店)·염부점(鹽釜店)·수철점(水鐵店) 등으로부터 서원에 필요한 제기 등을 공납 받고, 그 대가로 역시 각종 점사에 부과되는 여러 국역을 면제받을 수 있는 완문을 말한다. 서원완문의 종류를 도표로 나타내면 다음과 같다.

그림 3-3. 서원완문의 분류

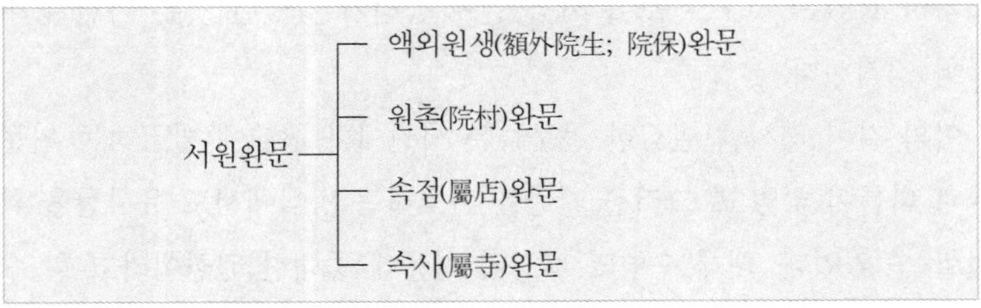

```
                  ┌─ 액외원생(額外院生; 院保)완문
                  │
                  ├─ 원촌(院村)완문
      서원완문 ──┤
                  ├─ 속점(屬店)완문
                  │
                  └─ 속사(屬寺)완문
```

2) 서원 소속 인력들의 탈역

앞에서 살펴본 묘직노와 마찬가지로, 우선 서원노들이 관으로부터 탈역을 보장받은 완문부터 살펴보도록 하자. 다음은 도산서원(陶山書院)에 내린 완문이다.

문서 3-8[19)

도산서원완문(陶山書院完文)

이 완문은 본원의 노비로서 각 읍에 거주하고 있는 자들에게 군포(軍布)와 잡역(雜役)을 전례에 의거하여 침책치 말라는 내용으로 작성하여 주는 것임.

　　　　병인(丙寅)년 3월　일

겸순찰사(兼巡察使) [署押]

　　　　　　　　　　　　　　　안동(安東) 예안(禮安) 영천(榮川)

　　　　　　　　　　　　　　　봉화(奉化) 풍기(豊基) 순흥(順興)

　　　　　　　　　　　　　　　예천(醴泉) 상주(尙州) 영양(英陽)

　　　　　　　　　　　　　　　진보(眞寶) 청송(靑松) 영해(寧海)

　　　　　　　　　　　　　　　영덕(盈德) 청하(淸河) 흥해(興海)

　　　　　　　　　　　　　　　경주(慶州) 의흥(義興) 의성(義城)

　　　　　　　　　　　　　　　　　　　　　　　　　　　　　　　끝

이 문서는 경상도관찰사가 병인년(1746년으로 추정)에 각 읍에 거주하던 도산서원 소속 외방노비에게 군포와 잡역의 면제를 내용으로 발급한 완문이다. 이 문서의 발급자가 순찰사였던 것은 도산서원의 노비들은 각 읍에 흩어져 있었고, 각 읍을 다 아우를 수 있는 이는 순찰사였기 때문이다. 16, 17세기에 외방노비를 경영하기 위해서는 각 읍 수령의 적극적인 도움 없이는 불가능하였다.

서원의 특권에 의한 또 다른 탈역의 실제 예는 서재생(西齋生)을 탈역하는 경우를 들 수 있다. 다음은 오늘날 경기도 화성시에 소재한 매곡서원(梅谷書院)이 서재생의 군역, 호역을 면제하도록 보장받는 완문이다.

---

19) 이수건 편저, 《경북지방고문서집성》(중판), 영남대학교출판부, 1984, 803쪽. 문서787.

문서 3-9[20)

완문

이 완문은 작성해 주기 위해 발급하는 것임.

매곡서원(梅谷書院)은 곧 우암(尤庵) 선생을 독향(獨享)하던 곳으로 국가가 사액을 내려 많은 선비들이 학문을 닦던 곳이다. 본원과 관계된 일은 누군들 경건히 받들어 주선하지 않겠는가? 지금 본원 재임(齋任)의 품목(稟目)을 보니 본원(本院) 원생(院生)이 호역(戶役)과 신역(身役), 면임(面任)과 이임(里任)의 직임을 면제하는 것은 바꿀 수 없는 규범인데, 근년(近年) 이래로 관속배들이 일찍이 침어하여 말썽을 일으킨다고 한다 이것이 어찌 말이 되겠는가?

원생이 신역을 면할 수 있는 것은 법전에 실려 있으니, 이제부터 매곡서원 서재생(西齋生)의 신역과 호역, 면임과 이임은 전례에 따라 침책치 말되 혹시 침어하는 단서가 있거든 재중(齋中)에서 즉시 관에 아뢰어 탈급(頉給)하도록 하라.

이것에 의해 준행하여 영구히 변함없이 하는 것이 의당할 것임.

신해(辛亥)년 6월   일

관(官) [署押]

이 문서는 1851년 6월에 광주부유수가 매곡서원에 서재생의 탈역을 보장하기 위하여 서원에 소속된 서재생들에게 발급한 완문이다. 매곡서원은 1694년에 수원부 매곡면에 창건되었고, 그 이듬해에 사액을 받았다. 이곳에 송시열을 독향(獨享)하였던 것은 그가 1674년 갑인예송(甲寅禮訟) 때 남인에게 패배하여 수원부 동북면 만의촌(萬義村) 무봉산(舞鳳山)으로 낙향하여 한때 은거하였던 연고 때문이다.

여기서는 서재생에게 신역(身役)과 호역(戶役), 면임(面任)과 이임(里任)의 일을 부과하지 말도록 하고 있다. 잘 알려졌듯이 서재생은 동자

---

20)《古文書》14, 完文 104.

생(東齋生)과 대비되는 말로서, 서원에서 공부하는 학생이 아니라 서원에서 여러 임무를 담당하는 역의 담당자였다. 이는 향교의 동재 양반 유생과 서재 액내 교생의 구분을 답습하여, 양반들은 동재유생, 양반이 아닌 이들은 서재원생으로 각각 구분하였던 것이다.[21]

여기서 서재생이라고 한 것 또한 양반이 아니라 서원에 일정 재물을 원납하던 사람들이었다. 그런데 탈역 규정에서 신역과 호역의 물침을 규정한 것은, 이들의 사회적 신분이 역의 부과대상이 되는 평민층이었기 때문이다.

그런데 탈역 대상에 면임과 이임을 포함시킨 것은, 면임이나 이임도 일종 역으로 인식할 만한 사회적 지위의 사람들이었기 때문으로 생각된다. 면임과 이임을 '역으로 인식'하였다는 것은 여러 방면에서 검토가 필요하다. 그러나 이를 통해 이들 서재생들이 향촌에서 면임과 이임보다는 상대적으로 한 단계 높은 신분으로 스스로를 인식하였음을 알 수 있다.[22]

이 완문에서 발급자와 서기 연대를 추정할 수 있는 유일한 근거는 완문에 찍힌 인기(印記)가 "광주부유수인"(廣州府留守印)으로 되어 있다는 것이다. 이를 통해 이 완문이 광주부유수가 발급한 것임을 확인할 수 있다. 그런데 매곡서원은 변함없이 수원 지역에 있었으므로 관할구역은 변한 적이 없었다. 따라서 관으로 표기된 발급자가 그 서원이 소속된 화성부유수가 되어야 마땅한데, 매곡서원의 서재생을 탈역시키는 발급자가 광주부유수였음은 무엇을 말하는가?

또 다른 문서에 따르면, 여기서의 서재생들이 당시 행정구역으로는 광주부에 속하였음을 알 수 있다.[23] 이는 서재생들의 탈역권은 실제로

---

21) 윤희면, 앞의 책, 258~276쪽 참조.
22) 윤희면은 단성현 호적대장의 분석을 토대로 서재생의 사회적 지위를 향교의 액내 교생과 거의 비슷한 수준으로 평민의 상층부, 서얼층으로 보았다.(위의 책, 298쪽 참조)

그들이 소속된 관(官)에 있는 것이기 때문에, 매곡서원의 서재생들은 광주부에 소속되어 있었고, 그런 이유로 그들의 탈역을 보장해 줄 수 있었던 관원도 광주부유수였음을 알 수 있다.

여기서 매곡서원의 서재생은 광주부와 화성부의 사람들로 채워져 있었고, 춘추향사(春秋享祀)와 삭망분향(朔望焚香)을 맡은 사람은 광주부에 거주하는 사람들이었으며, 광주부의 하급관원들이 자기 관내에 있지 않은 서원의 일에 대하여 소상히 알기 어렵기 때문에, 매곡서원의 재임이 이러한 사항을 환기시키고자 이와 같이 아뢰어 보고하고 있음을 미루어 짐작할 수 있다.

문서 3-10[24]

완문

이 문서는 영구히 준수하기 위해 발급된 것임.

군내면(郡內面) 장암촌(場巖村)의 귀암사우(龜巖祠宇)는 청연(靑蓮) 이선생(李先生)과 백연(白蓮) 문선생(文先生)을 병향(幷享)한 곳이다. 가경(嘉慶) 신유(辛酉, 1801)년에 도내(道內) 유림들이 경영(京營)에 소장을 올려 춘추향사(春秋享祀)에 이르러 앙(兩)선생 덕행의 독실함과 예절의 아름다움은 당세(當世)의 영수(領袖)가 된 지가 거의 백 년이 된 뒤에도 선비들의 논의가 사라지지 않고 이러한 혈식의 거사가 있으니, 오히려 찬양할 만한 일이다. 하물며 지난 일을 이어서 학문을 여는 것임에랴.

그러나 서원의 재용이 넉넉지 않아 춘추(春秋) 정향(丁享) 시에 모양을

---

23) 이 완문 이외에도 이 사안과 관련된 완문 2건이 남아 있다. 이 3건의 문서들은 모두 185□ 년에 6월에 발급된 것이다. 필자의 학위논문에서 〈문서 V -2-1〉에서는 6월이라고만 표기되어 있지만 다른 2건의 문서(〈문서 V -2-1-1〉와 〈문서 V -2-1-2〉)에는 6월 23일과 6월 25일로 발급일자를 각각 달리하고 있다. 이 문서를 포함하여 서압이 모두 동일한 것으로 보아, 같은 발급자에 의해 발급된 것임을 확인할 수 있다. 그리고 발급일자를 달리하고 있으므로 동일 사안을 가지고 다른 곳에 중첩 발급된 것은 아니었음을 알 수 있다. 각각의 완문은 역시 발급사유나 규정에서 약간의 차이를 보이고 있다.

24) 《古文書集成》 22, 完文 3.

갖출 방법이 없으니 원생(院生) 및 보졸(保卒)을 원액외(元額外)에 5명씩, 합하여 10명을 더 정하니 이 액수로 영구히 준행하여 오늘날 더 정한 본의를 온전히 하도록 할 것이다. 궐액이 있을 경우에는 처음부터 궐액이 되는 대로 대신할 사람을 채워 넣어 서원의 재용으로 삼는 것이 의당할 것임.

　　　갑진(甲辰)년 10월 일
　　관(官) [署押]

좌수(座首) 오(吳) [着名]

호장(戶長) 김예항(金禮恒) [着名]

이방(吏房) 하기봉(河岐鳳) [着名]

호방(戶房) 한덕모(韓德謨) [着名]

예방(禮房) 하세범(河世範) [着名]

병방(兵房) 한응범(韓應範) [着名]

형방(刑房) 윤종호(尹鐘鎬) [着名]

김병서(金秉瑞) [着名]

공방(工房) 이한규(李漢奎) [着名]

차역색(差役色) 조방엽(曺邦燁) [着名]

승발(承發) 박양식(朴良軾) [着名]

이 문서는 1844년 영암군수가 귀암사우(龜巖祠宇)의 재정 문제를 타개하도록 이 사우의 원생(院生) 및 보졸(保卒)을 원액 외에 더 배정할 것을 정하고, 이 액수를 변함없이 보장해 주고자 발급하였던 완문이다.

귀암사는 현재 전라남도 영암군 영암면 장암리에 있는데, 문익주(文益周, 1535~1605)가 세웠고, 1801년에 도내 유림의 합의에 따라 춘추 향사를 거행하였다. 배향 인물은 청련(靑蓮) 이후백(李後白; 1520~1578), 백련(白蓮) 문익주(文益周), 판서(判書) 서명백(徐命伯)이다. 1868년에 사우가 훼철되었다가 일제시대인 1936년에 다시 세워졌다.25)

앞서 언급한 바와 같이 서재생은 양반층에는 끼지 못하는 신분의 원생들이었다. 이들은 서원 입장에서 보면 중요한 재원이었다. 그런데 이 서재생의 수가 늘어나자 나라에서는 탈역할 수 있는 인원수를 제한하였다. 대현(大賢)을 제향하고 있는 서원인 경우 30명, 사액서원은 20명, 비사액서원은 15명으로 액수를 정하였다.26)

이러한 액수 외의 원생을 액외원생이라 하는데, 귀암사우는 이때 액외원생으로 5명을 배당받았다. 보졸과 함께 10명을 배당받았다고 하더라도 위의 경우에 비한다면 결코 많은 액수라 할 수 없다. 액외원생이 서원의 경제적 재원으로 중시된 사례라고 할 수 있다.

보졸은 보노(保奴) 또는 유보(儒保), 원보(院保)라고도 한다. 보노는 서원에서 각종 잡일을 맡았으며, 양인과 천인 가운데 군역을 피하기 위해 투속한 사람들이다. 보노는 위의 서재생과 신분적으로는 별반 차이가 없고 빈부의 차이가 있는 정도지만, 사회적 지위에서는 격이 떨어지는 사람이었다.

조정에서는 서원에서 사용할 수 있는 보노도 서재생과 마찬가지로 액수를 정하여, 무한히 투탁함으로써 초래되는 군정 문란의 폐단을 줄이고자 하였다. 액수는 사액서원의 경우 7명, 비사액서원은 5명, 향현사는 2명으로 정하였다. 원보가 늘어남에 따라 이는 곧 '군액은 많은데 그것을 채울 수 있는 민은 적어지는'[軍多民少] 사회 문제를 불러일으켰다.

3) 서원 소속 마을·사찰·공장(工匠)의 탈역

서원으로 인한 또 다른 탈역 대상은 서원에 소속된 마을이었다. 다음의 문서는 귀암사 가까이에 있던 마을이 서원촌으로 정해지면서 발급된 완문이다.

---

25) 정구복 등, 〈해제〉,《고문서집성》21, 1995 참조.
26) 윤희면, 앞의 책, 298쪽 참조.

문서 3-11[27]

귀암사우제역촌완문(龜巖祠宇除役村完文)

무신(戊申)년 5월 일 귀암사우제역촌완문(龜巖祠宇除役村完文)

이 문서는 영구히 준행하기 위해 발급된 것임.

곧 화민(化民) 신기오(愼基五)·문규한(文圭漢)·최윤석(崔淪錫) 등의 연명 소지(所志)에 의하면, "본군(本郡)의 귀암사우(龜巖祠宇)는 청연(靑蓮) 이(李)선생, 이판서(李判書) 선생, 백연문(白蓮文) 선생을 모두 모신 곳입니다. 원저(院底)의 반석촌(盤石村)과 무덕촌(茂德村)도 세 선생이 머물며 학문을 연마하던 곳입니다. 대개 서원 건립의 초기에 관에서 반무촌(盤茂村)을 서원에 소속시켜서 연호잡역(煙戶雜役) 등을 면제해 주고 본원에 사역토록 한 것은 이미 많은 해가 흘렀습니다. 근년 이래로 촌락이 영성하게 되어 10집에 9집은 비었으며, 또 연전의 절목(節目)도 점차 해이해지고, 혹은 군안에 들거나 혹은 해당 장부에 들어갔으므로 그를 빼고 남아 있는 것은 거의 드뭅니다. 원규(院規)를 존숭하여 따르는 것뿐만 아니라 사림의 통탄을 다시 어찌하겠습니까? 또 하물며 본군(本郡)의 원사(院祠)가 적지 않고, 그곳에서는 각각 부유한 제역촌을 두고 겸하여 사향(祀享)시에 어찬(魚饌)을 공납하는 마을도 두었는데, 오직 귀암사우만이 수습할 길이 없습니다. 규정은 온 군이 공평하게 하여야 할 통규인데, 절로 차별한다는 탄식이 있습니다. 많은 선비들의 숙원이 가슴에 쌓이지 않음이 없으므로 예조와 영문에 올려 점련하여 우러러 호소하니, 서원 밑의 반석촌과 무덕촌은 제향시의 사역촌이므로 전례대로 정하였고, 북이(北二) 당두리(堂頭里)는 제향 시에 어물(魚物)을 공납하도록 정하였으니, 모두 연역(煙役)과 군정(軍丁)을 덜어주어 영구히 준행하겠다는 뜻으로 완문을 성급하여 준 것이 있습니다. 위로는 춘조(春曹)와 영문(營門)의 제음(題音)이 있고, 아래로는 존현숭덕(尊賢崇德)한다는 사론(士論)도 의송(議送)과 소지(所志)에 나타나 있습니다. 지금 여기 귀암사우는 세 선생을 모신 곳이니 그 돌보아야 하는 곳임이 절로 구별될 정도인데도 근년 이래

---

27) 《古文書集成》 22, 完文 2.

서원이 전혀 꼴이 이루어지지 않고 있습니다. 반석촌과 무덕촌을 제역시키는 일은 유명무실해졌고, 또 어촌(漁村)을 정해 두는 것도 다른 서원에도 있는 것인데, 본원만은 오히려 아직 정하여지지 않았으니, 이것이 어찌 현자의 덕을 존숭하고자 하는 뜻이겠습니까? 제역으로 말한다면 연역(煙役)이 줄어듦이 없으니 이것이 또한 어찌 당초 완문의 본의이겠습니까?"라고 하였다.

사림의 바람이 일읍(一邑)에서 보호하는 일에 그치는 것뿐만 아니라 경영(京營)의 제음(題音)이 이와 같다면 그 돌아보아 돕고자 하는 뜻이 지극한 것이다. 반석과 무덕은 명색이 비록 두 개의 촌으로 되어 있지만 사실은 하나의 촌이고 당두(堂頭)의 어촌(漁村)은 공납하는 데 합당하므로 이 두 마을을 가지고 본원에 속하게 하여 서원의 체모를 보존케 하여야 할 것이다.

지금부터 위 두 마을의 연호잡역과 각 항의 군역을 모두 면제하여 주고자 하는 뜻으로 완문을 작성하여 1건은 본원에 두고 1건은 예리(禮吏)가 있는 곳에 두고 1건은 해당 촌락에 두어 영구히 준행하여 제사를 드리고자 하는 뜻을 존중케 할 것이다. 당두리(堂頭里)는 춘추 제향시에 어물을 공납한 뒤에 본가(本價)는 본원(本院)에서 받아가서 어기는 폐단이 없도록 하는 것이 의당할 것임.

관(官) [署押]

좌수(座首) 박(朴) [着名]

일별감(一別監) 노(魯) [着名]

병방(兵房) 군관(軍官) 박정직(朴廷直) [着名]

호장(戶長) 김예항(金禮恒) [着名]

이방(吏房) 김주형(金胄馨) [着名]

예방(禮房) 한덕모(韓德謨) [着名]

병방(兵房) 김두오(金斗五) [着名]

차역(差役) 조석민(趙錫民) [着名]

이 문서는 1848년에 귀암사우에 소속된 반석촌(盤石村)과 무덕촌(茂德村)의 역을 덜어주고, 새로 어물을 공납할 촌으로 당두리(堂頭里)를 삼을 것을 이 지역 사족들이 등장(等狀)에 의해 청원한 결과, 수령이 이에 대해 행정처분을 내리고 그 사실을 보장하기 위해 발급한 완문이다.

앞서 살펴보았듯이, 이 사우는 서원으로 승격되는 것은 고사하고 향사(享祀)를 겨우 치를 정도로 미미한 재력을 가진 서원이었다. 그럼에도 귀암사우는 건립 초부터 반석촌과 무덕촌을 속촌(屬村)으로 삼아, 이들 촌민들을 춘추 두 차례에 걸친 제향에 사용할 인력으로 부릴 수 있었다. 촌락을 두 곳씩이나 원촌으로 삼은 것은 매우 이례적인 일이었다.

그런데 완문의 내용에 따르면, 이들 촌락에 대한 완호가 제대로 이루어지지 않고 제역(除役)이 유명무실하게 된 결과, 과장은 있겠지만 열 집 가운데 아홉 집은 빌 정도로 원촌의 거주민들이 거의 유리도산(遊離逃散)하는 지경에 빠졌음을 알 수 있다. 이는 역의 완호 없이는 자립 경영이 어려운 당시 소농들의 실상을 보여주는 것이기도 하다.

더욱이 원촌 거주민인 경우, 외부로부터 부과되는 역을 막지 못하면 서원의 역을 동시에 떠안을 수밖에 없는 처지가 되어, 자칫 이중의 역을 부과 받을 수 있다. 그렇다면 원촌민의 입장에서 굳이 서원촌에 거주할 이유가 없어진다.

이 완문에서 특히 주의를 기울여야 할 것은 반석촌과 무덕촌 외에 어물을 공납할 속촌을 또 덧붙이고 있다는 사실이다. 위 완문의 내용에 따르면, 이같은 일은 매우 일반적인 경우라고 진술하고 있다. 이때 어물을 공납할 어촌의 경우는 완호를 명목으로 하였던 위의 두 촌락과는 다른 위상에 있었던 것 같다. 즉, 이 어촌에서 어물을 공납한 뒤에 어물값을 받아가도록 규정하고 있었다. 이는 탈역을 매개로 한 서원과 속촌의 관계와는 다른 사회적 관계를 맺고 있었음을 보여준다.

어촌을 속촌으로 지정한 이러한 조치가 어물을 안정적으로 공급하는 것 외에 또 다른 의미를 가진 것은 아닌가? 그렇다면 서원에서 관의 허락까지 얻어가며 굳이 어촌을 속촌으로 지정하는 것은 또 어떤 이유에서였을까? 필자의 생각에는 이 문제를 풀 단서는 어물의 가격을 "본가"(本價)라고 표현한 애매한 규정에 있는 것 같다. 이와 같이 액수를 애매하게 본가라고만 규정한다면 그 가격을 서원 쪽에서 정하였을 소지가 크며, 이는 서원이 대충 가격을 어림하여 산다는 의미 정도로 받아들일 수 있다.

서원과 어촌의 관계는 옥산서원처럼 초기에 사찰의 공납물을 서원에서 공납 받았던 경우와 유사하다. 그때에도 사찰의 공납물을 구매하고 있었지만 시가보다 저렴하였다.[28] 그리고 어느 때부터인지 마땅히 거두어야 할 공납물로 바뀌는 것을 알 수 있다. 여기서도 명목상으로는 당시까지 구매한다고 하였지만, 통상적인 속촌으로 발전시킬 예비적인 포석이었을 것으로 보인다.

이 완문은 총 3건이 작성되었다. 3건 가운데 1건은 서원에, 1건은 해당 촌락에, 1건은 예리처(禮吏處)에 두도록 규정되었다. 서원이나 해당 촌락은 수급자로서 직접적인 이해 당사자이기 때문에 완문을 두게 한 것 같고, 예방의 경우는 이곳에서 서원의 업무를 관장하였으므로 직접적인 실무 담당자라는 점에서 이 같은 규정을 마련한 것 같다. 이러한 복수발급의 예는 앞서 충분히 다루었듯이, 서원의 탈역 완문의 발급행정에서 나타나는 전형적인 특색이라고 할 수 있다.

문서 3-12[29]
완문
이 완문은 작성해 주기 위해 발급한 것임.

---

28) 《玉山書院誌》, 48쪽 참조
29) 《古文書集成》 65, 完文 3.

북안면(北安面) 영적암(靈寂菴)은 한편으로 어찰(御札)을 봉안하여 지키는 계당(溪堂)에 속해 있고, 한편으로 장산서원(章山書院)에 속한 지 이미 많은 해가 흘렀다. 중간에 공역(公役)이 허다(許多)하게 침책하는 가운데 본암(本菴)의 승도(僧徒)들이 갑자기 뿔뿔이 흩어지게 되어 이미 텅 비었으니 이 공역(公役)은 영원히 감면해 주어야 할 것이다.

방사(房舍)가 아직 훼철되기 전에 객(客)이 사용할 초혜(草鞋) 초조(草條) 등 소소한 물건을 우선 마땅히 납부하게 해야 하고 승번전(僧番錢)·훈태(燻太)·도맥(搗麥)·책지전(冊紙錢)·백저(白楮) 등의 침역(侵役)을 영구히 물침하도록 한다는 뜻으로 완문을 작성하여 주는 것임.

갑신(甲申)년 정월 3일

승청(僧廳) 기림사(祇林寺) 서기(書記) 선화(善華) [着名]
장흥사(長興寺) 서기(書記) 유근(有根) [着名]
장천사(障川寺) 서기(書記) 평윤(平允) [着名]
불국사(佛國寺) 수승(首僧) 성관(性寬) [着名]

경내도승통(境內都僧統) [署押]

이 문서는 1824년에 경내(境內)의 도승통(都僧統)이 장산서원(章山書院)과 계당(溪堂)에 소속된 속사인 영적암(靈寂菴)을 각종 역으로부터 보호받기 위하여 발급한 완문이다. 이는 승려가 발급한 완문이라는 점에서 매우 특이한 사례라고 할 수 있다.

이 완문의 내용에 따르면, 당시 이 암자는 비어 있었다. 그럼에도 역에 관한 이러저러한 조치를 취하였던 것을 보면, 이 역시 완호권을 부여함으로써 이를 통해 승려들을 초치(招致)하려는 조치였음을 알 수 있다. 이때 면제받는 역은 승번전(僧番錢)·훈태(燻太)·도맥(搗麥)·책지전(冊紙錢)·백저(白楮) 등이며, 승려들에게 객들이 쓸 초혜(草鞋)와 초조(草條) 등 소소한 물건만 공납하도록 조처하고 있다.

여기서 역의 부과자가 상위의 승단 조직이고, 그 조직은 관청과는 구별되는 독자적인 조직으로 구성되었음을 알 수 있다. 불교 조직은 팔도도총섭 아래에 각 도의 개별적인 사찰조직이 있다. 여기서는 각 도 단위 사찰 조직의 면모를 살필 수 있다. 위 완문에 서압한 기림사서기(祇林寺書記)·장흥사서기(長興寺書記)·장천사서기(障川寺書記)·불국사수승(佛國寺首僧)은 이 지역의 승청을 구성하고 있고, 이들을 총괄하는 승려가 도승통임을 알 수 있다.

이와 같이 지방의 사찰들 가운데에는 사족의 비호 아래 역에서 벗어날 수 있는 절도 있었다. 이때 이 절은 독립성이 있었던 것이 아니라, 사족들이 승려들만의 독자 기술로 전승되어 오던 물건들, 대표적으로 종이 등을 취득하기 위한 목적으로 경영되곤 하였다.

19세기 중엽이 되면 이전에는 상상도 할 수 없었던 주체가 완문의 발급자로 등장한다. 다음 완문은 서원이 발급자가 된 경우이다.

문서 3-13[30]

완문

이 완문은 작성해 주기 위한 것임. 본원(本院)에서 그릇을 사용하는 일은 허다하게 많으므로 서원에서 특별히 철점(鐵店)을 설치하여 필요한 곳에 쓸 수 있도록 하였다. 금년 가을에 외남중리(外南中里)에서 본면 내전리(奈前里)로 이설(移設)하였다. 본부(本府)의 진영(鎭營), 병영(兵營), 대소아문(大小衙門)이 모두 완문을 작성하여 주었으니 관예배(官隷輩)들이 침어(侵漁)하는 폐단을 막아서 실로 조가(朝家)가 숭봉(崇奉)하는 뜻을 따랐던 것이다. 서원에서 쓰임에 따라 식(式)을 정하여 공납해야 할 기물(器物)을 돈으로 대신하였다.

춘항(春享) 때에 10냥, 추항(秋享) 때에 10냥씩 매년 예납하는 뜻으로 이와 같이 완문을 작성하여 주는 것임.

---

30) 《古文書集成》 50, 完文 18.

기유(己酉)년 정월 15일

용산서원(龍山書院) [署押]

기유(己酉)년 춘등(春等) 10민(緡)의 신역(新役)은 공의에 따라 감면해 줌.

이 문서는 헌종(憲宗) 15년(1849)에 용산서원(龍山書院)이 자신의 속점인 철점(鐵店)에게 발급한 완문이다. 용산서원에서 철점을 잡역으로부터 보호해 주고, 그 반대급부로 공납을 받은 것은 이전부터의 관례였다. 따라서 이 같은 성격의 완문들은 대체로 관가에서 서원에 발급하는 것이 일반적이었다.

그런데 이 완문의 특색은 발급자가 관가가 아닌 서원이라는 것이다. 이는 서원이 각종 역을 침책치 말도록 관가로부터 위임받은 완호권이 하나의 권리로 설정되어, 서원이 재차 이 권리를 속점에 행사하고 있음을 분명히 보여주는 실례이다.

이러한 사회관계는 '관청(鎭營·兵營·大小衙門) – 용산서원(龍山書院)－철점(鐵店)'과 같이 관청의 권력이 용산서원으로 이전되고, 그 이전된 권력이 철점에 미치는 단계로 설정되어, 이때의 권력구조는 점차 미분화되어 중층화된 탈역 구조를 이루고 있다.

이는 결과적으로 관청의 권력이 직접 미치지 못하는 사회공간 속에서 용산서원과 철점 사이에 새로운 사회관계를 형성할 수 있는 조건을 만든 것이다. 즉, 관청이 철점에다 역을 요구할 수 있는 권한이 일차적인 사회관계이고, 서원은 그 긴장관계를 매개로 철점과 새로운 사회관계를 형성하였다는 점이 이 완문에서 보이는 특색이다.

이 완문은 서원의 완의에 따라 공물 대신 금전으로 일정액을 정하여 매년 예납할 것을 규정하였다. 이를 통해 이전에는 물건으로 매년 춘향과 추향 두 차례씩 공납하던 것을 금전으로 일정액을 정하였다. 이전에는 매년 20냥에 해당하는 철물을 공납했음을 알 수 있다.

그런데 공납을 물품이 아닌 금전으로 대신한다는 것은 모든 역을 금납화하던 당시의 사회 추세와 부합하는 현상이다. 철점의 입장에서 보면, 생산된 물건을 시장에 유통시키고 여기에서 일정 부분을 서원에 납부하면 되었으므로, 어떤 의미에서는 공납 기준이 명확해짐으로써 공납된 철물의 질에 대한 시비로부터 자유로울 수 있었고, 남은 것을 자신의 이익으로 돌릴 수 있기 때문에 전보다 유리해졌다고 하겠다.

한편, 완문의 성격상 이 완문은 완호나 탈역을 내용으로 하는 완문이 아니라, 일정한 규칙을 정하고 그 규칙을 따르도록 하는 완문이라는 점에서도 주목된다. 이 완문의 내용은 탈역을 보장하는 것이 아니라 일정한 협약을 통하여 계약관계를 맺고, 이에 준수하느냐 여부를 관건으로 한다는 점에서 특색이 있다.

지금까지 서원완문의 기본 특성에 대하여 살펴보았다. 이러한 특성을 다시 정리하면 다음과 같다.

첫째, 서원완문은 다른 완문에 비해 발급자가 다양한 편이다. 중앙관서로서는 예조가 주 발급자였다. 예조는 서원을 관할하던 기구였기 때문이다. 그 밖에 수령(守令), 영사(營使), 경내도승통(境內都僧統) 등이 발급자가 될 수 있었다. 서원이 발급자가 되는 경우도 있었지만, 이는 매우 드문 예였다.

완문 발급자의 특성은 탈역 대상자에게 역을 부과할 권한이 있는 관청이거나 역을 부과하는 관청에 영향력을 행사할 수 있는 관청이었다. 이러한 여러 발급자 가운데 수령이 주 발급자였다는 것은, 그가 갖는 탈역권이 다른 어떠한 관직보다 크다는 사실을 이해할 수 있다.

둘째, 서원완문의 수급자는 서원(書院), 사우(祠宇), 재(齋), 정사(精舍), 당(堂), 속점(屬店), 속사(屬寺) 등이다. 필요에 따라 완문은 복수 발급되었다. 상호 증빙에 편리하기 때문이며, 여기에는 묘직탈역완문과 유사한 특성이 있다. 그런데 비교적 많은 완문을 수취한 서원으로는 독락당(獨樂堂; 20건), 용산서원(龍山書院; 19건), 노봉서원(露峰書院; 14건), 정충사(旌忠祠; 8건) 등을 꼽을 수 있다.31) 이와 같이 다수의 완문을 수취한 서원·사우의 특성은, 이들 대부분이 문중서원(門中書院)에 속한다는 점이다.32)

이들이 완문을 수취하였던 것은 어딘가 그 지역의 공의를 획득하지 못한 약점이 있었기 때문이다. 화양동서원이나 도산서원, 병산서원 등에는 이와 같이 완문이 많이 남아 있지 않았다. 이는 곧 발급받은 완문의 수량이 많을수록 지역사회에서 차지하는 기반이 상대적으로 약하다는 사실을 보여준다.

셋째, 서원완문은 탈역을 행정처분으로 한 완문이 대부분이다. 따라서 묘직 탈역을 목적으로 하는 묘직탈역완문에 일반적으로 나타나는 중첩·복수 발급의 특성이 그대로 드러난다.

3.2.3. 삼강행실(三綱行實)의 포상

삼강(三綱)은 백성들의 풍속을 순화하기 위하여 강조하였던 조선의 정책적 윤리 강령이었다. 삼강이란 부자, 군신, 부부의 사회관계를 안정적으로 유지하기 위하여 설정되었던 윤리였다. 이 세 가지 사회관계는 사회를 구성하는 기초로 인식되었기 때문에, 그러한 둘의 관계에서 아버지, 임금, 남편 쪽에 힘을 실어주었고, 그 결과 이러한 지배관계를 윤리적으로 정당화하였다.

조가(朝家)에서는 이러한 지배윤리를 정책적으로 시행하기 위하여

---

31) 김혁 〈조선시대 완문에 관한 연구〉, 한국학중앙연구원 박사학위논문, 2005, 〈부록 1〉 3. 서원완문 일람표 참조.
32) 문중서원의 성격에 대해서는 이해준, 〈조선후기 문중서원의 개념과 성격 문제〉,《이수건 (李樹健)교수정년기념 한국중세사논총》, 2000, 556~560쪽 참고할 것.

채찍과 당근을 함께 사용하였다. 그러한 윤리에 어긋나는 행위에 대해서는 강상죄(綱常罪)로 분류하여 가장 엄중한 형벌로 다스렸던 한편, 이러한 윤리를 잘 실천하였을 경우에는 크게 포상하였다.33) 조가에서 행한 이러한 정책의 근본 목적은 삼강의 윤리가 사회의 내적 통합과 안정에 기여한다는 데 있었다.

그런데 이와 같은 정책은 사족들보다는 그보다 낮은 신분층의 욕구에 숨구멍이 되었다. 이것은 과거가 사족들의 욕구를 조절하는 제도적 도구였던 것과 유사한 기능을 하였다. 과거제도의 경우 조선 후기 이후 규정을 훨씬 넘은 많은 과거 합격자를 뽑는 만과(萬科)를 통해 과거 응시자들의 사회적 욕구를 충족시켰던 것과 마찬가지로, 비교적 엄격히 적용되어 오던 정려가 조선 후기에 와서 남발되었다는 것은 사족 이하 신분의 욕구를 조절하고자 조가에서 실시한 방책이었던 것 같다.

조가에서는 충신이나 효자, 열녀를 포상하고, 이를 통해 다른 사회구성원으로 하여금 삼강의 윤리를 권장하려는 정책을 적극 추진하였다. 법전의 규정에 따르면, 정려를 내리면서 현실적인 이권을 함께 포상하는데, 포상은 복호 즉 호역(戶役) 감면을 내용으로 하였다. 그런데 수령이 정려를 남발할 수 없기 때문에, 정려는 못 주지만 실제적인 경제 혜택인 호역을 면제하는 조치를 취하였는데, 이때 발급하던 문서가 완문이다.

현존하는 삼강행실완문 가운데에서 비교적 이른 시기의 완문 1건을 소개하고자 한다. 이 완문은 인조(仁祖) 9년(1631)에 경상감사가 이시청(李時淸)의 처 박씨(朴氏)의 열행을 포상할 것을 목적으로, 재령이씨 집안에 법전에 의거하여 호역 일체를 탈급해 준다는 내용으로 발급한 것이다. 이 집안에는 이 완문 말고도 같은 판으로 찍은 동일 목판본 1건이 더 남아 있다.34)

---

33) 조선 초 이래 정표 정책에 관해서는 박주, 《조선시대의 정표정책》, 일조각, 1990 참조.
34) 《古文書集成》 33, 完文 1.

이 완문은 형태상 보기 드문 예이다. 완문의 형태는 불변적인 부분은 판각하고 가변적인 부분은 필사할 수 있도록 비워 놓았다. 볼록하게 표시된 부분이 목판으로 찍은 부분이고, 나머지는 필사한 부분이다. 목판으로 찍었다는 것은 대량으로 인쇄하여 발급하였음을 의미한다.

문서 3-14[35)]

完文
節婦故進士李時淸妻朴氏
依法典戶役一切完護事
辛未十二月　日
兼巡察使[署押]　都事

* 겹친 글자 모양은 양각 인쇄본임을 표시함

'신미'(辛未)라는 간지와 겸순찰사(兼巡察使)의 발급자 표기와 그의 서압만 판각한 것으로 보아, 이 완문이 신미년 한 해 동안에 한정하여 대량으로 인쇄하여야 할 현실적인 필요가 있었음을 알 수 있다. 이와 같이 완문을 대량으로 제작 유포하였다면 현존본이 많을 것이라고 짐작할 수도 있다.

그런데 영남대학교 중앙도서관 남재문고(南齋文庫)에 소장되어 있는 다음의 완문은 이 완문과 거의 유사한 문서식을 보여준다.

문서 3-15[36)]

完文
節婦閔氏子申樓
依法典戶役一切完護事
壬申三月　日
兼巡察使[署押]　都事
眞寶

이 문서는 위의 완문이 발급된 다음 해인 인조 10년(1632) 3월에 절부(節婦) 민씨(閔氏)의 아들 신건(申楗)에게 호역을 완호해 준다는 내용으로, 앞 문서의 발급자가 같다는 것을 경상감사의 서압이 동일하다는 것에 의해 확인할 수 있다. 게다가 문서의 마지막 항 한 쪽에 진보(眞寶)라는 지명이 있는 것으로 미루어보아, 수령의 보고에 의해 경상감사가 진보에 있는 이 집안에 직접 발급한 것임을 알 수 있다.

그런데 이 완문이 필사 형태로 되었다는 점에서 차이가 난다. 이는 이 완문이 앞서 소개한 1631년 완문의 연장선에서 발급되었지만, 한편으로 그 목판본이 얼마나 특수한 환경에서 생산되었는지를 짐작하게 한다.

1631년 당시, 조선에서는 열녀완문과 관련하여 어떤 사회 상황이 있었던 것일까? 이러한 정황은 1631년 11월 18일 실록의 기사를 통해서도 짐작할 수 있다.[37] 다음을 보자.

상(上)이 경외(京外)로 하여금 충신·효자·열부 중에 널리 드러난 자를 모두 찾아 등급을 나누어 포상하도록 하셨다. 효자의 경우 정문(旌門)이 세워진 자는 69인, 증직(贈職)된 자는 61인, 상으로 물건을 받은 자는 19인, 복호(復戶)된 자는 106인이었으며, 충신의 경우 정문이 세워진 자는 5인, 증직된 자는 8인, 복호된 자는 12인이었으며, 절부(節婦)의 경우 정문이 세워진 자는 176인, 복호된 자는 11인, 상으로 물건을 받은 자는 6인이었으며, 효우(孝友)의 경우 정문이 세워지거나 복호되거나 상으로 물건을 받은 자가 모두 19인이었다. 폐조(廢朝) 때에 국(局)을 설치하여 삼강행실(三綱行實) 20여 권을 간행하였으나, 행실자 가운데에는 진짜와 가짜가 뒤섞여 있었으며 사람들이 너무 많은 것을 병통으로 여겼다. 그러다가 상

---

35)《古文書集成》33, 完文 2.
36)《古文書目錄》, 南齋文庫 제2집, 영남대 중앙도서관, 2003, 문서번호171.
37)《仁祖實錄》仁祖 9년 11월 18일조.

이 즉위한 뒤에 곧 바로잡아 고치려고 하였으나 일이 많아 겨를이 없었다가, 이때에 이르러 경외에서 절행(節行)이 있는 자를 찾은 것인데, 그 가운데에는 잘못 실린 자도 꽤 있었고, 지극한 행실이 있는 데도 빠진 자도 있었다.

인조는 광해군이 인목대비를 폐한 행위를 불효라고 보고, 이것을 명분으로 반정을 일으켰던 만큼, 그가 광해군대의 가장 큰 문화사업이라 할 수 있는 《동국신속삼강행실도》(東國新續三綱行實圖)의 성과를 부정하려 하였던 것은 너무나 당연하다.38) 이 기사에 따르면, 특히 삼강행실로 뽑힌 자들 가운데 가짜가 많다는 우려가 있었으므로, 절행이 있는 사람들을 대대적으로 다시 뽑으라고 명하고 있다. 어쨌든 이러한 국가의 의지야말로 완문을 목판본으로 제작하게 된 직접적인 동기가 되었다. 이 완문은 열녀뿐 아니라 충신·효자 집안도 가리지 않고 사용할 수 있도록 대량으로 제작되었을 것으로 짐작된다.

이 완문의 특이한 점은 기두사 자체가 없고, 일반적으로 기두사에 있어야 할 완호의 사실을 적기한 부분이 결사에 있다는 점이다. 국왕의 명령에 따라 한꺼번에 갑작스럽게 일이 진행되었으므로, 박채과정에서 일률적인 행정명령에 의해 각 고을의 수령이 행실을 진달하였을 것으로 추정되며, 수급자가 완문 발급을 위해 별달리 청원하지는 않았을 것으로 판단된다. 그렇다면 이 완문은 청원서에 따른 것이 아니라 경상도관찰사의 일방적인 처분에 따른 것이라는 점에서 완문 자체가 행정처분의 의미를 담고 있다고 하겠다.

---

38) 《동국신속삼강행실도》(東國新續三綱行實圖)의 편찬배경과 과정에 대해서는 김혁, 〈'동국신속삼강행실도찬집청의궤(撰集廳儀軌)'의 문헌학적 특성〉, 《서지학보》 24, 2001 참조.

문서 3-16[39]

완문

이 완문은 작성해 주기 위해 발급하는 것임.

본면(本面) 소동리(小洞里)에 거주하는 윤예발(尹禮發)의 딸은 상놈이면서도 효행(孝行)이 탁이(卓異)하다고 하니 진실로 극히 가상하다. 참으로 포상하고 찬미하여야 하므로 특별히 보호하지 않을 수 없다. 그 때문에 동내(洞內)의 연호잡역(烟戶雜役)을 으레 견감(蠲減)하며 이와 같이 완문을 작성하여 준다.

지금부터 동내의 모든 연호의 역을 모두 침책하지 말아서 그들을 격려(激勵)하도록 한다면 매우 다행일 것임.

신미(辛未)년 7월 26일

사(使) [署押]

위의 문서는 신미년에 안동부사가 윤예발의 딸이 천민이지만 효행이 뛰어나다고 하므로 동내(洞內)의 연호잡역을 감면해 주기 위해 발급한 완문이다. 이 완문 외에 점련된 무진년 발급 완문 한 건이 도산서원에 남아 있어 비교적 자세한 정황을 전하고 있다.[40]

위의 무진년 완문에 따르면, "윤예발은 아들이 없이 딸만 하나 있었을 뿐이다. 어려서부터 그 부모를 봉양하는 데 효성을 다하여…… 하루는 그의 아버지가 병으로 숨이 거의 넘어갈 지경이 되었다. 이때 윤조이는 즉시 밖으로 나가 무명지를 잘라 아버지의 입에 피를 흘려 넣고 자기를 대신 데려가 달라고 기도하자 아버지가 소생하여 연명할 수 있었다고 한다. 이 경우 풍속 교화를 위해 포상하는 원래적 의미의 삼강행실완문의 전형을 보여준다고 할 수 있다.

---

39)《陶山書院古文書》Ⅱ, 完文 2.

40) 도산서원 소장 문서. 필자가 확인한 결과 이 문서는 〈문서 16〉에 점련되어 있으나《도산서원고문서》에는 수록되어 있지 않음.

어떤 집안이 효자 집안이라고 그 향촌에서 공의를 얻게 되면, 읍 차원에서 수령의 포상이 있게 마련이다. 그러나 그 이후 효행은 다시 관찰사를 거쳐 예조로 보고되고, 그것이 다시 왕에게 보고되어 정려를 받는 과정을 거쳤다.

그런데 정려를 받기까지 수십 년 또는 심지어 수백 년의 오랜 과정을 거치는 것이 일반적이었다. 따라서 정려를 받기 전에 탈역의 혜택이나 증직이 이루어지는 것이 일반적이었다. 이때 일반적으로 증직되는 벼슬이 조봉대부(朝奉大夫) 동몽교관(童蒙敎官)이었다.

다음의 완문은 효행으로 증직된 동몽교관 집안에 대해 탈역을 보장하는 완문이다.

> 문서 3-17[41)
>
> 완문
>
> 이 문서는 효자를 위하여 영구히 준행하기 위한 것임.
>
> 효행(孝行)이 탁이(卓異)하니 전교를 받들어 조봉대부(朝奉大夫) 동몽교관(童蒙敎官)을 내리고, 강석지(姜錫祉)의 자손은 예조의 입안에 의거하여 연호(烟戶) 잡역과 환자[還上] 등 제반 잡역을 통결(統結)에 부치지 말고 조령을 받들어 전례에 의거하여 견감할 것이니 영세토록 준행하도록 할 것임.
>
> 기미(己未)년 7월   일
>
> 관(官) [署押]
>
> 작청(作廳)
>
> 군사(郡司) 각 해색(該色)
>
> 창색(倉色)

이 문서는 철종 10년(1859)에 합천군수(陜川郡守)가 효행으로 동몽교관에 증직(贈職)된 강석지(姜錫祉) 집안에게 그 자손의 연호와 환자 등

---

41) 《古文書集成》 31, 完文 1, 743~746쪽.

의 잡역을 면제해 주기 위하여 발급한 완문이다. 이 완문은 예조입안
(禮曹立案)이 병부(幷附)된 완문책(完文冊)에 수록되어 있다.

이 완문의 소장처는 합천향교이다. 효행이 있는 사람을 수령에게 보
고하는 일은 향교에서 직접 관할하였던 사항이므로, 이 완문이 이곳에
서 작성 보관되었을 것이다. 일반적인 예로 미루어볼 때 1건은 강석지
집안이 발급받았을 것이다. 이 완문에는 "질청(作廳), 군사(郡司)의 창색
(倉色), 각 해색(該色)"이라고만 쓰고, 증서는 생략하였다.

예조입안은 이 완문이 발급된 것과 같은 해인 1859년 4월에 발급되
었으므로, 이 완문은 입안보다 3개월 늦게 발급되었음을 알 수 있다.
이 완문은 예조입안에 입각하여 법례에 따라 발급되었다. 이때 예조입
안에는 "예조입안번등"(禮曹立案飜謄)이라고 기록되었는데, 예조입안
을 등서하고 있다는 의미이다.

이 입안의 발급사유는 기두사에 "이 입안은 효자에게 증직하기 위한
것임"이라는 문구로 분명히 이해할 수 있다. 이 입안에서 강석지는
1843년에 식년마다 한 번씩 있었던, 정포에 합당한 자를 보고하는 규
례에 의거해 효행과 학행으로 천거되었다. 1858년에 그는 이조에 의해
증직되었으며, 자손들은 연호 환자 등의 제반 잡역을 면제받았다.

그런데 효자 정려를 받은 뒤에도 역의 부과나 징세로부터 완전히 자
유로웠던 것은 아닌 듯하다. 다음 완문은 정려를 받은 뒤에도 징세를
당하자 그에 대해 다시 청원하여 얻어낸 완문이다.

문서 3-18[42]
완문(完文)
예조(禮曹)가 완문을 작성해 주기 위해 발급하는 것임.

---

42) 《古文書》 14, 完文 132.

안동(安東)에 거주하는 진사(進士) 권찬수(權瓚銖)의 집은 아버지, 할아버지 삼세가 효행이 탁이하기 때문에 특별히 포증(褒贈)의 은전을 입었다. 이미 삼도 유생들 수천 명이 모두 모여 분황(焚黃)하였고, 도석(道席)에서 각 서원에 통문을 돌려 알리고, 또 해당 읍과 해당 동에 회문(回文)하였으니 곧 여러 잡역을 면제하였다. 감영과 본부(本府)로부터 엄히 제사하고 전령과 완문이 동중(洞中)에 도부(到付)하여 신칙(申飭)하여 영원히 탈역하고 복호(復戶)하였다.

그런데 이른바 올해 동임(洞任)이 횡론(橫論)을 창출하여 망령되게도 회문(回文)을 돌리고 관령(官令)의 엄중함을 따르지 않고 사림의 공의를 돌아보지 않으면서 다시 징세하고자 하였으니 통탄할 일이다. 그러므로 이에 관(關)을 발송하니, 해당 동임배(洞任輩)들이 만일 여전히 이에 따르지 않고 횡론하는 폐단이 있거든 본부에서 그를 잡아 가둔 뒤에 엄히 벌을 주어 효를 멸시하는 풍조를 밝혀야 한다. 비록 자손 중에 다른 읍으로 이거(移居)하더라도 영구히 침책치 말아야 할 것이다.

갑신(甲申)년 4월 일

조판서(曹判書) 석여(錫興)

당상(堂上) [署押]

위의 문서는 1884년에 예조가 이미 정려를 받은 권찬수(權瓚銖) 집안이 징세를 당하자 이것을 막아주기 위하여 발급한 완문이다. 수급자는 권찬수 집안으로 안동에 거주하였던 사족이다. 완문에 따르면, 3대에 걸쳐 효자가 났으므로 마침내 정려를 받았다고 한다. 이 완문을 통해 정려를 받은 뒤에 이루어지는 행정절차를 이해할 수 있다.

이 집안은 정려를 받음으로써 결과적으로 탈역과 복호를 받을 수 있었다. 복호와 탈역은 정려를 받은 집안이 으레 받을 수 있는 특혜였다. 탈역은 수령권 안에서도 행사될 수 있는 권한으로서, 앞의 사례에서 볼 수 있듯이 반드시 정려를 받지 않더라도 효자집안으로 인정받으면 수령이 자신의 행정권 안에서 탈역시키는 것이 가능하였다. 그러나 복호(復戶)는 전세(田稅)에 해당하는 일로서, 사실상 수령의 권한으로는 탈세가 가능하지 않았던 듯싶다.

국가에서 이러한 특혜를 부여하고 있음에도, 이 지역 동임은 어떤 이유에서인지 징세를 하였다. 동임도 동임 나름대로 피치 못할 연유가 있었을 것이다. 그러자 예조에서 다시 완문을 내려 효를 멸시하는 풍조라고 보고 이러한 일을 규제하려 한 것이다. 이와 같이 이 완문은 정려를 받은 이후에 예조에서 다시 발급한 완문이라는 점에 특색이 있다.

다음은 절부(節婦)로서 탈역을 보장받는 완문이다.

문서 3-19[43]

완문 고(故) 김여옥(金汝玉)의 처(妻) 지씨(池氏)

이 완문은 남편이 죽은 지 9일 만에 운명하여 한 구덩이에 함께 묻혔던 일에 대하여 가상히 여기므로 장려하지 않을 수 없으니, 연호잡역(烟戶雜役)을 침책하지 말 것.

무술(戊戌)년 4월 일

겸사(兼使) [署押]

이 문서는 1778년 4월에 황해감사가 김여옥 집안의 연호잡역 면제를 보장하는 내용의 완문이다. 김여옥 집안이 황해도 봉산군 감당방이리 (甘棠坊二里)에 거주하였던 집안이었음은 이 완문과 함께 남겨진 등장 (等狀)과 준호구(准戶口)로 확인된다.[44]

김여옥의 처 지씨(池氏)의 열행(烈行)은 인근 지역 사족들의 등장에 잘 나타나 있다. 남편인 김영옥이 먼저 병이 들었는데, 백약이 효과가 없자 지씨도 식음을 전폐하였고, 남편이 돌아가자 지씨도 자진하고자

---

43) 《古文書》 14, 完文 99.
44) 《古文書》 22, 奎141895, 奎141894. 《古文書》 8, 奎146495, 奎146496 참조.

하였으나 자손들이 이를 만류하였으므로 간신히 실낱같은 목숨을 이어나갔다. 그 뒤 그녀는 식음을 끊었고, 9일 만에 운명하여 한 무덤에 묻혔다.

이것은 1776년의 일로서, 김여옥은 72세였고 지씨는 76세였다. 관련 문서에 의해 이와 같은 일을 보고 받은 황해감사는, 상부에 보고하는 일은 일단 다음으로 미루면서도 이 집안의 연호잡역을 감면해 줄 것을 명하였음을 알 수 있다.

황해감사에 이어 봉산군수가 그 다음 달인 5월에 이 집안의 자손들에게 연호잡역을 면제한다는 내용의 완문을 발급하였다.[45] 이는 앞서 살펴본 바 있듯이, 실질적인 완문의 문서효력은 해당 고을의 수령이 발급한 완문으로 기대할 수 있기 때문이다. 여기서도 그와 같은 실례를 확인할 수 있다. 문서 형태나 형식이 위의 두 완문 모두 고졸한 인상을 주므로, 초기 완문의 형태를 관찰할 수 있는 사례이다.

효나 열을 발급사유로 하는 완문에 비해 충(忠)을 발급사유로 하는 완문의 실례는 아주 드물다. 다음은 충과 관련된 완문으로서, 필자가 찾은 유일한 예이다.

문서 3-20[46]

완문

이 완문은 영구히 침책치 말도록 하기 위해 발급하는 것임.

송내방(松內坊)에 거주하는 박태하(朴泰厦)·태상(泰相)·태재(泰材)·태유(泰裕) 등의 이름으로 올린 소지(所志)에 따르면, "저희들 고조부인 기화(起和)는 옛날 정유왜란(丁酉倭亂) 때에 본부(本府)가 함락되자 군기감관(軍器監官)으로 입성(入城)하여 싸우다 돌아가셨습니다. 그는 나라를

---

45) 《古文書》 14, 完文 100.
46) 육군박물관 소장, 고대군사재87126.

위하여 죽었으므로 그 은택이 자손에게 미쳐야 합니다. 그런데 조부(祖父) 택신(擇信)은 기병(騎兵)의 역(役)에 침책되어 병조에 소장을 올려 별관(別關)으로 탈면을 받았습니다. 이는 후손이 역을 면할 수 있는 철권이거늘 불초한 잔손(屠孫)들이 면임(面任)에게 모욕을 당해 모두 군역에 충정되어 오랫동안 그 역에 응하였으니 원통함을 누를 길이 없습니다. 지금 탈역과 첨정(添丁) 사이에서 옥석을 구별해야 하는 날이 왔으니, 저희들의 원통함을 풀 때입니다. 고조(高祖)의 절개를 위해 죽었다는 실제 행적들이 모두 다 옛날 병조의 관(關) 및 전후(前後) 정장(呈狀)의 내용을 세세히 참고하신 뒤에 저희들 아이들 이름으로 충정된 역을 모두 탈급해 주십시오"라고 하였다.

소장의 내용이 참으로 이와 같다면 이것은 원통하게 여길 만한 일이다. 그런데 소장을 낸 사람들이 박기화의 자손인지의 여부가 아직 증명되지 않았으므로, 장적을 소급하여 고찰해 보니 기화는 그의 고조가 아니고 그의 6대조였다. 기화의 순절(殉節)은 이미 극히 가상하니 그 후손들의 천역(賤役)은 참으로 안타깝다. 그 때문에 위의 박태상이라는 이름의 기병(騎兵)의 역, 박태재라는 이름에게 부여된 기병의 역과 박태하의 아명(兒名)인 호음곡노미(戶吂谷老未)에게 부여된 포보(砲保)의 역, 박태유의 아명(兒名) 악지(惡只)에게 부여된 선공(繕工)의 역을 특별히 탈급할 것이며 그 후손들도 천역을 침책치 말도록 하라는 뜻으로 완문을 작성해 주니 영구히 시행하는 것이 의당할 것임.

경인(庚寅)년 5월 17일

행부사(行府使) [署押]

정유년 싸움에서 죽은 남원(南原)의 군기감관(軍器監官) 박기화(朴起和)의 계록(系錄)

박기화는 강희(康熙) 병자(丙子)년 송내방(松內坊)의 호적에 실려 있음.

아들 백남(栢楠), 춘계(春桂)는 위의 호적과 같음.

아들 택신(擇信)

아들 재현(再賢)

아들 만주(萬周) 만중(萬重)

아들 몽상(夢相) 이전 이름 태재(泰材) 태상(泰相)
　　자(子) 태유(泰裕) 태하(泰厦) 무적(無籍) 태손(泰孫)
아들 위성(渭成) 자(子) 창호(昌湖) 자(子) 정록(正祿) 자(子) 진성(震成)
　　자(子) 창환(昌煥) 자(子) 순채(順采) 자(子) 대성(大成)
아들 명언(明彦) 아들 명수(明秀)
이상은 모두 호적에 실려 있음.

이 문서는 1770년에 남원부사(南原府使)가 정유재란에서 전사한 남원의 군기감관(軍器監官)이었던 박기화(朴起和)의 후손들에게 군역을 탈면시켜 준다는 것을 사유로 발급한 완문이다. 이 완문 말고도 남원부사의 서문, '박기화(朴起和)의 계록(系錄)'이 함께 실려 있다.

서문에는 이 완문의 발급과 표장 경위에 대하여 간략히 기록되어 있다. 완문에 서문이 첨부되어 있는 것은 매우 이례적인 일이라고 할 수 있다. 박기화 집안은 굳이 향촌에서의 신분으로 보면 서인재관자(庶人在官者)에 속하는 집안이다. 이 신분은 수령의 기준에 따르면 일반 양인(良人)보다는 한 단계 높고 중서인층(中庶人層)보다는 낮은 신분으로 거의 양인에 가깝다고 해야 할 것이다.

박태상 등은 6대조인 박기화를 고조라고 잘못 일컬을 만큼 자기 집안의 계보에 대해서조차도 매우 무지한 모습을 보인다. 이런 점으로 보아 이 집안은 평민층에 가까운 신분에 속하였음을 알 수 있다.

이 완문을 발급한 근거는 박기화의 손자인 박택신이 군역을 탈면 받는 근거가 되는 병조로부터의 관문과 박기화와 6세손인 박태하와 혈연적 관련성을 입증할 수 있는 호적이다.

소장을 올린 박태하 등이 과연 박기화와 어떤 혈연적 관련성이 있는지는 관에 있던 호적으로 검토되었다. 그런데 박태하는 호적에 실려 있지 않고 다만 그의 아명이 기재되었던 듯, 완문의 본문에는 아명으로 표기되어 있다.

삼강행실완문 가운데에서 충신의 후예에게 내린 완문은 아주 드물고, 효자나 열녀의 후손들에게 내린 완문들이 주종을 이룬다. 삼강은 조가가 풍속의 교화라는 면에서 강조하였던 조항으로서, 그 수취대상이 사족층만을 위한 것이 아니라 사회의 전 신분을 대상으로 한다는 점에 특색이 있다.

그런데 현실적으로 이 완문을 수취하는 계층 가운데 상급 사족층이 수급자인 경우는 눈에 띄지 않는 것으로 보아, 이 완문은 낮은 신분층이 주요 수급자층이었던 것 같다.

3.2.4. 왕실 후예의 특권 보장

선파완문이란 주로 종친부에서 왕실의 범주에서 벗어난 먼 후예에게까지 탈역 특권을 보장해 주기 위해 발급한 완문이다.

왕실에 대한 특혜규정은 조선 초부터 마련되어 있었다. 그러한 특혜의 대상이 되는 범위를 의친(議親)이라고 한다.[47] 의친제는 결국 왕실 자손에 대한 예우에 목적이 있었다. 그런데 문제는 종친 자격의 세습이 대수로 정해져 있었다는 것이다. 그 대수는 9대이다. 중국의 황제가 10대이므로 그보다 1대를 줄인 것이다. 9대를 넘어 의친의 대상에서 벗어난 친족 가운데에는 거의 상민 이하로 전락하는 경우도 적지 않았다.

숙종 이후, 이와 같이 의친의 대상에 들지 않는 여타 선파(璿派)들에게까지 특혜를 주도록 특혜 대상을 확대하는 수교(受敎)가 있었다. 이는 의친의 세습범위가 9대 이후이므로, 그 후손에 대한 처우 문제는 건국 이후 250여 년이 지난 당시의 시점에서 필연적으로 나타날 수밖에

---

47) 신명호, 〈조선초기 왕실 편제에 관한 연구―‘의친제’(議親制)의 정착을 중심으로〉, 한국 정신문화연구원 박사학위논문, 1999 참조.

표 3-3. 선파완문에 수록된 수교 내용 분석

번호	왕대(서기) 월일	내용	비고
1	숙종 15년(1651) 7월 21일	대왕자손은 비록 천서(賤庶)라고 하더라도 군역에 충정하지 말 것.	비변사의 사복
2	영조 5년(1729) 5월 10일	대수(代數)를 한정하지 말고 군역에 충정하지 말 것.	
3	영조 16년(1740) 윤6월 일	대왕성손을 군역에 충정하면 공족을 능멸한 죄로 엄히 다스릴 것.	
4	영조 27년(1751) 2월 18일	대왕의 12대 성손(姓孫) 이규택을 군역에 충정시킨 일에 대하여 수령을 중중감처하고 그의 군역을 탈하.	
5	영조 31년(1755) 4월 28일	대왕적손은 대수를 한정하지 말고, 서손(庶孫)은 9대, 외손은 7대로 한정하여 공사천(公私賤)을 막론하고 면천(免賤).	
6	철종 11년(1860) 11월 30일	선원 각파의 세보를 종친부에서 구례에 의거하여 수정.	
7	철종 12년(1861) 12월 5일	13파 외에 나머지 파도 수정.	
8	고종 원년(1864) 4월	매년 새해 초에 태묘(太廟)에 전알할 때와 친제(親祭)할 때에 선파인(璿派人)은 입참(入參)할 것을 정식으로 삼음.	

없는 문제였다.

사실상 종친의 범주에서 벗어난 선파들은 모든 특권이 박탈되므로 국왕으로서는 결코 모른 척할 수만도 없는 일이었다. 이는 왕실을 존숭하고자 하는 정책적 의도에서 나온 것으로, 뒤에서 살펴볼 공신 후예들을 우대하고자 하는 정책도 이것과 궤를 같이하여 나타났다.

왕실의 후예임을 입증하고 특권을 부여하는 문서를 선파완문이라고 부르고자 한다. 공신의 후예임을 증명하는 충훈부등급 등에 짝을 이루는 문서로는 '예조등급'을 꼽을 수 있고, 예조에서도 훈예완문과 마찬가지로 선파에게 완문을 발급한다. 따라서 이 완문도 선파완문이라고 부를 수 있다.

그런데 선파의 특권은 훈예의 특권과는 다른 근거에서 이루어졌다. 훈예에 대한 특혜가 계하사목에 근거하였던 것과는 달리, 선파의 경우는 수교에 의거해 이루어졌다는 데 특색이 있다. 따라서 선파완문에서도 그와 같은 수교의 근거를 문서의 앞부분에 밝혀 놓았다. 그 수교들을 정리하면 〈표 3-3〉과 같다.

위의 수교들 가운데에서 숙종과 영조의 수교는 선파들의 자격과 특혜를 주로 규정하고 있다. 그 밖의 수교는 선파의 범위를 재조정하거나 특혜 규정을 약간 수정한 것에 불과하다.

가장 이른 시기의 완문에는 1번부터 5번까지의 수교를 차례로 열거하고 있다. 따라서 선파완문이 출현한 시기는 적어도 이러한 수교가 있은 뒤인 18세기 후반이라고 추정할 수 있다. 이후의 수교들은 자격 규정에 다소 부수적인 성격에 불과하다고 할 수 있다.

특히 8번은 선파의 지위가 새롭게 규정된 것일 뿐인데도 이를 근거로 완문이 새로 발급되었다는 점에서 이례적이다. 이것은 선파의 자격 규정에 대한 새로운 수교가 있을 때마다 선파완문은 으레 발급되었음을 알려준다.

> 문서 3-21[48]
> 완문
> 이 완문은 작성해 주기 위해 발급한 것임.
> 선파후예(璿派後裔)가 비록 천인이나 서인이라 하더라도 군역을 책정하지 않아야 한다는 것은 법전에 실려 있고 앞뒤의 수교가 해와 별처럼 빛나거늘, 선왕의 은택이 백세토록 영원하니 먼 후예와 천서를 막론하고 이름이 모두 《선원보》에 실려 있다. 군역에 파정(疤定)하는 것은 아래로

---

48) 《古文書資料集(Ⅰ)》, 139~145쪽 수록.

일반 서인들과 동일시하는 것이니 마음이 안타까울 뿐 아니라, 500년 조종(祖宗)의 헌장(憲章)과 국강(國綱)이 해이해지는 것이다.

영조(英祖)조의 특교(特敎)는 비록 승국(勝國)의 자손이라도 만일 천역에 있으면 보고하도록 하였는데, 하물며 선파임에랴. 이러한 것을 이웃나라에 들리게 할 수 없다. 도신과 수령은 또한 이러한 일을 그저 그런 일로 보니 이런 사람들이 어찌 우리나라에서 녹을 먹는 의가 있는 자들이라고 할 수 있겠는가? 여러 도에 신칙하여 실제를 상세히 살피고 엄히 조사하여 전교를 받들었다.

그런데 중엽 이후로부터 팔역(八域)에 널리 퍼져서 모두 미미하게 되어 점점 군역에 들어가는 자가 많게 되었구나. 그 근원을 찾아보면 천황여파(天潢餘派)요 금지여생(金枝餘生)이니 어찌 한심하지 않겠는가? 위대하구나 국왕의 말씀이여. 그 선파인 사람들은 이미 크게 감격하였으니 어찌 성군께서 극명(克明)한 것이 아니겠는가? 경신 11월 30일에 전교하시길, "선원 각 파의 세보는 종친부로 하여금 구례에 따라 수정하여 들이도록 하라"고 명을 내리셨다. 삼가 구례를 고찰하여 덕흥대원군(德興大院君) 이하 13파를 우선 교정하여 올렸다.

신유(辛酉)년 12월 5일에 전교하시길, "선원세보(璿源世譜)를 수정하는 것은 오랫동안 겨를이 없는 일이었으나 지금 이 13파를 우선 교정한 것은 참으로 다행이다. 그 나머지 여러 파도 종부로 하여금 신속히 수정하라고 명을 내리셨다. 여러 차례 내리신 성교(聖敎)는 진실로 백대(百代) 조종(朝宗)의 의(誼)를 친히 하는 데에서 나온 것이므로, 시골구석의 이임배(吏任輩)들이 비록 완악하다고 하더라도 조칙(朝飭)이 이처럼 엄격한 아래에서는 반드시 간악하여 불법을 자행하여 관장에게 무소하여 어려움 없이 침어하여 임의로 조종하니 이와 같은 일은 용납할 수 없으니, 일의 해괴하고 탄식할 만한 것이 이것보다 심한 것은 없을 뿐 아니다.

지금 전라도 보성군(寶城郡) 조내면(兆內面) 수촌촌(藪村村)에 거주하는 유학(幼學) 이기조(李基祚)·기순(基淳) 등이 올린 단자를 보니, "양녕대군(讓寧大君)의 후예로서 낙남(落南)한 이후에 가세가 영체(零替)하고

자손이 열악(劣弱)하여 연호잡역(烟戶雜役)에 들어가니 거의 상놈에 가깝게 되었다는 생각에 미치자 선세를 생각하니 어찌 한심하지 않을 수 있겠습니까? 억울함을 이길 길이 없어 과족(裹足)하고 올라와서 사유를 갖추어 읍하며 올리니 사목에 의거하여 완문을 작성하여 주시어서 다시 침책치 못하도록 할 것입니다"라고 하였다.

이것을 들으니 심히 해괴하다. 선파의 후예에게 잡역을 침책하지 말라는 열성조의 전후 칙교(飭敎)가 참으로 엄격한데도 이러한 침어의 일이 있으니 무엄할 뿐 아니라 사체에 비추어보아도 매우 미안한 일이다. 마땅히 침어(侵漁)하였던 이임배들을 특별히 엄처(嚴處)하여 충분히 경계할 수 있도록 완문을 작성하여 준다. 지금부터 이들 이기조·기순 등의 가문 내에 부여된 모든 연호잡역 들을 사목(事目)에 의거하여 일일이 탈급하고 다시 침책하는 폐단이 없도록 하는 것이 의당할 것임.

동치(同治) 원년(元年) 3월 일

종친부(宗親府) [署押]

이 문서는 철종 13년(1862)에 종친부가 전라도 보성에 거주하였던 양녕대군의 후손 이기조(李基祚) 등에게 군역과 연호잡역을 면제하라는 내용으로 발급한 완문이다. 발급근거로 앞의 완문에 있는 다섯 가지 수교 가운데 앞 네 가지는 생략한 채, 다섯 번째인 영조 31년(1755)의 수교만 싣고 있다. 이것은 필사로 제작하다보니 전체 수교 내용을 전부 기록하는 것이 번다했기 때문인 듯하다.

그럼에도 이와 더불어 철종 11년(1860)과 12년(1861)의 수교는 함께 싣고 있다. 이 수교는 《선원록》을 모두 수정할 것을 명하는 내용이다. 적서양천을 가리지 않고 《선원록》에만 들어가면 이러한 특혜를 받을 수 있었으므로, 《선원록》의 세계(世系) 수정이 중시되는 것은 지극히 당연하다.

이 완문의 특성은 이기조 등이 종친부에 단자를 올리고 그것에 따라

이 완문을 수취하였다는 점이다. 따라서 완문의 기두사가 "우완문위성급사"(右完文爲成給事)라고 되어 있는 것은 바로 그 때문이다. 이 기두사가 의미하는 바는 앞서 밝혔듯이, 이 문서가 청원에 의해 종친부에서 단독 처분으로 발급하였음을 뜻한다.

이 완문의 형태상 특이한 점은 수결이 각압(刻押)으로 되어 있다는 점이다.[49] 각압은 종친부의 당상이 직접 수결하는 것이 아니라 수결 부분만 판각하여 찍은 것으로, 문서행정의 필요에 따라 이 문서가 발급되었음을 의미하며, 이 사안이 그다지 중대한 일은 아니었으므로 종친부의 행정관리들이 늘 처리하는 정도의 사안이었음을 의미한다.

심지어 선파완문 가운데에서 이러한 판각은 매우 일상적이었다. 전체를 목판으로 새겨 대량으로 발급하는 경우가 있는가 하면, 문서의 상투적인 상용구 부분은 새기고 나머지는 남겨둠으로써 발급행정의 편리를 도모하였다. 이러한 것은 선파완문의 수요가 그만큼 많았음을 반증한다.

이들 선파의 후예들은 현달한 선조를 배출하지 못할 경우 조선 후기에 이르면 사실상 평민과 다름없는 지위로 전락하였다. 따라서 향촌사회에서 이들 후손들은 이런 보장이 없는 한 평민과 구별 없이 관으로부터 부과되는 각종 역을 부담하는 경우가 많았다. 이러한 상황에 대해 왕실은 선파들의 지위 격하는 곧 왕실의 지위 격하로 여기고, 이들에게 그들의 사회적 지위를 유지할 수 있는 최소한의 특혜로서 탈역이 가능하도록 조처하려 한 것이다.

사족들이 그들의 신분적 특권으로 획득하였던 탈역의 특혜 여부가 도리어 그들의 사회적 지위를 가늠하는 시금석이 된 것과 마찬가지로, 선파의 탈역은 탈역 그 자체의 현실적 이익에 그치는 것이 아니라 어

---

49) 각압에 대해서는 박준호, 〈한국 고문서의 서명(署名) 형식에 관한 연구〉, 한국정신문화연구원 박사학위논문, 2004, 224~227쪽 참조.

떤 사회적 지위의 상승을 의미하였다. 이때 충훈부완문을 포함한 각종 훈예를 증빙하는 문서들이 그들에게는 현실적인 이익을 넘어서 사회적 지위를 증명하는 문서였다고 할 수 있다.

따라서 선파들은 충훈부에서 적극적으로 그들 자신의 면역 특권을 보장받는 문서들을 발급받으려 하였고, 탈역 대상에 자기 족단을 되도록 많이 포함시키려 하였다. 더욱이 선파가 아닌 경우에도 선파로 족보를 바꾸어 그들이 누릴 수 있는 특권을 노렸던 부정이 만연하여 사회 문제로까지 대두될 정도였다.

3.2.5. 공신 후예의 특권 보장

1) 공신 자손 관련 문서들

훈예완문이란 규정된 특권의 범위 밖에 있는 공신의 자손까지 탈역시킬 목적으로 발급하였던 완문을 말한다. 공신이나 그 자손들에 대한 특권을 규정하는 일은 팔의의 하나인 의공(議功)에 해당한다. 여기서 공신 자손이라고 한 것은 주로 충훈(忠勳)을 가리킨다. 충훈은 국가와 왕실의 위기를 극복한 공신으로서 이들의 후예는 충훈부(忠勳府)에서 관장하였다. 따라서 그들의 특권을 보증하는 문서는 대개 충훈부에서 발급하였다.

원래 특권의 대상 범주는 적장자에 한정되어 있었다. 그런데 이 완문에서 규정하는 특권의 대상은 의공의 범주 밖에 있는 공신의 후손들까지 광범위하게 포함하고 있다. 이는 모든 선파에게 특권을 부여하려는 조가(朝家)의 정책과 같은 선에서 이해되어야 할 것이다.

충훈부에서 공신의 후손을 대상으로 발급하는 문서에는 완문 말고도 충훈부등급이 있다. 이 두 문서는 내용이나 기능에서 유사한 특성을 보이지만, 엄밀하게 개념의 차이가 있다. 충훈부등급은 수급자가 공

신의 후예라는 사실을 인정하는 것에 비중을 둔 것이라고 한다면, 완
문은 그로 인한 특권을 보장하는 데 주안점이 있다고 할 수 있다. 그러
나 현실적인 기능 면에서는 큰 차이가 관찰되지는 않는다.

훈예들의 사회적 지위 보장을 위하여 조가가 어떤 종류의 문서를 발
급하였는지 알아보는 것은 훈예완문의 성격을 분명히 이해하는 데도
도움이 된다. 먼저 훈예에게 발급된 문서들을 종합해서 볼 필요가 있
다. 이천시 부발읍에 사는 파평윤씨 집안에 그 전형적인 사례가 남아
있어 참고가 된다.50) 이 집안의 훈예 관련 문서를 정리하면 다음 표와
같다.

표 3-4. 부발읍 파평윤씨가 소장 훈예 관련 문서

번호	문서명	크기	발급연도	비고
1	忠勳府謄給	31.3×19.6	1816. 2	표지 啓下事目
2	白活	85.5×54.6	1816. 11	
3	坡平尹氏世系單子 乙酉式	116×23.5	1824	
4	完文	39.6×240.9	1840. 10.	
5	坡平尹氏世系單子 丙午式	111.5×52.5	1846. 4.	
6	坡平尹氏世系單子 戊午式	89×59	1858.	
7	坡平尹氏世系單子 辛酉式	82.2×47.4	1860.	
8	坡平尹氏世系單子 甲子式	97.5×54.5	1863	
9	坡平尹氏世系單子 癸酉式	102×57.9	1873. 3	

문서들을 종류에 따라 보면 충훈부등급(忠勳府謄給), 발괄[白活], 완
문(完文), 세계단자(世系單子)가 있다. 충훈부등급은 완문과 세계단자와
더불어 훈예의 지위를 충훈부에서 공증하고 보장하는 문서이다. 표지
에 계하사목(啓下事目)이라고 적혀 있지만 계하사목에 해당하는 부분
은 그 가운데 일부이며, 충훈부의 처분과 합쳐져 온전한 충훈부등급이

---

50) 문서의 배경과 개략적 내용은 김혁, 〈가문소장문헌—부발읍 풍천임씨가 문헌, 부발읍 파
   평윤씨가 문헌〉, 《이천시지(利川市誌) 7—자료집》, 2001, 179~185쪽 참조.

구성된다. 등급(謄給)이란 용어는 글자 그대로 '베껴서 준다'는 의미인데, 여기서 베껴주는 대상이 되는 것은 국왕의 계하사목에 해당하는 부분이다.

충훈부등급 표지에 '계하사목'이라는 표제를 붙인 것은 그 때문이다. 충훈부등급은 왕의 공신에 대한 처분을 내용으로 하는 계하사목과, 그것에 의거하여 해당 훈예를 충의위로 차정하는 부분으로 구성되어 있다. 대개 충훈부등급은 공신의 자손이 충훈부로부터 최초로 공증을 받는 문서이다. 따라서 이 충훈부등급에는 면역특권을 받게 되는 훈예들의 명단이 등재되고, 이 명단에 실린 사람들만 탈역 대상이 된다.

그래서 이 충훈부등급 앞에 실린 계하사목만 가리켜 이 문서를 계하사목이라고도 한다. 계하사목이란 충훈부에서 왕에게 계로 올린 사안을 왕이 결재하여 승인한 사목이라는 의미이다. 이때 사목이란 왕이 특정 사안에 대하여 승인한 준법적(準法的) 성격을 띠고 있으므로, 충훈부는 이 준법적 성격의 명령에 의거하여 처분할 수 있다. 이 계하사목은 문서 발급의 공식적 근거가 되어, 이에 따라 특정 훈예의 탈역을 국왕께 상신하면 국왕이 결재하고 훈예는 탈역의 특권을 가질 수 있다 따라서 충훈부등급에서 규정하는 훈예의 특권은 왕의 직접 교시에 따른 것임을 알 수 있다.

등급을 발급받은 다음에는 자손의 증가 및 분화로 훈예의 범위가 달라질 수밖에 없다. 따라서 충훈부에서는 식년마다 세계(世系)를 공증(公證)하여 훈예로서의 면역 특권을 부여하였다. 이때 그 세계를 작성하여 올린 문서를 '세계단자'(世系單子) 또는 '훈부단자'(勳府單子)라고 한다.

세계단자의 형식을 보면, 공신으로부터 현재에 이르는 세계가 적혀 있고, 그 뒤에 문장(門長)과 그 지역 수령 및 향청의 좌수와 별감, 즉 삼향소(三鄕所)의 수결이 갖추어 명기되어 있다. 문장은 탈역자들이 그들 공신집안의 일원이고 혈연적 계보상 문제가 없음을 가장 잘 아는 사람이고, 삼향소는 그들이 사는 향촌에서 내막을 잘 알 만한 지위에 있는 사람이며, 수령은 그 고을의 관리감독에 총괄 책임을 지는 사람이기에, 이들은 훈예 여부를 공신력을 가지고 확인하는 데 빼놓을 수 없는 사람들이다.

만일 이들의 확인이 거짓임이 드러나면, 문장·수령·삼향소는 동시에 중벌을 받도록 법으로 규정해 놓았다.[51] 이는 그들에게 연대책임을 지움으로써 그 사이에 끼어들 수 있는 부정을 피하려 하였음을 말해 준다.

세계단자는 충훈부에 보고되고, 충훈부에서는 이 세계단자를 고찰한 뒤 해당 공신 자손들에게 다시 돌려보내는 것이 일반적인 행정 절차였다. 충훈부에서는 '병오식고환'(丙午式考還)과 같이 간지명을 기재하여 돌려보냄으로써 이를 증빙자료로 이용하였음을 알 수 있다.

충훈부에서 세계단자를 작성하는 제도는 종친부에서 식년마다 왕실 족보를 제작할 때 단자를 거두어들이는 것과 비슷하다. 그런데 충훈부에서도 종부시의 예와 같이 공신들의 족보를 만든 것 같지는 않다. 다만 세계단자를 통해 탈역 받을 명단을 확정했음을 알 수 있다. 이천의 파평윤씨가에는 모두 6건의 세계단자가 남아 있다.[52]

이와 같이 훈예들에게 발급하였던 문서로는 충훈부등급, 훈예완문, 세계단자 등을 꼽을 수 있다. 그 밖에 충훈부에서 발급한 훈예를 충의위로 임명하는 차정첩도 훈예 관련 문서로 꼽을 수 있다. 그러나 윤씨 집안에 차정첩은 남아 있지 않았다.

2) 훈예완문의 분류

충훈부에서 발급한 완문이 향촌에서 제대로 효력을 발휘하지 못할 때,

---

51) 《新補受教輯錄》, 肅宗 43년(1717), 康熙丁酉承傳.
52) 한국학중앙연구원, MF35-009146.

감영(監營)이나 병영(兵營), 수영(水營) 또는 관(官)이 훈예의 탈역을 내용으로 다시 발급한 완문도 있다.[53] 이들 완문은 충훈부완문과는 다른 문서 형식을 보여준다. 충훈부등급과 완문에는 그 문서들의 발급근거가 될 수 있는 또 다른 문서인 계하사목을 함께 수록하였지만, 그 밖에 수령들이 발급한 훈예완문의 경우에는 발급근거가 없다. 충훈부등급에 이러한 사목을 싣고 있기 때문에 이를 계하사목이라고도 부르는 근거가 되지만, 이것은 부정확한 용어이다. 이러한 계하사목은 충훈부등급은 물론 훈예완문을 발급할 수 있는 법원(法源)이 된다고는 할 수 있지만 해당 수급자의 탈역을 규정하지는 않는다.

현존하는 훈예완문을 검토한 결과, 그 문서식에는 다음 쪽에서 제시한 2종이 있었다.

이 두 점의 완문은 발급자가 충훈부라는 공통점이 있다. 그럼에도 두 문서는 문서식에서 현격한 차이가 난다. 필자는 ①의 문서식은 문서의 본문이 "본부계목내"(本府啓目內)로 시작하므로 편의상 '본부식'(本府式)이라고 이름 붙일 것이고, ②의 문서식은 금차(今此)로 시작하므로 편의상 '금차식'(今此式)이라고 이름 붙일 것이다.

①은 1840년에 경기도 이천(利川)에 거주하는 태종조 좌명공신(佐命功臣) 윤곤(尹坤)의 자손인 충의위(忠義衛) 윤의신(尹儀信) 등 10명에게 각종 역의 탈면을 내용으로 충훈부가 발급한 완문이다. 문서사의 관점에서 우선 이러한 형태의 완문이 작성된 시기가 언제부터인가를 따져 볼 필요가 있다. 완문의 내용에서 알 수 있듯이, 이 완문의 문서식은 이 당시 '충훈부등급'을 초록해 놓은 것에 불과하다.[54]

---

53) 원종공신과 그 후손을 관할하는 관아로 조선 전기에 충익부(忠翊府)가 설치되었으나 뒤에 충훈부에 합쳐졌고, 광해왕 때 다시 나왔다가 곧 병조에 합쳐졌으며, 숙종 때 다시 충훈부와 합쳐졌다.(오희복, 《봉건관료기구 및 벼슬이름 편람》, 여강출판사, 1992 참조)

54) 앞서 언급한 이천 부발면 거주 파평윤씨 훈예들의 충훈부등급과 비교하면 이 점은 분명해진다.

	본부식 완문		금차식 완문
01	完文	01	完文
02	右完文爲成給事本府	02	右完文爲成給事今此江原道
03	啓目內開國以下至揚武正勳	03	平昌 居都事李道馨卽
04	子孫每當式年收捧單子修	04	開國功臣　　　　孫也其
05	正世系雖千百代不可廢闕者	05	先祖豊功偉烈昭載麟閣其子孫
06	乃是山河帶礪爰及苗裔	06	世世收錄爰及苗裔共享綿遠
07	共享綿遠與 國朝同終始之	07	與 國朝同終始之意
08	意作爲誓文祭告天地安寶	08	列聖朝與勳舊諸臣歃血會盟
09	而藏之 麟閣此乃	09	作爲誓文祭告于天地山川此乃
10	祖宗朝成憲堅如金石是白遣壬	10	金石之典是白去乙近來外邑不有
11	戌冬定奪時自	11	法意無難侵責乙仍于每當式年
12	上優恤勳舊子孫特下從厚之	12	修正世系之意入 啓蒙 允後行
13	敎出擧條申飭是白旀丁卯	13	會各道者
14	春本府 擧動敎是時因大臣陳	14	朝家優恤勳舊子孫之德意至矣
15	達正勳子孫勿侵軍役怠慢不	15	盛矣亦有怠慢不從令守令論罪之
16	從令守令拿問定罪事	16	嚴 敎是白乎若有一毫侵漁之弊
17	榻前下敎敎是白如乎 下敎申飭	17	是良置依
18	與他事目事體尤重此後各	18	判下內7辭意永久勿侵之意玆以完文
19	邑復踵前習仍置前役是白去等	19	成給爲去乎以此憑考於該地方官
20	道臣帥臣依事目從重推考守令	20	本官段知此奉審施行宜當者
21	依判下內辭意拿問定罪鄕所	21	右下勳裔李道馨准此
22	色吏刑推定配爲白齊事道光	22	光緒十三年閏四月　日
23	二十年正月初一日行左承旨臣韓鎭㽥次知	23	完文
24	啓依允事判下爲有置今此京畿	24	
25	利川居忠義衛尹儀信卽	25	忠勳府[署押]
26	太宗朝佐命功臣坡平君尹坤子孫也		
27	其或混同侵責於各樣軍役及煙		
28	戶雜役之弊是良置		
29	啓下節目抄謄成給爲去乎以此憑		
30	考於地方官頉免宜當者		
31	右下忠義衛尹儀信尹啓春尹啓得		
32	尹啓弘 尹啓俊 尹元吉		
33	尹完吉 尹興吉 尹興益		
34	尹興振 等准此		
35	道光二十年十月　日		
36	成給		
37	忠勳府[署押]		

① '본부식' 충훈부완문55)　　　② '금차식' 충훈부완문56)

충훈부등급의 내용이나 이 완문이나 동일하게 그 근거로 밝히고 있는 "양무정훈공신(揚武正勳功臣)까지"라는 언급에서 볼 수 있듯이, 이 완문의 발급시기는 최소한 양무공신이 책봉된 뒤의 일임에 분명하다. 그런데 양무공신 책봉은 영조 4년(1728)의 일이므로, 그 후손에게 주는 완문이 발급되는 시기는 그보다는 한두 세대가 지난 뒤의 일이어야 하므로 18세기 말에서 19세기 초반 이후여야 될 것이다. 더욱이 김현영이 소개한 1766년 충훈부등급의 문서식이 이 당시의 문서식과도 확연히 다를 뿐 아니라 내용에서도 양무공신에 대한 언급이 없는 것으로 보아 이러한 추정은 신빙성을 더한다.

②는 고종 24년(1887)에 강원도 평창(平昌)에 거주하는 개국공신의 손(孫) 도사(都事) 이도형(李道馨)에게 각종 역으로부터 완호하기 위하여 충훈부에서 발급한 완문이다. 이 문서는 ①의 완문보다는 훨씬 간략하고, 어떤 의미에서는 허술해진 느낌도 든다. 일단 개국공신의 자손이라고만 밝혀놓고, 개국공신 누구라는 이름이 밝혀지지 않았다는 점, 그리고 개국공신 가운데에서도 정공신(正功臣)인지 원종공신(原從功臣)인지 분명히 하고 있지 않다는 점, 훈예의 경우에도 "손"(孫)이라고만 해놓고 적손인지 서손인지 봉사손인지 여부를 분명히 하고 있지 않다는 점 등등 여러 면에서 불충분하게 기술되었다는 인상을 받는다. 이와 같이 서로 다른 두 문서식을 비교하여 정리한 것이 〈표 3-5〉다.

이와 같이 훈예완문이 두 종류로 나타나는 원인을 해명하기 위해서는 먼저 완문의 발급시기를 살펴볼 필요가 있다. 혹시 이 두 종류의 완문이 같은 시기에 발급된 것은 아닌가 추정할 수도 있다.

그런데 현존하는 충훈부완문을 검토해 볼 때, 그러한 추정에는 무리가 있다. 어느 시기부터는 본부식 완문이 더 이상 나타나지 않기 때문

---

55) 한국학중앙연구원, MF35-009146.
56) 한국교원대 소장, 기증194.

표 3-5. 충훈부완문의 두 가지 문서식 비교

문서식	문서식의 구성	발급근거	처분내용	현존 건수
본부식 (本府式)	계하사목의 초록+ 충훈부의 처분	개국공신~양무공신의 정훈자손(正勳子孫)	구전(口傳) 하교(下敎) 밝힘	3점(1840년 이전)
금차식 (今此式)	간략화	훈구자손(勳舊子孫)	구전 하교 없음	11점(1857년 이후)

이다. 이를 미루어보면 어느 시기를 기점으로 그 이전에는 본부식 완문이 발급되다가 그 이후에 금차식 완문이 발급된 것이라고 생각한다.

그렇다면 시기적으로 어느 시기에 또 어떤 계기로 문서식의 변화가 일어났던 것일까? 이러한 문서식의 변화에 대해 나라에서 조치한 원인을 가리키는 사료를 찾아낼 수가 없어서 정확한 변화시기를 추정할 수는 없다. 다만 현존 완문의 발급시기를 근거로 1840년부터 1857년 사이로 추정할 수 있다.

그러면 어째서 이 같은 변화가 일어났는가 하는 문제가 제기될 수 있다. 그것은 국왕이 훈예에 대해 새로운 계하(啓下)나 교시(敎示)를 함으로써, 새로운 왕명을 수용하기 위하여 완문의 문서식을 변화시켰다고 할 수도 있다. 그러나 필자는 이러한 가설에 대해서는 부정적이다. 만일 왕의 계하나 교시의 변화에 따른 것이라면 훈예의 특혜를 보증하는 또 다른 문서인 충훈부등급의 문서식에도 변화가 있어야 하기 때문이다. 그런데 현존하는 충훈부등급을 살펴보면, 이 문서의 문서식은 19세기 내내 어떠한 변화도 없이 일정하므로, 공신의 후예에 대한 왕의 계하나 교시에 변화가 있었다고는 생각지 않는다.[57]

그렇다면 충훈부완문의 문서식은 어떤 이유에서 바뀌었는가? 문서식은 개인 취향에 따라 좌우되는 것이 아니기 때문에, 충훈부완문의 문서식은 어떤 이유에서 바뀌지 않을 수 없었는가로 고쳐 물어야 한다.

---

57) 《古文書資料集(Ⅰ)》에 실린 일련의 계하사목(啓下事目) 참조.

그 이유를 설명하는 직접적인 사료가 없는 지금으로서는 원인을 단언할 어떤 것도 없다. 다만 몇 가지 추정을 다음과 같이 덧붙일 수 있을 뿐이다.

첫째, 훈예완문의 변화된 문서식이 앞의 것에 비해 간략해졌다는 현상에 주목할 수 있다. 문서 작성이 간략해졌다는 것은 훈예완문을 작성할 필요가 빈번해졌음을 암시한다. 즉 빈번한 훈예완문 작성의 필요가 문서식의 변화를 가져왔다고 볼 수 있다. 따라서 그 원인을 행정적 편리성에서 찾을 수 있다.

둘째, 본부식에는 발급대상을 정훈자손 곧 정공신의 후손으로 한정하고 있으나, 뒤에는 그저 훈구자손이라고만 표현한 점에 주목할 필요가 있다. 이는 공신 후예의 특혜 범위를 확대하였던 조처를 문서상 현실화한 조처라고 할 수 있다.

3) 충훈부완문의 소개

다음은 1881년에 충훈부가 함경도 북청(北靑)에 사는 공신의 후예 온신우(溫信禹) 등에게 발급한 완문이다.

문서 3-22[58]

완문

이 완문은 작성해 주기 위한 것임. 지금 여기 북청에 거주하는 충의위(忠義衛) 온신우(溫信禹) 등은 숙종(肅宗)조 보사공신(保社功臣)인 온이목(溫以牧)의 12세손이고 영종(英宗)조 양무원종공신(揚武原從功臣) 해진(海進)의 11세손이다. 그 선조의 위대한 공열은 기린각에 밝히 실려 있고 그 자손들이 세세토록 수록되어 멀리 묘예(苗裔)에 미쳐서 함께 누리기를 영원토록 하여 국조(國朝)와 종시(終始)를 함께 한다는 뜻으로 열성조와 훈

---

58) 국사편찬위원회, S2001.

신들이 삽혈회맹(歃血會盟)하며 서문(誓文)을 지어 제사로 천지산천에게
고하였다.

이는 곧 금석(金石)과 같은 전(典)이었거늘, 근래 외읍(外邑)에서는 법의
(法意)를 돌아보지 않고 쉽사리 침역(侵役)하기 때문에 식년(式年)마다 세
계(世系)를 수정(修正)한다는 뜻으로 계(啓)를 올려 윤허를 얻은 뒤에 각
도(各道)에 행회(行會)하였던 것은 조가(朝家)가 훈구자손에게 넉넉히 대
우하려는 덕의가 지극하고 성대한 것이다. 태만하여 명령을 좇지 않는 수
령은 죄를 논하라는 엄교(嚴教)가 있었으니 혹시 외읍(外邑)에서 법례(法
例)의 중한 바를 알지 못하고 만일 조금이라도 침어(侵漁)하는 폐단이 있
더라도 판하(判下) 내용에 의거하여 영구히 침책하지 말라는 뜻으로 이에
완문을 작성하여 준다.

이 수교를 가지고 당해 지방관에게 신칙하여 빙고케 하며 본관(本官)도
이것을 알고 받들어 살펴 시행하는 것이 의당할 것임.

이 아래 충의위(忠義衛) 온승화(溫承和) 온이완(溫利完)

온기영(溫基永) 온상묵(溫尚默) 온사익(溫仕益)

온상철(溫尚喆) 온희순(溫希舜) 온배덕(溫倍德)

온응규(溫應奎) 온만준(溫晩俊) 온사숙(溫仕淑)

등이 이것에 의거할 것임.

광서(光緒) 7년 윤10월 일

작성하여 줌

충훈부(忠勳府) [署押]

온신우(溫信禹) 등은 숙종조(肅宗朝) 보사공신(保社功臣) 온이목(溫以
牧)의 12세손이면서 영종조(英宗朝) 양무원종공신(揚武原從功臣) 온해진
(溫海進)의 11세손이다. 이 문서의 발급근거는 앞서 살펴본 바와 같이
온신우의 선조 두 명 모두 원종공신이라는 점이다.

법적으로는 원종공신의 봉사손인 경우에만 충익위에 속할 수 있다
고 규정되었다. 그렇지만 봉사손인 경우는 봉사손이라고 명기하므로

여기서 후손이라고만 한 것을 보면 봉사손이 아닐 수도 있다. 더욱이 11대나 12대가 떨어져 있다면 법적으로 충익위에 속할 수도 없다.

그러나 온신우의 경우 1884년에 원종공신의 후손임을 이유로 구전전교에 의해 충훈부등급을 받았음을 확인할 수 있다.[59] 그렇다면 1884년에는 이미 이러한 규례가 깨져서 정공신과 원종공신의 구별이 없이, 그리고 대수의 제한도 없이 비교적 자유롭게 공신의 후예들 전부를 완호해 주는 쪽으로 문서가 발급되었음을 알 수 있다. 더욱이 온신우에게는 선략장군부사용(宣略將軍副司勇)에 임명하는 고신(告身) 1건과 충훈부도사(忠勳府都事)에 차정하는 차정첩(差定帖)이 남아 있어 이러한 정황에 대한 방증을 더한다.[60]

이 완문의 구조를 보면, 완문의 초두에 먼저 수급자, 즉 탈역의 대상인 온신우의 거주지와 그의 선조가 공신 누구인지를 밝히고 있다. 그 다음에 회맹한 사실을 환기하고 있는데, 내용을 보면 다음과 같다.

> 그의 선조는 공열이 위대하여 공신각(功臣閣)에 밝히 모시고, 그의 자손들은 세세토록 수록하여 아득한 후손에 이르기까지 함께 누리기를 영원히 하여, 국조(國朝)와 시작과 끝을 함께하자는 뜻으로 열성조께서 훈신들과 삽혈회맹(歃血會盟)하여 서문을 지어 천지산천에 고하니, 이것이 곧 금석과 같은 법전이었거늘…….

그러나 왕이 회맹에 참여하여 함께 회맹식을 거행하는 것은 정공신(正功臣)일 경우고, 원종공신인 경우는 왕이 참여하지 않는 것이 관례였다. 다시 말해 이러한 완문의 내용은 정공신의 후예에게는 해당하지만 원종공신의 후예에게는 해당하지 않았다. 더욱이 충훈부등급의 본문에 정훈자손이라고 밝히고 있어서 원칙적으로 충훈부등급은 원종공

---

59) 국사편찬위원회, 사자2001-01.
60) 국사편찬위원회, 사자1998-02, 사자1998-03.

신에게는 발급될 수 없는 것임을 알 수 있다.

그리고 이 완문의 끝 부분에 "이 수교를 가지고 당해 지방관에게 신칙하여 빙고하게 할 것이며, 본관(本官)도 이것을 알고 봉심하여 시행하는 것이 의당할 것"이라고 밝혀서, 지방에서 역을 부과하는 담당 관료인 감사와 수령이 이러한 수교에 의거하여 실행할 것을 명하고 있다.

이와 같은 구성 방식은 완문의 발급자가 실제로 역을 부과하는 자가 아닐 경우 역의 부과자와 담지자에게 동시에 발급하고 지시하는 관행의 연장선에서 이해할 수 있는 부분이다. 그런데 여기서는 훈예들에게 발급한 것이고 침역 등의 문제가 발생하였을 때, 수령과 감사에게 이 완문을 제출하여 정소할 수 있도록 하기 위함이다. 문서의 초두에 밝힌 탈역 대상인 "온신우(溫信禹) 등(等)"으로 표기된 부분은 뒤에 충의위 온승화 이하 11명의 탈역 대상을 명단으로 첨부함으로써 탈역의 구체적인 범위를 명시하고 있다.61) 사실상 충훈부등급이나 완문에 이와 같이 충의위의 명단을 붙인 것은 탈역 범위를 명확히 확정하고자 하는 의도이다. 이 범위에 들지 않은 사람이 탈역의 특혜를 누릴 수 없었음은 물론이다.

4) 선파완문과 비교

훈예완문은 사실상 왕실의 권위를 높이기 위하여 발급된 선파완문과 밀접히 연관되어 있었다. 공신이란 왕실과 가장 가까운 측근의 집안이기 때문에 공신의 후예에 대한 예우도 사실상 왕실의 권위를 높이고자 한 데에서 나온 한 가지 방편이었다.

훈예완문의 출현시기는 왕실의 권위를 높이기 위해 각종 왕실제도를 새롭게 정비하기 시작한 숙종과 영조기를 거친 뒤인 18세기 후반으로 추정된다. 이러한 점은 훈예완문이 선파완문과 동일한 제도적 의지

---

61) 이 명단에는 정작 온신우의 이름이 누락되었는데, 현재로서는 그 이유를 알 수 없다.

에서 발생하였음을 암시하는 것이기도 하다.

훈예완문은 구체적으로 선파완문과 비교해 봄으로써 이 완문의 성격을 더욱 분명히 이해할 수 있을 것 같다. 선파완문은 목판본이나 부분 목판본으로 발급되는 경우가 많은 반면, 훈예완문의 경우 목판본이 전혀 발견되지 않는다. 이는 선파완문과 훈예완문이 관리되는 방식에 차이가 있기 때문이다.

선파완문과 훈예완문은 식년에 한 번씩 각각 세계를 통해 관리된다는 공통점이 있다. 그러나 선파완문의 경우, 중앙에서 《선원록》 등 왕실족보에 의해 중앙 집중 방식으로 관리되는 반면, 훈예완문은 충훈부에서 이를 관리하기 위한 특별한 문적을 사용하였던 것 같지는 않다. 이 점은 선파완문이 상대적으로 중앙에서 체계적으로 관리되었으므로 개별적인 문서의 형태를 철저히 하지 않은 까닭이라고 생각된다.

그리고 선파나 훈예완문을 발급받기 위해서는 훈예나 선파라는 사실 입증이 관건이었다. 훈예나 선파는 혈연적 계보성을 밝힘으로써 입증된다. 그런데 이것은 아무리 부정을 막기 위한 제도적 장치를 설치해 놓아도 하리와 결탁만 하면 얼마든지 조작 가능하였던 것이 당시 현실이었다.

탈역이라는 현실적 혜택을 위하여, 돈이 있는 집안이라면 뇌물 등으로 관리를 매수함으로써 훈예나 선파완문은 손쉽게 수취할 수 있었기 때문이다. 그러나 상대적으로 관리가 허술한 공신의 후예 쪽이 더 손쉬웠을 것임은 짐작하고 남음이 있다.

3.2.6. 선현 후예의 특권 보장

현예완문이란 선현의 후예에 대해 군역을 비롯한 각종 역의 감면을 보장하기 위하여 발급한 문서를 가리킨다. 선현 자손에 대해 이와 같이 특권을 부여한 것은 팔의(八議)의 하나인 의현(議賢)에 따라 선정된 것이다. 따라서 어떤 인물을 선현으로 정할 것인가의 기준은 매우 애매할 수 있다.

선현의 범주는 법적으로 고정된 것이 아니고, 선현의 후예가 자신의 억울한 사정을 왕에게 호소하면 그때마다 왕의 교시에 따라 후대하는 방식을 취했다. 이때 왕의 교시는 등록(謄錄)에 기록되었고, 선현의 후예에 대한 우대는 이 등록에 의거하여 준법적으로 집행될 수 있었다. 이 제도는 애매성을 극복하려는 방식에서 선택되었다.[62]

이에 대한 예로 서울대학교 규장각에 소장된 현예들의 특권을 교시한 수교를 등록으로 묶은 《각양수교등록》(各樣受敎謄錄)을 들 수 있다.[63] 이 등록에는 주로 효종·숙종 연간 현예들이 군역(軍役) 등 잡역에 침책(侵責)당하고 있었음을 상언(上言) 상소(上疏)한 사항에 대해 예조에서 계품(啓稟) 수교(受敎)하여 완문을 성급한 뒤 정리 수록한 책이다. 수록시기는 선조 말부터 순조대까지 걸쳐 있으나 17세기의 수교가 대부분이다. 수교등록에 실려 있는 내용에 의거하여 정리하면 다음 〈표 3-6〉과 같다.

이 표에서 알 수 있듯이 이른바 선현이라고 하는 인물들이 어느 한 시기에 일정한 기준에 입각하여 선정된 것이 아니라 여러 왕대를 거치면서 그 후손들의 청원이나 호소에 의해 그때그때 이루어져 왔음을 알 수 있다. 그런데 여기에는 고려의 개국공신(3, 6, 11, 21), 유학에 공적이 있는 학자(4, 5, 12, 13, 15, 17, 20, 22), 여말선초기에 절개를 지킨 인물들(7, 9, 15), 기자, 문익점, 김원발과 같이 현격한 공적이 인정되는 인물들이 선정되었다.

---

62) 등록의 기능과 성격에 대해서는 김혁, 〈조선후기 중앙관청 기록물에서 등록(謄錄)의 위상〉, 《서지학보》 26, 2002, 98~105쪽 참조.

63) 서울대 규장각, 奎12867의 2.

표 3-6. 선현의 명단과 특혜의 내용

번호	선현	수교 시기	수교의 내용			비고
			행적	이전의 수교	처분	
1	경순왕(敬順王)	미상	삼한 제일의 군주	태종, 선조	고강, 군보 면제	전준(傳准)
2	문익점(文益漸)	정조 3년	목화씨 수입, 문장	태종, 세종, 세조, 성종	고강, 군보 면제	전준
3	신숭겸(申崇謙)		고려 태조를 대신하여 죽은 충절	선조	고강, 칠반천역, 군보, 납미 면제	등급
4	장정필(張貞弼)		삼태사의 하나, 학행		천역, 군보 면제	고려, 중국인 등급
5	우탁(禹倬)		학행	태조	고강면제, 면역	등급
6	박현(朴鉉)		고려 태조를 위해 싸우다 죽음		고강, 군보, 천역 면제	등급
7	정몽주(鄭夢周)		충신	중종, 숙종	군교, 연호잡역 면제	등급
8	공자(孔子)		현자	숙종	군보·잡역 면제	완문
9	길재(吉再)		충신	태조		
10	간언신(簡彦信)		임란 때 교생, 성위판과 제기 보호	선조	군역 면제	등급
11	전이갑(全以甲) 형제		고려 태조 때 공신	태종, 선조, 효종	군역, 동서반 녹용 면제	
12	최치원(崔致遠)		학행, 절개		적서 모두 군보 면제, 동서반 녹용	등급
13	우현보(禹玄寶)		학행		지서 모두 군보, 고강 면제	전교
14	강민첨(姜民瞻)		거란정벌, 충절	선조	군역	상고
15	이색(李穡)		학행, 절개		동서반 녹용, 군보 면제	등급
16	최충(崔沖)		도학	인조	고강, 군보 면제	등급
17	공자(孔子)		선현			완문(중첩)
18	김문기(金文起)		사육신과 함께 함		군보	등급
19	기자(箕子) 한씨(韓氏)		선현		복호, 군역 면제	등급
20	안유(安裕)		도학	인조, 명종	동서반 녹용, 군역 면제	등급
21	배현경(裴玄慶)		고려 태조의 공신	문종, 정조	동서반 녹용, 군역 면제	등급
22	습비후(習比候)		도학		지서 모두 군보물정	등급
23	명 유민		명의 유민 보호	영조	군역 면제	완문등급 첨지
24	김원발 (金元發)		조선의 공납을 줄이는 데 공헌		군보 면제	첨지(添紙)
25	명 병부상서 유(劉)	1832	유민(遺民)		유의 후예 유흥부(劉興復) 등 9인 탈역	《예조수교등록》에 의거

이 가운데에서 가장 애매한 인물이 경순왕일 것이다. 경순왕에 대해서는 심지어 조신(朝臣)들조차 "경순왕은 만국의 군주인즉 어찌 우리 왕조에서 군역을 면제하라는 수교가 있을 수 있습니까?" 하며 그가 선현의 반열에 오른 데 대하여 지적하였다.[64] 그렇지만 그 이후에도 경순왕의 후예에 대한 군역 등의 물침에 대한 수교는 여러 차례 이루어졌다.

명나라의 후예에게 역을 부과하지 말도록 하는 규정은 영조와 정조의 수교에 근거한 것이다. 영조는 각 도에 명하여 황조인(皇朝人)만 따로 관리하는 대장을 성책하여 비변사과 각 도에 각각 비치하여 그들의 군역을 면제해 주도록 한다. 심지어 정조는 이전에 향화인(向化人)이라고 부르던 명칭도 부적당하다고 지적하며 황조인으로 존대하여 부르도록 명한다.[65] 이와 같은 예에서도 단적으로 드러나는 것 같이 황조인에 대한 우대는 숭명사상(崇明思想)이 다시 대두되던 영·정조기의 사회문화적 분위기를 반영한 것이었다.

이들 후손들에게 부여되는 특혜로는 ① 군역[군보] 물침, ② 면강(免講), ③ 동서반 녹용, ④ 잡역 물침 등을 꼽을 수 있다. 이 가운데에서 동서반 녹용은 실제로 이루어졌는지 어떤지 알 수 없다. 그런데 군역과 잡역의 부과, 고강(考講)은 각 후예들이 향촌에서 당면한 급박한 사안이었다. 왜냐하면 조선 전기에는 향교에서 행한 고강을 통해 사족 신분을 보장하였으므로 고강에서 떨어질 경우 신분상의 하락을 가져왔기 때문이다. 그런데 조선 후기에 이르면 고강에 대한 면제는 별 의미를 갖지 못하였다.

이 문서들은 문서 발급의 근거가 왕의 교시에 있기 때문에 이러한

---

64) 김준형, 〈몰락 양반층의 군역침탈에 대한 대응양상─19세기 진주권 지역을 중심으로〉, 《고문서연구》 25, 2004, 212쪽에서 재인용.

65) 《古文書資料集(Ⅰ)》, 164~165쪽 참조.

문서에는 많은 경우 국왕의 직접적인 교시를 포함하여 열성조의 교시도 함께 실었다. 따라서 현예의 탈역 특권을 규정하는 문서에는 왕의 교시를 받았다는 의미인 수교(受敎)나 수교완문(受敎完文)이라는 문서명이 보이기도 한다.

현예완문이나 수교는 주로 예조에서 발급하였다. 각 고을의 수령들은 이것에 의거하여 다시 완문을 발급하였다. 종친부에서 선파를 별도의 장적으로 관리하듯 현예들을 따로 관리하지 않은 것은 현예들도 훈예들과 마찬가지였기 때문이다.

현예들로 주장되는 가장 대표적인 예는 김해김씨 집안이다. 다음은 예조에서 김유신의 후예인 전국의 김해김씨 집안에 발급한 완문이다.

문서 3-23[66]

완문

이 문서는 예조(禮曹)가 완문을 작성해 주기 위한 것임.

옛날 신라 유리왕 때 구간추장(九干酋長)들이 구지봉(龜旨峰)에서 금합(金榼)을 얻어서 그것을 열어보니 6개의 금란이 있었다. 금란은 모두 부화되어 남자가 되었다. 그들은 기위장대(奇偉長大)하였으므로 무리들이 가장 처음 태어난 것을 추대하여 왕으로 삼고 김씨라는 성을 붙였다. 이 분이 한나라 광무제 건무 18년에 건국하였으니, 가락국(駕洛國)의 수로왕(首露王)이다. 그는 헌제 10년까지 살다가 돌아가셨으니 158년을 사신 것이다. 그의 비 허씨도 157세에 돌아가셨다. 자손이 서로 이어가다가 소량(蕭梁)의 구형왕(仇衡王) 때에 나라가 망하였다.

실상사적(實狀事蹟)이 대략 사적에 나타난다. 그리고 그 자손 대각간공 김유신의 공화 사업은 영원히 백세가 지나도록 신뢰할 만하다. 그러므로 수로왕 유릉(遺陵)의 수호와 전우(殿宇)의 숭봉(崇奉), 각간공(角干公) 조두(俎豆)의 제향은 우리 성조(聖朝)의 성대한 은전에서 나온 것이다.

---

66) 국립중앙도서관, 古2102-110.

임자년에 그의 후손 김희명(金熙明) 등이 상언을 올리자 특별히 내린 전교가 밝히 해와 별처럼 걸려서 아직 여감이 있지 않은데, 지금 그 후손들이 혹 이 먼 고을로 유락(流落)하여 잔미(殘微)하게 되었으니 장차 문호를 보호할 수 없어서 군역과 같은 천한 것에 침책된 지 이미 오래되었다.

그러나 참으로 다행스럽게도 그 후손 김홍두 등이 조종을 존숭한다는 뜻으로 여러 해 동안 적공(積功)하여 지난 임진년에 상언을 올려 성은(聖恩)을 입어 전교를 판하하셨다. 그 선현을 존숭하고 후예를 긍휼히 여기는 도에 마땅히 요이(饒異)의 전을 써야 하므로 이에 완문을 작성해 주니, 이것으로 빙고하여 그 후예와 관련된 모든 사람들은 연호잡역(煙戶雜役)과 군보(軍保)의 역을 영원히 견감하여 조가(朝家)의 덕의(德意)가 멀고 가까운 것에 차이가 없도록 하여 영구히 준행 시행하도록 할 것이다. 첩정대로 이루어지도록 할 것임.

이들이 거주하는 읍들에서는 모두 이것에 의거하여 탈하(頉下)할 것.
당상(堂上) [署押]

이 문서는 원래 1892년에 예조가 김유신 후손의 연호잡역(煙戶雜役)과 군보(軍保)의 역을 견감하라는 내용으로 발급한 완문이었다. 이 문서는 '김해김씨완문'(金海金氏完文)이라는 표제를 가진 책에 실려 있다. 이 책은 김학진(金鶴鎭)의 서문(序文), 열성조하교(列聖朝下敎), 입안(立案), 완문(完文)의 네 부분으로 이루어져 있다. 열성조하교에서는 태조·성종·중종·명종·영조·정조·철종 등 열성들이 김유신의 후예들에게 탈역하는 등 후대할 것을 하교하였던 교시를 싣고 있다. 입안에서는 김홍두(金洪斗)가 제출한 호구를 검토하고 이들이 김유신의 후예임이 분명하다는 사실을 입증하고 있다.

이 완문은 김홍두의 상언(上言)에 따라 발급되었다. 탈역의 범위는 전국의 김유신 후손을 모두 대상으로 할 정도로 매우 넓었다.[67] 따라

---

67) "詳考世派　卽爲頉給爲去乎旀　區別修譜　毋或橫侵之意　幷以分付各道　何如."(〈立案〉,

서 이러한 수요를 감당하기 위하여 이 완문은 애초부터 목판본으로 발급되었다.

그런데 이 김해김씨완문은 이 목판을 바탕으로 문서로 작성된 것이 아니라 책으로 발간된 것임을 알 수 있다. 이것이 문서였다면 서문이 붙어 있을 까닭이 없기 때문이다. 김유신의 후예에게 내렸던 완문 가운데 필자가 수집한 것으로는 이 완문을 포함하여 모두 4건이다. 이들은 다음 〈표 3-7〉과 같이 판본에서 차이가 있다.

표 3-7. 김유신의 후예에게 내렸던 완문의 판본 비교

구분	제목	간행시기	구성	형태적 특징	형식적 특징	전거	비고
a	열성조수교(列聖朝受教)	철종 6년 (1855)	열성조수교, 예조완문, 병조완문, 정조치제문(正祖致祭文)	목활자본, 5항 11자, 행서	'禮曹之印' 10, 서압과 발급 연도 묵서	규장각 古4657-27	문서
b	열성조수교(列聖朝受教)	위와 비슷	열성조수교, 병조완문, 정조치제문, 세보총도(世譜總圖)	목활자본, 5항 자수부정, 행서	서압 없음	규장각 古4657-26	책
c	열성조수교(列聖朝受教)	고종 6년 (1869)	수교, 예조완문, 예조수교, 병조완문, 수교중간발(受教重刊跋)	목판본, 5항 8자, 해서	'署押'이라고 새김	국사편찬위원회MF 20008-19	책
d	김해김씨완문(金海金氏完文)(표제)	고종 29년 (1892)	서문, 열성조하교(列聖朝下教), 입안, 완문	목판본, 6항 11자	실제 서압을 새김	국립중앙도서관 古 2102-110	책
e	무열공본전(武烈公本傳)	소화 13년 (1938)	무열공유적서(武烈公遺蹟序), 무열공영정, 태사사연혁(太師祠沿革), 무열공본전(本傳), 전군사묘지(田郡祠廟誌) 예조수교, 병조수교, 태사사사액시전교(太師祠賜額時傳教)	납활자		규장각 想栢923.2 B145b	책

《金海金氏完文》)

a본은 마지막 면을 제외하고는 모두 판본이다. 마지막 면에는 "예조 당상 [서압] 함풍오년월일"(禮曹堂上 [署押] 咸豊五年月日)이라고 먹으로 썼는데, 이를 통해 이 완문이 예조에서 직접 발급한 문서임을 확인할 수 있다. 목판으로 본문만 미리 찍어 놓았다가 마지막 장을 덧붙여 발급한 것이다. 아마 이러한 형식을 갖추어야만 문서로서 효력을 가졌을 것이다. 여기서 목판으로 찍은 부분을 예조에서 어떤 방식으로 발급하였는지 이해할 수 있다. 판이 매우 심하게 닳은 것으로 보아 이미 상당한 양을 찍어냈음을 알 수 있다.

b본에는 예조 완문이 실려 있지 않고, 그 대신 세보총도(世譜總圖)가 붙어 있다. 이것은 책으로 간행되었다. b본에 치제문(致祭文)의 전문이 실려 있는 것은 a본과 차이가 있다. e본과 마찬가지로 문서가 실려 있다는 것만으로도 김유신에 대한 훌륭한 소개서가 될 뿐만 아니라 그 집안의 위격을 높이는 데 전형적으로 좋은 수단이 되었을 것이다.

c본은 매우 훌륭한 호화판이다. 이것은 b본 제작 의도가 발전된 결과라고 생각한다. 목활자본으로 매우 제한적으로 통행되던 것이 목판으로 바뀌었다는 것은 상당히 주목할 만한 현상이다. 이는 고종대에 문중을 대종 위주로 재편성하려 하였던 조정의 시책과도 연관이 있는 듯하다.

문서 3-24[68]

완문

이 문서는 완문을 작성해 주기 위하여 작성한 것임.

병영(兵營) 치하 장문리(長門里)에 거주하는 공태문(孔泰文) 공태겸(孔泰謙) 등이 호소한 내용에 "저희들은 대성(大聖)의 후예로서 하추(遐陬)에 굴러 떨어져서 칩거하며 농사에 힘쓰던 중에 연호잡역을 침책치 말고 향

교나 서원에 분임토록 하라는 열성조의 수교와 순영의 완문이 있습니다.
저희들은 지금 영문 아래에 거주하고 있으나 잡역이 간혹 혼침할지 모른
다는 우려가 있으니, 특별히 저의 마음을 살펴주서서 완문을 작성해 주었
으면 합니다"라고 하였다.

영남은 본디 추로의 고을라고 일컬어졌으니 선현(先賢)의 유풍(遺風)이
많이 남아서 없어지지 않았고 공씨(孔氏)는 열성조께서 사랑하고 긍휼히
여기는 성인의 후예이니 그 우러러 사모하는 것이 조금도 느슨해지지 않
았다. 그 자손이 비록 시골구석의 허름한 곳에서 산다고 하더라도 포양하
여야 하니 교원(校院)에 입록(入錄)하여 춘추(春秋) 향사(享祀) 때 특별히
재임에 차정하여 실로 밝은 시대의 아름다운 일로 삼을 것이다. 오로지
열성조께서 판하(判下)하신 성교(盛敎)를 좇아 신속히 시행하도록 하며
연호잡역 및 환자 등 여러 조건에 대해서는 거론할 것도 없이 영원히 견
감하는 것이 의당할 것임.
경인(庚寅)년 2월 일
통제사(統制使) [署押]

통제사가 경상도 진주의 장문(長門)에 거주하던 공자의 후손인 공씨
일가들을 서원이나 향교의 재임으로 임명하고, 연호잡역과 환자 등의
제반 역을 탈면해 주기 위하여 발급하였던 완문이다. 이 문서는 현재
국립진주박물관에 전시되어 있다.

이 완문은 공자의 후예인 공태문(孔泰文) 등이 올린 청원서에 의거하
여 발급되었다. 이들은 자신들이 농사에 힘쓰고 있다거나 연호잡역의
침책에 대한 위협을 느끼고 있다는 점, 더욱이 그들의 이름 앞에 으레
붙는 유학(幼學) 등 직임을 나타내는 용어가 없는 점으로 미루어볼 때
이 집안은 당시만 하더라도 사족으로 인정받지 못하였던 것 같다. 이
들이 호소하는 내용은 공자의 후예들에게 연호잡역을 침책치 말고 향
교나 서원에 분임(分任)토록 하라는 수교와 순영에게서 받은 완문에 의
거하고 있다.

이들을 향교나 서원에 분임토록 조처한 것은 이들이 대성전의 주벽인 공자의 후예라는 점 때문이다. 통제사는 이러한 청원을 받아들여 이들을 향교와 서원에 입록(入錄)시키고 춘추 향례 때에 이들을 재임으로 임명케 하였다.

평민에 가까운 이들이 공씨 성을 가졌다는 이유로 2천 년 전의 인물인 공자와 혈연적으로 이어진다고 보고 이들에게 이러한 혜택을 베풀어주는 것 자체가 의아하다. 아마 공자와의 세계(世系)를 입증할 확실한 방법도 없었을 것이다. 그럼에도 이들에게 탈역의 특혜를 주는 일을 어떻게 평가해야 할지 모르겠다.

실제로 현예들에게 발급되었던 문서가 앞서 언급하였듯이 완문만은 아니었다. 예조등급이나 수교의 형식을 띤 경우도 많았다. 예조등급이 문서명으로 사용된 적은 없으니, 수교라는 제목의 예조등급이라고 보아야 할 것이다. 충훈부등급을 계하사목이라고 하는 것과 유사하다. 그러므로 공식적인 문서명은 예조등급이라고 하여야 옳다.

계하사목이 충훈부등급의 이칭이라고 한다면, 수교는 예조등급의 이칭인 셈이다. 그렇다면 사목과 수교는 어떤 차이가 있을까? 이 문제에 관해 구체적으로 다룬 연구 성과가 없으므로 이러한 문서에 나타난 사례를 통해 필자의 견해를 간단하나마 피력할까 한다.

예조등급에서 볼 수 있듯이, 수교는 매우 우연한 계기에 국왕이 임의로 내린 명령이라고 한다면, 계하사목은 국왕이 어떤 사안에 대하여 명령을 내리면 비변사나 그 밖의 관청에서 숙의 끝에 사목으로 올려 국왕의 인가를 거친 것을 가리킨다. 계하사목은 관료들의 숙의를 거쳤다는 점에서 수교보다는 법원으로서의 공신력이 더 컸던 것 같다.

그런 만큼 현예완문은 문서 효력이 훈예완문에 견주어 그다지 강하지 않았던 듯하다. 현예완문은 주로 향촌의 보잘것없는 신분에서 수취하였는데, 그들은 대체로 양반으로 인정받지 못하였으며 하시(下視)를 당하는 처지였다.

김준형이 사례로 들고 있는 전주최씨 집안의 한 상서(上書)에서는 "반호(班戶)는 역을 감면받고 상호(常戶)는 역을 지는 것이 국전에 실려 있는 바이고 관정이 따르는 바입니다. 세간에 혹 선현후예라고 칭하여 역을 감면받는 자가 있으나 저희들은 이와는 같지 않습니다" 하였다.69)

김준형이 지적하였듯이, 이것은 자기 집안이 선현의 후예임을 자처하며 탈역을 요청하는 경우와는 다르다. 이는 자기 집안이 어엿한 반호임을 주장하는 것이다.70) 이는 향촌에서 선현의 후예임을 주장하며 탈역을 요청하는 경우, 그들 집안이 결코 사족층에는 들지 못하는 그 이하 신분이었음을 반증한다. 이는 현예로 인정받는 것은 그 절차가 훈예와 마찬가지로 세계를 입증하기만 하면 되므로 비교적 단순하였다는 데에서 기인한 것 같다.

3.2.7. 향교(鄕校)의 수호

1) 향교완문의 갈래

향교는 조선 초기 이래로 공자와 그 밖의 성현에 대한 제례와 지방 유생에 대한 교육을 동시에 담당하였다. 그러나 조선 후기에 이르러 향교는 지방 교육기관으로서보다는 향촌사회의 교화를 담당하는 교화기구가 되었다.

이때 수령은 현실적으로 향교 재임(齋任)의 임면권(任免權) 등을 가지고 있었고, 그것을 주축으로 향교 운영에 적극적으로 참여하여 자신의 향촌 지배를 쉽게 펼쳐 나가려 하였다.71) 그런데 향교완문에 나타난

---

69) 김준형, 앞의 글, 203쪽에서 재인용.
70) 위의 글, 210쪽.

향교의 모습은 향촌에서 강력한 권력을 휘두를 정도의 위상을 가진 것
같지는 않다.

무엇보다 조선 후기의 향교는 늘 재정난에 시달리고 있었다. 건물은
언제 무너질지 모를 정도로 정비가 안 되어 있었고, 봄·가을 제향에
쓸 제수도 제대로 마련하기 힘들 정도로 재정적으로 매우 궁핍한 모습
이었다.

향교는 일차적으로 수령의 관할 아래 있었다. 그 때문에 수령은 그
런 향교를 딱하게 여겼고 걱정스러워하였다. 향교완문에는 이러한 빈
궁한 향교의 현실을 개선하기 위한 수령의 노력이 드러나 있다.

향교완문이 대체로 향교의 운영에 대한 문제점 개선을 주된 내용으
로 하고 있기 때문에, 향교에 대한 궁색한 표현이 어쩌면 수사적인 것
에 지나지 않을 수도 있고, 때로는 과장되었을 수도 있다. 향교를 본다
면 만성적인 재정난에 시달리는 모습에 직면하게 될 것이다. 적어도
향교의 운영은 일차적으로는 수령의 책임 아래에서 이루어졌다는 것
만큼은 분명히 확인할 수 있다. 그런 점에서 향교완문은 수령이 발급
한 것이 많다.

향교완문의 구성을 보면 대체로 향교 운영의 전반적인 상황이 수령
의 단독 명령에 따른 것도 있지만 기본적으로는 향교 회원이 참여하는
완의를 기본 바탕으로 함을 알 수 있다.

즉, 향교를 운영하는 회중이나 재임들이 완의에 의하여 어떤 사안을
미리 결정하고, 그 뒤에 고을 수령이 그러한 사항을 재결하는 방식을
취하는 경우가 많다. 향교 완문은 실제로 향교 성원의 완의로만 작성
되는 경우도 있지만 그 완의에 대한 보증으로 마지막에 수령이 서압하
는 경우가 훨씬 일반적이다.

---

71) 전경목, 〈향교의 개혁안과 수령권의 강화〉, 《조선은 지방을 어떻게 지배했는가》, 아카넷,
2000 참조.

그런 의미에서 향교완문은 완의완문인 경우가 많다. 그런데 대부분의 완의완문은 계·향약 등 자신들의 특정한 목적을 위해 결성한 결사체의 자치규약을 수령이 보증하는 데 특성이 있는 반면, 향교완문들은 향교 조직을 수령이 적극 주도한다는 점에서 차이가 있다.

향교완문은 주제 면에서 크게 네 가지로 분류할 수 있다. 첫째, 향교에 설치된 양사재를 지원하거나 거접유생들의 재원을 보장한다는 주제이다. 둘째, 춘추의 석전제에 고용되는 인력 및 물자를 보조하기 위하여 교촌(校村), 속사(屬寺), 포사(庖肆)에 부과되는 군역, 잡역, 잡세 등을 탈면시키는 주제이다. 셋째, 향교 건물의 수리를 위하여 원납전을 받고 원납전을 낸 이들의 탈역을 주제로 한다. 넷째, 향교에 소속된 재산을 관리하기 위한 주제가 있다.

그림 3-4. 향교완문의 분류

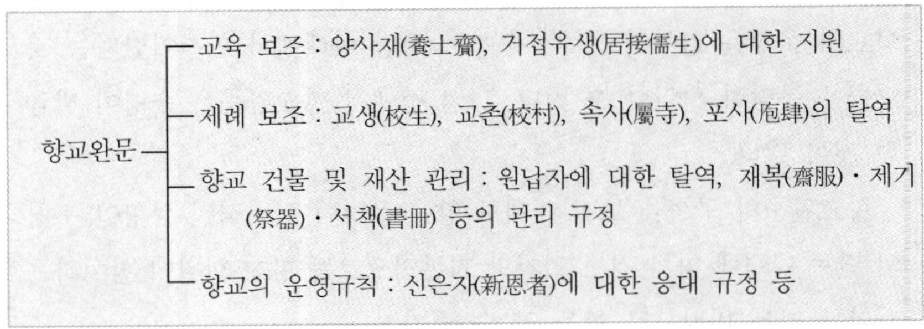

2) 향교완문의 예

19세기에 들어와서 지방에서 특히 양사재나 거접유생 등을 지원하는 제도가 대두되었다. 다음의 완문은 순영에서 향교에 자금을 내어 거접유생을 물질적으로 지원하고자 발급한 완문이다.

문서 3-25[72]

완문

도순사(都巡使) [署押] 갑오(甲午)년 6월 일 반첩(反貼)

이 완문은 작성해 주기 위한 것임.

이번에 도착한 순영문(巡營門)의 감결(甘結)에, "교궁(校宮)은 본래 청한(淸寒)의 곳이므로 본주(本州)의 교유(校儒)들이 매번 거접시예(居接試藝)할 때마다 쓸 물건들이 절로 간졸(艱拙)하지 않을 수 없다는 탄식이 있었다. 그 때문에 돈 1천냥을 영문에서 마련해 준비하여 이에 내려보내니, 즉각 교유(校儒)들에게 출부하여 존본식리(存本殖利)하여 양사(養士)의 비용으로 쓰고 완문을 작성하여 관찰사에게 올려 반첩(反貼)하여 하송(下送)하도록 할 것이다"고 하였다.

교궁은 본래 청한(淸寒)하여 거접할 때 소용되는 비용으로 매번 어려움이 많았다. 지금 여기 영문에서 돈 1천냥을 떼어주시니 진실로 선비를 기르기 위해 혜택을 준 것이다. 그것을 존본취식하는 일에 어찌 조금이라도 소홀히 할 수 있겠는가? 이 돈의 이자를 선비를 공궤하는 자금으로 거접소(居接所)의 수용(需用)에 내줄 것이며, 그 사이의 용하기(用下記)는 향교에서 성책(成冊)하여 연말마다 와서 관정에서 회계할 것이니, 혹시 그 사이에서 녹아 없어지는 폐해가 없도록 영구히 변함없이 하는 것이 의당할 것임.

이 아래 교중(校中)의 재임(齋任)과 거접유생은 이것에 의거할 것임.

갑오(甲午)년 6월 일

작성해 주기 위한 것임.

관(官) [署押]

이 문서는 충청감사가 공주향교(公州鄕校)에게 교유(校儒)의 거접(居接) 비용으로 1천냥을 내려 존본취식(存本取殖)으로 운영할 수 있도록

---

72) 국사편찬위원회, MF0001416-018.

공주현감에 내린 감결에 의거하여, 공주현감이 그의 뜻을 실행하기 위
하여 발급한 완문이다. 이 완문 표지에는 반첩(反貼)이라고 표기되었는
데, 이러한 형식의 완문이 발급되는 절차는 이미 앞서 선영의 경계를
확정했던 완문에서 살펴본 바 있다.[73]

　도순사가 공주향교에게 돈을 내린 것은 이번 한 번이 아니라 기축년
에도 있었다.[74] 당시에는 500냥을 내주었고, 반첩의 형식을 띠지 않고
교중(校中) 거접소(居接所)에 직접 내려주었다는 특색이 있다. 이 두 완
문은 거의 같은 시기에 발급되었을 것으로 추정된다. 이 완문을 통해
조선 후기의 향교가 향촌의 교육기관으로서 전혀 기능하지 않았던 것
은 아니며, 수령의 주도 아래 향교에 거접소를 설치하여 향교 유생의
교육에 힘썼음을 알 수 있다. 이 거접소는 양사재와 거의 같은 기능을
한 것으로 보인다.[75]

　　문서 3-26[76]
　　완문
　　이 문서는 영구히 준행하기 위하여 작성한 것임.
　　학문을 흥기시키고 선비를 존숭하는 것은 옛날 사람의 도리이다. 본읍
(本邑)은 선비를 기를 자산이 전혀 없었으니 이것은 항상 고민되었던 바
이다. 240민동(緡銅)을 덜어내어 향교에 주고 이것으로 각 면에 존본취식
(存本取殖)하여 매년 그 이자를 취하여 그것으로 육영재(育英齋) 양사(養
士)의 비용으로 삼을 것이다.
　　이것은 혹시 조금이라도 긍식(矜式)의 효과가 있을 것이니, 유구(悠久)
히 변함없이 할 것임.

---

73) 이 책의 '문서 3-2' 참조.
74) 국사편찬위원회, MF0001416-017.
75) 거접의 의미와 양사재의 관련성에 대해서는 정순우, 〈조선후기 양사재의 성격과 교육활
　　동〉, 《정신문화연구》 57, 1994 참조.
76) 부산 술고당(述古堂) 소장.

병술(丙戌)년 6월 일

행사(行使) [署押]

창원도호부사(昌原都護府使)가 창원향교에 240민동(緡銅)을 연출(捐出)하여 각 면에 식본취리(殖本取利)하여 육영재(育英齋) 양사(養士) 비용으로 쓸 것을 규약하는 완문이다.

육영재는 양사재(養士齋), 흥학재(興學齋), 교흥재(敎興齋), 군자당(君子黨), 사교재(四敎齋), 정안재(靜安齋), 여택재(麗澤齋), 양현재(養賢齋), 향숙(鄕塾) 등의 이름으로도 불렸고, 열읍(列邑)의 통규(通規)라고 불릴 정도로 거의 모든 군현에 설립되어 군현의 양반 자제 교육을 담당하였다.[77]

고을 수령이 육영재의 운영자금을 출자하였고, 운영기금을 존본취식에 의거하여 마련하였다. 여기서 존본취식이란 글자 그대로는 본전은 그대로 두고 이자를 취한다는 뜻이다. 이 방식에 따르면 수령이 그 본전을 각 면에 나누어 이자를 취하여 그 돈으로 육영재를 운영한다는 것이다. 따라서 존본취식의 방식은 수령의 공권력이 아니고서는 사실상 운영하기 힘든 제도였다.

향교가 갖는 대표적인 특권의 하나는 향교의 원활한 운영을 위해 그 인력을 탈역시키는 일이었다. 다음은 이른바 교생이나 교촌을 탈역시킨 예이다. 교생을 탈역시키는 일에 대해서는 이미 널리 알려져 있다. 조선 후기 교생의 지위에 대해서 전경목이 이미 지적하였듯이, 교생은 향교의 서재생도(西齋生徒)를 가리키는 것으로 향교의 잡역을 담당하는 평민 출신이었다.[78] 그 대체적인 제도에 대해서는 다음 완문의 서

---

77) 윤희면, 〈양사재(養士齋)의 설립과 운영실태〉, 《정신문화연구》 57, 1994, 4쪽 참조.
78) 전경목, 〈조선후기 교생(校生)의 신분에 대한 재검토〉, 《송준호(宋俊浩)교수정년기념논총》, 1987.

술로 짐작할 수 있다.[79)]

　　교생(校生)의 이름과 관계된 것은 중요하니 관(冠)을 쓰고 패(佩)를 차
며 변두(邊豆)를 받들어 청금의 끝에서 주선(周旋)하니 유자(儒者)로 이름
하고 유자(儒者)로 행하는 자라 할 만하다. 주(州)·부(府)·현(縣)에는 각
각 정해진 액수가 있으나 이 향교에서도 교중(校中)에 일이 있는데 재력
이 부족하면 간간히 액외(額外)로 원납(願納)하는 규정이 있으니 그 효잡
함이 지나치다.

교생은 정액으로 정해지지만 향교에 일이 있는데 재력이 부족할 경
우, 액외 원납교생을 두어 재용을 충당하도록 하는 규정이 있었다. 즉
서재생 가운데 정액 안의 교생과 정액 밖의 교생을 두어 재용이 필요
할 때 원납하는 정액 밖의 교생을 뽑음으로써 재정을 충당하는 것이
관례임을 알 수 있다.

　　그런데 이 경우에는 성전(聖殿)과 고유재실(告由齋室)을 중수해야 할
큰 일이 있어서 재정이 부족하였지만, 청양향교에 액외로 원납교생을
두는 것을 부정적으로 보고, 액내 교생에게만 수백 냥을 수납(收納)하
여 거사를 치렀다. 이것은 "관부에 첨정(簽丁)의 잘못이 없게 되고 교안
(校案)에도 효잡(淆雜)의 폐단이 없게 되었다"는 말을 통해서도 액내교
생에게만 수납하였음을 알 수 있다.

　　이를 통해 교생이 액내일 경우라도 향교에 대해 역만 제공하는 것이
아니라 경우에 따라 돈도 제공하였음을 알 수 있다. 교생이 납부한 대
가로 관가에서는 모든 교생에게 물침하도록 완문을 작성하고 있다.

　　여기서 필자는 한 가지 의문을 누를 수 없다. 향교 교생의 액수는 정
해진 것이 아니었던가? 그리고 교생이 역으로부터 보호받는 것은 법적

---

79) 국사편찬위원회 MF20013-029

규례에 해당하는 것이 아니었던가? 이러한 권리를 새삼 확인하는 완문을 발급하는 것은 무슨 이유에서인가? 여기서 정액내의 교생이 되었더라도 경우에 따라서는 삭감당할 수도 있고, 또 읍에 급한 역이 있으면 침책도 강요받을 수 있다는 현실이 반영되었음을 알 수 있다.

이와 같이 향교완문에서는 교생의 역을 면제하여 주었을 뿐 아니라 사실상 교촌 혹은 교하촌의 역까지도 면제해 주었다. 이쯤 되면 앞서 살펴본 서원의 제도와 매우 유사한 제도적 특색이 향교에도 있음을 알 수 있다.

문서 3-27[80)

교촌견역완문(校村蠲役完文)

이 문서는 영구히 준행하도록 하기 위해 작성한 것임.

교촌(校村)은 곧 성묘(聖廟)를 수호하는 곳이니 여러 가지 응해야 할 역이 일반 백성의 여러 곱이나 된다. 감영과 고을의 견역완문(蠲役完文)은 거듭 분명하게 내려준 것뿐만이 아닌데도 지금까지 실효를 보지 못하였으니 이것이 어찌 말이 되겠는가? 30호에게 역을 덜어준 것은 이미 전례가 있다. 지금부터 초호(抄戶)할 적에 동포전(洞布錢)으로부터 자잘한 연호잡역까지 한산민(閑散民)으로 간주하여 장교, 노령, 군정 등의 역도 해당 마을에 침책할 수 없도록 한다. 견역의 모든 조건들은 후기에 나열한다. 완문 3건을 작성해서 1건은 해당 촌에 내어주고 2건은 사창(司倉)과 군청(軍廳)에 보관해 둔다. 이것에 의해 시행하고 영원히 준수하기를 변함없이 하는 것이 의당할 것임.

무인(戊寅)년 5월 26일

여기에 완문 1건을 베껴서 첩으로 만들어 교중(校中)에 둘 것이니 이것도 빙고하도록 작성해 준 것임.

관(官) [署押]

---

80) 국사편찬위원회, MF 0008405-016

　　하나, 동포(洞布)와 호렴(戶斂)을 배정하지 말 것.

　　하나, 면호렴을 배당하지 말 것.

　　하나, 호환(戶還)을 탈급해 줄 것.

　　하나, 청가전(廳價錢)을 배당하지 말 것.

　　하나, 보조(補租)를 배당하지 말 것.

　　하나, 관의 운역(運役)을 침책치 말 것.

　　하나, 장교(將校), 노령(奴令), 군정(軍丁) 등을 본촌에 침책치 말 것.

　이 문서는 1878년에 화순현감(和順縣監)이 연호잡역 등 제반 역을 감면할 목적으로 화순향교의 교촌(校村)에 발급한 완문이다. 교촌이란 향교촌(鄕校村)의 약칭으로 본래 향교가 있던 교저촌(校底村)을 지칭하였다. 교촌은 '장하거민'(墻下居民), '교하촌'(校下村) 등 다양한 용어로 불리었다. 교저촌은 성균관 아래에 있는 반촌(泮村)의 예에 의하여 면역하는 것이 일반적인 관례였다.

　"교촌은 성묘(聖廟)를 수호하는 곳이다"는 위 완문에서의 언급에서도 볼 수 있듯이, 교촌은 성묘, 즉 대성전(大聖殿)을 수호하기 위한 모든 잡역을 담당하였다. 이것이 교촌에게 역을 면제하는 근거가 되었다.81)

　이 교촌에게도 동포(洞布)와 연호잡역의 탈면을 규정하고 있다. 동포란 동을 단위로 부과한 군포를 말한다. 동포제가 활성화되던 시기가 19세기 후반이므로, 이것에 의하여 이 문서의 발급연도를 1878년으로도 추정할 수 있을 것이다.

　전경목은 바로 이 완문에서 "여러 가지 응해야 할 역이 일반 백성의 여러 곱이나 된다"(諸般應役 與凡民倍徒)고 하는 구절을 지적하며, 교촌의 탈역을 특혜라는 관점에서 다루었던 기존의 일반화된 통설에 대해

---

81) 윤희면, 《조선후기향교연구》, 일조각, 1996, 246쪽 참조.

여 반론을 제기한 바 있다. 일반적으로 교촌의 탈역이 서원촌의 경우
와는 달리 교촌에서 행해지던 향교에서의 역에 대한 보상 차원에서 시
작하였다는 점은 인정된다. 그러나 이 완문의 문맥을 자세히 읽어보면
전경목이 지적하였던 것과는 다소 차이가 있다. 그는 향교에 특혜가
제공된 것은 "향교에서 교하촌민 등에게 부과하는 여러 가지 일들이
다른 마을의 주민에게 부과하는 역에 비해 몇 배가 되었기 때문이다"
고 하였지만,82) 이 완문은 이와는 다른 맥락에서 사용된 것 같다.

즉, 이 촌락을 제역촌으로 지정하였고, 감영과 읍으로부터 완문을 발
급받았는데도 탈역의 특혜를 제대로 받지 못하여 일반 백성의 몇 배가
된다는 것이다. 이는 교촌을 향교가 심하게 부려먹었다는 의미가 아니
라, 제역촌으로서 완호를 받지 못할 경우 기존 향교의 역에다가 연호
잡역이 더해짐에 따라 역이 곱이 되었다는 뜻으로 읽어야 할 것이다.

한편 이 완문에서는 교촌의 전 촌민을 대상으로 제역하는 것이 아니
라, 교촌 가운데 제역호를 30호로 한정하고 있다. 교촌의 제역호를 한
정한 것이 이 완문에서만 볼 수 있는 현상은 아니지만, 제역호의 수는
각 고을의 읍례에 따라 차이가 있었던 것 같다.

위 완문에 후록된 절목들은 앞서 기두사에 영구히 준행하기 위한 것
[爲永久遵行事]의 목적어에 해당함을 알 수 있다. 동포는 동리 단위로
부과되던 군포전이나 잡역세를 가리킨다. 그리고 호환은 환자를 말하
고 청가전(廳價錢)은 고을의 실무관청 단위로 자신의 경상비 마련을 위
해 거두어들이던 돈으로, 보조(補租)는 보민고(補民庫)에서 이자놀이를
하던 돈을 가리키는 것으로 추정된다. 관운역은 관에서 운반할 일이
있으면 사람들을 불러서 수시로 시켰던 요역이다. 장교와 군정은 읍
단위로 부과되던 군역을 말하는 것이고, 노령(奴令)은 관노(官奴)와 사

---

82) 전경목, 앞의 글, 236쪽 참조.

령(使令)을 말하는 것으로 관아의 최하위직이다.

이 완문은 총 3건이 발급되었고, 1건이 등출되었음을 본문 기록으로 알 수 있다. 발급된 3건의 수취처는 본촌(本村)인 교촌(校村), 사창(司倉)과 군청(軍廳)이다. 사창은 환자 등 호렴, 관운(官運) 등을 담당하는 부서이고, 군청은 군역을 담당하는 실무관청이므로 역의 부과에 관여하는 까닭에 완문을 소지할 이유가 있었고, 교촌은 제역의 실제적인 담지자이므로 완문을 발급받는 것은 말할 것도 없다. 실제 역의 부과자와 담지자에게 같이 발급하는 것은 제역완문의 일반화된 통례이기도 하다.

한편, 향교에서 빙고를 위하여 1건을 등출하였다고 기록한 것은 아마도 위의 수급자들과 구별하기 위한 목적에서 따로 작성하였음을 표시한 것 같다. 즉 위의 3건이 문서의 실제적인 효력을 가졌음을 보여주는 것이라면, 향교에 등출한 1건은 빙고를 위한 목적으로 작성되었음을 나타내는 것이다.

그 밖에 향교의 재정을 지원해 주는 한 가지 방식으로 속점에 대한 탈역을 들 수 있다.

문서 3-28

정미년(丁未年) 9월 15일

이 완문은 작성해 주기 위한 것임. 춘추 석채 때의 경비가 많이 부족할지 모른다는 근심이 있었으므로 교임이 단자를 올린 것으로 인해, 근서면 포장 1사를 교궁(校宮)에 떼어주어서 향례의 포수에 바치고자 하니 포사 가운데 잡세를 모두 침책치 말고 영원토록 변함없이 준행하는 것이 의당할 것임.

교궁의 아재·재임은 이것에 의거할 것임.

을사년(乙巳年) 4월 일

이 문서는 1905년에 수령이 향교의 서재 재임에게 포장(庖場)을 획부하고 그 포사의 잡세(雜稅)를 물침할 것을 보장하는 완문이다.

춘추 석채 때 비용이 많이 들어 매우 부족하다는 염려가 있었다. 석채 때 번육이 들어가므로 향교에 포장이 획부되는 경우가 많았으며, 이것도 그 한 예다. 향교는 이 밖에 종이의 공급을 위한 속사나 제기를 마련하기 위하여 속점을 두었으며, 이것은 서원의 경우와 같다. 오히려 서원이 향교의 이러한 관례를 본뜬 것이라고 보아야 할 것이다.

향교완문을 구체적으로 조사한 결과, 향교완문에는 향교와 관련된 수령의 업무 및 기능을 파악할 만한 다양한 내용이 있음을 확인하였다. 거접소나 양사재 운영, 교촌의 완호, 포사(庖肆) 등 속점의 완호, 원납자(願納者)의 탈역, 사족의 완호, 죽전(竹田)을 포함한 향교 시설물의 보호를 위한 규칙의 설정, 향교 소유 동산의 보호를 위한 절목 등 비교적 다양한 주제를 포괄하고 있었다.

이와 같이 향교완문은 향교의 동산과 부동산을 보호하거나 원납자(願納者), 속촌, 속사 등의 탈역을 통해 향교의 재정을 운영할 목적으로 발급된 것이 대다수이다. 그 밖에 향교완문에는 서원 훼철 후 서원재산의 처리 문제가 등장하는 경우도 있었다. 특히 여기서는 서원재산을 둘러싸고 본손과 지손의 갈등, 또는 서원에 배향된 선현을 모시는 문제 등등을 밝히고 있다.

위의 분류에서 볼 수 있듯이, 향교완문은 주제 면에서 서원완문과 매우 유사한 구조를 드러낸다. 이는 서원이 향교가 갖는 특혜를 그대로 모방하였기 때문이다. 사실상 서원에 전례가 없는 특혜를 부여한다는 것은 당시 사회적 분위기로 보아 힘들었을 것이기 때문이다. 그러나 향교의 공동재산, 이를테면 서책 등의 보호나 의례적인 원칙 등을 강조하는 것은 향교완문에서만 나타나는 특성이라고 할 수 있다.

3.2.8. 계방(稧房)의 수호

계방(稧房)완문이란 각 고을의 이속 관청들이 자신의 재정을 확보하기 위하여 마을이나 개별 호와 계를 맺어 일정 재물을 수취하고, 그 대가로 각종 잡역 및 환자 등을 면제하는 것을 보장하기 위하여 발급된 완문을 말한다.

계방은 '稧防, 契房, 稧坊, 契防' 등 다양하게 표기된다. 이 말의 으미에 대하여 해석한 정확한 용례는 아직 찾지 못했지만, 해당 관청과 계의 형태로 맺어진 마을 또는 계를 맺어 역을 막아낸다는 뜻으로 추정된다.

계방완문의 사회적 의미를 이해하기 위해서는 우선 계방완문의 발급근거가 되는 계방제에 대하여 적절히 이해할 필요가 있다. 계방제는 지방재정의 해결을 위해 지방관청에서 경상비의 명목으로 허용된 것이 기원이 되었다. 정약용에 따르면 계방은 감사가 순력하는 데 필요한 막대한 경비를 마련하기 위하여 정조 10년 무렵부터 시작되었다고 한다.[83] 그러나 실시된 지 얼마 안 되어 온갖 사회적 폐단의 근원으로도 지적되곤 하였다. 다음은 당시 계방의 폐단을 지적한 기사다.

① 백골(白骨)에 대해 징포하고 황구에 대해 파기(疤記)하는 것은……그 원인을 찾는다면 팔도의 각 읍에 계방이라는 것이 있기 때문입니다. 이것은 간악하고 교활한 향리들이 약간 부유한 백성들을 택하여 사사로이 계를 맺어서 향청에 투탁하는 것은 향청계방(鄕廳稧房)이라 하고, 이청에 투탁하는 것은 이청계방(吏廳稧房)이라고 합니다. 각 청이 모두 그렇게 하여 뇌물을 받고 역을 제하여 주니, 잔민들의 첩역원징(疊役冤徵)

---

83) 김용덕, 《향청연구》, 한국연구원, 1978, 121쪽 참조.

의 폐단은 오로지 이것 때문입니다. 신은 팔도의 각 읍으로 하여금 그 계방의 명목을 혁파하도록 해야 할 것이라고 생각합니다.84)

② 계방은 모든 폐단의 근원이요 뭇 농간의 구멍이다. 계방을 혁파하지 않으면 아무 일도 되지 않을 것이다. 계방에는 두 가지가 있으니, 하나는 이계(里契)요 다른 하나는 호계(戶契)다. 이계란 온 마을을 계방으로 삼아 해마다 돈 수백 냥을 거두는 것이요, 호계란 특정한 호(戶)를 뽑아서 계방으로 삼아 해마다 돈 백여 냥을 거두는 것이다.

향청(鄕廳)·이청(吏廳)·군관청(軍官廳)·장관청(將官廳)·관노청(官奴廳)·조예청(皂隸廳) 즉 사령(使令)·통인청(通引廳) 즉 시동(侍童)에 각기 계방이 있는데, 유독 이청이 더 많이 가져서 큰 마을 10여 곳을 뽑아 모두 어울러 계방을 삼았고, 그 나머지는 두 마을 또는 세 마을을 삼는 등 딱히 정해진 수가 없다. 무릇 계방촌이 된 곳은 곧 환자의 배당도 면제되고, 군첨(軍簽)의 침해에서 면제되고, 민고(民庫)에 바치는 일체의 요역(徭役)을 부담하지 않고, 한번 돈 수백 냥만 가져다 바치면 그 해가 다 갈 때까지 편안히 지낼 수 있다.

이 때문에 백성들은 즐겨 그들과 더불어 계방이 되려고 하는 것이다. 그러나 반드시 마을의 재력이 본래 풍부하고 그 마을 호민(豪民)이 힘이 있어야 계방이 될 수 있다. 황폐하고 쇠잔한 촌락의 가난하고 어리석은 백성들과 홀아비·과부들과 병약자들 따위가 모여 있는 곳에 어찌 계방을 삼으려 할 자가 있겠는가? 계호(契戶) 또한 마찬가지다. 반드시 한 면에서 유력한 자로 농토는 10결(結)이 넘고 100가(家)를 거느리는 정도라야만 한 호로서 계방이 될 수 있는 것이다.

그러니 대개 부촌(富村)과 부호(富戶)에서 내게 될 요부(徭賦)는 모두 아전들의 먹는 바 되고, 오직 영락하고 고단한 백성들만 공부(公賦)를 내고 관요(官徭)를 바치는 것이다. 그리하여 1만 호의 부담이 1천 호에 돌아가고, 1천 호의 부담이 1백 호에 돌아가서 옛날에는 한 호의 부담이 매해 1백 전에 불과했는데, 지금은 수천 전으로도 오히려 부족하다. 백성들이

---

84)《日省錄》, 純祖 9년 8월 23일조.

울부짖고 쓰러지는 것이 물고기가 썩어 문드러지듯 강둑이 터지 듯 하는 지경에 이르렀으니, 지금 이때에 구제하지 않으면 이 불쌍한 백성들이 장차 씨도 남아나지 않을 것이다. 계방을 혁파하는 것은 오늘의 급선무가 아니겠는가?[85]

①의 기사는 군정(軍政) 폐단의 원인을 계방에서 찾고 있다. 향청이나 이청이 뇌물을 받고 계방을 만듦으로써 정작 역을 져야 할 부민들은 다 빠져나가고, 그 역이 잔민에게 돌아가는 폐해를 규탄하고 있다.

②의 기사에서 계방촌의 운영 실태에 대한 다음의 몇 가지 사실을 간취할 수 있다. 첫째, 계방은 계방의 대상에 따라 마을 단위의 이계(里契)와 호 단위의 호계(戶契)로 구분된다. 호계조차 각 청이 1호와 계를 맺는 것이 되어 있지만, 사실상 그 호가 부호이므로 농토는 "10결이 넘고 100가를 거느리는 정도"가 되어야 하므로, 그 가수로 보면 이계와 다름없는 규모임을 알 수 있다. 둘째, "향청·이청·군관청·장관청·관노청·조예청 즉 사령·통인청 즉 시동에 각기 계방이 있다"는 데에서 각 청의 재정이 독자적으로 운영되고 있으며, 주요한 수입원이 계방을 통해 얻어진다는 사실을 간취할 수 있다. 셋째, 계방의 폐단은 공동납의 구조와 밀접하게 연관되어 있다는 점이다. 계방이 납부하거나 져야 할 세역이 모두 잔민에게 돌아갈 수밖에 없는 구조이므로 폐단이 크다는 것이다.

어쨌든 계방이 시작된 지 얼마 안 되어 삽시간에 전국으로 확대되었음을 알 수 있다. 다음은 순조 초년에 암행어사가 올린 서계(書啓)의 일부이다.

이른바 관리배들이 각 청에서 모속해서 계방을 설립하는 것은 온 도의

---

85) 《牧民心書》 戶典六條.

모든 읍에 없는 곳이 없습니다.[86]

이 기사에서 볼 수 있듯이, 계방은 실시된 지 20, 30년도 채 안 되어서 전국에 만연된 일반적인 현상이 되었음을 확인할 수 있다. 그렇다면 여기서 한 가지 피할 수 없는 의문이 있다. 각 청의 향리들이 계방촌을 형성하여 수취하는 돈은 불법인가? 불법이라면 어떻게 이것이 전국으로 확산될 수 있었을까?

계방이 사회 문제로 부각되자 정부에서 이 폐단을 바로잡기 위한 노력을 하지 않았던 것은 아니다. 다음을 보자.

계방의 일은 작년 겨울에 도내의 절목과 완문을 거두어 들여 영정에서 불살라버렸습니다만, 이것이 이후 실효가 있는지는 잘 모르겠습니다.[87]

사실상 이 계방 문제에 대한 조가의 적극적인 대처는 이즈음에 비로소 실천되었다고 할 수 있다. 그러나 계방의 절목과 완문을 불태우기는 하였지만 그 실효성을 스스로 의심할 정도로 고질화되어 있었다. 계방제가 본격 실시된 지 거의 100년이 가까운 시기에 취해진 조처였다.

그런데 여기서 한 가지 의문을 피할 수 없다. 위의 각 기사에서 지적하였던 것과 같이 각 청이 계방을 형성하는 것은 과연 불법이었을까? 불법이었다면 조가에서는 왜 그토록 장기적으로 묵과할 수밖에 없었을까? 위에서 살폈듯이, 이것이 폐단이라는 것을 조가에서 몰랐을 리는 없다. 계방은 사모속(私募屬)의 일종으로 이것이 없이는 지방재정 자체의 경영이 어렵다는 지적이 있어 주목된다.[88]

---

86) "所謂官吏輩各廳募屬設立稧房者也 一道列邑 無處無之."(《日省錄》 純祖 8년 12월 17일조)
87) "契坊事 昨冬收聚道內節目及完文 營庭燒火 未知伊後實效之如何."(《日省錄》 高宗 7년 11월 17일조)
88) 송양섭은 계방의 비율이 30, 40퍼센트에 이른다는 구체적인 통계를 들며 이는 계방이 읍

조가의 처지에서 보면 계방은 행정의 문란이지만, 지방행정의 처지에서는 관청의 경상비 마련을 위한 불가피한 조치였고, 평민층의 처지에서 보면 탈역을 위한 진로였던 것 같다.

> 문서 3-29[89]
>
> 완문
>
> 이 완문은 빙고하기 위한 것임. 월호리(月乎里)는 본 향소(鄕所)에 소속된 것이니 수리(修理)를 거행할 때마다…… 폐가 있으니 이 동은 남김없이 탕잔(蕩殘)되므로 5년에 한하여 2냥씩 수납(輸納)하고 기한 내에 비록 신구가 교체되더라도 별반의 응역(應役)을 절대로 침책(侵責)하지 말라는 뜻으로 완문을 작성하니 이것으로 잘 알아서 영구히 빙고할 것.
>
> 병진(丙辰)년 9월 15일
>
> 향소(鄕所) [署押]

이 문서는 향소(鄕所)에서 월호리(月乎里)에 발급한 완문이다. 이 완문의 발급사유를 보면 "수리·거행 등의 폐단이 많으므로 탕폐해지기" 때문이라고 하였다. 이 발급사유에 따르면 향소에서 계방을 삼는 이유는 자기의 재용을 확보하기 위한 것이 아니라 탕폐해진 월호리를 위한 것이다. 그렇다면 계방촌을 형성하는 이유가 이서관청의 재용을 마련하기 위한 목적뿐만 아니라 향촌의 탕폐를 막기 위한 방편으로 계방을 설정한다는 의미이다. 이러한 이유를 더욱 신빙성 있게 뒷받침해 주는 근거는, 계방기간을 5년으로 한정하고 있다는 것이다. 만일 계방전을 자기 재원으로 삼는 것이 목적이었다면 기간을 한정했을 리가 없기 때문이다.

재정에서 차지하는 비율이 크므로, 불법이나 폐단의 측면에서만 바라보아서는 안 된다는 의견을 제시한 바 있다.(송양섭, 〈19세기 양역수취제(良役收取制)의 변화—동포제의 성립과 관련하여〉, 《한국사연구》 89, 1995, 161쪽 참조)

89) 한국학중앙연구원, MF35-006945.

향소에서 완호하겠다는 역은 다름 아니라 신임 사또와 구임 사또가 교대할 때의 역이다. 대체로 이서관청이 계방을 형성하면서 내거는 명분이 바로 이와 같은 신구의 교체에 들어가는 돈이고 보면, 전형적인 역의 사례라 할 수 있다. 실제로 구임 사또를 보내고 신임 사또를 맞이하는 신영례에 들어가는 모든 돈은 잡역세로 민에게 부과되는 것이 통례였다.

계방완문의 형식적 특성으로는 각 고을의 하급관청의 완의에 의거하여 발급되었다는 것을 우선 꼽을 수 있다. 여타 완문에서 발급자는 관장(官長) 한 사람인 경우가 대부분인데, 이 완문은 하급 관청의 성원 전체로 구성되어 있다는 점이 특징이다. 예컨대 형방에서 발급한 것이라고 한다면 '헌공청'(憲功廳)이라고 쓰고, 그 아래 헌공청의 주요 유사(有司)들을 적고 있다. 이는 헌공청에 소속된 재임들 모두가 그 사실에 동의함을 보여준다.

수령을 제외한 향청 등 각 관청에서 발급한 완문은 비교적 뚜렷한 형태적 특징이 있다. 무엇보다 일단 문서에 찍힌 도서로 쉽게 구별할 수 있다. 관이나 감영 및 중앙관청에서 발급한 완문의 경우 관인(官印)의 형태가 정방형인 반면, 향청 등 하위관청에서 발행한 완문의 관인은 가로가 짧고 세로가 긴 직방형이라는 특색이 있다. 그 인기(印記)도 '작청지인'(作廳之印), '장방지인'(長房之印) 등 해당 발급관청을 표기하고 있다.

3.2.9. 궁방(宮房) 소속 재원의 보호

궁방완문(宮房完文)이란 궁방, 관찰사, 수령 등이 궁방의 재정을 돕기 위하여 궁방 재정의 권리 보장을 목적으로 발급한 문서다.

필자가 수집한 완문들은 대부분 19세기에서 20세기의 초의 것이다.

그 내용을 보면, 발급자인 궁방이 사패지(賜牌地), 속사(屬寺), 시장(柴場), 염막(鹽幕), 선세(船稅), 보(洑) 등으로부터 수세(收稅)할 수 있도록 작인(作人)의 탈역(頉役), 수세(收稅) 규정, 구폐(救弊) 조건, 도장(導掌)이나 마름 등 관리자의 임명 등을 행정적으로 처분한 것이다.

궁방이 이러한 세원으로부터 수세할 수 있는 근거로는 국왕이 절수해 준 곳이거나, 선려각주인(船旅閣主人), 보주인(洑主人), 개간자(開墾者)가 궁방에 투탁해 오는 경우로 나눌 수 있다.

여기서 투탁에 대한 역사적인 평가는 융희 3년 임시재산정리국(臨時財産整理局)이 짧은 기간 안에 정리한 책에 실린 다음의 평가에 의거하여, 오늘날까지 큰 변화 없이 이어져 오고 있다.

> 투탁은 원래 군수(郡守)의 외압(外壓)과 가렴주구 때문에 그 밖의 위협을 면하기 위한 목적으로 궁방에 청원하여 궁장토와 같이 가장하는 것으로, 그 행위는 늘 궁방과 지주 사이에 은밀하게 행하여지더라도 궁방의 세력은 드디어 공공연히 투탁하는 것을 허용하는 데에 이른다.[90]

이 글을 작성한 일본인은 투탁이 군수의 외압과 가렴주구 때문이라고 단정하고 있다. 그러나 필자가 수집한 19세기의 완문에서는 이러한 이유 때문에 이루어진 투탁의 사례를 찾기 힘들다.

당시에 투탁이 이루어지는 것은, 관속과 지주 예속인과의 관계들의 횡침을 막고자 하는 다음의 완문에서 이러한 예에 부합될 만한 사례를 찾을 수 있을지 모르겠다. 그러나 이것은 군수의 외압과 가렴주구에서라기보다는, 관속의 엄격한 행정 집행에서 오는 관성화된 행정적 압박에 가깝다고 보아야 적절하다.

---

90) 《韓國財政概況·臨時財産整理局事務要綱》, 탁지부, 1909(아세아문화사 영인, 舊韓末日帝侵略史料叢書, 1988), 149쪽.

문서 3-30[91]

궁(宮)에서 보관함

　　　경신(庚申)년 12월 일

경상도 김해부 신도(新島) 구폐완문(捄弊完文)

함풍십년경신십이월일김해부신도구폐완문(咸豊十年庚申十二月日金海府新島捄弊完文)

이 문서는 완문을 작성해 주기 위한 것임.

부(府)의 남쪽 40리 땅에 일신도(一新島)가 있는데, 서쪽으로는 웅천(熊川)과 가덕(加德)의 경계에 접해 있고, 동쪽으로 하나의 작은 강을 넘으면 곧 본부인 명지도(鳴旨島)다. 사방 둘러싼 것이 모두 바다며, 그 지형은 곧 모래가 쌓여 육지가 되어서 개간하면 모전(牟田)으로 만들 수 있고, 제방을 막으면 염전(塩田)으로 만들 수 있고, 금양(禁養)하면 노전(蘆田)을 만들 수 있으며, 발로 막으면 어기(漁基)로 삼을 수 있는 곳이다.

본부(本府) 하면(下面) 하사(下沙)와 지신(旨信) 땅에도 니생처(泥生處) 한 곳이 있으니, 갈대를 심어 농장을 만들 수 있으므로, 작민(作民) 배경민(裴絅旻)은 그 아버지가 살아계실 때부터 지난 갑오년까지 본 읍에 호소하고 또 경영(京營)에 올려 입안(立案)을 작성하여 냈습니다. 지난 을사년에 위의 배경민이 스스로 물력을 갖추어서 밭을 개간하고 땅을 개간하여 용동궁(龍洞宮)에 붙기를 원하여 본궁에서 계품하여 절수한 뒤에 감색을 정하여 타량(打量)하여 어람도형(御覽圖形)을 올려서 영원히 궁장(宮庄)을 만드는 데 이르렀으니, 땅 한 뼘, 풀 한 포기가 본궁(本宮)이 관할한 바가 아닌 것이 없습니다.

처음 설치한 초라서 혹 잘못된 폐단이 없지 않으므로 구폐하는 여러 조건은 왼쪽과 같이 나열하니, 이에 완문 두 건을 작성하여 한 건은 궁에 두고 한 건은 감관(監官)에게 내주어서, 이것에 의거해서 영원히 준행하여 변함없이 하는 것이 의당할 것임.

---

91)《古文書》14, 完文 16.

통훈대부(通訓大夫) 경상도(慶尙道) 김해도호부사(金海都護府使) 겸(兼)
김해진병마첨절제사(金海鎭兵馬僉節制使) 별중영장토포사(別中營將討捕
使) 정(鄭) [啣]
[이하 생략]

위의 문서는 1860년에 김해군도호부사가 용동궁에 투탁된 경작지인
경상도 김해부(金海府) 신도(新島)를 각종 잡역으로부터 완호하는 등의
행정처분을 보장하는 것을 내용으로 발급한 완문이다. 이때 완문은 모
두 2건이 발급되었는데, 1건은 용동궁에, 1건은 감관에게 발급되었다.
이 완문은 용동궁에 발급된 것이다.

작민(作民) 배경민(裵絅旻)은 그의 아버지 때에 신도(新島)에 입안을
받아두었다가, 을사년에 전토(田土)를 개간하여 그것을 용동궁에 투탁
하였다. 그에 따라 용동궁은 투탁받은 땅을 궁방토(宮房土)로 만들었다.
그 과정을 보면 국왕께 계품하여 절수를 받고, 이어 감색을 정하여 타
량하고, 그것을 다시 도형으로 작성하여 국왕께 올려 결재를 받고 궁
방의 소유로 만드는 과정을 거쳤다. 이로써 신도는 한 줌의 흙도, 한
뿌리의 풀도 궁방 관할 아닌 것이 없게 되었다.

그렇다면 배경민은 기껏 입안을 받아놓고 어째서 또다시 궁방에 투
탁하지 않을 수 없었던 것일까? 이것은 김해도호부사가 이 완문을 발
급한 이유이기도 하다. 이러한 사정은 오히려 용동궁에서 설정해 놓은
절목의 특혜 규정을 통해 엿볼 수 있다. 그 대략을 보면 다음과 같다.

1. 처음 설치하여 완전하지 않은 땅에 거주하는 민의 연호잡역은 또한
마땅히 유념하여야 할 것이니 대소 요역을 일체 침책하지 말 것.

1. 땅이 없어서 농사를 짓지 못하는 백성은 소금을 곡식과 바꾸어서 살
아가고 소금을 땔나무와 바꾸어서 겨울을 난다. 사정이 진실로 그러하니
연강(沿江) 각처는 곡식을 사고 땔감을 사는 일을 도처에서 막고 금한다.

면, 앞으로 어떻게 해를 날 수 있겠는가? 이 신도(新島)와 명지도(鳴旨島)는 모두 금하는 일을 풀어야 한다.

1. 지금 여기 신도(新島)는 모든 곳이 이미 궁장(宮庄)과 관계되니 해당 신지(信地)가 보존하는 어기(漁基)도 통영(統營)의 방렴감관(防簾監官)과 본읍(本邑)의 균역색(均役色)이 감히 세(稅)로 잡지 말아야 하는데, 만일 혹시 전대로 폐단이 생긴다면 오로지 해당 감관이 고한 바대로 본 읍에서 영문(營門)에 논보(論報)하여 중히 처리할 것이다.

1. 소금이라고 하는 물건은 땔나무가 아니면 만들어지지 않으니, 땔나무를 사서 소금을 굽지 않을 수 없다. 비록 혹시라도 땔나무를 사양산에서 사더라도 소나무 가지나 잎이 섞이지 않는 것이 없으니, 통영(統營)의 장교(將校)와 가덕진(加德鎭)에 속한 무리들이 소나무를 범하였다고 일컬으면서 그 가운데에서 토색하는 폐단으로 그 반드시 없어지게 될 것을 보존할 수가 없다. 비록 봉산(封山) 소나무로 말하더라도 비변사(備邊司)가 행회(行會)하는 가운데에서 죄가 산민에게 있는 것이지 도민(島民)에게 있는 것은 아니라고 하니, 소나무의 투매를 산민이 법에 의거하여 처리하는 것도 혹시 괴이할 것이 없다. 어찌 소나무를 금지한다는 것에 의탁하여 도민(島民)을 침어하는가? 하물며 이 궁장(宮庄)에서 소금을 굽는 것은 다른 것과 절로 구별되니, 지금 이후에는 영진(營鎭)에 소속된 자를 막론하고 적간(摘奸)을 일컬으면서 혹시 신도에 법을 어기고 들어가는 자가 있거든 해당 감관을 즉각 관에 고하고 해당 영(營)에 보고하여 중하게 다스릴 것이다.

신도는 섬이기 때문에 농업뿐 아니라 염업, 어업 등의 산업을 겸할 수 있었으며, 무엇보다 신도는 이러한 산업을 위해 훌륭한 입지조건을 갖추고 있었다. 그런데 이러한 산업을 도모하기에는 제도적인 장애가 많았다. 무엇보다 소금을 만들기 위해서는 땔나무가 필수적인데, 당시 도서나 연안 지역의 금송령(禁松令)에 구애되었기 때문에 이것에 대한 면책이 없이는 염업은 사실상 불가능하였다. 이쯤 되면 배경민이 궁방에 투탁한 이유를 짐작할 수 있을 것이다.

입안은 그저 섬을 소유한다는 권한에 대한 공증에 불과한 것이었다. 이것만으로는 당시 국가로부터 부여되는 각종 잡역과 행정적 규제를 이겨낼 길이 없었고, 그러한 제도적 외압 때문에 사실상 자신이 원하는 방식의 영리를 꾀할 수 없다는 것은 너무나 자명해 보인다. 그리고 이 절목에서 주의할 점은, 이러한 특혜조건은 모민(募民)을 위한 조건이라는 점이다. 이러한 특혜를 제시하는 것은 인력을 초치하기 위하여 새로운 조건을 제시하려 하는 것이다.

그는 궁방에 투탁함으로써 이러한 문제를 단숨에 해결하려 하였고, 위의 절목이 그 처분 내용이다. 이러한 과정을 통하여 궁방이 얻는 것은 무엇인가? 이어서 절목의 나머지 부분을 살펴보자.

1. 본궁의 세납은 200냥으로 정할 것.
1. 오늘 이후 거민 가운데 어기, 어망, 전답을 새로 개간한 곳이 있거든 해당 감관은 원래의 세납액에 첨보할 것.
1. 신도의 갈대풀은 소금을 굽는 데에만 사용할 것.
1. 해당 감관의 첩문과 행용할 도서는 지금 내려 보내니, 이것에 의거할 것임.

세납은 200냥으로 정해졌다. 그리고 이후 새로운 세원이 포착되면 해당 감관은 원래의 세납액에 보태게 규정되어 있었다.

당시 궁방들은 기존 유토지(有土地)에 대한 자신의 권리를 재확인하고 그 권리를 보장하기 위하여 발급한 완문이 있다. 다음은 인평대군방의 완문이다.

문서 3-31[92]
완문

이 완문을 작성하는 것은 다음을 위해서임. 본방(本房)의 사패장토(賜牌庄土)가 진례면(進禮面) 중촌(中村) 앞 장탄도(長灘島)의 석정(石井)과 송교평(宋校坪) 노전(蘆田) 등지에 있는데, 세월이 오랫동안 흘렀고 그곳이 경성(京城)과 뚝 떨어져 있어서 늘 왕래하며 점검할 수가 없었다. 부근 마을에 거주하는 백성들이 주인 없는 빈터처럼 보고 시기전답(時起田畓)으로 삼거나 진황지로 시장(柴場)을 만들어서 그곳에서 거두어들이는 세가 전에 비해 반이 줄었다. 지난해에 그곳 수령과 관찰사에게 단자를 올려 비로소 잃어버린 땅을 찾아서 상세히 조사하여 양안을 작성해 내었다. 금년부터 전답(田畓)의 수세(收稅)와 예시작인(刈柴作人) 등에게 일일이 공의를 좇아 수봉(收捧)하여 일후 빙고할 것임.

도광(道光) 27년 8월 일

인평대군방(麟坪大君房)

인평대군방(麟坪大君房)이 헌종 13년(1847)에 자신의 사패지(賜牌地)인 진례면(進禮面) 중촌(中村) 앞 장탄도(長灘島)의 석정(石井)과 송교평(宋校坪)의 노전(蘆田)을 샅샅이 조사하고 양안(量案)을 작성하여, 그에 의거하여 전답에서 세를 거두어들이고 땔나무를 하는 작인들에게 공의에 의거하여 세를 거두어들이겠다는 사실을 규정한 완문이다. 이 완문은 인평대군방이 당시까지 불안정했던 자신의 수세권을 다시 확인하고 공지하였다는 점에서 명문에 가깝다.

이와 같은 수세의 근거는 궁방이 이곳을 사패지로 받았다는 데에 있다. 그런데 이곳이 서울로부터 멀리 떨어져 있으므로 자주 왕래하지 않던 사이에, 인근에 사는 백성들이 주인 없는 땅이라고 여겨 현재 전답으로 경작하고 있거나 진황처를 땔감터[柴場]로 삼았으므로, 거두어들이는 세가 전보다 반으로 줄어들었다. 이에 대해 인평대군방에서는

---

92) 《古文書》 14, 完文 6.

해당 관찰사와 수령의 힘을 빌려 자신의 사패지를 회복하고 양안으로 작성하였다. 올해부터 전답이나 예시작인에게 공의에 따라 세를 거두어들이겠다고 천명하고 있다. 여기까지가 위 완문의 내용이다.

여기서 유의할 점은 인평대군방에서 문제 삼는 토지의 성격이다. 일단 이 토지는 당시까지 양안에 등재되지 않았던 토지라는 점에 주의할 필요가 있다. 멀리 떨어져 있어서 왕래하지 못하여 관리가 소홀하였다는 인평대군방의 지적은, 바로 새로 경작된 토지를 파악하지 못하였다는 의미로 받아들여진다. 이를 통해 17세기 궁방의 민전 침탈이 지속되는 현상이었음을 확인할 수 있다.

이는 이른바 '모출입안'(冒出立案; 법을 어기고 입안을 받아냄)에 의해 개간전을 자신의 사유지화한 사족들의 방식과 매우 흡사함을 알 수 있다.93) 이것은 궁방전을 확장해 나가는 매우 일반적인 방식이었다. 이는 19세기 당시에도 민이 주체가 된 양안 밖의 진전은 계속 경작되고 있었고, 궁방도 계속 자신의 세원으로 그것을 포착하려 하였다는 점에서 주목된다.

> 문서 3-32⁹⁴⁾
> 명온공주방(明溫公主宮)
> 신축년 3월
> 완문
> 이 완문은 작성해 주기 위한 것임. 선혜청(宣惠廳)이 관할하고 있는 바로서, 각 도(道)에서 대동곡(大同穀)을 상납할 때 경향(京鄕)의 각 선에서 1섬을 주인이 본궁에 내는 일에 대하여 기축년 5월에 판하하신 절목이 있었다. 그러므로 경강(京江)에서는 주사(舟司)와 훈국선을 막론하고 각 읍은 지토(地土)와 조운선(漕運船)을 막론하고 배 한 척마다 1섬씩을 거

---

93) 이영훈, 앞의 글, 140~158쪽 참조.
94)《古文書》14, 完文 5.

두는 것을 영원히 정식으로 삼았다. 판하하신 내용에 "이 일이 다른 것과 자별하니, 경향(京鄕)의 각 배는 규정을 삼가 따라서 감히 어기지 말라"고 하였는데도, 경강은 각 읍의 짐배로 상납하는 것을 일일이 밝혀 논하기 어려운 점이 있어서, 혹시 핑계를 대며 지체하는 폐가 있을 것이므로 이에 완문을 작성하여 주니, 각 도의 대동미를 상납하는 경향 배들의 사공 및 당해 감색(監色)들에게 모두 알려서 오로지 판하한 정식대로 영원히 준수하도록 하는 것이 의당할 것임.

신축(辛丑)년 3월 일

명온공주방(明溫公主宮)

이 문서는 명온공주궁(明溫公主宮)이 신축년(1831)에 대동곡을 상납할 때 배 한 척당 1섬씩 본궁에 상납하라고 판하하였던 절목이, 경강에는 잘 알려져 있지만 각 읍의 상납자들이 이를 잘 모르고 상납을 지체하는 폐단이 있기 때문에, 이러한 사실을 공지한다는 것을 내용으로 하는 완문이다.

문서 3-33[95]

완문

이 완문은 가화면(可化面) 수침리(水砧里) 태실(胎室) 300보 내의 기경처 5결을 수세(收稅)하여야 한다. 어느 때부터 시작하였는지는 모르겠지만 봉표(封標) 이내는 조가가 획급하였던 것이니, 읍에서 징세(徵稅)하는 것이 법리가 아니므로 신성군방(信城君房) 노자(奴子)가 정소(呈訴)한 것으로 인하여 금년부터 영원히 견감(蠲減)하여 본방(本房)에 환부하니, 일후 잘못된 예에 의거하여 수세하거든 이 완문을 빙고할 것.

기유(己酉) 년 11월 일

관(官) [署押]

---

95) 《古文書》 14, 完文 86.

이 문서는 수령이 자기 관내에 있는 궁방 소속의 기경지(起耕地)에 대해 면세하는 것을 내용으로 한 완문이다. 여기에 궁방토가 설정된 근거가 태실(胎室)과 연관되어 있다는 것이 흥미롭다. 태실로부터 300보 안의 기경지는 궁방 소속이고, 이곳은 면세지라는 규정이다.

문서 3-34[96]
경자(庚子)년 4월 일
완문

완문
이 문서는 완문을 작성해 주기 위한 것임. 해주(海州) 영정평(詠亭坪) 중보주인(中洑主人) 이원하(李源夏)가 납부한 것이 붙어 있는 보문서(洑文書)를 보니, 근래 경향(京鄕)의 인심(人心)이 착하지 않아서, 주인이 있는 보(洑)에 간혹 수세(水稅)를 침탈하여 납부하지 않아서 보를 수축하기 어려워진 폐단이 없지 않으니, 보주인은 보주인이 될 수 없어서 이 보를 본궁(本宮)에 붙여서 이에 물력을 내어 매년 보를 수축하고 세를 거두어서 내려고 한다고 하였다. 그러므로 그 들어갈 비용과 역, 물자를 마련하여 내주었으니, 이민(李民)이 향보주(鄕洑主)가 되고 본궁도 경보주(京洑主)가 된다. 사사롭게 멋대로 다른 사람에게 팔 수 없고, 서로 보를 지키되 세납(稅納)은 정조(正租) 70석씩 항상 정해진 수대로 해마다 상납하며 도장, 마름, 향보주(鄕洑主)는 이로부터 마땅히 자손에게 전하여 성실히 거행하고 세세토록 바꾸지 말라는 내용으로 이와 같이 완문을 작성하여 줄 것임.
경자(庚子)년 월 일
계동궁(桂洞宮)

---

96) 《古文書》 14, 完文 68.

이 문서는 경자년에 계동궁(桂洞宮)이 의탁해 온 보주인(洑主人)을 받아들이면서 세를 정하는 완문이다. 보주인이 투탁한 이유는 보를 수축(修築)하기가 어려워 간혹 수세를 침탈당하므로, 궁에서 대신 수축해 주고 본인은 그 대가로 세를 내겠다는 것이다. 궁방에서는 이러한 제안을 받아들여 보를 수축할 인력과 자본을 대서 한 보를 가지고 보주인은 향보주인(鄕洑主人)이 되고 궁방은 경보주인이 될 수 있었고, 그 보에 대해서는 사사롭게 팔 수 없도록 규정하였다. 그리고 매년 정조(正租) 70섬씩을 향보주인이 궁방에 납부하게 하였다. 이것은 원래의 보주인이 보를 수축할 만한 큰 자본이 없자, 그 자본을 궁방이 되어 동일한 물건에 중첩된 소유권을 주장할 수 있게 된 상황이다.

궁방완문을 통해 그 재원을 구체적으로 살펴보면, 장토(庄土, 문서번호 2·4·5·10·13·17·18·19·21), 선세(船稅; 문서번호 1·3·8·9·12), 시장(柴場; 문서번호 6·7), 염막(鹽幕, 문서번호 11), 보(洑, 문서번호 16·20) 등 다양하다.[97]

3.2.10. 사찰의 수호

사찰완문이란 사찰이 부여받은 잡역 및 군역 등의 탈면을 목적으로, 주로 승대장(僧大長), 예조, 종부시, 각 궁방 등으로부터 수취하였던 완문을 말한다.

사찰완문은 완문 가운데에서 가장 오랜 연원을 가진 것으로 보인다. 그런데 사찰완문은 모든 사찰에서 수취할 수 있는 것이 아니라, 왕실의 원당, 태실의 수호 및 어필(御筆)의 봉안 등 왕실에 일정하게 기여한다거나, 일반 관청의 특별한 소용에 의거한다는 뚜렷한 명분 아래에서

---

97) 김혁, 앞의 글(2005), 부록 궁방완문 목록 참조.

만 수취될 수 있었다.

문서 3-35[98]

완문

예조가 완문을 작성하기 위해 발급한 것임.

경상도 청송부(靑松府) 보광산(普光山) 대전사(大典寺)는 우리 소헌(昭憲)과 인순(仁順) 양 성모(聖母)의 시조산(始祖山)을 수호하는 재궁이다. 그래서 열성조께서 본사를 진휼(軫恤)하니 다른 것과 절로 구별된다. 산을 삥 둘러 잣나무를 심고 둔전을 획급하여 사시의 향화를 받들기에 이르렀으므로 비국(備局)과 본조(本曹), 병조(兵曹) 및 본도 순병영(巡兵營), 본부는 잡역을 침책치 말라는 뜻으로 전후 완문으로 엄중하고 거듭 이야기하였다.

근래에 해가 오래되어 해이해지고 전에 없던 폐해가 점점 층층이 쌓이니, 이것이 승번전(僧番錢)이니 삼수량(三手粮)이니 하며 획급(割給)된 결복(結卜) 60부를 견실조(見失條)로 관속들의 마혜(麻鞋)라고 하며 침색(侵索)하였다. 그러므로 재를 지키는 잔승들이 어떻게 견디어 나가겠는가? 조가(朝家)가 진휼하는 뜻이 진실로 어디에 있는가? 수호할 것을 생각하자 놀라움을 견딜 수가 없어서 이에 다시 완문을 내어 붙여주니, 전례(前例)대로 영구히 침책치 말아서 그곳에 살면서 수호하도록 하는 것이 의당할 것임.

광서(光緒) 20년 정월 일

당상(堂上) [署押]

이 문서는 1894년에 예조가 경상도 청송부(靑松府) 보광산(普光山) 대전사(大典寺)에 부과되는 각종 잡역을 탈면해 줄 것을 보장하는 완문이다. 이 완문의 발급근거는 이 절에 소헌(昭憲)과 인순(仁順) 두 왕후의 시조산을 수호하는 재궁이 있다는 것이다.

---

98) 국사편찬위원회, 사자0944.

잘 알려진 바와 같이 소헌왕후는 세종의 비이자 영의정 심온의 딸이고, 인순왕후는 명종의 비이자 심강의 딸이다. 이 두 왕후는 모두 청송 심씨며, 이때 시조산이라고 한 것은 결국 청송심씨의 시조산을 가리킨다. 예조가 이 완문을 발급할 수 있는 근거는 바로 청송심씨의 재궁과 관련된다는 점이다. 반가의 재실을 사찰에 둔 것은 일반적이었으며, 이 일을 예조에서 관할하는 것도 바로 이러한 까닭이었다. 다만 이 완문에서는 그 명분을 두 왕비에 칭탁하는 점이 특색이다.

이런 이유로 이 사찰은 일찍이 열성조로부터 산을 둘러서 잣나무를 심어 놓았고, 둔전을 획급하여 사시향화(四時香火)에 보태 쓰도록 하였다. 더욱이 비변사, 예조, 병조, 본도 순영과 병영, 본부로부터 잡역을 침책치 말라는 뜻으로 완문을 발급받았다. 그러나 근래에 이러한 완호는 해이해져서, 승번전(僧番錢), 삼수량(三手粮), 관속배(官屬輩)의 마혜(麻鞋)를 침책 받아 절을 수호하기조차 위태로워졌다는 내용이다.

3.2.11. 성촌(成村)의 보호

성촌완문이란 농민들이 타지(他地)에서 옮겨와 정착할 경우, 정착을 보조하기 위하여 일정 기간 동안 연호잡역을 면제한다는 것을 주 내용으로 하여 이주지의 수령 등이 발급하는 완문을 말한다.

이때의 이주란 주로 한광지(閑曠地)에 정착하는 것을 말하므로, 국가가 정착민의 농업경영의 안정을 위하여 정착을 보조하는 것은 이른바 수령칠사(守令七事)에 해당하는 것이기도 하므로, 한시적으로 연호잡역을 허용하는 것은 법적 근거에서는 물론, 조선이 소농경영의 안정을 유지하려 하는 한 정당화될 수 있었다.

다음의 기사로 그 법적 규정을 분명히 이해할 수 있다.

여존호(餘存戶)냐 전활호(全活戶)냐를 막론하고 축실신접(築室新接)의 때에는 연호잡역(煙戶雜役)을 법례에 따라 침요할 수 없다. 이것은 인구(人口)의 다과(多寡)를 가지고 그 완잔(完殘)을 2등으로 나누어 4구(口) 이하는 3년에 한하여 견제(蠲除)하고, 5구 이상은 2년에 한하여 견제하기를 감영(監營)에서 완문을 성급하여 시행하도록 할 일이다.[99]

이 기사에 따르면 호의 경제상태가 어떠한지에 관계없이 이주하여 정착하는 경우 무조건 연호잡역을 침요할 수 없도록 되어 있음을 알 수 있다. 다만 그 호의 인구수에 따라 완호인지 잔호인지 구별하여 4구 이하는 3년에 한하여 연호잡역을 견감하고 5구 이상은 2년에 한하여 연호잡역을 견감하도록 되어 있었다.

즉 노동력에 따라 자립할 수 있는 기간을 측정하여 그에 따라 연호잡역의 견감기간을 측정하고 있음을 알 수 있다. 그러나 실제로 완문을 보면, 이러한 기간은 잘 지켜지지 않아서 10년을 한도로 탈역을 규정하는 경우도 있고, 반촌인 경우에는 성촌을 빌미로 영구히 제역촌화하려는 경우도 나타난다.

다음은 수령이 성촌(成村)을 보장하기 위하여 10년 동안 연호잡역을 침책하지 않은 사례이다.

문서 3-36[100]
완문
이 문서는 완문을 작성해 주기 위한 것임.
본읍(本邑)은 궁벽한 골짜기에 치우쳐 있어서 땅이 척박하다. 사람이 드물고 간혹 촌락이 아직 꼴을 갖추지 못한 것이 있는 것은 연호잡역이 많기 때문이다. 지금 여기 한경조(韓駉祚)가 천천면(天川面) 시목동(柿木

---

99) 《日省錄》純祖 20년 7월 29일조.
100) 《박물관도록》, 문서번호 187.

洞)에 새로운 터를 정하여 영원히 거주하고자 한다. 역을 감해주면 마을을 이룰 가망성이 있다고 하므로 10년에 한하여 연호잡역을 모두 침책하지 말아서 마을 꼴을 이루게 한다는 내용으로 입지를 작성해 줌.

　정사(丁巳)년 10월 4일 이것에 의거함.

　관(官) [署押]

좌수(座首) 한(韓)

이방(吏房) 류(柳)

호장(戶長) 이(李)

이 문서는 전라도 장수현감이 정사년 10월에 한경조에게 성촌을 위해 발급하였던 완문이다. 한경조가 정착하려고 하는 감나무골은 궁벽한 골짜기에 치우쳐 있어서, 토지가 척박하고 사람이 드물어 당시까지만 하더라도 아직 마을을 이루지 못한 곳이었다.

그런데 완문의 작성자는 성촌하지 못한 이유를 연호잡역이 과다하다는 데에서 찾았다. 따라서 이러한 성촌을 돕는 길은 연호잡역을 면제하는 것이므로 그에 따라 한경조에게 10년에 한하여 연호잡역을 면제할 것을 보장하고 있다.

다음은 성촌완문을 발급받은 뒤에 영구히 제역촌화(除役村化)하였던 사례다.

문서 3-37[101]

완문　오미동(五美洞)의 안산(按山) 오봉곡(五峰谷) 동민에게.

완문은 작성해 주기 위해 발급하는 것임.

무릇 백성이 살아갈 수 있는 것은 그 세(勢)를 통해서다. 지금 여기 오미동은 전에는 인가(人家)가 뚝뚝 떨어져 있는 한적하고 텅 빈 땅이었다. 터를 보아 이사 왔을 때 3, 4호에 지나지 않았다. 그들의 삶은 말하자면 담박(淡泊)하였고, 바위와 벼랑이 많아서 콩이나 조를 심어 먹었고, 마을

---

101)《古文書集成》37, 完文　1.

꼴을 보면 길쭉한 띠풀 모양이었으며, 울타리는 성글었고 담장은 낮았다고 한다.

연호잡역은 대동의 역과 관련되어 있으므로, 진실로 1호의 민이라도 은루시켜 탈감(頉減)시킬 수가 없는 것이다. 그런데 호구를 증가시키고 살아가게 하는 정사에서는 너그러이 봐주지 않을 수 없다. 그런 뒤에 이미 거주하고 있는 백성들은 마땅히 안심하고 살 수 있는 형세가 될 것이고, 이주를 원하는 호들이 즐비해질 것이다.

그러므로 촌락을 이룰 때까지 면임과 영장은 군정을 침책하지 말 것을 이와 같이 후록하고 완문을 작성하니, 점차 이사 와서 안도할 수 있도록 하는 것이 의당할 것임.

경술(庚戌)년 12월 24일

관(官) [署押]

하나, 각항(各項)의 군정(軍丁) 및 면임(面任), 영장(領將), 산성군관(山城軍官), 장관(將官), 군관(軍官) 등을 침책하지 말 것.

이 문서는 경상도 대구에서 전라도 구례로 이주하여 온 문화유씨(文化柳氏)의 일원인 유이주(柳爾冑)가 구례현 오미동 일대를 자기 집안의 세거지(世居地)로 만들기 위하여 노력하는 과정에서 수취한 완문이다. 완문의 발급시기는 1790년이고, 발급자는 구례현감이다. 유이주가 이곳 구례로 처음 이주하면서 거주한 지역은 토지면(吐旨面) 구룡리(九龍里)로서, 오미동으로부터 그다지 멀리 떨어지지 않은 곳이다. 그때가 1774년의 일이고, 이곳 오미동으로 다시 이주한 것은 1776년의 일로 추정된다.102)

어쨌든 이 완문을 정착하고 15년이 지난 뒤에 발급받았다는 사실은

---

102) 유이주의 생애에 대해서는 안승준, 〈구례 운조루(雲鳥樓) 문화유씨가(文化柳氏家)와 그들의 고문서〉, 《고문서집성》 37, 6~7쪽을 참조하고 이주 배경에 대한 자세한 검토는 안광호, 〈조선후기 문화유씨의 전라도 구례 이주와 대내외적 갈등〉, 한국정신문화연구원 석사학위논문, 2003, 11~28쪽을 참조할 것.

주목할 만하다. 사실상 이 완문은 이주와는 직접 관련 없이 이루어진 완문이라고 할 수 있지만, 구례현감은 "연호잡역은 대동의 역과 관련되어 있으므로 진실로 1호의 민이라도 은루시켜 탈감(頉減)시킬 수가 없는 것이다. 그런데 호구를 증가시키고 살아가게 하는 정사에서는 너그러이 봐주지 않을 수 없다. 그런 뒤에 이미 거주하는 백성들은 마땅히 안심하고 살 만한 형세가 될 것이고, 이주를 원하는 호들이 즐비해질 것이므로 촌락을 이룰 때까지 면임과 영장은 군정을 침책하지 말 것"이라고 하며 완문을 발급하는 근거로 성촌(成村)을 들고 있다.

명목은 성촌에 있었지만, 이주한 초년의 성촌과는 달리 이미 15년이나 정착기간을 거친 상황에서 발급하는 것이기 때문에 앞서 언급한 성촌완문과는 구별된다. 더욱이 완문에서 언급한 바와 같이, 이 지역에는 이주하기 전부터 '3, 4호'가 거주하고 있었고, 당시 이곳에 이주한 유씨들은 7호에 이르렀으므로, 이곳에 거주하는 가구 수는 10여 호 이상이었을 것으로 추정된다.103) 따라서 여기서 성촌이라고 하는 개념은 정착한다는 의미가 아니라 반촌으로서의 구조를 갖춘다는 의미로 여겨진다. 이는 오미동을 제역촌화하여 하민들을 초치하여 주호가 이하민(籬下民)을 거느린 촌락구조를 형성하려는 의도로 보인다.

그래서인지 1920년대 전후에 유이주의 후손인 유제양(柳濟陽)이 세전(世傳)되던 문서를 종합 정리할 때, 이 문서를 오미동 제역(除役) 문서로 분류하였다. 〈사진 3-2〉는 유형업이 문서를 묶어 보관하던 겉봉이다.

'성촌할 때까지'라는 단서를 붙이고는 있지만, 이후 오미동은 지속적으로 제역촌으로 보장받았을 것으로 추정된다. 결국 명목으로는 성촌완문이지만 실제로는 제역촌완문 구실을 하였음을 알 수 있다. 이러한 정황은 그 이후 이 집안에서 1886년에 한성부로부터 다시 발급받은

---

103) 문화유씨 집안이 이주할 당시의 호수에 대해서는 안광호, 위의 글, 35쪽 참조.

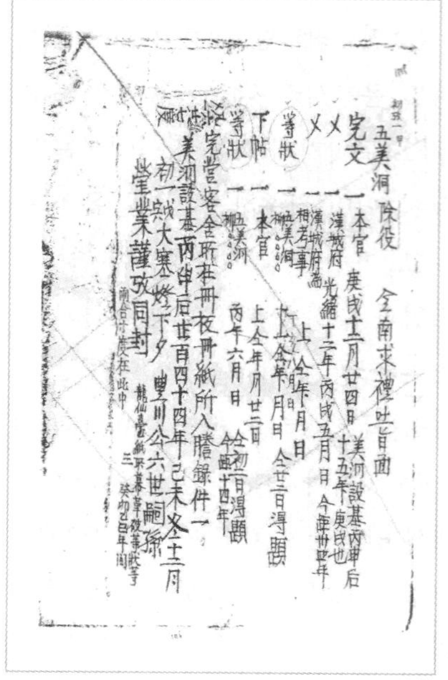

사진 3-2. 유제양의 문서정리 방식

완문에서 잘 드러난다. 이 완문과 함께 한성부에서는 구례현감 앞으로 관문을 발급하고 있다.104) 관문(關文)의 내용은 완문과 대동소이하다.

문서 3-38105)
완문
광서 12년 병술 5월 일
완문을 작성해 주기 위해 작성한 것임.
구례현(求禮縣) 토지면(吐旨面) 오미동(五美洞)은 유풍천가(柳豊川家)가 입안(立案)을 받아 성촌(成村)한 곳이다. 의관(衣冠)이 세대를 이어왔으며 문물(文物)이 찬란하여 음서와 무과(武科)가 연번(聯翻)하여 온 고을의 귀추가 주목되었다. 그런데 근래 인심이 아름답지 않고 연호잡역이 점점 충충이 생겨 행랑호와 잔민들을 지보(支保)케 할 수 있는 것이 없었다고 한다. 들으니 심히 해괴하고 탄식할 지경이다. 하물며 또 조관가(朝官家)의 탈역(頉役)은 법전에 실려 있었으므로 이에 완문을 작성하여 주니, 관에서는 영원히 견감하여 뒷날에 있을 폐단을 막도록 완문을 작성하여 줄 것임.
병술년(丙戌年) 5월 일
한성부(漢城府) [署押]

---

104) 《古文書集成》 37, 關文 1.
105) 《古文書集成》 37, 完文 2.

위의 문서로써 그로부터 100년이 지난 이후의 오미동의 정황을 이해할 수 있다. 연호잡역은 점차 늘어가고 행랑호와 잔민들을 버티게 할 수 없어진 상황이다. 100년이 지난 오미동의 상황은 〈문서 3-33〉에서 언급한 바 있는 성촌을 목표로 한 일이 성공하였음을 보여준다.

이 촌락은 행랑호와 잔민들을 이하민(籬下民)을 거느린 전형적인 반촌이었다. 그러나 1870년대 이후 조가에서 제역촌을 금지시키려는 강력한 정책은 향촌의 사족으로 제역촌을 유지하기 어렵게 만들었고, 이는 당시로서는 일반적인 상황이었다.

사실상 이 당시 조가의 외압이 매우 강하였으므로 한성부의 관문이나 완문이 온전하게 효력을 발휘하지는 못하였다. 이는 1887년에 관에 올린 소지로도 확인할 수 있다.106) 이 소지에 대한 수령의 제사는 "비록 견감한다고 하더라도 식본공전(植本公錢)은 그만둘 수 없는 일이니, 면분배하는 일에 대해서는 마땅히 통내에서 분배해야 할 것이다. 그러나 이미 한성부의 관문이 있으므로 반(半)만 감해 주어서 패촌(敗村)되는 것을 면하기 바람. 22일. 존위(尊位)"라 하며 반만 감면하여 주고 있다.107)

3.2.12. 재개간(再開墾)의 보호

재개간완문이란 진황처를 개간할 경우, 개간하는 기간 동안 세역을 감면하여 주는 완문을 가리킨다. 이와 같이 개간을 위하여 세역을 감면하여 주는 일은 농업을 장려하는 취지에서 실시된 정책이다. 다음은 사족이 진황지를 개간할 목적으로 모민(募民)을 위하여 10년 한정으로

---

106) 《古文書集成》 37, 所志 55.
107) "雖曰蠲減 植本公錢 不可不已之事 至於面分排事 當統同分排 然旣有漢城府關文 故以半減給 庶免敗村向事 廿二日 尊位."

잡역 탈면을 요청한 결과 수취한 완문이다.

　　문서 3-39[108)

　　완문

　　이 문서는 완문을 작성해 주기 위해 발급한 것임.

　　사동(寺洞) 김판서댁(金判書宅)의 장확(庄穫)이 장재평(長在坪)에 있는데, 오랫동안 진황지가 되어 개간할 길이 없으므로 특별히 백성을 모집하여 농사에 힘쓰게 한다는 내용으로 완문을 작성해 주었다.

　　이른바 홍포동(洪浦洞) 한 마을이니, 만일 이곳 백성이 되어 와서 살기를 원하는 자가 있거든 10년에 한하여 잡역을 침책하지 마라. 일후에 면임이 혹시 침어하는 폐단이 있으면 명령을 어긴 죄로 결단코 엄히 다스려서 이것으로 영구히 준행하도록 할 것임.

　　　　　　　　　　　　　　　　　　무신(戊申)년 2월 일

　　행사(行使) [署押]

수령은 서울 사동(寺洞)에 사는 김판서댁의 장토가 있는 장재평(長在坪)이 황무지로 있으므로, 이것을 개간하기 위한 방책의 하나로 작인을 모집해 농사에 힘쓸 수 있도록 이곳에 정착하는 백성들에게 10년에 한하여 연호잡역을 면제해 준다고 보장한 완문을 발급하였다.

수령의 입장에서는 개간지를 늘려 세수와 인정을 확보하고자 하는 정책의 일단을 보여준다. 그런데 김판서댁의 입장에서는 탈역 받은 권리를 이용하여 농업경영을 하였던 사례이다.

3.2.13. 빈농의 구제

빈농의 구제를 목적으로 발급된 완문은 빈농이 유리도산될 위기에

---

108) 《古文書》 14, 完文 108.

처했을 때, 그들을 구제할 목적으로 그들에게 부과될 세역을 감면해
주는 완문을 가리킨다.

문서 3-40[109]
완문
이 문서는 완문을 작성해 주기 위해 작성한 것임.
동면(東面) 성동(城洞)은 산골짜기 치우친 곳에 있어서 남아 있는 전토
(田土)가 척박하지 않은 것이 없다. 그래서 거주하는 백성들이 적은데도
그 사이 흘러들어온 백성들이 탈면을 받지 못하였다. 파지고 깨져서 내를
이룬 결수가 30여 짐씩이나 되고, 서너 호 잔민들이 해마다 징수를 원망
하니, 이것을 어찌 가련히 여기지 않겠는가?
특별히 백성들의 실정을 생각하여 징수를 원망스럽게 여기는 전결은
읍부총책(邑簿摠冊)에서 빼주고 복수(卜數)와 자호(字號)를 감하여 준다.
후록(後錄)하여 작성하여 주니, 이것에 의하여 영구히 따라서 행하도록
하는 것이 의당할 것임.
무술(戊戌)년 9월 일   향청, 질청 및 본동 존위는 이것에 의거할 것.
완문(完文)을 작성해 주기 위한 것임.
행군수(行郡守) [署押]
후기(後記) [생략]

군수(郡守)가 동면(東面) 성동(城洞)에 사는 잔민(殘民)들의 이미 파헤
쳐지거나 시내로 변한 밭을 읍부총책(邑簿摠冊)에서 빼주는 것을 내용
으로 발급한 완문이다. 읍부총책이란 전세를 부과하기 위하여 읍에서
작성한 장부다.

---

109) 예산대술상항 한산이씨, 한국학중앙연구원, MF35-008923-2.

3.2.14. 구폐(抹弊)의 보장

구폐완문은 사회의 폐단을 조정하는 내용을 행정처분으로 하여 발급하였던 완문을 말한다. 여기서 폐단이라고 하는 것은 주로 관가와 사가(私家) 사이에서 벌어졌던 세역 부과의 갈등을 말한다. 그 가운데에는 첩징(疊徵)이나 첩역(疊役)이 있다.

구폐완문에는 합의한 사실을 문서 뒤에 후기로 기록하거나, 절목 형식으로 첨부하는 경우가 많았다. 이것은 완문의 새로운 형태적 변화를 초래하였다. 완문의 내용이 증가함에 따라 낱장의 문서로는 한계가 있어 성책의 형태로 제작하였다.

이것은 완문의 형태가 문서의 내용에 따라 변화되었고, 그 내용은 사회의 제도 변화에 힘입었음을 확인시켜주는 대목이다. 이 완문은 대체로 고질적 폐단이 관습처럼 이어져오던 것을 합리적으로 조절하여 그 처분을 후기에 절목으로 붙였다는 특색이 있다.

문서 3-41[110]
동치(同治) 11년 11월 일 담군전(擔軍錢) 구폐완문
상율(上栗) 본율동(本栗洞)
담군구폐완문(擔軍抹弊完文) 상율(上栗) 본율(本栗)
완문을 작성해 주기 위해 발급한 것임.
본현(本縣)은 매우 작은 읍으로서, 대로(大路) 옆에 위치해 있으므로 폐해가 되는 것이 이루 손으로 꼽을 수 없을 정도이다. 그 가운데에서 담군(擔軍)의 폐단이 더욱 극히 참담하다. 각 읍의 상행(喪行)은 1년 동안 몇 차례나 지나가는지 헤아릴 수 없을 지경이다. 뜻하지 않는 명령이 때에 맞추어 홀연히 도착하면, 각 동에서 인정(人丁)을 뽑아서 부르는 소리 서

---

110)《古文書》14, 完文 31.

로 이어지고 채찍이 낭자하다. 여름철에 농사가 한창일 때나, 겨울철에 몹시 추울 적에도 관리들은 다리를 쉴 틈이 없고, 백성들도 어깨를 쉴 날이 없는 것이 이와 같다. 민생이 어찌 곤란하지 않을 수 있겠는가?

지난번 기유년에 수동(壽洞)의 조군(趙君)이 이러한 폐단을 깊이 진념하고 백민을 내어서 존본취식하게 하여 폐단을 구제하고자 하였다. 그런데 불행히도 중간에 어떤 연유인지 그 돈이 다 녹아 없어져서 이러한 고질적인 폐단에 이르렀다. 이러한 폐단을 구제하지 않는다면 백성들은 보호받지 못하고 읍은 장차 없어질 것이다. 생각이 여기에 미치자 잠이 오지 않고 밥맛을 잃었다.

그러므로 특별히 백민의 돈을 각 동에 내어놓는다. 매달 4분변으로 매년 이자를 불려서 상행 때마다 이 돈으로 상여꾼을 사라. 해마다 이와 같이 하면 백성들이 농업을 편안히 할 수 있고 관리들도 군색함을 면할 것이다.

이에 절목(節目)을 작성하고 이것을 특별히 이청(吏廳)에 두어 동 식리전(殖利錢) 10냥을 본동에 부쳐서 각별히 취한다. 식리전은 11월 15일마다 와서 납부하여 점차 다른 동에 내주어 식리할 수 있도록 한다.

이 완문을 착실히 지켜서 후일을 증빙하기를 변함없이 하도록 하는 것이 의당할 것임.

임신(壬申)년 10월 일

관(官) [署押]

후기(後記).

이 돈은 몇 년에 한정하여 이자를 받지 않을 수 없다. 그런 뒤에 배당하여 쓸 수 있다. 그러므로 계유년과 갑술년 두 해는 전례대로 담군은 청을 나누고 각 동은 을해년부터 시작하여 그 이자조로 담군을 고용하여 거행할 것이다. 이것을 잘 알도록.

이 문서는 고종 9년(1872)에 수령이 돈 100민동(緡銅)을 연출(捐出)하여 동민이 지고 있던 담군(擔軍)의 역을 덜어준다는 취지로 본전 가운데 10냥을 분급하여 이자를 거둘 것이라는 규약을 확약하기 위하여 발급하였던 완문이다.

완문에서 밝힌 이 고을의 폐단은 이렇다. 해당 고을은 적은 읍인데도 대로 가에 위치하여 폐해가 많았지만, 그 가운데에 담군의 역이 가장 컸다. 담군은 상행(喪行)에서 상여를 짊어지는 일꾼을 가리킨다. 1년에 부지기수로 동원되어 농번기나 엄동에도 쉴 겨를이 없었으므로 민생이 곤란해졌다.

이러한 폐단을 시정하려면 담군을 돈을 주고 따로 고용하는 수밖에 없었다. 이에 수령은 100민동을 연출하여 이를 존본취식의 방법으로 운영하여 그 이자로 담군을 고용하고자 하였다.

이 완문을 이 마을에 발급한 까닭은 다른 데 있는 것이 아니라, 이 마을에 본전 가운데 10냥을 분급하여 그 이자를 매년 11월 15일에 납부하게 하고, 그 이자를 다시 다른 동에 분급하여 이자를 취하고자 한 때문이다. 표지에 '상율본율동'이라고 쓴 것을 보면, 이와 동일한 구폐완문이 다른 마을에도 발급되었을 것으로 추정된다.

어쩌면 이러한 존본취식의 방식이라는 것이 결국 환자와 마찬가지로 각 동에 배당되어 민이 감당하여야 할 새로운 재정적 압박으로 대두되었을지도 모른다. 그리고 이는 요역이 금납화되는 과도기에 사용되었던 방식으로 볼 수도 있다.

3.2.15. 완의(完議)의 보장

완의완문이란 이른바 문중(門中), 동중(洞中), 향중(鄕中) 등 중간 단체의 합의나 분쟁의 조정 뒤에 완의(完議), 계(稧), 완약(完約) 등 사회적 합의가 이루어진 뒤, 합의된 사실에 대해 관(官)에서 다시 보장해 주는 완문을 말한다.

최승희는 완의에 대하여 "종중(宗中)·가문(家門)·계(契)·동중(洞中) 등에서 제사(祭祀)·묘위(墓位)·계사(契事)·동중사(洞中事) 등에 관하여 논의하고, 그 합의된 내용을 적어 지키도록 약속하는 문서"라고 정의한 바 있다.111)

그런데 완의는 이와 같이 '일종의 문서명'이기도 하면서, 일종의 의사결정방식이라는 점에서 주목된다. 이 문제에 대해서는 향안 조직에서 작성된 완의가 갖는 의사결정방식에 주목한 김문택의 연구나,112) 문중(門中)에서 작성된 완의에 대해 이것이 문중의 통합적 연대를 강화시켜 준다는 김광억의 연구가 특히 주목할 만하다.113)

그러나 일종의 의사결정방식으로서의 완의는 완의완문과는 다르게 이해되어야 한다. 완의완문은 2차 사회집단이라고 할 수 있는 계·동중 등 여러 사회집단에서 합의한 사실을 다시 관에서 보장하는 성격을 띠고 있다. 반면, 완의는 2차 사회집단 안에서 자기 집단을 자치적으로 운영하기 위하여 작성한 문서이므로, 그 때문에 발급자와 수급자 구별이 매우 모호하다. 굳이 완의의 발급자와 수급자를 따지자면, 그 공동체 전체가 발급자이면서 동시에 수급자도 된다고 보아야 할 것이다.

그런 점에서 완의완문은 완의와 성격이 다르다. 완의완문은 완의에 의해 이루어진 합의의 결과를 관에서 다시 보장하기 위해 발급하는 문서라는 점에서 완의와 차이가 있다. 완의완문의 경우, 발급자가 관이고 수급자는 해당 공동체가 된다. 따라서 완의완문은 완의의 범주에서 이해될 수 있는 것이 아니라, 완문의 범주에 속하는 것으로 보아야 한다.

어쨌든 이들 중간 단체들은 비교적 동일한 조건의 구성원들이 모여

---

111) 최승희, 앞의 책, 476쪽 참조.

112) 김문택, 〈17~18세기 김해지방 향안조직의 의사결정 구조와 절차 —향록천(鄕錄薦)과 완의(完議)를 중심으로〉, 《고문서연구》 15, 1999.

113) 김광억, 〈통합과 결속의 문화적 장치—완의(完議)에 나타난 사족(士族)의 생활세계〉, 문옥표 등 지음, 《조선양반의 생활세계》, 백산서당, 2004.

조직 운영이나 문제가 되는 사안에 대하여 합의로써 결정하는 점이 특징이다. 이러한 의사결정방식을 완의라고 부를 수 있다. 완의의 기원은 신라시대의 화백제도에서 찾을 정도로 연원이 깊다.

조선시대에서조차 사간원·사헌부의 중앙 관료들이 의사를 결정하는 방식에서도 완의를 사용하였다. 그러나 19세기를 전후한 시기에 완의가 갖는 의미는, 이런 의사결정방식이 전체 사회에 확산되어 갔고 또 그에 바탕을 둔 사회조직이 확산되기 시작하였다는 데에서 찾을 수 있다.

완의완문에서 볼 수 있는 완의는 위에서 언급한 완의와는 성격이 다르다. 앞서 언급한 완의완문은 단체의 성원들이 결정한 사안에 대해 다시 수령의 재결을 요청하고 있다. 따라서 순수한 완의에 의해서 결정된 문서인 완의는, 발급자와 수급자가 모호한 합의문으로서의 사문서로 분류되지만, 완의완문은 완의를 거치기는 하였지만 관이 중간 단체에게 발급한 일종의 관문서이다.

다음은 완의완문에 나타난 사회적 결합방식을 그림으로 나타낸 것이다.

그림 3-5. 완의완문에 나타난 사회적 결합방식

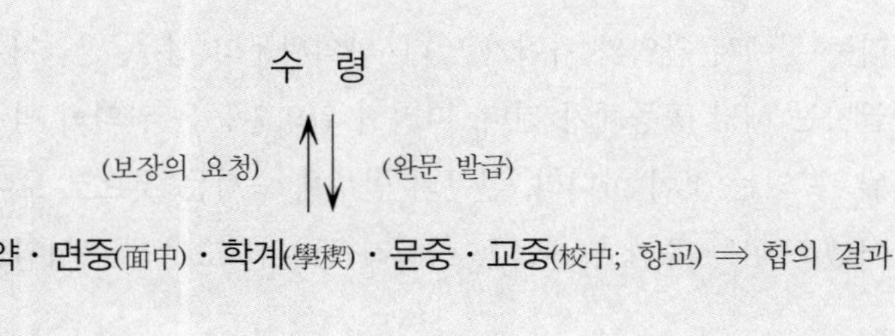

앞서의 향교완문도 넓은 의미에서 완의완문에 속한다. 그러나 이는 향교를 구성하는 조직 안에 수령이 주요한 주도자로 참여하기 때문에,

사회적 합의가 갖는 자발성에 기초하여 맺은 완의·계·완약 위에 국가권력이 다시 요구되고 수용되어 그와 같은 규약을 보증하도록 국가에 의탁하고 있는 것과는 의미가 다르다. 사회적 규약에 국가권력이 요구되는 것은 국가가 갖는 강제적인 공권력(公權力)을 빌려오는 것이라 할 수 있다.

문서 3-42[114]

완문

도내면(道內面)의 많은 선비들이 함께 아뢴 내용을 보니, "사람으로 태어나서 가르치지 않으면 도를 알 길이 없고, 배우지 않으면 재주를 이룰 길이 없으므로, 고을에는 상(庠)이 있었고, 집에는 숙(塾)이 있었습니다. 그래서 선성(先聖)께서 그것을 세운 것입니다. 본면(本面)에 도(道)라는 글자로 이름 지은 것은 지령(地靈)이 빼어나고 위대하므로, 옛날부터 문장(文章)에 뛰어나고 재주 있고 덕망 있는 선비들이 많았으며, 학문을 숭상하고 가르침을 돈독히 하는 풍조가 경내에서 뛰어났기 때문에, 이 도(道)자로 이름 지은 것입니다. 근래에 문풍(文風)이 죽었고 학궁(學宮)이 무너져서, 자식이 있어도 학문으로 나아가게 할 방도가 없었으며, 스승을 세우려 해도 그를 받들 자산이 없었으니, 비록 배움에 뜻이 있는 사람이라 하더라도 어찌 학문에 입문할 수 있었겠습니까? 뒤에 오는 후예들이 소돼지에게 옷을 입혀 놓은 것과 진 배 없었으니, 여러 사람들이 개탄하고 애석히 생각하여 돈을 모으고 쌀을 거두어 몇 년 동안 이자를 불려 학교를 세우고 스승을 세울 계획이었습니다. 만일 다른 조약이 없으면 계원 가운데에서 혹시라도 규각(圭角)의 단서가 있을 수 있고, 돈을 사용하는 가운데 혹시 완강히 거부하는 폐단이 있을 수 있어서 중도에 그만두게 될 수도 있으므로, 이에 우러러 호소합니다"라고 하였다.

우리 동방은 예의의 나라로 문이 성대하고 선비들이 아름다우니, 이것

---

114)《古文書集成》28, 書齋契文書.

은 모두 학문을 일으키고 문을 숭상하는 문화에 근원을 둔 것이다. 이 땅의 선비들이 더욱 학문을 좋아하게 되면, 제(齊)나라가 직하(稷下)에 대하고 노(魯)나라가 무성(武城)에 대한 것이니, 다행히 요순 문명(文明)의 시대를 만난다면 뒤에 추로(鄒魯) 현송(絃誦)의 풍습을 보게 될 것이니 아름답지 않은가?

여러 계원 가운데에서 규각이 있는 사람이 있으면 계중(楔中)에서 북을 울려 그의 죄를 공격할 뿐만 아니라, 돈을 쓰는 데서도 완강히 거부하는 사람이 있으면 마찬가지로 관가에서 징계하고 다스려서 독촉하여 받아낼 것이니 힘쓰기를 바란다. 서재(書齋)를 창건하고 엄한 스승을 세워서 영구히 학습의 규모로 삼는 것이 의당할 것임.

경술(庚戌)년 4월 2일

행관(行官) [署押]

조약(條約)

1. 매 계원은 각각 1냥씩 내서 계를 맺고, 강회인 경우에 봄은 3회(晦), 가을은 10회(晦)로 확실히 정하고, 매년 봄에는 2전을 이자로 받고, 가을에는 이자 3전을 본전과 함께 거두어들이며, 근실(勤實)한 사람을 뽑아서 차차 출급(出給)한다.

1. 이자를 불려 거두어들인 뒤에 서재를 영건하고 속수(束脩)의 예는 이 돈에 의거하여 획급(劃給)하고, 나머지 조항도 이전과 같이 식리하여 매년 준수하여 영구히 시행하는 방법으로 삼는다.

1. 계원 가운데 비록 분전(分錢)이라도 절대로 범용(犯用)하지 말고, 이후에 드는 돈은 여러 계원이 회의하여 분급하고, 혹 한 사람이라도 안면에 구애되어 돈을 쓰지는 마라. 만일 완강하게 거부하는 자가 있다면 계중(契中)이 모두 모여 집을 수색하여 빼먹는 폐단에 이르게 하지 말 것이다.

원 계 외에 매 계원은 각각 3전을 내서 따로 하나의 계를 만들어 보학(補學)이라고 이름하고, 강회(講會)와 이자를 취하는 것을 오로지 계의 약속과 같이하여 그 이자를 취하여 사우(四友)가 필요로 하는 것을 보충한다. 작은 모임에는 미계(米楔)를 만드니 이것이 사량(師糧)과 객량(客糧)이다. 출납(出納)할 때 계원 가운데에 유사(有司)를 정하여 조처(措處)하여

가을에는 수확하니 수합하고 여름이 되어서는 개색(改色)하여 재물이 남
는 것을 계량(計糧)한다.

　계원 가운데에서 혹 자식을 가르치지 않겠다고 일컫거나 혹시 약속을
어기는 일이 있어서 폐단을 일으키는 자가 있으면, 원계전(元稧錢)은 말
할 것도 없고 보학계전(補學稧錢) 사량계미(師粮稧米)는 다만 본전(本錢)
과 본미(本米)만 되돌려주어 내쳐 보내고, 그 밖에 이자의 다과는 거론하
지 않는다.

　이 문서는 1850년에 영광현감(靈光縣監)이 서재계(書齋稧)의 조약을
보장하기 위하여 발급한 완문이다.[115] 이 완문은 도내면(道內面)의 여
러 사족(士族)들이 계를 맺어 조약을 설정한 뒤, 그 조약의 보장을 관에
요청한 결과 수취하였다는 데 특징이 있다.

　이때 이 조약의 내용은 서재 운영에 필요한 재정 문제를 핵심으로
삼고 있다. 이 계는 서재의 운영을 위하여 존본취식의 방법을 사용하
고자 하였다.

　그런데 존본취식의 문제에서 가장 큰 골칫거리는 역시 계전을 내지
않으려 하거나, 식리(殖利) 과정에서 돈을 빌려간 사람이 이자나 원전
내기를 거부하는 경우이다. 이런 경우 물리력 행사가 불가피해지는데,
여기서의 계원들은 이와 같은 공권력을 관청에 의탁하려 한 것이다.

　이 문서는 계에 규정된 처벌조항을 관을 통해 보장받으려 한다는 데
특색이 있다. 관이 개입하고 있다는 사실은 계가 갖는 사적인 결사체
로서의 성격을 포기하는 것과 다름 아니다. 그 사회집단의 성격이 어
떠한 것인가를 이해하는 실마리는, 그 사회집단이 내부에서 나타난 문
제를 어떻게 해결하였는가 하는 점에서 찾을 수 있다.

---

115) 정구복, 〈19세기 중엽 영광 영월신씨가(寧月辛氏家)의 서재계문서(書齋稧文書)〉, 《고
　　문서연구》 20, 2002 참조.

여기에서와 같이 계 내부에서 발생하는 문제, 대표적으로 계전을 내지 않는 문제 등을 관이 갖고 있는 물리력으로 해결하려는 것은 분명히 계가 갖는 사회자치단체로서의 자치성에 배반된다.

그렇다고 수령이 계를 이끌어가는 주체로 등장하는 것 같지는 않다. 계는 역시 계를 이끌어가는 계원이 주축이 된다. 이 경우 자체적으로 계원들을 통제할 수 없게 될 경우, 관권을 요청하고 있다는 점에 특색이 있다.

그 밖에 완의완문은 19세기 이후 비등하게 심화되어가는 사족층 내부의 갈등을 해결하기 위하여 발급되었다. 사족 사이의 갈등이 심화된 결과 각 집안의 사적 욕망은 통제되어야 했으며, 그 통제를 위해서는 각 집안 사이의 욕망을 자율적으로 조절해줄 수 있는 장치가 필요했다. 이것이 이른바 종중 또는 문중이라고 불리는 비교적 자율적인 메커니즘에 의해 움직이는 중간 단체였다.

사족과 관련된 현존 완문을 보면, 수령이 사족의 자치조직인 문중에 직접 관여하였던 예는 찾을 수 없다. 사족은 대체로 그들의 문제를 자치적으로 운영하여 문제가 발생할 때는 문장(門長)을 중심으로 하여 스스로 해결하고자 하였다. 이는 사족의 자치권이 그만큼 자율적이고 강력하였음 말해 준다.

그런데 사족층이 가문 내부에서 해결하지 못한 채, 각 집안 사이의 갈등이 불거져 결국에는 재판에 회부된 문제나, 각 집안 및 가문 사이의 갈등, 또는 각 집안 사이의 사회적 협약이 필요한 경우 등 매우 특수한 경우에 한정하여 완문을 발급하였다.116)

여기서 소개할 문서는 종중 내부에서 해결하지 못한 문제가 불거져

---

116) 필자는 이 책에서 집안과 문중이라는 개념을 설명의 편리상 분리하여 사용할 것이다. 문중은 집안보다는 조금 더 큰 사회집단의 범주로서 각 집안의 사적 욕망을 조절하는 협의체로 이해할 것이다.

결국 재판에 회부되고, 그 판결의 결과를 수령이 완문으로 보장하는 경우이다.

문서 3-43[117)

완문(完文) 이용범(李龍凡), 이회석(李會錫), 이순우(李淳宇)

이 완문은 작성해 주기 위한 것임.

남원(南原)의 장민(狀民) 이기섭(李起燮)과 족인族人) 이수의(李壽儀)가 산송(山訟)으로 의송(議送)을 올린 일에 대한 순영문(巡營門)의 제사에 의거하여, 양 척(隻)과 문장(門長), 여러 족인들을 대질하여 조사하는 자리에서 당초 기섭이 수의의 부총(父塚) 뇌후(腦後)에 핍장한 것은 종인을 돈독히 해야 하는 체면을 구기는 일을 하였고, 그가 이장(移葬)한 뒤에 수의가 갑자기 송사를 일으켜 두 차례나 종부(宗婦)의 무덤을 늑굴(勒掘)하려 하였고 종손에게 욕을 보였던 일은 극히 해괴하다.

거기다가 문중의 장로(長老)들에게까지 능멸하고 종중(宗中)의 조약에 등을 돌리고 멋대로 감영의 제사 아래에서 사관(査官)이 붙잡아 대령하라는 명령을 피하였다. 그 전후의 하는 바를 따져보니 공사(公私) 간의 죄상이 가볍지 않으므로, 우선 엄히 장(杖)을 쳐서 본보기로 삼아야 할 것이지만, 대저 일문(一門)의 상송(相訟)은 풍속을 해치는 일이므로 관이 공정히 처결하여야 할 것이다.

수의의 부총 일광(一壙)은 문중으로 하여금 특별히 허급(許給)하게 할 것이며, 기섭이 산에 입장(入葬)한 지 30년이 지났으니 이미 판 땅은 지금 환퇴(還退)하여 귀정(歸正)할 수 없다. 양척(兩隻)의 전후(前後) 송사 문서는 관정(官庭)에서 모두 불태워버려서 다시는 싸우는 일이 없도록 할 것이며 수의가 범한 과실도 종중의 장로와 종손(宗孫)이 특별히 징벌하여 종규(宗規)를 엄히 하라. 이와 같이 처결한 뒤에 양척(兩隻) 가운데에서 절대로 다시 싸우지 말고 서로 화합하여 영원히 어기지 말고 종의(宗誼)

---

117)《박물관도록—고문서》, 전북대학교박물관, 1998, 문서번호 190.

를 보존하는 것이 의당함.

기축(己丑)년 10월 9일

　　장성사관(長城査官) [署押]

　　1889년에 전라도의 장성부사(長城府使)가 남원부(南原府)에 사는 이용범(李龍凡)·이회석(李會錫)·이순우(李淳宇)에게 사관(査官)으로서 재판을 심리한 결과를 보장하기 위하여 작성하였던 완문이다. 이 완문은 우선 발급자가 사관이라는 특징이 있다. 사관은 통상적으로 해당 고을의 수령이 사건이나 소송을 처리하였으나, 해당 수령이 그 사건에 연루되어 있을 경우, 또는 해당 수령이 어떤 특별한 이유를 들어 사건의 처리를 기피하여 이웃 고을의 수령이 파견되는 경우, 그리고 살인사건이 일어났을 때 사건을 공정하게 처리하기 위해 이웃 고을의 수령이 복심관(覆審官)으로 파견되는 경우 등에 등장하는데,[118] 이 문서의 발급자인 사관은 첫 번째 경우에 속한다고 할 수 있다.

　　한편 이 문서의 수취자는 완문이라는 문서명 옆에 표기되어 있는데, 이 3명의 수취자가 모두 종중회원(宗中會員)이었다. 이것은 이 완문의 성격을 이해하는 데 중요한 관건이 된다.[119] 이는 장성부사가 자신의 판결이 종중의 결정에 보족적인 역할을 할 수 있도록 보조함을 명시하는 것이다.

　　이 사건은 종중 안에서 이기섭(李起燮)과 족인 이수의(李壽儀) 사이에서 벌어진 산송에서 비롯되었다. 사관은 양쪽 모두 책임이 있음을 지적하였지만, 이수의 쪽에 더 많은 책임을 두고 있다. 당초의 핍장한 잘못은 이기섭에게 있지만, 그 뒤 이수의가 종중 조약을 깨뜨린 것은 더

---

118) 전경목, 〈조선중기 수령의 관외(管外) 업무〉, 《전주사학》 9, 전주대 역사문화연구소, 2004, 177~181쪽 참조.

119) 《박물관도록—고문서》, 문서번호 200.

큰 결격으로 지적되었다. 이때 종중 조약은 이 해 8월에 이기섭과 이수의의 화의를 위하여 종중회원들이 작성한 조약문이다. 이 조약의 마지막에 "일후 만일 피차 송사를 일으키는 단서가 있다면 종중에서 관에 고하여 엄징할 것"이라는 처벌조항을 붙여 놓았다. 그런데 이 조약을 어긴 이가 이수의였으므로 사관이 그 책임을 물은 것이다.

사관은 기본적으로 문중 내부에서 발생하는 분쟁은 문중 안의 자체 규약으로 해결되어야 한다는 통념을 강하게 지녔음을 알 수 있다. 따라서 그의 처결도 문중 안의 질서를 원만히 하고 종중의 장로와 종손에게 힘을 실어주는 방향으로 결말짓고 있다. 이 완문은 종중 조약이라는 완의적 성격의 문서 내용을 법적으로 완성시키고 있다는 인상을 강하게 풍긴다. 이는 종중이라는 2차 사회집단에서 합의에 따라 형성된 질서를 관의 공권력이 뒷받침해 주고 있다는 사실을 나타내는 것이다.

19세기 문중의 성장에 대해 지금까지 여러 연구자들이 주목해 왔다. 조선시대에는 집안이 사회의 가장 기초적인 단위였고, 문중은 이러한 집의 하부단위를 기초로 형성된 2차적인 사회집단이었다. 문중 역시 그 형성의 기본 원리는 계에 기초하고 있었다. 그러나 문중의 성장은 급기야 문중 사이의 갈등을 야기하고, 심지어는 몇 대를 두고 분쟁하는 경우까지도 자주 발생하였다. 그 대표적인 양상은 산송에서 가장 잘 드러난다.

다음은 두 가문 사이에서 벌여졌던 산송을 해결하는 방식이 완의완문으로 드러난 예이다. 다음을 보자.

문서 3-44[120]
신씨(申氏)와 김씨(金氏) 두 성 간의 완의(完議)

---

120) 《박물관도록—고문서》, 문서번호 197.

　이 문서는 완의를 위하여 작성한 것임. 우리 양가의 선영은 귀동(龜洞)의 같은 국내 같은 언덕에 있다. 사산국내(四山局內)를 아직 수호할 수 없었으니, 그 자손 된 자로서 어찌 선조를 위하는 정성을 다하였다고 할 수 있을까? 중년에 이르러 김씨가 산 아래에 거주하면서 원림을 조성하였고, 신씨도 비록 다른 곳에 있으면서도 분록(墳麓)을 귀중하게 여겼으므로 신씨는 신씨의 산이라고 하였고, 김씨는 김씨의 산이라고 하여 두 성씨가 서로 다투어 소장을 올려 변별하는 데도 올렸으니, 이미 작벌한 소나무는 완전히 기른 사람에게 돌리고 뒤의 소나무는 함께 수호하도록 지금부터 양가의 자손들은 한마음으로 힘써서 세세토록 우의를 닦는다는 뜻으로 이 완의를 작성함.

경인(庚寅) 11월 25일

차종손(次宗孫) 김달재(金達在)

김태영(金台永)

관(官)[署押]

　이 완문은 귀동(龜洞)의 같은 국내, 같은 언덕에 선영을 둔 김씨와 신씨가 선영을 함께 수호할 것을 합의한 뒤에 관(官)으로부터 이와 같이 합의한 사실을 보장받았던 문서이다. 합의된 결과에 대하여 수령에게 보장받았다는 점에서 위에서 언급한 바 있는 완의완문에 속한다.

　이 두 집안은 같은 국내(局內)와 들을 공유하던 상황에서, 서로 자기 수호지역이라고 주장하며 늘 갈등 상황에 있었다. 이러한 분쟁과정에서 결국 산송을 벌이기에 이르고, 수령이 재판을 통해 이 분쟁을 중재하게 된다. 이미 작벌한 소나무는 그것을 기른 쪽에게 돌리기로 하고, 그 이후의 소나무는 함께 수호하기로 하였으며, 앞으로는 국내를 수호하기 위해 서로 싸우지 않겠다고 합의한 뒤에 이 완의를 작성하였다

　완의란 앞서 살펴본 바와 같이 동일 집단이나 이질 집단 사이의 갈등을 자발적인 합의로 이끌어내는 것을 의미한다. 그런데 이 문서에서

주목할 점은 역시 이러한 두 집안 사이의 갈등을 관에서 조절하고 있으며, 또 그 결과에 대해 관에서 보증하고 있다는 점이다. 이는 두 당사자가 자신들의 분쟁 결과에 대해 수령이 합의해 줄 것을 요청하고, 이 분쟁의 중재자 역시 관이라는 사실을 보여준다.

3.2.16. 도고(都賈)의 보호

도고완문이란 관청에서 상행위 집단이 안전하게 사회활동을 할 수 있도록 지방 관청으로부터의 침책을 막거나 그 조직 운영에 대한 규례를 설정하는 것 등을 보장하는 완문을 말한다. 주로 선려각(船旅閣) · 유상(油商) · 보부상 · 참빗장수 등이 이 완문의 수급자였다.

19세기에 이르면 국가는 상인조직을 적극 장려하였다. 상민을 조직화하는 것은 국가가 이들을 새로운 세원으로 포착하여 관리하고자 하는 목적에서 이루어졌다. 이 완문에는 대체로 특혜의 규정과 아울러 의무사항이 동시에 명시되는 것이 통례이다.

다음은 선려각주인에게 특허권을 인정해 주기 위하여 발급된 완문이다.

문서 3-45[121]

완문

나주(羅州) 고막포(古幕浦)

이 문서는 완문을 작성해 주기 위한 것임. 나주 거평면(居平面) 고막포(古幕浦) 김달수(金達水) 등이 호소한 것을 접해 보니, 다음과 같은 내용이었다. "포구(浦口)란 상선(商船)이 주박(湊泊)하는 곳입니다. 본 포는 나주(羅州)와 무안(務安)의 양계(兩界)에 있으면서 단지 포명만 있을 뿐이고,

---

121) 《古文書資料集(Ⅰ)》, 158~159쪽.

아직 선려각주인(船旅閣主人)이나 상려(商旅)의 상행위가 없어서 의지할 바가 없습니다. 이 때문에 포민들은 생업을 왕성히 할 수 없었는데, 요즈음 화폐를 통용하고 상업을 흥기시키려는 때에 본 포에 선려각주인을 설치하여 상려들을 보호하고 거주하게 하여 물화(物貨)를 유통시켜 이 포민으로 하여금 생업을 왕성하게 하고 보호해 주도록 하십시오"라고 하였다. 대저 포구에 선려각주인이 없을 수 없으니, 포민의 이 같은 호소가 오히려 늦었다. 호소한 대로라면 누군가 여각을 설치하고 선주인(船主人)을 차출해야 할 것이다. 완문을 작성해 주고 실질적으로 시행하도록 힘쓸 것이니, 영구히 변함없이 하는 것이 의당할 것임.

　광무(光武) 9년 2월 일

　관찰사(觀察使) [印]

1905년에 전라도관찰사가 나주(羅州) 거평면(居平面) 고막포(古幕浦)의 여각(旅閣) 설치를 허가하는 문서로, 고막포 주민들의 소청에 의거하여 발급된 완문이다. 선려각이란 들고나는 선인들의 상행위를 돕는 기능을 하는 곳이므로 포구에는 으레 필요한 시설물이었다.

그런데 이곳에는 일찍이 포구는 있었지만 선려각주인이 없었으므로 그들은 선려각의 설치를 요청하고 있다. 이는 상인들의 편의뿐 아니라 포구민들의 생업에도 도움을 줄 수 있다는 것이 이유였다. 이에 대해 관찰사는 선주인을 차출하여 보내고 완문을 작성해 주었다.

이러한 종류의 완문으로는 그 밖에 보부상 조직, 안동의 유상(油商) 조직, 신청(神廳), 팔도재인(八道才人), 광주 분원에 내려진 완문들이 있다. 이 완문들은 공통적으로 작성 목적이 주로 공인이나 재인들을 장악하기 위하여 이들을 조직화하고 보호하는 절목을 설정하거나 의무를 부과하기 위해 작성되었다는 것이다.[122]

---

122) 보부상 조직의 완문 및 관련 문서와 그에 관한 해설에 대해서는 《문화재대관》, 문화재청, 2005, 263~351쪽 참조.

예컨대, 안동장내유상완문(安東掌內油商完文)은[123) 완문(完文), 신표규식(信標規式), 절목(節目)으로 구성되어 있고, 절목은 다시 23개의 조관(條款)과 연례수전정식(年例收錢定式), 예하정식(例下定式), 사명일절의정식(四明日節儀定式), 부의정식(賻儀定式) 등으로 구성되어 있다.

완문은 고종 25년(1888)에 영사(營使)가 유상(油商)들이 관왕묘(關王廟)의 장등(長燈)에 기름을 원납한 것을 가상히 여겨서, 그 대가로 유상임방(油商任房)을 모든 상인 가운데에서 특별히 수임방(首任房)으로 차정하니, 만일 법령을 어긴 자가 있으면 고관(告官)할 것과 유상의 독점권을 인정하여 한 사람당 신표를 하나씩 주어 유상임을 입증할 것을 명하는 것이다.

신표규식은 신표를 작성해 주라는 완문의 처분에 의거하여 신표의 문서식을 수록한 것이다. 신표규식에 의거하면, 행로 가운데 혹시 여러 상인이 침어하거나 관졸배들이 횡침하는 경우가 있으면 고관할 것을 핵심 내용으로 하고 있다.

절목은 관왕묘의 장등에 진상할 기름의 양, 질, 절차 등을 규정하고 있고, 신표 성첩시 수고료를 물침할 것, 임원 차출 규정, 조직운영의 상벌 규정, 부의 규정을 두고 있다.

이러한 상인조직은 이 완문의 서두에서도 밝힌 바와 같이 국가에서 적극 조직화하려 한다는 데 특색이 있다. 이와 같이 상민을 조직화하는 목적은, 국가가 이들을 새로운 세원으로 포착하여 관리하려는 것이다.

신청완문(神廳完文)은 1832년에 장흥부사(長興府使)가 무부(巫夫)의 환자를 탈면해 주고자 하는 뜻으로 신청(神廳)에게 발급한 완문이다.

---

123)《古文書》14, 完文 135. 이 완문의 본문은 김혁, 앞의 글, 2005, 441~446쪽 참조.

문서 3-46[124]

신청완문(神廳完文)

무부(巫夫) 등의 구폐절목(捄弊節目)

준행하기 위한 것임. 무부(巫夫)라고 하는 역은 다른 백성에 비하여 여러 곱이나 힘들 뿐 아니라, 또 무세포(巫稅布)로 매명(每名)당 내는 것이 4냥씩이나 되므로 담당할 수가 없어서 유리한 자가 10명에 8, 9명이라서 지금 남아 있는 자는 거의 없으니, 각항(各項)의 사역(使役)을 책임지울 길이 없던 중에 가장 난감한 것은 환자를 받아먹는 일이다.

우선 폐단을 구제할 수 있는 방법으로는, 각 등의 환곡을 받지 말게 해야 하니, 조금이라도 버티게 할 수 없다고 관에 올려 호소한 것이 한두 번이 아니다. 고휼(顧恤)하도록 하는 데에 마땅히 장점을 따르게 하는 길이 있으므로, 위의 무부(巫夫)에게 나누어주는 환자를 특별히 탈면해 줄 것을 관가에 품고(稟告)한 뒤에 절목을 작성해 내어줄 것이니, 이것에 준행할 것임.

임진년 5월 일

[이하 부서자 및 발급자 표기 생략]

이 문서를 구폐절목이라고 한 것은, 이 무부가 짊어진 역이 다른 민들보다 서너 배나 많은 폐단이 있었기 때문이다.

이 문서의 수급자가 신청(神廳)이고, 완문이 거론하는 사람이 무부(巫夫)라는 것은, 무부가 신청에 소속된 사람들임을 짐작하게 한다. 그런데 수급자가 무당이나 무녀가 아니고 무부라는 사실에 주목할 필요가 있다. 당시 무부의 독특한 사회적 위치를 이해하지 않고서는 이 완문에서 이야기하는 역이란 무엇인지, 그리고 관청에서 이들에게 왜 완문

---

124) 秋葉隆, 《朝鮮巫俗の現地硏究》, 復刊本, 名著出判, 1980, 162쪽 소수. 이 완문의 경우 원본이 아니고 2차자료에 실린 경우지만 2차자료에 실린 그대로 옮겨 싣는 것을 기본으로 하였으나, 이하 끝 부분의 내용은 아키바의 언급에 따라 복원한 것도 있고 간혹 명백히 틀린 글자의 경우 바로잡은 부분도 있음을 밝혀둔다. 이하 이러한 경우도 마찬가지다.

을 발급하여 환자를 탈면시켜주려 하였는지를 알기 어렵다.

신청은 우리나라의 남부지방에서 무부 단체인 무부계를 일컫는 말이다. 신청의 기능은 무녀와 무부의 통제에 있었다. 무부가 신청을 주도하였다고 보는 것은, 남부지방에는 무녀를 중심으로 하고, 무부는 무악에 의하여 무녀를 돕는 것을 원칙으로 하는 이상, 조직 능력이 탁월한 무부가 주도하였을 것이라고 여기기 때문이다.

여기서의 신청은 더 구체적으로 장흥신청을 가리킨다. 장흥신청은 일제시대 당시 전라남도 장흥군 장흥면 기양리(岐陽里)에 있었다. 이 신청은 무부 100여 명으로 이루어진 대동계로서, 계원은 약간의 입회금과 매월의 계전을 납부함으로써 운영되었다. 무부는 지방관청의 악인(樂人)으로서 상층의 관료조직을 모방하여 무단(巫團)을 형성하였다. 조직은 계장(契長) 1명, 공원(公員) 1명, 장재(掌財) 1명을 두고, 상청직(尙廳直) 1명은 신청에 거주하였다. 임원의 임기는 1년이며, 매년 정월 3일에 신청에서 대동계의 대회를 열어 구두로 임원을 호선(互選)하였다.125)

이 같은 설명으로 본다면, 이 완문에서 무부의 역이 무엇을 가리키는지 짐작할 수 있다. 바로 악공(樂工)으로 관청에서 수행하는 역을 가리킨다. 따라서 신청을 장악청(掌樂廳), 악공청(樂工廳), 공인청(工人廳), 공인방청(工人房廳)이라고 불렀다고 한다.126) 이 역조차도 다른 민의 서너 배에 이를 정도로 컸다. 그리고 완문에서도 지적한 바와 같이, 이들 무부들은 무세(巫稅)가 4냥씩이나 될 정도로 과중해지자 계속 유리도산(遊離逃散)하게 되었고, 급기야는 이들 가운데 80, 90퍼센트가 도산하기에 이르렀다. 관청에서는 이들을 악공으로 쓰기 위해 이들의 생활기반을 안정시킬 필요가 있었다. 그래서 환자를 배당하지 않음으로써

---

125) 위의 책, 161~162쪽 참조.
126) 위의 책, 163쪽 참조.

가계안정을 도모하고자 하였다.

그리고 팔도재인들이 호조에 올린 등장의 내용을 완문화한 것이다.[127] 등장을 완문으로 하고 있다는 점에서 이 완문은 다른 완문에서는 보기 힘든 특이한 형식을 띠고 있다. 김동욱은 이 완문의 작성시기를 내용에 의거해 정조 8년(1784)으로 추정한다. 김동욱은 이 완문을 "병자호란 청국 사신이 올 때 산대국을 봉행하기 위하여 설치된 각도 재인도청을 통합할 목적으로, 갑진년 각도 소임들이 서울에 모여 행방회를 열고 전국적인 규모로 개조한 것"이라고 보았다.[128] 어쨌든 이 완문은 팔도 재인들을 조직화시켜 중앙정부에서 손쉽게 이용할 수 있는 인력의 모집단으로 활용하려 하였음을 알 수 있다.

광주 분원에 궁내부가 발급한 완문이 남아 있는데, 광무 2년(1898)의 것이다. 궁내부는 조선 말기에 황실에 관한 여러 업무를 총괄하였던 관청이다. 이 완문의 내용에 따르면 갑오경장 이래로 분원이 폐지되어 이전에 분원에서 생산되어 황실에서 사용한 법기(法器)들은 시장에서 구입할 수 있는 것이 아니고 특별히 제작하여야 하는 것이었으므로, 이 그릇들을 안정적으로 조달하는 것이 당면 문제였다.

이 문제를 해결하기 위하여 궁내부에서는 별도의 조직을 구성하였다. 이것이 궁내부에서 장졸(匠卒)을 차정하고 그 이름을 적어 완문을 발급한 까닭이다. 조기(造器)·마조(磨造)·건화(乾火)·부화(釜火)·수리(修理)·조역(助役)·의토착수(衣土着水)·수종(隨從)·화청(畵靑)·부군(負軍)·수비(水飛)·연정(鍊正) 등 그릇을 만드는 데 필요한 각 공정에 담당 인원을 배정하고, 그 이름을 적거나 인원수를 기록하였다.

---

127) 김동욱, 《한국가요의 연구》(再版), 을유문화사, 1976, 301~302쪽 소수. 약간의 오자와 띄어쓰기가 틀린 부분을 고쳤다.
128) 위의 책, 302쪽 참조.

4장 완문의 문서행정

4.1. 발급행정

완문의 발급행정을 한마디로 이야기하기에는 곤란한 점이 많다. 무엇보다 이 문서의 발급행정은 여러 단계의 역사적 진전을 거치고서야 비로소 체계를 갖출 수 있었다. 따라서 완문의 발급행정도 그에 따라 다양한 양상을 보여주었으며, 그와 같은 각각의 양상은 각 단계의 사회적 성격 및 각 지역의 행정구조가 갖는 독특한 상황을 반영하였다.

완문의 출현기라고 할 수 있는 16세기에는 사족이 완문을 수취하기까지 공식적으로 설정된 행정절차는 없었다. 당시 사족은 완문을 수취하기 위해서 수령과의 사적 관계에 의지하였다.

대개 사족이 수령에게 완문을 발급해 줄 것을 청하는 청탁 편지를 보내면, 수령은 이 청탁에 의해 수급자인 외방노비 등에게 완문을 발급하는 과정을 거쳤다. 이러한 청탁을 칭념이라고 한다.

이러한 과정은 매우 관행화되어 있어서, 16세기의 완문은 발급자인 수령의 입장에서 본다면 자신의 재량권에 의해 거의 독단적으로 발급된 문서였다고 할 수 있다.[1]

그런데 적어도 17세기 중반 이후부터는 사족이 완문을 수취하기 위해서는 되도록 공식적인 행정절차를 거쳐야만 했다. 완문을 수취하려는 사족은 정식 청원으로 완문의 발급을 요청해야만 했으며, 발급자인 수령도 법적 근거와 관습에 의거해 매우 신중하게 발급하였다. 다시 말해 완문의 행정과정에 참여하였던 발급자와 수급자가 모두 공적인 규범적 근거에 구속되었음을 알 수 있다.

특히 18세기 중엽부터는 수급자가 청원서를 제출하고, 관에서는 청원서를 검토한 뒤에 처분하는 행정과정이 상례화되었음을 확인할 수 있다. 처분 내용은 청원서 말미에 제사 형식으로 기술되었고, 이때 완문은 처분의 내용을 담지하는 문서로서 발급되었다. 그리고 대개 처분의 내용에는 완문을 발급한다는 내용을 명시하는 것이 통례이다.

이와 같은 발급행정을 시대별로 대비하여 도식화하면 다음과 같다.

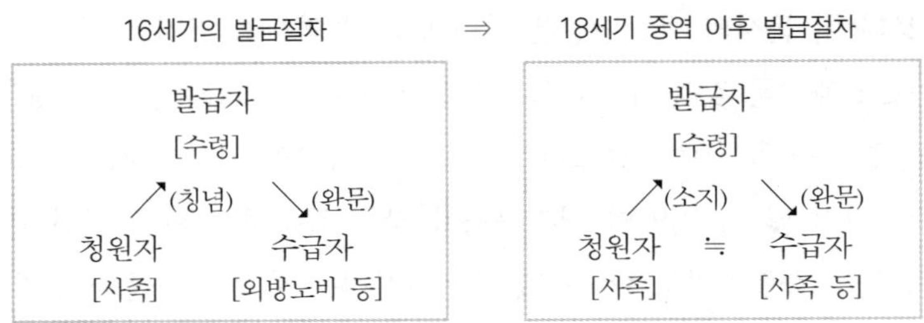

그런데 발급절차를 이렇게 설명하는 것으로 완문의 발급행정이 갖는 특성을 다 말했다고 할 수 없다. 완문의 발급절차는 사안에 따라 달라졌으며, 결코 일률적이지 않았기 때문이다. 묘직탈역완문의 경우는 대개 관행화된 발급과정을 거쳤다. 그러나 효자·열녀 집안의 탈역을 위해 발급된 완문은 비상시적이고, 사안에 따라 발급행정이 크게 달라

---

1) 여기서 독단적이라고 한 것은 단독적이라는 뜻과는 개념적으로 구분하여 사용할 것이다. 단독적이란 행정처분이 그 한사람에게서 결정된다는 말인 반면, 독단적이란 임의적으로 이루어지는 행정처분이라는 의미를 강조한 표현이다.

졌다.

4.1.1. 발급행정의 합리화

18세기에 이르러서 완문의 발급행정은 어느 정도 합리화되었음에 틀림없다. 이러한 행태를 소상히 들여다볼 수 있는 있는 자료로, 18세기의 일기인 황윤석(黃胤錫)의 《이재난고》(頤齋亂藁)가 있다.[2]

황윤석은 목천현에 수령으로 부임하자마자 아직 정문을 받지 못한 읍민으로부터 완문 발급을 청원 받았다. 이 읍민이 이전 수령의 제사를 가지고 와서 납부하자, 황윤석은 이에 의거하여 완문을 발급하였다.

현(縣)의 고(故) 교생(校生) 이순학(李順鶴)과 이귀웅(李貴雄)은 선왕조(先王朝)에서 효자로서 정문(旌門)을 받았다. 순리의 아들 덕운도 효자이지만 아직 정문을 받지 못하였다. 오늘 덕운의 자손은 전후 수령들이 군역(軍役)을 물침하라는 제사를 가지고 와서 납부하니, 나도 대전(大典)에 비추어보고 현례(縣例)에 의거하여 완문을 제급하여 효우에 힘쓰도록 하였다.[3]

이 기사에서 당시 완문의 발급관행과 관련된 황윤석의 태도를 검토할 필요가 있다. 첫째, 수령이 처음 부임하면 완문의 발급을 요청하는 일이 일종 관례에 속하였다. 둘째, 아직 정문을 받지 않았지만, 효자라는 것을 이유로 수령의 재량권 안에서 완문을 발급할 수 있다. 셋째, 당시 수령이 완문을 발급할 때, 법전과 읍례를 검토하는 등 매우 신중

---

2) 《이재난고》(頤齋亂藁)와 작자 황윤석에 대한 개략적 소개로는 노혜경, 〈18세기 수령 행정의 실제—황윤석의 《이재난고》를 중심으로〉, 한국학중앙연구원 박사학위논문, 2005, 13~35쪽 참조.

3) 《이재난고》 제6책, 권32, 한국정신문화연구원, 2000, 143쪽, 1779년 11월 17일조.

한 태도를 취하고 있다.

황윤석이 완문을 발급하면서 대전(大典)과 읍사례(邑事例)를 참조하는 과정을 거쳤던 것은 인상적이다. 이것은 당시 수령들이 완문을 발급하는 데 매우 신중하였음을 보여준다.

그 밖에 완문을 발급하는 또 다른 사례로 다음의 경우를 들 수 있다.

① 김상사(金上舍)는 그의 족인(族人) 김벽동의 묘가 목천에 있는 자인데, 묘노에게 완문을 발급하여 역을 덜어줄 것을 청하였으므로, 나는 그것을 허락하였다.[4]

위의 사례에서 상사(上舍)는 성균관 유생이란 의미이다. 그는 자기 족인의 묘가 목천에 있었으므로 그의 묘직을 탈역시켜 줄 것을 청탁하자, 황윤석은 이를 허락한다. 이처럼 당시에도 역의 면제는 16세기와 마찬가지로 청탁에 의해 행해지고 있다.

그런데 다른 사례는 당시 청탁에 대한 정황을 다르게 말해 준다.

② 홍후(洪侯; 홍대용—필자)가 말하길, "저의 고조이신 첨지증참판(僉知贈參判)의 묘가 목천(木川) 치하에 있고, 거주하는 서원(西原)의 장명(長命) 농장가(農莊家)댁은 목천현으로부터 10여 리 떨어진 곳에 있으며, 종숙(從叔) 참판(參判) [梓는 곧 渼上의 婦弟임] 및 그의 아들인 전(前) 고령 수령 대현도 장명(長命)에 살고 있고, 종숙은 또 부모를 첨지묘 아래에 장사지내고자 합니다"고 하였다. 나(황윤석—필자)는 "묘지(墓地), 묘전(墓田), 묘노(墓奴) 등이 있는 곳과 성명이 무엇입니까?"라고 물었다. 이에 홍후는 "이것은 말할 필요가 없습니다. 저희 집의 묘노가 진실로 죄가 있다면 처벌해 주시기를 바랄 뿐입니다"라고 답하였다.[5]

---

4) 《이재난고》 제6책, 129쪽, 1779년 10월 24일조.
5) 《이재난고》 제6책, 권31, 82쪽, 1779년 9월 2일조.

위의 글은 황윤석이 사은숙배를 위하여 서울로 올라가는 도중에 홍대용을 만나 나눈 대화를 옮긴 것이다. 황윤석이 묘직 등을 완호해 줄 작정으로 이름을 묻자, 홍대용은 오히려 이에 답하지 않고 그들이 죄가 있다면 죄에 따라 다스려 줄 것을 청하고 있다.

홍대용은 자신의 욕구를 누그러뜨려 암시적으로 청탁하고 있는 것 같지는 않다. 황윤석과 홍대용 사이에는 같은 노론이면서 당대의 대유 김원행의 제자로서 동문의식 같은 것이 있었기 때문이다. 홍대용은 이에 대해 법리에 입각하여 그대로 조처해 줄 것으로 답하며, 선비로서 청탁하기를 부끄러워하는 모습을 보이고 있다. 이러한 청탁이 사회적 관행이었지만, 도덕의식은 높아서 이러한 일을 결코 떳떳하지 못한 일로 여겼음을 알 수 있다.

③ 창동(倉洞)의 교리(校理) 박기정이 명함을 내밀고 왔으므로 그를 만나니, 그는 그의 선조인 의영고사 박안생(박팽년의 조부-필자)의 묘직을 부탁하였다.6)

④ 유협기의 편지가 와서 그것을 보니, 그는 전의의 구묘 노복을 부탁하였다. 답장을 보냈다.7)

⑤ 헌납 유협기의 양세 묘가 소서면 둔지리에 있는데, 묘노(墓奴) 지삼, 수려노(守廬奴) 오목과 김선징 3놈을 부탁받은 대로 초문(招問)차 불러왔다.…… 유씨의 종 세 명에게 각각 술 한 잔씩을 따라주었다.8)

⑥ 대서면 가덕동의 양억재는 안국동 임재달의 묘직이고, 창평 오선달 상구가 임생과 친하여 청함이 있어서, 초궤 차로 면임(面任)으로 하여금 알리게 하였다.…… 임씨 묘직에게 술 한 잔을 따라주었다.9)

---

6) 《이재난고》 제7책, 372쪽, 1786년 7월 5일조.

7) 위와 같음.

8) 《이재난고》 제7책, 375쪽, 1786년 7월 9일조.

9) 위와 같음.

위의 사례는 모두 황윤석에게 묘직을 부탁하고 있다. 그러나 여기어는 완문 발급을 청하거나 완문을 발급하였다는 기록은 없다. 이 기사에서 황윤석은 대개 묘직들을 불러 술을 한 잔씩 권하며 위로하는 모습을 보인다. 따라서 묘직의 완호를 부탁하였다고 해서 이러한 청탁이 완문 발급으로 직결되는 것은 아니었음을 알 수 있다. 그저 묘직을 불러서 위로하며 술 한 잔을 권하는 정도에서 그치고 있다.

수령의 이와 같은 관심 표명만으로도 묘지기의 입장에서는 큰 경각심을 가졌으리라는 것은 짐작하고 남음이 있다. 16세기의 통례대로 한다면, 아마 당연히 완문이 발급될 정도의 상황이었을 것으로 보이는데 이 정도 수준에서 그치는 것은, 그가 완문을 발급하는 데 매우 신중하게 대처하고 있었다는 또 다른 반증이 된다.10)

이 시기의 완문 발급은 단순한 청탁이 아니라 청원절차에 의거해 이루어지고 있었으며, 따라서 수령권이 이전처럼 완전히 자의적인 행정권에 기초하지 않았음을 확인할 수 있었다.

그런데 수령이 자신의 단독적 처분권을 자의적으로 행사한 것이 아니라면 그가 청원하는 내용을 심의하는 기준은 무엇이었을까? 대체로 법전이나 관습이 허용하는 범위 내의 유교 이념이나 사회적 공의에 의거하여 완문의 발급을 정식으로 청원할 수 있었고, 그에 의거하여 행정처분을 내릴 수 있는 근거가 되었다.

4.1.2. 완문의 발급절차 I

여기에서는 완문의 발급관행이 갖는 특성을 검토해 보고자 한다. 또 다른 증빙류라고 할 수 있는 입안이나 명문 등과는 다른, 다음과 같은

---

10) 황윤석의 수령 업무 중 청탁과 관련된 정리는 노혜경, 앞의 글, 113~143쪽 참조.

특징이 있다.

첫째, 완문은 발급규식이나 문서식이 《경국대전》, 《대전통편》, 《속대전》, 《대전회통》 등 공식 법전을 비롯하여, 《유서필지》(儒胥必知) 등과 같은 지방 관아에서 사용되었던 참고용 교본에도 실려 있지 않았다. 다시 말하여 완문은 법전에 규정된 정식 관문서로 인정받지 못했다는 것이다.

왜 그런지 분명한 원인은 알 수 없지만, 완문은 문서의 특성상 그것이 정식 관문서로 인정받게 된다면, 모종의 현실적 문제가 초래될지도 모른다는 우려가 작용한 것은 아닐까 추론해 볼 수 있다. 여기에 추론을 덧붙이자면, 당시 사람들도 완문을 특권문서로 인식하였으므로, 공식으로 인정하지 않음으로써 남발을 막을 수 있다고 생각하지 않았나 싶다.

둘째, 같은 사안에 대하여 여러 번 발급하는 사례가 자주 나타난다. 중첩되는 사례로는 두 가지 경향이 있는데, 첫 번째는 같은 사안에 대하여 같은 기관에서 몇 년에 걸쳐 매년 발급된 완문이 있거나, 두 번째는 같은 사안에 대하여 거의 같은 시기에 각기 다른 기관에서 발급하는 경우로 나눌 수 있다.

셋째, 완문은 권리 취득자를 확인하여 보호할 수 있도록, 관에서 보관하는 또 다른 원적부가 없다. 예컨대, 준호구가 호적과 같은 관안에 의거하여 발급되는 것이나, 입안이 그에 상응하는 토지대장과 같은 원적부가 있는 경우와 대비된다. 따라서 원적부를 장부 형태로 만드는 것 대신에, 관에서 보관할 용도로 1점의 완문을 더 발급하는 경우가 있다. 완문의 발급관행에서 나타나는 이 같은 특성들은 완문의 효력이 지속적이지 못하였다는 반증이기도 하다.

1) 중첩(重疊) 발급

같은 대상에게 완문이 거의 매년 중첩 발급되었던 사례에 대해서는 전경목이 이미 소개하였다.[11] 그는 예조와 남원부(南原府) 및 일신현(一新縣)에서 정충사(旌忠祠)에 내린 8점의 완문을 사례로 들었다.[12] 여기서 일신현이란 남원부가 한때 읍호를 강등 당했을 때의 이름이므로, 일신현과 남원부는 같은 지명이다. 그리고 정충사는 임진왜란 당시 진주성 전투에서 전사한 황진(黃進)을 봉안한 사당이다. 이 같은 사우는 서원의 범주에서 이해하는 것이 통례이므로, 이 완문 또한 서원완문으로 분류할 수 있을 것이다. 그리고 원저(院底) 거민(居民)들에게 군역과 잡역을 탈급해 주라는 내용이 있으므로 서원촌 탈역완문에 속한다고 할 수 있다. 다음은 그 완문들의 목록이다.[13]

표 4-1. 정충사 수취 완문 일람

번호	완문 내용	발급자	발행연도	전거
1	원저거민 군역과 잡역 탈급 등	예 조	1795	완문1
2	위와 같음	일신현감	1813	완문2
3	위와 같음	일신현감	1815	완문3
4	위와 같음	남원부사	1819	완문5
5	위와 같음	남원부사	1856	완문7
6	위와 같음	남원부사	1858	완문6
7	위와 같음	남원부사	1859	완문8

위 표의 완문들은 1795년도부터 1859년까지 65년 동안, 예조의 완문을 시작으로 수령이 발급한 6점의 완문을 포함하여 총 7회에 걸쳐 발

---

11) 전경목, 〈조선후기 소지류에 나타나는 '화민'(化民)에 대하여〉, 《고문서연구》 6, 1994, 114~115쪽.
12) 송준호·전경목 편, 《전북지방의 고문서(1)》, 전북향토문화연구회, 1993.
13) 전경목, 앞의 글, 115쪽에서 재인용.

급되었다. 평균 10년에 한 번쯤 수취된 꼴이다. 위에 정리한 완문 외에도 혹시 망실된 완문이 있을 수 있겠지만, 완문은 증빙문서로서 소장자들이 주의 깊게 보관하는 것이 관례였으므로, 그 망실된 점수가 그다지 많지는 않았을 것이라고 본다.

그런데 완문이 일정한 시간 간격을 두고 중첩되는 것이 아니라, 1813년에서 1819년까지 3점이 중첩되고, 1856년에서 1859년까지 3점이 중첩되는 등 특정 시기에 집중되었음을 알 수 있다. 필자는 이 같은 현상을 이해할 충분한 근거를 찾을 수는 없지만, 서원의 탈역완문이 그 지역의 실무관리나 지방관과의 사적인 인간관계나 조가의 정책 변화와 관계되어 발급되는 것이 관례이므로, 사우와 지방관 사이에서 벌어진 문제에 기인한 것이 아닌가 생각한다.

어쨌든 위 표의 현존 완문들이 중첩 발급되었다는 것은 무엇을 뜻하는가? 그것은 탈역완문의 효력이 완문에 적힌 것처럼 영구적이지 않았기 때문인 듯하다. 그러나 위의 예에서와 같이, 발급빈도가 10년에 한 차례라는 것은 다음 완문의 예에 비한다면 완문의 효력이 그나마 어느 정도는 지속된 경우라고 할 수 있다.

다음의 또 다른 사례를 통하여 완문의 중첩 발급과 완문의 효력 사이의 관계를 해명하고자 한다. 다시 말하여, 완문의 중첩 발급이 과연 완문의 효력이 약함을 반증하는가 하는 문제를 해명할 것이다.(〈표 4-2〉 참고)

〈표 4-2〉의 문서들은 봉화현에 있는 권벌(權橃; 1478~1548)의 묘소를 지키는 묘직 탈역을 내용으로 발급된 완문이다.[14] 이에 관한 현존 완문들은 모두 권벌 집안이 소장하는 문서들이다. 번호 30, 36을 뺀 나머지 35점이 모두 완문이므로, 한 집안이 소장한 완문치고는 상당히 많

---

14) 영남대학교민족문화연구소 편, 《영남고문서집성(Ⅰ)》, 영남대학교출판부, 1992, 451~463쪽.

표 4-2. 권벌 집안의 묘직탈역완문 및 관련문서

번호	발급자	수급자	발급연도	발급근거	탈역대상	탈역내용	전거	비고
1	行縣監	權橃家	甲寅.06 1734	權冲齋公의 墓直奴	萬日, 命先, 酉同	煙戶雜役	嶺南古文書集成 455쪽, 완문17	
2	行縣監	權橃家	丙辰.06.11 1736	權冲齋公의 墓直奴	萬日, 命先, 七奉	煙戶雜役	嶺南古文書集成 455쪽, 완문18	
3	行縣監	權橃家	甲子.01 1744	權冲齋公의 墓直奴	萬日, 命先, 七奉	煙戶雜役	嶺南古文書集成 456쪽, 완문19	
4	行縣監	權橃家	丁卯.11 1747	權冲齋公의 墓直奴	命業, 七奉	煙戶雜役	嶺南古文書集成 453쪽, 완문15	
5	行縣監	權橃家	庚午.01 1750	權冲齋公의 墓直奴	億晩, 七奉, 命業 등 3명	煙戶雜役	嶺南古文書集成 453쪽. 완문12	
6	行縣監	權橃家	戊寅.08.11 1758	權冲齋公의 墓直奴	七奉, 俊尙	煙戶雜役	嶺南古文書集成 461쪽, 완문34	
7	奉化官	權橃家	癸未.10.01 1763	權冲齋公의 墓直奴	乭碧, 俊尙, 仲俗 등 3명	煙戶雜役	嶺南古文書集成 454쪽, 완문14	
8	奉化官	權橃家	庚寅.윤5월 1770	權冲齋公의 墓直奴	乭碧, 俊尙, 仲俗 등 3명	煙戶雜役	嶺南古文書集成 454쪽, 완문13	
9	行縣監	權橃家	庚子.01 1780	權冲齋公의 墓直奴	俊尙, 仲俗, 乭碧	煙戶雜役	嶺南古文書集成 455쪽, 완문16	
10	官	權橃家	甲寅.05.29 1794	權冲齋公의 墓直奴	韓三, 大晩, 金伊 등	煙戶雜役 戶還	嶺南古文書集成 451쪽, 완문1	
11	官	權橃家	甲寅.10.06 1794	權冲齋公의 墓直奴	韓三, 大晩, 金伊 등	煙戶雜役 戶還	嶺南古文書集成 451쪽, 완문2	
12	官	權橃家	庚申.02 1800	權冲齋公의 墓直奴	韓三, 大晩, 明順 등	煙戶雜役 戶還	嶺南古文書集成 451쪽, 완문3	
13	官	權橃家	乙丑.02 1805	權冲齋公의 墓直奴	韓三, 大晩, 明順 등	煙戶雜役 戶還	嶺南古文書集成 451쪽, 완문4	
14	官	權橃家	丙寅.08.02 1806	權冲齋公의 墓直奴	□□, 明順 등	雜役 戶還	嶺南古文書集成 462쪽, 완문35	
15	官	權橃家	庚午.05.29 1810	權冲齋公의 墓直奴	韓三, 明順 등	雜役 戶還	嶺南古文書集成 452쪽, 완문5	
16	官	權橃家	壬申.12.02 1812	權冲齋公의 墓直奴	韓三, 明順 등	雜役 戶還	嶺南古文書集成 452쪽, 완문6	
17	官	權橃家	丙子.04.13 1816	權冲齋公의 墓直奴	韓三, 明順 등	雜役 戶還	嶺南古文書集成 452쪽, 완문7	
18	官	權橃家	己卯.08. 1819	權冲齋公의 墓直奴	金伊, 得只, 末順 등	煙戶雜役 戶還	嶺南古文書集成 452쪽, 완문8	

19	官	權橃家	辛巳.11 1821	權沖齋公의 墓直奴	得伊, 馬夫里, 孟得 등	雜役, 戶還	嶺南古文書集成 453쪽, 완문9	
20	官	權橃家	壬午.12 1822	權沖齋公의 墓直奴	得伊, 馬夫里, 孟得 등	雜役 戶還	嶺南古文書集成 453쪽, 완문10	
21	官	權橃家	甲申.09.18 1824	權沖齋公의 墓直奴	得伊, 馬夫里, 孟得 등	雜役 戶還	嶺南古文書集成 453쪽, 완문11	
22	官	權橃家	丁亥.02 1827	權沖齋公의 墓直奴	得伊, 馬夫里, 孟得	雜役 戶還	嶺南古文書集成 463쪽, 완문37	
23	官	權橃家	癸巳.02 1833	權沖齋公의 墓直奴	得先, 馬夫里, 百漢	雜役 戶還	嶺南古文書集成 459쪽, 완문30	
24	官	權橃家	丙申.03. 1836	權沖齋公의 墓直奴	得先, 馬夫里, 百漢	雜役 戶還	嶺南古文書集成 461쪽, 완문33	청원소지 있음. 449쪽 소지9
25	官	權橃家	壬寅.10 1842	權沖齋公의 墓直奴	得先, 馬夫里, 百漢	雜役 戶還	嶺南古文書集成 456쪽, 완문20	청원소지 있음. 446쪽 소지2
26	官	權橃家	癸卯.10 1843	權沖齋公의 墓直奴	得先, 夫里, 百漢	雜役 戶還	嶺南古文書集成 456쪽, 완문21	청원소지 있음. 450쪽 소지10
27	官	權橃家	乙巳.10 1845	權沖齋公의 墓直奴	得先, 馬夫里 占玉, 百漢, 貴孫(3명)	雜役 戶還	嶺南古文書集成 456쪽, 완문22	청원소지 있음. 446쪽 소지3
28	官	權橃家	辛亥.05 1851	權沖齋公의 墓直奴	得先→貴孫, 占玉, 百漢 등 3명	雜役 戶還	嶺南古文書集成 457쪽, 완문23	문서 안에 제사가 있음
29	官	權橃家	辛亥.閏8 1851	權沖齋公의 墓直奴	占玉→貴孫, 百漢→業只, 晚壽 등 3명	雜役 戶還	嶺南古文書集成 457쪽, 완문24	청원소지 있음. 457쪽 완문25
30	병방	權橃家	辛亥.閏8 1851	齋舍守護	李萬守, 業伊	軍布	嶺南古文書集成 458쪽, 완문26	手標임
31	官	權橃家	壬子.11 1852	權沖齋公의 墓直奴	貴孫, 業只, 晚壽 등 3명	雜役 戶還	嶺南古文書集成 458쪽, 완문27	청원소지 있음. 447쪽 소지5
32	行使	權橃家	丁巳.10.16 1857			火粟 2결	嶺南古文書集成 462쪽, 완문36	
33	官	權橃家	甲寅.11 1854	權沖齋公의 墓直奴	貴孫, 業只, 晚壽 등 3명	雜役 戶還	嶺南古文書集成 458쪽, 완문28	청원소지 있음. 459쪽 완문29
34	官	權橃家	辛酉.03 1861	權沖齋公의 墓直奴	貴孫, 晚壽, 夫億	雜役 戶還	嶺南古文書集成 460쪽, 완문32	청원소지 있음. 448쪽 소지6
35	官	權橃家	乙丑.12 1865	權沖齋公의 墓直奴	甲福, 石眞, 福祿	雜役 戶還	嶺南古文書集成 460쪽, 완문31	
36	墓直	官	丙寅.11 1866		완문 성급		嶺南古文書集成 449쪽, 소지8	
37	行縣監	權橃家	壬寅	權沖齋公의 墓直奴	3명	官役 里役	嶺南古文書集成 463쪽, 완문38	향청과 이청의 副署.

은 양이다. 이 완문들은 1734년에서 1866년까지 130년 동안, 그 중간에 별로 빠진 것 없이 제대로 보존되어 있었다.[15]

탈역자는 대략 두세 명으로 고정되었고, 그들의 이름을 밝혀 탈역 범위를 분명히 하고 있다. 탈역자의 경우에는 실명을 썼는데, 그것은 어떤 일이 있어 또 다른 묘직으로 바뀔 경우 식별하기 위해서였다. 이는 통상 알려져 있듯이 양안(量案) 등에 노비의 이름이 몇 대를 거쳐도 변하지 않는 경우와 대비된다. 이는 탈역이 실명에 의거해야 할 만큼 신중하게 처리되었음을 알려주는 반례이다.(번호 28, 29)

이들 완문에서 발급자의 서압을 조사해 보면, 중복되는 사례가 한 건도 나타나지 않는다. 이로써 수령은 중복 발급 없이, 오직 한 번만 발급하는 것이 관례임을 알 수 있다. 그렇다면 모든 수령이 부임할 때마다 완문을 수취하는가? 완문의 발급시기는 의례적일 경우, 어느 사안에 가장 영향을 많이 받는가? 즉 수급자가 언제 완문을 수취하고자 하는가?

이러한 문제를 검토하기 위하여 필자는 《승정원일기》와 《일성록》 등 연대기 자료를 이용하여 봉화현감의 제수시기를 구성해 보았다. 이러한 임명시기와 완문의 발급 내지는 발급일자를 비교한다면, 위의 문제에 대하여 적절한 답을 얻을 수 있을 것이다.

〈표 4-3〉에 따르면, 봉화수령은 1734년부터 1866년까지 132년 동안 모두 57차례 도임하였다.[16] 따라서 수령의 재임기간은 평균 2년 3개월 가량임을 알 수 있다. 수령의 임기는 당하 수령인 경우는 1,800일, 당상 및 미솔가(未率家) 수령의 경우는 30삭이 원칙이었다. 구완회가 수령의 재직기간을 조사한 통계에 따르면, 밀양은 평균 재직기간이 1년 7개월

---

15) 학위논문에서는 서기 연대를 밝힐 수 없었지만 이후 연구의 진척으로 서기 연대를 추정할 수 있었다.

16) 완문은 35점 남아 있지만 완문 발급 소지만 남아 있는 것이 3점이므로 연대기 자료에 의해 밝히지 못한 도임이나 완문의 발급이 더 있었던 것으로 예상된다. 이것도 통계에 넣어 생각하기로 한다.

그림 4-1. 봉화현감의 제수일자와 완문발급의 시차 분포

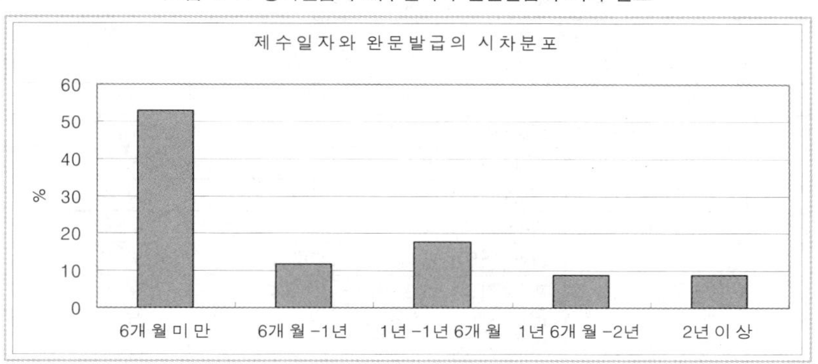

이고, 안의는 2년 8개월 등 읍격에 따라 임기의 차이가 있었다.17) 봉화 수령의 재임기간은 다른 고을과 비교하면 평균 수준은 되는 것 같다.

위의 표로써 더욱 명확해진 것은, 한 명의 수령은 한 번만 완문을 발급을 한다는 것이다. 그리고 완문이 중첩 발급될 경우, 각 완문의 발급 주기는 수령의 체직주기와 거의 일치한다는 사실 또한 다시 확인할 수 있다. 이 기간 동안 현존하는 문서에 따르면, 모두 37건에 이르는 완문이 발급되었음을 알 수 있다. 수령이 57회 도임한 동안 37건을 발급하였다면 발급률은 66.7퍼센트에 이른다. 이는 모든 수령에게 완문을 다 받은 것은 아니라 하더라도, 상당수의 수령에게 거의 매번 완문을 받은 것으로 볼 수 있다. 그리고 도임일로부터 어느 정도 지나서 발급받았는가를 그래프로 그려 보았다.(그림 4-1)

이 그래프에 따르면, 총 발급회수인 37건 가운데 21건이 도임 즉시 완문 청구 소지를 올려 완문을 받았던 경우로, 약 53퍼센트에 이른다. 대개 수령이 제수일로부터 부임까지의 기간은 지역마다 다르다. 더욱이 제수일로부터 도임일까지의 기간은 수령이 초임이냐 재임이냐에

---

17) 구완회, 〈조선후기의 수령제 운영과 군현지배의 성격〉, 경북대 박사학위논문, 1992, 91~
   93쪽 참조.

표 4-3. 봉화현감 제수일자와 완문의 발급일자 사이의 상관관계

번호	제수일자		하직일자	완문 발급일자	수령의 성명	기타
	왕대년월일	연도				
1	영조10.2.9	1734(갑인)	2.25	1734.6	金遇夢	○
2	영조11.8.30	1735(을묘)	10.20	1736.6.11	李匡直	
3	영조16.7.13	1740(경신)	8.11		柳聖模	
4	영조18.1.6	1742(계유)		1744.1	柳夏曾	
5	영조21.1.28	1745(을축)	2.15		宋恩欽	
6	영조22.4.20	1746(병인)	7.4	1747.11	尹光祚	
7	영조25.3.25	1749(기사)	5.2	1750.1	崔守誠	○
8	영조27.12.28	1751(신미)	1752.2.2		李廷鎭	
9	영조30.6.12	1754(갑술)	7.6		趙靖世	
10	영조30.9.5	1754(갑술)	10.2		李垡	
11	영조33.2.9	1757(정축)	2.12	1758.11	李翊胄	
12	영조35.12.28	1760(경진)	1761.1.29		鄭壽延	
13	영조39.6.20	1763(계미)		1763.10.1	李彦中	○
14	영조44.6.17	1768(무자)			韓光載	
15	영조45.6.19	1769(기축)	7.1	1770.윤5월	朴存源	
16	영조48.12.21	1772(임술)			李在亨	
17	영조51.5.26	1775(을미)			南有宅	
18	영조51.9.01	1775(을미)			趙長鎭	
19	정조3.6.15	1779(기해)		1780.1	吳泰魯	○
20	정조7.6.25	1783(계묘)			沈公箸	
21	정조12.6.15	1788(무신)			李尙榮	
22	정조18.3.18	1794(갑인)		1794.5.29	林最遠	○
23	정조18.6.29	1794(갑인)		1794.10.6	尹行喆	○
24	정조19.6.20	1795(을묘)			李思祚	
25	정조20.9.17	1796(병진)			蔡弘直	
26	정조24.2.9	1800(경신)		1800.2	柳相斗	○
27	순조2.7.4	1802(임술)			韓耆裕	
28	순조4.12.22	1804(갑자)		1805.2	李允源	○
29	순조6.6.24	1806(병인)		1806.8.2	申星模	○
30	순조9.3.22	1809(기사)		1810.5.29	尹東壽	
31	순조12.6.29	1812(임신)		1812.12.2	尹日逵	○
32	순조16.2.13	1816(병자)		1816.4.13	金遇順	○
33	순조18.2.29	1818(무인)			李南奎	
34	순조19.6.25	1819(기묘)		1819.8.	李中鎭	○
35	순조21.8.3	1821(신사)		1821.11.	韓鍾運	○
36	순조22.10.3	1822(임오)		1822.12.	朴時源	○
37	순조24.6.25	1824(갑신)		1824.8.	李仁承	○

38	순조25.12.28	1825(을유)		1827.2.	李冕植	
39	순조31.12.25	1831(신묘)			權達準	
40	순조32.12.20	1832(임진)		1833.2.	李日澄	○
41	헌종즉위.12.28	1834(갑오)			曺相振	
42	헌종1.12.22	1835(을미)		1836.3.	金在英	○
43	헌종4.6.25	1838(무술)			姜在勉	
44	헌종7.6.24	1841(신축)		1842.10.	金建銖	
45	헌종8.12.25	1842(임인)		1843.10.	金義俊	
46	헌종10.1.21	1844(갑진)		1845.10.	柳泰東	
47	헌종11.12.27	1845(을사)			李莊緒	
48	헌종13.6.24	1847(정미)			吳泰權	
49	헌종14.12.22	1848(무신)			崔虎文	
50	철종즉위.12.26	1849(기유)		1851.5.	金禹洙	
51	철종2.6.26	1851(신해)		1851.윤8.	李殷榮	○
52	철종3.10.14	1852(임자)		1852.11.	任百能	○
53	철종5.10.5	1854(갑인)		1857.10.16	李炳龍	
54	철종9.6.22	1858(무오)			吳慶履	
55	철종11.2.23	1860(경신)		1861.3.	李承澤	
56	철종12.12.29	1861(신유)		1865.12	柳芝熙	
57	고종3.7.15	1866(병인)		1866.11	李 □	○

* ○는 수령 도임 즉시 완문을 발급받았을 것으로 추정되는 예임.

따라, 또는 서경이나 하직인사가 어느 정도 걸리느냐에 따라 일정하지 않다. 그러나 대개 1개월에서 5개월 정도가 통례인 것으로 보아 6개월 안에 완문을 수취한 것은 대개 도임한 바로 뒤의 일로 간주하였다.

이를 통해 봉화현감으로부터 권벌 집안이 완문을 수취하였던 시기는 대개 수령이 도임한 직후가 가장 많았음을 확인할 수 있다. 더욱이 이러한 관행은 아래의 〈그림 4-2〉에서도 볼 수 있듯이, 정조대 이후 특히 순조대인 19세기 초에 안정된 추세를 보여준다. 이것이 얼마나 일반화된 현상인지는 확인할 수 없지만, 행정관례였다는 것으로 보아 다른 곳에서도 이런 관례가 매우 일반화되었을 것이라고 추정할 수 있을 뿐이다.

이러한 분석을 가지고 처음에 제기하였던 완문의 효력과 중첩 발급의 관계를 해명할 차례다. 완문의 중첩 발급은 완문의 효력과는 관계가 없고, 다만 의례(依例)적인 행정관행이라는 사실을 확인할 수 있었다. 굳이 효력과 연관시키자면, 완문의 효력이 수령의 재임시기 동안이기 때문에 나타난 결과라고 할 수 있다.

이와 유사하게 중첩 발급된 경우지만, 이러한 중첩과는 사회적 의미를 달리하는 경우가 있다. 완문의 효력, 즉 효력의 실현을 더욱 강화하기 위해 동일 사안에 대해 중첩 발급된 사례라 할 수 있다. 다음은 경주의 용산서원이 자신의 속사에 거주할 승려들을 모입하는 과정에서 그들의 제역을 보장받기 위하여 받은 완문의 예이다.

표 4-4. 용산서원 안계암 수취 완문일람

번호	완문 내용	발행처	발급시기
1	안계암의 잡역 탈면	토포사(討捕使)	1793년 10월 15일
2	위와 같음	경주부윤(慶州府尹)	1793년 10월 15일
3	위와 같음	좌병영(左兵營)	1795년 3월 1일
4	위와 같음	우후(虞候)	1795년 3월 3일
5	위와 같음	예조(禮曹)	1796년 3월 27일
6	위와 같음	병조(兵曹)	1796년 4월 3일

위의 완문들은 1793년부터 1796년까지 만 2년 6개월 동안 용산서원

그림 4-2. 봉화현감의 시기별 제수일자와 완문발급의 시차 분포

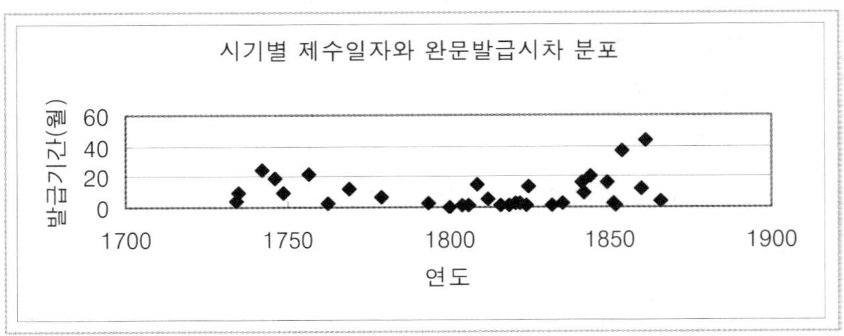

이 안계암의 승려를 탈역시키기 위하여 발급받은 문서로 총 6점이다. 발급 관청을 살펴보면 토포사(討捕使) · 경주부윤(慶州府尹) · 좌병영(左兵營) · 우후(虞侯) · 예조(禮曹) · 병조(兵曹)다. 위의 여러 관청들은 거의 비슷한 시기에 완문을 발급하고 있다. 그리고 경주최씨가 완문을 수취하는 순서를 보면, 대체로 낮은 관등의 관청에서 높은 관등의 관청으로 상향적이고 중첩되게 수취하고 있다. 그리고 그 관청들은 대부분 서반 관청이었다.

완문의 효력이 수령에게 발급받은 1회의 경우로 성취될 수 있었다면, 과연 상급 관청으로 올라가 완문을 발급받으려 하였을까 하는 것은 여기서 드는 첫 번째 의문이다. 이 집안에서 안계암 거주 승려의 탈역을 위하여 발급 받은 경우를 보면, 횟수는 6회지만 1793년 10월에 두 차례, 1795년 3월에 두 차례, 1796년 3월 말을 전후하여 두 차례 발급하였으므로, 4년에 걸쳐 특정시기에 2점씩 총 3회에 걸쳐 발급받은 것과 다름없다.

이에 따라, 현실적으로 완문이 갖는 효력이 어떠하였는지에 관계없이, 수급자는 하급관청보다는 상급관청의 완문이 더 효력이 있다고 여겼을 것이고, 되도록 많은 관청의 완문을 받는 것이 완호에 유리하다고 생각하였을 것임은 짐작할 수 있다. 아마 현실적으로도 그러하였을 것이고, 이후 관의 완문을 다시 발급받을 때에라도 상급관청의 완문은 유용한 근거로 작용하였을 것임은 짐작하고도 남는다.

그런데 한 가지 남는 문제는, 왜 하필 서반 관청이 많은가 하는 점이다. 필자는 이 문제가 안계암을 침책하였던 관청과 관련이 있다고 생각한다. 이는 분명 안계암 주위의 병영과 관련된 데서 비롯된 것으로 추정된다. 다시 말하면 그 병영과 연관된 행정적 위계를 거슬러 올라가서 완문을 수취한 것 같다.

용산서원의 완문 수취를 앞의 묘직탈역완문과 마찬가지로 생각할 수 있다. 용산서원이 도산서원처럼 지역사회에서 사회적 지위를 자연스럽게 인정받았다면, 과연 완문을 발급받는 등 이 같은 구차한 움직임을 보였겠는가 하는 점이다. 필자는 용산서원이 완문을 발급받거나 더욱이 중첩 발급받으려 한 것은, 이 서원이 도산서원 등 여타 1급 서원에 비해 떨어지는 지위에 있었음을 반증하는 것이라 생각한다.[18]

이와 같은 몇몇 사례를 통해 완문의 발급이 중첩되는 현상과 그 현상의 배후에 대하여 논의해 보았다. 그런데 완문이 중복 발급되는 사례는 모든 경우에 해당하는 것이 아니라 탈역을 보장하는 완문에만 한정된 현상이다. 그 밖에 다른 사유로 발급되는 완문들 가운데에서, 이 같은 불안정한 경우는 좀처럼 발견하기 힘들다. 역의 문제는 국가와 사회 여러 신분 사이의 첨예한 긴장관계를 반영하고 있기 때문에, 역의 탈급은 중간관리자라고 할 수 있는 수령의 권한 안에서 매우 소극적으로 주장될 수 있었다. 이 같은 현상이 완문의 실효를 완문 내용에 있는 바와 같이 영구히 보장할 수 없는 까닭이 되었음을 알 수 있다.

2) 복수(複數) 발급

완문의 발급관행에서 중첩 발급 말고도 또 한 가지 유의하여야 할 특징이 있다. 완문의 용도에 따라 한 관청에서 여러 건의 완문을 동시에 발급했던 현상이다. 이 같은 발급관행은 탈역을 행정처분으로 한 경우에 자주 나타났다. 대표적인 예를 들면 다음과 같다.[19]

용동궁(龍洞宮)
동치(同治) 3년 7월 일 통진부(通津府) 포내리(浦內里) 시장(柴場) 완문

---

18) 용산서원의 사회적 지위에 대해서는 이수환, 〈경주 용산서원 재지사족의 향촌지배〉, 《용산서원》, 집문당, 2005 참조.
19) 《古文書》 14, 完文 24.

계(啓) [啓]

통진부 용동궁(龍洞宮) 시장(柴場)의 산직(山直) 등에게 주는 완문

이 완문은 베껴 올리기 위한 것임. 용동궁에 소속된 본부(本府) 포내리 (浦內里)의 시장(柴場)은 절수(折受)하도록 판하(判下)하신 땅이다. 매년 땔나무를 베어 병식(餠食)과 각 항의 진배(進排)에 쓰일 물자를 내공(內 供)하도록 하였다. 산직 25명을 연호군보 등을 정하여 두고 잡역(雜役)을 모두 사목(事目)에 의해 침책하지 않도록 하겠다는 뜻으로 차첩도서(差帖 圖署)를 작성하여 주고 폐단 없이 상납한 지 이미 수백 년이나 흘렀다.

근래에 아전들의 습속이 사나워져서, 공가의 시장이 소중한지도 모르 고 동포(洞布)나 북환(北還) 등 전례가 없는 일을 쉽사리 침책하여 일찍이 시도하겠다는 계획으로 영관(營關)에 관해 타일러서 절엄(截嚴)할 뿐만 아니었지만, 해당 이배(吏輩)들은 심상하게 보고 늘 완악하고 방자하였다. 금년에 탈면 받았지만 내년에는 다시 침책하니 관부를 속이고 여러 가지 로 희롱하여 산지기들로 하여금 점차 다 흩어지게 만들어 시장이 장차 폐기할 지경에 이르렀으니 사체가 매우 한심하다. 이에 옛 규칙을 거듭 밝히고 과조를 세우지 않으면 앞으로 어지럽게 되는 단서가 그칠 때가 없을 것이기에, 이에 물침완문 3건을 작성하여 1건은 읍에 두고 1건은 산 지기 등에게 작성해 두고 1건은 감영에 두어 위의 산지기 등에게 군보 · 동포와 북환향 등 잡역을 영원히 침책하지 않게 하여, 그들로 하여금 편 안히 거행하도록 하게 완문을 작성한 뒤에, 이에 감히 베껴 올려서 이로 써 갖추어 보시도록 한 것이다.

동치(同治) 3년 8월 일 관찰사겸순찰사 신(臣) 조(趙) [啣]

위의 완문은 고종 원년(1864) 8월에 경기도관찰사가 통진부 포내리 소재 용동궁 시장(柴場)의 산직 25명에게 군보(軍保) · 동포(洞布) · 북환 향(北還向) 등의 잡역을 물침하도록 완호하는 문서이다. 그런데 관찰사 는 3점의 물침완문을 작성하여, 감영(監營) · 읍(邑) · 산직(山直)에 두었 다는 것을 완문에서 밝히고 있다. 이 완문은 이 3점의 완문과는 별도로

관찰사가 국왕에게 올린 것이다.

따라서 관찰사는 같은 사안에 대하여 총 4건의 완문을 만들었음을 알 수 있다. 관찰사는 형식상 국왕에게 어떤 사안을 보고하는 서계와 같은 형식의 문서를 작성하고 있다. 그는 서압보다는 훨씬 작은 형태의 사인을 하고 있는데, 이를 함(啣)이라고 한다. 함을 작게 표기하는 것은 글씨의 크기로 자신을 아주 낮춘다는 겸손을 표현하여, 이를 통해 상대를 높이는 극존의 의미가 있다.

관찰사가 완문을 작성하여 감영에 비치하였던 것은, 발급자가 관찰사이므로 이후 감영 쪽에서 증빙자료로 사용하기 위한 조처였다고 할 수 있다. 그리고 읍에 비치하고자 한 것은 잡역의 실질적인 업무가 읍의 소관이었으므로, 완문을 그쪽에 비치하여 주지시키기 위한 조처였을 것이다. 이때의 완문은 감영에서 읍에 명령하는 성격이 강하였음을 알 수 있다. 여기서의 산직은 탈역 대상인데, 이곳에 완문을 발급한 것은 실질적인 업무 담당자인 이서층이 가좌성책을 작성하는 등의 초호 과정에서 탈역 사실을 입증하기 위한 조처였다.

그리고 위의 완문은 등차[謄上]를 위한 것임을 이 완문의 기두사를 통해서 이해할 수 있다. '등차'의 의미는 '관차'[官上]의 경우처럼 '관에 둔다' 또는 '관에 보관한다'는 뜻으로 이해할 수도 있다. 그러나 여기에서는 '베껴 올린다'는 의미로 쓰였다고 본다. 왜냐하면 이 완문은 관찰사가 국왕에게 올리는 문서 양식으로 쓰였다는 것을 마지막의 서식("觀察使兼巡察使臣趙 [啣]")에서 확인할 수 있기 때문이다.

더욱이 이 문서가 국왕께 올려져 어람을 거치기 위해 작성되었다는 것은, 마지막 어구인 "이에 감히 베껴 올려서 이로써 갖추어 보시도록 한 것이다"는 글이나, 표지에 이 사안에 대해 국왕께서 결재하셨다는 계하인(啓下印)이 있는 데서 확인할 수 있다. 한편, 표지에 '용동궁'(龍洞宮)이라고 표기된 것으로 보아, 이 완문이 용동궁에 보관된 것임을 알 수 있는데, 이 완문이 어람을 위해 등차되었다가 다시 계하를 받아 용동궁에 보관되는 과정을 따랐을 것이다. 이 같은 발급과정을 총괄해 보면 다음 그림으로 나타낼 수 있다.(그림 4-3)

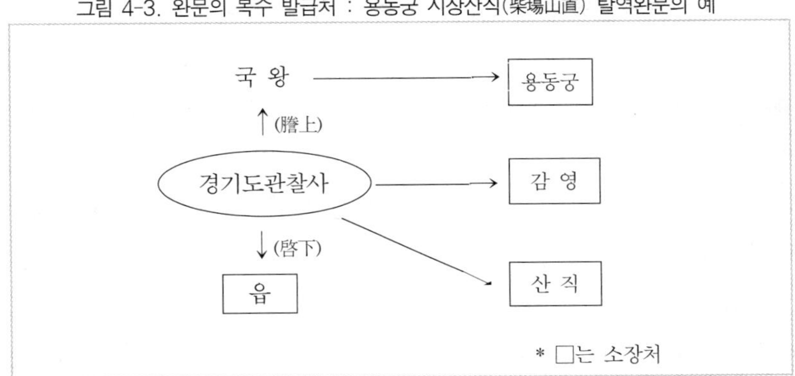

그림 4-3. 완문의 복수 발급처 : 용동궁 시장산직(柴場山直) 탈역완문의 예

그렇다면 어째서 이와 같이 완문을 여러 수급자에게 복수로 발급하였을까? 여기서의 수취처는 용동궁·경상감영·읍·산직 등 국역을 부과하는 업무의 실질적인 행정과정의 핵심처를 모두 망라하였음을 알 수 있다.

더욱 그렇게 생각할 수밖에 없는 것은, 이 완문이 발급되기 1개월 전에 통진부사가 발급한 완문이 1점 더 남아 있다는 사실이다.[20] 완문의 내용은 앞의 완문과 대동소이하다. 이 완문도 어람용이었음은 문서 마지막에 "통진부사(通津府使) 신(臣) 이(李)(啣)"이라고 한 부분과, 표지에 계하인이 있는 것으로 확인된다.[21] 통진부사 신 아무개라고 쓴 것은 일반적으로 국왕에게 올리는 문서 형식이라 할 수 있고, 계하인이 찍혀 있는 것은 국왕의 결재를 받고난 뒤에 그것을 증명한다는 의미이므

---

20)《古文書》14, 完文 23.
21) 문서에서 계하인의 표기를 [啓]로 하였음을 밝혀둔다.

로 어람용 문건임이 틀림없다. 이 완문도 용동궁에 보관되어 있던 것
이다. 그런데 굳이 차이가 있다면, 위의 완문에서는 '등차'라고 표현한
반면, 이 완문은 처음부터 어람용으로 작성되었음을 밝혀 놓았다는 점
이다.

어람용 완문은 형태적으로 이 완문 말고도 앞서 소개한 바 있는 수
진궁도서완문(壽進宮圖署完文)에서도 볼 수 있다. 수진궁완문은 왕의
교시에 따라 궁에 내려진 완문을 등급하여 절과 담당 색리(色吏)에게
발급하였음을 완문의 내용으로 확인할 수 있다. 그런데 책의 형태가
어람용 의궤와 매우 흡사하다. 이 완문은 어람용 의궤와 같이 표지가
비단으로 되어 있고 표제는 제첨을 사용하였다. 붉은 계선이 손으로
그어져 있고, 글씨가 해정하며 대두법이나 격자 표시에 철저하다.22)
이는 등급을 하여 이 내용이 중대한 것임을 보여주기 위하여 어람용을
모방한 것 같다. 표지에 계하인이 없고, 발급관청의 도서가 수진궁의
도서로 되어 있는 것은, 이 완문이 수진궁의 등급에 따른 것임을 보여
준다.

수진궁도서완문은 위의 완문과 마찬가지로 어람(御覽)·영차(營上)·
읍류(邑留)·산직(山直) 등 총 4건이 발급되었다. 이와 같이 수령에 이
어 감사가 각각 4건의 완문을 발급하는 것은 결국 탈역의 보장을 더욱
공고히 하려는 조처였음을 알 수 있다. 완문이 어람을 거치는 일은 아
주 드문 경우인데, 이 같은 특성이 나타나는 것 또한 탈역을 확실히 보
장받고자 하는 의도로 생각되며, 궁방완문의 경우에만 특히 나타나는
매우 예외적인 성격으로 보인다.

이것은 당시 지극히 존중해야 할 곳이었던 궁방의 이익을 수호하고
자 하는 각별한 조처에 따른 것임은 물론, 궁방의 경영처가 궁방으로

---

22) 어람용 의궤의 특징에 대해서는 김혁, 〈장서각 소장 의궤의 성격〉, 《장서각소장의궤해
　　제》, 한국정신문화연구원, 2002, 15~16쪽 참고.

표 4-5. 완문의 복수발급 현황

번호	발급자	수급자	내용	점수	수취처	수록·소장처	비고
1	사(使)	여주이씨가	묘직 탈역	2	해소(該所), 장민(狀民)	《古文書集成》 65, 완문21	*狀民용
2	사(使)	승청(僧廳)	정혜사(定慧寺)의 탈역	2	승청(僧廳), 본사(本寺)	慶北集成, 788	*僧廳용
3	관(官)	의성김씨가	김성일 사묘(祠廟) 속촌 제역	2	본동(本洞), 호방(戶房)	《古文書集成》 5, 완문6	
4	관(官)	구암사 (龜岩祠)	속촌 제역	3	본원(本院), 예리처 (禮吏處), 해촌(該村)	《古文書集成》 22, 완문2	해촌: 盤石, 茂德
5	토포사 (討捕使)	용산서원	안계암 제역	2	해방(該房), 안계암	《古文書集成》 50, 완문5	
6	부윤 (府尹)	용산서원	액외원생 15명	2	예리청(禮吏廳), 용산서원	《古文書集成》 50, 완문15	
7	병영 (兵營)	용산서원	철점 탈역	2	중영(中營), 본부	《古文書集成》 50, 완문17	
8	부윤 (府尹)	용산서원	속촌 탈역	2	부사(府司), 본원	《古文書集成》 50, 완문	
9	부윤 (府尹)	독락당	수철점 탈역	2	독락당, 수철점(水鐵店)	《古文書集成》 65, 완문5	
10	창원도호 부사	창원향교	사직단의 수호	4	향교, 향청, 장청(將廳), 작청(作廳)	부산 술고당	
11	관(官)	화순향교	교촌 탈역	4	해당촌, 사창(司倉), 군청(軍廳), 향교	국편MF0008405 -016	
12	사(使)	향교	원납에 따른 탈역	2	교중(校中), 원납자	《古文書集成》 26, 완문	
13	수진궁 (壽進宮)	국왕	건봉사의 탈역	2	지통 색좌(紙筒色座), 사중(寺中)	《古文書》14, 완문33	宮上完文 의 등급
14	김해도호 부사	김해부 신도(新島)	입안 받고 용동궁에 투탁.	2	용동궁, 감관(監官)	《古文書》14, 완문16	
15	통진부사 (通津府使)	조강포 (祖江浦)	새 해포주인 차정, 본궁 상납.	2	통진부, 조강포	《古文書》14, 완문7	
16	군수 (郡守)	합천향교	앙속전 분배	2	향교, 이청(吏廳)	《古文書集成》 31, 406쪽	

부터 원거리에 있기 때문에 관리가 여러 가지로 어려웠을 그러한 현실적 상황에서 기인한 듯하다.

이와 같이 완문을 복수로 발급하는 다른 사례를 통해 완문의 복수 발급이 갖는 의미를 알아보기로 한다. 다른 사례들을 정리하면 〈표 4-5〉와 같다.

완문이 복수로 발급될 경우, 발급된 완문의 총 점수를 확인할 수 있도록 완문의 각 소장처를 본문에 밝히는 것이 관례였던 것 같다. 그와 같은 경우, 대개 해당 완문이 어디에 소장되었는지도 아울러 표기하고 있다. 위의 표에서 볼 수 있듯이, 완문이 복수로 발급될 때는 2점인 경우가 가장 일반적이고, 3점 이상이 발급되는 것은 드문 경우임을 알 수 있다.

이를 구체적으로 검토하면, 구암사의 경우(번호 4) 본원(本院)·예리처(禮吏處)·해촌(該村) 등 모두 3곳에 완문을 발급하였다. 완문의 내용이 서원촌의 탈역인 만큼, 서원이 발급대상자가 된 것은 서원촌의 탈역이 서원의 수호를 명목으로 실질적인 탈역의 수혜자가 서원이기 때문이고, 예리처(禮吏處) 곧 예방(禮房)에게 완문이 발급된 것은 서원을 관할하는 관청이 예방이기 때문에, 예방에 이 같은 사항을 준수하라는 의미에서 발급한 조처이다. 한편 속촌에 발급된 것은 속촌이 탈역의 직접적인 대상이기 때문에, 속촌에서 이 완문을 증빙자료로 사용하라는 목적에서 발급된 것이다.

필자는 위 완문들에 나타난 수취처를 네 가지 유형으로 나누어 각각의 경우를 검토함으로써, 이들이 어떠한 문서 기능을 하였는지를 살펴볼 것이다.

제1의 유형은 발급자의 수하 실무관청인 경우이다. 발급자가 수령일 때 수취처는 해소(該所; 번호 1)·승청(僧廳; 번호 2)·호방(戶房; 번호 3)·예방(禮房; 번호 4)·향청(鄕廳)과 장청(將廳; 번호 10)·사창(司倉)과 군청

(軍廳; 번호 11)인 경우가 여기에 해당된다. 위의 수취처들은 주로 잡역을 부과하는 업무를 담당하는 이속 집단으로서, 수령권에 포섭되는 관청이다.

이 가운데 수취처가 승청이 될 수 있었던 것은, 서원에 소속된 암자의 역을 승청에서 주관하기 때문이다. 한편, 서원은 예방(禮房)의 관할 아래 있으므로 예방도 수취처가 될 수 있다. 그 밖에 각 이청(吏廳)이나 향청(鄕廳), 장청(將廳) 등은 각종 잡역 부과 업무를 담당하는 실무 관청이었으므로, 이들 관청이 수취처가 된 이유는 충분히 짐작할 만하다.

이때 제1 유형의 완문 수급자들은 완문의 청원자도 아닐 뿐더러, 수취한 완문을 가지고 증빙을 요청하지 않는다. 그렇다면 이때의 완문은 증빙문서라기보다는 오히려 수령의 명령을 전달하는 전령과 같은 일종 전달문서 또는 행이문서로서의 성격이 강하였음을 알 수 있다. 실제로 이 경우 수령의 명령을 전달하는 '전령'(傳令)을 사용하기도 하였다.23)

제2의 유형은, 그 자신이 탈역 대상자는 아니지만 탈역으로 인해서 실질적인 이익을 누리는 대상에게 발급하는 경우다. 장민(狀民; 번호 1), 용산서원(龍山書院; 번호 6 · 8), 독락당(獨樂堂; 번호 9), 향교(번호 10 · 11), 사찰(번호 13) 등이 이러한 유형에 속한다. 이것은 대체로 완문의 발급 신청자가 탈역 대상자와 동일하지 않은 경우로서, 이때의 완문은 자신의 탈역 사실을 증명하는 자료로서, 또는 자신에게 소속되었거나 자신이 관리하는 탈역 대상자의 탈역 사실을 증명하는 구실을 하였다. 이들은 대체로 완문의 효력으로 인해서 생기는 이익의 실질적인 수혜자가 된다.

제3의 유형은, 완문의 발급자가 증빙용으로 자신의 관사에 둘 목적

---

23) 이와 같이 수령이 자신의 예하 관청에 탈역을 지시할 경우, 전령을 사용한 실제적인 사례로는 다음 장에서 분석한 김채상 집안의 전령을 꼽을 수 있다.

으로 발급하는 경우이다.(번호 8 · 13 · 15 등) 이때 완문은 영속적인 효력을 위한 사실 증명용으로, 기록을 관청에 비치함으로써 이후 새로 부임할 수령에게 알리려는 목적으로 작성된 것이다.

제4의 유형은, 완문의 발급신청자는 아니지만 실질적인 탈역 대상자에게 발급하는 경우이다. 사묘나 서원 · 향교의 속촌(번호 3 · 4 · 11), 서원의 속점(屬店; 번호 5 · 9) 등이 여기에 속한다. 완문이 다른 사족이나 공공기관 이름으로 발급되었지만, 이들이야말로 실질적인 탈역 대상자라는 점에서 주목된다. 이들은 이 완문을 가지고 초호(抄戶) 행정에 임하는 하리들에게 탈역을 위한 증빙문서로 사용하였을 것이다.

이와 같이 복수로 발급된 각각의 완문들은 탈역의 행정과정에서 긴요한 곳에 배치되었음을 확인할 수 있다. 그리고 각각의 완문들이 저마다 행하였던 문서의 기능에서도 차이가 남을 알 수 있다. 그런데 무엇보다 완문의 복수 발급이라는 현상에서 완문의 특성을 간취할 수 있다. 이들이 문서를 복수로 발급함으로써 노릴 수 있는 목적, 즉 완문의 문서효력을 더욱 안정시키려 하였다는 것은 결국 완문 그 자체의 문서효력이 안정적이지 않았음을 보여주는 것이라 할 수 있다.

완문 효력의 불안정성을 극복하기 위한 방법으로 읍에서는 완문을 읍지에 수록하기도 한다. 물론 모든 완문을 싣는 것은 아니다. 필자가 확인한 바로는 《봉성지》(鳳城誌)[24]에 실린 완문이 있다. 《봉성지》는 전라도 구례(求禮)의 읍지로서, 정조 24년(1800)에 현감 김최행(金最行)과 향노(鄕老), 선비들이 함께 편찬한 것이다. 《봉성지》에는 모두 6점의 완문이 실려 있다. 이들은 모두 이전 수령들이 발급한 완문으로, 병진완문(丙辰完文; 1796년, 현감 李宗祥), 경술완문(庚戌完文; 1790년, 현감 李在天), 경신완문(庚申完文; 1800년, 현감 김최행), 갑자완문(甲子完文;

---

24) 서울대 규장각, 奎7912.

1684년, 高時跋), 기축완문(己丑完文; 1796년, 鄭啓周), 을묘완문(乙卯完文; 1795년, 현감 李宗祥)이 있다.

이 완문에는, 위와 같이 완문의 제목에 간지명을 표기하여 발급일자를 밝히고, 발급한 수령 이름도 함께 기록하였다. 이 완문은 보민청과 견역청의 설립을 위한 법원(法源)인 셈이다. 이러한 완문을 읍지에 실어둠으로써 설립 근거를 분명히 하려는 목적이 있었다고 하겠다. 시행준칙은 각 완문에 부록된 절목(節目)에 해당하는데, 이 읍지에서는 절목이라고 따로 분리하여 싣고 있다. 이 절목은 이러한 관청을 운영하는 실질적인 시행세칙을 됨을 알 수 있다.

여기서 필자가 의미 있게 보는 것은, 이들 완문이 어떤 개인의 탈역 특권을 규정하는 것이 아니라, 읍에서 함께 지킬 공적인 내용을 설정하였던 경우이므로, 읍지 등에 실어 공적인 효력을 배가시켰다는 점이다. 이쯤 되면 이때의 완문은 읍을 운영하는 시행세칙으로도 사용되었음을 알 수 있다.

4.1.3. 완문의 발급절차 II

여기에서 논의하려는 발급절차는 묘직 탈역과 같이 수령이 도임하게 되면 으레 관습적으로 이루어지는 행정절차에 따르는 경우가 아니라, 효자나 열녀의 포상과 같이 특별한 사안이 있을 때를 대상으로 한다. 이것은 일정한 절차가 있기는 하지만 상황의 변수가 크다. 그러므로 한 가지 사례를 가지고 발급절차를 세세히 따져보는 것이 여러 면에서 유용할 것이라고 생각한다. 여기에서는 19세기 중엽 전라도 부안현에 거주하였던 김채상 집안의 사례를 중심으로 서술할 것이다.

18세기 중엽 이후의 완문은 완문 발급을 청원하는 절차를 거치는 것이 통례였다. 다음은 1863년에 전라도 부안에 거주하였던 김채상 집안이 완문 발급을 신청하였던 소지이다.

> ……고을에서는 거듭 천거가 있었고, 도에서도 아홉 차례나 포상이 있
> 어서 순찰사·암행어사·선무사·예조·영의정이 감탄하여 가상히 여긴
> 다는 제사를 받았으나 아직까지 정려의 은전을 받지 못했으니, 어찌 억울
> 한 일이 아니겠습니까? 이에 감히 효로 다스리시는 치하에서 특별히 제
> 교를 허락해 주시기를 바랍니다. 연호잡역을 침책하지 않겠다는 뜻으로
> 완문을 성첩하여 주시기를 천만번 간절히 조처해 주시기를 바랍니다. 겸
> 성주(兼城主)께서 처분을 내려주십시오. 계해 12월 일[25]

이 집안에서는 "순상(巡相)·어사(御史)·선무사(宣撫使)·예조(禮曹)
로부터 흠탄하며 가상하다는 제사는 있었지만, 아직까지 정려를 받지
못하였으므로 어찌 억울하지 않겠느냐"고 하며 "연호잡역을 침책하지
않겠다는 완문을 성급해" 줄 것을 청원하고 있다.

이 소지가 올라가자 수령은 이것에 의거하여 "완문을 작성하여 주
라"는 제사를 내린다. 수령의 제사는 청원에 대한 행정처분이다. 이 행
정처분은 이후 바로 효력을 발휘해서 완문을 발급하는 행정 근거가 된
다. 여기까지가 완문의 청원과 심의, 행정처분의 행정과정을 의미한다.
이러한 행정과정을 거쳐서 발급된 완문은 수령이 행정처분을 내렸다
는 사실을 입증하는 문서가 된다. 다시 말하여, 완문은 그 자체가 행정
처분을 의미하는 것이 아니라, 행정처분을 보증하는 문서로 사용되었
다는 뜻이다.

그런데 현존하는 완문을 조사해 보면, 완문의 발급을 요청하는 문서
는 소지(所志)·상서(上書) 등 소지류 말고도 다양한 문서가 이용되고
있다. 대표적인 예로는 ① 존위(尊位)의 첩보(牒報),[26] ② 훈장(訓長)의

---

25)《扶安金氏愚磻古文書》, 한국정신문화연구원, 1983, 所志 48.

품보(稟報),[27] ③ 노(奴)의 발괄,[28] ④ 사족(士族)이나 하민(下民)의 등장
(等狀)[29] 등을 꼽을 수 있다.

그 밖에 서원에서 완문의 발급을 요청할 경우, 재임(齋任)의 서목(書
目)에 따른다. 발괄·서목·등장의 경우는 민이 아래에서 위로 직접 올
리는 소지류에 해당한다고 하겠다. 그러나 품보는 구실아치가 수령에
게 보고할 때 사용하는 문서이며, 관문(關文)은 상급관청이 하급관청에
내리는 명령서이므로 소지류와는 성격을 달리한다고 할 수 있다.

이러한 청원에 의한 행정처분에 따라 완문은 발급되었다.[30] 그런데
수령은 완문의 발급과 동시에 실무자인 면임에게 거의 같은 내용으로
전령도 발급하였다. 이것은 완문의 성격을 이해하는 데 시사하는 바가
크다. 다음은 수령이 완문을 발급하면서, 동시에 부안 일도면(一道面)
면임(面任)에게 발급하였던 전령이다.

전령(傳令) 부안현 일도면 면임에게
지금 들으니, 본면 당북리의 사인 김채상은 본디 탁이한 효행이 있어
서…… 하물며 연호잡역도 아직 탈면 받지 못하였다고 하니, 듣기에 대단
히 안타깝다. 특별히 완문을 작성하였고, 이에 또 전령을 내리니, 이 김씨
양반 형제와 아들 조카들의 환자와 연호잡역을 모두 침책하지 말도록 하
라. 만일 혹시라도 겸임 사또의 명령이라고 우습게 보아 이 명령을 어기
는 폐단이 있다면 마땅히 엄히 다스릴 것이니, 삼가 봉행하여 오랫동안
바꾸지 않는 것이 의당할 것임.
계해(癸亥) 12월 28일

---

26) 《古文書集成》 6, 完文 8. "卽接西後面金下里尊位牒報 則以爲…."
27) 《古文書集成》 6, 完文 12. "卽接北面水西書堂稟報 曰…."
28) 《古文書集成》 6, 完文 7. "卽接金溪里金承旨宅奴尙根所訴 則以爲…."
29) 《古文書集成》 22, 完文 2. "卽者化民愼基五文圭漢崔潤錫等聯名所志內 以爲…."
30) 《扶安金氏愚磻古文書》, 한국정신문화연구원, 1983, 完文 2.

행관(行官) [署押]31)

전령(傳令)이란 "관원(官員)이 관하(管下)의 관리(官吏)·면임(面任)·
민(民) 등에게 내리는 명령서"이다.32) 이 문서는 환호(還戶)와 연호잡역
(煙戶雜役)을 침책하지 말 것을 내용으로 하고 있다. 이와 같이 면임에
게 명령을 내리는 것으로 보아, 역을 배분하는 실제 업무를 해당 면임
이 총괄하였음을 알 수 있다. 면임이 수령 관할 아래 있으므로 수령의
명령에 복속하기는 하지만, 실제로 독자적인 행정조직임을 반증하는
것이라고도 볼 수 있다. 이러한 행정과정을 간략히 정리하면 다음 〈그
림 4-4〉와 같다.

그림 4-4. 효자열녀완문 발급의 행정절차 I

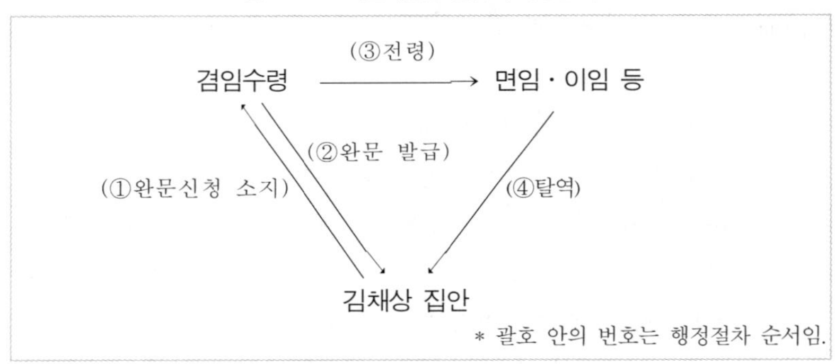

위의 〈그림 4-4〉에서 보듯이, 수령은 완문을 발급하면서 면임이나 이
임 등에게 동시에 전령을 발송하고 있다. 완문과 전령은 제사(題辭)와
더불어 수령이 행정권을 행사하는 데 주목되는 문서다. 완문은 사족 등
에게 특권을 부여하는 문서이고, 전령은 구실아치들에게 행정명령을 내
리는 문서이며, 제사는 독립된 문서로 표현되지 않고 소지 등에 함께

31) 위의 책, 傳令 1.
32) 최승희, 《한국고문서연구》(증보판), 지식산업사, 2003, 219쪽 참조.

쓰이지만 민의 소청에 대한 행정처분을 하는 문서다.

완문과 더불어 따로 전령을 발송하였다는 것은 이때 발급된 완문의 성격과 효력을 이해하는 데에 시사하는 점이 있다. 면임 등에게 전령을 발송하는 것은 이들이 역을 배당하는 실무자이기 때문이다. 여기서 민에게 발급하는 완문만으로는 세역의 수취업무를 담당하는 실무자들의 이른바 '침어'(侵漁)를 통제하기 어려웠음을 알 수 있다.

이것을 둘러싼 정황은 어느 정도 짐작할 만하다. 면임이나 이임의 임무는 사실상 새로운 세원을 찾아내어 거기에 세역을 부과하는 것이 기본이다. 그 성격은 공평성을 기조로 하고 있으므로, 수령의 특별한 제제 명령이 없는 한 정상적인 체제로 작동한다는 것을 알 수 있다. 완문에서는 흔히 침어라고 표현되지만, 이것은 사실 그들의 고유한 소관 업무이다. 특히 이정제(里定制) 아래에서 모든 역의 분배는 이들 하급 관리들에게 귀속되었기 때문에, 수령의 명령은 사실상 수령의 재임기간 동안에만 유효하고, 그런 의미에서 부차적인 효력밖에는 갖지 못하였다.

김채상 집안은 이 완문을 수취하고 2년 뒤인 1865년에 다시 수령에게 또 다른 완문을 발급받았다. 앞의 발급자가 겸임 수령이었는데, 이번의 발급자는 본관 수령이다. 완문의 발급이 완문의 내용처럼 '영구준행'(永久遵行)되지 않았을 뿐 아니라, 그 효력은 대개 완문의 발급자가 권력을 행사하던 시기에 한정되었다. 이것은 기존에 발급받은 완문이 있음에도 같은 사항에 대해 또 다른 완문을 작성해 주는 사례에 해당한다.

이러한 행정과정에서 무엇보다 주목되는 것은 김채상 집안이 본관 수령에게 직접 청원하지 않고, 전라도 유생들이 예조에 상서하는 모양새를 띠고 있다는 점이다. 어떤 이유에서인지 이 집안은 자기 고을의 수령에게 직접 청원하는 방식 대신, 간접 절차를 통해 완문을 수취하는 방식을 택하였다. 이것은 무엇을 의미하는가? 당시 그 고을의 수령은 어떤 이유에서인지 탈역을 기꺼워하지 않았다. 그래서 김채상 집안은 수령의 의도를 파악하고 그에게 압력을 행사할 방식을 외부에서 구한 것으로 보인다.

이러한 정황은 발급의 행정과정을 통해서도 드러난다. 전라도 유생들은 등장의 형식으로 예조판서에게 김채상 집안에게 정려를 내려줄 것을 청원하는 상서를 올리고 있다.[33] 이에 대해 예조판서는 "한 가문의 효절이 실로 흠탄할 만하여 순무사와 암행어사의 포제(襃題)를 보기에 이르렀으니, 더욱 경건히 받들어야겠다는 생각이 든다. 그러나 임금에게 아뢰는 일은 사체가 중하여, 먼저 본관의 예에 따라서 완문을 작성해 주니, 이것으로 준행할 것"이라는 행정처분을 내린다. 그리고 그는 부안현감에게 관문을 작성하여 내리고 있다. 다음은 이와 같은 행정처분에 따라 이 상서의 뒷면에 기재된 관문이다.

배관(背關) 같은 날

예조가 부안현감이 고찰할 수 있도록 작성한 것임. 유생 이원달 등의 유장을 접해보니, 해당 현의 사인 김채상의 탁이한 효도와 그의 동생 상우의 처 박씨가 행한 남편을 따라 죽을 정도의 절개는 한 집안의 두 가지 행실이 있는 경우로서 옛날부터 드문 일이다. 사림의 천장과 영읍의 칭상하는 제사를 통해 이에 대한 공의가 넓다는 것을 볼 수 있으니, 정포의 전을 입어야 마땅할 것이다. 그런데 사안이 중대한 만큼 쉽게 처리하기에는 어려움이 있으니, 일후 조가의 처분을 기다려야 할 것이다. 이 효열의 집안이 연호잡역의 혜택을 아직까지 받지 못하였다고 하니, 듣기에 매우 딱하다. 그러므로 특별히 완문을 작성해 주고 아울러 본읍에 배관(背關)하니, 환호와 연호잡역을 일일이 침책하지 말아서, 행실이 있는 집안에 포상하는 아름다움을

---

33) 《扶安金氏愚磻古文書》, 所志 80.

보여주는 것이 의당함. 이 문서를 부안현감에게 전함.
關 예조(禮曹) [署押]34)

예조가 완문을 발급하였음에도, 그 사실을 해당 고을에 통보하는 관(關)을 따로 작성한 것은, 수령이 완문을 발급하면서 전령(傳令)을 따로 전송하는 것과 비슷한 행정절차를 거치고 있음을 알 수 있다. 즉, 이때의 완문은 행정적으로 직접 명령하는 의미를 담고 있는 것이 아니라, 예조에서 이 사안에 대해 보증한다는 정도의 의미밖에는 갖지 않는다. 다시 말해서, 자신의 행정처분에 대한 보증서 정도의 의미를 띤 것이었다.

예조로부터 수취한 완문과 관문이 부안현에 도착하자, 김채상 집안에서는 이것에 의거해 환호와 연호잡역을 물침하는 처분을 내리도록 하는 소지를 본현의 수령에게 올리고 있다. 이에 따라 수령은 소지에 대해 제사로 처분할 뿐, 어찌된 일인지 위에서 본 통례에 따라 바로 완문을 발급하지 않았다. 그 다음해에 가서나 앞의 경우와 같이 완문과 전령을 요청하여, 이에 의해 완문이 다시 발급되었다. 그런데 이 완문은 예조의 관(關)에 의거해 발급한다는 뜻을 분명히 하고 있다. 예조

그림 4-5. 효자열녀완문 발급의 행정절차 II

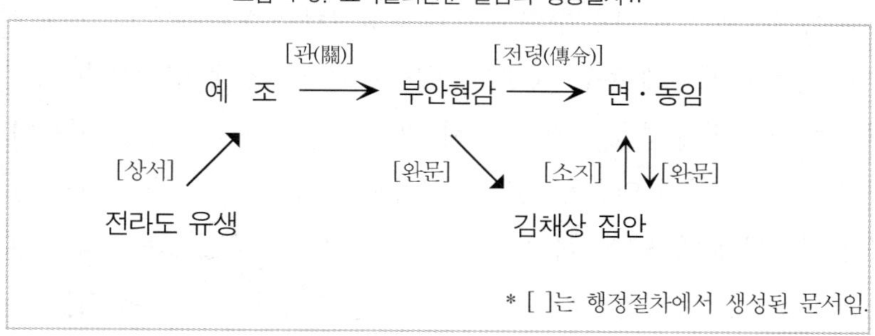

---

34) 위와 같음.

를 통해 완문을 수취하는 행정절차를 요약한 것이 앞의 그림이다.(그림
4-5)

위에서 김채상 집안이 완문을 발급받는 절차를 두 가지로 나누어 보
았다. 첫 번째는 최초의 완문을 발급받는 과정이고, 두 번째는 예조로
부터 완문을 발급받아 이것을 통해 완문을 다시 수취하는 과정이다.
아마 완문 수취 절차의 경우, 김채상 집안뿐만 아니라 대개의 집안이
이 과정을 따랐을 것으로 생각한다.

이런 완문의 행정절차에 관해서는 다음 몇 가지로 정리할 수 있다.

첫째, 상급관청이든 하급관청이든 막론하고 같은 사안에 대하여 왜
완문을 중복 수취하는가 하는 점이다. 그 한 가지 이유는 수령보다 상
급기관인 관찰사라든지 예조·병조 등의 중앙 관청으로부터 완문을
발급받을 경우, 수령으로부터 발급받은 것보다는 효력 면에서 떨어지
는 것은 아닌가 생각된다. 상급기관으로부터 완문을 발급받은 뒤, 그것
으로써 유효한 효력을 보증 받는 것이 아니라, 이것을 근거로 다시 수
령에게 완문 발급을 요청하기 때문이다. 여기서 상급관청의 완문은 수
령의 완문을 발급받기 위한 수단으로 보인다. 그럼에도 상급기관의 완
문을 수취하고자 하였던 것은, 이 완문이 수령으로부터 완문을 수취하
는 데 깊은 영향력을 행사하기 때문임이 분명하다.

둘째, 발급자가 소지로써 완문 발급을 요청하는 수급자에게, 그 보장
으로 완문을 작성해 주는 것과는 별도로, 행정관청에 행정적 지시를
내리는 관이나 전령을 따로 작성해 내렸다는 점이다. 이것은 완문이
행정과정에서 어떤 역할을 하는지 시사하는 점이 크다. 즉 이때의 완
문은 사후에 문제가 발생하였을 때에 특혜 사실을 증명하는 증빙서 역
할을 하고 있을 뿐, 행정을 주재하는 명령서 역할은 하지 않는다는 점
이다.

물론 이와 같은 완문의 성격은 행정절차에 따른 것이므로, 행정제도

의 역사적 조건에 구속되었던 것은 물론이다. 따라서 이와 같은 완문 발급을 둘러싼 행정절차는 어느 한 시기에 나타난 완문의 행정절차를 다룬 것이지, 완문 발급의 전체 양상을 보여준 것이라고 보기는 어렵다. 다만 이 완문이 19세기고, 당시가 가장 많은 완문이 발급된 시기라는 점을 감안한다면, 이 같은 완문 발급의 행정절차도 어느 정도는 보편적인 양상이 아니었을까 생각한다.

4.2. 증빙행정

4.2.1. 증빙대상

발급된 완문이 효력을 발휘하기 위해서 수급자는 수취한 완문을 제시하는 과정을 거쳐야 했다. 이 과정을 완문의 증빙절차라고 부른다. 완문의 증빙절차는 증빙대상에 따라 다음 세 가지로 나누어진다.

① 후임 수령
② 품관(品官), 이임, 면임, 집강 등 세역의 담당자
③ 하급 관청

우선 완문의 증빙과정으로 대표적인 것은 후임 수령에게 증거력을 발휘하는 경우다. 면의 행정실무자 쪽에서 완문을 제시하였음에도 이때 채록되지 않거나 행정상의 문제로 빠져서 역이 부과되었을 때, 다시 본관 수령에게 완문을 제시하여 증빙서 구실을 하게 한다.

그 한 예로 예안의 김낙형 등이 1863년에 겸임 수령에게 올린 상서에 따르면, 김낙형 등은 이전의 성주로부터 서원촌의 탈역을 위한 완

문을 수취하였지만, 이후 다른 성주가 도임하였을 때 다시 원촌에 이포를 부과하는 일이 발생하였다.[35] 이에 대하여 이전 수령이 발급한 완문을 증빙서류로 첨부하여 올림으로써, 이를 통해 다시 세역 면제 혜택을 받는 내용이다.

이로써 완문을 발급받는 과정에서 완문 자체가 증빙문서로 이용되었음을 확인할 수 있다. 이는 완문의 효력이 현실적으로 발급자인 해당 수령의 재임기간에 한정되었으므로, 수령이 체차되면 그 행정처분의 보장을 장담할 수 없었다. 이후 관례상 기존에 발급받은 완문은 역을 다시 침책 받아야 하는 등의 문제가 발생하였을 때, 뒤에 오는 수령에게 새로운 증빙서류로서 기능하며, 이를 통해 똑같은 권리를 요구하는 근거가 되었던 것이다.

두 번째는 중복 발급에서 보았듯이, 수령이 전령과 같은 명령서로서 이임이나 풍헌 등에게 발급하거나 수급자가 그들에게 증빙할 수 있도록 하는 경우이다. 한 예로 초호(抄戶)라고 불리는 과역대상자에 대한 조사서를 정기적으로 작성하고 있을 때 완문을 제시하는 경우이다. 이때 면의 행정실무자 입장에서는 과세를 받는 쪽이 실제로 그 과세를 감당해낼 능력이 있는지에 기초하여 그 집안의 재력을 먼저 검토하는데, 이때 작성한 기록물을 '가좌성책'(家座成冊)이라고 한다. 이때 완문을 수취한 집안에서는, 자신의 탈역을 증명하는 증명서인 완문을 가좌성책 작성자에게 제시하였던 것 같다.

이러한 사실의 한 예증인 다음 기록을 보자. 이것은 앞서 언급한 김채상 집안 소장 완문 가운데, 필자가 위조로 판정한 완문의 뒷부분에 남아 있는 기록이다.

---

35)《古文書集成》1, 所志 108.

　일도면(一道面) 당후리(堂後里)에게

　이 식년에 가좌성책을 작성하고자 이 마을에 와 보니, 관의 전령(傳令) 과 예조의 완문이 있으므로, 이른바 인정전(人情錢)이라는 명색을 영원히 침책하지 말도록 이와 같이 작성하여 줌.

　갑신(甲申) 9월 2일 풍헌(風憲) 유(兪) [着名].36)

　이 기록은 유(兪)씨 성을 가진 풍헌(風憲)이 일도면(一道面) 당후리(堂 後里)의 가좌성책을 작성하기 위하여 각 집안을 돌아다니며 재산내역 등을 조사할 때, 김채상 집안에서는 전 수령의 전령과 예조의 완문을 제시하였고, 풍헌이 이른바 정전(情錢)을 받지 않겠다고 한 것을 보면, 제시된 완문에 의거해 탈역을 시키겠다는 사실을 인정하였던 표시라고 볼 수 있다.

　다른 한 가지는 상부 관청, 예컨대 충훈부나 예조, 관찰사가 발급하 는 완문으로, 고을에서 일어나는 사안의 최종결정권자라고 할 수 있는 현직 수령에게 이를 제시함으로써 증빙력을 갖는다. 이때는 명령서 내 지는 관문과 같은 전달문서로서의 성격이 강하다고 볼 수 있다.

4.2.2. 완문의 효력 문제

　완문의 문서행정에 나타나는 여러 가지 특징들, 예컨대 중첩 발급이 나 중복 발급의 발급 관행으로 미루어볼 때, 완문이 현실에서 과연 어 느 정도 효력이 있었을까 하는 의구심을 가질 수도 있다. 그들의 소지 에도 완문을 발급받았음에도 보장이 지켜지지 않았다는 하소연은 왜 그렇게 많은가? 1회의 발급으로 보장이 지켜지지 않는다면 그 효력에 대해 의구심을 갖는 것은 당연하다.

---

36) 《古文書集成》 1, 完文 1.

일제시대의 판사들도 완문의 효력에 대한 의구심이 컸다. 재판 과정에서 소유권을 주장하며 제시된 완문을 증거자료로서 채택하여야 할 것인가 등의 문제가 이런 사실을 말해 준다. 다음은 그 예이다.

① 구한국정부시대(舊韓國政府時代)에 소유권 또는 경계로 쟁송하는 토지에 대하여 군수(郡守), 부사(府使) 또는 관찰사(觀察使)는 토지의 경계 또는 소유권의 확정을 청원자의 청원에만 의거하여 절목 또는 완문을 부여하였는데, 그 문서들은 권한을 가지고 있는가?

② 그리고 여기서의 절목 또는 완문은 관습상의 소유권 또는 경계를 확정하고 어떤 사람에게도 대항할 만한 효력을 인정할 수 있는가?

③ 부사와 인접한 군수가 입회(立會) 하에 쟁송하는 토지에 대하여 청원자 및 상대방을 취조하는 결과 얻은 토지의 경계 또는 소유권을 인정하는 절목을 부여한 뒤 십 수 년 뒤에, 다시 동일한 토지에 대하여 순찰사(관찰사)에 대하여 다른 청원자의 청원에 의해 상대방을 조사하고 또 종래 동일한 토지에 대한 부사, 군수의 절목 같은 것의 존부도 조사하지 않고 전에 존재하는 절목의 취지와 완전히 반대 취지의 완문을 부여하는 것 같은 경우가 있는가?

④ 절목과 완문이 어떤 사람에게도 대항할 수 있는 효력을 가지고자 한다면 위에서와 같이 이해가 상반하는 전후 2회의 절목 완문이 존재하는 경우에 전후의 완문 중 어느 쪽으로 그 효력을 인정할 것인가 하는 관습이 있는가?

위의 인용문은 1927년(大正 6년)에 평양지방법원 영변 지청에서 중추원에 조회한 내용이다. 이 내용은 민사관습회답휘집에서 '절목(節目) 완문 등 효력에 관한 건'으로 정리되어 실려 있다.[37] 여기서 조회한 내용은 대체로 완문의 발급제도에 대한 허실을 묻는 것으로, 발급절차에

---

37)《民事慣習回答彙集》, 216. 節目 完文 등 效力에 관한 건, 315쪽.

대하여 당연히 의문을 가질 수 있는 내용이다. 그 요지는 다음 두 가지로 요약될 수 있다.

소송의 결과 그로부터 토지의 소유권과 경계의 권리를 인정한 완문과 절목의 법적 효력을 인정할 수 있는지의 여부와, 동일한 건에 대하여 서로 반대되는 내용의 완문을 전후로 발급하였을 때 그 모순을 어떻게 해결할 것인가 하는 문제이다.

전자의 문제는 완문의 발급이 원칙상으로는 두 소송 당사자의 의견을 고려하여 사실을 조사한 바탕 위에서 발급하는 것으로 되어 있지만, 대개 관습적으로는 어느 한쪽의 청원에 의해 발급하는 것이 현실이므로 완문이나 절목의 신빙성이 떨어지지 않느냐는 의문이다.

이에 대한 중추원의 답변은 발급자의 처분을 존중하는 쪽으로 해결의 가닥을 잡는다. 즉, 사실이 명백할 경우에는 단지 한쪽의 청원에 의해서만 그것을 부여할 수 있어서 위법이 아니며, 어떤 사람에게도 대항권이 있다는 것이다. 완문의 현실적 효력을 인정하는 것이다.

후자의 문제는, 앞뒤로 동일 사안에 대하여 상반되는 처분 내용을 담은 완문을 발급한 경우이다. 실제로 완문의 발급과정을 보면, 수령의 처분권에 따라 발급되는 만큼, 경우에 따라 이전에 발급된 완문을 참고하지 않을 수 있기 때문이다. 이에 대해 중추부는 뒤에 발급한 완문에 따라 앞의 완문은 효력을 잃는다고 회답하고 있다.

이와 같은 문제는 완문의 발급제도가 갖는 맹점이라고도 볼 수 있지만, 수령제가 폐지된 현실에서 더 이상 수령의 처분권이 갖는 의미를 판사들이 이해하지 못한 결과일 수 있다. 다시 말하면, 수령의 처분권을 근대법의 시각에서 재단하였을 때 생길 수 있는 부득이한 사안이라고 할 수 있다.

완문의 효력에 대한 문제는 여기서 그치지 않는다. 다음은 충훈부가 완문 발급의 자격을 갖춘 기관인지를 묻고 있다.

충훈부는 공신과 훈신의 분묘가 소재한 산지에 대하여 완문을 발급할 권한이 있는가?[38]

이에 대해 중추원은 충훈부는 발급할 권한이 있고 또 그 완문은 공증력이 있다고 회신하였다. 사실 수많은 완문을 검토한 필자조차도 이러한 완문을 직접 보지 못하였다. 그런 만큼 당시로서도 이러한 완문이 존재하였다면, 그 내용에 대하여 의문을 가졌을 것이라고 본다.

그 밖에 완문에 기재된 내용 가운데 근대법의 기준에서 처리하기가 애매한 경우가 사표의 경계에 대한 부분이다. 완문에 "동쪽으로 구봉산 아래로부터 노적봉에 이르기까지"라고 씌어 있는 경우는 매우 일반적인 표기일 수 있다. 여기서 구봉산 아래는 정확히 어느 영역을 가리키는가?

완문에 기재된 사표(四標) 가운데 구봉산 아래라는 것은 그 산의 아래를 가리키는 것인가, 아니면 산의 전체 또는 중턱 등까지를 말하는 것은 아닌가?[39]

중추원에서는 이 문제에 대해, 여기서 구봉산 아래라고 한 것은 구봉산의 아래를 가리키는 것이지 산의 전체나 중턱까지를 말하는 것은 아니라고 회신하였다. 이러한 답신이 무엇을 근거로 하였는지는 명기되지 않지만, 아마 당시의 관용어법에 따라 판단한 것으로 추정된다.

어쨌든 이와 같은 문제가 제기되었다는 것은 완문이 갖는 효력이 일제시대에 의심받았음을 분명히 보여준다. 그러나 어느 것도 완문이 갖고 있던 현실적 효력을 인정하는 쪽으로 귀결되었다.

---

38) 《民事慣習回答彙集》, 216. 節目 完文 등 效力에 관한 건, 436쪽.
39) 《民事慣習回答彙集》, 216. 節目 完文 등 效力에 관한 건, 281쪽.

한편으로 생각하면 완문이 문서로서 효력이 없었다면 왜 그토록 수많은 완문이 발급되었고, 또 그 많은 사람들이 수취하고자 하였는가라고 되묻지 않을 수 없다. 앞서 살펴본 바와 같이, 완문이 중첩 발급된 것은 완문이 효력이 없어서라기보다는 수령의 행정처분이 갖는 효력이 해당 수령의 재임기간까지라는 조선시대 지방행정의 특성에 기인한 것이다.

4.3. 부정관행

완문이 가지는 가장 중요한 의미는 각종 특혜를 보장하는 것이었고, 그 특혜가 관의 단독처분권에 따라 발휘되는 것인 만큼, 완문을 통해 자행되는 부정의 소지는 높았다. 여기서 부정의 사례로는, 대표적으로 완문을 위조하거나 뇌물을 받고 발급하는 경우를 들 수 있다. 다음의 개별 예를 통해 완문을 둘러싼 부정의 구체적인 실상을 파악해 보도록 하자.(〈표 4-6〉 참고)

이 표에서 사례 1은 선조 31년(1598)에 사간이었던 이이첨(李爾瞻)이 감사였던 권협(權悏)으로 인해 사직을 청하는 자리에서, 권협이 완문을 친구에게 보내 친구가 배에 대한 이익을 얻도록 하였다고 탄핵하고 있다. 이때 완문은 친구가 이익을 얻는 수단으로 사용되었고, 감사는 이 사적인 혜택을 완문을 통해 행사하고 있음을 알 수 있다.

사례 2는 영조 51년(1775)에 영의정 김상철(金尙喆)이 아뢴 말에서 나온 기사로, 전 남해현감(南海縣監) 이동식(李東植)이 군역에 충정해야 마땅한 사람에게 완문을 발급해준 대가로 돈을 받아 군기를 수리하는 데 쓰고는, 스스로 마련하였다 하여 자기 공으로 삼은 일을 탄핵하고 있다. 이것 또한 완문이 현실적인 권한을 행사할 근거로 사용될 수 있

표 4-6. 완문의 부정관행

사례	부정 내용	사안	전거
1	부정 발급	중앙 관직자가 완문을 보내 친구 일을 도움	《선조실록》 선조31.7.28.
2	부정 발급	수령이 완문을 발급하여 돈을 받은 뒤, 그 돈을 스스로 마련한 것이라고 거짓으로 보고	《영조실록》 영조51.12.23.
3	위조	수결·전령·인신· 완문 위조	《승정원일기》 정조8.3.16
4	부정 수취	위보(僞譜)를 몰래 간행하여 완문을 발급 받고자 함	《승정원일기》 정조14.10.3
5	부정 발급	마위전으로 운영이 어려워 뇌물을 받고 역속에게 완문을 발급하고 그들의 신공을 면제.	《승정원일기》 정조19.11.23.
6	부정 발급	역졸에게 뇌물 받고 완문 3장과 첩문 4장을 발급	《승정원일기》 정조19.11.26.
7	부정 발급	역졸에게 뇌물을 받고 완문 3장과 첩문 4장을 발급	《승정원일기》 정조19.12.11.
8	부정 수취	수령이 자기 관할의 토지를 자기 소유로 만들기 위하여 현목완문(縣牧完文) 수취	《승정원일기》 순조14.4.8.

었으며, 수령의 재량권 안에서 행사할 수 있는 권한 가운데 하나였음을 보여주는 실례다.

이 같은 사례들을 종합하여 볼 때, 완문을 둘러싼 부정은 완문의 위조(사례 3), 뇌물을 받고 완문을 발급하는 발급의 부정(사례 5, 7), 부정한 방식으로 완문을 수취하는 사례(사례 8)로 나누어 파악할 수 있다. 그 밖에도 완문이 이권과 관련된 문서이므로 다양한 개별적 사례가 있을 수 있다. 이 같은 다양한 방식의 부정 사례에 대해서 암행어사의 서계나 관찰사의 장계는 당시의 상황에 대하여 거시적인 시각을 제시한다.[40)

전 황해감사 이희갑이 아뢰어 말하길, "근래 기상이 점점 해이해지고 간악함과 거짓이 날로 판치는 시절에 군정을 명하고자 하는 폐단이 가면 갈수록 심해집니다. 시골의 상민과 천민의 부류들이 10포의 곡식만큼의 재산만 생기면 외람된 뜻을 품고 단지 서너 꾸러미만을 써서 완문을 받아냅니다. 혹은 아무개 훈신의 후예라고 하거나, 혹은 아무 현신의 후예라고 하기도 하면서, 영읍에 와서 소장을 올려 군역을 면하고자 합니다. 그의 성관의 내력을 따져보면 모두 어긋나고, 그 족파를 고찰해 보면 애초에 근사(近似)하지도 않습니다. 또 그의 할아버지와 그의 아버지가 대대로 군보에 들어있는데도 그의 아들이 감히 완문 1장을 가지고 누세의 정역을 모면하고자 합니다.……"라고 하였다.

이는 이른바 요호부민들이 부정을 통하여 완문을 수취하는 일을 가리킨 것이다. 즉 요호부민들이 훈예나 현예 또는 유학(幼學)을 모칭(冒稱)하면서 역에서 빠져나가려고 하였던 것은 당대의 일반적인 현상이었다. 요호부민이 조선 후기의 사회신분층에서 차지하는 위치는 독특하다. 이들 신분을 분류하자면 중인층에 속한다고 할 수 있다. 여기서는 이 신분이 자신들의 재력을 동원하여 훈예나 선파의 훈예를 모록하고자 하였다는 데에 특징이 있다.

① 풍습이 날로 교만하여 천역(賤役)을 지기를 부끄러워하여, 혹은 유무(儒武)를 가칭하여 족보를 거짓으로 만들어 양반의 의복을 입고 화주(華胄)를 모탁하면서 이서(吏胥)에게 뇌물을 써서 종부시나 훈부의 완문을 얻어서 면역하려는 자가 간간이 많이 있습니다.…… 족보를 거짓으로 작성하는 자나 완문을 성급해 주는 자를 중률로서 다스린다면 적폐를 없앨 수 있을 것입니다.41)

---

40) 《承政院日記》 純祖 10년 2월 1일조.
41) 《日省錄》 純祖 8년 5월 13일조.

② 군정(軍丁)에서 모면(謀免)하려는 폐단은 가면 갈수록 심해집니다. 향곡(鄕曲)에 있는 상천(常賤)의 부류들이 만일 십포(十包)의 곡식을 쌓을 정도만 되면 외람된 생각을 내어 단지 서너 꾸러미의 돈을 들여 완문을 받아내고서는, 혹은 모 공신의 후예라고 하거나 혹은 모 선현의 후예라고 하면서, 영읍(營邑)에 와서 소장(訴狀)을 올려 군역을 모면하고자 합니다. 그런데 그 성씨와 본관을 소급해 보면 맞는 것이 하나도 없고, 그 족파를 따져보면 애초부터 근사하지도 않습니다. 또 그의 할아버지나 아버지도 대대로 군보에 들어 있는데, 그 자손이 감히 1장의 완문을 가지고서 누세 동안의 정역을 탈면 받고자 합니다. 선파의 경우에는 군역을 면하는 것이 또 얼마나 지중한 일인데, 어디서 온지도 모르는 놈이 종부서리와 몰래 짜고 선파후예를 모칭하고 관장도 이를 살피지 않고 완문을 성급해 주니…… 지금부터는 종부시·충훈부·예조 가릴 것 없이 반드시 그 세계를 상세히 살펴서 조금이라도 틀린 곳이 없는 연후에야 비로소 완문을 출급하여 줄 것이고, 혹 전처럼 난잡해지면 해부의 서리를 종중과치하고 살피지 않은 해사의 낭관들도 발각되는 대로 논죄한다면, 조금이라도 이러한 폐단을 고칠 수 있을지 모르겠습니다.[42]

향촌의 부유한 요호부민층이 족보를 위조하고 종부시나 충훈부의 이서배들에게 뇌물을 써서 완문을 얻어내서는, 이것을 가지고 훈예나 선파 또는 선현의 후예를 모칭하며 탈역하려는 이러한 일이 당시에 상당히 일반화된 현상이었음을 알 수 있다.

이러한 행위가 단지 역을 면제받아 경제적 이득을 보고자 한 것이라고만 보기에는 곤란한 점이 있다. 이미 기존 연구에서도 언급하고 있듯이, 요호부민이 사회적 지위를 취득하지 않고 부(富)를 취득하였던 것은 관의 침탈 등이 심하여서 그들로서는 재화가 일종의 재앙이라고까지 여길 지경이었다. 이들이 매관매직을 마다하지 않고 신분 상승을

---

42) 《日省錄》 純祖 10년 2월 1일조.

위해 끊임없이 노력한 까닭은, 다름 아닌 당초의 부를 축척하는 것만
으로는 자신의 부는 물론, 사회적 지위도 온전히 유지할 수 없었던 당
시의 상황에 기인한다.[43)]

43) 전경목은 이 같은 요호부민이 자신의 신분상승에 대한 현실적 동인과 전략에 대하여 종
합적으로 논의한 바 있다.(전경목, 〈조선말기 어느 요호부민가의 신분상승을 위한 노력〉,
《호남문화연구》 31집, 2002 참조)

Ⅱ부 완문과 조선사회

그건 내가 알고 그들의 먼 눈빛이 알 뿐이다.

망각의 시간 속에 갇힌 그들의 먼 유언이 알고

그 건조한 침묵을 털고 일어서려는 나만이 알고 있을 뿐이다.

나는 먼지다. 아직은 자유롭지 못한 현실 속 환상이다.

_박경원, 〈먼지2세〉에서

5장 특권과 왕조체제

5.1. 검토의 전제

왜 특권인가? 어째서 이 책에서 조선에서의 특권의 원리와 의미를 되새겨보려 하는가? 특권의 부당성에 대해서 이미 상식이 되어 버린 오늘날, 여기서 지난 시대에 있었던 특권의 문제를 새삼스럽게 다시 건져 올리려는 까닭은 무엇인가? 특권은 동일하지는 않지만 어느 사회에서나 늘 존재한다. 다만 존재하는 방식에 차이가 있을 뿐이다. 그래서 어느 시대나 현실적으로 존재하는 특권은 그 존재방식이 탐구의 대상이 될 수 있다.

이 글에서 특권의 문제는 두 가지 배경이 만나고 수렴되는 지점에서 나타난다. 하나는 한국의 현재 사회적 상태며, 다른 하나는 현재 역사학이 처해 있는 지적 상황이다.

현재 한국 사회의 상태는 어느 개인의 문제가 아니다. 이 상태는 많은 사람들이 공유하고 있다. 심지어 국내만의 문제도 아니다. 이 문제는 지구화(globalization)의 압력으로 전 세계인이 함께한다. 어느 개인은 이미 국가체제가 아닌 세계체제의 한 부분으로 존재하고 있다.

근래 한국에서 일어난 여러 사건들은 표면적이고 단편적으로 흩어져 연관성 없이 보일 수도 있다. 그러나 이 사건들의 조각을 누더기처럼 기워 보았을 때, 그 모자이크에서 결코 낙관할 수 없는 미래의 상황을 읽을 수 있는 것은 왜일까?

그 잔영 속에서 우리 사회가 점차 상부 계층의 권력이 사회적으로 증대하고 있으며, 혹시 특권 계층으로 형성되어 가고 있는 것은 아닌가 하는 의혹이 일기 때문이다. 한편, 다행스럽게도 우리의 시야에는 국가가 사회 통합을 위해 그들의 지나친 특권을 견제하려는 움직임도 함께 포착되고 있다.

무엇보다 대기업의 사회적 권력은 어느 때보다 증대하고 있다. 그런데 국가는 대기업의 사회적 지배력을 계속 허용할 수밖에 없는 처지에 놓여 있다. 이는 세계적 차원에서 진행되고 있는 지구화의 거대한 압력이 큰 원인이다. 대기업은 세계의 다른 기업들 속에서 경쟁하고 있다. 이제 대기업들은 더 이상 한 나라의 권력 안에만 머물지 않는다는 인상을 받는다.

누구나 아는 것처럼, 신자유주의의 물결은 이미 파고를 높이고 있다. 대기업의 경쟁력 향상을 목표로 한 사회체제의 재조정은 더욱 가속화될 전망이다. 이제 기업과 국가의 경쟁력 강화는 모든 것을 용서받을 수 있는 명분이 되어 버렸다. 국민 대다수는 지구화시대의 무한경쟁체제에서 살아남기 위해 국가 경쟁력 향상이라는 현실적 과제에 어느 정도 공감하고 있는 것 같다.

이 신자유주의 정책이 초래할 사회적 결과는 결코 예측하기 쉽지 않다. 과연 이를 통해 국가의 부가 증대되고, 그로부터 기대된 고용 촉진으로 사회적 하층의 경제적 분배가 이루어져 계층 간의 사회적 통합이 원활하게 진행될지, 아니면 장기적인 스태그플레이션으로 이어져 실업자 및 불완전 고용자가 대량 양산되어 사회계층의 양극화가 더 심화될지는 좀더 두고 볼 일이다.

그런데 그 결과가 어느 것이든, 사회를 통합으로 이끌어야 하는 국가의 조정 역할은 매우 중요하다. 경제적으로 불가피한 선택들이 궁극적으로 목적하는 바가 국민들의 복리에 있음을 부정하는 사람은 거의 없을 것이기 때문이다. 이 같은 적자생존의 시대에서 살아남기 위한 여러 방략들은, 예상되는 부작용을 감수할 수밖에 없는 자연적인 추세로 이해될 수도 있을 것이다. 지구화시대에 승자로 살아남기 위해서 우리가 취할 수 있는 선택의 폭이 너무나 제한되어 있기 때문이다.

그런데 승자에게 준비된 전리품이 사회적으로 치룬 희생에 비해 너무나 초라하다면, 오히려 경제의 전쟁에서 승리함으로써 사회적으로는 저주받을 수도 있다. 더욱이 제도적으로 전리품을 나눌 수 있는 방법적 대안이 부재한 상황에서, 이 모든 것을 보이지 않는 손에만 맡긴다면 하층민의 희생은 더욱 커질지도 모른다. 그 결과, 사회가 극단적인 분열로 치닫게 되어 승리의 이익이 자산가에게만 독식되는 한편, 많은 사람들이 빈곤층으로 전락하여 사회적 성원권(成員權)을 잃어버릴 수 있는 극단적인 상황을 예측하는 것은 우리의 처지에서 볼 때 결코 현실성 없는 우울한 악몽만은 아니다.

그러나 우리 주위에서 나타나는 사회 현상들을 놓고 볼 때, 사회적 미래를 이론적 담론 속에만 놓아두고 그 가능성의 경중을 현실적 패러독스로 인한 불가피한 선택의 문제로 치부하기에도 우리들의 삶과 미래는 너무나 소중하다. 이러한 지경에서 벌어지는 현실의 문제는 이념의 문제를 이미 뛰어넘고 있다.

현실에서 계층 사이에 쳐진 담장은 벌써부터 계속 높아지고 있다. 우리는 사회성원들이 계층적으로 높이 쳐진 담을 바라보며, 격자화된 구획 안에서 서로를 질시의 눈으로 바라보는 사회에서 사는 것을 원하지 않는다. 이러한 사회에서 인간 존중의 이상은 더 이상 기대하기 힘들 것이기 때문이다.

이 시점에서 필자는 근대 이후 통합적 기능을 위해 설정된 공화정의 이상이 무너질지도 모른다는 우려가 크다. 현재 과도한 특권이 특정 집단에게 부여될 상황에 빠져 있기 때문이다. 이것은 우리가 굳건히 지켜야 할 이상과 현실 사이에 금이 가고 있음을 암시한다. 바로 이 부분은 국가가 매우 신중해야 할 지점이다. 문제는 갈등의 균형과 적정을 어떠한 수준에서 유지할 것인가 하는 점에 달려 있다. 국가의 통합을 위한 노력이 자칫 균형을 잃는다면, 아니 국민에게 그러한 노력을 게을리 하고 있다는 인상을 준다면, 우리 삶의 조건은 현재보다 훨씬 나쁜 쪽으로 기울 것이라는 깊은 우려를 낳을 것이다. 보이지 않는 손만 믿고 살기에 우리의 삶은 너무나 소중하다.

현재의 상황과 정확히 대비되는 것은 아니지만, 조선의 상황도 크게 다르지는 않았다. 조선이 견지하였던 이념만큼은 왕민사상에 의하여 사회적 특권을 부정하는 것이었다. 그런데 현실세계에서는 오히려 구조적 차별이 사회적으로 진행되어 사족 중심의 신분제가 시작되었다. 어찌된 일인가?

오늘날에도 이념적으로는 평등의 이념에 의해 특권이 부정되기는 마찬가지다. 그러나 현실에서 특권이 존재하지 않는다고 생각하는 사람은 거의 없을 것이다. 문제는 국민국가의 공화제의 이념과 세계화라는 현실적 추세와의 부조응으로 특권이 더욱 심화되어 표면화될 우려가 있다는 것이다.

필자가 역사를 통해 특권에 대한 통찰을 얻으려는 이유는, 이와 같이 패러독스로 가득 찬 오늘날의 현실에 적절히 대응하기 위해서다. 여기서 필자는 조선을 우리의 거울이라고 가정할 것이다. 그 시대에 특권과 연관된 사회적 패러독스는 어떻게 진행되었을까? 우리의 특권 문제를 이 거울에 비춰보려 한다.

특권의 문제에 주의를 기울이려는 또 다른 한편은, 필자가 속해 있는 집단인 한국 역사학계가 처해 있는 오늘날의 지적 풍토에 있다. 특권이라는 주제를 전면적으로 표방한 경우는 드물었지만, 지나치게 편중되었다는 자성이 일어날 정도로 특권과 관련을 맺었던 신분, 지배, 계급 등은 지난 세기에 많은 학자들에 의해 연구된 중요한 연구주제였다.

더욱이 이러한 주제들이 제기되었던 직접적인 연원은 1980년대 후반에서 찾을 수 있을 것이다. 이 시기 군사독재를 반대하는 사회적 열기는 시민들의 권리의식을 급격히 신장시켰다. 이 용광로 안에는 한국 사회의 성격에 관한 수많은 담론들이 들끓었다. 이 담론들은 한국 사회의 구성방식, 동력 등을 과학적으로 탐구해야겠다는 이념적 지향성을 공유하였다.

이 같은 사회 담론들은 역사학에도 깊은 영향을 끼쳤다. 아니 역사학이야말로 이러한 담론의 중심에 서 있었다고 표현하는 것이 옳을 것이다. 이러한 흐름은 해방 이후 역사학계의 주류를 이루었던 민족주의 역사학과도 뚜렷이 구분되었다.

민족주의 역사학은 국민경제 등의 개념과 마찬가지로 국민국가의 이데올로기다. 즉 이 역사학의 이념적 지향성은 민족주의 이념을 축으로 하여, 소수의 상층계급과 대중으로 출현한 다수의 하층계급을 통합하는 '국민국가'적 단위의 공동체를 정당화하려는 논의에 포섭된다.

그런데 새로운 조류로서 등장하여 과학을 표방한 역사담론들은 통합되었다고 가정된 사회 안에서 구조적 모순을 발견함으로써 지배계급 중심의 공화주의적 이데올로기를 거부하였다. 사실상 이러한 논의는 지배와 저항의 논리를 탐구하는 방향으로 시야를 돌리게 하였다.

그런데 이후 사회주의 국가들의 급격한 몰락은 이와 같은 급격한 물살을 막아 버렸다. 심지어 지금까지 모든 거대 담론들은 공식적인 논의의 마당에서 매우 자제되었다. 그리고 거대 담론은 급격히 구체적인 양태에 대한 실증적인 연구로 대체되었다.

그 이후 새로운 역사학이라는 이름으로 미시사(微視史), 일상사(日常史), 신문화사(新文化史) 등이 국내에 소개되었다. 물론 다른 배경을 가진 이러한 조류들은 분석의 대상이 작은 부스러기에 초점이 맞추어졌다는 점에서 위에서 언급한 사실 중시의 연구 경향들과 계합할 수 있는 여지는 충분하였다.

이 같은 새로운 방법론은 사실로부터 추론된 작은 질서들을 중시한다. 그런데 이 작은 질서는 결코 큰 질서를 구성하는 부분을 의미하거나, 큰 질서를 입증하기 위한 한 가지 사례로서 존립시키려는 형이상학적 의도를 거부한다. 이러한 작은 질서들은 전체 질서로부터 거리를 둔 독자적인 세계로서 가정되었다. 이러한 시각에서는 좁은 범위에서의 맥락을 중시하였으며, 거시적 담론에 의해 생성된 모든 역사주의적인 대전제를 형이상학의 일종으로 간주하였다.

이러한 방법론은 작은 질서들의 특성을 관찰하기 위하여 '두텁게' 또는 '세밀하게' 볼 수 있는 렌즈로 계속 갈아 끼워가며 초점을 고의로 불일치시키는 데 있는 듯한 인상을 준다. 그들은 그로부터 얻어진 착시 현상이 기존 역사상과 다르다는 입장을 강조하고, 이것을 역사를 보는 새로운 눈으로 제시하고자 한다. 이와 같은 연구방법을 통해 형성된 역사상은 실재하는 것이 아니라 역사가에 의해 구성되는 것으로 간주되었으며, 실재하는 역사상의 자리를 해석(interpretation)이나 기술(description)로 대체하려는 것이다.

이와 같이 철학적 요소를 강조하는 역사학의 풍조는 오늘날 한국의 젊은 연구자들에게 매력을 불러일으키기에 충분하였으며, 그 영향력은 점차 커져간다. 그에 따라 지난 세기에 한국사에서 역사상을 강조하며 한 장 한 장 쌓아왔던 바벨탑의 실재론적 벽돌들이 이제 막 흔들리는 듯하였다.

그러나 이러한 새로운 흐름이 아직까지 많은 사람들에게 감동을 줄 만한 성과를 거두지 못하였다. 이러한 방향에서의 연구가 무거운 것은 가벼운 것으로, 중대한 것은 보잘것없는 것으로 만든 것 말고는 달리 남긴 것이 없다는 비판도 만만치 않다. 그것은 아직도 미시적 시각에서 관찰된 질서들이 거시적 시각과 어떤 관련을 맺고 있는지에 대한 적절한 설명이 없기 때문이다.

이에 대해 당연히 다음과 같은 질문이 기대된다. 거시와 미시에서 각각 구성된 세계는 어떻게 통합될 수 있는가? 거시적 질서를 지향하며 생산해 온 수많은 이데올로기들에게 미시적 리얼리티의 탐구가 의미하는 바는 과연 무엇일까? 특히 이 책의 주제와 관련하여, 고문서를 통해 밝혀지고 있는 미시적 질서들은 기존의 거시적 역사상에 과연 어떤 의미를 드리울 수 있을까?

미시적 시각에서의 탐구들이 거시적 시각에서 생산된 이데올로기를 입증하는 한 가지 사례라고만 본다면, 우리는 굳이 작은 질서에 대해 지대한 관심을 기울일 이유는 없을 것이다. 그렇다고 좁은 맥락에서의 질서를 통해 이끌어낼 수 있는 작은 역사적 사실을 보편적인 진실로서 강조하는 것도 억지스러워 보이기는 마찬가지다.

우리 앞에 던져진 이 수수께끼는 연구자들을 여간 곤혹스럽게 하지 않는다. 이 명제는 너무나 단단하여 씹지 못한 채 삼키려다 목에 걸려 버린 복숭아씨만큼이나 우리의 연구 방향을 사실상 혼란에 빠뜨렸고 심지어는 고통스럽게까지 한다.

그런데 이 같은 미혹의 연원을 되짚어보면, 그것은 단순히 시각이나 방법의 몰이해에 기인한 것만도 아닌 듯하다. 오히려 문화식민지에서 늘 그러했듯이, 현실을 자신의 힘으로 구성하지 못하는 연구자의 자아에 문제가 있다고 볼 여지가 크다.

외부의 이론을 수용하는 입장에서는 외래 사조를 온전히 이해하지 못하는지도 모른다는 불안감에 늘 시달리는 법이다. 따라서 사실을 통해 현재적 의미를 생산하려는 의지의 부재야말로 주체적 담론을 생산하지 못하는 불모지로 이끌어왔다고 할 수 있다. 화려한 꽃술이 달린 비교적 완성된 지적 체계는 그대로 이식될 수는 있지만, 그 화려함이 사그라진 뒤에는 어떠한 꽃도 다시 피워낼 수 없다. 그래서 그때마다 다시 선착장으로 눈을 돌려 수취인 불명의 박제화된 박래품 더미를 뒤적이는 악순환을 되풀이한다면, 이 땅이 그 전처럼 슬픈 열대의 긴 우기 속에 잠기게 될 것임은 너무나 자명하다.

그렇다고 엄청난 사료 더미에 파묻혀, 사실의 단순한 축적만으로 이와 같이 지리한 악순환의 끝을 볼 수 있을까? 이것이야말로 너무나 순진한 낙관론이다. 이것만으로 이러한 지적 현실의 암울함을 완화시킬 수 있다고 믿는 연구자가 있다면, 그 사람이야말로 지식인의 현실에 대한 무력감을 다시금 반복하는 것일 뿐이다.

상황이 이와 같다면, 역사에 접근하고자 하는 우리에게 필요한 태도가 무엇인지 더욱 분명해진다. 연구자들에게는 자기 현실의 중력으로부터 자연스럽게 이끌려져야 했을 필연적인 문제의식이 무엇보다 요구된다. 이것이야말로 외래의 방법적 영향을 자양분으로 흡수하면서도 문화적 식민지의 문화적 불모에서 벗어날 수 있는 유일한 대안을 줄 수 있을 것이다. 그 결과, 그로부터 얻어진 지식체계가 현재 우리의 삶에 가치를 가져다 줄 유일한 근거가 될 수 있다고 생각한다.

여기서의 주제인 조선시대의 특권에 관한 문제만 놓고 본다면, 이 주제는 신분과 관련하여 우리 사회에 비교적 깊이 뿌리를 내린 주제 가운데 하나였다고 해도 좋을 것 같다. 이 문제는 조선사회를 총체적으로 설명하고자 하였던 시대로부터 지속적으로 제기된, 비교적 무게감 있는 주제였고, 지금까지도 여전히 그렇다. 어느 외국인 연구자가 한국 역사학이 신분 문제에 지나치게 집착한다는 말을 한 적이 있는데,

이 말은 우리에게 이 문제가 그만큼 절박하였음을 반증하는 것이다. 역사에 대한 거대 담론들이 논의를 멈추었던 바로 그 자리에서 다시 논의를 시작하고자 하는 필자의 의도도 그 때문이다.

그런데 조선사회에서 특권이 갖는 의미를 묻기 위해서는, 그 사회에서 이 개념이 작동하였던 구체적인 양태가 무엇이었는지 묻지 않을 수 없다. 이것이 의도하는 바는 사회적 실재를 구축하는 역사학적 리얼리즘의 설립이다. 이것은 단순한 복원이나 이념에 대한 막연한 봉사와는 구별되어야 한다.

이를 위해서는 당시 특권의 실재가 무엇이었던가라는 일반적인 물음을 거듭하지 않을 수 없다. 그런 점에서 거시적 시각에서 제기되었던 기존의 문제들은 거듭 되물어져야 한다. 그러나 그 방법은 거듭 말하지만 실재성의 추구에 있다.

이 지점에서, 이러한 특권에 관한 논의는 역사를 탐구하는 데, 또는 기술하는 데 이용되어 왔던 나머지 다른 개념들, 예컨대 '계급', '신분', '경영', '문화' 등의 개념들과 매우 복잡하게 얽혀 있으리라는 것은 짐작하고 남음이 있다. 물론 이들이 역사를 설명할 수 있는 개념의 전부라고 주장하는 것은 아니지만, 지금까지 역사 이해의 중심에 서 있었던 개념이라는 사실은 누구도 부정하기 어려울 것이다.

이러한 개념들은 강조점을 어디에 두느냐, 또는 각 개념들이 어떠한 이론적 층위에서 결합되었느냐에 따라 그 개념에 비추어진 조선사회를 각기 다른 풍경으로 조명해 주었기 때문이다.[1] 그런데 그 개념들은

---

1) 조선 사회의 성격에 대해서는 예컨대 김석형은 '계급'과 '신분'을, 송준호는 '신분'을, 이성무와 김성우는 '특권'을, 정진영은 '지배'를, 이영훈과 김성우는 '국가'를, 이태진, 김건태는 '경영'을, 도이힐러는 '문화'를 각각 자신의 중심 개념으로 사용한 바 있다.[김석형, 《조선봉건시대 농민의 계급구성》, 과학원출판사, 1957(이하 이 글에서는 1993년 신서원에서 재발간한 책을 참고로 하였다); 이성무, 《조선초기양반연구》, 일조각, 1980; 송준호, 〈1750년대 익산지방의 양반〉, 《조선사회사연구》, 일조각, 1987; 정진영, 《조선시대 향촌사

어느 것이나 당대의 현실적 무게를 지고 있었다는 것을 다음의 구체적인 논의를 거쳐 확인할 수 있을 것이다.

5.2. 조선사회 이해를 위한 개념들

5.2.1. 계급에 관하여

계급은 이른 시기부터 조선사회를 바라보던 근대적인 눈이었다.[2] 계급을 통해 바라본 조선사회의 풍경은 비교적 선명해 보였다. 지주는 생산수단인 농지를 사유하여 노예[혹은 농노]적 성격의 작인(作人)을 사역하였고, 노동의 결과 생산된 잉여생산물을 지대(地代) 명목으로 수취하였다.

이때 토지의 소유권은 잉여생산물을 분배하는 과정에 결정적인 영향을 미친다고 전제되었다.[3] 지주의 토지소유권은 농작물을 분배하는 근거가 될 뿐 아니라, 여러 사회적 권력에 의해 생성된다고 보았기 때문이다. 위의 논리대로라고 한다면, 지주와 노예[또는 농노] 사이에 형성된 생산관계는 사회적 지배관계와 표리를 이루었음을 알 수 있다.

생산관계와 지배관계, 이 두 관계 가운데 어느 쪽을 선행하는 것으로 보느냐에 따라 그 이론적 지평에 드러난 조선은 풍경을 달리하였다.

회사》, 한길사, 1998); 이영훈, 《조선후기사회경제사》, 한길사, 1988 ; 김성우, 《조선중기 국가와 사족》, 역사비평사, 2001; 이태진, 《한국사회사연구》, 지식산업사, 1989; 김건태, 《조선시대 양반가의 농업경영》, 역사비평사, 2004; 마르티나 도이힐러/이훈상 옮김, 《한국사회의 유교적 변화》, 아카넷, 2003]

2) 김석형, 〈우리나라 중세의 봉건적 토지소유 관계에 대하여〉, 《조선봉건시대 농민의 계급구성》, 신서원, 1993, 443~451쪽 참조.

3) 그 이후 이 같은 관점은 의도적이든 그렇지 않든 조선사회의 연구자들에게 연구의 기본 전제로서 수용되는 경우가 많았다.

생산관계를 중시할 경우 지주와 작인의 관계가 문제로 떠오를 것이고, 지배관계를 중시할 경우 양반과 상민의 관계가 화두로 이야기될 수 있기 때문이다.

그런데 계급을 중시하는 이론의 틀은 생산관계를 우위로 하는 경향으로 기울어져 있었다. 지주는 작인을 경제적으로 지배하였고, 그러한 경제적 지배는 사회적인 지배권을 행사할 수 있는 계기로 이어졌다. 이 같은 의도는 구조적 모순을 분명히 하여, 노동자의 노동력을 착취한 계급이 누구인가를 분명히 하고자 하는 스탈린의 편향적 정치 이념에 깊이 영향을 받았다.

그러나 조선시대의 주요한 사회적 위계로 주목받는 신분을 계급으로 설명하기에는 충분하지 않다. 이 점에 대하여 김석형은 깊은 주의를 기울였지만, 그는 계급을 이론적인 제1전제로 놓고 신분을 또 다른 논리적 축으로 설정할 수밖에 없는 편의적 발상에 머물렀다. 그가 우리에게 남긴 문제는 계급과 신분이 어떠한 관련성이 있는가라는 문제다. 이 문제는 그 자체로 조선사회를 이해하는 논의의 매우 중요한 초점임에도, 이에 대한 적절한 답은 준비되지 못하였다.

사실상 이 두 개념에는 이론적 충돌이 내재해 있다. 이 모순을 해명하지 않는다면 계급과 신분은 여전히 추상화된 두 가지 축으로 남겨질 수밖에 없다. 계급과 신분의 관계에 대해서 논의하는 것 자체가 조선사회를 온전하게 이해하기 위한 핵심일 것이다. 이에 대해 필자는 신분을 제1의 축으로 삼는 것이 조선을 이해하는 더욱 적합한 초점이 될 것이라 생각한다.

5.2.2. 신분에 관하여

신분은 조선의 역사적 풍경을 굴절시키는 프리즘과 같았다. 신분은 근대적 관념만으로는 결코 설명하기 어려운, 매우 애매한 개념적 지위를 차지하고 있었다. 따라서 신분이 조선사회의 주요한 특징들을 드러낼 수 있는 핵심개념임에도(또는 핵심개념이었으므로), 이것에 대한 연구자들 사이의 의견 차는 심하였고, 이 프리즘을 통해 바라본 조선사회에 대해서도 시각차는 컸다.

따라서 지금까지 신분은 그 개념에 대해서조차 정확히 합의된 바가 없다. 다만 김석형이 신분을 국가적 신분규범과 사회적 신분규범의 두 가지 층위에서 이해하여야 한다는 관점을 제기한 이래로, 기존의 학자들은 이 두 가지 규범 가운데 어느 한쪽을 지지하면서 논의를 진행시켰다고 보아도 큰 문제는 없을 것이다.[4] 국가적 신분규범이란 결국 신분규범이 국가에 의해서 결정된다는 것을 강조한 것이고, 사회적 신분규범이란 신분을 사회적 계층 분화에 의한 지배관계의 결과로서 이해한 것이다.

그러나 신분규범을 두 가지로 분리하여 이해한 김석형의 도식은, 그 이후 신분 문제에 접근하는 데 지나친 선입감을 심어줌으로써, 접근하는 데 혼란을 초래하였다. 이와 같은 구분법은 국가와 사회라는 대립 항을 기본 전제로 하고 있다. 그러나 국가와 사회의 대립 도식이 조선사회의 사회구성에 그대로 적용될 수 있는가에 대해서는 논의의 여지가 크다.

이러한 이론적 경향과는 별도로, 송준호는 광범위한 현지답사를 통해 지방 사회에서 당시까지 남아 있던 신분 관념을 토대로 조선시대의 신분 문제를 새롭게 제기하였다는 점에서, 그는 이 문제에 관한 한 빼놓을 수 없는 선구자다.

---

4) 미야지마 히로시는 김석형이 신분을 국가적 신분규범과 사회적 신분규범으로 나누어 이해한 최초의 연구자임을 밝힌 바 있다.(〈조선시대의 신분, 신분제 개념에 대하여〉, 《대동문화연구》 42, 2003, 297쪽 참조)

김석형 식의 구분법에 따르면, 송준호의 관점은 사회적 신분규범을 강조한 쪽에 속한다. 그는 신분이 사회로부터 자연히 형성된 사회적 지배관계에 의한 것이라고 보았다. 따라서 그는 조선사회에서 '경제적 관계[소유권에 의거한 생산관계]=사회적 관계[신분제에 의거한 지배관계]'의 논법이 반드시 통용될 수 있는 것은 아니라는 점을 실증을 통해 제시하였다. 물론 그는 논의 과정에서 국가적 신분규범의 시각을 가진 논자들을 비판하고 있다.[5]

그의 논리는 집안을 매개로 하여 신분을 이해하여야 한다는 점에 핵심이 있다. 그는 고려시대 이래로 각 지역에서 지배권을 형성하며 세습되어 내려오던 여러 집안들의 존재에 주목하였다.

그는 특히 양반을 망족(望族)이라는 개념을 통하여 접근하였다. 그의 설명에 따르면, 양반이란 결국 타자의 시선에 의해 상상된 질서를 의미한다. 그런데 그 질서를 형성하는 기준은 단지 경제적 조건만으로 논단될 수 있는 것은 아니라고 지적하였다. 따라서 그는 가난한 양반도 얼마든지 존재할 수 있었다는 것을 반증으로 제시한 바 있다.

이와 같이 향촌사회에서의 신분질서란 상호주관적인(intersubjective) 관점에 의한 귀천관(貴賤觀)에 기반 하여 형성된 것으로, 그러한 귀천의식에 따른 분류의 근거는 매우 엄밀하게 짜여진 것이었으므로, 신분에는 계급이나 계층이라는 말로는 결코 이해될 수 없는 점이 있음을 분명히 하였다.

신분에 계급이나 계층과는 구별되는 독특한 개념적 지위가 있다는 견해에 대해서 필자는 찬성한다. 일단 신분은 층위를 전제로 하여 형성된 개념이 아니라는 점을 먼저 지적하고 싶다. 이는 계급이나 계층이 층위를 전제로 한 개념이므로, 이것을 신분에 적용한다는 점에는

---

5) 송준호, 〈1750년대 익산지방의 양반〉, 앞의 책, 260~276쪽 참조.

무리가 크다고 생각한다.

신분이 성립되기 위한 조건으로는 혈연적 세습과 귀속성을 들 수 있다.[6] 이 두 가지 요소는 깊이 연관되어 있다. 세습을 통하여 귀속성이 담보되며, 귀속성을 통하여 세습이 영속되기 때문이다.

귀속성은 의식적 차원에서 일어나는 것이다. 어떤 사람이 귀속성을 갖게 되는 것은, 어느 신분에 속해 있음으로 해서 그에 따른 사회적인 몫을 부여받는 현실적 혜택이 있기 때문에 가능하다. 그리고 그 몫에는 크든 작든 권리와 의무가 함께 따랐고, 귀속의식은 오히려 그에 따라 발생하였다.

그런데 혈연적인 세습과 귀속성이 함께 발생하는 지점은 집안이다. 집안은 이러한 신분제가 갖고 있는 기초적인 특성이 모두 수렴될 수 있는 곳이다. 그런 점에서 송준호가 신분제를 다루면서 집안과 그의 가계에 주목하였던 것은 매우 고무적이다.

그런데 어떤 사람의 신분을 결정하는 논리적 고리는, 그가 어떤 집안에 속해 있고, 또 그의 집안이 어떤 신분에 속해 있다는 데 있다. 그렇다면 신분과 관련된 애초의 관념, 즉 여기서 귀속되어야 할 특정한 신분이라는 규정은 어디서 생겼을까? 이때의 신분은 어느 개인이나 집안이 어떤 신분이냐는 것과는 별개의 지점으로서 제도의 범주에서 이해되어야 한다.

그런 점에서 신분규범의 형성을 향촌의 외부에서 찾고자 하는 시각은 일정한 타당성을 갖는다. 한영우는 15세기 양반의 위계를 신분이 아닌 계층의 관점에서 이해하여야 한다고 주장하였다. 그러한 논의의 연장선에서 양천제가 갖는 위상을 설명하고 있다. 한편, 이러한 관점은 최근 김성우에 의하여 새로운 각도에서 조명을 받고, 또 지지를 받았

---

6) 정승모, 〈조선후기 지역사회구조 연구〉, 한국학중앙연구원 박사학위논문, 2007, 9쪽 참조.

다.7) 신분에 대한 이들의 견해는 무엇보다 신분을 국역체제와 연관시켰다는 점에 특징이 있다.

이러한 국가적 신분규범에서 신분은 사회적 분업을 국가가 배당하는 도구로 위치 지워져 있다. 그럴 경우, 양천제에서 가장 큰 신분의 구분점은 역의 부담 여부에 있었다. 따라서 신분은 역을 부담하는 양인 신분과 국역 체계에서 제외된 천인(賤人) 신분으로 나누어진다. 이와 같이 국역 체계 속에서 신분을 이해할 때, 노비 신분과의 분별이 그 준거점이 되는 것은 너무나 당연한 논리적 귀결이었다.

그런데 여기서 제기될 수 있는 한 가지 문제는, 천인과의 하한점을 경계로 한 위계가 과연 우리가 통상 이야기하는 신분의 지표가 될 수 있는가 하는 점이다. 더욱이 송준호가 지적한 바 있는 광범위한 사회적 신분관념이란 주로 사족 신분에 관한 것이었다.

그런데 이 문제에 대해 김성우는 꼭 집어 이야기한 것은 아니지만, 송준호가 지적한 향촌사회에 현재까지 남아 있는 신분 관념이라는 것이 17세기 이후에 형성된 것일지도 모른다는 시사를 준다. 그의 논리대로 한다면, 17세기 이후 국가적 신분 관념이 정착됨에 따라 그것에 의해 성립된 지방에서의 사족지배체제는 지방 사족들이 상민과 위계를 가르는 쪽으로 신분 관념을 형성하는 데 깊이 영향을 끼쳤을 것이기 때문이다. 그렇다면 과연 15, 16세기에는 신분의 위계가 천민을 가르는 쪽으로만 형성되었던 것일까? 조선의 신분제를 국역체계만으로 설명하려는 것이 과연 정당한가? 17세기 이후 지방에서 이루어진 사족 집단의 형성을 국역체계를 벗어났다는 의미로만 설명할 수 있을까?

이러한 문제에 대해서는, 뒤에 왕조체제의 특성을 설명하는 장에서 함께 다룰 것이다. 거기에서는 신분에 대해 사회적 필요에 의해 발생

---

7) 김성우, 앞의 책, 17~50쪽 참조.

한 구분이라는 기능주의적 입장에서 접근하는 것이 부당하다는 것, 그래서 신분의 문제는 국역체계가 아닌 작제(爵制)체계에서 설명되어야 한다는 점을 종합적으로 피력할 것이다.

5.2.3. 특권에 관하여

이 책의 주제이기도 한 특권은, 중요한 것임에도 큰 학문적 이슈가 되지 못했다. 다만 특권은 이성무에 의해 중앙의 양반신분층의 형성이라는 맥락에서, 이후 김성우에 의해 지방 사족신분이 지배층으로 형성된 결정적 계기로서 설명된 바 있다. 어느 쪽이든 특권은 지배신분층이 형성되는 데 결정적인 조건으로 이해된 것은 분명한 듯하다.

이성무도 신분이라는 개념에 많은 주의를 기울였다. 그는 신분에 대해 "혈연·직업·거주지·토지소유관계 등에 의하여 구별되어 계속적으로 특정한 사회적 지위를 확보하게 되는 동권적(同權的) 집단"이라는 한우근의 정의를 받아들였다.[8]

이성무는 이 정의를 비교적 충실히 따랐다. 그는 양반층이 고려시대에는 양인 신분층에 속하는 한 계층에서 출발하여, 조선 초기에 이르러 정치·사회·경제적으로 많은 특권을 가진 '동권적 집단'으로 변모하기까지의 과정을 실증적으로 입증하려 하였다.

무엇보다 그러한 특권이 법적 제도적으로 규정된 것이었다는 그의 지적은, 조선의 신분제를 이해하는 데 많은 시사를 주었다. 그런 점에서 그에게 특권은 신분제라는 굳건한 문을 여는 열쇠였다.

그렇다면 여기서 이성무가 지목한 특권이란 무엇을 가리키는가? 그는 양반의 특권으로 ① 양반의 관계(官界)에서의 지위 보장, ② 군역 복

---

8) 이성무, 앞의 책, 4쪽.

무의 특권, ③ 토지 소유 및 토지 경영에서의 특권, ④ 형사상의 특권을 꼽았다.[9]

이와 같은 특권들에 의한 양반의 사회적 위계는, 법제적으로 지방의 향리층과 구별 짓는 것이 특징이다. 여기서 중앙의 정치세력이 지방의 토착세력을 따돌리며 폐쇄적 신분층으로 남으려는 기도를 볼 수 있다.

그의 논법대로라고 한다면, 특권은 신분을, 신분은 다시 지배와 연관되어 있다. 이는 특권을 통해 신분과 지배를 설명하고 있다는 점에서 특권이 신분 개념에 미치는 영향을 직시하는 통찰력을 보여주었다는 점에서 높이 평가해야 할 것이다.[10]

그런데 신분에 대한 그의 규정에는 다음과 같은 문제점이 보인다.

그의 연구는 조선 초기 양반의 특권을 고려 이후 지속되어온 사회적 성장의 결과로 보았기 때문에, 특권을 권력이라는 제한된 관점에서 이해하도록 만들었다. 특권은 어디까지나 권리의 범주에서 다루어져야 한다는 것이 필자의 생각이다.

그 결과, 그가 제기한 네 가지 특권에는 권리와 권력의 영역이 뒤섞여 있다. 필자의 생각으로는, 형사상의 특권만이 특권의 영역에 속할 뿐, 나머지는 모두 특권과 함께 부여된 지배신분으로 위계를 이용한 결과거나, 그러한 특권을 성취한 원인으로 다루어져야 할 영역이다.

특권이 권력을 배경으로 하는 것은 사실이지만, 권력과 권리 사이에는 미묘한 경계가 있다. 여기서 특권은 권력과는 무관하게 국왕에 의

---

9) 위의 책, 373~389쪽; 이성무, 〈15세기 양반론〉, 《조선양반사회연구》, 일조각, 1995, 37~55쪽 참조.

10) 이성무가 이 같은 신분론을 제시한 이후, 양반의 관직 독점 여부는 그의 주장을 검증하기 위한 시금석으로 여겨졌다. 한영우 등은 양반 이외의 신분층이 입사(入仕)한 사례를 들어 이성무의 신분제 개념을 반박하였고, 이것은 곧 15세기 신분제 논쟁으로 이어졌다.(한영우, 〈조선초기의 사회계층과 사회이동에 관한 시론〉, 《조선전기 사회경제연구》, 을유문화사, 1983; 유승원, 《조선초기 신분제연구》, 을유문화사, 1987)

해 주어진 지배신분으로서의 성원권이다. 조선 초기 양반들에게 부여된 특권은, 그들이 사회적으로 성장하면서 얻은 권력을 국왕에 의해 왕조체제에서 설정된 권리의 영역으로 정착시키는 과정에서 나타난 것으로 보아야 타당할 것이다.

그리고 특권의 관점에서 생각할 때, 그가 양반관료를 중심으로 하여 조선 지배체제의 전모를 밝히려 하였던 것은 너무 편향적이라는 인상이다. 당시에 지배신분으로서 법제적 처우를 달리 받도록 규정되어 있던 대상이 양반층만은 아니었기 때문이다. 오히려 왕실과 외척(外戚), 공신(功臣) 및 그의 후손들에게 특권이 주어졌다는 것에 더 주목해야 한다. 이는 당시 국왕을 중심으로 한 지배신분의 외연을 훨씬 넓은 범주에서 이해할 필요가 있음을 뜻한다.11)

따라서 양반이 대표적인 특권신분의 하나라는 것은 분명하지만, 그것조차도 조선시대를 움직였던 왕조체제라는 통합된 정치사회적 시스템 속에서 살펴보아야 할 것이다.

한편, 지방 사족에 부여된 특권에 대한 관심은 김성우의 몫이었다. 김성우는 재지사족의 지배권 형성에 대해서, 국가가 재지사족에 대해 특권을 부여한 것이 결정적인 계기가 되었다는 전제에서 접근하였다. 그런 점에서 그는 국가적 신분규범을 강조하는 쪽에 서 있었다고 할 수 있다.

그는 이에 입각하여 15세기를 양천제가 지배하였던 시대로, 16세기 이후를 양천제가 붕괴되면서 지방의 사족층이 성장하였던 시기로, 17세기를 양천제를 대신하여 반상제가 확립되어 양반이 상민을 확실히 지배할 수 있었던 시기로, 18세기 이후를 국가가 다시 지방의 사족층에게 간섭하는 시기로 정리하였다.

---

11) 신명호, 〈조선초기 팔의(八議)와 형사상의 특권〉, 《청계사학》 12, 1996.

그의 논지에 따르면, 지방의 사족층은 16세기에 자신의 사회적 세력을 넓혀갔고, 이러한 사회적 성장은 조가(朝家)로부터 부정적으로 주목받았으나, 임진왜란을 겪으면서 의병활동 등에서 보여준 조가에 대한 충성심은 결국 조가로부터 긍정적인 평가를 얻어냈다고 한다. 그 결과 사족들은 17세기 이후 국가로부터 부여된 특권에 의해 사족의 향촌 지배권은 확실한 법적 장치를 갖추게 되었다.

이때 김성우는 지방 사족층의 법제적인 특권으로 ① 전가사변형(全家徙邊刑), ② 체형(體刑)의 면제, ③ 군역 면제를 꼽았다. 이 같은 반상제는 국가가 사족의 성장에 대해 대응한 결과 나타난 것이면서 동시에 사족이 지배층으로 확립되는 기반이 되었다고 보았다. 김성우는 이러한 특권을 통해 재지사족이 국가의 국역체제로부터 벗어날 수 있는 신분이 됨으로써 지배신분층으로 확립될 수 있었다고 주장하였다.[12]

따라서 김성우가 지적한 바 있는 재지사족의 이와 같은 특권은, 이성무가 제시한 양반관료층의 특권과는 질적인 차이가 있다. 이성무가 제시한 특권 개념은 정치적 지배권을 전제로 한 특권이었다는 점에서 지배권력과 표리를 이룬다. 반면, 김성우가 규정한 특권은 그 자체로는 지배를 담보하고 있지는 못하다는 데 특색이 있다. 따라서 사족에게 부여되었다고 상정된 특권은 지배권을 형성하고 있는 사족에 대한 권리 규정이 아니라, 오히려 그 특권을 받을 대상이 누구인가라는 문제를 야기할 수밖에 없었다. 그러므로 '특권'이 곧바로 향촌에서의 '지배'를 담보하는 것은 아니었다.

이와 같이 김성우는 지방의 사족층을 고립된 향촌으로부터 벗어나서 훨씬 넓은 지평에서 바라보게 함으로써 조가(朝家)가 지방의 사족층에게 끼쳤던 영향력에 대해 관심을 환기시켰다. 이때 조가에서 지방

---

12) 이에 대한 김성우의 최근 견해는 김성우, 〈조선시대의 신분구조, 변화, 그리고 전망〉, 고문서학회 엮음, 《동아시아 근세사회의 비교》, 혜안, 2006, 181~224쪽 참조할 것.

사족층에게 부여한 특권은 재지사족층이 향촌에서 지배층으로 확립될 수 있는 법적 근거가 되었다는 지적은 매우 주목할 만하다. 특히 양천제에서 반상제로 국가적 신분규범이 옮겨감에 따라, 그로 인해 나타난 재지사족의 존재 방식의 변화를 지적한 대목은 주목할 만한 성과라고 생각한다.

김성우의 이 같은 견해에 비추어볼 때 '지배'는 '특권' 없이 존재하지 않는다. 사족의 향촌지배는 국가에서 지방 사족에게 부여한 특권과 결코 무관하지 않다. 따라서 '향권' 개념도 국가와 독립된 사회공간으로서의 향촌 내부의 문제만으로 치부할 수는 없을 것이다.

뒤에서 자세히 언급하겠지만, 정진영이 사족의 상민 지배를 설명하지 못한 것도 이 때문이다. 즉, '지배'를 '특권'과 관련시키지 못하고, 사족의 향촌지배를 향촌 내부의 문제로만 바라본 정진영 등 향권을 중심으로 하여 설명한 이른바 향촌사가들은, 결국 상민에 대한 사족의 지배가 근거하는 지점을 설명하지 못했다.

향촌사가들이 특권에 주목하지 못하였던 것은 이성무와 마찬가지로 권력으로서의 지배권을 통해 사족을 이해한 때문이다. 이들이 16세기 이래로, 아니 그보다 훨씬 이전부터 지역사회에서 사회적인 영향력을 발휘해 온 것은 분명하다. 그러나 그들이 사족으로 국가의 신분체제 안으로 포섭된 것은 17세기 이후로 보아야 타당할 것이다. 후대에 사족으로 분리되었고, 16세기에 그들이 사족층으로 진입하기 위하여 노력하였다고 하더라도 신분적 규범으로서의 사족이 형성된 것은 17세기 특권과 함께 부여된 시기로 보아야 할 것이다. 엄밀한 의미에서 16세기에 지방 사회에서 신분으로서의 사족층은 형성되지 않았다고 보아야 할 것이다. 이것은 위 김성우의 논의에서도 분명히 알 수 있다.

그런데 김성우의 논의에서도, 사족의 특권을 어떻게 보아야 할 것인가 하는 문제는 여전히 남는다. 김성우는 조선사회를 제민(齊民)적인 국역체제의 틀 속에서 이해하고자 하였다. 따라서 그는 17세기에 국왕이 사족에게 군역 면제 등의 특권을 법적으로 보장하였다는 것을, 양반이 자유로운 신분층으로 변모할 수 있었던 상징적인 사건으로 이해하였다.

그런데 그는 16세기 이후 재지사족들의 특권 문제가 조정에서 담론의 대상으로 떠오른 까닭이 무엇인지 적절한 답을 내놓지는 못하였다. 이는 그가 15세기와 16세기를 단절적으로 보았기 때문에 초래된 결과이기도 하다. 우선 그의 관점은 15, 16세기를 양천제가 지배하였던 시대라는 가설에 입각하고 있었기 때문에, 당시의 양반을 독자적인 신분으로 보지 않았다. 그리고 그는 신분으로서의 양반이 형성된 시기를 16세기 이후로, 그리고 신분제에서 신분층으로서의 양반층이 성립되었던 시기를 17세기 이후로 보았다.

그러나 앞서 지적하였듯이, 15세기의 고급 양반관료들도 신분제 안에서 이해하여야 한다는 것은 그들이 팔의의 대상이었다는 점에서 찾을 수 있다. 이성무가 제시한 개념과 같은 넓은 범주는 아니라고 하더라도, 그들에게는 국왕이 법적으로 부여하는 공식적인 특권이 있었다. 이것은 조선사회를 제민적인 국역체제의 틀만 가지고 이해해서는 안 된다는 사실을 보여준다. 즉, 국역체제의 상부에는 특권과 작위를 부여함으로써 특별히 대우하는 작제적(爵制的) 질서가 전제되어 있었다는 사실을 놓쳐서는 안 되기 때문이다.

16세기 이후 지방의 사족층에게 특권을 부여하였다는 것은, 결국 그 특권이 지배신분의 자격과 동일시되었으므로 작제적 질서로 새롭게 편입되었음을 의미한다. 그런 점에서 16세기에 형성되었던 재지사족층은 작제적 질서에서 제외될 위기에 처해 있던 중앙 양반가의 먼 후손이나 지역의 토착 유세가들로 구성되어 있었다. 그들이 사족층으로 진입하려 하였던 의지에는 국역체계로부터 탈피하려는 현실적인 문제도 있었지만, 작제적 질서에 편입하려 하였다는 관점에서 보는 것이 더욱 자연스럽다. 작제체계의 의미에 대해서는 뒤에서 다시 거론할 것이다.

5.2.4. 지배에 관하여

16세기 이후 향촌에서 하나의 세력으로 형성되기 시작한 지방의 사족들을 15세기의 양반관료층과 구별하여 이해해야 한다는 관점은 오늘날 일반적인 견해로 정착되었다.[13] 이 견해에 따르면, 지방 사족층은 고려시대부터 재지적(또는 토호적) 세력으로 성장하다가, 특히 16세기 이후 농장의 확대, 향안(鄕案)의 작성, 향약(鄕約)과 동계(洞契)의 시행, 서원 건립, 성리학적 지식의 습득 등으로 표현되는 일련의 사회운동의 결과, 지배적 신분층으로 자리 잡았다고 한다.[14]

여기서 재지사족이란 개념 자체가 중앙의 양반관료층과의 분리를 전제로 하였던 만큼, 재지사족의 존재방식을 이해하기 위해서는 중앙권력에 의지하지 않은 그들만의 고유한 지배 형식에 대한 연구가 필요하였다.

따라서 재지사족에 대한 연구에서는 정치적 권력이 없는 재지사족들이 어떻게 다른 신분의 사람들을 지배할 수 있었는가 하는 문제가 화두로 떠올랐다. 여기서 지배는 재지사족의 성격에 관한 논의에서 중

---

13) 재지사족을 포함한 사족에 관한 정의는 주로 중종(中宗)대 사민입거의 절목을 마련하는 과정에서 나온 법제적 정의에 의거하고 있다. 김현영은 이 정의를 "① 자신이 생원이나 진사인 자, ② 내외에 현관이 있는 자와 그 자손, ③ 문무과 급제자와 그 자손"으로 정리하고(여기서 현관의 범위를 동서반 정직 5품 이상, 감찰, 육조 낭관, 부장, 선전관, 현감이라고 규정), 여기서 사회 통념적인 신분 관념보다는 관직이 가장 중요한 기준이 되었다고 덧붙이고 있다.(김현영, 《조선시대의 양반과 향촌사회》, 집문당, 1999, 41~42쪽 참조)

14) 이수건, 《영남사림파의 형성》, 영남대학교출판부, 1979; 송준호, 《조선사회사연구》, 일조각, 1987; 이태진, 《한국사회사연구》, 지식산업사, 1989; 미야지마 히로시/노영구 옮김, 《양반》, 강, 1996; 도이힐러, 앞의 책; 김현영, 앞의 책; 정진영, 앞의 책.

심 개념이면서 입증해야 할 과제였다. 향촌을 대상으로 연구를 진행시
켰던 이른바 향촌사가들은 재지사족의 권력을 설정하는 작업을 통해
지배라는 개념에 접근하고자 하였다. 그 결과 사족의 지배권은 향권(鄕
權)으로 개념화되었고, 사족의 향촌 지배에 대한 탐구는 주로 이 개념
을 중심으로 조명되었다고 할 수 있다.

그렇다면 향권은 이들 연구자들에게 어떠한 성격의 권력으로 설정
되었던 것일까? 김인걸은 향권을 조권(朝權), 관권(官權)과 대비되는 개
념으로 파악하였다. 그에 따르면 향권은 애초에 유향소의 운영권이었
으나 16·17세기에 이르러서는 향촌의 지배기구 운영권을 의미하며
사족이 이민(吏民)을 지배할 수 있는 기반이 되었음을 의미하는 것이
다.15)

향권에 관한 이 같은 정의는 대부분의 향촌사회사 연구자들이 공유
하였던 개념이다. 그리고 이 개념을 바탕으로 재지사족의 지배권을 실
증하고자 하는 일련의 연구들이 함께 이루어졌다. 이 연구들은 위에서
언급한 바 있는 중앙권력의 지배권과 마찬가지로, 향촌 지배의 주체인
재지사족이 그 지배 대상인 향촌[또는 촌락]을 어떻게 지배할 수 있었
는가 하는 문제에 논의의 초점이 모였다.

대부분의 향촌사가들은 향권의 실체를 향안(鄕案)과 향약(鄕約)에서
찾으려 하였다.16) 그 가운데 향안에 대해서는 김현영의 집중적이고 실
증적인 연구가 무엇보다 주목된다. 그는 향안을 "그 지역의 사족임을
증명해 주는 명부"로서, 향안의 입록(入錄)은 "과거에 응시할 자격"과
"군역 면제의 한 전제조건"으로 정리하였다. 그러나 김현영은 향안의
현실적 기능이 매우 미약하였던 것으로 결론짓고 있다. 향안을 통한

---

15) 김인걸, 〈조선후기 향촌사회 변동에 관한 연구〉, 서울대 박사학위논문, 1991, 9쪽 참조
16) 향안과 향약에 대해서는 김인걸, 정진영, 김현영 등 다수의 향촌사가들이 해명하고자 하
  였으며 그 논지는 거의 대동소이하다.

과거 응시자격 명부로서의 기능은 현실적으로는 발휘되기 힘들었고, 그 주된 기능은 군역의 면제에 제한되었다고 한다.[17]

이와 같이 향안이 과거 응시자격이나 군역 면제를 위해 사족들의 범위를 확정하는 데 목적이 있었다고 한다면, 결국 향안은 국가가 사족에게 부여한 신분 관념에 대응한 결과였다고 볼 수 있다. 사족에게 부여한 이 같은 특권들은 국가가 사족층에 부여하였던 법제적인 특권이었기 때문이다.

문제는 이러한 특권의 성격이다. 이 특권들은 어떤 특정 신분에 대한 혜택으로서, 이를 통해 다른 신분을 지배하는 조건을 설명할 수도 있다. 그러나 그러한 조건을 설명하는 것만으로는 사족들의 지배 여부나 양태에 대한 구체적인 설명에는 이르지 못할 것이다.

더욱이 후대에 서얼이나 평민까지도 향안에 들어가는 매향(賣鄕)이 가능하였다는 사실은, 향안이 갖는 지배도구로서의 성격을 더욱 모호하게 만들었다. 특히 17세기 이후 향안은 그 작성목적이 향촌에서 국가의 신분 관념인 반상제적 질서에 대응하여 사족의 범주를 확정짓기 위하여 작성된 것일 뿐이라는 인상을 준다. 그러므로 그에게 지배의 문제는 여전히 해결되지 않은 채 남아 있었다.

정진영은 지배의 문제에 관한 한 매우 일관된 문제의식을 견지하였다. 그는 앞서의 논자들과 마찬가지로 향안은 물론, 특히 향약에 주목하여 사족의 향촌 지배를 실증하고자 하였다.[18] 그런데 그가 16세기 예안향약을 실증적으로 분석한 결과는, 오히려 사족이 여타 신분을 직접적으로 통제하는 방식으로 지배하였다는 것을 입증하려던 그가 갖

---

17) 김현영, 앞의 책, 119~122쪽.

18) 이해준도 재지지주층인 사림세력의 지배질서를 확립하는 데 지주전호제(地主佃戶制)가 기반이 되었으며, 향약과 결합한 사창제(社倉制)를 이 같은 생산관계가 사회적 지배관계로 전환된 예로 주목하고 있다.(이해준, 《조선시기 촌락사회사》, 민족문화사, 1996, 164~189쪽 참조)

고 있던 애초의 의도를 뒤엎는 결론에 이르게 하였다.

그는 지배에 관해 뚜렷한 자기 이론을 피력하지는 않았지만, 동계(洞契)가 노비를 직접적으로 통제하는 수단이 되었다고 하거나,[19] 사족은 자기 이하의 "신분층에 대한 통제는 구체화되지 못하였"다고 하였던 구절을 통해 지배에 대한 그의 관념을 엿볼 수 있다. 따라서 그에게 지배란 통제를 위한 직접적이고 물리적인 성격을 띤 것을 의미함을 알 수 있다.[20]

18세기 이후 사족의 지배권에 대한 정진영의 설명은 더욱 모호하였다. 그의 설명에 따르면, 당시 사족들은 향론의 분열로 향권을 상실하였고, 그 결과 지배권의 범위가 촌락으로 좁혀졌다고 한다. 촌락은 향촌과는 달리 사족은 농민들과 생활공간을 공유함으로써 모든 면에서 직접 맞닿아 있는 곳이다. 그러한 곳에서 촌락민에게 행사할 수 있었던 사족의 지배 수단으로 정진영이 지적하였던 것은 교화권(敎化權)과 부세운영권(賦稅運營權)이다.

여기서 그가 지적한 교화권이라는 것은 매우 애매한 통제 수단이었다. 더욱이 이때 교화라는 것조차 촌락민에 대한 직접적인 훈육에 의한 것이 아니라, 사족 자신에 대한 도덕적 규제를 통한 솔선수범을 주 내용으로 하였다고 주장하였다. 이와 같은 교화 방식은 권력에 의한 강제적 강요가 아닌, 덕과 권위에 의존한 도덕적 감화와 같은 유의 것이라고 할 수 있다.

정진영은 결국 이러한 지배방식에 대하여 사족의 "최소한의 양보"라고 표현함으로써 이러한 지배방식이 갖는 한계를 인정하고 있다. 그러나 이것이 그의 말대로 양반들이 스스로 도덕적으로 높은 의식을 고양

---

19) 위의 책, 138쪽.
20) 정진영, 앞의 책, 45~100쪽.

하였던 결과라고 믿기에는 현실을 사는 인간들은 그렇게 순진하지 않다고 생각한다. 필자는 이러한 해석이 얼마나 비현실적인 것인가를 그들이 노비를 다루었던 방식의 가혹함에서 그 반례를 찾고 싶다.

오히려 이 지점에서 묻고 싶은 것은, 무엇이 그들로 하여금 도덕적이지 않을 수 없게 하였는가 하는 점이다. 이러한 현상은 지방 사족의 상민(常民) 지배가 구조적인 한계를 가진 결과였다고 생각한다. 그만큼 피지배자인 상민들이 갖는 사회적 조건을 고려하지 않은 채, 사족 중심으로 향촌 사회를 이해한 결과라고 할 수 있다.

이러한 관점이 생긴 근원을 따져보면, 그것은 곧 향촌 고립론이라고 부를 수 있을 정도로 향권이라는 개념을 설정하여 향촌의 질서를 중앙 권력과 분리하여 이해하려는 편향된 입장에서 비롯된 것이라고 생각한다.

이 같은 기존의 연구 성과들을 검토하면서 한 가지 의문이 생겼다. 상식적으로 지배는 피지배와 짝을 이루는 개념이다. 피지배 쪽의 실상을 고려하지 않은 채 지배 양태만 중심으로 한 연구가 지배관계를 해명하는 균형 있는 결론에 이를 수 있을까? 따라서 피지배층으로 상정된 작인인 상민과 노비가 어떻게 양반의 지배에 대응하는가 하는 점이 해명되지 않는 한, 이러한 논법은 지배방식에 대한 자의적인 해석을 피하기 어려울 것이다.

그런 점에서 15세기 양천제로부터 17세기 반상제로 옮겨가는 과정에서 나타난 사족 지배방식의 변화에 대해서는 특별히 설명되어야 한다. 여기서의 지배방식은 상민의 사회적 존재 방식의 변화와 밀접히 관련되어 있다. 왜냐하면 사족이 양천제의 현실적 양상인 노비제를 통하여 관철시키고자 하였던 지배 양상을 반상제의 그것과 동일시할 수는 없기 때문이다.

15세기를 양천제로 바라보는 논자들의 관점에 따르면, 양천제 아래에서는 사족이 노비의 육체를 소유하여 지배함으로써 그를 직접적으로 예속시키는 방식으로 농장경영이 이루어졌다고 한다. 16세기 농장의 확대는 국가의 입장에서는 양천제의 붕괴 과정이라고 볼 수 있지만, 재지사족의 입장에서 보면 16세기는 양천제가 가지고 있는 제도적인 맹점을 충분히 활용하여 재지사족들이 성장한 시기라고 할 수 있다. 이와 같이 양천제는 생산과정과 직접적으로 연관되어 있다는 점에서 15세기에서 16세기로 이행되는 신분제의 변동을 설명하기에 충분한 설득력을 갖는다고 할 수 있다.

그런데 반상제가 갖는 신분제로서의 의미는 여전히 모호하였다. 이것은 반상제가 양천제와는 다른 신분제의 원리 속에 있기 때문이다. 이를 더 자세히 살펴보면, 상민이 사회에서 누리는 법적 지위는 비교적 안정적이었다. 우선 상민은 송사권(訟事權)에서 사족과 비견될 만큼 뚜렷한 자기 권리를 가지고 있었다. 사족과 상민 사이에서 벌어진 송사에서 재판권은 법리와 사회적 상식[彝倫]에 입각하여 공정성을 확보하는 데 있었다. 더욱이 그러한 공정성이 현실 세계에서 실현되었다고 보는 박병호의 연구는 이를 더욱 뒷받침해 준다.[21]

상민은 사유권에서도 조선이 노비에게까지도 소유권을 보장할 만큼 일찍부터 사유제가 발달한 체제였다는 것은 더 이상 언급할 것이 없다. 상민은 이와 같은 사유권과 송사에서의 평등권을 기반으로 한 법적 권한에서 사족과 구분되지 않는 뚜렷한 자기 권리를 가지고 있었음을 알 수 있다.

위에서 언급하였듯이 양천제에서 주인이 노비의 생사여탈권을 가지

---

21) 박병호는 상민의 법적 지위에 대해 향촌에서 사족과 상민 사이에 법적 분쟁이 일어났을 때 "그것이 전적으로 개인적인 분쟁이면, 재판에서 원칙적으로 한 사람의 개인으로 처우될 뿐이며 신분계급에 따라 아무런 차이가 없었다"고 결론짓고 있다.(박병호, 〈공정성의 개념과 실천〉, 문옥표 등, 《조선양반의 생활세계》, 백산서당, 2004, 466쪽 참조)

고 있을 정도의 권력을 통하여 노비를 노동에 예속시킬 수 있었다. 반면, 반상제의 경우는 이념적으로 반상의 구분을 강조하고는 있지만, 법적인 면에서 상민은 사족과 동등한 법적 주체로서 등장한다는 점에서 다른 형태의 지배방식이 요구되었다. 따라서 양천제에서 행해졌던 폭력적인 강제성을 반상제가 담지하지 못하였다는 것은 자명하다.

확실히 양반과 상민 사이에 가로놓인 신분의 구분은 양반과 노비 사이에 가로놓인 그것과는 성격을 달리하였다. 이는 사족들이 향권론에 기반 한 통념만큼 폐쇄적 지배체제를 형성하지 못하였을 뿐만 아니라, 그들은 여전히 왕조체제 아래에서 끊임없이 왕권의 영향력 속에서 존재하였다는 사실을 보여준다.

5.2.5. 경영에 관하여

경영은 농민에게 주체를 돌려줌으로써 농민의 입장에서 그들의 삶을 이해할 수 있는 계기를 제공하였던 망대이다. 이와 같은 경영의 관점에서 관찰된 농민은 그 모습을 더욱 생생하게 드러내었다.

그런데 여기서 경영은 소유와는 별개의 이론적 지층에 속한다는 점에 유의할 필요가 있다. 소유론은 그 이론적 귀결이 분배에 쏠리게 마련이다. 소유론은 결국 분배를 위한 투쟁을 위해 설정된 스탈린 시대의 정치이론에서 기인하였기 때문이다.

경영은 소유와는 달리 일단 경영주체의 의지를 강조한다. 상식적으로 경영을 한다는 것은 경영 결과 얻어지는 이익을 고려한 행위이다. 따라서 역사적 개념으로 도입된 경영은 그 속에서 경영주체의 창조적 행위를 관찰할 수 있는 계기를 제공한다. 또한 경영은 구조를 통해 모순을 발견하려는 단선적인 시각에서 벗어나 그 구조가 작동하는 시스템에 시선을 돌리게 하였다는 점에서 이론적으로 공헌한 바 크다.

비교적 이른 시기부터 재지사족의 농업경영에 대한 이태진의 연구는 연구자들로부터 많은 주목을 받았다.22) 그의 연구에서 16세기 사족들은 향촌에 거주하면서 경영을 통해 농업에 직접 참여하는 생산계층으로 조명 받았다. 이러한 재지사족은 도시에 거주하였던 소비계급인 중앙의 양반관료는 물론, 일본의 사무라이, 유럽의 귀족과도 성격을 달리한다는 점이 밝혀졌다.

이후 김건태는 사족의 농업경영 방식이, 특히 17세기 이후 어떻게 변하였는가를 해명하고자 하였다. 그는 사회 내부의 관계를 반영한 고문서나 일기 자료를 적극 이용하여 매우 미시적인 관찰의 지점을 확보할 수 있었다. 그는 16세기 노비제로부터 17세기 이후 병작제로 전환되는 과정에서 작개제(作价制)에 주목하여, 재지사족의 농업 경영이 매우 능동적인 성격의 것이었음을 입증하려 하였다.

그는 이러한 사족 경영의 과정을 추적하면서, 노비에 기반 한 농업경영이 노비의 태업(怠業) 등으로 경제적 효율성이 떨어지자 17세기 이후 재지사족은 작인의 소농 경영(小農經營)을 바탕으로 한 병작제(倂作制)로 농업 경영 방식을 전환하였다고 주장하였다. 병작제는 지주가 자신의 소유지를 매개로 작인과 맺는 계약방식에 의거하고 있기 때문에 생산과정에서는 별다른 경제외적 강제를 필요로 하지 않았다고 한다.

그의 설명에 따르면, 이와 같이 강제를 느슨하게 하였던 것은 오히려 병작제를 성립시키기 위한 필수요건으로 설정된 것일 수 있었다. 노비제에서 병작제로 지주제의 경영방식이 전환되었던 것은, 병작제 아래에서 맺는 지주와 작인의 관계는 신분제적인 긴박을 필요로 하지 않았으므로, 그 결과 작인으로 하여금 자발적 노동 또는 경영 의지를 고취시킬 수 있었기 때문이라는 설명이다.23)

---

22) 이태진, 앞의 책(1986), 187~219쪽 참조.
23) 김건태, 《조선시대 양반가의 농업경영》, 역사비평사, 2004, 297쪽 참조.

병작제는 지주 경영의 한 형태이며, 그 하부에 다시 소농 경영을 전제로 한다는 데 특징이 있다. 그의 설명대로라면, 노비제[작개제를 포함]보다는 병작제를 택하였던 지주의 선택은, 작인의 소농 경영이 노비제에서의 경영 방식보다는 비교적 안정되었다는 전제에서라야 가능한 것이다.

김건태는 노비제 아래에서의 지주 경영 방식을 지주가 농장에서 앙역노비를 직접 사역시키는 농장 직영지 경영과 외방노비에 의한 공물 수취를 근거로 하는 작개제(作价制)로 나누어 이해하였다. 이때 작개제는 노비가 독자적인 소농 단위로 생산을 영위한다는 면에서 그 외양에서 병작제와 유사하다. 그러나 그 경영의 본질로 본다면 작개제에서의 노비는 지주 경영에 완전히 예속되었고, 그런 점에서 작개제는 엄연히 노비제에 포섭될 수밖에 없었다.[24]

그가 설정하고 있는 병작제 아래에서 맺어진 지주와 작인(作人)의 관계는 노비제 아래에서의 그것과 전혀 달랐다. 병작제에서 지주와 작인의 관계는 작인 가운데 경제적으로 몰락한 사족도 포함되어 있을 정도로 일종 계약에 의거하여 맺어진 관계로, 신분제적 강제를 필요로 하지 않았다. 그 때문에 병작제 아래에서 작인의 경영은 법적으로 보장받을 수 있었다.

그러나 그러한 계약관계를 근대적 의미의 계약관계와 등치시키기에는 무리가 크다. 무엇보다 이들의 계약관계가 근대적 의미의 계약으로 비치지는 않기 때문이다. 작인이 계약의 주체가 될 만한 근대적 의미의 경작권을 가지고 그에 대한 법적 권리를 주장할 수 있었던 것은 아니었다. 경작권을 주장하기 위해서는 작인이 완전한 계약적 주체로서 법적 보장을 받을 수 있어야 하기 때문이다.

---

24) 노비제 하의 소농경영의 문제에 대해서는 김홍식, 《조선시대 봉건사회의 기본구조》(중판), 박영사, 1989, 336~337쪽 참조.

병작인들의 이와 같이 불안정한 법적 지위는 경제적인 불안적성으로 비칠 소지가 적지 않았다. 따라서 김홍식은 소경영이 "자기의 생산수단을 사유하는 것을 기초로 하며, 사회적 생산과 생산자 자신의 자유로운 개성의 발전을 위해 절대적으로 필요한 존재"라는 이론적 전제를 제시하고 있음에도,[25] 별다른 설명 없이 노비제 아래에서의 소농 경영을 가정하고 있다. 이때의 소농 경영은 사실상 대농·중농 등과 대비하여 단지 농지의 규모나 참여하는 인력의 수를 기준으로 한 구분에 따른 것일 뿐이다.

그러나 이처럼 농업규모만 기준으로 본다면 노비노동에 의한 작개제와 병작제의 구분은 모호해진다. 따라서 소농 경영은 경영주체인 소농의 노동의지와 관련지어 이해할 필요가 있다. 노예나 노비의 작업규모를 두고 '소농적'이라는 표현은 사용할 수 있겠지만 경영이라는 개념을 사용할 수는 없기 때문이다.

이영훈은 당시 학계의 중요한 현안이었던 소농 경영에 집중적인 관심을 표명하였다. 이영훈이 제시한 소농 경영에 대한 개념도 사실 위에서 언급한 김홍식의 개념과 대동소이하였다. 따라서 그가 소농 경영을 중심으로 펼쳐낸 조선의 풍경에서 사족은 물론 농민들의 모습도 아주 미미한 인상만 남겼을 뿐이다. 사족이나 작인 모두 국가의 수취 대상인 호(戶)로서 표현되었기 때문에 더욱 그렇게 보였다. 그에 따르면 양반지주는 주호로, 그의 예속농인 작인은 협호로 표현되었다. 호가 국가적 수취단위라는 것을 상기한다면 그가 호를 강조한 까닭은 조선의 역사상을 국가적 시각에서 재편하려 하였던 의도를 가졌던 것 같다. 이는 결과적으로 조선사회를 매우 낯설어 보이도록 만들었다.

이영훈이 국가적 시각을 강조하게 된 이론적 전제는, 조선시대의 소

---

25) 위의 책, 336쪽 참조.

유구조에서 국가가 지주로서 소유권의 상위에 위치해 있고, 다시 그 하부에 지주가 소유권을 갖는 이른바 중층적 소유구조로 이루어져 있다는 이론을 수용한 결과였다. 여기서 국가는 농지의 소유와 농민의 인신 지배를 통해 농민이 생산한 잉여생산물에서 세와 공납, 역의 명목으로 수취할 수 있는 수탈적인 수조권을 가지고 있다고 설정되었다.[26]

그는 이 같은 중층적 소유구조 아래에서 다시 농업 경영이 갖는 의미를 해명하려 하였다. 따라서 그는 농업 경영을 주호 경영과 협호 경영으로 구분하고, 그 실체에서 이 두 경영이 상호 유기적으로 결합되어 있다고 전제하였다.[27]

그런데 그는 자신의 이론적 전제와는 달리 "주호 경영의 복합적 구조"가 무엇이었는지에 대하여 밝히지 않았을 뿐 아니라, 주호의 소유구조 자체를 그의 논의에서 추방하였다. 대신 그는 국가적 소유와 협호의 존재방식 또는 협호 경영에 무리하게 연구의 초점을 맞추려 하였다. 그런데 그도 지적하였듯이 협호 경영은 그 자체로는 직접적으로 사료에 모습을 드러내지 않는다. 이때 협호의 모습은 국가의 시선에 매개되어 반영되어 있거나, 주호 경영[양반 경영]의 복합적 구조를 통해 밝혀질 수밖에 없다는 한계가 있다. 그런데 그가 실증을 위해 동원한 방대한 자료들은 주로 양안(量案), 호적(戶籍), 《조선왕조실록》(朝鮮王朝實錄), 《비변사등록》(備邊司謄錄), 《승정원일기》(承政院日記), 민정서(民政書) 등이며, 이들은 대개 국가의 시각 속에서 기술된 자료였다.

양안이나 호적 등은 국가적 토지소유, 혹은 인신지배의 실상 및 관

---

26) 이영훈, 앞의 책, 129~245쪽 참조.

27) 그에 따르면 "주호 경영은 타인의 예속노동을 사역함으로써 성립하는 복합적 구조의 농업 경영"이고 "협호 경영은 그 경영구조가 취약한 비자립적 소경영"이다.(위의 책, 291~292쪽 참조)

념이 적극적으로 반영된 자료이다. 그리고 《조선왕조실록》, 《비변사등록》, 《승정원일기》 등에 수록되어 있는 계나 장계 등에 반영된 논의들은 대부분 관료들이 자신의 논지를 관철시키기 위하여 억양이 강한 논법을 쓰고 있다. 따라서 그 내용은 먼 거리에서 현실을 과장하거나, 조가의 입장을 강하게 반영하거나, 문제를 과장되게 적출하는 정도의 것들로서, 그 자체로 향촌의 내부 현실을 객관적으로 이해한 것으로 볼 수는 없다.

따라서 국가적 시각을 반영한 자료들을 별다른 비판 없이 그대로 이용하는 한, 그로부터 도출된 사회상이 국가의 입장을 강조할 수밖에 없는 것은 너무나 당연하다. 따라서 이와 같은 국가 중심의 접근방식을 통해 얻어낸 결론이 국가의 수탈성과 협호 경영의 불안정성을 거듭 강조하는 것에 지나지 않았다는 데 이른 것은 어찌 보면 당연한 귀결일 수 있다.

더욱이 이영훈은 협호의 개념을 매우 자의적으로 사용하였다. 그가 제시한 좁은 의미의 협호 개념은 사료를 통해 설득력 있게 적출한 반면, 넓은 의미의 협호 개념은 논리적 논법에 의해 미루어 구성한 것이 문제다. 그는 자신이 제시한 넓은 의미의 협호 개념에 노비를 포함시켰다.

이 같은 협호 개념을 도출한 까닭은, 이를 통해 노비와 상민을 통합하여 '불안정한 소농 경영'의 범주에서 이해하려 하였기 때문이다. 이것은 노비와 상민에게 각각 지워진 역사적 조건의 경계를 무너뜨리고 노동의 주체가 노비로부터 상민으로 옮아가는 역사적 전개를 무차별적으로 이해하였다는 데에 이론적인 맹점이 있다.

여기서는 무엇보다 노비가 경영의 주체가 될 수 있는가 하는 점이 문제될 수 있다. 이것은 상민의 사회적 조건을 노비와 같은 선에 두고 이해하는 쪽으로 기울게 하였다.[28]

그 결과, 주호 경영과 협호 경영의 관계는 그의 이론적 전제와는 달리 유기적으로 파악되지 못하였다. 협호는 주호 경영으로부터 고립되어 국가와 지주로부터 수탈당하기만 하는 대상에 머물렀다. 그리고 신분의 관점에서 볼 때, 상민은 오히려 노비의 수준으로 하향 평준화되어 상민이 갖는 고유한 역사적 특성은 사라졌다.

이와 같은 협호 경영의 부정은 결과적으로 "주호로부터의 지대수취는 거의 없거나 상징적인 수준에 불과"한 주호 경영의 부정에 이르게 함으로써 결국 국가적 소유구조 안에서는 농민 경영 자체가 불가능하였다는 매우 우울한 역사적 풍경을 만들어냈다.

이는 조선 후기 농민의 경영 의지 전체를 지나치게 평가절하하고, 상대적으로 국가의 수탈구조를 지나치게 강조하는 편향된 연구시각에서 비롯된 것으로 보인다. 이러한 결론은 그가 강조하는 것처럼 실증적인 논증의 결과가 아니라, 아마도 그의 이론적 전제로부터 도출된 것이라는 인상을 지울 수 없다.

이는 국가적 토지 소유를 중층적 소유구조를 결정하는 첫번째 소유로 규정하고, 이를 다시 경영과 접목하여 설명함으로써 경영을 소유에 귀속시켰고, 이에 따라 도출될 수밖에 없는 당연한 논리적 귀결이다. 그러나 이영훈이 김성우와 마찬가지로 조선에서 국가가 차지하는 위상을 환기시키는 데 큰 성과를 남겼다는 것은 두말할 필요도 없다.

이와 같이 기존의 연구로부터 재지사족의 사회적 위상을 지나치게 강조하거나 축소하는 것 모두 편향에 빠질 수 있다는 교훈을 얻는다. 17세기 이후 재지사족은 향촌에 거주하며 지배권력으로부터 벗어난 생산계층이라는 점에서 양반관료층과는 구별되며, 국가로부터 특권을 부여받은 신분이라는 점에서 그 이하의 계층과는 차별되었다.

---

28) 위의 책, 260~288쪽 참조.

　더욱이 고문서나 일기와 같이 구체적인 사회적 실상을 파악할 수 있는 사료를 통하여, 재지사족은 대부분이 지대 생활자였으며, 생산에 참여하는 경영의 주체였다는 사실이 밝혀졌다. 그리고 노비에 의한 농장경영이 주류를 이루었던 16세기에 재지사족들은 수많은 노비를 소유한 노비소유주였으나, 17세기 이후 병작제로 전환되면서 재지사족이 노비소유주로서 갖는 성격은 점차 탈색되었다. 따라서 그들은 병작을 운영하는 주체로서 상민과의 사회적 관계가 더욱 중심에 떠올랐다.

　17세기 반상제의 출현은 이후 만연된 병작제와 관련지어 생각해 볼 필요가 있다. 이는 사족의 성장이라는 관점에서뿐 아니라, 노동 주체인 작인들의 사회적 성장에 따른 대응이라는 점에서 주의를 환기시킨다. 이는 국가로부터 부여된 특권에 기반 한 반상제가 노비제 아래에서보다 느슨한 사회적 관계를 상정하고 있다는 뜻도 된다.

　노비제와는 달리 병작제가 경제외적 강제를 필요로 하지 않는 생산관계고, 또 앞서 살펴보았듯이 상민들이 법적으로나 경제적으로 그 권리를 보장받을 수 있는 사회적 여건에 처해 있었다면, 17세기 이후 정착하기 시작한 반상제가 신분제로서 과연 어떠한 의미를 갖는 것일까 되묻지 않을 수 없다.

　경영은 농민의 능동적인 모습을 포착할 수 있는 개념이지만 그것이 순수한 경제적 개념으로서만 주장되는 한, 경영 주체를 제약하고 있던 지배의 실상, 그리고 지배의 조건이 되는 특권의 문제는 여전히 괄호로 남아 그 빈 칸을 채우기 어렵게 된다.

5.2.6. 문화에 관하여

　문화는 17, 18세기 이후 사족 지배를 또 다른 각도에서 바라볼 수 있는 창이었다. 도이힐러는 15, 16세기에 유교이데올로기가 사족층의 생활양식을 근본적으로 바꾸어놓았고, 이로써 사족층이 상민층과 구별 짓기에 성공할 수 있었다고 논증한 바 있다. 이 과정에서 고려 말 성리학을 체득한 몇몇 선구적인 인물들의 주도적인 역할로 유교화의 길은 열렸지만, 조선에 들어와 사족의 생활문화가 유교화하게 된 데에는 무엇보다 국가의 주도적인 정책이 큰 역할을 하였음을 알 수 있다.

그녀가 논증한 유교적 구별 짓기를 강제당한 주 대상은 중앙의 양반 관료층이었으며, 그 분석에서 지방 사족층의 구체적인 실태는 보이지 않는다. 그리고 이 같은 문화적 구별 짓기는 국가가 부여한 특권과 마찬가지로 지배의 조건은 될 수 있지만, 그 자체를 지배로 환치하기에는 무리가 있다.

이 지점에서 도이힐러가 "벼슬을 얻지 못한 재지사족들이 어떻게 양반 신분을 유지할 수 있는가 하는 문제는 더 자세히 연구할 과제 가운데 하나"라고 제시한 문제제기는 여전히 유효하다.[29] 이 화두는 17세기 이후 조선 후기 사회에서 문화[또는 이데올로기]가 갖는 영향력을 암시한 것으로 매우 주목할 만하다.

정승모는 국가 이데올로기가 향촌사회에 침투하는 과정을 그림으로써, 지역 사회가 갖는 복합적인 지형을 단순화하지 않을 수 있었다. 그는 각 지역마다 군현제의(郡縣祭儀)의 헤게모니가 각기 다른 세력에 의해 결정되는 과정을 지켜보았다. 그 결과 그는 향권에 대하여 다른 향촌사가와는 다른 입장을 취하였다. 그는 향권을 "군·현을 단위로 그 안에서 일어나는 각종 이권에 대한 개입 능력과 결정력"이라고 정의하고 "그 지역의 자치적이고 비공식적인 조직들 사이의 경쟁과 그 결과에 따라 향방이 결정된다"고 보았다.[30]

이것은 결과적으로 향권을 실제적인 집권능력에 초점을 맞추어 이

---

29) 마르티나 도이힐러/이훈상 옮김, 《한국사회의 유교적 변화》, 아카넷, 2003, 463쪽 참조.
30) 정승모, 앞의 글, 25쪽 참조.

해하기보다는 지배 상징의 일종으로 다루도록 하였다. 이는 향촌 내의 지배질서를 권위적 측면에서 해석하는 쪽으로 나아가게 하였다. 이 같은 권위는 군현의 공식적인 의례의 장악으로 드러나며, 지배 상징을 장악하는 쪽이 향권을 장악할 수 있고, 이것이 향촌 지배에 근본적인 영향을 미치고 있다는 생각이다.

그가 국가 이데올로기와 군현제의의 수직적 관계를 기본 전제로 두고 그 하부에서 다시 향권(鄕權)에 주목하였다는 것은, 결국 지역 사회에서 국가 이데올로기에 대응하는 매우 복잡한 양상을 반영한 것으로서, 향청 운영권으로만 향권이 결정된다는 단선론적인 해석을 거부하고 있음을 알 수 있다.[31]

정승모의 이 같은 주장이 우리에게 시사하는 바는 크다. 그의 논의는, 중앙 정부가 향촌을 지배하는 방식에서 국가 이데올로기가 차지하는 위상이 무엇이었는지를 뚜렷이 보여준다. 이는 곧 중앙 정부의 이데올로기가 지역 사회에서 어떻게 지배 상징으로 탈바꿈되었는가를 조명함으로써, 중앙 정부가 지역 사회를 지배해 나가는 데 문화적 상징이 어떤 의미를 가졌는가를 보여주기에 충분하였다.

5.3. 왕조체제로 본 조선사회

5.3.1. 왕조체제의 의미

근대사회에 사는 우리로서는 왕조체제를 상상하기란 쉬운 일이 아

---

31) 박현순은 예안현의 경우 16세기 사족이 서원을 통해 결집되고 있었다고 지적하는데, 이는 사족의 향권 형성이 향청을 통해서만 일어나지 않았다는 정승모의 견해에 대한 반증이다.(박현순, 〈16~17세기 예안현(禮安縣) 사족사회 연구〉, 서울대 박사학위논문, 2006 참조)

니다. 이 체제는 근대사회를 설명하기 위해 고안된 많은 정치·사회 모델의 바깥에 위치해 있다. 근대사회의 개념들에 각인된 사람들에게 이전 사회의 특성을 설명하는 일은 마치 선천적인 맹인에게 빛을 설명하는 것과 다름없이 어려운 일이다. 이미 자동차에 익숙해 있는 사람이 그 이전의 교통수단이던 말을 상상하기 힘든 것과 마찬가지 이치다. 따라서 근대사회에 던져진 사람들이 왕조체제 사회를 이해하기 위해서는 많은 선입관을 버릴 각오가 되어 있어야 한다.

그런데 우리의 경험 세계 저편에 있는 사회를 이해하기 위해서는 오히려 그 선입관의 전체적인 구도를 먼저 이해하는 편이 그 세계로 가는 디딤돌을 얻는 것이라고 생각한다. 근대의 정치사회모델이 어떤 특성을 지니는지를 살핌으로써 그 반대쪽으로 더욱 면밀한 주의를 돌릴 수 있는 계기가 되기 때문이다.

근대의 정치태(政治態)는 잘 알려진 바와 같이 민족국가를 중심으로 구상된 모델이었다. 필자는 이러한 모델을 편의상 국가체제로 이해하고, 그것을 왕조체제와 대비되는 개념으로 사용할 것이다. 이 모델에서 국가는 사회와 대립 개념으로 사용된다. 사회는 국가의 특별한 개입 없이 그 자체로 재생산이 가능한 구조로 이루어진 것으로 상정된다. 따라서 국가의 재정은 사회에서 이루어지는 독자적인 생산과 분배의 순환구조를 전제로 하며, 국가는 분배와 조절 기능을 담당하는 것을 자신의 임무로 삼았다.

여기서 국가는 주로 사회 구성원 사이의 분쟁 조정이나 합의 도출 기능을 한다. 따라서 사회성원과 국가의 관계는 계약에 의해 맺어지는 것을 정치적 이념으로 한다. 이 개념대로라면, 국가란 사회의 필요에 부응하기 위해 나타난 부수적인 현상에 불과하다. 그래서 현실적으로 국가와 사회는 긴장 관계를 가지며, 오늘날에서조차도 각각의 기능을 강조하는 담론은 국가의 통합적 기능을 강조하는 견해와, 사회의 자율성을 강조하는 견해 사이에서 떠돌게 되는 것이다.

한편, 왕조체제는 사회적 자율성이라는 측면에서 국가체제보다 훨씬 미성숙한 체제였다. 이러한 체제에서 국가와 사회는 완전히 분리되지 못하였다. 중앙권력은 사회의 각 방면에 깊숙이 관여하고 있었으며, 사회 시스템이 작동되기 위해서는 이러한 권력을 구조적으로 요구하고 있었다. 그런 점에서 국가는 아직 완전히 추상화되지 못한 단계였다고 할 수 있다. 때문에 국가는 사회를 적극적으로 통합하는 기능을 떠맡았으며, 그러한 체제에서 사회는 국가에 종속적일 수밖에 없었다. 여기서는 국가가 사회체제를 위하여 존재하는 것이 아니라, 사회가 국가의 유지를 위해 존재하였다.

이러한 체제에서 국왕의 역할은 매우 중요하다. 국왕은 이념적으로 모든 정치 사회적 관계로부터 초월적인 존재로서, 심지어 어떠한 규칙에도 제약을 받지 않는 자유로운 존재로 설정되어, 정치 영역과 사회 영역의 모호한 경계 위에 서서 두 영역을 통합하는 배역을 맡았다. 따라서 국왕의 권력은 그로부터 모든 사회 권력이 발생하는 이념적 근거로 설정되어 있었다. 왕토(王土)와 왕민(王民)에 대한 관념 또한 조선의 이 같은 왕조체제의 특성에 부응한 것이었다.

그런데 현실세계에서 조선의 국왕은 이러한 이념과는 달리 초월적 성격을 갖지 못한 경우가 많았다. 예컨대 경종의 경우, 그의 국정 운영은 왕권이라는 말이 무색할 정도로 사실상 기여하는 바가 아주 적었다. 관료들만으로도 정책 결정이 잘 작동하고 있는 듯 보였다.

한편 이와는 전혀 다른 성격의 국왕도 있었다. 경종의 뒤를 바로 이은 영조(英祖)의 예에서 보듯이, 일단 그와 같이 강력한 리더십을 갖춘 왕이 집권하면 정국의 주도권은 왕의 손에 쉽게 빨려 들어갔다. 경종에서 영조로 넘어가는 그 사이에 별다른 정치체제나 사회체제의 변호는 없었다. 그럼에도 국왕의 성격이 이처럼 변화하였다는 사실은 왕권이 무엇인가라는 문제를 더욱 풀기 어려운 수수께끼로 만들고 만다.

그런데 왕의 권력이 이와 같이 그의 캐릭터에 따라 쉽게 변화하는 것이라면, 역설적이게도 그것은 오히려 국왕이 주변의 신하들과 맺고 있는 정치역학과는 무관한 범주에 놓여 있었다는 사실을 짐작하게 한다. 이는 조선에서 국왕은 사실상 제도적으로 속박되지 않은, 그래서 매우 자율적인 지위에 있었음을 보여주는 것이다.

조가(朝家)는 이러한 국왕의 권력이 현실적으로 실현되는 장소였다. 왕조체제에서 조가는 국가체제에서 정부와는 성격이 다르다. 이 점에 대해서는 뒤에서 자세히 설명하겠지만, 한마디로 말한다면 조가는 국왕과 관료들의 연합체라는 성격이 강하다. 필자가 이러한 정치체제를 조가체제라고 부르는 데에는 조가가 왕권과 연계됨으로써 나타나는 그만의 독특한 특성 때문이다.

그 밖에 신분제는 왕조체제에서 주목하여야 할 또 다른 특징이다. 여기서 의문시되는 것은, 국왕의 제일(齊一)적인 평등성을 강조하는 정치체제에서 어떻게 신분제와 같은 차등적 원리가 현실적으로 실현되었는가 하는 점이다. 이 점에 대해서도 뒤에서 상술하겠지만, 적어도 신분제 또한 왕권과의 역학 속에서 설명되어야 한다는 것은 분명하다.

그런데 왕권에 의한 통합적인 권력체계나 신분제가 발달한 배경은, 사실상 조선이 농업경제를 기반으로 한 사회였다는 점과 깊이 연관되어 있다. 전근대에 농업경제를 위주로 한 사회는 정주형(定住型)의 사회라는 특성이 있다. 이것은 필연적으로 각 지역에서 생산된 잉여생산물을 국왕이 있는 한 지역으로 통합시킬 시스템을 요구하였기 때문이다. 이 점에 대해서는 뒤에 다시 거론할 것이다.

조선의 왕조체제는 다음 세 가지 특성으로 정리할 수 있다. 조선의 왕조체제는 정치적으로 '조가체제'였고, 사회적으로 '신분사회'였으며, 경제적으로는 '농업경제'를 기반으로 한 사회였다. 이와 같은 각 요소들은 서로 분리될 수 없는 통합적인 시스템을 구성하였다. 정치·사회·경제의 세 방면에서 나타난 이런 특성은 근대 모델과는 다른 시각에서 조선을 이해할 것을 요구한다.

그리고 이 세 요소는 사실상 서로 밀접하게 연관되어 있으므로, 이 가운데 어느 한 가지만 소홀히 다루어도 조선의 특성을 이해하는 데 커다란 편향을 초래할 것임은 너무나 자명하다. 그리고 이 세 축들이 어떻게 연관될 수 있는지를 해명하는 과정에서 조선시대의 특권이 위치해야 할 자리가 더욱 뚜렷하게 드러날 것이라고 기대한다.

5.3.2. 조가체제

앞에서 말하였듯이, 왕권은 자율적이면서 그 자체를 권력의 원천으로 하고 있다. 이 같은 왕권의 자율성은 그가 공적인 권력체계뿐 아니라 사적인 권력체계에 동시에 기반하고 있다는 점에 기인한다.[32] 잘 알고 있는 것처럼, 공적 권력체계가 관제(官制)를 의미하는 것이라면 사적인 권력체계는 작제(爵制)를 의미한다.

어떤 이유에서인지 모르겠지만, 조선에 대한 우리의 이해는 확실히 관제를 강조하는 쪽으로 기울어져 있다. 그러면서도 동시에 조선의 국왕은 법치(法治)보다는 덕치(德治)에 입각하였다는 주장을 편다. 이것은 확실히 모순이다.

일본의 저명한 중국사가인 니시지마 사다오(西嶋定生)도 밝힌 바 있듯이, 덕치란 예제적 질서에 입각하여 통치하는 것을 의미한다. 그리고

---

32) 이성규는 고대 중국의 황제를 황제라는 '관'(官)과 천자라는 '작'(爵)의 이중적 개념이 중첩된 것으로 보고, 황제의 권력을 황제가 주도하는 공적 권력과 천자가 주도하는 사적 권력으로 이해하고 있다.(이성규, 〈중국 고대 황제권의 성격〉, 동양사학회 편, 《동아사상(東亞史上)의 왕권》, 한울아카데미, 1993, 20~41쪽 참조)

이 예제적 질서는 작제 시스템에 의한 통치를 뜻한다. 다시 말하여, 작제 시스템은 국왕이 작위를 부여하고 그와 함께 특권을 부여함으로써 인민에게 은혜를 베푸는 것으로서, 이를 통해 예제적 질서를 확립하고자 하는 것이다.

이러한 관념의 기원은 《예기》(禮記) 〈곡례상〉(曲禮上) 편에 보이는 "예는 서인까지 내려가지 않고, 형은 상대부(上大夫) 이상에 적용되지 않는다"[禮不下庶人, 刑不上大夫]는 구절에서 찾을 수 있다. 이 구절은 서민은 예의 질서 바깥에 있으며, 예의 질서는 대부 이상에게만 해당하는 것으로 본다는 뜻으로 해석된다.[33]

한편, 공적인 권력체계는 관제에 의해 실현된다. 관제는 법 집행을 우위로 하는 전제적 법치질서를 의미한다. 그 집행은 주로 과거를 통해 등용한 사족 출신 양반들의 몫이었다.

앞서 언급하였듯이 지금까지 조선의 정치체제는 주로 관제 시스템을 해명하는 쪽에 맞추어져 있었다. 그것은 아마 고대로부터 현재까지 이어오는 장기적인 국가 발달사의 관점에서 한국사를 설명하려는 의도에 기인한 듯하다. 이 국가 발달사는 현대의 민족주의 국가까지의 발전과정을 국가 발전사의 관점에서 이해한 것으로, 조선을 고려보다는 근대 쪽에 가깝게 인식하려는 시도였다. 그러나 왕조체제와 국가체제라는 대립적인 관점에서 이 문제를 다룬다면, 조선은 오히려 고려에 가깝게 이해되어야 한다는 것이 상식적이다.

그럼에도 관제의 관점에서 본다면 그것이 왕조체제에서 장기적인 추세를 통해 발전되어 왔다는 것은 분명하다. 왕조체제 발달의 장기적인 추세를 통해 볼 때, 한 왕조에서 또 다른 왕조로 이어지는 과정에서 새로운 왕조가 수립될 때마다 그 왕조는 대개 전대의 멸망에 대한 반

---

33) 西嶋定生, 〈제4장 진한제국의 출현〉, 貝塚茂樹 외/윤혜영 편역, 《중국사》, 홍성사, 1986, 104~123쪽 참조.

성을 바탕으로 권력 장치를 새롭게 정비하여 발전시켰다. 따라서 관제는 합리성을 지향하며 발전할 수 있었다. 그에 따라 신라보다는 고려가, 고려보다는 조선이 더욱 발전되고 합리화된 관제를 가지고 있었다는 것은 분명한 사실이다.

따라서 한국의 마지막 왕조인 조선에 이르면, 그 이전의 어떠한 왕조보다 가장 체계적인 관제 시스템을 갖추게 된다. 많은 논자들이 지적하듯이, 조선은 의정기관과 간쟁기관, 감찰기관이 균형을 이루었으며, 이는 전대에는 볼 수 없었던 매우 균형 있는 관제였다는 평가를 받아왔다. 이것은 결국 국왕의 사적인 권력을 조절하기 위한 제도로서 이해되었으며, 사실상 그러한 관제 시스템의 질서를 무시한 왕은 관료들의 거센 반발을 받거나 심지어 폭군으로 몰려 쫓겨나기조차 하였다. 관료들의 이러한 힘을 신권(臣權)으로 보고, 이러한 신권의 성장을 국왕의 권력과 대립적으로 설명하려는 관점이 아직까지 학계에서 지배적이다.

그런데 여기에는 정작 마땅히 제기되어야 했을 질문이 간과되고 있다. 이러한 관제 시스템이 왕조체제에서 의미하는 바는 과연 무엇인가? 이 질문은 국왕과 관료가 어떤 관계를 맺고 있는 것인가, 또는 국왕에게 관료란 무엇인가 하는 말로 고쳐 물을 수 있다. 이러한 문제 제기 과정에서 막스 베버의 가산관료제(家産官僚制) 설이 연상되는 것은 우연이 아닐 것이다. 그에 따르면, 관료란 국왕의 가산(家産)을 관리해 주는 사람에 불과하다. 이 의견에 그대로 동의하는 것은 아니라고 하더라도, 그의 질문 의도에는 동조할 만한 점이 많다. 관료 시스템을 발전시키는 일이 과연 국왕의 이익에 반하는 것이었을까?

필자는 그렇지 않다고 생각한다. 사실 이 같은 관제의 본질은 이 시스템의 최상위에 있는 조가의 성격을 어떻게 이해하느냐 달려 있다. 조가는 국왕과 상급 관료층으로 구성되어 있으며, 이들은 조정이라는 특정한 정치의 장에서 정책을 논의한다.

여기서 특히 유념해야 할 점은, 관제의 상부를 차지하는 고급 관료들은 동시에 중앙의 작제 시스템인 팔의(八議) 안에 위치한다는 점이다. 그리고 팔의 안에 위치한다는 것이 위에서 말한 바와 같이 국왕의 작제적 질서 안으로 들어간다는 뜻이다. 다시 말하면, 관료들이 하급으로부터 성장하여 일단 고급관료에 진입하게 되면, 이들은 더 이상 관제 안에만 머무는 신분이 아니라, 곧바로 국왕과 사적인 관계를 맺는 신분으로 전환된다.

현실적으로 이들이 조정에서 격론을 벌이고 심지어 국왕과 대립하여 국왕을 내쫓는 일이 가능하더라도, 그 모든 일들이 결국 종묘와 사직을 위하는 것인 한, 왕조체제에서 수용되고 용인된다. 국왕의 입장에서 보자면 이러한 합리성을 앞세운 거스름은 왕조체제를 영속시키기 위한 방략으로 받아들여지는 것이다. 그렇게 본다면 저항으로 비치는 관료의 이런 독자적인 활동들은 국왕의 권력 속에서 허용되는 것이다. 오히려 이러한 태도는 간신과 대비되는 충신의 행동으로서, 신하가 갖추어야 할 윤리의 한 가지로서 국왕이 적극적으로 요구하는 것이었으며, 신하 쪽에서는 닦아야 할 몸가짐의 주요한 덕목이었다.

관제를 통하여 이루려는 공정성도 넓게 보면 국왕의 사적 이익을 관료들이 견제하거나, 관료들의 사적 이익을 국왕이 견제하는 양상으로 드러난다. 이 점에서 대표적인 도덕 군주로 일컬어지는 중종조차도 자신의 사적 이익을 위하여 관료들과 어떻게 타협하고 있는가를 보여준다.[34] 여기서 공(公)을 추구한다는 일은 18세기 국왕들이 '민국'(民國) 이념을 제창하여 백성들을 포함시켜 사회의 공적 적정성에 대하여 새롭게 논의할 때까지,[35] 국왕과 상급 관료로 대표되는 양반층이 상호

---

34) 김성우, 《조선중기 국가와 사족》, 역사비평사, 2001, 66~82쪽 참조.
35) 이태진, 〈18세기 한국사에서의 민(民)의 사회적 정치적 위상〉, 《진단학보》 88, 1999,

이익을 고려한 균형적인 적정성을 형성해 나가는 과정에 불과한 것이 었다.36)

그런 점에서 관제를 통해 추구하려는 합리성은 언제나 상대적이다. 따라서 과연 관제가 추구하는 것이 반드시 국왕의 사적 이익과 대립하는 것이라는 전제는 어쩌면 지나친 편견인지도 모른다. 오히려 조가(朝家)는 국왕의 사적 이익과 관련된 작제와 공동체의 공공성을 실현하려는 관제를 매개하는 고리로서 이해되어야 하며, 오히려 이러한 조가의 성격으로 볼 때 관제 시스템은 넓은 의미에서 작제 시스템에 포섭되었다고 생각할 수도 있다.

한편 이러한 조가체제에서는 지방 통치 방식에서도 근대의 국가체제와는 구별된다. 조가체제에서는 알려진 바와 같이 지방제도에서 비교적 느슨한 통치방식을 택하고 있다. 국왕을 대신하여 임명된 각 지방의 수령은 성주(城主), 또는 토주(土主)라고 일컬어지는 것에서도 알 수 있듯이, 각 군현의 주인으로서 비교적 독자적인 행정권을 행사할 수 있었다.

이와 같이 수령을 중심으로 이루어진 지방 행정집단을 관가(官家)라고 하는데, 이는 조가(朝家)와 대비되는 개념이다. 따라서 조선은 조가로부터 관가로 이어지는 직접적인 행정구조를 기축으로 하고 있다. 그

257~262쪽 참조.

36) 김준석(金駿錫)은 17세기 이후 국가재조의 방략을 두 가지 방향에서 정리한 바 있다. 첫째는 보수적인 개선론이고, 둘째는 체제개혁론이다. 보수적인 개선론은 송시열을 위주로 한 노론의 입장으로서 지주제를 그대로 유지한 채 지주제의 약점을 균부·균세를 통하여 해결하자는 것이고, 체제개혁론은 허목, 유형원의 주된 주장으로서, 지주제를 폐지하고 소농(小農)의 토지 소유를 보장하자고 주장하는 국가주도의 사회개혁론이다. 이 같은 두 논의의 정책적 목표는 결국 현실의 폐단을 지주제에서 찾는 점에서 공통점이 있고, 문제는 그에 대한 대응방식의 차이에 불과한 것이다. 이 같은 정책적 목표의 핵심은 결국 사족들의 사욕을 어떻게 처리할 것인가라는 문제로 귀결될 수 있다. 한쪽은 조절론에 있다고 한다면, 다른 한쪽은 억제론(소멸론)에 있다고 보아야 할 것이다.(김준석, 〈조선후기 국가 재조론의 대두와 그 전개〉, 연세대 박사학위논문, 1990 참조)

정치적 의미는 국왕이 직접 백성들을 통치해야 한다는 이념에 기반 한 것이지만, 현실 여건상 부득이 그 대리인인 수령에 의해 통치한다는 것이다.

이러한 점은 사족들이 갖는 피치자로서의 정체성에도, 사족들만이 자칭하는 용어인 화민(化民)의 용례에도 반영되어 있다. 화민은 교화를 입은 백성이라는 용어로서, 대개 자기 고을 수령에게 자칭할 때 쓴다.37) 그리고 이 용어를 사용하는 경우는 국왕 이외에는 없다. 사족이 수령과 국왕에게만 교화된 백성으로 자처하고 있다는 것은, 관가에서 수령이 차지하는 위상이 국왕과 직결되어 있었음을 알게 해 준다.

관가의 내부 구조를 보면, 대개 조가의 구조를 그대로 모방하여 6조(曹) 대 6방(房)이라는 유비를 보인다. 이는 관가가 지방의 조가임을 상징하는 것으로 여겨진다. 심지어 수령의 부임 의례에서 수령을 맞이하는 관습이나 처음 관청에 오르는 절차와 의식은 국왕의 그것과 유사한 면이 많다.38)

그런데 조가와 관가는 이러한 구조적인 유사성이 있음에도 정책적인 지향점에서 많은 차이가 났다. 조가는 전체 사회의 합리적인 운영에 관심을 기울였다. 조가가 관심을 기울였던 것은 주로 재정과 관련된 영역이었다. 이것은 각 사가들로부터 적정량의 잉여물을 수취하여 그것을 재분배하는 시스템의 구축을 목적으로 하였다. 그 부담은 곧바로 관가에 떠넘겨졌는데, 이때 관가가 지향하는 목적은 조가와는 달랐다. 즉 관가는 그 지역 사회를 구성하는 사람들이 평화롭게 공존할 수 있는 적합한 균형점을 찾는 데 주력하였다. 따라서 조가와 관가는 정책적 지향을 달리하는 경우도 종종 있었으며, 이는 수령의 자율권을

---

37) 전경목, 〈조선후기 소지류에 나타나는 '화민'(化民)에 대하여〉, 《고문서연구》 6, 1994 참조.
38) 김혁, 〈조선 후기 수령의 부임의례〉, 《조선시대사학보》 22, 2002 참조.

어느 정도 보장한 결과이기도 하였다.

이와 같이 관가가 독자적이고 분할적인 권력행사를 할 수 있었다는 인상을 주는 것은 근본적으로 소농 사회에서 나타날 수밖에 없는 흩어진 사가(私家)들의 존재방식 때문이었다. 왕조 사회의 문제는 이와 같이 각 지역에 흩어진 사가들을 어떠한 수단으로 통제할 것인가 하는 점에 달려 있었다. 이처럼 지역 사회에 흩어져 있는 사가들을 획일적으로 통치하는 것은 조가로서는 매우 부담스러운 일이었고, 획일적인 통치를 강제하였다가 급속히 몰락한 중국 진(秦)나라의 사례는 좋은 귀감으로 여겨졌다.

조가는 겉으로 강력한 권력으로 수식된 듯이 보였지만, 조가가 행사할 수 있는 권력은 결코 근대의 정부에 비견될 수 있는 것이 아니었다. 근대의 정부가 각 계층과 지역 위에 추상적 초월적으로 위치하여 추상적 협의체로서 존재한다면, 조가에게 부여된 권력은 그것에 비해 매우 제한된 것이었다.

근대의 정부가 강력한 권력을 행사할 수 있는 배경에는 정치나 사회 조직의 발달 정도도 한 원인으로 자리하겠지만, 무엇보다 매스미디어와 교통의 발달 여부가 더 큰 원인일 수 있다. 당시 조가가 위치한 한양과 지방은 동일한 공동체로 상상할 수 있을 정도의 사회기반 시설이 없었다. 그 끈은 조가가 제시한 이데올로기와 행정체계에 의해 간신히 이어지고 있는 정도였다.

따라서 조가는 한양에 위치하면서 그곳에서 먼 거리의 다른 지역을 지배하는 '지역에 의한 지역의 지배'라는 특수한 구조를 취할 수밖에 없었다. 사실 이 점은 추상적 수준의 국가가 존재하지 않았다는 결정적인 반증이기도 하다.

이와 같이 조가를 추상적 수준의 국가와 동일시할 수 없다면, 조가 체제를 더 분명히 이해하기 위해 지역이라는 개념은 필수적이다. 왕조

그림 5-1. 조가체제의 구조

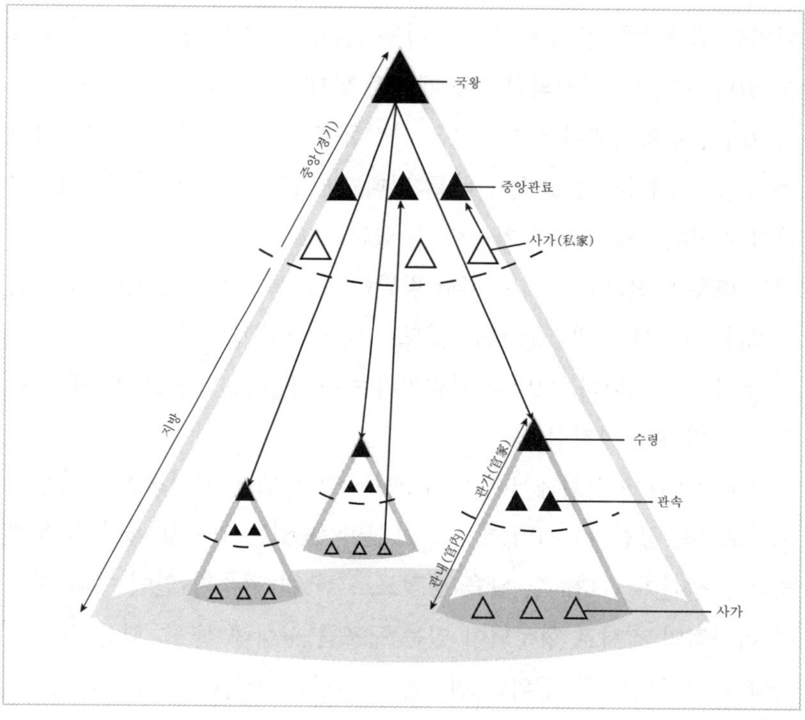

체제를 상상하는 데서, 흔히 현대의 사회체제를 이해하는 데 이용되어 왔던 삼각형의 계급 구성표는 부적당하다. 왜냐하면 삼각형의 계급 구성표는 어떠한 지역 개념도 반영하고 있지 않기 때문이다.

이 점에서 덧붙여 생각할 점은, 근대의 모델에서 유사한 사회적 조건을 상정하여 계급으로 표현되는 위계적 질서는 지역 개념이 사상된 채 동일한 사회적 조건에 의해 형성된 것이라는 데 특징이 있다. 사실상 이러한 지역적 제한성을 초월하기 위해서는 매스미디어, 교통, 과학 기술의 발달 등 사회적 기반 시설이 전제되어야 한다.[39] 따라서 그러

---

39) 베네딕트 앤더슨/윤형숙 역, 《상상의 공동체》, 나남출판, 2002 참조.

한 수평적 사회적 조건에 의해 형성된 사회에서는 수평적 압박이 그 이익을 위해 동일한 행위를 요구하는 윤리로서 성립하는 것이 가능할 수 있다. 예컨대 시민의식이나 계급적 연대 같은 것이 그것이다.

그러나 왕조체제에서의 모델은 이러한 수평적인 압박을 상정하기에는 그것을 제약하는 요소가 너무 많다. 대표적으로 위에서 언급한 것처럼 지역끼리의 소통이 가능할 수 있는 기술적 요소가 그것을 이루기에는 너무 미진하였다. 그곳에서 발달하는 소통의 압박은 수직적인 것이었다. 따라서 연대라고 하는 것도 지역적 연대로밖에는 표현되지 않는 것이 일반적이다. 그만큼 지역이라는 개념은 조가체제에서 매우 핵심적인 위치를 차지한다.

왕조체제를 도식화해서 설명할 경우, 그 모델은 평면적인 삼각형의 도식보다는 공간, 즉 지역 개념을 표현할 수 있는 원추형 쪽이 더 적절하다는 생각이 든다. 즉, 왕을 정점으로 한 큰 원추형 안에 여러 지역이 독자적인 질서로 형성되어 있는 구조를 상상해 볼 수 있을 것이다. 국왕을 중심으로 한 상위의 원추를 구성하는 방식은 왕조에 따라, 또는 같은 왕조 안에서도 시기적으로 차이가 있을 수 있다. 또한 지방의 통치를 그 지역의 호족에게 재위임하는 제도든, 조가로부터 선발된 왕의 사람인 관료를 수령으로 파견하든 질적인 차이가 있지만, 왕을 정점으로 한 상위의 작은 원추 안에 다시 그 하부에 무수히 많은 향촌의 독자적인 세계를 상징하는 작은 원추형들이 흩어져 있는 구조를 왕조체제의 기본적인 위계로 상상해 볼 수 있다.[40]

---

40) 이 같은 발상은 조나단 프리드만이 왕조사회를 설명하는 방식에서 참조하였음을 밝혀둔다.(Jonathan Friedman, *System, Strucrure, and Contradiction: The Evolution of Asiatic Social Formation*, Second Edition, A Division of Sage Publications, Inc., 1998, pp.240~280)

5.3.3. 신분제

1) 신분제 형성에서 특권의 기능

이념적으로 왕토에 사는 모든 백성은 왕의 권력에 귀속된다. 그들이 왕권 아래에서 모두 평등해야 한다는 왕민사상(王民思想)은 왕조체제를 지지하는 이념적 전제였다. 그런데 왕조체제를 근본적으로 관통하는 원리는 정치와 사회 어느 쪽이든 왕권의 분유와 차별적 누층화(累層化)를 전제로 한다. 이것은 사회적으로 신분제로 표현되었다

왕토왕민사상에 신분제를 비추어볼 때, 이 둘 사이에 놓여 있는 이러한 균평과 차등의 원리는 매우 역설적이다. 어떻게 균평의 원리를 전제하는 왕토왕민사상이 차등의 신분제를 전제로 할 수 있는 것인가?

왕토왕민 이념이 사회를 관통하는 구체적인 관념으로 자리 잡았다는 증거는 당시 국왕이 부여하는 특권의 하나였던 '탈역'(頉役)이란 용어에서 '탈'(頉)의 의미를 헤아려보는 것만으로도 충분하다.

앞서 언급하였듯이, 탈은 문제, 말썽이란 뜻으로 해석되는 순 우리말이다. 이 용어에는 원칙적으로 누구에게나 부과되어야 하는 역(役)이 특정인에게 비상한 문제가 발생하였으므로 면제해 주지 않을 수 없다는 의미를 담고 있다. 이것은 당시에 탈역을 매우 예외적이고 부득이한 일로 간주하였음을 보여준다. 이를 통해 당시 사회의 윤리적 감각이 역의 면제를 결코 당연시하지 않았음을 알 수 있다.

그런데 현실적으로 왕조체제에서 평등이 의미를 갖게 되는 사회적 장은 오히려 국왕이 특정인에게 특권을 부여함으로써 차별이 발생하는 지점이었다. 왕조체제에서 특권을 부여하는 일은 국왕만이 갖는 고유한 권한이었으므로, 국왕은 특권의 부여 행위를 통해 지배력을 행사하였다. 그 과정은 부여자와 수혜자 사이에 권위를 동반한 매우 사적

인 감정을 바탕으로 한 것이다.

이때 특권을 받은 자는 국왕의 특권 부여를 일종 은혜로써 받아들였다는 점에 유의해야 한다. 은혜란 국왕 개인에 대한 지극히 사적인 감정으로서, 부여자인 국왕과 수혜자인 민(民)이 각별한 정서에 의해 결합되었음을 의미한다. 그리고 그러한 감정은 필연적으로 수혜자에게 그 은혜에 대한 보답을 윤리로서 압박하게 마련이다.

이러한 국왕의 은혜로부터 연유한 충성으로의 윤리적 압박은 국왕에 대해 종속적 관계를 형성하게 되어 사실상 국왕의 권력적 기반을 이룬다. 여기서 국왕의 특권 부여가 은혜를 발생시키는 최초의 지점이 평등을 이념적 전제로 하였다는 점을 상기해야 한다. 수혜자가 권리로서 취득한 특권을 만일 받을 만한 것을 받았다고 여긴다면, 은혜나 아니면 그로부터 충성이 우러나오기를 기대하기는 어렵기 때문이다.

국왕과 그 수혜자 사이에 형성된 정서적 소통이 어떤 의미를 지녔는지를 파악하기 위해서는 임진왜란 이후 이 전쟁을 선조의 승전으로 해석하는 조정의 논리를 살펴보는 것이 참고가 될 것이다.

선조가 의주까지 패퇴하여 국권을 상실할 위험에 처하는 수모를 겪었으며 전국을 전쟁터로 변모하게 하였던 일은 오늘날의 관점에서 보면 실정(失政)의 극치로 여겨도 무방할 지경이었다. 그럼에도 이 전쟁을 선조의 승리로 해석하는 조정의 논리는 선조가 그 이전에 백성들에게 끼친 덕화(德化), 즉 은혜를 베푼 결과 그것을 은혜로 여긴 많은 백성들이 의병을 일으켜서 국난을 극복하였다는 것이다.

이 같은 논법은 일견 견강부회처럼 비칠 수도 있다. 그러나 국왕이 이전에 은혜를 베풀었다는 것이 장기적으로는 백성들의 충성을 유발하는 결과를 낳았다고 생각하는 관념은, 당시 사족들이 부모를 모시고 피접하는 것을 그만두고 군주에 대한 충을 위해 병기를 잡았다는 사례를 미루어볼 때, 결코 무리한 해석이 아니다.[41]

이와 같이 특권의 수수행위는 국왕이 왕조체제를 실제로 작동시키는 덕치의 근원이었으며, 그것을 통해 왕의 지배력을 확대해 나갈 수 있는 유일한 근거가 되었다.

국왕은 우선 자신의 권력을 측근에서부터 분배하여 자신의 울타리로 삼았다. 그 울타리에 위치해 있는 사람들은 다시 분유 받은 권력을 가지고 그의 아래 사람을 지배하는 한편, 다시 그 하부에 자신의 권력을 배분하였다. 이와 같이 연쇄적인 과정을 거쳐 애초에 존재하였던 국왕의 권력이 더 이상 남지 않을 때까지 계속 하부로 분배되었다.

국왕으로부터 권력을 분배받은 측근들이 권력을 행사하는 근거는 국왕에게 있었으므로, 그는 국왕에게 충성을 서약하고 실천함으로써 아래에 있는 사람에게 지배권을 행사할 수 있었다. 선초에 왕실에서 치러졌던 잦은 회맹연(會盟宴)은 바로 이러한 충성서약의 장이었다.

그러한 최고 권력의 매듭에서 권리를 분배받은 사람은 일정 부분 피지배를 감수하면서 그 아래 사람에게 지배를 행사하는 과정을 거치며 피지배와 지배는 연속으로 이어지는 수직적 구조를 형성한다.

신분은 이와 같이 분배된 권리의 양에 따라 결정되었다. 따라서 신분은 결국 그 사람에게 배당된 몫을 의미한다. 즉 신분에 따라 권리의 몫이 정해지는 것이다. 그러나 애초에는 부여받은 권력의 몫에 따라 신분이 계서화되었다는 점에 주목할 필요가 있다. 이는 왕조의 변화에 따라 어느 정도 신분질서의 변동이 일어나는 현상이 왕권과 깊이 연관되어 있다는 사실을 반증하는 것이기도 하다. 이와 같이 국왕의 권력과 신분 사이에는 매우 밀접한 관련이 있음을 알 수 있다.

그리고 이러한 권리로부터 소외된 채 그 특권의 바깥에 존재하는 사

---

41) 이에 대한 한 가지 사례로 임진란 당시 봉화에 살았던 연안김씨 집안의 일원인 김개국에게 그의 아버지가 조정의 은혜를 강조하며 의병으로 나아가라고 한 장면을 꼽을 수 있다. (김혁, 《천리의 거울을 닦은 괴헌가 사람들》, 소수박물관, 2007, 37~38쪽 참조)

람들은 피지배신분이 되었다. 이러한 권리의 분배과정을 통하여 수직적이고 누층적인 권력 관계가 형성되었다고 할 수 있다. 곧 이러한 권리는 그 권리의 차등에 의해 사회적 지배관계를 형성함으로써 신분체제를 형성하였다고 할 수 있다. 이와 같이 신분제가 권리의 영역에서 발생함을 이해한다면, 신분제가 곧 특권과 깊이 연관되어 있다는 암시를 읽을 수 있다.

이러한 권리들이 누층적으로 분배되어 내려가는 지점마다 권리의 차등을 바탕으로 매우 미분화된 지배 단위가 형성되었다. 그런데 이러한 기본 단위가 개인이 아닌 집안[家]이었다는 점에 주의를 기울일 필요가 있다. 앞서 언급하였듯이, 집안은 귀속성과 세습성이 실현될 수 있는 가장 기초적인 단위로 설정되었다. 다시 말하여 당시 신분이 실질적으로 작동하는 장은 바로 집안이었다고 할 수 있다.

신분이 왕가와의 수직적 관계를 표시한다는 것을 더욱 적절히 이해할 수 있는 예가 있다. 예컨대 어떤 사족이 정치적 경쟁에서 패배하여 역적으로 몰렸을 경우, 그 집안은 최상위 양반층에서 갑자기 최하층 노비 신분으로 전락하는 경우가 적지 않았다. 그리고 그 가운데에는 나중에 그 사건에 대한 정치적 재해석이 내려지고, 조가가 역적죄를 사면하면 그들은 다시 양반 신분을 회복하게 된다.

이것은 극단적인 예이기는 하지만 조가의 신분 규범이 사실상 각 사가(私家)의 신분을 결정하는 데 매우 결정적인 영향력을 끼쳤음을 보여준다. 그리고 이러한 사례는 특정 신분에 해당하는 전체로서의 사회계급이 존재하는 것이 아니라, 신분 내부에 여러 층위의 가(家)가 존재하며, 각 가는 조가가 정한 신분 규범 속에서 흥망성쇠를 거듭하고 있었음을 보여준다.

2) 작제적 성격으로 본 관제와 신분제

국왕이 권리를 부여하는 방식은 구체적으로 작제(爵制)를 통하여 실현되었다. 앞서 살펴보았듯이 작제는 국왕의 사적 권력으로 이해되어 왔다. 그런데 작제는 사회적으로 신분을 의미하였다. 그런 점에서 왕조체제에서 신분은 발생의 근원이 국왕에게 있었다.

따라서 신분이란 국왕이 각 집안을 차등적 기준에 의해 대우하는 의례와 같았다. 새로운 왕조가 개창될 때마다 신분의 위계 범주는 달리 책정되었다. 중국에서와 같이 이민족이 왕조를 세웠을 때 기존 지배신분인 한족(漢族) 출신에 대한 대우는 대부분 매우 폭력적인 양상을 띠었다. 심지어 원대(元代)에 몽고족이 권력을 장악하였을 때, 기존 한족 출신 사족들이 대부분 관직으로 나가는 통로를 봉쇄당한 것이 그 전형적인 예이다.

다만 한국의 경우는 잘 알려진 바와 같이 이민족에게 직접 지배당한 경험이 적었으므로 지배신분의 연속성이 비교적 안정되게 보장되어, 특권 신분의 대상층이 극단적으로 뒤바뀐 경우가 나타나지 않았을 뿐, 국왕에 의해 신분이 결정된다는 원리는 그대로 유지되었다.

국왕은 여러 집안들 가운데 자신과의 혈연적 원근 관계, 동맹 관계나 지배·복속 관계의 여부에 따라 특권을 부여하였다. 그 결과 신분은 국왕이 특별히 대우하는 신분과, 의무만 강제하는 신분으로 구분되었다.

이와 같은 신분에 의한 범주화를 통해 통치하는 방식은 매우 보편적이다. 중국에서는 멀리 주대의 봉건제도에 기원을 두고 있다. 주나라의 황실은 중국을 통일하면서 자신의 친족과 공신 세력에게 자신의 정치권력을 배분하여 각 지역을 통치하게 하였다. 이때 부여한 정치권력은 넓게는 특권을 의미하였다. 진한대(秦漢代)에 군현제가 성립되면서 지방의 정치권력은 크게 축소되었지만, 봉건제가 가지고 있는 분권적인 성격은 그대로 남았다. 중앙정부가 행정제도를 통해 지방을 완전히 복속시킨 것은 송대(宋代) 이후의 일이다.

군현제 아래에서 특권신분을 대우하는 방식은 위진 남북조 시대에 정착되었다. 이 제도에 따르면, 특권을 부여하는 대상범주를 8개로 나누었다. 팔의는 의친(議親), 의고(議故), 의공(議功), 의현(議賢), 의능(議能), 의근(議勤), 의귀(議貴), 의빈(議賓)을 가리킨다. 이들에게 주어진 특권은 주로 형사상의 특권이었다. 이는 형벌은 대부(大夫) 이상에게 적용될 수 없고, 그들은 특별한 방식으로 예우하여야 한다는 고대로부터 내려오는 규정에 의거하였다. 조선에서도 율법의 경우 《대명률》(大明律)에 의거하였으므로, 여기서도 팔의에 대한 특권 조항이 규정되어 있다.[42]

이러한 팔의의 조항이 조선조에도 실제로 시행되었음은 신명호에 의해 입증된 바 있다.[43] 그리고 조선 후기 완문에서조차도 특권을 부여하는 명분이 이 팔의의 범주에서 크게 벗어나지 않는 것을 보면, 이 규정이 조선시대를 관통하여 일관되게 유지되었음을 짐작할 수 있다.

그런데 특권의 부여 범주를 결정하는 일은 곧 신분을 부여하는 일과 크게 다르지 않았고, 신분의 부여는 작위를 부여하는 것을 의미하였다. 국왕은 자신과의 거리, 즉 혈연적 정치적으로 형성된 거리에 의해 작위를 부여하였다.

그 가운데 국왕과 가장 가까운 거리에 있던 집안은 종친가(宗親家)였다. 종친가에게는 왕실 봉작제라는 특수한 작위제에 따라 작위가 부여되었다. 종친가는 조선의 건국기에는 정치에 참여하였다가 이후 중앙 권력에서 배제되었기 때문에 그들이 갖는 권위와 정치적 위상은 높았다. 그들이 선초부터 중앙의 권력으로부터 배제되었다는 사실은 단순히 권력으로부터 배제되었으므로 무력화(無力化)된 집단이라고만 볼 수 없다. 이는 오히려 그들의 현실적 신분이 왕권에 위협이 될 만큼 높

---

42) 박병호, 〈팔의(八議)와 응의(應議)〉, 《사법행정》 23, 1982, 58~59쪽.
43) 신명호, 〈조선초기 팔의(八議)의 형사상의 특권〉, 《청계사학》 12, 1996.

은 특권 집단이었다는 당시의 실정을 반영하는 것이다.

그런데 종친의 세습범위는 횡적으로나 종적으로 9대에 제한되어 있었다.[44] 이와 같이 특권의 세습범위를 제한하였던 것은 기본적으로 특권의 범주를 제한하여 대상 인원을 제한하기 위한 조처였다. 이는 어느 나라에서나 볼 수 있는 현상이다. 특권은 국왕이 쓸 수 있는 유일한 화폐와 같았기 때문에, 이것을 남발하는 것은 사회적인 기능을 마비시키는 결과를 불러올 뿐 아니라, 왕권의 중요한 한 축인 권위의 몰락을 초래할 수 있기 때문이다.

그 다음으로 국왕과 가까운 거리에 있던 집안은 공신가(功臣家)였다. 공신가에게도 작위와 함께 상전(賞典)은 물론 많은 특권이 부여되었다. 이 특권들이 어떠한 것인지는 녹권(錄券)에 기재되었다. 녹권에 따르면, 특권의 세습은 이념적으로 태산이 숫돌만해질 때까지 그 왕실과 운명을 같이 하는 무궁한 것이라고 하였다.

그런데 이들에게는 특권의 세습을 적장자에게만 한정하였다는 데에 특색이 있다. 여기서 공신에게 부여된 특권의 세습을 한편으로는 영구적인 것으로 규정하였지만, 한편으로 그 대상을 적장자(嫡長子)로 한정하였던 것도 특권신분의 양산을 막고자 한 때문이었다.

또 그 다음으로 가까운 집안은 서울에 거주하던 고급 관료 집안이었다. 이들은 과거에서 선발되어 당상(堂上)으로 올라온 관료들이었다. 일단 이들이 당상에 이르게 되면, 이들을 관료 시스템의 상위층으로서만 보면 곤란하다는 것은 앞서 지적하였다. 국왕은 이들에게 다른 관료들과는 달리 특별한 방식으로 예우한다. 무엇보다 이들은 팔의의 범주에 들어서 형사상의 특권을 누리게 된다. 이러한 점이 고급 관료들의 지위를 작제 시스템에서 이해해야 하는 이유다.

---

44) 신명호, 〈조선초기 왕실 편제에 대한 연구 — '의친제'(議親制)의 정착을 중심으로〉, 한국정신문화연구원 한국학대학원 박사학위논문, 1999.

특히 조선조에 들어 관료들은 국왕과의 직접적인 인간관계로 맺어지도록 제도적으로 안배되어 있었다. 그들은 과거에 의해서 선발되었다. 잘 알려진 바와 같이 과거는 향시(鄕試), 회시(會試)를 거쳐 최종 시험인 전시(殿試)로 최종합격을 가늠하였다. 사실상 회시에서 합격 여부는 결정된 것이고, 전시는 등수를 매기는 시험에 불과하였지만, 그 의례적 의미는 매우 컸다. 전시는 궁궐로 들어가 국왕 앞에서 치루는 시험으로, 시관이 국왕이었기 때문에 결국 관료를 국왕이 직접 선발하는 방식을 취하고 있었다.

이와 같이 국왕이 신하를 직접 선발하는 방식의 시험제도는, 이를 통해 국왕과의 인신적인 관계를 강화하기를 꾀한 것이었다. 고려시대의 관리선발제도인 좌주문생제(座主門生制)에서는 관료를 뽑는 최종심급의 결정권은 관료 출신의 시관에게 있었다. 이들 시관과 이들이 뽑은 문생들은 그 뒤 인적인 결속을 맺어, 시험에 뽑힌 사람이 자신을 뽑아준 시관에게 합격시켜주셔서 감사하다는 뜻으로 그 은혜에 보답하도록 하는 구조였다. 이와 비교할 때 조선시대 과거의 최종 시험에서 국왕이 직접 시관으로 나선 것은, 국왕과 신료의 직접적인 관계를 결속시키기 위한 고려였음을 알 수 있다.

그 밖에 국왕과 직접적인 인간관계를 유도하는 제도적인 장치가 많았다. 예컨대 과거에 합격한 사람의 방방의례(放榜儀禮)에서 국왕에게 곡배하게 하는 의례라든가, 지방관의 하직례에서 국왕을 직접 알현하게 하는 의례는 모두 국왕과의 결속을 의미하는 상징적인 행위였다.

한편, 관직은 그 자체로 다분히 국역을 대신하는 면이 있었다. 그런데 관직을 그러한 측면에서만 보아서는 관직이 갖는 상징적 의미가 충분히 설명되지 않는다. 관직과 함께 자품이 부여된다는 것은 관직의 의미가 무엇인지를 되돌아보게 한다.

자품은 국왕과 맺는 인격적 관계를 함축하고 있다. 자품이 무엇을 의미하였는지에 대해서는 과거제가 실시되기 이전 위진 남북조 시대 때 행해졌던 구품중정제(九品中正制)의 관리 선발과정을 살펴보는 것으로서 대강 짐작할 수 있을 것이다. 구품중정제는 지방관인 중정이 이른바 인재의 가치를 9품으로 나누어 이조에 추천하는 제도다. 이 9등급으로 나누어진 자품은 대개 혈통, 인격 등을 고려한 사회적 신분에 의해 결정되었다. 따라서 당시 자품은 일종의 자격을 의미하였다. 이조는 이 같은 자격에 따라 실직을 부여하였다.

조선시대의 관리선발제도에서는 그 자격을 과거시험의 결과에 따라 부여하였으므로 사회적 신분이 개입할 틈은 없었다. 과거시험 결과로 그의 관품이 결정되었고, 그리고 자품은 관직의 등위와 밀접히 연관되어 있었기 때문에, 아직까지 연구자들에게 별다른 주목거리가 되지 못할 만큼 큰 비중이 없어 보였다. 그러나 계서화한 자품은 여전히 종친가나 공신가에서 보는 것처럼, 작위와 유사한 기능을 하고 있음을 알 수 있다.

그럼에도 조선의 관료제는 품계에 따라 움직인다고 할 정도로, 품계는 관료제의 체계를 내부에서 좌우하는 역할을 하였다. 자품에 따라 관등의 한계를 정하였고, 또 행수법(行守法)을 두어 관직과 자품의 관계가 드러나도록 표기하게 되어 있었다. 그리고 자품은 어떤 경우 세습이 가능하였다는 것을 대가제(代加制)를 통해 엿볼 수 있다.[45] 무엇보다 자품은 특권의 차등을 구분하는 기준이 되었다.

품계에 따라 특권에 차등을 둔 것으로 선영의 수호범위를 허용한 예를 들 수 있다.

분묘의 한계를 정하여, 그 한계 내에서는 경작과 소·양 등을 치는 것

---

45) 최승희, 〈조선시대 양반의 대가제(代加制)〉, 《진단학보》 60, 1984 참조.

을 금지한다. 【註】 종친은 1품의 경우 사방으로 각 100보씩 한정하고, 2품은 90보, 3품은 80보, 4품은 70보, 5품은 60보, 6품은 50보씩 한정한다. 문무관은 10보씩 체감하고(필자 주—1품은 90보, 2품은 80보, 3품은 70보, 5품은 50보, 6품은 40보), 7품 이하와 생원·진사 및 유음자제는 6품(필자 주—40보)과 동일하게 규정한다. 부녀자는 지아비의 직을 따라 규정한다.46)

여기서 종친은 일반 관직자보다 한 단계 높여 처우하고 있으나, 역시 자품을 중심으로 한 작위제에 포섭되어 있음을 알 수 있다. 이 자품에 따라 특권이 차등적으로 부여되었다는 것도 눈여겨볼 점이다. 그들에게는 실직은 부여되지 않지만 자품이 주어진 것은, 품계로 일원화하여 신분을 구분하고 이를 처우하려는 정책으로 이해할 수 있다.

관료가 당상관으로 올라섰을 경우, 조가에서는 관직자 당사자뿐 아니라 그 부인에게도 자품을 부여하였다. 심지어 그의 조상들까지도 3대에 걸쳐 추증되는 것이 법례였다. 이것은 품계가 사실상 관직을 구분 짓는 기능적인 목적을 위해서만 시행되었던 것은 아님을 보여준다. 당상관은 의정을 담당하는 관료로서 그 이하의 단순한 행정을 맡아 처리하는 관료와는 구분되었고, 국왕에게 더욱 가까이 다가설 수 있는 지위가 되었음을 의미한다.

자품은 관직자가 그러한 관직을 수행할 수 있는 자격이 된다는 것을 보장한다는 의미였으며, 설사 실직이 주어지지 않고 자품만 부여되거나 조가에서 재정의 궁핍 때문에 납속으로 매매하는 경우라고 하더라도, 그것은 국왕과의 관계를 의미하므로 신분적 작위의 의미를 가지기에 충분하였다.

이는 조선시대의 관료제에서 봉작제가 아주 없어진 것이 아니라 작

---

46) 《經國大典》, 禮典·喪葬.

제적 질서가 관료제와 통합되어 은폐되었을 뿐임을 보여준다. 관료가 왕가와 맺는 관계는 관직에 있었다기보다는 함께 부여받은 품계에 있었다. 즉, 조가로부터 부여된 품계는 일종 작위와 같은 구실을 하였음을 알 수 있다.

이와 같이 자품을 부여한다는 것은 곧 신분의 부여를 의미하였다. 그리고 신분의 부여에는 대개 특권이 뒤따랐다. 따라서 특권과 신분은 매우 밀접한 관계가 있었다. 조가에서 부여한 특권은 곧 신분의 징표였고, 어떤 신분이라는 것은 곧 그에 상응하는 특권이 있음을 의미하였다. 그리고 그 특권은 신분과 함께 혈연적으로 세습되었다. 그런 점에서 조선의 양반은 귀족 관료라고 할 수 있다.

그런데 일반 관료들의 신분적 특성은 그 세습의 한도가 종친가나 공신가에 비해 매우 제한되어 4대로 한정되었다. 이와 같이 대수를 한정하는 이유는 영국의 귀족제에서 작위를 장자에 한정하여 상속하는 것과 크게 다를 바 없다. 이것은 지배신분의 양산을 막으려는 의도에서 나온 것이다.

그러나 양반이 특권을 세습한다는 것은 조선의 관료제가 근본적으로 신분적 요소를 그 바탕에 깔고 있었음을 의미한다. 그러나 대수를 4대로 한정하였던 것은 종친가나 공신가와 마찬가지로 지배신분의 양산을 막고자 한 때문이다. 그러나 공신가에게 그 집안의 적장자(嫡長子)만을 대상으로 하여 제한적으로 특권을 상속하였던 것과는 달리 신분을 수직적인 대수로 제한하였다는 것은, 결과적으로 양반이 완전한 의미의 지배신분이 아니라 자신의 능력을 통해 지속적으로 자신의 신분을 성취할 수밖에 없는 성취 지향적인 신분으로 만들었다는 의미다.

다시 말하여, 3대가 지난 뒤에 다시 귀족신분을 유지하기 위해서는 과거에 합격해야 하는 것으로 법전에 규정되어 있었다. 따라서 귀족관료 집안이란 작위제와 국역체제의 사이에 위치한 신분임을 알 수 있다.

이와 같이 최소한 종친가, 공신가, 관료 집안까지는 조가의 작제적 질서 안에 포섭되어 있었음을 알 수 있다. 그런데 문제가 되는 것은 3대가 끝난 시점의 사족들이었다. 이들이 사회 문제로 떠오르기 시작하는 시점이 16세기 이후가 될 것이므로, 이 문제에 대해 조가에서도 고심하지 않을 수 없었을 것이다. 조가는 그 해법으로 사족의 자격조건을 훨씬 관대하게 설정하여 이들에게 특권을 부여함으로써 이들을 작제적 질서 안으로 끌어들이고자 하였다.

한편 아전들은 실제로는 세습적인 지식을 가진 행정관료고, 또 고려대에는 일부 관료로 진출하기도 한 계층이었지만, 조선시대에 들어와서는 작제적 질서의 바깥에 있었다. 관료가 작제적 질서에 들어갔다는 의미는 작제에 따라 분배되는, 근무의 대가로 받는 보수, 즉 초기에는 과전을 그 이후는 녹봉을 받는다는 의미다. 그러나 아전들은 실제로 작제에서 벗어남으로써 조가로부터 어떠한 보수도 받지 못하였다. 오히려 그들이 하는 일은 역의 범주에서 취급되었는데, 그것을 향역(鄕役)이라고 하였다.

조선 중기까지만 하더라도 양인은 조가의 작제로부터 벗어난 신분이었다. 이들에게는 그 대신 국역(國役)이 부과되었다. 국역은 국왕이 민과 맺는 관계의 일종이었다. 그러나 국역은 작위와는 달리 민에게 의무로서 부여된 것이었으며, 의무를 다하였을 때에 그에 맞는 왕민으로서의 성원권을 인정받을 수 있었다.

그런데 조선 후기에 완문을 통해 특권을 수취하는 대상을 보면 양인 신분까지 포함하고 있다. 이들은 지방으로 이주하여왔던 팔의 집단의 먼 후손들이었다. 원래 팔의에게 주어진 특권은 주로 그 당자나 매우 한정된 영역의 직계가족에 한정된 것으로, 법적 테두리가 명확히 그어져 있는 범위 안에서 부여되었다. 그리고 지역적 범주도 주로 그들의 거주지였던 서울이나 경기 일대에 집중되었을 것으로 추정된다. 조선

후기에는 이러한 팔의 집단의 범주에서 밀려나 지방으로 이주하여 일반 양인이 된 백성들에게 이와 같이 완문을 통하여 새로운 지위를 부여한 것이다.

이는 조선 후기에 특권집단의 범주가 양적으로 확대되었으며, 그 지역적 범위가 지방 사회로 확대되었음을 의미한다. 그런데 이때의 특권은 팔의집단의 지배신분을 보장하기 위하여 부여된 특권과는 성격이 달랐다. 이 특권은 왕실이 지방사회의 하층계층으로부터 광범위한 지지를 얻어내기 위한 조처였다고 볼 수 있다. 여기에서 완문을 통해 이해할 수 있는 조선 후기의 신분제와 특권이 갖는 특성이 드러난다고 할 수 있다.

3) 작제 시스템에서 특권의 의미

이와 같이 왕조체제는 국왕과 사회가 수직적인 연속성을 가지고 형성된 체제였다. 왕권에 의한 정치적 권리의 분배 차등에 의하여 사회적 신분을 형성하며, 그 위계는 매우 미분화된 차등에 의해 중첩되어 있으므로, 그로 인해 국왕을 제외한 모든 집안 사이에는 상호 위계적인 관계가 형성되었다는 점이 특색이다. 여기에는 국가와 사회를 분리하여 이해할 여지는 없다.

따라서 국가와 사회의 연결점에 왕권이 존재하였으며, 왕권에 의해 수행된 작제에 의해 국가와 사회는 통합적으로 운영될 수 있었다. 조선사에 대한 기존 이해를 보면, 한쪽에서는 조선의 체제가 합리성을 바탕으로 한 권력구조를 가지고 있었다는 점을 지나치게 강조하는 방향이 강하였다. 그 결과 조선의 왕조체제를 이해하기 위한 또 다른 측면, 어쩌면 당시 사회를 이해하기 위하여 더욱 비중 있게 다루어져야 했을 권위적 측면들이 사상되어 왔다.

말할 것도 없이 조선의 왕조체제는 권력과 권위 둘의 결합에 의하여 구성되었던 것이고, 이것은 본질적으로 오늘날과 크게 다르지 않다. 다만 이 가운데에서 어느 쪽에 더 비중이 있었는가 하는 점에서만 차이가 있을 뿐이다. 그러나 그 같은 비중의 차이를 해명하는 것은 그 사회의 특성을 이해하는 데 매우 중요하다. 필자는 당시 사회의 성격이 권력보다는 권위라는 측면에 많이 기울어져 있었다고 판단한다.

이 연구의 본격적인 주제라고 할 수 있는 특권도 단순히 권력의 구조에서만 이해될 수 있는 것이 아니라, 특권이 가지고 있는 지배 상징으로서의 측면에 주의를 기울여야 마땅하다는 것이 필자의 생각이다. 왜냐하면 조선 후기 지방 사족들의 기본적인 특권들은 대부분 조가에 의무로서 부담하여야 할 부역이나 군역을 면제하는 것을 내용으로 하였다. 그렇지만 그 특권들은 단순히 특권이 규정하는 이권을 얻는 것에 그치지 않고 문화적 지배 상징으로서 기능하였다. 따라서 사족에게 특권은 그것을 통해 지배신분이 피지배신분에게 군림할 수 있는 바탕이 되는 위신재(威信財)로서 기능하였음을 알 수 있다.

조선 말기 양반으로 인정받아 왔던 어느 집안이 이러한 특권을 박탈당했을 때 느꼈던 것은 특혜의 손실에 대한 아쉬움에만 그치는 것이 아니었다. 그것에는 지배신분의 표지를 잃어 버렸을 때 느끼는 수치심이 더 컸다.[47]

그런데 특권의 부여와 함께 주어진 권위는 단순히 그 향촌 내부의 문화적 체계에서 발생한 것이 아니라 왕조체제의 권위적 요소들과 깊이 연관되어 있었다. 따라서 이러한 지배 상징에 의해 형성된 권위적 측면이 적절히 해명되지 않고서는 당시 특권이 가지고 있었던 함의를 제대로 해명하기 힘들 것이다.

---

47) 이 책 '8.2.4 사족특권의 위기' 참조.

5.3.4. 왕조체제에서 농업경제의 의미

조선에서 국왕을 중심으로 한 왕조체제가 발생하였던 근본적인 원인은 조선이 농업을 위주로 한 경제체제였다는 점에 있다. 역사상 농업경제를 위주로 한 거의 모든 사회가 왕조체제를 가졌다고 할 수 있을 정도다. 그만큼 왕조체제는 인류 역사에서 매우 장기적이고 보편적인 체제였다.

그렇다면 농업경제는 왕조체제와 어떤 연관성을 가지고 있을까?

농업 경제를 우위로 한 사회는 일단 정주형 사회다. 이러한 사회는 각 지역에 흩어져 있는 농지를 중심으로 취락이 형성되었으며, 그 취락을 중심으로 그 내부의 사회적 관계가 전개되었고 그곳에서는 인구 이동이 아주 적었다.

고대 신라의 6부족이 결합하여 왕을 추대하여 국가를 형성하는 과정을 상기한다면 이 과정은 쉽게 이해될 것이다. 따라서 각 지역의 유력 집안들은 자신의 거주지역에서 토지에 대한 지배권을 바탕으로 매우 오랫동안 독자적인 권력(군사권을 포함)을 가지면서도, 다른 한편 더욱 강력한 집안에게 포섭되는 연쇄적인 정치체계를 형성하게 되었다.

농업경제로 인하여 집안을 단위로 하는 사회구조를 포괄할 수 있는 그 상위의 정치체제가 필연적으로 왕조체제를 지향할 수밖에 없었던 것은, 광범위한 지역으로부터 농업 생산의 잉여물을 수취할 수 있는 권력 형태가 필요하였기 때문이다.

이러한 중앙 집권의 과정에서 각 지역에 지배신분층을 형성하고, 그것을 통해 대리 지배를 성취하고자 했던 것은 왕조체제에서는 언제나 불가피한 선택이었다. 결국 신분제란 조가가 각 지역의 지배를 달성하기 위한 불가피한 선택이었다고 볼 수 있다. 따라서 조가의 지방조직이 확대되어 이후 점차 광범위한 국가체제가 성립되어 간다는 것은 곧 신분제가 그 사회에서 갖는 의미를 반감시키는 것이다. 따라서 지방행정 제도의 발달이란 곧 지방에 있던 사족 지배 질서의 위기를 의미하는 것이다.

5.3.5. 정리와 종합

조선시대에 대한 그 동안의 연구에서는 주로 조선 정치체제의 합리성만을 지나치게 강조하는 경향이 주류를 이루었다. 이는 곧 조선의 사회 성격에서 근대 사회와 유사한 특성만 추려 역사상을 형성하는 경향을 강하게 드러내었다. 이는 발전사관의 압박 속에서 이루어진 것으로, 결과적으로 조선이 근대 사회와 가깝다는 이미지를 형성하였다.

그러나 조선이 그 전대에 비해 관료제를 발전시킨 것은 분명한 사실이지만, 그것은 어디까지나 왕조체제의 범주 안에서 이루어진 일이다 다시 말하여 왕조체제에서 관제를 중심으로 한 권력 장치가 궁극적으로 지향하는 바가 무엇인가라는 물음은 이 논의에서 매우 중요하다 이는 현실적으로 왕가가 다른 사가(私家; 백성)들을 지배하는 수단에 불과하였다. 그런 점에서 근대의 권력 장치와는 뚜렷이 구별된다.

조선의 왕조체제에서는 권력이나 권리가 갖는 의미는 오늘날에 비해 훨씬 모호하였다. 그것은 왕조체제를 현대 사회를 이해하듯이 단순히 기능주의적인 관점에서 관찰할 수 없게 한다. 조선은 법치보다는 덕치를 강조하였기 때문에, 덕치를 실현하기 위해서는 국왕의 사적 권력인 작제(爵制)가 갖는 의미는 더 많은 조명을 받아야 할 것이다. 더욱이 관료제 안에 숨어 있는 작제적 성격은 관료제를 합리성의 한쪽 방향에서 관찰하도록 허용하지 않는다.

농업경제라는 바탕 위에서 농민들을 통합하려는 조가의 통치체제어는 그 나름의 결점이 있었다. 무엇보다 오늘날과 비교할 때 교통이나 통신의 미발달로 인해 중앙에 의한 지방의 지배를 피치 못하게 하였다. 다시 말하여 지역에 의한 지역의 지배라는 형식으로 드러난 사회에서 조가(朝家)−관가(官家)로 이어지는 구조로 가늘게 이어진 행정조직을 취할 수밖에 없었다.

왕조체제에서 조가의 이데올로기는 매우 중요한 역할을 하였다. 이러한 체제에서 수직적인 윤리가 강조되는 당연한 듯 보인다. 수직적 방향이 소통의 유일한 통로였기 때문이다. 이러한 경향은 국왕의 권력을 누층적으로 분배하는 신분제로 이어졌다.

작제적 질서 아래에서 신분제는 조선 초기에 중앙의 특권층의 범주로 설정된 팔의의 범주 안에서 작동되기 시작하여, 조선 중기 이후에는 지방의 유세가를 포괄하는 신분제로 확대되었다. 이때 그들에게 부여된 특권은 향촌에서 지배 상징으로 기능하였다. 위에서 살폈듯이 신분제를 형성하는 매개고리는 곧 특권이었다. 이 특권은 단지 현실적 이익만을 의미하는 것이 아니다. 그것을 부여받는다는 것은 곧 국왕의 사적 권력인 작제적 질서 안으로 편입되는 것을 의미하였다. 그러나 이러한 지배상징은 관료제의 발달로 인해 지방제도가 정비됨에 따라서 그동안 왕조체제에 기여하였던 효용을 상실하게 된다.

이와 같이 조선의 왕조체제에서 조가를 중심으로 한 지배체제와 신분제는 덕치(德治)의 상징이기도 한 특권을 매개로 전개되었다. 따라서 이 같은 왕조체제의 원리를 이해한다면, 특권 가치의 하락이 왜 왕조체제의 몰락을 의미하는지 알 수 있을 것이다.

6장 16세기 완문의 출현과 지방사족의 특권

6.1. 16세기 완문의 출현

효자, 열녀에게 세금이나 요역을 특혜로서 면제해 주던 기원을 찾자면 삼국시대까지 거슬러 올라간다.[1] 그런데 그러한 특권 보장을 내용으로 한 문서를 실물로 확인할 수 있는 시기는 고려 후기다.

몽골제국에서 각 종교제단은 황제를 위하여 하늘에 기도하여 축복하였고, 황제는 이 같은 봉사에 대한 대가로 각 종교제단에게 세역 면제의 특혜를 주는 등 국가적인 보호와 존숭을 아끼지 않았다. 고려의 사찰 가운데에서 금강산의 장안사(長安寺) 같은 사찰도 수호의 대상이었다. 이때 그와 같은 특혜를 담보하는 문서로는 성지(聖旨), 영지(令旨), 의지(懿旨), 균지(鈞旨), 법지(法旨) 등이 있었으며, 이는 '보호 특허장'의 성격을 띠었다.[2]

이러한 전통이 조선시대로 이어지고 있었음은 다음의 교지 두 점에서 확인할 수 있다.

---

1) 《三國史記》 卷第48 列傳 第8 孝女知恩. 참조.
2) 나카무라 준 등, 〈송광사 원대 티베트문 법지의 성격과 그 의의〉, 《순천 조계산 송광사 소장 불교문헌의 조명》, 2004년 4월 22~23일 발표문, 86쪽 참조.

<table>
<tr><td align="center">문서 6-1[3]</td><td align="center">문서 6-2[4]</td></tr>
<tr><td>

教旨

全羅道綾城地雙峰

寺乙良監司守令曾

下傳旨更審尤加完

護雜役減除者

國王[署押]

天順元年八月初十日

</td><td>

教旨

慶尙道醴泉地龍門

寺乙良監司守令曾下

傳旨更審尤加完護雜

役減除者

國王[署押]

天順元年八月十四日

</td></tr>
</table>

위의 두 문서는 세조 3년(1457) 8월에 당시 국왕이었던 세조가 전라도 능성(綾城)의 쌍봉사(雙峰寺)와 경상도 예천(醴泉)의 용문사(龍門寺)에 부과된 잡역을 면제하는 특권 부여를 내용으로 하는 교지다. 그리고 이 교지들은 용문사와 쌍문사에 각각 소장되어 왔다. 이러한 점을 미루어볼 때 수급자는 여기서의 두 사찰로 추정된다.

이는 앞서 언급한 원(元) 황실의 문서와 비교할 때, 다음의 네 가지 점에서 유사하다.

① 발급자가 황제와 왕이다.
② 문서의 내용이 특혜를 규정하고 있다.
③ 특혜의 내용이 탈역이나 면세다.
④ 특혜의 수혜자는 모두 황실·왕실의 원찰이었다.

이와 같이 조선 초기까지만 하더라도 국왕은 불교를 존숭하는 고려의 유제를 그대로 계승하였으며, 그들에게 특혜를 부여하였음을 알 수

---

3) 정구복 외, 《조선전기고문서집성—15세기편》, 국사편찬위원회, 82쪽.
4) 위와 같음.

있다.

다시 이 문서들을 후대의 완문과 비교할 때, 다음 두 가지 점에서 유사한 특성이 있다.

① 후대의 완문에 상투적으로 등장하는 '완호'(完護)라는 용어를 여기서도 마찬가지로 사용하고 있다.
② "잡역을 덜어준다"는 처분은 완문에 보이는 익숙한 투식이다.

이 문서들은 위의 두 가지 이유에서 완문의 직접적인 연원이 되기에 충분하다. 사실상 완문과 교지는 여러 면에서 공통점이 많다. 이 두 문서는 모두 1종 문서이면서도 동시에 다양한 기능을 겸하고 있다.

교지는 법전에서만도 홍패(紅牌), 백패(白牌), 고신(告身), 추증(追贈), 사패(賜牌) 등 다양한 기능을 하는 문서로 언급되었으며, 법전에 규정된 것 말고도 여러 용도로 사용되었다.

이는 교지의 발급자가 국왕이었다는 점에 기인한다. 국왕은 조선의 지존이었던 만큼 국정 전반을 총괄하였고, 재량권이 그만큼 넓을 수밖에 없었다. 따라서 교지에 담긴 내용 또한 발급자인 국왕의 재량권이 갖는 폭만큼이나 다양하였다.

완문도 이 책의 Ⅰ부에서 살펴본 바와 같이, 사회적으로 다양한 기능을 수행하였다. 이는 완문의 주 발급자가 수령이라는 것과 깊이 관련되어 있다. 사실상 수령은 자기가 다스리는 고을에서는 국왕과 마찬가지로 단독 처분권을 행사하였기 때문이다. 이때 단독적이라는 의미는 행정 결정의 최종심급이라는 의미다. 그런 점에서 위의 교지가 완문의 내용적 연원이 될 수 있었던 것은 결코 우연이 아니다.

완문에 관한 최초의 기록은 이문건(李文楗; 1494~1567)이 작성한 《묵재일기》(默齋日記)[5]에서 확인할 수 있다. 《묵재일기》는 16세기 중반의 기록물이다. 그러나 현존하는 기록의 출현시기만으로 이 문서의 실제적인 출현시기를 단정하기에는 부족하다. 다만 이 일기에 완문과 유사한 기능을 하는 또 다른 문서가 혼용되고 있다는 사실을 통해 완문이 이때로부터 그다지 멀지 않은 시기에 처음 출현하였을 것이라고 추정할 뿐이다.

이 일기에서 완문과 유사한 기능을 하는 문서는 "패자"라는 문서명으로 나타났다. 조선 후기에 일반적으로 사용되었던 패자는 주인인 양반이 가노(家奴)에게 토지의 매매 등 여러 가지 일 처리를 위임하는 문서로 이용되었다.[6] 그런데 《묵재일기》에 나타난 패자는 이것과는 성격이 다르다. 그 기능만으로 본다면 완문과 매우 유사하다.

이 패자는 지방관이 발급한 것으로 공납(貢納), 호세(戶稅), 역(役) 등의 면제를 내용으로 하였다는 점에서 특색이 있다. 이 같은 성격의 패자를 이 일기에서는 "관패자"(官牌字)라고 지칭하였다. 이것은 관가에서 발급한 패자라는 뜻으로 읽힌다.

그런데 이 문서는 실물이나 성격에 대해서 학계에 보고된 적이 없다. 다만, 문서의 기능은 《묵재일기》에 실려 있는 다음 기록으로 엿볼 수 있다.

> a-① 삼공형(三公兄) 등에게 패자(牌字)를 보내서 행랑에 사는 비부(婢夫)의 요역(徭役)을 덜어주도록 하였다.[7]
> a-② 목사가 수철장패자(水鐵匠牌字)를 보냈으므로 감사하다는 답장을 하였다.[8]

---

5) 《묵재일기》는 1535년 11월 1일부터 1567년 2월 16일까지 작성된 이문건의 일기이다. 이 일기의 개략적 내용과 저자에 대한 소개는 김현영, 〈묵재일기 해제〉, 《묵재일기》 하, 국사편찬위원회, 1998을 참조.

6) 최승희, 《한국고문서연구》, 지식산업사, 388쪽.

7) 《묵재일기》 1535년 12월 8일조.

a-③ 성주목사에게 안봉사의 논 2두락지와 밭 3곳의 소출에 대하여 세금을 취하지 말도록 청하니, 즉시 패자를 작성하여 보냈다.9)

a-④ 안봉사의 중 희오가 와서 만났다. 성륜은 편지로 사위답(寺位畓)의 양맥(兩麥)을 타작한 뒤에 계산을 상세히 끝마쳤으니 관에서 그것에 세금을 매기지 말도록 해줄 것을 청하였다. 이에 성주목사에게 아뢰어 양맥(兩麥)에 대하여 물추(勿推)하겠다는 패자를 받아서 부쳤다.10)

a-⑤ 보진의 옹장이 대분(大盆)을 만들어 왔는데, 그 주둥아리가 깨져 있었다. 그래서 내상에 납부하는 항아리를 갖추지 않도록 해달라고 청하였다. 심부름꾼을 보내서 성주판관에게 아뢰어서 물역패자(勿役牌字)를 작성하여 부치라고 하였다.11)

이 패자들은 우선 성주목사나 성주판관이 발급하고 있다. 이는 패자의 발급자가 완문과 마찬가지로 지방관이라는 점에서 공통된다. 그리고 이 패자들은 역을 부과하지 말도록 한다는 것을 내용으로 한다는 점에서 물역완문(勿役完文)과 거의 구분되지 않는다.(a-①, a-②, a-⑤)

특히 a-⑤의 "물역패자"(勿役牌字)라는 표현은 "물역완문"(勿役完文)과 비교할 때, 용어나 기능, 내용 면에서 유사하다. a-②의 "수철장패자"(水鐵匠牌字)도 각 장인에게 주었던 완문과 비슷한 기능을 하였을 것으로 추정된다. a-③, a-④의 패자도 세금을 부과하지 말도록 명하는 문서다.

또한 a-①에 나타난 '패자'는 삼공형(三公兄)이라는 역의 실질적인 부과자였던 실무자를 수급자로 한다는 점에서 완문과 유사한 또 하나의

---

8) 《묵재일기》 1537년 1월 10일조.
9) 《묵재일기》 1545년 10월 12일조.
10) 《묵재일기》 1554년 5월 12일조.
11) 《묵재일기》 1556년 4월 19일조.

기능을 발견할 수 있다. 조선 후기에도 역시 역의 실무를 담당하였던 집강(執綱)이나 면임(面任) 또는 이임(里任)들에게 전령이나 완문을 발급함으로써 역의 부담자를 역으로부터 수호하고자 하였기 때문이다.

《묵재일기》에 언급된 관패자에서의 '패'(牌)는 패초(牌招)나 마패(馬牌), 녹패(祿牌), 호패(號牌), 사패(賜牌), 홍패(紅牌), 백패(白牌)에서 사용되는 용례에서 볼 수 있는 것처럼, 명령서나 자격증의 의미였을 것이다.12) 이때 패는 그 문서의 효력이 증빙에 있었기 때문에《묵재일기》에 등장하는 관패자 역시 증빙문서로서 기능하였을 것이라고 추정할 수 있다.

패 가운데에서 관패자의 성격과 관련이 있을 법한 문서로는 '향리면역사패'(鄕吏免役賜牌)를 꼽을 수 있다. 조가는 향리의 도움 없이는 지방을 통치하는 것이 불가능하였으므로, 조가에서는 어떻게 해서든 이들을 강제로 향역에 묶어두려 하였다.

그러나 조선 초기까지의 향리들은 직무가 매우 고되었기 때문에, 갖은 방법을 써서라도 이 같은 향역을 피하려 하였다고 한다. 향리가 국가에 커다란 공을 세웠을 경우, 그 상으로 향역을 영원히 면제시켜 주었는데, 이때 발급하였던 문서가 바로 '향리면역사패'다.13) 그런데 사패라는 것은 '패를 준다'는 뜻인데, 여기서의 패란 곧 면역을 보장하는 문서라는 의미다.

그런데 조선 후기에 탈역과 관련된 사안에는 더 이상 패자를 사용하지 않았다. 궁방에서는 조선시대 내내 지속적으로 패자를 사용하고 있지만, 궁방(宮房)의 패자도 궁방의 위임을 증빙하는 역할을 하였으므로

---

12) 패(牌)의 의미에 대해서는 김혁, 〈조선시대 녹패(祿牌) 연구〉,《고문서연구》20, 2002, 183쪽 참조.

13) 전경목, 〈Ⅱ. 16세기 관문서의 서식 연구〉,《16세기 한국 고문서 연구》, 아카넷, 2004, 139~140쪽 참조.

면역을 증빙하는 관패자와는 문서의 주제가 달랐다. 따라서 면역을 증빙하는 관패자는 17세기 이후에 더 이상 나타나지 않았다.

여기서 두 문서가 어느 한 시대에 각각 다른 문서명으로 같은 기능을 하다가, 그 뒤 어느 한 문서가 소멸되었다는 것은 무엇을 의미하는가? 이는 두 문서가 공존한 시기는 두 문서가 교체되어 가는 경계점을 보여주는 시기로 해석할 수 있음을 암시해 준다. 이것이 16세기를 탈역의 행정처분에 사용된 문서가 패자로부터 완문으로 변환되는 과도기적 상황을 보여주는 시기라고 생각하는 근거다. 이 시기가 과도기였다면, 패자를 완문의 직접적인 기원으로 생각하는 것은 큰 무리는 아닐 것이다.

이와 같이 완문은 몽골제국의 전통을 이은 15세기에 나타난 교지에서 그 내용적 연원을 찾을 수 있고, 16세기 전반 무렵에 《묵재일기》에 나타난 과도기적 성격의 관패자를 거쳐 완문이 출현하게 되었음을 확인할 수 있었다.

완문은 15세기 말이나 16세기 초에 출현하였을 것으로 추정된다. 그런데 완문은 여타의 관문서와는 달리 어떠한 법적 규정도 없이 나타났다는 것이 특색이다. 이 사실 하나만으로도 조선사의 전개에서 당시 완문의 출현이 갖는 의미는 각별하다. 이를 통해 완문의 발급제도가 조가(朝家)의 규정에 따라 시작된 것이 아니라 지방 사회의 필요에 따라 출현하였음을 알 수 있다.

6.2. 완문으로 본 16세기 사족 지배의 성격

앞서 언급하였듯이 조선의 왕조체제는 왕을 정점으로 한 큰 원추형 안에, 다시 수령을 정점으로 한 무수히 많은 작은 원추형들이 흩어져

있는 구조다. 따라서 그 가운데 어느 고을을 찾아 들어가나 그곳에서
는 각각의 독자적인 질서가 다시 시작하는 듯한 인상을 받는다.

수령의 부임절차를 보면, 그것은 국왕이 재위에 오르는 것과 거의
다름이 없다.14) 그곳에서는 이전 수령의 시대는 모두 종언을 고하고
모든 일이 새로 시작되는 듯하다. 고을 사람들도 마치 새로운 세상을
만난 것처럼 이전에 이미 접어둔 묵은 문제를 청원서에 다시 담아 새
로 부임한 수령에게 또 다시 올리고 있다.15)

《묵재일기》에는 성주(星州)라는 작은 사회의 풍경을 담고 있다. 16세
기의 그곳은 바깥 세계로부터 비교적 독립된 세계였음을 보여주기에
충분하다. 수령과 그 지역의 사족들, 기생, 승려, 장인들, 귀양 와 있던
중앙 관료 출신의 이문건이 이 무대의 등장인물로 출현하였다. 그들이
자신의 이익을 실현하기 위해 경제적 교환에 의거한 것만은 아니다.
그들은 서로 공생하기 위하여 권력과 지배권의 연쇄 망을 형성하였다.

그러나 이 공간이 중앙 권력으로부터 완전히 고립되어 있다고 말할
수는 없을 것이다. 이러한 공간에서의 권력 균형에 바깥 세계의 영향
력이 매우 크게 작용하였음을 이 일기로 확인할 수 있다. 그 한 예로
이문건이 귀양 온 처지임에도 여전히 막강한 권력을 행사할 수 있었던
것은 그가 고위 관직 경력이 있고, 중앙에 그의 인맥이 여전히 포진하
고 있다는 것이 큰 이유였음을 들 수 있다.16)

중앙으로부터 파견된 이 지역의 수령은 대개 이문건의 친구였거나
아니면 친구의 친구였거나 먼 인척이라고 보아도 무방할 것이다. 향촌
사회에서의 이러한 성격의 권력은 비공식적이기는 하지만 중앙 권력

---

14) 김혁, 〈조선 후기 수령의 부임의례〉, 《조선시대사학보》 22, 2002 참조.
15) 전경목, 〈소지류의 뎨김에 나타나는 '고과'(告課)에 대하여—친심(親審)과 대리심(代理
    審)을 구별하는 방법〉, 《고문서연구》 11, 1997, 114~115쪽 참조.
16) 이문건의 생애에 대한 소개는 김현영, 〈16세기 한 양반의 일상과 재지사족—묵재일기
    를 중심으로〉, 《조선시대사학보》 18, 2001, 69~70쪽 참조.

의 살아있는 영향력이 향촌에까지 깊이 끼치고 있음을 보여준다.

여기서 이문건이 가지고 있는 상징 권력은 매우 미묘하다. 우리는 이 점을 완문의 수수관계를 통하여 파악하고자 한다. 이것은 앞서 말하였듯이, 완문이 특권의 부여를 내용으로 하는 문서였으므로 이 문서가 수수되는 현장은 바로 특권이 발생하는 지점이므로, 이를 통해 이권과 연관된 권력관계가 어떻게 형성되었는지 파악할 수 있기 때문이다.

이 일기에서 주목되는 것은 수많은 청탁이 이문건에게 몰려든다는 점이다. 그러한 청탁 가운데 하나가 완문을 받을 수 있도록 요청하는 경우다.

다음은 이문건의 비(婢) 도단의 남편이 주인가(主人家)에 공납을 바치고 집으로 돌아가려 하였을 때, 그는 완문의 발급을 요청하는 편지를 써줄 것을 청하고 있는 장면이다. 도단은 충청도 청양군 정산면(定山面)에 거주하는 비였고 신공을 납부하고 있었다. 비부는 비의 남편으로, 그는 양인이지만 그 집안에 거의 귀속된 신분이었다.

> b-① 계집종 도단(刀丹)의 남편이 공미(貢米)를 납부하고 돌아갈 때, 완문을 청하는 편지를 구하니, 이에 도사(都事)에게 보내는 편지를 써서 주었다.[17]

여기서 완문이 생산되는 과정을 보면, 이문건이 도사에게 보내는 편지를 비부(婢夫)에게 써주면, 비부는 이 편지를 도사에게 올려 도사가 완문을 발급하는 과정을 거쳤다.

이 과정에서 완문의 발급에 편지라는 사적인 연락수단이 이용되고 있다는 점이 특히 주목된다.[18] 이것은 완문이라는 문서가 정식 발급절

---

17) 《묵재일기》 1545년 2월 26일조.
18) 이것과 유사한 경우는 《묵재일기》 1545년 11월 26일조 기사에서도 나타난다. "인재의 종

차가 아닌 사적인 인간관계에 의해 매우 임의적으로 발급되었다는 사실을 말해 준다.

당시 외방노비(外方奴婢)의 신공을 수취하기 위해서는 그 지역 수령의 도움은 필수적이었다. 왜냐하면 외방노비가 신공을 거부하거나 도망할 경우, 해당 지역의 관가를 통하여 압력을 행사하거나 사형(私刑)을 가할 수도 있었고, 만일 추쇄할 수 있는 전국적인 인맥이 형성되어 있지 않았다면 외방노비 경영은 현실적으로 불가능하였기 때문이다.[19]

그런데 이 경우는 거꾸로 그 지역의 노비 보호를 청하고 있다. 구체적인 내막은 일기에 더 이상 나타나지 않지만, 비부는 노의 신분은 아니었으므로 그는 아마 군역의 대상이었을 것이며, 완문은 그를 탈역시키는 내용이었을 것이라는 짐작이 가능하다.

여기서 이문건과 그 지역 수령, 비, 비부로 이어지는 사회적 관계를 이해할 수 있다. 우선 완문과 관련된 청탁이 가능하기 위해서는 이문건이 그 지역 수령에게 영향력을 행사할 수 있는 사회적 조건이 가능하여야만 했다. 이것이 제1조건이다. 이문건이 이 청탁에 동참하였던 이유는 그로부터 매년 신공을 수취받기 때문이다. 이것이 제2조건이다. 청탁은 비부에 대한 국역의 부과로 시작되므로 국역이 사회적 압박으로 존재하여만 했다.

이것은 당시 사족들의 노비경영이 어떻게 이루어지고 있는가를 보여주는 전형적인 예이다. 주인이 노비를 보호해줄 만한 사회적 실력이 없다면 사실상 외방 노비의 경영은 어려웠을 것이다. 비부에 대한 군

____

이 새벽에 하직인사를 하고 떠나면서 의령현감에게 보내는 편지를 구하니, 완문을 발급하기를 청하는 것을 내용으로 써주었다."

19) 사족의 인적 네트워크에 의한 외방노비 경영에 대해서는 다음을 참조할 수 있다. 지승종, 《조선전기 노비신분 연구》, 일조각, 1995, 307~317쪽; 김소은, 〈16세기 양반사족의 수입과 경제생활〉, 《숭실사학》 8, 2002, 76~80쪽; 이성임, 〈조선 중기 양반관료의 '칭념'에 대하여〉, 《조선시대사학보》 29, 2004, 51쪽.

역부과가 곧바로 비부 집안의 경영 파탄으로 이어지고, 결과적으로 그 피해는 고스란히 주인집으로 돌아가기 때문이다. 따라서 수령들은 그 러한 사정을 알기 때문에 사족의 이익을 위하여 관행적으로 이러한 청 탁을 받아들였다.

그러나 사족과 수령 사이에 인맥이 형성되지 않는 경우에도 이런 청 탁이 가능한 것은 아니다. 실제로 정계의 유력자였던 이문건조차 청탁 을 거절당한 일이 있었다. 이와 같이 사족의 노비 지배력이란 노비에 대한 소유권이라는 측면에서 신공 수취만 강요할 수 있었던 것이 아니 고, 그들의 생활을 보호해 줄 수 있는 권력이 주인가에게 있어야만 가 능하였다.

그 밖에 완문은 사족의 외방노비 경영뿐 아니라 그 지역의 공장(工 匠)들을 자기 이익에 봉사하도록 하는 데에도 유용한 수단이 되었다 다음은 이문건이 완문으로 공장들과 맺었던 사회적 관계를 보여준다

> b-② 이옥년(李玉年)이 와서 호완문(戶完文)을 구하였으나, 그것에 응할 수가 없었다.[20]
> b-③ 어제 판관에게 고하여 파미[필자 주 — 성주(星州)의 장인 마을]의 옹장간과 안접간의 요역을 부과하지 말라는 내용의 완문과 도강인 의 호가 청어를 다 납부하였다는 자문(尺文)을 작성하여 주도록 하 였다.[21]
> b-④ 성주목사에게 옹기장, 야장들의 완문을 발급할 것을 편지로 작성 하여 보냈다.[22]

1546년에 이옥년(李玉年)이 이문건에게 와서 호완문(戶完文)을 구하

---

20) 《묵재일기》 1546년 2월 6일조.
21) 《묵재일기》 1555년 2월 29일조.
22) 《묵재일기》 1556년 9월 20일조.

고자 하였다.(b-②) 그런데 이옥년은 관에 소속된 피장이었다.[23] 여기서 이옥년이 요청한 완문은 그가 이문건에게 자신의 노동력을 제공한 뒤 그 대가로 요구하였던 것이다. 이문건은 성주목사와 판관에게 옹장간(b-③), 옹기장과 야장(b-④)의 탈역을 요청하고 있다.[24]

옹기장은 이에 대한 답례로 그 다음 달에 도기(陶器)를 가지고 와서 이문건에게 바쳤다.[25] 옹기장이 바친 도기는 이문건의 주선으로 발급받은 완문에 대한 답례였다. 이문건이 장인과 맺은 이 같은 사회적 관계는, 가계 운영을 위한 의도적 포석에 따른 것이었음을 다음 기사에서 확인할 수 있다.

> c-④ 신묵이 와서 만났다. 그가 말하기를, "법수의 사기장(沙器匠) 수점(數店)을 완호하여, 그릇을 수납하여 사용하도록 하는 것이 좋겠다"고 하였다.[26]

신묵은 가야산의 승려로서, 이문건의 집에 자주 내왕하며 여러 가지 공물을 가지고 오기도 하고 여러 가지 청탁도 하는 인물로 이 일기에 묘사되어 있다. 여기서 그는 이문건에게 그릇을 수납하여 사용하려고 한다면 법수의 사기장을 완호할 만한 가치가 있다고 말한다. 이때 법수는 성주의 유곡면에 속한 곳으로 이문건의 집 근처였다.[27]

---

23) "성주 판관[二道]이 심부름꾼을 보내서, '피장(皮匠) 이옥년(李玉年)은 10일 동안 말미를 받은 뒤에 지금까지 나타나지 않으니, 지금 무슨 일을 합니까?'라고 묻자, 나는 이 사람을 우리 집에 차정하여 유기(柳器)를 만들도록 해야겠다고 직접 청하니 그가 허락하였다." (《묵재일기》 1548년 6월 11일조)

24) 이문건이 각 장색과 맺는 사회적 관계에 대해서는 김인규, 〈16세기 경북 성주지역의 장인 연구—이문건의 《묵재일기》를 중심으로〉, 서강대 박사학위논문, 2001, 94~115쪽 참조.

25) 《묵재일기》 1556년 10월 4일조.

26) 《묵재일기》 1557년 2월 19일조.

27) 김인규, 앞의 글, 35쪽 참조.

신묵의 충고에 따라 이문건은 사기장에게 완문을 발급하도록 성주 판관에게 편지를 써서 청하였다. 그 결과 법수의 사기장은 완문을 수취할 수 있었다.[28] 신묵의 말대로 이후 법수의 사기장은 기물(器物), 지문토편(誌文土片)을 이문건에게 가지고 와서 납부하였다.[29]

이러한 사례를 통해 이문건과 법수의 사기장이 맺은 사회적 관계를 짐작할 수 있다. 이문건이 법수의 사기장을 역으로부터 보호하여 사기장은 그 보장 문서라 할 수 있는 완문을 수취할 수 있었고, 또 이문건은 그 대가로 각종 공물을 받을 수 있었던 일련의 사회적 과정은 결과적으로 이문건이 사기장을 역으로부터 보호해 주는 꼴이 된 것이다.

이러한 사회 현상은 16세기의 장인들이 어떠한 존재방식을 가졌는지를 관찰하는 계기가 된다. 당시에 사장(私匠)이 비교적 자유로운 지위를 얻게 된 것은, 이처럼 유력 사족에 투탁함으로써 비로소 가능하였다. 이는 장인의 입장에서 볼 때 관에 예속되어 노동을 하기보다는, 사족에게 투탁하여 일정한 공납만 바치고 나면 그 나머지 시간에 독자적인 자기 활동을 할 자유를 얻을 수 있어 훨씬 유리하기 때문에 그리하였을 것이라고 생각한다.

그 밖에 완문은 승려의 탈역을 위해서도 이용되었다. 다음은 안봉사의 승려를 완호한 예이다.

> d-① 성륜이 와서 만났다. 그가 말하길, "안산호(安山戶)의 팔결(八結)과 종마(從馬)의 역을 면하고 싶다"고 하였다. 자신이 전임 수령의 완문을 일일이 들어 소장을 올렸지만, 관에서는 이미 정하여졌으드로 고칠 수 없다고 하였고 사위전(寺位田)에서 소출한 조·콩 등은 세금을 매기지 않겠다고 한다.[30]

---

28) "법수(法水)의 사기장(沙器匠) 천인손(千仁孫)에게 완문(完文)을 발급하여 줄 것을 이도 (二道)에게 아뢰었다."(《묵재일기》 1557년 2월 27일조)
29) 《묵재일기》 1557년 3월 16일조, 8월 16일조, 8월 22일조.

성륜(性輪)이 와서 "안산호(安山戶)의 팔결(八結)과 종마(從馬)의 역을 면하고 싶다"고 하였는데, 이것은 곧 앞서 언급한 바 있는 호완문의 발급에 조력할 것을 요청한 것이다. 그렇다면 성륜은 누구며 또 어떤 인연으로 이문건에게 와서 이런 부탁을 하였을까?

성륜은 안봉사의 승려였다. 이때 안봉사는 이문건의 조상을 모신 영당(影堂)이 있는 원찰이었으므로 성륜은 이문건 집안과는 긴밀한 관계를 맺고 있었다.31) 따라서 성륜이 와서 청탁을 하였던 것은 이문건 집안과 안봉사 사이에 맺은 독특한 상호부조의 관계에 근거한 것이었다.

안봉사의 승려들은 영당의 수호, 제사를 담당하거나 이문건 집안에 공물을 제공하였다. 한편, 이문건 집안 쪽에서도 안봉사 승려들이 국가로부터 세역을 부과 받지 않도록 여러 가지 도움을 아끼지 않았다. 이와 같이 안봉사와 이문건 집안 사이에는 상호부조적인 사회적 관계가 형성되어 있었다.32)

그 밖에 완문은 묘지기의 탈역을 보장하는 데에도 이용되었다.

e-① 목사 황중거가 유석(襦席) 하나를 보내왔으므로, 편지를 써서 사례하였다. 겸하여 편지에 서학손(徐鶴孫)을 문열공(文烈公)의 묘지기로 임명하였으니 완문을 작성하여 줄 것을 청하였다.33)

위의 인용문은 비교적 이른 시기에 등장한 묘직탈역완문 발급 사례

---

30) 《묵재일기》 1556년 10월 5일조.

31) 이문건가가 안봉사와 관계를 맺은 내력에 대해서는 김소은, 앞의 글, 101~105쪽 참조.

32) 《묵재일기》 1556년 12월 17일조. 그 밖에 안봉사에 역을 부과하지 말도록 완호를 청하거나 완문을 발급받는 것과 관련된 또 다른 기사로는 1551년 4월 29일조, 1554년 4월 8일조, 1555년 7월 13일조, 1555년 9월 16일조, 1555년 윤11월 24일조, 1556년 6월 15일조, 1556년 6월 20일조, 1561년 4월 7일조의 기사를 참고할 수 있으며, 이때 완문은 주로 물역(勿役)을 주제로 하고 있다.

33) 《묵재일기》 1561년 6월 26일조.

를 보여준다. 여기서는 묘직탈역완문의 수취가 매우 간단한 절차를 거치는 것에 주목할 필요가 있다. 즉, 이문건이 목사에게 서학손을 묘직으로 차정할 것을 부탁하는 간단한 편지 한 통으로 해결되었다.

위에서 살펴본 바와 같이 《묵재일기》에 나타난 16세기의 완문들은 외방노비, 장인, 승려, 묘지기의 역을 탈역하는 데 주로 이용되었다. 이러한 탈역은 이들 하층민들에게만 이익을 주는 것뿐만 아니라 이문건의 경제생활에도 상당 부분 기여하였음을 확인할 수 있었다.

그림 6-1. 《묵재일기》에 나타난 16세기 탈역을 둘러싼 사회적 관계

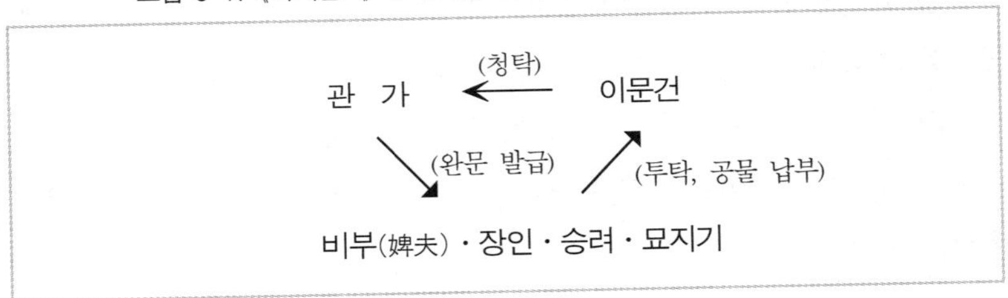

이와 같이 탈역이 가능하다는 것은 곧 그 탈역을 보장하는 문서인 완문의 생산이 가능하다는 의미다. 그 때문에 완문의 생산이 가능한 사회적 관계를 해명하는 일은 곧 탈역이 가능한 사회적 관계를 해명하는 일이기도 하다. 완문의 생산은 위와 같은 삼각구도의 사회적 관계에 기반하고 있었다. 따라서 이러한 삼각구도 가운데 어느 한 쪽이 무너지더라도 탈역은 불가능하였다.

이와 같은 삼각구도로 이루어진 사회적 관계에서 관과 이문건 사이의 관계를 우선 살펴보도록 하자. 완문의 발급은 이문건이 수령에게 직접 행하는 사적인 청탁에 의거하였다. 이문건은 구두나 간찰 등 매우 간단한 의사표현만으로도 완문을 손쉽게 수취할 수 있었다.

그런데 이 같은 청탁이 가능하였던 것은 두 측면에서 이해해야 할 것이다. 우선 여기서 이문건이라는 인물의 성격이다. 위에서 언급하였

듯이 이문건은 중앙관료 출신으로 성주로 귀양을 온 인물이라는 사실을 환기할 필요가 있다. 그런데 그가 귀양 온 처지라고 하더라도, 이처럼 그의 인적 조직이 중앙과 연계되어 있다는 점을 미루어본다면, 그가 이 지역에서 행사할 수 있는 권력의 원천은 중앙 관계와의 네트워크에 있었음을 알 수 있다.

그러나 성주 지역에서 이문건의 권력을 단순히 중앙과의 관계로만 설명하기 곤란한 점이 있다. 이것은 사실상 16세기 지방 사회에서 나타났던 사족층과 수령 사이에 형성된 인적 네트워크와 무관하지 않기 때문이다. 이 일기에 나오는 수많은 사족들은 이문건을 매개로 청탁을 하고 있다.[34]

16세기에는 사족끼리는 물론 관직자인 수령과 사족 사이에서도 끊임없는 청탁이 이루어졌다. 이러한 청탁은 사실상 이들의 관계를 지탱하는 표현이자 수단이었다.

16세기의 수령과 그 지역의 사족은 같은 뿌리에 매달린 감자였다. 이 두 감자는 모두 중앙 양반관료층으로부터 그 권력을 분유하고 있었기 때문에 사회적 지위에서 어느 쪽도 우월하다고 보기보다는, 비교적 동등한 지위를 바탕으로 등가적인 교환이 가능하였다.

16세기 후반에 이와 같은 사적인 네트워크[청탁 관행]이 활성화된 현상을 두고 김성우는 양천제에 입각한 국역체제가 해체되어 갔던 시기에 나타난 행정체계의 이완이라는 관점에서 다룬 바 있다.[35]

16세기를 15세기의 이상화된 국역 체계와 비교한 이 같은 평가가 어느 정도 정당한지는 모르겠다. 다만 16세기가, 15세기는 물론 그 이후 시기인 17세기와 비교해 보아도, 사족이 국가에 의해 엄격하게 통제되지 않은 시대였음은 다음 예로서도 짐작할 수 있다.

---

34) 김소은, 〈16세기 양반 사족의 교유와 그 형태〉, 《인하사학》 10, 2003, 452~454쪽 참조.
35) 김성우, 앞의 책, 82~85쪽 참조.

　다음은 1700년에 발급된 완문이다. 여기서는 우선 옹기점(甕器店)의 호주(戶主)를 충렬사에 소속시키고, 이들을 탈역시키는 내용을 담고 있다. 이 문서로 당시의 옹기점이 갖는 위상을 앞서 언급한《묵재일기》에서의 상황과 계보적으로 대비해 볼 수 있다.

　　　문서 6-3[36)]
　　　완문
　　　밀환읍미옹점(密丸邑未瓷店)의 호주(戶主) 신금이(申金伊)와 김승룡(金承龍) 등을 충렬사(忠烈祠)의 소속(所屬)으로 정하여 주니 잡역(雜役)을 침책치 말도록 완문을 작성하여 줌.
　　　　　　경진년 3월 13일
　　　부윤(府尹)[署押]

　위의 문서는 경주부윤이 숙종 26년(1700)에 용산서원의 전신이라고 할 수 있는 충렬사(忠烈祠)에 발급한 완문이다. 이때 옹기점의 호주 신금이와 김승룡 등을 충렬사에 소속시키고, 이들에게 잡역을 침책하지 말도록 완문을 작성하여 준다는 것이 주된 내용이다.

　이 완문의 발급근거는 충렬사가 존현의 이념에 근거해서 수호되어야 한다는 데 있었다. 따라서 서원에 옹기장을 배속시켜 그를 탈역시켜 주고, 옹기장은 그 대신에 옹기를 서원에 공납하도록 되어 있었다.

　이를 통해 약 100여 년이 지나는 사이에 공장이 갖는 사회적 위치가 변하였음을 알 수 있다. 다시 말하여 장인제의 측면에서 보면 16세기 성주 지역에서는 사장(私匠)이 관으로부터 독립적인 지위를 보장받기 위해서는 사족의 직접적인 보호를 받아야 했다.

　그런데 이 문서가 작성된 18세기 초에는 옹기장·야장·피장 등 각

---

36)《古文書集成》50, 完文 1.

공장들이 사족에게 직접 투탁하는 형태가 아닌 서원의 속점(屬店)으로 존재하였다. 물론 서원의 뒷배경으로 사족이 존재하였음은 말할 것도 없지만, 사족 역시 서원을 매개로 해서 장인과 사회적 관계를 맺을 수 있었다는 점에 주목할 필요가 있다. 이를 그림으로 나타내면 다음과 같다.

그림 6-2. 18세기 이후 장인 탈역을 둘러싼 사회적 관계

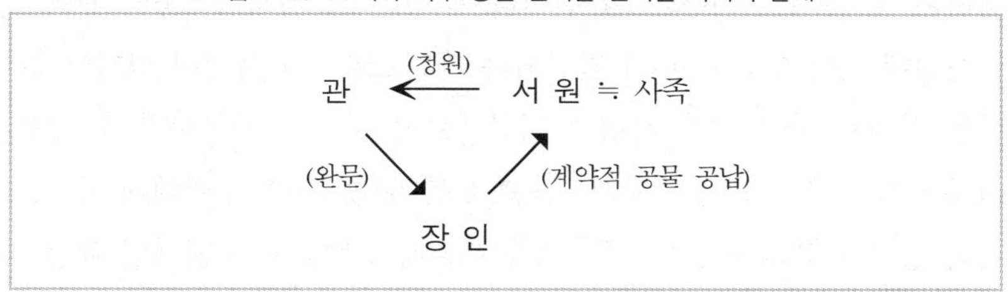

위의 그림에서 볼 수 있듯이 18세기의 사회에서도 16세기와 마찬가지로 장인들이 사족의 비호 아래 들어갈 때에만 탈역될 수 있는 조건이 성립됨을 보여준다. 그런데 여기서 유의할 점은, 장인의 탈역이 직접적으로 사족의 아래에 복속되어 있는 것이 아니라 서원이라는 공적 기구에 소속되어 있다는 것이다.

이는 18세기에 이르러서 사족들이 전대보다는 훨씬 자유롭지 못한 상황에 놓였음을 말해 준다. 즉, 18세기의 사족들이 사우나 서원 등에 의해 상징적으로 표현되는 '존현'(尊賢)의 사회적 명분을 제시하지 않고서는 장인들을 직접적으로 탈역하는 일이 불가능해졌음을 보여준다. 이러한 서원과 속점 사이에 형성된 사회관계는 19세기 말까지 지속되어 간다. 앞서 Ⅰ부의 〈문서 3-13〉에서 살필 수 있었듯이, 공납으로 바치던 물건을 금전으로 대신하고 있는 점만 달라진다.

그런데 이 같은 금전의 일상화가 갖는 의미는 매우 중요하다. 이것은 인간적 유대에 기초한 사회관계로부터 벗어나는 계기를 제공하여,

하층민들에게 그 이전보다 훨씬 주체적인 자아를 형성하게 되는 조건을 만들어줄 것이다. 자신의 존재를 상급자에 대한 인간적 유대로 실현하는 사회보다는, 금전을 매개로 한 타산적인 주체를 형성하는 기반을 제공할 수 있기 때문이다. 이는 장인들이 후대로 갈수록 훨씬 자유로운 사회적 존재로 변화하여 갔다는 것을 의미한다.

한편, 완문의 주 발급자가 수령이었다는 것은 이 문서의 성격을 이해하는 데 특히 고려해야 할 점이다. 수령은 그 성격상 "중앙 권력의 인사권에 따라 임면(任免)이 결정되는 관인으로서의 측면이 있지만, 군현을 단위로 한 지배의 과정에 나름대로의 질서를 구현시킬 수 있는 치자(治者)로서의 면을 가지고 있다"고 볼 수 있다.37) 수령에게 치자로서의 성격이 강하였다는 것은, 그가 향촌에서 비교적 독자적인 행정권을 발휘하였음을 의미한다. 이는 수령이 향촌 안에서는 국왕과 같은 재량권을 행사하였을 것임을 암시한다.

수령의 행정권에는 재판심리권·형벌권과 같이 백성의 권리를 제약하고 조절하는 권한도 있었지만, 민의 역을 면제하는 탈역권도 있었음에 주목해야 할 것이다. 형벌권이 채찍이라면, 탈역권은 포상하고 격려해 주는 당근인 셈이다. 이와 같이 수령이 탈역권을 행사할 때 사용하는 문서가 완문임을 상기한다면, 완문이라는 문서 성격을 통해 수령의 행정권이 갖는 특성을 짐작할 수 있다.

당시 완문의 수급자는 외방노비(外方奴婢), 묘직(墓直), 공장(工匠), 승려 등이었다. 이들은 모두 사회의 구성원으로서 정당한 성원권을 인정받지 못한 존재였다. 이런 경우 대개 그렇듯이, 이들이 존립할 수 있는 방식은 사회적 성원권을 가진 사족에게 의거하는 것 말고는 다른 방도가 없었다. 그 대가로 이들은 사족들에게 일정한 공납을 바치는 관계

---

37) 구완회, 앞의 글, 6~7쪽 참조.

를 유지하였다.

이와 같이 완문을 중심에 놓고 볼 때, 16세기의 수령과 사족의 관계는 이 둘 사이의 사회적 연결고리를 형성하는 것에만 그치는 것이 아니라, 앞서 살폈듯이 이 관계의 고리는 다시 사족과 공장(工匠) 등과의 관계, 수령과 공장 등과의 관계로 이어지며 꼬리에 꼬리를 무는 연쇄적인 연결망을 가지고 있었다.

탈역을 가능하게 하는 이와 같은 사회관계는 결국 중앙 권력의 분배를 중심으로 벌어진 사회현상이었다. 이 권력이 서로에게 양도되며 분배되는 과정에서 수령과 사족, 사족과 외방노비 등의 사회적 관계가 형성되었다는 것은 완문의 성격을 이해하는 데에는 물론, 16세기의 사회구조를 이해하는 데에도 시사하는 바가 크다.

그런 점에서 16세기의 완문은 지방 수령의 재량권과 사족의 권력 사이의 결합관계 속에서 등장한 문서라고 할 수 있다. 이와 같이 완문은 출현 시점에서부터 사족층의 특권계층으로의 성장과 밀접히 연관되었음을 확인할 수 있다.

16세기에 나타났던 완문의 이와 같은 용례들이 《묵재일기》에 실린 것 말고도 실물로 현존하는 완문에는 어떻게 반영되었을까? 이것을 확인할 만한 실례는 거의 남아 있지 않고, 다음 16세기 말의 완문 1건을 참고할 수 있을 뿐이다.

문서 6-4[38]

금계정사완문(錦溪精舍完文)

정사(精舍)의 주인(主人)은 본군(本郡) 사문(斯文)의 영수(領袖)다. 그는 학문을 도야할 곳을 세우려 하다가 채 이루지 못하고 서거하였으니, 진실로 안타까운 일이었다. 그러나 승려들이 그의 뜻을 받들어 이루어낼 수

---

38) 《영주금석문전집》Ⅰ, 영주문화원, 1999, 251쪽 수록.

있었으니, 수호하는 일이 이보다 더 큰 것이 없다.

서너 명의 승려를 부린다고 한들 관에 보탬이 없고, 이 정사를 보호하는 일은 사문과 관계됨이 있다. 게다가 이황 선생이 선조께서 부르는 명을 받아 이곳을 지나다가 옛 벗을 추념하여 이곳을 보호하기로 마음먹고 그 일을 서술하여 그것을 완호하고자 하였으니, 더욱이 그 가르침을 따르지 않고 그의 후의를 저버릴 수 없다. 그러므로 지금부터 정사를 지키는 승려들에게 영원히 잡역을 면제하여 그들을 안심하고 수호하게 하여야 한다.

금계선생은 퇴계의 문하에 종유하면서 퇴계의 만년 공부에 가장 친히 접한 분이다. 나는 용문의 소리가 바로 선생을 이었다는 것을 알고 의심치 않았다. 불행히 그는 일찍이 돌아가셨으니, 퇴계가 이를 애통히 여기셨음이 어찌 끝이 있었겠는가?

애초에 선생이 정사를 금계 가에 세우시고 채 완성도 못하고 돌아가시자, 지키는 승려들이 관역에 침책되어 거의 버틸 수가 없게 되었다. 병인(丙寅) 연간에 퇴계 선생이 부름을 받들어 이 군(郡)을 지나실 때, 그 정사가 황폐해졌다는 소식을 듣고 탄식하며 군수에게 간찰을 써서 영원히 수호하는 일로 부탁하였다. 그때의 군수 조공(趙公) 완벽(完璧)은 유라(維羅)에게 완첩(完帖)을 내리고 특별히 완호하도록 하였다. 그러나 세대가 변천하고 또 상란(喪亂)을 거치면서 권여(權輿)를 이길 수 없게 된 지가 이미 오래되었다.

지금 벽에 붙은 유묵을 읽으니 감개를 이기지 못하겠고, 그 기문과 첩문이 산중의 정사 벽에 걸려 있으므로 뒤에 오는 수령들이 선생의 남긴 향기를 전파하도록 할 이유를 아는 이가 없으므로, 퇴계 선생의 수호하도록 돌보시려는 계획이 아득한 데로 떨어져 전함이 없을 것이다. 이것이 어찌 수토자(守土者)만의 수치겠는가? 또한 일향의 선비들이 모두 부끄러워해야 하는 일이다. 지금 퇴계의 기문과 조재(趙宰)의 첩문(帖文)을 향사당의 벽에서 떼어내고, 온 고을이 영원히 지키는 고사(故事)로 삼을 것이다.

지금부터 향소의 여러 공들이 준수하여 잃지 않고 유라(維羅)들에게 거듭 타이르고, 수령들에게 간절히 고하여 지키는 승려들에게 관역을 영원히 면제하여 퇴계의 지극한 뜻을 저버리는 일이 없도록 한다면 매우 다행스러운 일인 것이다.

만력(萬曆) 23년 6월 일 풍기군수(豊基郡守) 풍산(豊山) 류운룡(柳雲龍)이 삼가 기록한다.

갑술년 3월 일에 뒤이어 찬수하여 □□□ 새기기를 이와 같이 한다.

(* □는 판독 불능자임)

위의 완문은 원본이 아니다. 1566년에 작성된 이황의 간찰과 1595년 당시 풍기군수였던 류운룡(1539~1601)의 완문을 그 뒤 갑술년에 현판으로 새긴 것이다. 그 목적은 금양정사(錦陽精舍)에 수직하고 있던 승려들의 탈역을 위한 조치였다. 어쨌든 이 현판은 현재까지 수집한 완문 가운데 가장 이른 시기의 예를 추정할 근거가 된다.

이 완문의 내용은 류운룡의 문집인 《겸암집》에도 그대로 실려 있다. 이 문집에 실린 완문의 제목은 "금양정사완문발"(錦陽精舍完文跋)이다. 여기서 '발'이라고 한 것은 바로 위의 이황 간찰에 대한 발이라는 의미다. 이 현판에 포함된 이황의 간찰은 다음과 같다.

이곳에는 이른바 금양정사(錦陽精舍)라는 곳이 있습니다. 망우(亡友) 금계주인(錦溪主人) 황준량(黃俊良)이 만년에 학문을 닦기 위하여 지은 곳입니다. 정사가 채 완공되기도 전에 주인이 선거(仙去)하였습니다. 간승(幹僧) 행사(行思)가 유지(遺志)를 받들어서 성취를 마치고 삼가 지키고 있으니 이 일은 심히 가상합니다. 혹시 뒤에 세월이 흐를수록 점차 없어져서, 이곳의 수령이 그 유래를 알지 못하여 다른 절의 예와 같이 보게 될지 모릅니다. 만일 승려들이 이곳에 살지 못한다면 수호할 사람이 없어서 정사는 황폐해져 풀만 무성하게 될 것입니다. 정녕 바라건대, 인자한 마음을 가지져서 이러한 뜻을 깊이 유념하십시오. 사유를 갖추어 정사 및 유라소에 완첩을 내려주십시오. 지금부터 수호승(守護僧)은 영원히 제역(除役)하여 오로지 이곳을 수호하게 하여 그 집안의 자제들이 이곳에 왕래하며 독서하게 하여, 그것으로 주인이 뜻은 있었으되 미처 이루지 못한 유감을 조금이라도 풀게 한다면 어찌 다행이 아니겠습니까? 나는 금계주인과 계의가 있어서 고리(故里)를 지나가다가 슬픔을 이기지 못하여 이 정사를 보호하고자 하여 옛날을 기억하는 정을 붙여서 감히 이렇게 아룁니다. 황(滉)은 삼가 간청합니다.

　가정(嘉靖) 병인(丙寅) 2월 일

이황이 임금의 부름을 받고 이곳을 지나던 길에 자신의 망우(亡友)인 황준량(黃俊良; 1517~1563)이 지었던 정사가 관리되지 않는 것을 보고 그것을 보호하기 위해 그 지역 수령에게 보낸 간찰이다. 이 간찰은 그 정사를 지키는 승려에 대한 탈역을 요청하는 내용이다. 당시 그 지역 수령은 조완벽(趙完璧; ?~?)이었다. 이황의 간찰을 접한 그는 병방에게 첩문을 내려서 역을 부과하지 말도록 하였다.

위의 예를 통해 완문의 발급절차가 앞서 언급한 바 있는《묵재일기》에서 사족과 수령의 사적 연대에 의거하였던 경우와 크게 다르지 않음을 확인할 수 있다. 이황의 편지에서 보이듯이, 이때 완문 발급의 명분은 존현 등의 윤리적 입장을 강조하는 것이 아니라, 독서의 공간을 조성하고자 하는 친우의 뜻을 잇고자 했던 데 있었다.

그 뒤 이 정사에는 이황의 간찰과 조완벽의 완첩이 나란히 실려 있었음을 류운룡의 완문 내용에서 알 수 있다. 그런데 류운룡은 “퇴계의 기문과 조재(趙宰)의 첩문(帖文)을 향사당의 벽에서 떼어내고, 온 고을이 영원히 지키는 고사(故事)로 삼고자” 하였다. 류운룡은 어째서 이와 같은 보장문들을 떼어내고 자신의 완문을 다시 작성하였던 것일까? 조완벽의 완첩과는 다른 발급동기가 류운룡에게 있었던 것은 아닐까?

이 같은 의문은 도리어 조완벽의 완첩이 갖는 성격을 되돌아보게 한다. 이 완첩은 퇴계의 청에 따라 발급된 것인 만큼 일시적인 효력 이상을 기대하기 힘들었을 것이다. 《묵재일기》에 무수히 나타났던 완문도 특정한 명분에 따라 발급된 문서가 아니라는 점에서 이 완문과 유사하다. 따라서 효력 면에서 조완벽의 이 완첩과 크게 다르지 않았을 것이다. 이 완문들은 미래에까지 효력을 담보하는 규정문서라기보다는, 일시적인 행정처분을 위해 발급된 증명서나 보장문에 가까웠다.

그런데 류운룡은 자신의 완문을 통해 자신의 행정처분을 온 고을이 지켜야 할 고사(故事), 즉 읍례로 정착시키고자 하였다. 이러한 성격의 완문이라면 확실히 후대에 자주 볼 수 있는 규정문서로서의 성격이 강하다. 그리고 완문의 발급이 '정사의 보존=사문(斯文)의 보존'과 '퇴계 선생의 유훈을 존숭'해야 한다는 명분에 의거한다는 것은 17세기 이후 나타난 완문의 특성을 여실히 보여주고 있다.

그리고 이 완문의 결사에서 "지금부터 향소의 여러 공들이 준수하여 잃지 않도록 하고 유라(維羅)에게 거듭 타일러서 그곳을 지키는 승려들이 영원히 관역을 면하여 기어코 퇴계의 지극한 뜻을 저버리는 일이 없다면 매우 다행일 것이다"고 하였다. 이 결사는 미래의 영구적인 효력을 다짐하였다는 점에서 규정문서의 성격이 짙음을 보여준다.

이 절의 주제는 16세기 조선의 향촌사회가 갖는 특성과 당시 완문이 출현한 현상이 어떻게 관련되는지를 해명하고, 이를 통해 16세기 사족 특권의 성격을 이해하는 데 있었다.

1건의 완문과 《묵재일기》의 기록만으로 16세기 조선의 향촌에서 일어났던 모든 일을 살필 수 없다는 것은 너무나 당연하다. 그러나 이 자료들을 통해 사족이 수령 및 외방노비(外方奴婢), 묘직(墓直), 공장(工匠), 승려 등 사회적 성원권이 없는 사람들과 어떠한 사회적 관계를 맺었는지에 대하여 징후적으로 살필 수 있었다. 이 주제에 관해서 위에서 밝힌 바를 정리하면 다음과 같다.

16세기는 지방의 많은 사족 집안들이 향촌에 자신의 지배권을 구축하기 위한 모색기였다. 재지사족이 향촌에서 지배권을 행사하기 위해서는 위로는 수령 등 관직자들과 우호적 관계를 맺어야 하는 한편, 그들로부터 얻어진 국가권력을 농민, 장인 등 노동자들에게 실질적인 지배력을 행사함으로써 비로소 가능한 일이었다.

이때 이와 같은 사회적 지배권을 보장하는 문서가 바로 완문이었으며, 완문이 16세기에 출현하게 된 것도 바로 이러한 사회적 조건에 기반 한 것이었다. 따라서 16세기의 완문을 보면 그러한 사회적 관계의 실현을 위해 사족에게 부여된 특권의 내용과 성격을 알 수 있으며, 그러한 특권을 기반으로 사족들의 향촌 지배가 어떠한 방식으로 이루어졌는지를 파악할 수 있다.

완문을 통해 취득하고자 한 특권의 내용은 주로 외방노비 등의 탈역이었다. 이를 통해 당시 외방노비 등이 공식적으로는 조가의 역으로부터는 자유로울 수 있었지만 현실적으로는 관가에서 부여하는 각종 잡역에 노출되어 있었음을 알 수 있다. 그리고 이 같은 특권은 탈역을 부여하는 수령의 권한과 사족의 특권 획득 방식이 결합했을 때에 비로소 발생하므로, 이 둘의 특성을 해명함으로써 16세기 사족 특권의 성격을 이해할 수 있었다.

이는 완문에 드러난 수령의 탈역권이 지니는 이중적 의미로써 확인할 수 있다. 즉, 완문에 드러난 수령의 탈역권은 '수령의 독자적 재량권'이라는 측면과, '그 재량권이 행사되는 지점이나 맥락'이라는 측면과 연관하여 이해할 필요가 있다. 다시 말하여, 수령은 조가나 사족의 직접적인 영향권 밖에 있던 외방노비 등 사회적 성원권이 없던 사람들을 직접 지배할 권한이 있었다는 점에 우선 주목할 필요가 있다. 이러한 지배권에 근거하여 완문의 발급이 가능하였기 때문이다.

다른 한편, 수령의 탈역권은 이문건과 같은 중앙 양반관료 출신 사

족들과의 연계를 통하여 계기적으로 발현되고 있다는 점에 주목하여
야 할 것이다. 16세기의 재지사족들은 기존 연구에서 독자적인 권력을
강조하고 있는 것과는 달리, 양반관료층의 중앙 권력 속에 포섭되어
있었다. 당시 재지사족들의 특권이란 사실상 중앙의 권력을 어떻게 분
배받는가라는 구조에서 작동하고 있었다.

수령은 중앙의 양반관료들과의 친분이 이후 그들의 관계 진출 기반
이 되었기 때문에, 대개 전직 관료 출신이었으며 언제 다시 정계로 복
귀할지 모르는 귀양 온 사람들과 인맥을 형성하고자 하였다.[39] 따라서
재지사족들은 귀양 온 사람을 매개로 수령과 접촉하여 청탁하고자 하
였다.

그 결과, 이와 같은 중앙 권력을 매개로 하여 맺어진 인맥은 '중앙의
양반관료－양반관료 출신의 귀양인－재지사족－수령'으로 이어지는
연쇄 망을 형성하였다. 이러한 연쇄 망에서 인맥은 청탁의 기반이 되
었고, 이 인맥 속에서 각종 선물[또는 뇌물]이 끊임없이 교환되며, 이
틈에서 사족들은 분주하게 이권을 챙길 수 있었다.

다시 말하여, 이 같은 사실은 16세기 완문에 드러난 사족의 특권은
중앙 권력자를 매개로 하였다는 점에서 아직은 불완전한 것이었으며,
결국 국가권력의 분배를 중심으로 그 권력이 수령과 사족 서로에게 어
떻게 양도되며 분배되었는지를 보여준다. 이것이 16세기 완문에 드러
난 당시 사족 특권의 두드러진 성격 가운데 하나다.

16세기의 사적인 인간관계나 청탁 등의 비교적 사사로운 방식에서
그 이후 점차 공적인 방식으로 변화되었다는 것은 주목해야 할 것이다.
즉, 이것은 사족에 대한 국가의 통제가 약했다가 점차 강해진다는 점,
또는 재지사족의 존재방식이 그만큼 자유로운 상황에서 점차 제한적

---

39) 귀양 간 양반관료의 생활에 대해서는 전경목,《고문서를 통해서 본 우반동과 우반동 김
　　씨의 역사》, 신아출판사, 2001, 102쪽 참조.

으로 변화되었음을 의미한다.

이는 완문이라는 문서의 성격과 효력에도 영향을 끼쳤다. 즉 문서의 성격 면에서는 일시적 행정처분을 위한 증명서나 보장문의 성격에서 규정문서의 성격으로, 그리고 효력 면에서는 일시적인 효력에서 미래까지 담보하는 장기적이고 지속적인 효력으로 변모하였다. 즉, 당시의 완문수급 과정을 이후 시기와 비교할 때, 수령과 수급자 사이의 개인적 친분을 이용하여 이처럼 매우 사사롭고 자유로운 방식에 의해 취득되었다는 점에 주목할 수 있다. 이와 같이 특권의 획득 과정을 살펴봄으로써 16세기 완문에 드러난 당시 사족이 어떻게 지배권을 확대할 수 있었는지를 알 수 있었다.

7장 17, 18세기 완문과 그 지배 상징으로서의 의미

7.1. 양반 신분의 변화 추이와 특권의 의미

7.1.1. 15세기 사족의 의미

양반은 조선의 대표적인 특권신분이었다. 따라서 조선시대에 양반이 가졌던 지배력을 고려한다면 이 신분에게 특권이 어떤 의미였으며, 또 특권이 지배권과 어떤 관련을 맺고 있는지, 그 결과 어떠한 사회문화적 의미를 가졌는지에 대해서 일차적인 관심이 모아졌던 것은 너무나 당연하다. 그래서 당시 양반의 이와 같은 사회적 지배력을 지나치게 강조한 나머지 조선사회를 양반사회라고까지 한다. 이 양반사회라는 표현을 통해서 당시 사회의 성격을 그 지배신분에 의해 단적으로 드러내고자 하는 의도를 읽을 수 있다.

그런데 이러한 지배신분을 중심으로 한 이해 방식은 그 사회의 성격을 단적으로 드러낼 수 있다는 유용성이 있음에도, 정작 지배층의 실상에 접근하는 데에는 걸림돌이 될지도 모른다는 우려를 낳는다. 이 경우만 하더라도 양반을 중심으로 하여 그 사회를 이해하기 위한 기준점으로 삼게 되면, 양반은 움직이지 않는 기준점이 되어 마치 조선시대 내내 동일한 성격을 변함없이 유지했던 신분인 듯한 착각을 불러일으키게 하기 때문이다.

  상식적으로 생각하더라도, 조선 500년 동안 양반의 사회적 조건과 그에 따른 사회적 관념이 변함없이 동일한 조건으로 지속되었을 리는 없다. 따라서 양반은 한마디로 정의될 수 없는, 결코 그렇게 정의되어서는 안 되는 역사적 개념이어야 한다는 것이 필자의 생각이다. 그런 점에서 양반은 여러 시각에서 조명이 필요한 입면체로서 이해되고 접근되어야 마땅할 것이다.

  18세기의 박지원은 〈양반전〉(兩班傳) 첫 머리에서 "양반은 사족(士族)의 존칭이다"고 썼다.[1] 이 말은 조선시대에 양반이 사족을 의미하는 것으로 통용되었다는 명백한 증거로서 오늘날 가끔 인용되곤 한다. 그런데 가만히 살펴보면 이 구절은 사족을 양반으로 높여 부른다는 것이지, '양반 = 사족'을 의미하였던 것은 아니다. 당시에도 양반과 사족이라는 용어 사이에는 미묘한 차이가 있었던 것 같다. 그럼에도 양반과 사족 사이에는 구별의 장벽이 그다지 높지 않았음이 분명해 보인다.

  그런데 15세기 양반의 조건은 이것과는 달랐다. 앞 장에서 정리한 바 있는 이성무의 설에 따르면, 15세기 당시 양반은 중앙의 관료층과 그의 가족만 가리키는 좁은 범주의 개념이었다. 이 설에 따르면, 양반은 조가(朝家)의 범주에 포섭되는 정치 엘리트를 포함하고 있다. 그들은 자신의 정치적 지위를 이용하여 정치·경제·사회에서 발생하는 각종 특권들을 독점할 수 있었다. 그리고 이러한 특권은 그들의 귀족 지위를 존속시키는 데 결정적으로 기여하였다. 이 특권의 구체적인 내용에 대해서는 이미 이성무가 체계적으로 정리한 바 있다.[2]

  이와 같은 특권은 그들이 서울에서 관료로 복무하면서 중앙정치의 지배력을 바탕으로 취득한 결과였다는 점에 우선 유념할 필요가 있다.

---

  1) 이우성·임형택 역편, 〈양반전〉, 《이조한문단편집》 하, 일조각, 중판, 1993, 277~281쪽. "兩班者 士族之尊稱也".
  2) 이성무, 《조선초기양반연구》, 일조각, 1980, 373~389쪽.

그들은 실질적인 정치사회적 실력으로 권력에 접근할 수 있었고, 그것을 통해 권력을 특권화하여 세습체제를 정비한 신분층으로 정착하였다고 설명하였다.3) 따라서 양반과 사족 사이에는 특권의 유무가 중요한 분기점이 된다.

사실 당시 사족들 모두에게 이러한 특권이 주어졌던 것은 아니고, 단지 특권에 접근할 수 있는 신분이었을 뿐이다.4) 전통적으로 사(士)는 사농공상(士農工商)의 사회분업에 의해 할당된 신분의 한 영역이었다. 사는 정신노동자[勞心者]로서 육체노동자[勞力者]인 농공상(農工商)과는 구별되어 우대받아야 한다는 전통적인 관념이 지배적이었다. 그러나 그러한 우대가 현실적인 효과를 기대하는 특권의 범주에서 이해될 수 있을지에 대해서는 여전히 의문이다. 지방의 유세가를 포함한 사족 일반에게 구체적으로 특권이 부여되는 문제가 논의되기 시작한 것은 16세기를 기다려야만 했기 때문이다.

15세기 사족들 사이에는 사회적 권력의 차이가 컸다. 따라서 당시만 하더라도 사족 가운데에서도 고위관료를 배출할 수 있는 잠재적인 힘

---

3) 이성무는 15세기 양반 신분의 범주를 사조내(四祖內) 현관(顯官)의 유무(有無)를 기준으로 하여야 한다고 주장하였다. 이 주장은 그 기록이 16세기에 편찬된 《대전후속록》(大典後續錄)이나 《명종실록》에 실려 있으므로 15세기에는 해당되지 않는다는 한영우의 반격을 받았다. 그는 이 반론에 대하여 법전에 실려 있는 기록들이 대부분 실제 관행을 바탕으로 한 것이므로 기록은 16세기의 것이지만 이미 이러한 양반에 대한 이 같은 신분규범은 15세기에 시행되었을 것이라고 추정하고 있다.(이성무, 《조선양반사회연구》, 일조각, 1995, 183쪽) 그러나 신분에서 규범이 갖는 의미는 무엇보다 조가의 필요성에 의해서 대두된다는 점을 상기할 필요가 있다. 16세기에 이 같은 신분 규범이 필요하였던 이유는 특권과 관련지어 그 필요성이 인정되고 있지만 이와 마찬가지로 15세기에 양반을 위한 신분규범의 필요성이 어떠한 사회적 문제에서 비롯된 것인지에 대한 해명이 필요하다.
4) 이수건은 사를 독서인(讀書人)으로, 대부를 양반관료로 이해하고, 15세기 사대부를 권력을 장악한 중앙 사대부와 권력으로부터 소외된 지방사대부와 구분하여 보는 견해를 제시한 바 있다.(이수건, 〈16세기 고문서의 현황과 성격〉, 이수건 외, 《16세기 한국 고문서 연구》, 아카넷, 2004, 1~2쪽 참조) 이 견해는 중앙 사대부과 지방 사대부를 다른 사회적 처지에 처해 있었던 것으로 파악하였다는 점에서 일단 고무적이다.

을 가진 집안은 따로 존재하였다.5) 안동권씨와 같은 집안이 대표적인 예이다. 잘 알려진 바와 같이, 이 집안은 고려시대 이래로 형성되어 온 세족(世族)으로서 대대로 수많은 문신 관료를 배출하였고, 또 사회적으로 명망 있는 집안으로 여겨졌다. 이러한 집안은 당시의 전형적인 명문거족형(名門巨族型) 사족으로 분류된다.6)

그러나 충분히 짐작하듯이, 모든 사족이 이런 명문거족형은 아니었다. 각각의 사족 집안들은 사족 내부의 사회적 실력에 따라 사회적 지위에서도 상당한 차이를 드러냈다. 예컨대 비교적 권력이 미약한 사족의 한 예로, 왕권을 잡기 이전의 이성계 집안을 꼽을 수 있다.

후대에 추증된 익조는 이성계의 할아버지다. 그가 원나라에서 벼슬을 하다가 고려의 충렬왕을 만난 적이 있었다. 그 자리에서 익조는 자신이 원나라로 투항하였던 것은 부득이한 일이었다고 변명하자 충렬왕은 "경은 본래 사족이었으니 어찌 근본을 잊었겠는가?"라고 답하였다.7)

이 기사에서 보듯이, 충렬왕이 이성계 집안을 사족이라고 한 것은 이 집안이 대대로 벼슬을 한 전력을 두고 한 말이다. 그러나 이 집안을 안동권씨가 가졌던 사회적 명망과 비교해 본다면, 같은 위상에 놓고 거론하기 곤란하다.

이들은 안동권씨보다는 지방에서 훨씬 하급의 벼슬을 지낸 집안이

---

5) 원창애는 문과 급제자의 배출 인원별 성관수와 급제 인원을 비교한 결과 총 성관의 3.8%에 해당하는 36개 성관에서 절반 이상의 문과 급제자를 배출했다는 점에서 문과가 일부 성관에 독점되었으며, 10명 이상 문과 급제자를 배출한 190개 가운데 고려시대부터 성장한 성관이 149개로 78.4%를 차지한다고 분석한 바 있다. 이를 통해 고려시대부터 전승되어 온 소수의 명문거족이 중앙 관직의 대부분을 독점하여 왔음을 알 수 있다. 대표적인 집안으로는 전주이씨(780명), 파평윤씨(361명), 안동권씨(345명), 남양홍씨(319명) 등이다.(원창애, 〈조선시대 문과급제자 연구〉, 한국정신문화연구원 박사학위논문, 1997, 124~125쪽 참조)

6) 이태진, 〈15세기 후반기의 거족(鉅族)과 명족의식(名族意識)〉.《한국사론》 3, 1997 참조.

7)《太祖實錄》 卷1. "翼祖……遂見高麗忠烈王……王曰 卿本士族 豈忘本乎 今觀卿擧止 足知心之所存矣".

다. 널리 알려진 바와 같이, 이성계의 선조들이 전주에서 북쪽으로 이주하는 과정에서도 볼 수 있듯이, 이 집안은 지방으로 돌며 외방의 지방 관직을 전전하였다. 이와 같이 당시 사족 가운데에는 중앙 관료보다는 낮은 직위의 관료들로서 외직을 주로 담당하던 지방 관료들이 있었다. 이를 통해 당시 사족은 가업인 사(士)를 대대로 세습해 오던 하급 관료를 배출한 집안도 포함한 용어였음을 알 수 있다.

이 집안은 여러 가지 피치 못할 사정으로 자주 이주하였고, 그때마다 많은 서민들이 그를 따라 함께 이주하였다. 실록의 편찬자는 이들이 함께 이주한 사실을 중국 고대 주나라의 건국 설화와 유비시키고 있어서, 이 기사를 어디까지 신뢰할 수 있을지는 분명하지 않다. 그러나 이 집안이 많은 수하인을 거느리고 지방에서 세력을 누리고 있었으며, 그 수하인들이 그들의 실질적인 권력 기반이었다는 사실만큼은 분명한 듯하다.

당대의 통례로 보아 이 수하인들은 아마 이 집안의 사병으로 존재하며 이 집안과 운명을 같이 하였음을 알 수 있다. 그리고 이성계를 포함하여 그의 선조들은 무인 기질이 강하였다. 당대에 출현하였던 독서를 위주로 한 문신적인 성향이 강한 사족과는 사뭇 대조된다. 정리하자면, 당대의 사족들은 약간의 행정실무 능력과 재력과 군사력을 갖춘 집안으로서, 지역 사회에 일정한 영향력을 가진 집안이었음을 알 수 있다.

이러한 사족들 가운데에는 지방에서 대대로 이어지는 사회적 힘을 바탕으로 중앙 관료로 진출하는 경우가 많았을 것이다. 중앙 관료가 퇴직 후 중앙과의 인맥을 바탕으로 향촌에서 일정한 영향력을 행사하였을 수도 있다. 그들과 그의 가족들을 사족이라고 부를 수 있는 것은 분명하지만, 그 밖의 유세가들 전체를 그러한 범주에서 이해하는 데에는 적지 않은 무리가 따른다.

김성우가 지적하였듯이, 사족 그 자체가 바로 양반을 의미한 것은

아니다. 사족 이외의 다른 신분에서도 양반으로 출사(出仕)하는 경우가
빈번하였으며, 모든 사족이 반드시 관료로 출사할 수 있었던 것도 아
니기 때문이다.

더욱이 여기에서 후대와 같이 양반관료를 배출하는 신분으로서 사
(士)가 아니라, 양반관료인 대부(大夫)와 구별되는 하급관료로서 사의
양태를 볼 수 있다. 이것은 사족이 양반관료와 한 범주에서 묶어 이해
할 만큼 계층화된 신분으로 존재한 것은 아니었음을 보여준다.

더욱이 15, 16세기에 지방의 유세가들 다수는 신분적 지위가 매우
모호하였다. 그들 가운데에는 후대에 사족으로 분류될 수 있었겠지만,
당시까지 조가와 확실한 끈을 가지고 있었는지는 분명하지 않다. 이것
은 국왕의 권력이 현실적으로 전국을 통합하지 않았음을 의미하며, 또
그로 인해 이러한 상황은 중앙의 조가나 지방의 유세가 모두에게 매우
불안한 상황을 초래하였다. 이러한 상황은 18세기의 양반과 사족 사이
에 그리 큰 사회적 장벽이 존재하지 않았다는 것과 비교할 때 크게 대
비되는 점이다.

7.1.2. 17세기 사족층의 형성과 계층화

앞서 지적하였듯이, 조선의 왕조체제에서 중앙과 지방이 비교적 독
자적인 질서로 자리 잡혀 있었다는 것은 이 체제에서 특히 주목할 만한
요소로 지적되어 왔다. 그런데 이것은 중앙에서 왕조의 권력이 발생한
뒤 지방까지 포섭하는 데 걸리는 시간 차이를 지적한 것에 불과하다.

다시 말하여, 조선만 하더라도 처음부터 지방이 조가의 권력 안으로
모두 포섭될 수 있었던 것은 아니다. 그리고 왕조체제는 전국을 균질
적인 권력체계 안으로 포섭시키기는 불가능하다. 이 점이 조가를 근대
의 국가와 구별 짓는 기준이기도 하다. 조선시대 내내 조가가 통치하

는 전국의 모든 곳을 균일하고 통일적으로 동시에 지배할 수 있는 시스템을 완성하지는 못하였다. 조선 초기에는 이러한 권력의 미성숙은 더욱 심하였을 것임은 짐작하기 어렵지 않다. 오히려 조선의 역사적 전개는 지방에 대한 통치를 완성해 가는 과정이라고 보아도 결코 과언이 아닐 것이다.

조가는 주로 서울 인근에 거주하던 명문세가로부터 관직자를 충당하였다. 지방의 유세가로부터도 끊임없이 관직자를 뽑았겠지만, 최소한 16세기까지 중앙 관료계의 주류는 서울에 거주하였던 명문세가였다.

그 이후 당쟁의 영향으로 중앙 관료를 채우는 대상에는 다소 변화가 있었다고 할지라도, 조가에서 경기 지역의 명문세가를 중시하는 경향에는 큰 변화가 없었다. 조가가 명문세가를 중시하였던 것은 현실적으로 왕가를 수호하기 위한 최소한의 조처로서, 조가 쪽에서는 지방의 유세가보다 왕가와 오랜 동안 인연을 맺어왔던 명문세가를 선호하였던 것은 여러 모로 자연스럽다.

따라서 조가의 입장에서 자신이 있는 서울에서 원거리에 위치할수록 자신의 권력으로부터 벗어나는 것으로 생각하였다. 더욱이 조선 초기에 조가의 입장에서 지방 유세가의 포섭은 권력의 집중화를 위해서 매우 중요한 당면 과제가 되었다.

조가는 지방의 유세가들을 사족의 범주에서 정리하려 하였고, 방법은 작위제에 의거하고자 하였다. 다시 말하여, 당시 현상적으로 사족의 특권으로 지적되었던 탈역의 특권 등은 현실적인 면역(免役)의 의미뿐 아니라 사실상 지방의 유세가들을 국역체제의 바깥으로 벗어나게 해서 중앙의 양반들과 같은 작위제 안으로 귀속시키려는 조처였다.

그 결과 다양한 사회문화적 변화가 따랐다. 그러한 변화 가운데에서 특별히 주목되는 것은 사족의 계층화가 시작되었다는 것이다. 이러한 사족의 계층화는 16세기에 시작하여 17세기에 이르러 반상제의 성립으로 현실화되었다. 여기서 사족이 하나의 계층으로 성립되었다는 것은 사족 사이에 공유할 만한 연대의식이 형성되었음을 의미한다. 계층으로 존재한다는 것은 어떤 이해관계에 의해 인적 조직으로 형성되어 가고 있었음을 의미한다.

여기서 신분과 계층이라는 개념의 변별점은 비교적 뚜렷하다. 신분은 수직적 위계를 강조한 것이라면, 계층은 수평적 위계에 초점이 놓여 있다. 따라서 겉으로는 같은 위계라고 할 만한 신분 층위에 있다고 하더라도, 같은 신분 안에 속하는 집안끼리 공유할 만한 문화적 의식이 약하다면 같은 계층이라고 말하기 주저되는 면이 있다.

왕조체제에서 신분이란 왕의 권력으로부터 떨어져 있는 거리의 차이에 따라 결정되었다. 왕이 중심에 놓인 수직적인 방사선 구조 속에 여러 사족 집안이 위치한다고 볼 수 있다. 이들은 왕의 권력을 중심으로 그 권력을 분배받는 데 경쟁적이었기 때문에, 공동의 이익이나 이념을 공유할 만한 처지가 아니었다. 이러한 현상은 왕권에 가까이 접근될수록 더욱 심하였다.

한편 중앙 권력으로부터 소외되어 있던 지방 유세가들의 처지는 이보다 훨씬 애매하였다. 이들이 지방 사회에서 지배력을 행사하였던 것은 대개 지난 왕조체제, 예컨대 고려나 통일신라, 그 이전 삼국시대에 왕권을 분유 받은 적이 있던 집안이기 때문이다. 왕조가 바뀌면서 이들은 새로운 왕권의 중심으로부터 떨어져 나갔던 것이지, 이들이 원래 중앙 권력으로부터 자유로웠던 집안은 아니었다. 따라서 새로운 왕조가 설 때마다 집안의 사회적 위계는 변화하게 마련이었다.

여기서 우리가 생각할 수 있는 점은, 중앙의 집권세력이나 그 세력의 이념적 지향성에 따라 초래되는 사회 위계의 변화에서, 그에 적응 또는 대응하는 각 집안의 태도에도 큰 변화가 있었을 것이라는 점이다. 이러한 과정은 중앙 정부의 새로운 이데올로기적 가치가 확산되는 과정이면서 동시에 사족들이 그러한 이데올로기를 주체적으로 수용하는 과정이기 때문에 사회문화적 재편을 의미하는 것이기도 하였다.

무엇보다 16세기의 여러 집안들이 자신의 생활양식을 유교식으로 탈바꿈한 과정이 매우 급격하고 자발적이었다는 것은 이러한 사회문화적 재편을 살피는 데 유용하다. 그것은 일종 사회운동의 차원으로도 볼 수 있을 정도였다. 이러한 과정을 더욱 구체적으로 알아보려는 것이 여기에서의 과제다.

고려 후기에 이미 중앙의 양반 가운데에서는 자기 집안의 생활의례를 유교식으로 변모시킨 집안도 있었다. 이들 집안은 대개 유교 이념을 전폭적으로 수용하며 《주자가례》에 실린 유교 의례에 따라 자기 집안을 변모시켰다. 그리고 이와 같이 새롭게 변모된 생활양식은 가학(家學)이나 가훈(家訓) 등을 통해 전승되었다.[8] 그러나 15세기에 들어와서조차도 이와 같이 유교적 생활양식을 택한 집안 수는 매우 적었다. 대부분의 집안은 여전히 불교적인 생활의례를 따랐다.[9]

조가는 무엇보다 중앙 양반관료층의 생활양식을 적극적으로 유교화하고자 하였다. 조가가 양반관료층의 생활양식을 유교화하였다는 것은 그들의 삶을 국가 범주의 유교규범 속에서 일원화하여, 왕가와 양반관료층이 완벽한 의미에서 일체성을 확보하고자 한 때문이었다.

따라서 양반관료층의 생활양식은 유교식으로 급격히 변모되었다. 그리고 이와 같이 새롭게 변모된 생활양식은 점차 중앙 관료로서 갖는 특권과 밀접히 연관된 것으로 인식되었다. 그 결과 중앙의 양반관료층은 그 자신만의 생활양식 내지는 문화를 가질 수 있었으며, 이때 그러한 생활양식 및 문화는 특권층으로서의 징표와도 같은 것이 되었다.

---

8) 조선 초기 가훈(家訓)의 의미에 대해서는 마르티나 도이힐러/이훈상 옮김, 《한국사회의 유교적 변화》, 아카넷, 2003, 176~177쪽 참조.

9) 한우근, 《유교정치와 불교》, 일조각, 1993, 60~61쪽.

한편 16세기 지방에서 중앙의 정치세력에 의해 권력으로부터 배지되어 있던 유세가들의 수는 자연히 늘어만 갔다. 향리층은 이미 법적으로 중앙 관계로의 진출을 봉쇄당하였지만, 조선 초기에 있었던 일련의 궁중 반란이나 사화에 연루되어 낙향한 많은 정치적 패배자들이 자기 고향으로 돌아갈 수밖에 없었다. 이와 같이 새롭게 형성된 지식겨층들은 향촌의 새로운 세력이 되었다.

향촌의 유세가들이 불어나게 된 데에는 양반신분제가 갖고 있던 구조적 한계가 무엇보다 큰 요인이었다. 양반신분제는 지배신분층의 양산을 막는 한편, 성취 지향적으로 편성되어 있었기 때문에 양반 신분을 세습할 수 있는 대수를 4대로 한정하였다는 점을 상기할 필요가 있다. 이러한 제도에 따라 16세기가 되면 4대에서 벗어나는 신분이 나타나게 마련이었다. 아마 이들의 수도 만만치 않았을 것이다.

중앙 권력으로부터 소외되었던 그들은 이미 권력을 취득한 중앙의 양반관료층과는 사회적 처지가 달랐다. 그들은 중앙으로부터 멀리 떨어져 있다는 지리적 여건 때문에 중앙 정부의 직접적인 영향에서 어느 정도 자유로울 수 있었다. 그런데 그 자유는 중앙권력으로부터 소외를 의미하기도 하였다.

그들은 중앙 관직으로부터 소외됨으로써 향족으로 그대로 주저앉거나, 설사 사족 신분을 유지하는 경우라 하더라도 정치적 패배로 낙향한 경우가 많았으므로 관직으로 취득할 수 있는 특권과는 거리가 멀었다.

따라서 그들은 자신의 세력을 확대시킬 수 있는 길을 부를 축적하는 쪽에서 찾았다. 16세기에 생산된 양반가 문서들이 경제 관계 문서라는 사실은 이 점을 이해하는 데 고무적이다. 아마 당시에 그들이 사회적 기반을 확대할 수 있었던 유일한 수단은 경제력이었기 때문이다. 그런데 조가는 부의 축적을 통해 사회적 기반을 확대하고자 한 그들을 항시 토호(土豪)의 혐의를 두고 주시하였다.

토호란 그 지방에 대대로 뿌리를 둔 호민이라는 뜻으로, 정치적으로는 자기 세력을 믿고 조가에 순응하지 않는 잠재력을 가진 족속을 의미하였다. 사실상 유세가들이 소유한 대규모 노비들은 언제라도 사병화(私兵化)될 우려가 있었다. 따라서 조가는 그들을 결코 안심할 수 없는, 잠재적인 경쟁세력으로 여겼을 것이다.

조선의 건국 자체는 자기 노비를 사병화한 이런 유세가들로부터 지지를 받았다. 그리고 임진왜란 당시 사족들이 노비를 동원하여 의병을 일으킬 수 있었다. 영조조(英祖朝) 무신란 때는 삼남의 일부 사족들이 노비를 사병화하여 조가에 대항하여 반란을 일으켰다. 이와 같이 역사상 조가에 대항하였던 굵직한 사건들은 이들 유세가들이 무력을 갖출 수 있었던 실제 사례로서, 조가의 염려가 단순히 기우(杞憂)만은 아니었음을 보여준다.

한마디로, 당시 조가와 지방의 여러 유세가들 사이에는 안정적인 공조가 이루어지기 쉽지 않았다고 할 수 있다. 그러므로 그들이 조가와 대립적인 갈등을 초래하는 일은 불가피하였다. 전국에 흩어져 있던 유세가들이 각 지역에서 다른 집안이나 수령과 맺는 사회적 관계에 따라 조가의 유교화 정책에 매우 다양하게 대응할 수 있었던 것도 이와 같은 정황을 반영한다.[10]

15세기 지방의 유세가들이 조가의 혐의를 잠재우는 방법은 과거를 거쳐 출사하여 조가의 구성원으로 편입하는 길뿐이었다. 그럴 수 없다면 종래의 향리 신분에서 벗어나지 못할 것이고, 그에 따라 조가와 소통할 아무런 매개를 갖지 못할 처지가 되는 것이다. 더욱이 중앙의 양반관료층이 향리의 출사 금지를 입법한 뒤에는 관직 진출자가 없을 경

---

10) 정승모는 군현제의(郡縣祭儀)가 유교화되는 과정이 기존의 지방 유세가(정승모의 표현대로라고 한다면 토호)들의 향권에 크게 영향 받았다는 사실을 밝힌 바 있다.(정승모, 〈조선후기 지역사회구조 연구〉, 한국학중앙연구원 박사학위논문, 2007, 24~57쪽 참조)

우 이족(吏族)으로 편입될 수밖에 없는 신분으로 전락하였다.

정극인(丁克仁; 1401~1481)이 후손에게 남긴 다음의 유훈은 향족과 사족을 가르는 기준 위에서 그들의 줄타기가 얼마만큼 위태로운 것이었는지를 잘 보여준다.

학문의 공은 크도다. 천자가 배우지 않으면 천하를 보존할 수 없고, 제후가 배우지 않으면 사직을 보존할 수 없으며, 경대부가 배우지 않으면 자기 집안을 보존할 수 없으며, 사서인이 배우지 않으면 자신을 보존할 수 없다.…… 본조의 제도를 살펴보건대, 향리만큼 직임이 힘들면서도 욕된 것은 없다. 우리 집은 본래 영광(靈光)의 향족(鄕族)이었다. 우리 시조 휘 진(瑨)이 생원이 되셔서 향족에서 벗어나시는 공이 없었다면, 나는 아마 방립을 쓰고 엎드려 있는 수고와 욕됨을 맛보아야 했을 것이다.

나는 요행히 못난 사람인데도 우연히 사마시에 합격하였다. 내가 성균관에 20년 동안 기거하였지만, 운명이 어그러져 자주 과거에 떨어졌다. 그래서 생을 마치고자 다년간 빈 계곡에 물러나 있었다. 신미년[1451] 겨울에 문종조에 재주와 학문에 정미하다는 이름으로 뽑혀서 성균관에서 천망하고 예조에서 천거하여 특별히 종사랑(從仕郞) 수광흥창부승(守廣興倉副丞)에 제수되었다. 이것도 옛날의 공이었고 근래에는 있지 않은 성사였다.

너희들은 나이가 모두 관례를 아직 치루지 않았으니, 이때에 열심히 공부하여 총명을 개발하면 공경장상(公卿將相)에 어찌 종자(種子)가 따로 있겠는가? 그런데 이때에 안일하게 태만히 놀아서 양심(良心)을 거칠게 한다면 이것은 절로 욕(辱)을 구하는 일이 될 것이다.……11)

정극인은 자기 집안이 향족(鄕族) 신분에서 가까스로 벗어나게 된 것은 학문을 통해서였다고 생각하였다. 그래서 그는 학문에 힘쓸 것을

---

11) 《不憂軒集》 권2, 〈子孫誡〉 참조.

후손들에게 권면하였다. 그런데 여기서 그가 가리키는 학문이란 도학 공부 같은 것을 의미하지 않았다. 바로 그 학문은 자기 집안을 향족으로부터 벗어나게 하였던 공부, 즉 과거 공부를 의미하였다. 그는 과거 공부를 게을리 했을 때 다시 욕이 찾아올 것이라고 후손에게 당부하였다. 그의 후손에 대한 경고는 결국 과거 공부에 자기 집안의 명운이 달려 있다는 경각심을 준 것으로 이해할 수 있다.

그런데 어떤 집안이 과거를 통해 중앙의 관직자를 배출하였다고 하더라도, 관직생활을 위해서 그 집안은 서울로 거주지를 옮겨야 했다. 그리고 이 집안은 친족에 대한 가의식(家意識)의 범위가 조선 후기에 비해 매우 좁았다.[12] 따라서 조선 후기 사회와 같이 넓은 가의식을 형성할 수 없었기 때문에, 지방 사족이 특수한 경우를 제외하고 중앙의 양반관료층과 연계적으로 이해할 수 있는 여지는 거의 없었다고 보아야 할 것이다.[13]

그리고 과거에서 선발된 문무과 합격자 수는 1년에 고작 20명 안팎이었다. 그 결과 지방의 유세가들이 중앙 관직으로 나아갈 수 있는 기회는 낙타 앞의 바늘구멍만큼이나 좁았다. 그 결과 16세기 지방 사회에서는 향리층으로 고착된 집안 말고도 중앙관료로 진출하기 어렵거나 중앙 정치에서 소외된 다수의 무업자층이 형성되었다. 이들은 지방에서 새로운 지배세력을 형성하고 있었지만, 이들 역시 조가로부터 사회적 불안세력으로 여겨지기는 마찬가지였다.

---

12) 14~16세기 권리와 의무를 공유하는 일상의 교유범위를 내외 4촌 이내가 중심이었다는 이종서의 연구 성과는 중앙 관료층과 지방 사족의 교유 여부를 이해하는 데 매우 고무적이다.(이종서, 《14~16세기 한국의 친족용어(親族用語)와 일상 가족관계》, 서울대 박사학위논문, 2003, 129쪽)

13) 17세기 후반 이후 서원 건립과 관련하여 중앙의 관료들과 지방의 사족들이 같은 집안임을 매개로 연대하기 시작하였던 것은 그 이전까지 그들 사이에는 별다른 연계의 고리가 없었다는 것을 반증한다.(이해준, 〈조선후기 문중서원 연구〉, 국민대 박사학위논문, 1993, 40~44쪽 참조)

조가는 더 이상 이와 같은 모호한 세력들을 마냥 두고 볼 수만은 없었다. 조가는 이 유세가들을 자신의 권력체제 안으로 끌어들이고자 하였다. 따라서 조가에서는 사족의 범주를 만들고, 그 범주에 든 집안에게 사족으로서 누려야 할 특권을 부여하는 정책을 시행하려 하였다.

이때 신분은 특권과 떼어놓을 수 없는 개념이다. 사족 신분이라는 것은 곧 특권을 가졌음을 의미하고, 특권은 사족 신분을 입증하는 지표가 되었다. 이러한 정책의 궁극적인 목적이 체제 밖의 불안한 사회적 지배세력을 자신의 권력 범위로 끌어들이려는 데 있었다.

이러한 현상은 본질적인 의미에서 중국 고대 사회에서 행해졌던 20등작제와 크게 다르지 않다. 20등작제는 공후백자남(公侯伯子男)에 의한 5등작제와는 의미가 다르다. 원래는 전국시대에 군공(軍功)이 있는 사람에게 내려졌던 것이다. 즉 원래 작위는 서인에게 내려지지 않았는데, 서인을 대상으로 하였다는 점에서 의미가 있다. 이러한 서인에게 내려지는 작위를 한대(漢代)에 20등작제로 정식화하였다. 이때 사작(賜爵)의 대상은 주로 양민이고, 호적에 오르지 않은 무적자나 유민(流民), 노비, 천민에게는 주어지지 않았다. 이 정책의 목적은 모호한 지방의 유력 양민을 황제의 정치 영역으로 끌어들이는 데 목적이 있었다.14)

17세기 당시, 지방의 사족에게 조가가 부여하였던 특권은 이같은 사작(賜爵)의 의미가 컸다. 이것은 모호한 위치해 있던 지방의 유세가들을 회유하여 국왕의 통치질서 안으로 끌어들이는 것이 목표였다.

여기서 문제는, 사족에 포섭될 수 있는 집안의 범주를 결정하는 일이었다. 중종 20년(1525)에 조가에서는 사족의 범주를 두고 논의가 무성하였다. 애초에 내외조에 모두 과거급제자가 있어야 사족으로 인정할 수 있다고 한 논의는, "4조(四祖: 父, 祖父, 曾祖父, 外祖父) 내외(內外) 가

---

14) 20등작제 시행의 역사적 의미에 대해서는 西嶋定生, 〈제4장 진한제국의 출현〉, 貝塚茂樹 외/윤혜영 편역, 《중국사》, 홍성사, 1986, 110~114쪽 참조.

운데 한쪽이라도 과거 또는 음서(蔭敍)로 문무반 정직 6품 이상에 진출한 관료를 배출한 가문의 후손 및 생원·진사, 그리고 그들과 인척 관계가 있는 가문"으로 공식화되었다. 또 그로부터 30년이 지난 뒤에는 "농장주 이상의 경제력을 보유한 교생(校生)과 학생(學生)을 비롯한 업유자(業儒者)이면서 국방의 중추 역할을 담당하는 기간정병인 정로위(定虜衛) 입속 대상자"로 범위가 확대되었다.15)

그리고 급기야 17세기 이후에는 사족에 포섭되는 대상을 향안으로 확정하고자 하였다. 그런데 향안의 입록 대상은 향촌 내부에서 결정되었으므로, 그러한 조치가 국가의 신분규정에 대응한 것이라고 하더라도 향촌 안에서 이루어지는 관행화된 사회적 신분규범에 의거하여 이루어지게 되었음을 알 수 있다.

여기서 조가가 이들 지방의 유세가들을 끌어들이기 위하여 사족의 범주를 만들었다는 것 자체는 사족의 형성 과정에서 매우 주목할 만한 현상이다. 이러한 정책의 결과, 양반의 개념은 매우 넓어졌다. 그 개념은 이전에 관직을 얻고 그로부터 특권을 얻은 지배신분이라는 개념에서, 현재 과거 공부를 하고 있으며 앞으로 양반이 될 수 있는 자격이 있는 사람까지 포괄하는 개념으로 바뀌었다.

이와 같이 과거는 관료를 선발하는 시험이었지만, 지방 사회에서 그 의미는 거기에 그치지 않았다. 조가는 과거에 응시한다는 것 자체가 국왕의 존재를 인정하고 신하가 되겠다는 의사 표현으로 받아들였다. 과거 응시 여부 자체가 징사(徵士)를 검증하는 기준으로 삼았던 것도, 사실상 과거 응시가 조가의 신하가 되겠다는 의사를 표현한 것으로 이해한 것이다.

그리고 과거야말로 수많은 집안을 조가에 동시에 종속시킬 수 있는

---

15) 김성우, 《조선중기 국가와 사족》, 역사비평사, 2001, 231~232쪽 참조.

유용한 이데올로기였다. 과거만큼 수많은 사족들의 욕망을 잠재적으로 묶어놓기에 유용한 도구는 없었다. 무엇보다 과거에는 달콤한 꿀이 발라져 있었다. 과거는 부귀를 보장해 주는 것으로 여겨졌다.

전국에 흩어진 수많은 수험생들은 과거에 합격하는 영광을 동시에 꿈꾸며 밤잠을 설쳤다. 그로부터 그들은 완전한 의미에서 동시적인 문화적 공감대를 형성할 수 있었다. 이는 개인적으로는 입신양명을 통해 효를 할 수 있다는 명목을 갖거나, 관직에 나아가 제세(濟世)하겠다는 의식에서 나온 것이다. 그러나 현실적으로 언젠가 과거에 합격만 하면 그간의 고생을 모두 보상받을 수 있을 것이라는 실낱같은 희망을 품고 있었다. 이러한 희망은 그들의 욕망을 순응적으로 길들였다.

당시 과거에 낙방을 거듭하면서도 계속 응시할 수밖에 없었던 수험생들은, 마치 오락을 하기 위하여 게임기 앞으로 몰려드는 아이들과 크게 다를 바 없었다. 오락을 하는 아이들은 으레 몇 번이고 실패를 거듭하는 과정을 통하여 게임기에 내장된 프로그램을 습득하게 마련이다. 그리고 아이는 이 같은 과정을 되풀이하면서 자신도 모르는 사이에 프로그램의 내용을 익히게 되는 것이다.

그런데 이와 같은 학습 과정은 아이가 게임의 프로그램이 지시하는 궁극적인 의도에 종속되는 과정이기도 하였다. 즉 그 아이가 게임에 숙달될 무렵, 프로그램이 지시하는 온갖 장치들은 결국 아이의 내면으로 옮겨와서 그의 일부로 자리 잡게 된다.

당시 과거를 위한 학습도 이와 비슷한 효과를 가져왔다. 과거를 통해 전파된 왕조체제의 이념은, 이와 같은 과정을 거쳐 과거는 사족들의 욕망과 결합되면서 그 이념은 내면화되고 주체화되었으며, 효율적인 지배이념으로 자리 잡았다. 이러한 과거제는 여러 가지 면에서 사족들에게 조가의 정책적 의도를 내면화시켰고, 사족들을 순치하기에 유용한 도구였다. 그런 점에서 과거가 갖는 이데올로기적인 성격은 사족들을 물신화(物神化)하는 데 매우 큰 영향을 끼쳤다고 할 수 있다.

　이러한 과정을 거쳐 각 집안은 조가의 요구대로 유교 이데올로기의 연망 속에 자발적으로 포섭되고자 하였다. 먼저 이들 집안은 스스로를 중앙 관료인 대부(大夫)를 배출하였던, 그래서 이후라도 중앙 관료가 될 수 있는 모집단인 사족임을 입증하려 하였다.

　그러한 과정에서 사족들은 자신들을 질적으로 변모시키고자 하였다. 그들은 유교 이념에 의거해 자신의 생활양식을 더 적극적으로 변모시켰다. 이러한 움직임은 유교를 국시(國是)로 한 국가정책에 부응함으로써 조가와의 긴장을 완화시키고자 한 때문이었다. 이들 집안은 그 과정에서 매우 자발적이면서도 경쟁적으로 자신의 생활양식을 변모시켰으며, 사족들의 독특한 정체성을 강조하는 신분층으로 탈바꿈하였다.

　그런데 이러한 현상이 일어났던 애초의 진원이 국가적 신분규범에서 나타났다는 점에 주목할 필요가 있다. 16세기부터 17세기를 거쳐 형성된 유교적 문화의식의 증대는 확실히 도발적이며 비약적이었다고 할 만하다. 이러한 유교적 문화의식이 성장하게 된 배경을 사족 그 자체의 자연적인, 따라서 완만한 사회적 성장이라는 관점에서만 찾을 수 없게 한다. 광범위한 연대를 바탕으로 한 문화의식이 전 사회적으로 일거에 비약적으로 형성될 수 있었던 것은 이 같은 조가의 정책과 깊이 연관되어 있었다.

　한편, 이러한 조가의 신분규범은 이들 사족들을 사회적으로 압박하는 조건이 되었다. 따라서 이들 집안은 자발적으로 이러한 신분규범에 들어감으로써 자기 집안이 조가에 대항하지 않고 순응적이며 사회의 안정화에 기여할 수 있는 집안이라는 사실을 입증하고자 하였다.

　더욱이 위에서 언급하였던 듯이, 17세기 이후 사족 신분 여부를 향촌 안에서 결정하는 시스템으로 바뀌었다는 것은 사회적으로 중요한 의미를 지녔다. 이것은 향촌 안의 신분이 조가의 간섭을 벗어나서 이미 사족 안의 상호 경쟁에 의해 결정되었다는 것을 의미한다. 이러한 시스템의 변화는 향촌 안에서 집안 간의 경쟁을 더욱 부추겼다. 각 집안은 훨씬 정교화된 문화적 코드에 의해 서로를 구별 짓고자 하였다. 이러한 사족 집안의 구별 짓기가 가속화된 시기는 곧 향촌에서 문집 간행, 족보 편찬, 종법의 시행이 동시에 시작된 시대였다는 점은 주목되어야 할 것이다.

이 가운데에서 새로운 친족 원리인 종법(宗法)을 본격 수용하였다는 것은 그 이전에 생활의례를 부분 수용하였던 것과는 차원을 달리하는 매우 획기적인 결단에 의해 이루어졌다. 이와 같은 종법의 수용이 사족 사회에 미친 파장은 대단히 컸다. 이전에 양계의 혈연을 동시에 중시하던 것으로부터 부계친을 중심으로 한 승계원리로 변모하였다. 그에 따라 이전보다 더욱 넓은 수평적 제사집단을 형성할 수 있었다.

이러한 종법의 수용 결과, 집안마다 시기적으로 차이가 있기는 하지만 16세기 이후 재지사족들의 친족 조직은 대개 가정의 범주를 벗어나 당내친(堂內親)으로, 17, 18세기 이후로는 묘제(墓祭)를 중심으로 한 제사 공동체가 강화되어 족계를 기반으로 한 문중이 형성됨으로써 친족 공동체의 범주는 이전보다 한층 넓어졌다.16)

이러한 친족 공동체의 확대는 사족의 친족 범위를 급격히 확대시켰다. 그 결과 집안 중심의 가의식은 친족의식으로 확대되어, 사족들은 더 넓은 혈연적 연망권 속에서 살게 되었다. 종법의 원리를 수용하지 않았다면 사실 이러한 방대한 혈연적 연망권을 통일적으로 형성할 수 없었을 것이다.

18세기 이후에 널리 확대되기 시작한 동성마을은 이와 같은 사족의

---

16) 이 점에 대해서는 최근 17세기 이후 종중 범위의 확대를 가훈서(家訓書)를 통해 확인한 정무곤의 연구 성과가 주목된다.(정무곤, 〈조선시대 가훈서의 교육학적 해석〉, 한국학중앙연구원 박사학위논문, 2007, 67~90쪽 참조)

친족의식 결과 나타난 대표적인 사례다. 동성마을은 그 기능을 경제적 관점에서 이해할 수도 있을 것이다. 친족 가운데 종가나 재산이 있는 집안에서 흉년 등의 위기에 공동으로 대처하려는 의도에서 사회적 기능을 찾을 수도 있을 것이다.

그런데 동성마을의 형성이 궁극적으로 의미하는 것은 같은 친족이 경제적 궁핍으로 사족 신분에서 이탈되는 것을 막기 위한 방어막으로 기능하였다고 보아야 할 것이다. 그런 점에서 동성마을은 문화적 결과였다. 사실상 동성마을은 하나의 마진이 되어 그 내부에서 지주와 작인으로 계급이 분화된 것도 사실상 당시 신분이 그들의 자의식에 어떤 의미를 보여주는가를 적절히 보여주는 대표적인 사례다.

이와 같이 사족층은 자기 집안의 규모를 양적으로 확대시켰다. 그 결과 사족의 공동의식은 그 범주가 가의식(家意識)에서 친족의식으로 확대되었다. 이와 같은 친족의식의 확대와 발맞추어 사족들은 족보나 행장, 문집 간행에 열을 올렸다. 이러한 책들의 목적은 모두 친족의식을 더욱 강화시키는 데 기여하였다.

이러한 친족의식은 이후 지연의식(地緣意識)으로 확대되었다. 거기에는 서원이 큰 역할을 하였다. 16세기 당시 사족들이 서원을 건립하고자 한 것도, 표면적인 동기야 어떠하였든 결과적으로 사족층의 범주를 더욱 크게 확대시켰다. 과거를 통해 중앙 관계에 진출할 수 없었던 많은 집안들은 혼맥과 학맥의 연계 속으로 포섭되었다. 당시에 현관을 배출하지 못하였던 집안의 경우, 그 자리에 당시 대표적인 유학자의 제자였다고 하는 영예는 조가에게는 물론 그 지역의 다른 사족들에게도 사족으로서 설득력이 있었다. 이것은 사실상 지연에 근거한 지역적 연망을 형성하게 하였으며, 사족층을 횡적으로 확대시키는 데 결정적인 영향을 끼쳤다.

그리고 이러한 지역적 연망과, 한편으로 정치적 당파 의식도 사족층의 형성에서 주목해야 할 부분이다. 이들은 각각의 당파의식을 형성하여 각 당파가 분열되어 있는 듯 보이지만, 사실 그 결과는 각 당파의 사족들 사이에는 더욱 결합되고 밀접한 대단위의 공동의식을 형성하게 하였다. 전국적 단위로 학파, 지연, 이념을 공동의 의식으로 삼았다는 것은 사족의 계층의식이 진화하는 관점에서 본다면 분명히 고무적인 일면이다.

따라서 사족층이 사회적 연대성을 갖춘 신분층으로 거듭나는 과정을 보면, 가의식 → 친족의식 → 지연의식 → 당파의식→ 계층의식으로 확대되며 누층화되는 양상을 보였다. 그 결과, 위에서 언급하였듯이 18세기에는 '사족=양반'의 도식이 완전히 통용될 수 있었다. 18세기 양반이란 곧 양반문화를 갖고 있는 보편적인 문화계급의 성격을 띠었으며, 이때 양반문화는 어떤 집안이 양반신분임을 보여주는 사회적 징표였다.

이와 같이 15세기에 양반은 사족과 동일한 범주를 가리키는 용어가 아니었음을 확인할 수 있다. 그런데 200여 년이 지난 뒤에, 박지원은 관직에 나아가지 못한 어느 한미한 과거 준비생을 어떻게 지체 높은 지위를 일컫던 양반이라고 지칭할 수 있었을까?

사실 박지원도 양반과 사족 사이에 긴 미묘한 문화 감각의 차이를 염두에 두고 이 말을 하였다. 이는 그가 양반 신분을 무업자인 독서인과 관료를 뚜렷이 구분하여 "독서하면 사가 되고 정치에 나아가면 관료가 되는" 것으로 묘사한 데에서 확인할 수 있다. 그가 양반을 사족의 존칭이라고 한 것도 현실적으로 사족이 양반과 사회적 조건에 의해 뚜렷이 구별되지만, 사족에서 양반이 배출되므로 그를 양반으로 불러도 좋다는 정도의 의미였을 것이다.

7.1.3. 18세기 무업(無業) 양반 양산의 역사적 배경

〈양반전〉에서는 18세기에 광범하게 존재한 가난한 무업(無業) 양반에 주목하였다. 〈양반전〉의 사족이 빈궁에 빠진 가장 큰 원인은 무엇보다 그가 무업자(無業者)였다는 데 있다. 여기서 무업이라고 한 것은 관직이 없다는 뜻이다. 게다가 그에게 재산도 없을 경우, 그런 그가 미래의 관직에만 마지막 희망을 걸고 자신의 전 생애를 탕진하는 일은 결코 드문 일이 아니었다. 그는 그 과정에서 독서에만 전념하였을 뿐, 생계를 위한 다른 산업에는 전혀 종사하지 않았다. 그에게 배당된 사회적 몫은 관직을 통해서만 펼칠 수 있도록 제한되었다.

그런데 당시에 이와 같은 무업은 오히려 그가 양반 신분을 유지하기 위한 필요조건이었다는 점에 주목할 필요가 있다. 양반 신분을 유지하기 위해서 일반 산업에 종사해서 안 된다는 것은 그들에게 부여된 통념화된 윤리 강령이었다.17) 이 강령은 양반 신분이라면 적어도 독서를 통해 유교적 교양을 갖추어야 하고, 경제적 이익을 놓고 상민과 다투어서는 안 된다는 전통적인 관료의 윤리 이념에 기반 한 것이었다.18)

더욱이 당시 사족은 이러한 통념에 압박받아서 자신의 신분을 유지

---

17) 김석형은 〈양반전〉에서 사족이 관곡을 축내고 있는 것을 무업으로 인한 토색의 조건이 되는 것으로 설명한 바 있다. 그런데 이 해석은 너무 지나치다고 생각한다. 부와 권력을 가진 사족의 경우 무업이 토색하게 되는 한 가지 이유일 수 있겠지만, 〈양반전〉에서와 같이 부와 권력으로부터 소외된 사족은 오히려 그러한 무업으로 양반신분을 위협받는 지경에 처하게 되었다는 점에 주목해야 할 것이다.[김석형, 〈양반론〉,《조선봉건시대 농민의 계급구성》, 1957(1쇄); 신서원, 1993(재편집), 320쪽 참조]

18) 정신노동자[勞心者]와 육체노동자[勞力者]의 구분을 바탕으로 정신노동자에게 수월적인 지위를 부여하고 육체노동자와는 다른 윤리적 행위를 강제하였던 것은 맹자가 이러한 견해를 제기한 이래 진한(秦漢)대를 거쳐 중국은 물론 조선에까지 지속적으로 영향을 끼쳐 관료들에게 요구되는 윤리가 되었다. 그 역사적 전개 과정에 대해서는 와타나베 신이치로의 연구 성과가 주목된다.(渡邊信一郎,《中國古代國家の思想構造》, 校倉書房, 1994 참조)

하기 위한 과도한 지출을 강요당하였다. 가난한 무업 사족에게 이러한 사회적 조건은 그를 더욱 경제적인 궁지로 몰아넣었다.[19] 그 결과 그는 환자를 타먹고 갚지 않는 무뢰배와 다를 바 없는 신세가 되었다. 급기야 경제적으로 몰락하여 상민 신분으로 전락할 위기에 처하였다.

18세기 당시, 이러한 가난한 무업 양반들의 존재는 아주 일반적이었다. 이와 같은 빈궁한 무업 사족을 양산할 수밖에 없었던 것이 사실 양반사회가 갖고 있던 당면한 구조적 문제였다.

17세기를 거쳐 18세기로 넘어가면서 양반 신분 안의 계층 분화는 현격히 진전되었다. 우선 그러한 계층 분화는 서울 양반과 지방 양반 사이의 가격(家格)이 더욱 벌어지는 것으로 나타났다. 지방 양반들의 중앙 관계로의 출사길은 더욱 좁아졌다. 지방 양반들의 과거 합격자 수가 서울 지역에 집중되어 있기는 하였다. 그러나 예외적이기는 하지만 서북지역 과거 합격자 수는 비약적으로 증가하여, 조선 후기에 이르면 전체 합격자의 20에서 25퍼센트에 이르는 것을 보면, 다른 지방 합격자의 비율도 적지 않았을 것이다.[20]

그러나 서울 양반들은 여전히 중앙 관직을 독점하였다. 그 원인으로는 서울 양반들이 청요직인 홍문관원을 선발하기 위한 추천인 명부라고 할 수 있는 홍문록(弘文錄)을 통하여 당상관으로 이르는 길을 독점하였기 때문이다. 홍문록에 오를 후보자들은 현직 홍문관 관원들의 무기명 투표로 이루어졌다. 이러한 방식은 대개 자기 쪽 사람들만 추천하는 폐쇄적인 방법을 통하여 청요직을 독점하는 길을 터놓았다. 그들

---

19) 하영휘는 19세기의 한 빈한한 사족의 사례를 들어 품위를 유지하기 위한 경제적 압박에 시달리는 정황을 보여주었지만, 이 사례는 빈한한 사족이라면 누구나 감당해야 했을 몫이었을 것이다.(하영휘, 〈한 유학자의 서간을 통한 19세기 호서사회사 연구〉, 서강대 박사학위논문, 2003 참조)

20) 에드워드 와그너/이훈상 · 손숙경 옮김, 《조선왕조 사회의 성취와 귀속》, 일조각, 2007, 25~29쪽 참조.

은 대부분 이를 통해 도당록(都堂錄)을 작성하였으며, 이에 따라 당상관으로의 길도 독점할 수 있었다.[21]

한편 수령직은 상당 부분 음서로 충당되었는데, 그 가운데 대부분은 서울 양반들이 독식하였다. 서울 양반의 수령직 독식은 그들이 과거를 통해 중앙 관계로 진출하는 데 경제적 기반을 제공하였다. 따라서 서울 양반들은 지방의 수령직과 중앙 관직을 순환 독점하는 구조를 형성할 수 있었으며, 그에 따라 지방 양반들의 관계 진출은 더욱 불리한 처지에 놓였다.[22]

서울 양반들이 중앙 관직을 독점함에 따라 중앙 권력으로의 길을 차단당한 지방 양반들은 각 지역에서 경쟁력 있는 집단으로 살아남기 위하여 치열하게 경쟁하였다. 그 결과 각 지역에서 자신의 지배권을 확대하기 위하여 경쟁적으로 종족 사회를 확대하는 일이 불가피하였다.[23]

이러한 동일 종족 안에서의 경제적 계급 분화도 양반층의 계층 분화가 심해지는 원인이 되었다. 그러한 현상의 근본 원인으로는 양반 인구의 자연 증가를 꼽을 수 있다. 이것은 전에는 상상도 할 수 없는 새로운 사회 현상을 야기시켰다.

지배신분이 그에 걸맞는 권위를 유지하기 위해서는 적지 않은 경제력이 요구된다. 흔히 양반문화의 특색으로 이야기하곤 하는 봉제사(奉

---

21) 남지대, 〈중앙정치세력의 형성구조〉, 《조선정치사》(상), 청년사, 1990.

22) 임민혁은 음안(陰案)의 분석을 통해 조선 후기 음관의 임용 실태에 관해 매우 흥미로운 결론을 내놓고 있다. 음관초입사자의 거주지 분포에서 서울이 전체의 66%로 압도적으로 많았다. 그리고 노론과 소론에 집중되어 있었다. 수령직 가운데 음과에 배당된 수는 112과로서 문과 42과, 무과 62과에 비해 2, 3배에 이를 정도로 월등히 높다. 그리고 대신에 속한 인물 중 음관 출신이 3분의 1을 차지하고 있다는 통계는 주목할 만하다.(임민혁, 《조선시대 음관연구》, 한성대학교출판부, 2002, 242~243, 267, 289쪽)

23) 고현내면의 경우 17세기 후반부터 양반들이 리니지를 축으로 결집하기 시작하였는데, 백승종은 그 원인에 대해 "대다수의 양반들이 정치 권력에서 소외되었을 뿐만 아니라, 경제적으로도 생존의 위험에 직면하였던 사실과 관련이 있다"고 설명하였다.(백승종, 《한국사회사연구 ― 15~19세기 전라도 태인현 고현내면을 중심으로》, 일조각, 1996, 118쪽 참조)

祭祀) 접빈객(接賓客)을 치루기 위한 비용만 해도 만만치 않았다. 그러한 비용은 일종의 품위 유지를 위해 지불해야 할 필요조건이었다. 한편 기하급수적으로 증대되는 양반 인구에 비하여 그것을 충족시킬 수 있는 재물은 크게 한정되어 있었다.

맬서스가 기하급수적으로 증가하는 인구에 대해 산술급수적으로 증가하는 생산량 때문에 자연 재해를 초래한다는 가설은 너무나 유명하다. 그런데 그의 논법은 양반의 체면 유지비와 양반 인구 사이의 상관관계 설명에도 유용할 수 있다. 더욱이 결코 생산량이 산술급수적으로 증가하지 않았을 당시의 경제 상황을 비추어본다면, 양반 인구의 기하급수적인 증가는 필연적으로 가난한 양반을 양산하는 체제로 나아갈 수밖에 없었다. 따라서 양반 인구의 양산은 확실히 양반이 자기 신분을 유지하는 데 위협적인 요소로 작용하였을 것임에 틀림없다.

현실적으로 가난한 무업 양반이 생존하기 위해서는 직접 농업에 종사하는 일도 불가피하였다. 뿐만 아니라 그들 가운데에는 병작인의 지위로 떨어지는 경우도 적지 않았다. 그러다가 경제 상황이 더 악화되면 그들은 유락(流落)하여 타관(他官)으로 흘러 들어가게 된다. 그렇게 되면 그들은 그 지역의 관속들에게 군역을 침책 받아 양반 신분을 상실하게 된다.

7.1.4. '노동하는 양반'의 출현과 주경야독의 이상화

빈궁한 무업 양반들에게 자기 운명을 선택할 수 있는 여지는 매우 좁았다. 그들이 과거에 합격하여 관료로 진출하면 그만이겠지만, 그렇지 못할 경우에 그들은 체제 밖으로 나가서 도적의 무리에 속하든지, 아니면 체제 안에서 자신의 존재방식을 바꾸든지를 선택해야만 했을 것이다. 그들이 다른 신분으로 편입되는 쪽으로 가는 것은 지배신분으로서의 자부심이 허용하지 않았다.

그런데 극단적인 선택인 체제 밖으로의 길은 현실세계에서 간혹 그러한 일이 있을 수는 있겠지만 흔하지는 않은 일이었을 것이다. 그러나 그러한 선택이 그들의 욕망 속에 있었다는 것은, 당시의 여러 소설 속에서 쉽게 찾아볼 수 있다. 여기서 이와 같이 빈궁한 무업 사족들이 당한 절박한 딜레마를 엿볼 수 있다. 소설이 갖는 역사자료로서의 강점은, 무엇보다 그 속에서 당시 사람들의 사회적 지향점을 읽을 수 있다는 것이다.

이러한 소설의 예로는 박지원의 〈허생전〉(許生傳)이나 그 밖의 야담계 한문소설인 〈명화적〉(明火賊), 〈사우〉(四友), 〈회양협〉(淮陽峽) 등을 꼽을 수 있다.[24] 잘 알려져 있듯이, 이 소설의 주인공들은 모두 사족들이 본래 걸어가도록 되어 있는 정상적인 길에서 좌초당한 사람들이다.

〈허생전〉의 주인공은 관직에 나아가지 못하고, 이어지는 빈궁한 삶의 압박에서 뛰쳐나가 자신의 능력을 상업에서 발휘하여 큰돈을 모았다. 그러나 결말은 제세(濟世) 의식으로 귀결된다.

〈명화적〉 등에 출현한 사족들도 자발적이든 비자발적이든 도적의 무리에 합류하게 된다. 그런데 그들의 의식세계는 어디까지나 사대부가 갖는 당위적 세계의 연장선 속에 있었다. 이러한 소설 속의 사족들은 왕화(王化)의 범주 밖에서도 제세(濟世)에 대한 생각을 놓지 않았다. 이 점에서 당시 일반 사족들이 일반 민과 이권을 다투지 않겠다는 사족만의 독자적인 의식을 지키고 싶은 현실을 반영하는 것이라 할 수 있다.

그러나 이것은 꿈이었다. 현실 속에서 빈궁한 처지에 있던 무업 양반들의 갈 길은 그들에게 이러한 꿈을 꾸게 할 만큼 암담하였다. 그렇다면 현실세계에서 빈궁해진 사족들이 자신의 신분을 유지할 수 있는

---

24) 김재웅, 〈조선후기 야담계 한문단편소설 연구 — 의적의 성격을 중심으로〉, 《고소설연구》 2, 1996 참조.

길을 어디에서 찾았을까?

　명분으로 볼 때 사족이 자신의 생계를 위해 노동하는 것은 용인될 수 있었다. 그것은 상민과 이익을 다투는 것이 아니므로, 이러한 노동이라면 사족으로서의 도덕적 정당성은 충분히 유지될 수 있었기 때문이다. 그러나 통상적인 관념으로 본다면, 사족으로서 노동한다는 것은 독서인으로서 결코 유익하지는 않았을 것이다.

　이러한 시점에서 새로운 사족의 모델이 필요했다. 이를테면 그 모델의 성격은 시대 조건에 따라 이미 갖추어져 있었다. 노동을 정당화하면서 독서인으로서의 지위도 잃지 않는 그런 모델이었다. 그것은 고대에서 동소남(董邵南)이 주경야독(晝耕夜讀)하며 부모를 정성껏 모셨다는 고사에서 찾을 수 있었다.

　동소남은 당(唐)나라 안풍(安豊) 사람으로 일찍이 진사(進士)가 되었으나 뜻을 얻지 못하였다. 그러자 그는 은둔하여 살면서 주경야독하며 어머니를 효성으로 모셨다고 한다. 한유(韓愈)가 동생행(董生行)이란 글을 지어 보냈다고 한다.

　그런데 17세기만 하더라도 주경야독은 결코 적극적인 장려 대상은 아니었다. 17세기 초에 활동하였던 이식(李植; 1584~1647)은 어느 편지에서 주경야독에 대해 다음과 같은 의견을 피력하였다.

　　주경야독(晝耕夜讀)을 한 경우는 옛사람 중에서도 찾아보기가 힘들다 따라서 농사일에 골몰하다 보면, 서책을 가지고 공부할 겨를을 얻기가 어렵다고도 하겠다. 하지만 배울 것이 꼭 문자 속에만 있는 것은 아니니, 어느 곳이든 배울 것이 없는 곳은 없다고 하겠다.25)

　이와 같이 이식은 주경야독을 한 경우는 옛 사람 가운데서도 드물다

---

25) 《澤堂先生別集》 권18, 書, 〈면에게 부치다〉.

고 하며, 부득이한 일로 묘사하고 있다.

그런데 18세기 말에 활동하였던 이덕무(李德懋; 1741~1793)의 주경야
독에 대한 해석은 더욱 적극적이어서, 주경야독을 오히려 사(士)의 본
분으로까지 확대 해석하였다. 다음을 보자.

어떤 사람이 "사의 본분(本分)이 모두 몇 가지냐?"고 물었다. 나는 "그
대략을 말하자면, 들어와서는 효를 행하고 나아가서는 공손하며, 낮에는
밭 갈고 밤에는 글을 읽는다는 것으로, 단지 네 가지 일일 뿐이다"고 답
하였다.[26]

여기서 볼 수 있듯이, 주경야독에 대한 이덕무의 견해는 이것을 오
히려 사 신분이 행하여야 할 당위적인 윤리로까지 설명하였다. 당시
주경야독에 대한 견해는 가정윤리로까지 널리 확대되었다. 역시 18세
기 후반에 활동하였던 위백규(魏伯珪; 1727~1798)의 집안에서는 주경야
독이 가훈으로까지 전승되었다.[27]

이러한 사족의 이상형이 출현한 데에는, 당시 빈궁한 무업 양반은
낮에는 노동할 수밖에 없는 처지지만 밤에 독서함으로써 독서인으로
서의 지위를 적극 인정하고, 오히려 이를 사족으로서 갖추어야 할 윤
리적 자긍심으로까지 확대해 가고 있었음을 알 수 있다.

19세기에는 주경야독의 사족형은 더욱 일반화되었다. 이러한 인간형
은 여러 문집에서 나타난다. 19세기에 주경야독은 규범을 넘어 이상화
되기까지 하였다. 그래서 19세기 후반이 되면 당시에 활약하였던 일련
의 대학자들, 기정진(奇正鎭; 1798~1879), 전우(田愚; 1841~1922), 곽종석

---

26) 《靑莊館全書》 권27 士小節 上 士典 一.

27) 《存齋集》 권21, 序, 社講會序. "叔高祖磻溪公又襲庭訓 以晝耕夜讀 事親敬長 遺戒後孫
    是知耕農講睦 是吾家世傳之學也".

(郭鐘錫; 1846~1919) 등의 행장에서는 공통적으로 그들을 주경야독의 사족형으로 묘사하였다.

이와 같이 주경야독은 애초에는 과거 공부에 방해가 된다고만 여겼지만 18세기 이후에는 오히려 사족의 이상형으로 자리매김하면서 규범화하는 양상을 띠었다. 이쯤 되면 주경야독은 어쩔 수 없이 해야 할 부득이한 일에서 찬미의 대상으로까지 변모하였음을 알 수 있다. 이러한 변화의 추이에서 사족의 신분 조건이 점차 추상화되어 사회경제적 조건과 분리되어 가고 있음을 읽을 수 있다.

7.1.5. 18세기 양반의식의 형성과 계층화

18세기 서울의 가난한 무업 양반들은 사실상 노동하는 양반이라는 이상형조차 충족시키기 힘들었다. 상식적으로 생각해 보아도 도시에서는 농업에 종사할 만한 조건이 형성되지 않았다. 대개 이들은 〈허생전〉의 허생원처럼 과거 합격 하나만 바라보고 사는 독서인이었다. 그런 그들에게 사족 신분은 더욱 추상화되어 나타났다.

당시 서울에서는 시골보다는 사회경제적 조건에 의거한 신분으로부터 훨씬 자유로운 조건이 형성되어 있었다. 서울에 거주하는 사람들은 서울에 사는 것만으로도 많은 혜택이 있었다. 일반 상민의 경우, 무엇보다 향역으로부터 자유로울 수 있었다. 그런 만큼 상민과 양반의 격차는 시골에 비한다면 훨씬 적었을 것이다. 그리고 시골에서와 같은 집안간의 지나친 경쟁은 큰 의미가 없었다. 따라서 상호교차적인 시각에 의해 형성된 가격(家格)에 훨씬 덜 구애받았을 것이고, 그런 만큼 개인적 가치에 더 많은 무게를 두었다. 그런 그들에게 사족 신분의 규범이 훨씬 추상화되어 나타났다는 것은 매우 자연스러운 일일 것이다.

당시 서울에 살던 이덕무는 사족의 생활양식에 대해서 조목조목 범례화하기까지 하였다. 그 범례는 소절(小節)이라고 이를 정도로 매우 자질구레한 조항들을 포함하였다. 그 조항들은 다음과 같은 매우 구체적인 행동규칙들로 이루어져 있었다.[28]

"다른 사람의 악기는 연주하지 마라."

"먹으면서는 웃지 마라."

"다른 사람의 책을 빌릴 때나 서화를 감상할 때는 손으로 문지르거나 손톱자국을 내어서는 안 된다."

"편지를 쓸 때는 연월일을 쓰라."

이는 당시 서울 사족들이 사족의 조건으로 혈통이나 사회적 조건보다는 그의 행동양식에서 구하고자 하는 단적인 예라고 할 수 있다. 더욱이 이덕무는 서얼이었음에도 그다지 신분의 제약을 느끼지 않았던 것 같다. 그의 글을 보면 오히려 가풍을 강조하고 있으며, 사족으로서의 자신감에 차 있었다.

여기서 신분이 사회경제적 조건과 분리하여 나타나기 시작하였음을 알 수 있다. 따라서 부유한 상민의 눈에는 양반 신분이 돈으로 사고팔 수 있는 일종 무형의 자격 같은 것으로 비추어진 것도 무리는 아니다. 그렇다고 양반 신분이 돈으로 살 수 있는 것은 결코 아니었다.[29]

위에서 살펴본 바와 같이, 18세기의 이와 같은 분위기 속에서 당시 사족 신분은 점차 문화적인 조건을 우선하는 방향으로 진행되었음을 알 수 있다. 그에 따라 그들은 상호 간에 형성된 문화적 동질성을 상상

---

28) 《靑莊館全書》, 앞의 조항.

29) 김석형은 이 우화에서 양반 신분을 사고판다는 것을 양반 관직을 사고파는 것과 구별하지 않았으나 이 우화에서는 어디까지나 양반 신분을 사고파는 것을 의미한다. 따라서 신분 매매와 관직 매매는 사실상 다른 범주의 일이라는 점에 유의해야 할 것이다.(김석형, 앞의 글, 319~320쪽 참조)

할 수 있게 되었다. 그 동질성이란 유학(儒學)이라는 동종의 업(業)을 공유하고 있다는 의식에 바탕을 두었다. 이 같은 동종의 업을 통해 같은 유가(儒家)에 속해 있으므로 상호 간에 서로 신뢰할 수 있는 사람이라는 막연한 동류의식이 형성될 수 있었다.

이 같은 동류의식은 좁은 범주의 혈연이나 지연의식을 초월하였다. 이들은 유가의식에 의한 광범위한 이념적인 동류성을 함께 상상하는 일종의 상상 공동체를 형성하였다. 이러한 공동의식은 같은 신분층에 소속되어 있다는 공동의 계층의식을 형성할 수 있는 기반이 되었다.

이들의 사회적 처지는 전대에 형성된 양반 관념의 범주를 벗어나 있었다. 뒤에서 자세히 살펴보겠지만, 16세기 조선의 조정에서는 사족이게 특권을 부여하면서 그들의 자격에 대한 최소한의 범주를 마련한 적이 있다. 그 범주는 주로 선대에 관직자가 있었는지, 또는 그 당자가 과거시험을 준비하고 있는지 여부를 기준으로 하였다. 그러나 이미 13세기가 되면 이러한 규정은 별다른 의미를 갖지 못한다.

양반 관념이 변화하였던 당시의 정황은 정약용이 고염무의 〈생원론〉(生員論)이라는 글에 발(跋)을 쓰면서, 조선의 생원이 중국과 다르다는 것을 특기하는 과정에서도 잘 드러난다. 그는 중국의 생원이 그 당사자에 한하여 지위를 누리고 있었던 반면, 조선의 생원은 자손 대대로 그 신분을 세습할 수 있었다고 적었다.[30]

현실적으로 생원시의 합격은 고작해야 성균관 입학 자격을 갖춘 것에 불과하였다. 그리고 그러한 자격은 16세기 국가적 신분규범에 따르면, 그 당자에게만 양반 이름표를 달아주는 것에 불과하였다. 그러나 18세기가 되면 생원을 배출한 집안은 그로부터 양반의 신분을 부여받아서 그 신분을 백대로 세습할 수 있는 집안이 되었다.

---

30) 송준호, 《조선사회사연구》, 일조각, 1987, 143쪽 참조.

18세기 당시, 양반 신분이 여전히 국가의 신분규범에 영향을 받았지만 영향력은 전대에 비해 크게 약해졌다. 국가의 신분규범이 차지하던 자리는 사회적으로 관행화된 신분규범이 대신하였다. 이러한 변화는 당시 신분이 사회를 구성하는 각 신분 사이에 형성된 상호적인 인식에 따라서 구성되는 사회로 진행되었음을 여실히 보여준다.

여기서 당시 사족층의 동류의식이 현실 세계에서 어떠한 의미를 갖는지에 대한 예를 18세기 후반의 일기인《이재난고》의 작자인 황윤석 서울 경험을 통해 비추어보도록 하자.

그가 서울로 발길을 옮긴 것은 당시 다른 선비들의 모습과 크게 다를 바 없이 과거를 치르기 위해서였다. 그는 몇 차례의 과거 응시와 낙방을 거듭하며 그의 고향인 전라도 흥덕현(興德縣)으로부터 서울까지의 긴 여정을 결코 사양하지 않았다.[31]

그에게 서울이 갖는 의미는 카프카의 소설 〈성〉(城)의 주인공인 K에게서 성과 크게 다를 바 없었다. 당시 서울은 지방의 사족들에게 희망을 안겨주는 기회의 땅이면서 동시에 절망을 안겨주는 굳게 다물린 철옹성과 같았다. 황윤석이 그 여정의 와중에서 혹은 서울에서 만난 사람들은 주로 지방의 각지에서 올라온 수험생들이었다.

그는 그들과 마주칠 때마다 혹은 여관의 한 방에서 동침(同寢)할 때면 어김없이 통성명을 하고 선대로부터의 인연을 확인하고자 하였다. 그들은 서로 스스럼이 없었고 자신의 소회(所懷)를 기꺼이 털어놓았다. 이러한 허심탄회함이 가능하였던 것은 일단 서로의 처지에 대해 깊이 동정하고 있었기 때문이다. 그러다가 소과나 대과의 같은 방에 나란히 오르기라도 하면 당파나 지역을 초월하여 일단 동류의식을 형성하는 계기가 되었다. 그럴 경우 대개는 각각의 사비(私費)를 모아 방목(榜目)

---

31) 노혜경, 〈이재난고의 여행기 분석—서행일력을 중심으로〉, 《고문서연구》 20, 2002 참조.

을 간행하였다.

이와 같이 사족들의 동류의식은 평시에는 사회적 저변에 잠재해 있다가 특정한 사건을 계기로 문득 불거져 나와 사건의 전체 판도를 좌우하였다. 당시 양반의 계층의식은 단순히 사회적 의식을 공유하는 차원에만 머물렀던 것은 아니다. 사족은 스스로를 조직화하였다. 이러한 조직화는 사림(士林)이라는 이름으로 드러났고, 당시 사림은 양반계층 전체를 가리키는 보편적인 용어로 통용되었다.

그런데 사림은 초기에는 성균관을 중심으로 정치적 뜻을 같이 하는 유생들의 이념 동맹에 가까웠다. 16세기에는 사림이 지배층을 설명하는 개념이 될 수 없다는 에드워드 와그너의 실증에 바탕을 둔 견해는 이 점에서 매우 고무적이다. 그리고 조선 후기 사림이 현실 속에서 가졌던 집단화된 결속력, 그 결과 사림이 사대부나 양반과 같은 뜻으로 사용되었다는 그의 지적 또한 유념해야 할 것이다.[32]

17세기에 들어서서 사림은 지방에서 수령이나 관찰사, 또는 그 위의 상부 관청 등에게 집단적인 정치 행동을 통해 자기 뜻을 관철시키고자 하였다. 이 시기에 이르러 이와 같은 집단행동의 양상은 일반적으로 연구자들에 의해 16세기에 같은 사림이라는 용어로 지칭되지만 실제 내용은 차이가 있었다.[33] 그들은 이미 공익적 이념을 주장하는 정치적 의도를 넘어서서, 자기 당색의 이익을 대변하는 새로운 이권 집단의 성격으로 변모하였다.[34]

사림의 형성은 중앙과 지방을 잇는 진정한 의미에서의 정치적 정서적 연합체가 형성되었음을 의미한다. 당시의 사림이 중앙 정치에 영향

---

32) 에드워드 와그너 지음, 앞의 책, 194~197쪽 참조

33) 와그너는 16세기 당시에 사림이라는 용어가 없었다고 지적하였는데, 이것은 당시에 사족들이 공통된 의식을 기반으로 한 계층화된 신분이 아니었음을 말해 주는 것이다.

34) 설석규, 《조선시대 유생상소와 공론정치》, 선인, 2002.

력을 행사할 수 있었던 것은, 각 지역에서 지배권을 전제로 한 사회적 기반이 형성되었기 때문이라는 점에서 주목된다. 그런 점에서 17세기 이래로 당시 양반은 진정한 의미에서 성층화된 신분층으로 자리매김하였다고 할 수 있다.

이와 같이 15세기부터 18세기에 이르기까지 양반의 성격은 크게 변화하였다. 이러한 변화를 요약하자면, 15세기의 양반이 정치적 존재였다고 한다면, 18세기 양반은 사회적 존재를 거쳐 점차 문화적인 존재로 변모해 가고 있었다고 하겠다. 그들에게 부여된 특권도 전자가 정치적인 독점의 결과 얻어진 것이라고 한다면, 후자는 문화적인 자격을 갖추고 있는 한 그렇게 부여될 수 있었던 것으로 여겨졌다. 이것은 무엇보다 신분의 개념이 조가와의 관계 속에서 형성된 신분 관념이 국가의 신분 관념을 매개로 성층화된 신분층으로 변모한 결과였다.

7.2. 양반문화와 사족 특권의 확대

양반문화는 사족층의 독자적인 생활양식을 반영한 것이다. 이때 양반문화는 조상숭배를 중심으로 이루어졌다. 특히 조상숭배와 관련된 각종 생활양식들은 사족의 계층의식을 표현하고 있으며, 사실상 그러한 문화는 사족층의 신분적 차별화에 결정적으로 기여하였다. 사족층은 이러한 차별화된 양반문화를 자신의 특권을 더욱 확대시키는 방향으로 이용하였다.

그런데 사족들의 이런 움직임은 어느 것이나 자기 집안의 존속과 번영을 전제로 한 전략적 선택이었으며, 거기에는 늘 가정 윤리인 효가 중시되었다. 사족들에게는 국가에 의한 타율적인 유도에 의해서든 자발적이었든, 유교를 자기 신분과 다른 신분을 구별 짓는 수단으로 이용하였음을 알 수 있다.

조선 후기의 재지사족들이 국가로부터 결코 자유로울 수 없었던 것은 이 글에서 거듭 지적하여 왔듯이, 그들의 신분적 기반인 특권이 국가로부터 부여되었다는 점 때문이다. 예컨대, 조가에서 한때나마 그들의 사족 신분 여부를 고강을 통하여 시험하였다는 것도, 그만큼 사족 신분이 국가의 신분규범에 강제되었음을 보여주는 대표적인 사례가 될 수 있다.

그런데 앞서 언급하였듯이, 국가에서 사족에게 법적으로 인정한 특권은 사족 당자에게만 한정되었다. 그런데 그들은 그에 만족하지 않고 자신의 신분을 이용하여 수하인의 탈역을 도모하여 자신의 특권을 확대해 나갔다. 사족들은 주호로서 그 마을의 이하민(籬下民)을 탈역시킬 수 있었다.35) 그러한 탈역은 사족이 자신의 신분적 특권을 적극 활용한 결과였다.

조선 후기에 호정(戶政)에서 사족이 자신의 이하민을 탈역시킬 수 있었던 것은, 별다른 법적 보호 없이 수세 업무를 관할하였던 향임층이 행정적 관행으로 시행하는 것이 통례였다. 그런데 사족의 수하에 있었던 묘직이나 묘촌, 서원촌의 경우, 향임층의 집호(執戶)에 자주 노출되어 있었으며, 그에 대해 사족들은 수령으로부터 완문을 수취하여 그들을 완호할 수 있었다.

이와 같이 사족이 이하민이나 묘직 등 자신의 수하인을 탈역시킬 수

---

35) 호적에 기재된 주호는 호적 행정상 편제된 결과이지만, 이때 자연호인 사족을 주호로 기재하였다는 이영훈의 주장에 대해 그 주호가 반드시 사족은 아니라는 정진영의 지적은 주목할 만하다. 그러나 정진영의 연구 결과에 의거해 보더라도 주호가 사족으로 기재된 비율은 여전히 과반수를 훨씬 넘었으며, 이것은 몇몇 예외는 있을지라도 주호인 사족이 이하민을 완호하였던 것이 당시의 대체적인 호의 구조였다는 이영훈의 논지는 여전히 유효하다고 생각한다.(이영훈, 〈조선시대의 주호(主戶)-협호(挾戶) 관계 재론(再論)〉, 《고문서연구》 25, 2004 참조)

있었던 근거는, 이영훈이 지적하였듯이, 국가가 의도적으로 불완전 소농 경영을 유지하도록 조장한 결과였다고 보기는 힘들다. 오히려 사족이 농업 경영을 위해 자신의 신분 특권을 활용한 결과로 받아들이는 쪽이 자연스럽다.

여기서 특히 주의할 것은, 사족들이 선영이나 서원과 관련된 수하인을 탈역시키기 위하여 조상 숭배나 선현 숭배를 명분으로 완문을 발급받아 자신의 목적을 달성하려 한다는 점이다. 이 같은 이념적 명목은 국가와 소통하는 유일한 매개가 되었음을 의미하기도 한다.

조선 후기 조가에서도 조상숭배의 이념적 기반인 효와 유교적 지식을 실천하였거나 이론적 공헌이 있는 선현을 숭배하는 존현의 이념에 적극 공감하였다. 그것은 지방에 부임한 수령들이 모두 사족이었다는 데서도 이해할 수 있는 부분이다. 수령이 이러한 문화를 부정하는 것은 곧 자기 부정으로 이어질 것이기 때문이다.

조상이나 선현의 숭배는 사족층이 자기 신분층의 존립을 주장할 수 있는 지배적 이념이었으며, 이것은 각각 선영문화와 서원문화라는 독특한 자기 문화를 창출할 수 있었다.

선영문화는 자기 조상의 무덤이 있는 묘역을 보존하며 그곳에서 행하는 의례 행위를 포함한다. 선영은 묘제를 시행하는 장소로서 신성시되었으며, 그 보존 대상은 분묘의 좁은 영역을 뛰어넘어 송추를 포함한 계곡 전체에 걸친 조방한 지역을 포괄하고 있었다. 따라서 선영문화는 단순히 조상의 분묘 그 자체의 관리만 의미하는 것이 아니라, 조상숭배를 보여줄 수 있는 격식을 포함한 모든 문화적 행위를 총괄하는 개념이다. 이때 선영을 둘러싼 경관의 조성은 선영문화의 핵심을 이루었다. 선영 경관의 범주는 풍수사상의 영향을 받아 매우 넓은 지역에 포진하여 있었으며, 그것은 우리가 흔히 좌청룡(左靑龍)·우백호(右白虎)·조산(祖山)·안산(案山)의 네 산으로 이루어진 국내(局內)를 형성하였다. 묘제를 바탕으로 한 문중조직이 발달한 상황에서 사족들에게 선영이 갖는 상징적 의미는 매우 컸다.

서원문화도 서원의 향사 대상자가 주로 선현이거나 문중서원인 경우에는 자기 조상인 경우가 많았으므로 서원에서의 의례 행위가 주 내용이었다. 이와 같이 서원에서 의례를 집행하는 데 필요한 제반 비용 및 건물의 보존, 그 밖에 필요한 각종 자질구레한 사역들은 서원을 유지하는 데에는 필수 불가결하였다. 서원은 지역사회의 다른 사족들과 소통할 수 있는 장소였으며, 이른바 신향(新鄕)이 새롭게 등장하였던 효종(孝宗)조 이후 구향이 자신의 본거지를 서원으로 옮기자 서원은 사족문화의 중심지가 되었다. 이때 사족의 서원 출입 여부는 당자가 사족층에 소속되어 있다고 하는 문화적 상징 구실을 하였다.

사족이 선영문화와 서원문화를 유지하기 위해서는 관가의 지원 없이는 사실상 불가능하였다. 그런 점에서 선영문화와 서원문화를 형성하고 보존하는 것 자체가 국가가 다른 계층에게는 부여하지 않는 사족층만의 특권이었다고 할 수 있다. 그런데 사족들은 이러한 특권을 자신의 수하인을 탈역시켜 그들에 대한 지배권을 확대하는 쪽으로 나아가게 하였다. 이것은 역시 중앙의 권력이 분권화되어 각 사족에게 특권으로 드러나며, 이 특권이 다시 그 아래의 백성들을 지배할 수 있는 권력으로 변모하는 구조로 이루어져 있음을 보여준다.

7.2.1. 선영문화의 특권화[36]

조선 후기에 들어와서 사족에게 선영(先塋) 경관의 조성은 당시에 만연하기 시작했던 종족사회의 조직원리인 종법제(宗法制)를 가시적으로

---

[36] 이 부분은 김혁, 〈19세기 사족층의 '선영경관'(先塋景觀) 조성과 그 의미〉, 《퇴계학과 한국문화》 40, 2007을 일부 고쳐서 실었음을 밝혀둔다.

드러내는 문화적 상징물이었다. 사족층은 선영에서의 묘제(墓祭)를 기반으로 하여 이전보다 더 큰 규모의 제사 공동체를 형성할 수 있었다. 이를 통해 당시 사족들은 본격적으로 종족사회로 접어들게 되었다. 따라서 이 같은 종족사회의 기반이 되었던 선영 경관은 당시 사족 사회의 대표적인 문화상징으로 등장하였다.

그러나 처음부터 사족층이 선영 경관을 문화적 상징으로 가질 수 있었던 것은 아니었다. 이것은 사족층이 몇 세기에 걸쳐 역사적 진전을 통해 얻어낸 결과였다. 선영 경관을 형성하기 위해서는 일정한 수준 이상의 재력이 바탕이 되어야 했으며, 또 현실적으로 관권 등 사회적 지원이 가능할 수 있는 사회적 연망이 필요하였다. 그러나 무엇보다 이러한 선영문화의 바탕에는 종족을 하나의 공동체로 조직할 수 있는 종법의 수용을 통해서만 가능하였다.

이러한 몇 가지 조건을 갖춘 신분은 사족층에게 한정되었다는 점에서 선영문화는 사족층의 고유한 문화가 될 수 있었고, 또 그 자체가 일종 특권이었다. 선영문화는 조선 말기에 상민에게까지 일반적인 의례로 보편화되고, 산지가 재산으로서 거래의 대상이 되기까지 오랫동안 사족층의 전유물이었다.

여기서는 사족층이 이와 같은 선영문화를 형성하여 간 역사적 조건과 전개를 살펴보고자 한다. 이 과정은 곧 사족층의 입장에서는 국가로부터 특권을 획득하여 향촌에서의 지배권을 확대하여 가는 과정이기도 하였다.

선영 경관을 조성·수호하기 위해서는 두 가지 조건이 필요하였다. 하나는 선영 경관 조성의 공간적 토대가 되는 토지고, 다른 하나는 그것을 수호하는 인력이었다. 토지와 인력을 확보하려 하였던 사족의 의지를 검토함으로써 그들의 욕망이 이러한 명분을 통해 어떻게 관철될 수 있었는지 살펴보고자 한다. 이는 사족층이 조가에서 설정한 보편적인 기준을 자기 계층을 위한 사안으로 어떻게 특권화할 수 있었는지를 검토하는 과정이기도 하다.

1) 토지의 확보

사족층이 선영 경관을 조성하기 위해서는 우선 토지가 필요하였다. 조선 초기에 선영을 수호한다는 의미는 앞서 언급하였듯이 조상의 분묘를 중심으로 매우 좁은 영역의 사점만 허용하는 정도였다. 그것도 피장자가 종친·문무 관직자·생원·진사·유음자제 및 그들 부인의 묘소를 수호하자는 취지에서 나온 조항으로서, 주로 중앙의 양반관료를 대상으로 한 규정이었다. 그 규정은 《경국대전》 예전(禮典)에 다음과 같이 명기되어 있다.

> 분묘의 한계를 정하여, 그 한계 안에서는 경작과 소·양 등을 치는 것을 금지한다. 【註】 종친은 1품의 경우 사방으로 각 100보씩 한정하고, 2품은 90보, 3품은 80보, 4품은 70보, 5품은 60보, 6품은 50보씩 한정한다. 문무관은 10보씩 체감하고(1품은 90보, 2품은 80보, 3품은 70보, 5품은 50보, 6품은 40보-필자), 7품 이하와 생원·진사 및 유음자제는 6품(40보-필자)과 동일하게 규정한다. 부녀자는 지아비의 직을 따라 규정한다.[37]

이 조항은 종친과 관직자 및 진사·생원 등 지위에 따라 보수(步數) 규정을 차등 적용하고 있음을 보여준다.

그런데 16, 17세기에 일어났던 뚜렷한 사회적 변화라고 할 수 있는 사족의 부상은, 이 보수(步數) 규정에 의해 제한된 의미의 선산수호를 점차 용호의 범위 또는 그 이상으로 확대시켰고, 나아가서는 이를 합법화시키려 하였다. 사족들이 탈법적인 영역을 어떻게 합법화시켰는지

---

37) 《經國大典》, 禮典·喪葬.

에 대한 논리를 살펴보면 다음과 같다.

무릇 사람들의 선영(先塋)은 피장자 위품의 고하를 가지고 보수(步數)의 원근을 정하였습니다. 이것은 법률의 개략적인 내용입니다. 그런데 용호(龍虎) 이내 금화(禁火)의 곳에는 보수의 원근을 막론하고 주가(主家)가 이곳을 감히 다른 사람과 더불지 않고 타인이 감히 침범하지 않았습니다. 이것은 곧 사대부가의 상규니, 비록 법전에는 실려 있지 않지만 국인(國人)이 비난하지 않는 것이며, 국법이 금하지 않는 것입니다. 경작할 수 있는 육지나 쩍쩍 갈라진 소금밭이라고 말할 만한 곳, 산록으로 땔나무를 할 수 있는 곳을 사람들이 입안으로 선점하는 일이 있으면 다른 사람들이 감히 빼앗으려 다투지 않는데, 선조가 묻혀 있는 산이 어찌 밭이나 땔나무하는 곳보다 가벼우며 불을 금지하고 나무를 기르는 것이 어찌 한 장의 입안을 발급하는 것보다 덜 분명한 일이겠습니까? 그렇다면 용호 내의 금화처(禁火處)를 자기 것으로 삼고 다른 사람에게 허여하지 않는 것도 이미 법전에 실려 있는 것이니, 애초부터 법 밖에 있는 것은 결코 아닙니다.38)

이 글은 윤선도(尹善道; 1587~1671)가 다른 사족을 대신하여 써서 상주(尙州)의 수령에게 올리게 한 소장의 일부다. 이 문서는 언제 작성하여 올린 것인지는 알 수 없으나, 아마 17세기 중엽쯤이었을 것으로 추정된다. 여기서 윤선도를 포함한 당시 사족들이 선산 점유의 정당성을 획득하여 가는 논리의 귀추를 읽을 수 있다.

여기서 윤선도의 논리에 따르면, 사대부의 송추권은 법규에 의한 것은 아니지만 사대부가의 상규라는 점을 밝히고 있다. 원래 법규에 따르면, 피장자의 지위 고하에 따라 규정된 보수 내의 좁은 영역에 한정된 수호권밖에 없었다. 그러나 사대부들은 풍수의 관념 등을 이용하여

---

38)《孤山遺稿》권4,〈代人呈尙州〉.

자신의 수호권을 국내까지로 확대시키고 있음을 위의 글에서 볼 수 있고, 이러한 관례가 입안 등의 법적 근거보다도 더 강한 것임을 분명히 하고 있다. 윤선도가 선산을 금양하는 논리를 절수 입안의 논리와 비교하고 있는 것은 특히 주목된다.

그의 논지대로라고 한다면, 선영경관의 조성은 당시 사족들이 갖추어야 할 필요조건으로 인식되었음을 알 수 있다. 그리고 사족들은 무엇보다 자신의 이권을 법적 근거에 따라 시행하는 것은 물론, 사회적 관행과 풍습 등 자신들이 차지한 현실적인 엄폐물을 동원하고 있었음을 알 수 있다.

그 결과 숙종(肅宗) 2년(1676) 3월에, 현실적으로 사족층(士族層) 안에서 공공연히 행해지던 사산 국내의 수호를 다음과 같이 법적으로 공인하고 있다.[39]

하교하여 말하기를, "사대부의 묘산 내에 용호 안의 양산하는 곳은 타인의 입장을 허용치 마라. 외용호(外龍虎) 이외에는 수양산을 임의로 허용치 말라"고 하였다.[40]

숙종의 이 하교는 《수교집록》(受敎輯錄)에 수록되었다가, 영조대의 《속대전》(續大典)에 재수록되었다. 이 하교의 의도는 용호 내의 양산처를 허용하겠다는 의미가 아니라, 사실상 선산의 수호 범위가 용호의 바깥으로 확대되자, 정부 차원에서 그러한 현상을 규제하기 위하여 행해진 최소한의 미봉책의 일환으로 이해해야 할 것이다. 그런데 이 하교의 의의는, 원래 법전에서는 매우 협소하게 범위에 두었던 선영의

---

39) 《肅宗實錄》 숙종 2년 3월 4일조.
40) 《續大典》 刑典·聽理. 여기에 실린 내용의 의미에 대해서는 전경목, 앞의 글(1996), 19~
　　20쪽 참조.

수호권이 사족들의 노력으로 확대되어, 급기야는 법전에 수용되어 공식 인정될 수 있었다는 데에 있다.

어째서 사족들은 선산의 금양권을 애써 넓은 범위로 확대하고자 하였을까? 이 문제에 대해 일찍이 김선경은, 사족이 무단적으로 이권을 확대한 결과였다는 점에 주목하였다.41) 이어 한상권과 전경목도 그와 같은 이권이 발생하는 사회경제적 기반으로서 땔감의 경제적 가치가 높았던 17세기의 상황을 고구한 바 있다.42) 이들은, 결국 17세기에 형성된 사족들의 경제적 이권에 대한 요구가 선영의 국내를 확대시켰다고 설명하였다.

이 같은 견해는 사족들이 금양처를 계속 확대하려 하였고, 조가에서는 이를 억제하려 하였던 것을 보면, 금양처의 범위를 광점하는 것이 반드시 조상숭배와 직결되는 것은 아니었음을 알 수 있다. 그런 점에서 이러한 현상을 사족의 경제적 이득과 관련지어 해석하는 것은 타당성이 있다. 그리고 사족은 이 금양권을 조상숭배의 명분으로 취득하고자 하였다는 점에서 사족의 전형적인 특권이라고 할 수 있다.

김선경 등은 이러한 논리를 19세기 산송이 만연되어 가는 사회적 현상을 분석하는 도구로 사용하였다. 19세기에 산송이 만연한 것은 사족들의 토지 소유에 대한 욕구에서 비롯되었다고 주장하였다.

그런데 이러한 주장에 대해 김경숙은 반론을 제기한 바 있는데, 사실상 이 주장은 김선경 이전의 학설로 회귀함을 의미한다. 그는 유교적 장묘문화의 확산과 종족질서의 확립이라는 사회 사상사적 배경에서 그 원인을 찾았다. 김경숙은 19세기 산송의 사유가 투장(偸葬)인 경

---

41) 김선경, 〈조선후기 산송과 산림소유권의 실태〉, 《동방학지》 77 · 78 · 79 합집, 1993, 497~536쪽; 김선경, 〈조선후기 산림천택 사점에 관한 연구〉, 경희대 박사학위논문, 1999, 46~48쪽 참조.

42) 한상권, 《조선후기사회와 소원제도》, 일조각, 1996, 164~165쪽; 전경목, 〈조선후기 산송 연구〉, 전북대 박사학위논문, 1996.

우가 거의 70퍼센트에 이른다는 통계를 산출하고, 그에 근거하여 산송
을 장지(葬地)를 둘러싼 분쟁이라고 주장하였다. 이는 분쟁의 원인이
경제적 이해관계와는 무관하다는 주장이다.

김경숙은 이 같은 19세기의 상황을 분석한 근거를, 17세기 사족들이
선영을 확대하게 된 배경을 해명하는 논리로까지 확장시키려 하였다.
김경숙은 조선 후기에 분영의 수호범위가 확대된 원인을 유교적 이념
에 근거한 것으로 이해하였다. 김경숙은 《주자가례》(朱子家禮) 치장(治
葬)의 두 구절을 인용하여, 유교에서 택지(擇地)의 관념을 중시하였다고
지적하며, 이 같은 관념을 받아들인 사족들은 택지의 관념을 확대하였
으며, 풍수설을 수용하여 분영의 수호범위를 확대시켰다는 논지를 펼
쳤다.[43]

이처럼 두 주장이 대립된 것은, 둘 다 19세기의 선영 경관 문제를 17
세기와 같은 환경에서 바라본 데 원인이 있다. 17세기는 사족들이 자
신의 욕망을 확대하기 비교적 쉬운 환경이 조성되어, 점유에 의한 사
유지의 확장이 가능하였다. 더욱이 당시 산지는 거래 대상이 아니었다.
산지의 점유는 사족이 조산숭배의 이념적 근거에 의해 관으로부터 인
정받은 결과였다.

그러나 19세기에 이르러서는 사족 인구의 자연 증가로 인한 장지(葬
地)의 부족, 문중 내부의 경제적 계급 분화, 공유지에 대한 사적 소유권
의 정착, 사족에 대한 국가 정책의 변화, 하민의 성장 등은 사족들을
사족 신분을 유지하기 위한 치열한 경쟁상황으로 내몰았다. 선영경관
을 조성하지 않고는 사회 관례상 사족 신분 유지가 어려웠기 때문어,

---

43) 김경숙, 〈조선후기 산송과 사회갈등 연구〉, 서울대 박사학위논문, 2002, 62쪽. 이후 김경
숙은 이러한 문제의식을 더욱 확대하여 선영 수호의 사회 사상사적 측면을 더욱 분명히
강조하고 있다.(김경숙, 〈16, 17세기 종족질서의 형성과 산송〉, 《조선의 정치와 사회》,
2002 참조)

문중 내부에서조차도 수많은 산송이 불가피해졌다.

더욱이 19세기에는 산지가 돈으로 거래되는 재산으로 취급되었다는 것은, 이전에 산지가 거래대상이 되지 않던 시대와 뚜렷이 구별되는 차이를 보여준다. 우선 돈으로 거래되지 않던 시대에는 산지 소유가 경제외적 관계인 권력 관계에 놓여 있었음을 보여준다. 그러나 산지가 거래대상이 되었다는 것은, 산지의 소유권에 돈만 있으면 누구에게나 접근권을 허용함으로써 선영경관의 조성이 신분을 막론하고 누구나 가능할 수 있다는 사실을 보여준다. 그것은 사족층을 제외한 일반 민들도 선영경관을 조성할 수 있었으며, 이는 평민들의 자의식을 충족시켜줄 수 있는 사회적 조건이 되었다.

그리고 사족의 금양권에 대한 특권이 법적으로나 관습적으로 공고해진 뒤, 사족들에게 선영은 이와는 다른 의미가 있지 않았을까? 김경숙의 지적대로 조선 후기의 부계질서는 종산(宗山) 형성과 깊이 연관되어 나타났기 때문이다. 종산을 통해 사족이 형성하려 하였던 상징적 질서는 사족의 사회적 존재 조건을 이룬다.[44] 이러한 조건이 충족되지 않는 한, 사족으로 행세하는 것이 원초적으로 불가능한 사회적 관습이 형성되었다는 의미에서 그렇다.

더욱이 경제적 동기에서 금양권을 주장한 것이라면, 이는 자기 집안 선산의 송추를 작벌한 사례를 통해서만 이러한 현상을 설명할 수 있을 것이다. 그런데 자기 집안의 송추를 발매한 사례는 찾기 어렵다. 더욱이 김선경은 다른 집안의 송추를 작벌한 사례를 통하여 자기 선산의 금양권을 확보하려는 것이 경제적 동기와 관련되었음을 입증하려 한 것은, 사족의 금양에 대한 의지가 어디에 있었는가 하는 문제를 더욱 모호하게 하였다.[45]

---

44) 김경숙, 〈16, 17세기 종족질서의 형성과 산송〉, 640~648쪽 참조.
45) 김선경, 앞의 글(1999), 169~172쪽 참조.

다른 집안의 작벌 사례는 송추의 경제성을 입증할 수는 있다. 그런데 이를 통하여 자기 집안의 송추권을 확보하려 한 의지를 설명할 수 있을까? 당시 송추나 산지의 경제적 가치가 높아졌다는 것,[46] 공유지였던 선산이 사유화되어 갔다는 것은 부정할 수 없는 사실일 수 있지만, 이것만으로 자기 선산의 금양권을 확보하고자 하였던 사족의 의도가 경제적 동기에서 이루어졌다고 단언하는 것은 무리가 있다.

선영 경관 조성을 위한 토지의 확보는 17세기만 하더라도 조상숭배를 이용한 사족의 특권이었다. 그러나 이러한 특권은 동시에 사족 신분을 유지하기 위한 조건도 되었다. 19세기 이후 이러한 토지 확보에서는 특권의 의미가 사라졌으며, 사족 신분의 존립 자체를 압박하는 요인이 되었다.

2) 인력의 확보

사족이 선영문화를 형성하기 위해서는 토지뿐 아니라 다양한 인력이 필요하였다. 선영의 송추를 관리하고 보호하며 묘제에 필요한 제수를 마련하기 위해서는 그러한 일체의 잡무를 담당할 묘직이 필요하였다. 그리고 조선 초기만 하더라도 분묘 근처에 분암(墳庵)을 두고 불교식 제례를 시행하였는데, 이러한 제례를 담당할 승려도 필요하였다. 분암이 재사로 바뀐 뒤에도 재직(齋直)을 두어 재사를 관리하게 하였다. 무엇보다 조방한 선영의 송추를 관리하기 위해서는 묘직 등의 인원만으로는 어려웠고, 묘 아래에 거주하는 동민의 협조가 꼭 필요하였다.

분산의 위치는 대개 풍수로 결정되었으므로 사족의 거주지에서 떨어져 있는 경우가 많았으며, 거주지 근처에 있다고 하더라도 관리를 도맡아하는 인력을 두는 일은 불가피하였다. 사족의 수하인들이 사족

---

46) 전경목, 〈조선후기 산송 연구〉, 전북대 박사학위논문, 1996, 58~72쪽 참조.

의 울타리 안에 있을 경우 으레 각종 역으로부터 면제될 수 있었지만, 사족의 거주지로부터 떨어져 있는 묘직(墓直) 등은 각종 역을 부여받는 경우가 빈번하였다.

묘직이나 수직(守直)을 탈역 받는 일은 앞서 선영의 보수 규정에서 볼 수 있었던 것과 마찬가지로 원래 사족들의 특권에 속하지 않았다. 묘직을 탈역할 수 있는 경우는 대개 왕과 세자의 사친(私親) 묘직 및 명현신(名賢臣)의 묘직에 한정되었을 뿐이다. 그것도 《속대전》에 와서야 명문화되었다.

《속대전》에 묘직 및 기타 수직을 탈역할 수 있는 일반적인 근거가 실려 있다. 다음의 표는 그 대상을 정리한 것이다.[47]

표 7-1. 《속대전》의 묘직 탈역 대상에 대한 규정

번호	묘직(墓直) 및 수직(守直)의 복호(復戶) 근거	내용
1	① 각 능의 수호군, ② 구장릉(舊長陵)의 산직(山直), ③ 장녕전(長寧殿)의 수호군, ④ 비전직(碑殿直)	복호 지급
2	⑤ 대왕사친묘(大王私親墓)·세자사친묘(世子私親墓)·대원군묘(大院君墓)·창빈묘(昌嬪墓)·인빈묘(仁嬪墓)의 수직군 ⑥ 왕후 고비(考妣)의 묘직	복호 지급
3	⑦ 양녕(讓寧)·효령(孝寧)·평원(平原)·제안(齊安)·영창(永昌) 5군의 묘직	복호 지급
4	⑧ 승평부원군(昇平府院君) 김류(金瑬)의 묘직	복호 지급
5	⑨ 전조(前朝)의 절의명신 문충공(文忠公) 정몽주(鄭夢周)나 우정언(右正言) 이존오(李存吾) 같은 명신, ⑩ 국조(國朝)에 절의를 지키다가 원사(冤死)한 명현(名賢) 문정공(文正公) 조광조(趙光祖), 삼학사(三學士) 오달제(吳達濟)·윤집(尹集)·홍익한(洪翼漢), 증참의(贈參議) 엄흥도(嚴興道) 같은 이의 묘직이나 사우직(祠宇直), ⑪ 청백리로서 현저한 자의 묘직	복호 지급
6	⑫ 삼성사직(三聖祠直)	복호 지급

---

47) 《續大典》 戶典·徭賦.

위에서 볼 수 있듯이 묘직의 탈역은 왕족, 현신(賢臣), 청백리(淸白吏)만을 대상으로 한 특혜였음을 알 수 있다. 더욱이 이와 같은 규정이 《속대전》에 가서야 법으로 설정되었다는 것은 무엇을 의미하는가? 이는 조선 전기에 이에 대한 특혜가 언급조차 될 수 없을 정도로 묘직의 탈역은 특혜로서 인정받지 못하였음을 의미한다.

그런데 현실적으로 일반 사족층이 묘직을 탈역시키고 있다는 것은 그들이 수취한 완문에서 확인할 수 있다. 이 같은 상황이 현존하는 당시의 완문들에는 어떻게 반영되었을까? 다음은 묘직의 탈역이 피장자의 지위에 따라 결정되므로, 피장자의 지위를 법전의 근거에 따라 비교하고, 이것을 필자의 학위논문 〈부록 1〉에 수록된 '묘직탈역완문(墓直頉役完文) 일람표'에 근거하여 묘직이 실제로 탈역 된 근거를 제시하여 본 것이다.(표 7-2)

명현이나 공신의 경우에는 법전에 실린 "국조(國朝)에 절의를 지키다가 원사(寃死)한"이라는 규정에는 들어맞지 않지만, 넓은 의미에서 현신으로 이해할 수 있는 근거는 된다. 이러한 관점에서 볼 때, 송시열·김성일·권벌 묘소의 묘직(번호 2, 10)인 경우에는 적법하다고 볼 수 있을 것이다. 복성군(福城君)·신성군(信城君) 묘소의 묘직(번호 27)은 원래 대군(大君)에 한하여 묘직의 탈역을 해주었지만, 이 경우 왕의 계하에 따라 묘직의 탈역이 허가된 예다. 따라서 여기에도 법전에 수록된 법적 조항에 따른 근거가 있다고 보아야 할 것이다.

법적 근거가 분명한 경우를 제외한다면 이나주댁(李羅州宅)의 경우(번호 12)와 같이, 나주의 수령을 역임하였다는 명분으로 그 선산 전체 산직의 탈역을 요구하는 경우가 대부분이다. 이것은 앞서 왕에게 계를 올렸듯이, 경상사대부로서 묘직을 요구하는 사례에 속한다 할 수 있다. 위에서 그와 유사한 예를 보면, 김승지댁(金承旨宅), 이강릉댁(李江陵宅), 이고령댁(李高靈宅), 곽사부공댁(郭師傅公宅) 등등이다(번호 7, 8, 9,

표 7-2. 묘직탈역완문 발급의 법전 근거 검토

번호	탈역 근거	법전 근거	번호	탈역 근거	법전 근거
1	이황(李滉)의 선영	없음	15	강정언댁(姜正言宅)의 선산	없음
2	송시열(宋時烈)의 묘소→청천비각의 수직	존현→어필 수호	16	김판부사댁(金判府事宅)의 치표처(置標處)	없음
3	창의공(倡義公)의 분묘	존현	17	유판서댁(柳判書宅)의 재사직(齋舍直)	없음
4	문강공(文康公) 여헌 장선생의 묘소	존현	18	무첨당의 묘직	없음
5	길창군(공신)	없음	19	안동김씨의 산직	없음
6	권벌(權橃)의 묘소	존현	20	동곡(東谷) 조댁(趙宅)의 묘직	없음
7	우의정 청천당(聽天堂) 심공(沈公)의 묘소	없음	21	곽사부공(郭師傅公; 郭始徵)	없음
8	황좌랑댁(黃佐郎宅)의 선산	없음	22	풍림(楓林) 신공(申公)의 묘소	없음
9	김찬성공(金贊成公)의 선산	없음	23	조야곡(趙冶谷)의 묘소	없음
10	김성일댁(金誠一宅)의 선산	尊賢	24	황진사댁(黃進士宅)의 선산	없음
11	열부이씨(烈婦李氏)의 묘소	없음	25	김승지댁(金承旨宅)의 선산	없음
12	이나주댁(李羅州宅)의 선산	없음	26	이강릉댁(李江陵宅)의 선산	없음
13	동양정부	없음	27	복성군(福城君)·신성군(信城君)의 묘소	왕명
14	도선생(道先生)의 산소	없음	28	이고령댁(李高靈宅)의 선산	없음

14, 15, 17, 18, 21, 25, 26, 28).

이 같은 사안은 앞서 밝혔듯이 법전에 수록된 예는 아니지만, 그 비율에서는 상당수를 차지한다. 이 가운데 도선생(道先生)의 경우(번호 14)는 이전에 이 지역 감사를 지냈다는 이유로 묘직을 탈역시킬 특혜를 주어야 한다는 명분을 강화하는 예다. 열부 이씨의 경우는 당사자나 그 자식의 탈역은 법전에서 근거를 찾을 수 있으나, 그 묘직을 탈역시키는 예는 법전에 규정되어 있지 않다.

위의 예들은 실질적으로 묘직이나 산직이 탈역 받을 수 있었던 사례지만, 그 경우들이 한결같이 법전에 실린 근거에 따른 것이 아니라, 수령의 독자적인 판단으로 관습법적인 근거에 따라 가능하였다는 사실이다. 이것은 묘직을 탈역시켰던 법 규정이 처음에는 능의 수직을 위한 것에서 출발하여, 이후 원사(寃死)한 현신들의 묘직에까지 확대되었음을 알 수 있다. 그러나 완문으로 묘직을 탈면 받는 경우는 이와 같이 법전에 규정된 조문에 근거하기보다는 법 해석의 여지가 많은 경우임을 확인할 수 있다. 대부분 발급사유가 애매하거나 법전에 근거하지 않았음을 확인할 수 있었다.

그럼에도 묘직의 탈역을 증명하는 완문이나 완문을 청원하는 소지의 내용에서는 발급근거를 다음과 같이 밝히고 있다.

① 종신가 단묘직의 잡역을 탈역하는 것이 합당하다는 것은 법전에 실려 있다.[48)
② 사대부가의 묘직에게 천역을 침책하지 않는 것은 법전에 실려 있다.[49)
③ 사대부가의 묘직에게 잡역을 침책치 않는 것이 분명히 법전에 실려 있다. 사대부댁 단묘직을 탈역하는 것이 이미 규례에 있는 일인데, 하물며 관작이 있는 명현의 묘직에 있어서랴.[50)

위의 근거에 따르면, 사대부가의 묘직에게 잡역을 탈면하거나, 적어도 사대부에게 단묘직(單墓直), 즉 묘직 1명을 탈역시킬 수 있는 근거가 법전에 실려 있다고 한다. 그런데 앞서 보았듯이 사족의 탈역 근거는 법전에 수록되어 있지 않다. 이것은 어찌된 일인가?

---

48) 《雪村家蒐集古文書集》, 국민대박물관, 설2137.
49) 부산 술고당(述古堂) 소장.
50) 《古文書集成》 3, 所志 30.

이 문제에 대해서는 19세기 초 조선의 조가에서도 지방 수령들이 법적 근거도 없이 사족들에게 묘직 탈역을 허용하는 관례를 일종의 폐해로 인식하고 심각하게 논의한 다음의 기사를 참조할 수 있다.[51]

대저 괄정(括丁)의 법은 《대전통편》(大典通編)에 뚜렷이 실려 있습니다.…… 수묘군(守墓軍)을 가지고 말하더라도 《대전통편》에는 각각 등급을 나누어 수를 정하고 있지만, 경상사대부가(卿相士大夫家)의 경우에는 처음부터 거론도 하지 않습니다. 근래에 산직(山直)·묘노(墓奴)라고 일컬으면서 면역완문(免役完文)을 성출(成出)하여 법에 의하여 응당 탈면 받아야 되는 것처럼 합니다. 만일 법전을 밝혀 제도에 알리지 않는다면 수령들은 감히 허다한 법에 어긋나게 탈면 받으려는 부류에 대하여 필시 손을 댈 수 없을 것입니다.

이 기사는 순조 14년(1814)에 군정이 누락되는 문제를 해결하기 위한 방안으로 당시 좌의정 한용구(韓用龜)가 국왕에게 올린 계(啓)의 일부이다. 이 계에 따르면, 사대부가의 산직 묘노에 대한 탈역이 법적 근거가 없는 데도 시행될 수 있었던 원인을, 지방관들이 경상사대부가에도 적용되는 것으로 법 규정을 잘못 알았기 때문이라고 보았다.

한용구는 사대부의 묘직 탈역이 법적인 근거가 없음을 알리는 것만으로는 사대부의 불법을 막기 어렵다고 생각했을지 모르지만, 이러한 조처가 지방관에게 이 문제에 대한 최소한의 법적 근거를 환기시키고 있었음에 틀림없다.

그런데 향촌에서 이들이 법적 근거를 제대로 알고 있었는지 여부는 크게 중요하지 않다. 그보다 더 주의 깊게 보아야 할 것은 그들이 이와 같이 인식하고 있었다는 현실이다. 이러한 단묘직에 대한 조항이 법전

---

51) 《日省錄》 순조 14년 5월 20일조.

에 실려 있지 않다고 하더라도, 이를 통해 향촌에서 단묘직을 탈역시
켜야 한다는 것이 관습처럼 허용되었음을 알려 준다.

일반 사족이 자신의 묘직 1명을 탈역시키는 경우조차 정해진 규정은
없다. 그러나 이러한 권한은 사족의 고유한 특권으로 관습적으로 인정
받았다. 즉 사족으로 인정받기만 하면 무조건 묘직 1명은 탈역시킬 수
있는 관습적인 권한이 있었음을 미루어 알 수 있다. 이 같은 묘직 탈역
은 원래 왕실의 특권이었던 규정이, 반상제의 성립과 더불어 나타난
사족층이 사회적으로 성장함에 따라 그들의 묘직 탈역까지 관습적으
로 인정 받았음을 명시하는 것이다. 그런 의미에서 묘직의 탈역은 사
족에게는 해당하지 않던 법 규정을 특권화한 전형적인 예라고 할 수
있다.

그런데 묘직 1명 정도의 탈역은 관습적으로 인정되는 것으로, 사족
의 특권일 수 있겠지만, 그들 특권의 실체를 더욱 드러내주는 것은 이
보다 많은 묘직을 탈역시킨 경우였다. 이러한 정황을 파악하기 위하여
현존하는 완문에 의거하여 묘직의 탈역자 수를 다음의 표로 개관하였
다.(표 7-3)

사족의 탈역 규모가 갖는 현실 문제를 구체적으로 검토하기 위하여,
위의 표에 입각하여 탈역 묘직의 규모와 각 집안의 상관관계를 다음의
표로 정리하였다.(표 7-4)

〈표 7-4〉에 따르면, 사족의 묘직은 1명만 탈역시키는 것이 가장 일반
적인 경향이었다. 이것은 확실히 반상제가 정착됨에 따라 사족의 묘직
탈역은 관습적으로 사회적 공의가 되었음을 알려주는 것이다. 이는 실
제로 단묘직의 탈역은 국전(國典)에 없는 것인데도, 이 규정이 국전에
실려 있는 것처럼 일반적으로 인식된 것에 대한 반증이기도 하다.

그러나 나머지 절반에 이르는 47퍼센트의 사족이 3명 이상의 묘직을
탈역시키는 것도 간과할 수 없는 현상이다. 더욱이 10명 이상의 묘직

표 7-3. 묘직의 탈역 근거와 규모

번호	탈역 근거	탈역 대상·인원	번호	탈역 근거	탈역 대상·인원
1	이황의 선영	묘직3×5=15 → 4×5=20명	16	강정언댁	묘직 1명
2	송시열의 묘소→ 청천비각의 수직	묘직 30→수직 감관, 수직군 35	17	김판부사댁의 치표처	감관 1인 산직 5명/ 묘촌 다수처
3	창의공의 분묘	묘직 1명	18	유판서댁	재사직 1명
4	장여헌의 묘	묘직 1명	19	무첨당의 묘소	산직 1명
5	길창군(공신)	묘촌	20	안동김씨댁	산직 1명
6	권벌의 묘소	묘직 3명	21	동곡조씨댁	묘직 1명
7	우의정 청천당 심공의 묘소	삼세삼공 묘직 3×1=3명	22	곽사부공(곽시징)	묘직 1명
8	황좌랑댁의 선산	묘직 1명	23	풍림신공의 묘소	1명
9	김찬성공의 선산	묘직 1명 묘촌(7호)	24	조야곡의 묘소	9명
10	김성일댁의 선산	묘직 1명	25	황진사댁의 선산	1명
11	열부이씨의 묘소	묘직 1명	26	김승지양례댁의 선산	묘직 1명
12	이나주댁의 선산	2×5=10명	27	이강릉댁의 선산	묘직과 내외 선산 산직－5명 이상
13	안동김씨댁	묘직 5명(3명)	28	복성군·신성군방의 묘소	묘노 전체
14	도선생의 산소	묘직노 일체	29	이고령댁의 선산	산직 1명
15	조승지댁의 묘촌	묘촌	30	김판부사댁	감관 1명, 산직 5명

표 7-4. 탈역 규모에 따른 집안 수

탈역 규모	1명	3~5명	6~10명	11~20명	21명 이상	총계
집안 수	16	3	4	4	3	30
비율(%)	53.3	10	13.3	13.3	10	100

을 탈역시킨 경우도 총 25퍼센트에 이른다. 1명 이상의 묘직을 탈역시키는 것도 드문 경우는 아니었지만, 1명을 탈역 받는 경우가 절반 비율을 차지했다.

그렇다면 어떤 사족의 경우에는 1명의 묘직만 탈역 받을 수 있고, 어떤 경우에는 그 이상의 묘직을 탈역 받을 수 있는가라는 의문이 뒤따를 수밖에 없다. 사대부가에서 묘의 관리나 제사에 소용되는 물자는 그다지 차이가 나지 않을 것이므로, 묘 자체의 수직만 위해 사용되는 묘직의 노동력은 집안에 따라 큰 차이가 없을 것이기 때문이다.

탈역된 묘직 수의 차이는 분명히 각 집안의 현실적 실력에 좌우되었으리라는 것은 쉽게 짐작할 수 있다. 필자는 이들이 내건 어떠한 근거보다는 현실에서 이들이 행사할 수 있는 권력이 1차적이었다고 생각한다. 더욱이 김판부사댁(金判府事宅)의 치표처(置標處)에 대한 탈역완문(문서번호 17)에서는 실제로 묘가 없는데도 산직(山直)을 두고, 산직의 탈역을 입증하는 완문을 발급받고 있다. 이를 통해 묘직의 탈역이 그곳에 묻힌 피장자에게서 발생하는 것은 물론, 선산 주인댁의 사회적 지위와 권력에 의해 주로 결정됨을 알 수 있다.

사족들이 자신의 권세를 이용하여 분산에 묘직을 두고 관리하는 실태는 일반적인 사회 현상이었다. 조가에서는 이 문제를 심각한 사회 문제로 보고 있음을 다음 기사로 확인할 수 있다.

> 본도 사대부가의 분산(墳山)은 여기저기 연이어 있고, 각각 묘직을 두었으니 묘직의 수는 거의 한이 없거나 마을 전체가 면역되는 경우도 있다. 또 반호(班戶)의 사노(私奴)에 대하여 말할 것 같으면, 면임(面任)도 감히 넘볼 수 없고, 해색(該色)도 감히 침범하지 못합니다. 원래 노(奴)가 아닌 자들도 거개가 투탁하여, 슬프게도 저 무고한 백성들은 당포(當布)를 납부하자마자 이어 다른 번(番)에 징용되니 뼈아픈 폐막이 될 뿐만 아니라……52)

위의 기사에 따르면, 사족의 묘직을 탈역시키는 일이 심각한 사회 문제가 되었다. 그 까닭은 위의 표현대로 묘직노는 물론, 노가 아닌 자들도 묘직이 탈역된다는 사실을 알고 투탁함으로써 양역 부담자가 줄어들었고, 따라서 그 부담이 일반 민에게 첩징으로 돌아간다는 현실에 따른다. 즉 이는 삼정문란(三政紊亂)의 중요한 요인으로, 조가에서 주시하고 있는 것이다.

묘직의 탈역을 둘러싼 국역체제의 동요는 조가로서는 우려할 만한 것이었고, 그 결과 조가에서는 이 문제에 대하여 사족의 특권을 일부 인정하면서도 역의 형평성을 고려하지 않을 수 없었다. 왜냐하면 역의 형평성이란 단지 이념적인 문제에 국한된 것이 아니라, 탈역된 역이 다른 양정에게 첩징됨으로써 양인의 소농 경영을 파산시키는 '뼈아픈 폐막'이 되기 때문이다.

탈역자 수만 놓고 본다면 묘직보다는 묘촌이 더 많은 탈역자를 발생시킬 수 있는 빌미가 된다. 묘직은 일정한 수로 정해졌던 반면, 묘촌의 경우 그 수가 딱히 결정된 것은 아니었기 때문이다. 그것이 문제가 되어 묘촌에서도 그 탈역자 수를 한정하는 경우도 있었지만(문서번호 9), 그것은 상례가 아니었다.

이러한 사족의 묘직 탈역은 조가로서는 골칫거리가 아닐 수 없었다. 조가에서 경상사대부가(卿相士大夫家)가 다수의 묘직을 탈역시키는 일을 금지하려는 정책적 의지를 가지고 있었음은 분명하다. 다음 기사에서도 이 점을 거듭 언급하고 있다.

바로 눈앞에서 하루라도 그냥 둘 수 없는 폐단은 이른바 관리들의 각 청에서 백성들을 모속(募屬)하여 계방을 설립하는 것이니, 이 계방은 온

---

52) 《承政院日記》 純祖 33년 6월 10일조.

도의 어느 읍에도 없는 곳이 없습니다. 그 밖에 향교와 서원에서 모속하는 것 및 사부가 묘직 명색으로 칭탁하여 도망가 탈면 받는 것도 많으니, 이것은 모두 국법에서 금하는 것인데도 인심이 흉악하여 죽음을 무릅쓰고 법을 멸시하여 거의 확고부동하여 깨뜨릴 수가 없는 지경이 되었습니다. 청컨대 묘당(廟堂)으로 하여금 해당 도에 행회(行會)하여 열읍(列邑)에 엄히 관문(關文)을 내리십시오.[53]

이 기사는 암행어사가 서계(書啓)로 계방촌(稧房村)의 폐단을 언급하는 것이지만, 교촌(校村)·원촌(院村)과 더불어 사대부 묘직의 탈역도 함께 적시하여, 이 모두가 국법에서 금하는 것임을 분명히 밝히고 있다. 이와 같이 조가에서는 명목이야 어떻든 이러한 방편들이 탈역의 도구로 이용되었음을 알고 불법으로 규정하였던 것이다.

조가로서 묘직의 탈역 사안은 매우 민감한 문제였다. 그것은 관가(官家)의 수취 및 군역 배정 문제와 직접 연결되어 있기 때문이다. 정부로서는 균등한 역의 분배를 실현하고자 했던 만큼 탈역자 수를 줄이고자 하였고, 사족은 되도록 많은 수의 묘직을 탈역시키려는 현실적 욕망을 가지고 있었다. 이로 인해서 조가와 관가, 그리고 사족층 사이에는 묘직의 탈역을 둘러싸고 늘 긴장관계에 있었다.

현실에서 이 같은 긴장관계는 묘직탈역완문의 효력을 불안정하게 만드는 요인이 되었다. 따라서 묘직탈역완문은 다른 문서처럼 1회 발급만으로 문서 효력이 유지되지 못하고 계속 중첩 발급되었다. 따라서 묘직탈역완문은 당시 역의 배분을 책임졌던 수령의 권한 안에서 효력이 보장되었다. 그리고 문서의 효력을 보장하였던 수령이 체직되고 나면, 새로운 수령에게 다시 똑같은 사안에 대하여 똑같은 내용의 완문을 발급받는 과정을 되풀이할 수밖에 없었다. 묘직탈역완문 가운데 같

---

53) 《日省錄》 純祖 8년 12월 17일조.

은 내용의 완문이 중첩 발급받은 경우가 자주 나타나는 것은 바로 이 때문이다.

이와 같이 중첩 발급받는 관례는 앞서 언급하였듯이 1명의 묘직에 대한 경우는 드물었고, 대개 2명 이상의 묘직을 탈역 받는 경우에 나타나는 현상이었다. 이것은 묘직의 탈역 수가 조가로서는 매우 미묘한 사안이며, 사족층 쪽에서 본다면 매우 위태로운 특권이었다.

다음으로 당시 현실적 위세도 있고 법적 근거도 확실한 송시열 묘직의 탈역 사례를 보면, 이와 같은 현실을 짐작할 수 있다. 송시열 묘의 묘직에 대한 탈역 완문은 서울대학교 규장각에 남아 있다. 이 완문들은 송시열의 산직안이나 송시열에게 내린 정조의 어필을 새긴 비의 각을 수직하는 인원을 수록한 청천비각수직안(淸川碑閣守直案) 뒤에 첨부되어 있다. 이 완문의 효력은 1768년 이래 조선이 망할 때까지 지속되었던 것 같다. 다음은 그 산직안 내지 비각수직안 목록이다.(표 7-5)

이 문서들은 충청도 관찰사가 송시열의 묘역을 관리하기 위해 발급한 완문이다. 그런데 이 문서에서 필자가 주목하는 것은 문서 발급 사유가 변했다는 점이다. 번호 1~3은 '청천송문정공산소산직안'(淸川宋文靖公山所山直案)이라는 제목의 산직안에 첨부되어 있고, 번호 4~7은 '청천비각수직안'(淸川碑閣守直案)이라는 제목의 수직안에 첨부되어 있다. 번호 4부터 산소산직안에서 비각수직안으로 바뀌었음을 알 수 있다. 이를 통해 번호 4가 발급된 1780년을 기점으로 묘역 관리 인력을 탈역하는 명분이 변하고 있음을 알 수 있다.

1780년은 정조가 충청도 괴산면 청천리에 있는 송시열의 묘 앞에 묘표를 짓고 쓴 해이다.[54] 그런데 문서명만 보면 청천비각의 수직이라는 명목으로 인력을 따로 배치한 것은 아닌가 의구심을 가질 수도 있지만,

---

[54] 이민식은 이 비를 신도비가 아닌 묘표로 분류한 바 있다.(이민식, 〈조선시대 어필비에 관한 연구〉, 《경기지역의 역사와 문화》, 2003, 236쪽 참조)

표 7-5. 송시열 묘직안의 소장 현황

번호	발급자	수급자	발급 연도	탈역 대상	탈역 규모	탈역 내용	소장처	비고
1	겸사 (兼使)	은진 송씨가	1768	송시열의 산소 산직	30호	창역 (倉役)	奎27235	제목은 〈청천송문 정공산소산작안〉
2	겸사	은진 송씨가	1769	위와 같음	묘직 30호	창역	奎27235	위 문서에 수록
3	겸사	은진 송씨가	1777	위와 같음	묘직 30호	창역	奎27235	위 문서에 수록
4	겸사	은진 송씨가	1780	청천비각 수직안	수직군 30명	창역, 양역 (良役), 연호 잡역, 순병 영 순력시 잡역물침	奎27235	제명은 〈청천비각 수직안〉으로 되어 있음. 수직명단을 싣고 있다.
5	겸사	은진 송씨가	1817	위와 같음	감관 2명, 고자 1명, 산소 수호감관 2명, 수직군 30명	본면 창역, 제반 양역, 연호잡역	奎27235	위와 같음.
6	겸사	은진 송씨가	1847	위와 같음	감관 2명, 고자 1명, 산소 구호감관 2명, 수직군 30명	창역, 제반 양역, 연호 잡역	奎27235	위와 같음.
7	겸사	은진 송씨가	1860	위와 같음	감관 2명, 고자 2명, 산소 수호감관 2명, 수직군 30명	양역, 환자	奎27233	위와 같음.

산직안과 수직안을 대조한 결과, 산직안의 인원이 그대로 수직안의 인원으로 이어짐을 확인할 수 있다. 다만 탈역의 근거가 송시열의 산직에서 청천비각의 수직, 즉 어필을 수호하는 수직으로 변한 것이다.

같은 인력을 탈역시키는 일에 대하여 어째서 이와 같이 발급근거를 변화시켰던 것일까? 이에 대하여 선현의 묘직으로 탈역의 근거를 삼는 것보다는 어필비의 수호를 명목으로 하는 것이 현실적으로 더욱 효력이 있었음을 짐작할 수 있다.

역설적으로 이러한 현상을 통해 묘직탈역완문의 위상을 이해할 수 있다. 필자는 이 변화가 산직, 즉 묘직이라는 명분보다는 청천비각의 수직이라는 명분이 현실적으로 더 안정된 효력을 발휘하기 때문에 나타난 현상이라고 생각한다. 이를 통해 묘직의 탈역이 발급근거 면에서 현실적인 효력을 발휘하기에는 미약하고 불안정함을 반증한다는 것을 알 수 있다. 이는 어필비가 보여주는 지배 상징의 힘이 선현의 묘직이라는 지배 상징보다는 컸다는 것을 보여준다. 이를 통해 당시 어필비의 현실적 효력이 갖는 현실적 무게감을 되새겨볼 수 있을 것이다.

따라서 묘직탈역완문은 조선의 조가가 국역을 균등히 부과하려는 정책적 의지 아래에서, 사족층이 묘직을 탈역시키려는 자신의 욕망을 관철시키려 하였던 긴장의 균형점에서 생산된 문서였다고 할 수 있다. 조가로서는 묘직의 탈역을 사족의 특권으로 보장한 바 없지만, 1명 정도의 묘직을 탈역시키는 것은 관례로 허용하였던 것 같다. 그러나 그 이상의 묘직 탈역은 사족의 능력에 따라 좌우되는 것이었으며, 그런 의미에서 묘직의 탈역 그 자체뿐 아니라 다수의 묘직을 탈역하는 것은 사족의 대표적인 특권의 하나로 이해할 수 있다.

현존하는 묘직탈역완문의 발급근거는 대부분 법전의 범주로부터 벗어나 있다. 법전에서 묘직의 탈역에 관한 조항은 원래 왕족 등을 보호하려는 목적에서 설행되었던 것이나, 뒤에 사족층이 자기 특권화시킨 사례로 볼 수 있다. 완문의 수급자는 관직을 거친 경상사대부 집안이나 재지 사족 가운데 위세 있는 집안이 대부분이다. 이를 통해 이 완문은 모든 사족이 발급받았던 것이 아니라 상층에 속하는 사족이 그들의 현실적인 위세에 근거하여 발급받는 경우가 많았음을 알 수 있다.

묘직탈역완문의 주 발급자인 수령은 탈역 여부와 범위를 결정하는 더서, 조가의 규제와 사족들의 욕망을 조절하여 적절한 합의점을 찾고 있다. 따라서 탈역 여부와 탈역의 규모는 수령이 자의적으로 결정하는 것이 아니라 사회적 공의에 맞게 처리하려는 경향이 강하였다. 조가는 사족의 묘직 탈역을 경계하고 있었던 반면, 지방의 수령은 사족들에게 여전히 묘직을 탈역해 주고 있었다. 조가가 사족의 묘직 탈역 규모를 되도록 줄이고자 하였던 점은 관찬사료에 자주 등장하는 주요 현안의 하나였다.

그런데 필자는 조가에서 지방관이나 수령을 직접 규제하여 탈역시키는 담당자를 압력하여 금지시키면 문제될 것이 없었다고 생각한다. 문제는 수급자에게만 있는 것이 아니라 발급자에게도 있지 않은가? 그럼에도 지방에서 수령을 포함한 지방관들은 계속 묘직의 탈역을 허용하는 완문을 발급하는 것이 엄연한 현실이었다. 이러한 조가와 관가 사이에 벌어지는 정책적 불일치는 어디에서 기원한 것일까? 이를 고쳐 말한다면, 조가에서 금지하는 일을 어떤 이유로 지방관들은 계속 허용하는 것이며, 또 결과적이긴 하지만 조가에서는 어째서 그러한 상황을 허용할 수밖에 없는 것일까?

일단 수령을 비롯한 지방 관료들이 묘직탈역완문을 요청하는 사족 계층과 같은 사족 출신이라는 점에 주목할 필요가 있다. 이들 관료들은 사족 계층의 문화와 관습에 정통한 한편, 심정적으로는 이들의 처지에 동정적이었기 때문에 사족 계층의 이익을 옹호하는 데 주저하지 않았을 것이다.

직접적인 연고에 의한 것은 아니라고 하더라도, 묘직탈역완문이 대체로 사족들이 발급을 요청하는 소지에 따라 발급된다는 사실을 상기한다면, 수령이 향촌에 도임하여 사족들의 뜻을 거스르면서 향촌을 통치해 나간다는 것은 애초에 불가능하므로, 되도록 그들의 여론과 여망을 수용하는 방식을 취하는 것은 당연하다.

한편, 조가가 이러한 위법적인 사안을 허용할 수밖에 없었던 것은, 조가가 수령을 통해 사족층을 지배하려는 전략과 관련된 것이라고 생각한다. 조가의 기본적인 통치구도는 향촌 사족층에 대한 직접 지배를 되도록 자제하고, 통제권을 수령에게 위임하여 자치권을 허용함으로써 사족층에 효율적으로 대응하는 것이었다. 더욱이 조선이 비총제를 실시하면서, 향촌의 역을 배정하는 일을 수령의 전권 아래 둔 상황이라서 조가가 수령의 이와 관련된 권한을 직접 통제하기는 어려웠다.

7.2.2. 묘직 탈역으로 본 농민 지배[55]

사족은 되도록 많은 수의 묘직을 탈역시키려 하였다. 그렇다면 그 궁극적인 의도는 어디에 있었을까? 필자는 이 문제를 해명하기 위하여 17세기 이후 이정회 집안의 문서들을 분석할 것이다.

이정회 집안은 안동 주촌에 거주하던 진성이씨가의 종손 집안이다. 김성우는 당시 이정회 집안의 상황을 임진란 이후 경향(京鄕)에 흩어져 있던 호세가들이 이익을 위해서라면 무슨 일도 마다않던 무단적인 토호의 한 예로 들었다. 무단적인 토호 발생의 원인을 전란 후 '여민휴식'(與民休息)을 기초로 한 전후 복구사업이라는 국가의 이완 정책으로 인해 나타난 권력의 공백을 사족들이 자신의 이익을 확대하려 한 데서 찾고 있다.[56]

그런데 멀리 조가의 입장에서 바라본 이러한 집안의 외양이 무단적인 토호로 보였을지 모르겠지만, 가까이서 바라본 이 집안은 관가의 권력으로부터 결코 자유롭지 못하였다. 우선 이 집안이 끊임없이 관가를 의식해야만 했던 사정은, 자신의 특권을 완문으로 보장받고자 하였다는 것 자체에서 이해할 수 있다. 이는 자의적 권력을 마구 휘두를 수

---

55) 여기서는 김혁, 〈안동 이정회 집안 소장 '묘직탈역완문'을 통해서 본 조선후기 사족특권의 성격〉, 《법사학연구》 31, 2005을 일부 고쳐서 실었음을 밝혀둔다.
56) 김성우, 앞의 책, 415~421쪽 참조.

없었던 이 집안의 처지를 암시하는 것이다.

다음은 이정회 집안에서 가장 오래된 완문의 예이다.

문서 7-1[57]

작산재사완문(鵲山齋舍完文)

안동도호부가 영구히 정하여 수호하기 위한 것임. 고(故) 송안군(松安君)은 곧 퇴도(退陶) 이선생(李先生)의 오대조(五代祖)이며 고(故) 군기정(軍器正)은 곧 이선생(李先生)의 고조(高祖)며 고(故) 증호조참판(贈戶曹參判)은 곧 이선생의 증조(曾祖)다. 대대로 덕을 쌓아서 대현을 낳게 되었으니, 모든 우리 이선생을 존모하는 사람들 가운데에서 어느 누가 이 세 명의 부군에 대해서 경모하지 않을 사람이 있겠는가?

세 명의 부군의 묘는 모두 경내에 있으나 보호할 사람이 없어서 땔나무나 화경의 근심을 장차 막을 길이 없으니, 이것이 어찌 우리 선생의 선세를 모시는 도리겠는가? 중조(中朝)의 사람이 그를 덕을 숭상하고 현명함을 사모하는 뜻으로 대우함이 어찌 이와 같은가? 이것은 마땅히 수령된 자의 수치다.

이에 송안군의 묘에 따로 5호, 군기정부인 및 참판묘에 각각 5호를 정하고 재사를 맡아 지키는 승도들의 잡역을 영원히 면제하여 영세토록 실

---

57) 《古文書集成》 41, 完文 1. 이 완문은 목판으로 남아 있던 것을 어느 때인가 다시 먹으로 찍어 탑본으로 남긴 것이다. 후대의 문서로 확인할 수 있듯이 이 완문은 발급자인 수령의 친필본이라고 한다. 이 친필본은 게시할 목적으로 목판에 새겨 제작한 것이다. 이 완문의 원본이라 할 목판이 현재 남아 있는지는 확인할 길이 없다. 다만 현존 탑본에 의거해 볼 때 이 목판은 발급 당시부터 사본을 바로 목판으로 제작했던 것은 아닌가 추정된다. 목판으로 제작하였던 것은 여타 완문의 내용 가운데 '완문을 해당 청에 걸어놓는다'는 식의 상투적인 표현이 사용된 점으로 미루어 보아, 완문이 처음 발생한 초기에는 완문을 목판으로 제작하였던 사례가 많았을 것 같다. 이 밖에도 위와 동일한 목판을 탑본한 완문이 1건 더 확인되는데, 이것은 이 탑본을 이해하는 데 결정적인 도움이 된다. 2건씩 또는 그 이상으로 목판을 탑본으로 제작한 데에는 그만한 이유가 있었던 것 같다. 당시 작산재사에서 모시고 있는 세 분은 이후 각각의 재사에 모셔지기 때문에 그로 인해 각 재사는 자기 수호를 위하여 이 같은 탑본이 필요했던 것은 아니었을까 생각한다. 이를 통해 완문의 목판 제작이 여러 용도로 이용될 수 있음을 추정할 수 있다.

추함이 없게 하여 선현(先賢)의 선세(先世) 묘를 뜻밖의 재난으로부터 면할 수 있게 하고, 뒤에 올 수령도 이것을 이어 상고하여 헤아릴 것이 있게 할 것.

　만력(萬曆) 35년 7월 일

　부사(府使) [署押]

위의 문서는 선조 40년(1607), 당시 안동부사(安東府使)였던 정구(鄭逑)가 진성이씨 집안 가운데에서도 안동파 종손인 이정회(李庭檜) 집안에 속한 작산재사에 이황 선조들의 선영을 보호하는 묘직과 재사(齋舍)를 맡아 지키는 승도의 잡역을 견감할 것을 내용으로 발급한 완문이다. 당시 안동도호부사가 정구였다는 사실은, 이후 정조 17년(1793)에 발급된 소지(所志)로도 확인할 수 있다.[58] 소지에 따르면, 이 완문은 정구가 이곳에 부임한 그날 바로 발급하였음을 알려준다.

정구가 이황의 문인이었다는 것은 이황의 종손가를 배려하지 않을 수 없는 절실한 원인이 되었을 것이다. 더욱이 정구는 재임 때 당시 종손이자 이 완문의 실질적인 수급자이기도 한 이정회의 서당을 방문하였다. 이러한 점을 미루어보아, 정구가 이 집안과 지속적으로 돈독한 관계를 맺고 있었음을 알 수 있다.[59]

그런데 위 완문의 수급자가 개인이 아니라 작산재사로 되어 있다는 것은, 17세기에 형성된 탈역의 조건을 이해하는 데에 특히 주목할 점이다. 작산재사는 1480년 진성이씨 4대조인 이정(李禎)의 분묘를 위하여 설립된 곳으로서, 어느 개인이 아니라는 점에 주목하여야 할 것이다. 비록 사사롭게 건립되기는 하였지만, 그 집안으로서는 공적인 성소

---

58) 위의 책, 156쪽, 所志類 21. "粤在寒江鄭先生莅府之日 纔給守護完文 其文有曰 府爲永定守護事……."

59) 김문택, 〈안동 진성이씨가 재사의 건립과 운영〉, 《조선시대사학보》 27, 2003, 114쪽 참조.

(聖所)로 인식될 정도였다.

이는 작산재사에 부여된 권위가 개인보다 우월한 것이었으며, 그러한 권위를 가진 곳이 수급자가 되었다는 것은 완문을 수취할 공식적인 명목이 되기에 충분하였음을 보여준다.

더욱이 완문을 현판으로 제작하였던 것은, 이를 재사에 게시함으로써 문서의 효력을 공고히 하기 위해서였음을 짐작할 수 있다. 이것은 완문이 16세기와 같이 수령이 갖는 고유한 재량권의 일종으로서, 사족과의 친분으로 일회적으로 발급되었던 것이 아니라 영구적인 효력을 보장하기 위하여 제작되었음을 알 수 있다.

'자'(玆) 이하 마지막 단락은 이 완문의 처분 내용이다. 즉, 이 부분은 공권력의 구체적인 내용을 싣고 있는 영역이다. 여기서는 각 묘직과 승도의 탈역을 주요한 내용으로 삼고, 탈역의 대상이 되는 묘직의 범위를 정하고 있다. 즉, 2대조 송안군(松安君) 이자수(李子脩)의 묘, 3대조 이운후(李云侯)의 부인 묘, 4대조 이정(李禎)의 묘에 각각 5호씩을 배정하고, 재사의 승려들과 아울러 탈역을 명하고 있다. 이들은 모두 이황의 선조라는 점 때문에, 존현(尊賢)의 명분에 의거해 그 선조의 묘를 보호할 묘직을 탈역하는 것이다. 이 가운데 이운후의 묘 대신에 그 부인의 묘를 정한 것은, 당시까지 이운후의 묘가 실전되었기 때문이다.[60]

그리고 결사에서는, 이 완문의 증빙효력을 발휘하는 과정에서 완문을 제시하여 효력을 성취할 증빙 대상자를 명기하고 있다. 이 완문에서 수급자는 작산재사, 증빙 대상자는 후임 수령들이다. 이들에게 "오늘날의 뜻을 이어 이것을 상고하여 헤아릴" 것을 당부하고 있다.

이 완문은 정구가 이정회 집안과 맺은 개인적 연분으로 발급된 것이지만, 뚜렷한 명분이 없이 20호가 넘는 호의 역을 감면하는 일은 힘들

---

60) 위의 글, 106쪽, 주 17)에 진성이씨 주촌파의 시조로부터 4대까지의 묘소 위치와 실전여부 및 재사에 대하여 일목요연하게 표로 정리되어 이와 같은 상황에 대하여 참고할 수 있다.

었다. 이 완문에는 발급근거를 다음과 같이 밝히고 있다.

> 고(故) 송안군(松安君)은 퇴도 이선생의 5대조이고, 고(故) 군기정(軍器正)은 이선생의 고조이며, 고(故) 증호조참판(贈戶曹叅判)은 이선생의 증조이니, 대대로 덕을 쌓아서 대현을 낳은 것이다. 우리 이선생을 존모하는 모든 사람들은 누가 이 세 부군에 대하여 경모하지 않을 수 있겠는가?[61]

이 구절에 따르면, 묘직 탈역은 피장자(被葬者)가 이황이라는 명현의 선조이기 때문이라고 했다. 이것은 이황을 경모하는 한 가지 방법이다. 이는 이황 선조의 묘를 수호할 묘직을 탈역시켜야 한다는 논리로 이어진다.

이와 같은 논리는 뒷날 완문 발급을 위해 이정회 집안이 청원한 소지에 제시된 다음 제사(題辭)에 분명히 드러난다.

> ① 경내의 사대부 분산을 지키는 사람들에게 어찌 다 완문을 내줄 수 있겠는가? 그러나 이 같은 퇴계 선생 조상의 묘소는 후학들이 우러러 본받는 도라는 점에서 다른 것과 자별하니, 완문을 성급한다.[62]
>
> ② 퇴계 선생 집안의 선세묘정을 수호하는 등의 일은 누가 우러러 정성을 다하지 않겠는가? 다만 사가에서 무덤을 지키는 데 3인을 쓰는 것은 법전에서 벗어난 일이니, 타도에서도 없는 일이다. 지금 조사하여 바로잡으라는 특교가 있어서 봉행이 시급하였으므로, 허다한 궐액을 보충할 길이 없어서 혼침하지 않을 수 없었던 것 같다. 다시 생각해 보니, 비록 법외라 하더라도 준행(遵行)한 지가 이미 오래되기도 하였고, 호소하는 것

---

61) "故松安君 卽退陶李先生之五代祖 故軍器正 卽李先生之高祖 故贈戶曹叅判 卽李先生之曾祖也 世積德慶 爲生大賢 凡諸尊慕我李先生之人 孰不於兹三府君 惟其所以景慕者耶".
62) 《古文書集成》 41, 安東周村眞城李氏篇, 所志類 17.

이 이와 같으니, 완문은 이전대로 시행하고 산직을 병(兵)으로 파기(疤記)하는 일은 분간(分揀)하도록 할 일이다.63)

①은 정조 1년(1777)의 소지에 대해 처분하였던 제사다. 이 제사에 따르면, 사대부의 묘직에게 완문을 다 발급할 수는 없지만 존현의 입장에서 완문을 작성하여 준다는 내용이다. 여기서 수령은 이정회 집안에게 묘직 탈역의 특권을 주는 근거로 "후학들이 우러러 본받는 도라는 점에서 다른 것과 자별"하다는 점을 들고 있다.

②는 정조 17년(1793)의 소지에 대한 제사다. 여기에서 수령은 각 묘당 3명의 묘직을 탈급해 달라는 이정회 집안의 청원에 대하여, 원칙적으로 사가(私家)의 묘직을 3명이나 설정한다는 것은 법전의 예에서 벗어나지만, 산직을 군역에서 빼주어야 한다는 입장을 취하였다.

그런데 탈역 묘직의 수는 17세기 초의 각 5명에서 18세기에는 3명으로 줄어들었다. 이것은 당시에 수령이 탈역을 해주는 것이 그 자체로 부담이 컸음을 말해 준다.

사족과 수령 및 묘직으로 이루어진 위의 사회구조를 그림으로 나타내면 다음과 같다.(그림 7-1)

아래 그림에서 볼 수 있듯이 수령은 이정회 집안에게 묘직을 탈역해

그림 7-1. 이정회 집안 완문에 나타난 탈역의 구조

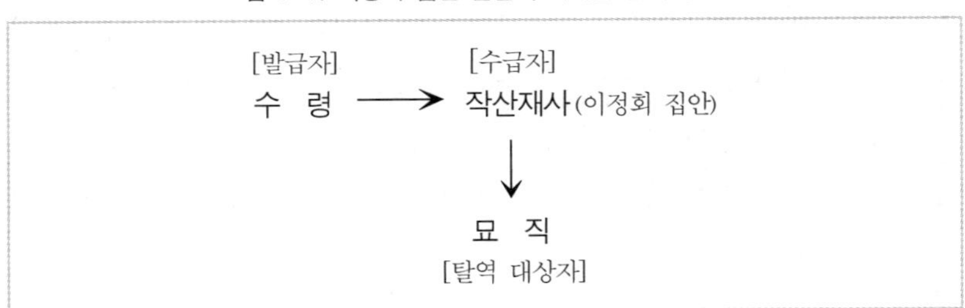

---

63) 《古文書集成》 41, 所志類 21.

준다는 내용의 완문을 발급해 주었다. 이 구조에 따르면 묘직은 탈역 대상자지만, 현실적 이익의 수혜자는 이정회 집안이었다. 이 그림에서 두 가지 형태의 사회관계를 추론할 수 있다.

첫 번째는 수령과 이정회 집안의 관계고, 다른 하나는 이정회 집안과 묘직의 관계다. 여기서 짐작할 수 있듯이, 이 두 가지 측면의 사회관계는 별개의 것이 아니라 상호 연결되어 있다. 다음에서는 이 점에 대하여 집중 논의하고자 한다.

그런데 이 문제를 논의하기 전에 짚어야 할 점이 있다. 수령이 완문을 발급함으로써 허락해 준 묘직의 탈역이, 이정회 집안에 있던 기존 묘직을 탈역시키는 일을 의미한 것인지, 아니면 탈역할 수 있는 권한을 주었던 것인지에 대한 문제다.

앞의 경우가 기존의 묘직을 탈역시켰던 것이라면, 여기서의 탈역은 주인가와 묘직 사이에 이미 형성된 기존의 사회관계를 존속시키기 위한 방편에 불과하다. 그러나 주인가가 관으로부터 취득한 탈역권을 가지고 새롭게 묘직을 모집한 것이라면 의미는 다르다. 이때 주인가의 탈역권은 이를 매개로 주인가와 묘직 등 수하인 사이의 새로운 사회적 관계를 창출할 수 있는 근거가 되기 때문이다.

그렇다면 이정회 집안은 어느 경우에 속할까? 다음 기사로 이정회 집안의 산직 경영은 후자에 속했을 것이라는 단서를 얻을 수 있다.

> 퇴계 선생 때부터 산직(山直)을 소모(召募)하여 완문을 발급해 주도록 청하는 소장을 올려서 선영을 수호하도록 하였다.[64]

이 기사는 정조 1년(1777)의 것으로서 이황 때로부터 200년이나 떨어

---

[64]《古文書集成》41, 所志 17.

져 있으므로, 위의 진술대로 이황이 과연 산직을 소모(召募)하였는지 여부는 알기 어렵다. 설사 그렇지 않았다고 하더라도 이 소지가 올려졌을 당시 이정회 집안의 관념으로는 산직을 모집하고 있었다는 현실이 그대로 노출된 것이라고 할 수 있다. 앞서 말한 바와 같이, 당시 이정회 집안이 취득하였던 특권은 사족이 관으로부터 탈역권을 얻어서 그 탈역권을 통하여 산직을 소모할 수 있는 특권을 의미한다.

이 같은 사회적 관계는 주인가와 노비가 맺는 사회적 관계, 즉 주인가가 노비를 소유함으로써 발생하는 사적인 소유관계와는 구별된다. 사족의 소모에 의하여 투탁한 산직은 자발적으로 사족과 새로운 사회관계를 형성하려는 의지를 가지고 있었던 만큼, 어느 정도는 자발적인 사회관계였다는 점에서 주목된다.

투탁한 산직에 대한 주인가의 지배양식은 직접적인 인신지배권은 아니지만 그 간극은 문화적 요소로 채워져 보호를 매개로 한 가부장적 인격적 사회관계라는 특색이 있다.[65] 결과적으로 이와 같이 이정회가와 묘직을 묶어주었던 사회적 관계는 국가가 주도하는 국역체계와 그로부터 취득된 사족의 특권에서 연유하였던 만큼, 국가가 일차적인 주도력을 가졌음을 알 수 있다.

다음으로는, 발급자인 관과 수급자인 이정회 집안의 관계에 대하여 살펴보고자 한다. 위에서 언급한 것처럼, 관은 이황 선조의 선영을 수호할 묘직이라는 명목으로 완문을 발급해 주었다. 그렇다면 이정회 집안이 이황과 어떤 연관성이 있었기에 이와 같이 탈역을 주장할 수 있었을까? 이것을 구체적으로 알아보기 위하여 이정회 집안과 이황 집안, 그리고 그 선조들의 관계를 나타낸 다음 쪽의 세계도(世系圖)를 참고하기로 한다.[66]

---

65) 김혁, 〈조선시대 완문에 관한 연구〉, 한국학중앙연구원 박사학위논문, 2005, 614~624쪽 참조.

그림 7-2. 진성이씨 안동파의 세계도

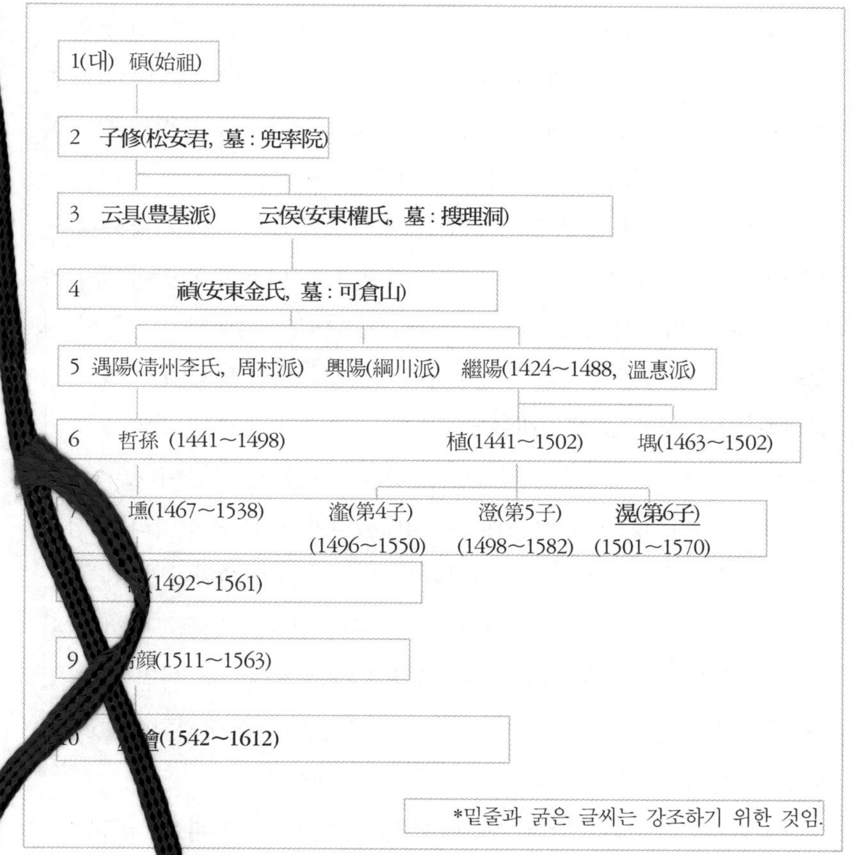

이 세계도에 따르면, 이정회 집안과 이황 집안은 이정회의 6대조 이
정에서 갈린다. 따라서 이정회는 이황과 촌수를 헤아리기조차 힘들 정
도다. 조선시대의 실질적인 공동체 범위가 직계손 위주로 되어 있다는
점을 참작한다면, 이 두 집안의 관계는 아주 먼 친척이라고 할 수 있다.
이 두 집안이 현실적으로 서로 공유하는 영역은 1대부터 4대까지의 조

---

66) 김문택, 앞의 글, 110쪽에서 재수록.

상이 동일인이라는 사실뿐이다.

이정회 집안에게 이황과 관련된 이 같은 공유점은 그들이 활용할 수 있는 매우 큰 자산이 되었다. 왜냐하면 이정회 집안이 진성이씨 안동파의 대종손이므로, 1대에서 4대까지의 묘역을 관리하는 직접적인 책임과 권리가 이정회 집안에 있었기 때문이다.

지금까지 이정회 집안이 어떠한 논리와 현실적 근거를 바탕으로 묘직탈역완문을 수취할 수 있었는지 살펴보았다. 이정회 집안이 동원하였던 사회적 자원은 무엇보다 자기 집안의 1대부터 4대까지 선영이 이황의 직계선조라는 점이다. 5대 이후와 그들의 묘직 탈역에 대해서 언급하지 않는 것을 보면, 2대부터 4대까지 선영의 묘직만 탈역의 근거가 됨을 알 수 있다. 이 선영들만 이황과 관련되기 때문이다.

이정회 집안에게 이황은 1대부터 4대까지가 같은 조상이라는 점에서만 현실적인 의미가 있다. 이황이라는 선현을 내세워야만 이 같은 성취를 이룰 수 있었기 때문이다. 조선 후기 경상도 안동부에서 이황이라는 이름의 명목가는 어느 가치보다도 컸음을 여기서 확인할 수 있다. 따라서 이정회 집안은 이황이라는 사회적 자원을 동원하여 15명에서 20여 명에 이르는 묘직을 탈역시킬 수 있었다.

이정회 집안은 묘직 탈역 과정에서 될 수 있으면 더 많은 묘직을 탈역시키려는 의지를 가지고 있었다. 그렇다면 묘직 탈역이 어느 정도의 특권이기에, 이정회 집안에서 그렇듯 많은 묘직 탈역권을 얻고자 노력하였던 것일까?

이 문제를 이해하기 위해서는, 우선 묘직이 어떠한 존재방식을 가지고 있었는지를 해명할 수 있어야 한다. 그 근거 자료로 이 집안에 전해오는 묘직안(墓直案)에 주목할 것이다.

이정회 집안에는 《작산정사산직도안》(鵲山精舍山直都案) 5건, 《작산재사송안군묘수직노안》(鵲山齋舍松安君廟守職奴案) 1건이 남아 있다.[67)

그리고 1790년에 《작산정사산직도안》과 《작산정사송안군묘수직노안》
이 동시에 작성되었다. 후자인 《작산정사송안군묘수직노안》의 경우
산직안이 아니기 때문에 묘직인원을 별다른 구분 없이 싣고 있다.

이 묘직안의 내용을 보면, 산직들은 도솔원산직(兜率院山直)·가창산
직(可倉山直)·수리동산직(搜理洞山直)·감악산산직(坎岳山山直) 등 4곳
으로 나뉘어 각각 5명씩 두고 있고, 탈역 받은 산직의 총수는 모두 20
명이다. 이 산직안이 발행된 시기는 위의 제사가 발급된 시기로 추정
되므로, 수령이 완문을 그 이전대로 시행하라고 한 것으로 보아 이전
에 5명이 탈역되었음을 알 수 있다. 따라서 완문에는 이와 같이 각 탈
역노비의 화명(花名)이 실려 있는 노비안이 완문과 짝을 이루어 작성되
었음을 알 수 있다.

각 묘산에 소속된 탈역 묘직노(墓直奴)의 현황을 표로 작성하면 다음
과 같다.(표 7-6)

위의 표로 확인할 수 있는 것은, 묘직들이 각 묘산에 매우 임의적으
로 배정되었다는 사실이다. 이 표에 따르면 한 묘직이 동일한 묘산에
배속된 이후 지속적으로 경영된 경우가 매우 드물다. 이 묘직안에 따
르면, 달근(達根), 화죽(華竹), 영대(永大), 근이(根伊), 녹이(祿伊), 성진(性
眞), 능위(能爲), 달문(達文), 성업(性業), 달손(達孫), 만수(萬壽), 성대(性大)
등은 다른 묘산으로 이속된 묘직들이다. 묘직이 2곳 이상 묘직안에 소
속된 사례 가운데 변경된 비율은 약 60퍼센트다.

위의 분석에서와 같이 변동 사례가 60퍼센트에 이른다면, 묘직이 자
주 이사를 다녔다고 생각할 수도 있다. 그러나 전근대의 사회 성격을
참작한다면, 이런 상황이 실제로 일어났을 가능성은 희박하다. 따라서
묘직의 배속이 장부에서만 편의로 이루어진 결과라고 볼 수밖에 없다.

---

67) 《古文書集成》 42, 517~529쪽 수록.

표 7-6. 각 묘산 소속 묘직 현황

산직안(작성 연대)/花名	壬辰案 (1772년)	丁酉案 (1777년)	(己)亥案 (1779년)	庚戌案 (1790년)	《鵲山精舍松安君廟 守直奴案》(1790년)	丁巳案 (1797년)
孟得	兜率院	兜率院				
仲億	兜率院	兜率院	兜率院			
丁玉	兜率院	兜率院	兜率院			
達根	兜率院,可倉	可倉				
華竹	兜率院		坎岳山			
斗嚴	可倉					
主亨	可倉					
弘一	可倉					
崔同	可倉					
永大	搜理洞	可倉	可倉			
根伊	搜理洞	搜理洞		搜理洞		坎岳山
達善	搜理洞					
祿伊	搜理洞	搜理洞		可倉		坎岳山
又根	搜理洞	搜理洞				
性眞	坎岳山	兜率院				
福文	坎岳山	坎岳山				
能爲	坎岳山	坎岳山	可倉			
甲祿			搜理洞			
連玉	坎岳山					
達文	坎岳山	搜理洞	兜率院			
美孫		兜率院				
明得		兜率院				
祿孫		兜率院				
太孫		可倉				
哲根		可倉				
性業		可倉		兜率院		
碧春		可倉				
達孫		坎岳山	兜率院			
芿叱江牙之		坎岳山				
福孫		坎岳山				
應世		坎岳山				
興伊			兜率院	兜率院		
守英			兜率院	兜率院		
就慶				兜率院		
夫慶				兜率院		
岳伊				可倉	○	兜率院
德伊				坎岳山		

仁俊			可倉		可倉
忠根			搜理洞		
翼伊			搜理洞		
後眞			搜理洞		
萬壽			搜理洞		坎岳山
春伊			搜理洞		
萬允			坎岳山		
東俊			坎岳山		
仲根			坎岳山		
畢俊			坎岳山		
一根				○	可倉
朔夫里				○	搜理洞
福只				○	兜率院
永根				○	兜率院
性大			坎岳山		兜率院
守業				○	兜率院
花石				○	可倉
哲伊			可倉		可倉
百伊				○	可倉
小卩祿				○	搜理洞
鳳岳					搜理洞
大孫					搜理洞
業伊					搜理洞
哲俊					坎岳山
萬哲					坎岳山
鶴伊				○	坎岳山
萬在					坎岳山
貴根					坎岳山
律伊					兜率院
世文				○	
尙□				○	
遵伊				○	
又述				○	
億伊				○	
建伊				○	

*○는 소속된 묘산은 알 수 없으나 해당 묘직인에 수록된 경우를 표기한 것임.

　이러한 사실은 이 연구에서 시사하는 바가 크다. 이 묘직안은 실상과는 무관하게 관에서 사족이 필요로 하는 방식대로 작성해 준 것에 불과하였음을 알 수 있다. 그리고 묘직은 이 같은 파기방식과는 별도의 사회적 존재방식이 있었을 것이라고 상정할 수 있다.

　그리고 더욱 주목되는 것은, 묘직들의 이름을 볼 때 노비라는 것이다. 이정회 집안은 많은 노비를 필요로 했고, 노비노동에 기반 한 농업경영이 당시도 여전히 지속되었다는 사실을 지적하지 않을 수 없다.

　그렇다면 이정회 집안에서 행하였던 묘직 경영의 실상은 어떠하였을까? 성봉현의 연구는 이 같은 묘직 경영의 일반적인 양상을 이해하는 데에 시사점을 준다. 그는 이 집안의 묘직안 분석을 통해 묘직노의 사역 형태를 납공(納貢), 종가(宗家)의 앙역(仰役), 묘직(墓直)으로 분류한 뒤, 묘직의 비율이 40에서 50퍼센트에 이른다고 분석한 바 있다. 그는 이 분석을 토대로 묘직노의 존재방식을 "묘직, 즉 묘수호가 신역이었지만 실제로 묘의 수직을 신역으로 하는 경우보다는 절반 이상이 납공노비나 종가 앙역 등의 형태로 사역되었다"고 결론지었다.[68]

　여기서 필자가 주목하는 것은, 설령 묘직이라고 하더라도 묘의 수호를 신역으로 수행하기 위한 노동력의 비율은 그다지 크지 않고, 대부분은 종가의 사적 노동에 귀속된다는 점이다. 더욱이 앞서 살펴보았듯이, 묘직 탈역자의 수를 놓고 관가와 이정회 집안 사이에서 5명이니 3명이니 하며 조정 가능한 영역으로 보았다는 것은, 두 당사자 모두 묘직을 단순히 묘역을 관리하는 인원으로만 보지 않았다는 전제가 된다.

　그리고 묘 하나에 묘 관리나 제수 마련을 위하여 5명의 묘직을 둔 것은 상식적으로도 너무 많다고 할 수 있다. 더욱이 사족의 탈역 묘직의 수가 한두 명에 불과한 사례도 허다하였기 때문에, 이정회 집안에

---

68) 성봉현, 〈조선후기 문중소유 묘직노비의 운영과 소유규모의 변화〉, 《중산정덕기박사화갑기념 한국사학논총》, 경인문화사, 1996, 421~431쪽.

서 묘직의 탈역자 수를 증가시키려 한 것은, 순수하게 묘제(墓祭)나 묘의 관리에 필요한 노동력 이외에 발생하는 잉여노동력을 자기 소유로 하려는 의도였음을 알 수 있다.

그렇다면 이정회 집안은 어떤 현실적 필요가 있었기에 이렇게 많은 노동력이 요구되었던 것일까? 이 문제는 17세기를 전후한 시기에 있었던 이정회 집안의 농업 경영의 실상을 《송간일기》(松澗日記)를 통하여 분석한 김건태의 연구로 설명할 수 있다.

그는, 이정회 집안에서 노비를 직접 동원하여 기경(起耕)에서 타작에 이르는 전 과정을 지주가 관할하는 가작제(家作制)의 비중은 작개(作价)와 병작(竝作)을 위주로 한 농장 경영에 비하여 부차적이었다고 하면서도, 여전히 가작제 경영은 중요한 농업 경영의 한 형태였고 평균 3명에서 8명의 노동조직을 늘 필요로 하였음을 밝혔다.[69)]

당시 이 집안은 농업 경영에서 안정된 노동력의 확보가 가장 큰 문제였다는 점에 유의할 필요가 있다. 이런 상황에서 자기 수하인이 묘직 명목으로 다수 탈역 받을 수 있다면, 그것은 이 집안의 지주 경영에 결정적인 혜택이 될 수 있었음을 쉽게 짐작하게 한다.

특히 18세기 이후 묘직이 탈역을 받지 않은 채 묘직 자신의 농업 경영을 자립적으로 지탱해 나갈 수 있었을까 하는 점에 대해서 필자는 부정적이다. 이 시기에 묘직의 탈역을 허용한다는 것은, 탈역된 묘직만큼 새로운 인력을 모집하여 그들의 노동력을 이용할 수 있었음을 뜻한다. 그렇다면 묘직의 탈역이 갖는 의미는 이전과는 전혀 다른 방향으로 이해될 가능성이 있다. 즉, 수하인을 새로이 확보한다는 뜻인 동시에 노동력을 확보할 수 있음을 의미한다.

이 같은 노동력의 요구는 이 집안이 종가라는 사실과 깊이 연관되어

---

69) 김건태, 〈16~18세기 양반지주층의 농업경영과 농민층의 동향〉, 성균관대 박사학위논문, 1996, 50~57쪽 참조.

있다. 일반적으로는 17세기 후반이라고 하지만, 이 집안은 좀더 이른 시기에 상속제의 변화에 따른 종가형(宗家型) 경영을 하였다는 사실에 주목해야 한다.70) 종가는 대체로 50퍼센트에 이르는 토지를 상속받을 수 있었고, 따라서 이 토지를 안정적으로 경영하기 위해서는 노동력의 확보가 급선무였을 것으로 추정된다.

이로써 이정회 집안이 더 많은 묘직을 탈역시키려 한 이유를 대강이나마 파악할 수 있다. 이들은 되도록 많은 노동력을 수하에 거느림으로써 그 노동력을 이용하고자 하였다. 이러한 다수의 묘직을 경영하는 주체는 분명히 이정회 집안이었다. 이 노동력을 필요로 한 경제적 이유도, 묘직의 탈역 특권을 취득할 수 있는 근거도 모두 이 집안이 종가였다는 사실에서 비롯된다. 종가가 아니었다면 재사를 관리할 까닭도 없을 뿐 아니라, 이황이라는 현조를 명분으로 그 선조의 묘직을 탈역하고자 하는 명분도 성립되지 않기 때문이다.

이정회 집안은 종가라는 점, 자신들이 이황이라는 현조의 자손은 아니지만, 2대에서 4대까지 조상이 이황의 조상이기도 하다는 사회적 자원을 이용하여 묘직들을 탈역시킬 수 있었다. 좀더 정확히는, 묘직들을 탈역시킬 수 있는 권한을 국가로부터 양도받았다고 표현하여야 옳을 것이다. 이정회 집안이 이 권한을 통하여 묘직이라는 명목으로 다수의 노동력을 확보할 수 있었기 때문이다.

이정회 집안이 이런 특권을 얻을 수 있었던 것은, 과연 이 집안의 어떤 사회자원에서 나온 것인지 짚고 넘어가지 않을 수 없다. 적어도 이같은 다수의 묘직을 탈역할 수 있었던 것은 이 집안이 막연히 사족층에 속해 있었기 때문이라고만 하기에는 곤란한 점이 있다. 만약 그랬다면, 굳이 현조인 이황과의 관련성을 통해 자신의 특권을 주장했을

---

70) 17세기 종가형 지주의 출현에 대해서는 위의 글, 132~271쪽 참조.

리는 만무하기 때문이다. 더욱이 그 논리의 수위가 매우 치밀하였다는 것은, 현실에 통용될 수 있는 근거를 찾기에 부심했음을 알려주는 반증이기도 하다.

어떤 논리를 구성하려는 의도를 갖는 것은 다름이 아니다. 이는 논리를 관철시키기 위한 대상을 염두에 둔 것이기 때문에, 이 논리가 어떤 대상을 설득시키기 위한 것인가라는 점은 무엇보다 중요하다. 여기서 특권을 따내려는 논리를 설정하려 한 것은 사족층 외의 다른 계층에 대해 설득력을 행사하고자 한 것이 아니라, 사족층 내부에서 다른 사족들과의 차별을 정당화시키기 위함이었음을 알 수 있다.

이정회 집안의 묘직탈역완문은 묘직을 탈역 받을 수 있는 사족층, 즉 사족층 가운데에서도 상급의 사족층으로서, 탈역 묘직의 수가 다른 일반 사족보다 월등히 많은 특혜를 보장받았다는 상징적인 의미가 있다. 그런데 이들 사이에 합의된 공의가 형성되지 않았다면 관은 이런 특혜를 부여할 수 없었을 것이다. 물론 그 공의된 합의란 존현과 효에 입각한 것이었다.

7.3. 서원문화의 특권화

대부분의 서원 연구자들은 서원을 사족이 향촌을 지배하였던 기구라고 이야기하는 데 주저하지 않을 것이다. 그들의 설명에 따르면, 사족들이 서원에 출입할 수 있는 자격을 자신의 신분에 제한함으로써 그곳에서 선현(先賢)의 제례(祭禮)에 참여할 수 있는 성원권(成員權)을 통하여 자기 신분의 범위를 구획하고, 이러한 차별적인 구조를 영속화하여 향촌을 그 같은 권위로 지배할 수 있었다고 본다.[71]

이러한 설명은 향촌에서 행해지던 사족의 지배권을 설명하는 주요한 논리의 한 가지로서 주목되어 왔다. 이는 서원을 교육을 행하거나 선현에 대해 제례를 행하는 기구라는 고답적인 이해보다는 확실히 한 발 더 나아간 듯하다. 그리고 이러한 설명 방식은 확실히 지배와 관련된 사회적 담론으로부터 큰 영향을 받았음을 알 수 있다.

당시 향촌 사회에서 서원이 갖는 의미에 접근하기 위해서는 사족들이 자신의 지배기구로서 하필 서원을 선택하였는가라는 문제가 앞서 이해되어야만 하기 때문이다. 이 문제를 해명하는 과정에서 중앙의 유교 이데올로기가 지방 사회에 침투하는 역학을 이해할 수 있을 것이다. 아니면 지방 사족이 유교 이념을 깊이 있게 각성하여 가는 의미를 찾을 수도 있다. 그런데 이러한 설명 방식들은 모두 서원을 추상적인 기구로서 접근하고 있다는 공통점이 있다.

신분제 사회에서 서원이 갖는 위치는 독특하다. 이때 서원은 단순히 추상화된 기구라는 의미만으로 존립할 수 있는 것은 아니었기 때문이다. 서원이 기구로서 존립하기 위해서는, 우선 건물로서의 서원이 필수적으로 요구되었다. 여기서 건물로서의 서원을 지적하는 것은 매우 자질구레하게 느껴질 수 있지만, 사실상 이러한 특성 때문에 사족은 서원 건립에서 조가와 관가에 의존하지 않을 수 없었다.

이 점을 이해하기 위해서는, 무엇보다 서원이 왜 건물로서 먼저 요구되는지를 설명해야 할 것이다. 이 물음은 신분제 사회가 갖는 일반적인 특성과 깊이 연관되어 있다.

신분제 사회에서는 패랭이 갓을 쓴 양반이란 개념은 결코 성립될 수 없다. 양반은 그 신분에 합당한 의관을 갖추어야만 하고, 사람들로부터 그 신분에 걸맞는 행동을 요구받았으며, 그것을 겉으로 드러내도록 강요당했다. 패랭이 갓을 쓴 사람은 그보다는 하급신분의 사람이어야 하

---

71) 정승모, 〈조선후기 지역사회구조 연구〉, 한국학중앙연구원 박사학위논문, 2007, 98~105
  쪽 참조.

며, 양반이 양반이기 위해서는 다른 외관을 보여주어야 하였다.

이러한 특성은 사회 분업에서도 마찬가지로 반영되었다. 즉, 하는 일이 곧 그 사람의 신분을 의미하였다. 양반의 상여를 메는 사람이 바로 상놈이 되는 것과 같은 이치다. 근대사회와 같이 사회적 기능이 분리된 인간이 따로 설정되어 있지 않았다. 오늘날과 같이 겉으로 드러난 모습과는 달리 실제로 실력이 있다는 관념은 당시로서는 통용될 수 없는 개념이었다. 이와 같이 신분제에서는 모든 사람의 사회적 존재방식이 추상이 아닌 구상으로 존재하였다고 할 수 있다.

따라서 서원의 경우도 격식에 따라 제대로 체모를 갖춘 서원 건물 없이는 결코 권위적 기구로서 존립하기 어려웠을 것이다. 그리고 그 서원에서는 교육은 그만두고라도, 무엇보다 서원에 모신 선현의 제례가 이어져야만 했다. 제례를 집행하는 공간으로서의 서원은 건물로서 존립하여야 했다. 이것이 서원이 존립하기 위한 첫 번째 사회적 조건이었다.

요약하면, 서원이 존립하기 위해서는 이러한 건물의 건립·유지와 제례의 영속화가 필요하였다. 그런데 이 두 가지 일에는 모두 막대한 인적 물적 자원이 들어갔다. 조가(朝家)나 관가(官家)는 이 같은 인적 물적 자원을 동원하는 데 결정적이었다. 앞서 서원완문을 설명하는 부분에서 잠시 언급하였던 바와 같이, 실제로 조가나 관가의 적극적인 부조 없이 서원의 건립은 불가능하였다.[72]

지방 사족들이 향촌사회에서 신분적 특권을 가질 수 있었던 것은 앞서 말하였듯이 중앙 정부와 신분을 매개로 소통할 수 있었다는 점 때문이다. 서원도 그 점에서는 마찬가지였다. 사실상 서원을 건립할 수 있다는 것 자체가 사족 신분의 특권이었다. 사족 신분 말고는 그러한 명분을 내세울 신분이 없었다.

---

72) 이 책의 '3.2.2. 서원(書院)의 수호' 참조.

따라서 사족들이 이러한 서원 건립을 위해 조가나 관가에 요구하는 과정을 보면, 선영 수호의 명분을 위해 특권을 수취하는 과정과 매우 유사하다. 그들이 서원 건립을 위해 내건 명분은 대개 선현의 제례와 교육기관이었다. 강조점은 전자에 더 있었다.

조선에서 서원은 처음 출현하였던 때만 하더라도, 주로 지방관이 주도하여 건립하는 경우가 많았다. 따라서 당시에는 그 명분도 교육기관으로서의 위상이 강조되었다. 그러나 서원을 건립하는 주체가 사족으로 넘어가고, 더 후대에는 문중으로 넘어감에 따라, 제향의 기능이 더 강조되는 쪽으로 변하였다.[73]

이것은 서원을 둘러싸고 조가의 입장과 사족의 입장이 서로 달랐다는 것을 의미한다. 조가는 서원을 지방 사회에 유교 이데올로기를 침투시키는 교두보로 이해하였을지 모른다. 그러나 사족의 입장에서 서원은 그 자체가 특권이었다. 그것을 통해서 서원은 향촌사회의 사족들을 통합하는 기구로서, 또는 향촌민을 지배하는 권위기구로서 존립하며, 자기 신분의 안정화에 크게 기여하였음이 분명한 듯하다.

무엇보다 사족이 향촌을 지배하였던 시기인 17세기 이래 서원이 급속히 그리고 지속적으로 증가하였다는 한 가지 사실만 보아도 서원이 사족들의 이익과 깊이 연관되어 있었음을 알 수 있다.

그와 함께 설립 주체가 문중으로 변해 가고 있었다는 것은, 서원을 향촌사회의 공적인 교육기관으로만 이해하는 것을 어렵게 만든다. 더욱이 그러한 사족들의 현실적 이익이 과도하게 증대하는 것에 대한 영조와 대원군의 적극적인 우려도, 서원이 사족들의 현실적 이익과 깊이 연관되어 있다는 사실에 대한 더할 나위없는 반증임에 틀림없다.

그런데 서원으로부터 얻을 수 있는 사족의 현실적 이익이 무엇인가

---

73) 정만조, 《조선시대 서원연구》, 집문당, 1997, 11~81쪽 참조.

라는 문제와 마주하면 상황은 애매해진다. 엄밀하게 이야기해서 향촌에서 서원이 행정기구였던 유향소와 같이, 구체적으로 어떤 기능을 하였던 것 같지는 않기 때문이다.

이 문제는 서원완문에 규정된 특권들 속에서 희미한 실마리를 찾을 수 있다. 여기서 서원은 옹기점·철점·속사·원촌·액외원생과 사회적 관계를 형성하고 있다. 서원은 이들을 완호해 줄 수 있는 특권을 통하여 옹기·놋그릇·종이·노동력·금전·어물 등을 취득할 수 있었다. 서원이 이런 물자를 수취할 수 있었던 사회적 관계에서, 위에서 언급한 서원의 향촌 지배 양상을 이해할 수 있을 것이다.

이러한 사회관계의 성격에 대해서는, 앞서 《묵재일기》에서 검토하였던 수령과 사족(士族), 장인(匠人)이 맺고 있던 관계가 이해의 실마리를 마련해 준다. 《묵재일기》에서는 이문건과 수령 사이의 사적인 관계에 의해 장인이 관가에 바치는 역 대신에 이문건에게 봉사하는 구조다.

이러한 사적인 관계에 의한 특권이 더 이상 용납될 수 없는 사회적 조건이 서원에 남겨진 몫이었다. 여기서 서원은 그러한 사회적 관계의 빌미를 제공하고 있을 뿐이다. 이를 통해 이 사회적 관계의 핵심은 서원을 중심으로 한 것이 아니라 사족과 장인 사이에 형성된 사회적 관계에서 나온 것임을 유추할 수 있을 것이다.

그런데 이러한 사회적 관계는 선영완문에서도 관찰될 수 있는 매우 정형화되고 익숙한 풍경이다. 사족이 선영을 매개로 묘직 등의 탈역을 주장하여 묘직의 노동력을 잉여노동력으로 활용하는 것과, 사족이 서원을 매개로 속점 등을 사익화(私益化)하는 것은 매우 유사한 구조다. 앞서 살펴보았듯이 묘직들의 탈역이 순전히 사족의 사익 문제만은 아니었듯이, 서원 속촌의 문제도 사족들의 사익에만 관련된 것은 아니었다.

이상의 문제와 관련하여, 서원의 운영을 떠받치는 여러 가지 경제적 기반 가운데 서원전, 서원노비과 함께 액외원생(額外院生)·원보(院

保)·속점(屬店)·속촌(屬村)·속사(屬寺) 등의 경영으로 얻어지는 이익도 조선 후기 서원 경영에서 함께 주목해야 할 요소다. 전답이나 노비를 늘리는 일은 현실적으로 결코 쉽지 않았을 것이다. 이와 같은 원촌이나 속점의 경우에는 정해진 액수에 따른 규정이 없기 때문에 수령의 지원만 있다면 쉽사리 운영에 필요한 재원을 확보할 수 있다는 이점이 있으리라는 것은 쉽게 추정된다.

이와 같이 액외원생을 포함하여 원촌이나 속점들의 면역을 보장해 주었던 문서가 완문이었던 만큼, 서원완문을 통하여 서원이 이들 원촌들을 어떻게 경영하였는지 살필 수 있다. 한편 이를 통해 수령의 지원 없이 서원을 경영하기가 왜 어려운지도 짐작할 수 있다.

그런데 완문으로 인증된 특권들은 우연찮게도 매우 독특한 특색을 드러내는데, 그것은 서원을 명목으로 거두어들이는 물자들이 자급자족 체제가 가능할 만큼 다양한 방면에 걸쳐 있다는 점이다. 옹기점·철점 등으로부터는 각종 옹기와 쇠로 만들어진 그릇과 같은 물품을, 속사에 서는 종이를, 서원의 속촌에서는 인력을, 액외원생에게는 재원인 금전을 지원받을 수 있었다. 그리고 액내원생에게는 정치적 지원을 받을 수 있었다. 서원이 물자를 동원하기 위하여 자기에게 소속시킨 구조를 보면 다음과 같다.

그림 7-3. 서원완문과 사족의 사회적 존재양식

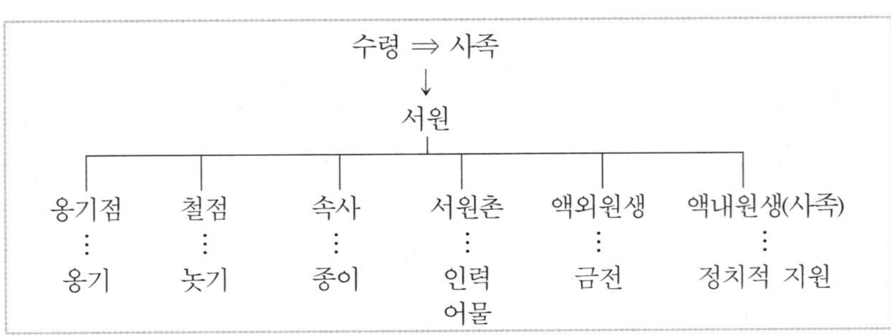

앞서 검토하였듯이 옹기점·철점 등은 대부분 탈역을 매개로 서원에 소속되었다. 그런데 용산서원이 안계암에 종이 생산소를 설치하려 하였던 사례에서도 살필 수 있었듯이, 이때의 탈역은 기존 수하인이나 속점을 보호한다는 의미가 아니라, 서원이 수령으로부터 탈역권을 취득하여, 이 탈역권을 매개로 승려를 초모하려 하였음을 의미한다. 이는 서원이 속점을 자신의 이익을 위해 경영하고 이용하였음을 의미한다.74) 옥산서원 등 여러 서원에서도 대개 위와 매우 유사한 자급자족 체제를 유지하고 있었음을 확인할 수 있다.

옹기점 등이 물자를 제작 제공함으로써 그 물자를 직접 사용하는 구조는 여러 면에서 논의할 여지가 있다. 이와 같이 공납하는 현물이 일반에는 자주 쓰이지 않아 구입하기 어려운 제기나 종이 등이라는 것은, 확실히 이들 물자를 조달하는 사족의 일반적인 경제생활 양태와 관련지어 생각해 볼 수 있다.

사족들의 경제생활이 물물교환에 의존하고 있다는 기존의 연구 성과는 이 점을 이해하는 데 시사하는 바가 크다. 16세기 사족의 자급자족 경제에 대해서는 이미 이성임의 지적이 있었고,75) 사족의 경제생활이 19세기까지도 자급자족이었다는 것은 하영휘의 연구로 밝혀졌다.76)

위의 선영완문과 서원완문에 나타난 사족의 생활방식에 의거해 사

---

74) 이 책의 '6.2. 완문으로 본 16세기 사족 지배의 성격' 참조.

75) 이성임은 유희춘 집안의 물품구매 현황과 자체 제작 및 물물교환을 비교하면서 한 달을 기준으로 할 때 물품구매가 채 1건도 안 되는 반면, 물물교환은 40여 차례나 이루어지고 있음을 지적하며, 당시 유희춘 집안의 경제활동이 물물교환에 압도적으로 의지하고 있음을 밝혔다.(이성임, 〈조선중기 유희춘가의 물품구매와 그 성격〉, 《한국학연구》 9, 1998, 112쪽 참조)

76) 하영휘는 19세기에 살았던 조병덕이라는 유학자의 경제생활이 자급자족에 의한 소농경영에 의하였음을 그의 서간을 통해 분석하고 있다. 그는 지필묵, 부채, 육촉, 달력 등을 시장에서 구입하지 않았다. 이러한 점을 놓고 볼 때, 자급적 경제생활이 사족들의 일반적인 경제 형태였음을 짐작할 수 있다.(하영휘, 앞의 글, 71~96쪽)

족의 사회적 존재양식을 구성해 보면, 사족은 향촌에서 농장을 기반으로 국가와 여타 사족, 하민 사이에 끼인 존재며, 서원을 통해 각종 물자와 인력을 수급 받을 수 있는 자급자족적인 조직을 영위하고 있었다. 따라서 이들에게 서원은 자신의 생활을 안정되게 유지해 주는 유용한 도구로서, 이것 없이는 사족으로서 향촌에서 살아가기가 어려웠을 것으로 본다.

그렇다면 사족이 서원을 통해 어떠한 현실적 이익을 얻을 수 있었을까? 사족들에게 서원은 단지 명목상의 이익만 가져다 준 것일 수 있다. 경제적 효과가 아닌 향촌에서의 기득권 유지를 위한 사회문화적 효과를 목적으로 서원에 참여할 수 있기 때문이다. 그러다보면 오히려 서원을 경영하기 위한 사족들의 경제적 희생도 짐작할 수 있다. 그만큼 서원의 사정에 따라, 또 서원에 참여하는 사족들조차 각자의 처지에 따라 달라질 수 있다.

그럼에도 서원의 특권으로 획득된 몫이 사족들의 직접적인 이권과 무관하였을지는 의문이다. 좀더 구체적으로 말해서, 서원이 각 속점이나 속사로부터 취득한 물자들이 서원에만 사용되고, 사족들에게 사적으로 유용되지는 않았는지 궁금하다. 서원 명목으로 취득된 특혜가 사족 개개인에게 돌아갔다면 일종의 부정 사례로 포착되었을 것이기 때문에 그러한 사정이 노골적으로 드러나기는 힘들었을 것이다.

그렇지만 서원이 자기 예하에 둔 속점 등 여러 이권들이 과연 사족들과 전혀 무관하였는지는 의문이다. 이런 명분과 현실 사이의 관계는 서원완문에서뿐 아니라 선영완문에서도 나타난다. 선영완문에서 선영을 완호하면서 발생하는 특혜는 사족들의 현실적 이익과 어떤 관계에 있을까 하는 논의는 현실적 실익에 더 큰 비중을 두는 것으로 가닥이 잡혀가는 것 같다. 필자는 서원도 이와 크게 다르지 않을 것이라고 생각한다.

특히 속점의 경우, 정확하게 공납할 수량이 정해진 것이 아니라 매우 애매하게 시행되었다는 점에 주목할 필요가 있다. 물론 이러한 문제에서 벌어지는 폐단을 인식하여 그 양을 정하는 조처가 있기도 했으나 그것은 훨씬 후대의 일이었다. 속점의 공납 폐단에 대해서 서원의 예는 아니지만 향교에서도 나타난다. 향교의 완문에는 "교예(校隷)의 늑취(勒取)에 의하여 속점의 백성들이 호소하기에 이르렀다"고 표현하는데, 이러한 상황은 서원에서도 대동소이하였을 것이라고 생각한다.[77]

서원촌의 경우도 사족의 이 같은 현실적 이권에 대해서 반증해 줄 흔치 않은 문서가 남아 있어서 주목된다.

문서 7-2[78]

완문

이 완문을 발급하는 사유는 다음과 같다. 본원(本院)은 노비가 없는데다 또 다른 역을 감하여 주는 일이 없는데도 양등(兩等)의 지공(支供)과 각항의 사역(使役)은 오로지 원호(院戶)에게만 책임지울 뿐 아니라, 경인(庚寅) 이후에 제수(祭需)를 갖추어 두어 원호에게 부담 지워서 해마다 쓰도록 하였다. 비록 포흠(逋欠)이 있다 하더라도 일체 분징(分徵)하게 되면 원호(院戶)의 역이 진실로 번거롭고 또 무겁게 된 데에다, 또 사사로운 사환(使喚)으로 과중하게 하면 형세가 장차 다 유망(流亡)하게 될 것이다. 원호가 유망하면 제수전(祭需錢)이 사라질 것이고, 제수전이 없어지면 향사(享祀)할 길이 없게 된다. 그렇다면 본원이 시급히 해야 할 일은 단지 원호를 보존하는 데에만 있을 뿐이다. 그를 보호하는 방법은 견감이 없어서는 안 될 것이니, 원역 외에 본손 댁과 모든 서원의 임원들이 비록 하루아침의 사역이라도 일체 침책하지 말도록 할 것. 원호의 농우(農牛)에 대해서도 빌려서 부리지 말라. 이 같은 일로 금번 향사(享祀) 시에 사림들

---

77) 국사편찬위원회, MF0008774-24.
78) 《古文書集成》 72, 完文 17.

의 공의에 의거하여 이와 같이 완문을 작성하니, 준수하여 잃지 말고 영
구히 준행할 것.

　병오(丙午)년 2월 13일

　방산서원(方山書院) 재중(齋中) [署押]

이 문서는 방산서원(方山書院) 재중(齋中)에서 1846년 춘향사(春享祀)
때에 합의한 완의문이다. 방산서원은 전라남도 구례군 용방면에 있던
서원이다. 숙종 28년(1702)에 윤효순(尹孝孫; 1431~1503)의 학문과 덕행
을 추모하기 위해 창건되었다. 그 뒤 윤위(尹威)·최언수(崔彦粹)·최
연·이경석 등을 추가 배향하였다.79) 이 완문은 완의의 형식으로 작성
되었기 때문에 서원 내부의 사정을 노출시키는 것 같다. 완의는 문서
성격상 자치규약이라는 성격이 강하기 때문이다.

　완문의 내용에 따르면, 방산서원은 서원노비가 없이 원촌에 의해 운
영되고 있었다. 여기서 원호(院戶)라고 표현된 것은 곧 원촌민을 가리
키는 것 같다. 이 원촌민의 탈역은 다른 완문에서 15호로 규정되어 있
으므로 그 정도에 즈음하는 인원일 것으로 보인다.80) 서원은 이 원호
에게 향사에 쓰이는 모든 재원을 공급받고 있었다. 그런데 문제가 되
는 것은 본손댁(本孫宅)과 이 원호들의 인력을 사사롭게 사용하거나 농
우(農牛)를 빌려 쓰는 일이 있었다는 데에 있다. 서원에서는 원호가 유
망(流亡)할지도 모른다는 우려 끝에, 이러한 일을 규제하고자 완의를
하기에 이른 것이다.

　방산서원은 사액을 받지 못한 서원일 뿐만 아니라 매우 허약한 경제
적 토대를 가진 서원이었다. 그때 서원을 운영하는 사족들이 그들의

---

79) 방산서원에 대한 소개는 안승준, 〈남원·구례 삭녕최씨가와 소장 고문서에 대하여〉
　《고문서집성》 72, 2004, 8~10쪽 참조.

80) 《古文書集成》 72, 完文 19.

경제적 기반의 하나인 원호들의 인력을 사사롭게 부리면서 불거진 문제다. 그런데 경제적 기반이 상당한 사액서원 등의 원속(院屬)들은 과연 서원을 운영하는 사족들과 어떤 관계를 맺고 있었을까? 필자는 여기 방산서원의 사정과 크게 다르지 않았을 것이라고 생각한다. 여기서는 다만 경제적 기반이 취약한 서원이기 때문에 불거진 문제였으므로, 일반 서원에서는 상대적으로 매우 자의적으로 이들 원속들을 사환하였을 가능성이 높다.

이와 같이 서원은 중앙과 소통할 수 있다는 점에서 문화적 상징이었으며, 향촌민에게 권위적인 외면을 과시하였다는 점에서 지배상징이었으며, 또 그것을 통해 사족이 자급적인 농업경제에서 여러 가지 생활에 필요한 다른 물자와 인력을 얻을 수 있는 계기가 되었다는 점에서 특권의 확대를 의미하였다. 대원군이 양반들과 첨예하게 대립하게 되었던 지점이 서원이었다는 것은 결코 우연이 아니다. 더욱이 서원이라는 건물을 파괴하였다는 것은 신분제 사회에서 서원이 갖는 지배 상징으로서의 의미를 누구보다 잘 알고 있었기 때문이다.

7.4. 완문으로 본 사족의 지배 구조

7.4.1. 탈역완문에 드러난 지배 구조

앞서 살펴보았듯이 완문은 다양한 관점에서 분류될 수 있다. 그 가운데에서 탈역도 중요한 분류 기준이 될 수 있을 것이다. 완문은 발생 초기부터 탈역을 목적으로 발급되었다. 그 이후 탈역은 장기간 가장 많은 완문의 주제가 되었으며, 장기간 그 의미를 유지하였다. 따라서 탈역을 내용으로 한 완문은 완문 가운데에서 원형에 가깝다.

그 이후 새롭게 대두된 사회적 필요에 의해서 출현한 새로운 성격의 완문들은, 이 원형과 부분적인 속성을 공유하면서도 갈라져 나왔다는 의미에서 주변부에 위치해 있다고 할 수 있다. 여기서는 이와 같이 탈역을 목적으로 발급한 완문을 탈역완문이라고 하고, 그 밖의 목적으로 발급된 완문을 비탈역완문이라고 정의할 것이다.

다음에서는 탈역완문을 규정짓는 탈역의 속성을 이해함으로써 탈역완문이 어떤 관점에서 다루어져야 하는지를 논의할 것이다.

탈역은 역을 면제받았다는 뜻이므로, 국역체제의 다른 한쪽을 의미한다. 이것은 탈역이 범주상 조선의 국역체제 밖에서 논의될 사안임을 보여준다. 따라서 탈역은 앞서 언급한 바 있는 왕조체제의 독특한 특성 가운데 하나인 왕의 사적인 권력 기반인 작제(爵制)적 질서에 따라 나타난 변형된 권리다.

여기서 '변형된'이라고 단서를 붙인 것은, 작제는 원래 국역체제 바깥에 존재하는 것인데, 여기서의 특권은 국역체제에 영향을 미치고 있다는 점 때문이다. 사실상 조선 초기에 팔의집단에게 부여된 특권은 형사상의 특권에만 한정될 뿐, 탈역에 대한 특권은 거론되지 않는 것만 보아도 이 같은 정황은 충분히 짐작할 만하다.

김성우가 충분히 검증하였듯이, 17세기에 공식적으로 지방의 유세가에게 부과되었던 탈역 특권은 이들을 사족이라는 범주에 정착할 수 있도록 하였다. 이는 앞서 언급한, 중국 고대에 지방의 유세가들을 작제적 질서 안으로 끌어들이려 하였던 정책과 본질에서 크게 다르지 않다.

따라서 애초부터 탈역은 그 자체가 특권이면서 국왕이 부여하는 신분이라는 작제적 성격을 동시에 가지고 있었다. 그 같은 탈역의 신분범주에 포섭된 지방 사족들에게 탈역완문은 또 다른 의미를 가지고 있다. 탈역완문에 부여된 탈역의 대상자가 지방 사족 자신이 아니라 그 수하의 노비인 경우가 많았기 때문이다.

설사 사족이 자신의 탈역을 내용으로 완문을 수급한다고 하더라도, 이것은 사족으로서는 통상적인 예라고 보기 힘들다. 이러한 사족은 어떤 이유에서건 사족의 신분범주에서 밀려날 위험에 빠진 경우라고 볼 수 있기 때문이다.

이와 같이 탈역이 갖는 속성 때문에 탈역 완문 자체도 속성상 여러 층위에서 달리 이해될 소지가 크다. 즉 탈역의 실질적인 수혜자가 누구냐에 따라 속성을 달리 볼 수 있기 때문이다. 여기서는 그 실례를 통하여 이 같은 탈역의 속성을 알아보기로 한다.

다음에 소개할 두 건의 완문은 이러한 점을 매우 대비적으로 이해하게 한다. 한 건은 1632년 3월에 절부(節婦) 민씨(閔氏)의 아들 신건(申楗)에게 호역(戶役)을 완호해 준다는 내용으로 발급된 완문이고, 다른 한 건은 1607년에 이정회 집안이 수취한 완문이다.

이 두 완문은 각기 다른 사회적 관계를 보여준다. 신건이 수취한 완문은 호역의 면제 대상자가 신건이다. 동시에 이 완문의 수급자도 신건이다. 따라서 이것은 완문의 수급자와 탈역 대상자가 일치하는 경우이다. 이정회가 수취한 완문은 수급자가 이정회 집안이다. 그러나 탈역 대상자는 묘직과 승도의 탈역을 주요한 내용으로 한다. 이 완문은 위의 완문과는 달리 탈역 대상자가 이 완문 수급자의 수하인임에도 최종적인 실익이 대부분 이정회 집안으로 돌아가는 구조로 되어 있다.

앞의 효자 완문과 같은 유형을 (a)형이라 하고, 이정회 집안과 같은 유형을 (b)형이라고 전형화하여, 탈역에 따른 사회적 관계를 다음과 같이 도해하였다.(그림 7-4)

수급자와 탈역 대상자가 일치하는 쪽이 (a)형이라고 한다면, 일치하지 않는 쪽이 (b)형이다. (a)형에서는 탈역 대상자가 곧 실익의 수혜자가 된다. 반면, (b)형은 완문의 수급자가 탈역 대상자가 되는 것은 아니고, 탈역 대상자에게 전혀 실익이 없다고는 할 수 없지만, 궁극적으로

그림 7-4. 탈역완문에 나타난 수급자와 실익 수혜자와의 관계

<table>
<tr><td>
발급자 → 완문 ← 수급자

= 탈역 대상자
: 실익의 수혜자
</td><td>
발급자 → 완문 ← 수급자

: 실익의 수혜자
≠ 탈역 대상자
≒ 실익의 수혜자
</td></tr>
<tr><td align="center">(a)</td><td align="center">(b)</td></tr>
</table>

실익을 얻는 쪽은 완문의 수급자가 되는 구조다.

(a)형은 고대부터 있었던 탈역의 가장 일반적인 형태였다. 이는 정부가 탈역을 충성과 효행에 대한 일종 특혜로서 특별히 내려주는 구조다. (b)형은 완문에 나타난 탈역 대상자와 완문 수취자가 일치하지 않는다는 점이 특징이다. 앞의 사례에서 살펴본 바와 같이, 탈역의 명분은 수급자에게서 발생하고, 실질적인 탈역은 수하인에게서 이루어지는 구조다.

필자는 앞서 1장에서 완문을 주제에 따라 16종으로 분류한 바 있다. 이들 완문 가운데 11종이 탈역완문의 범주에 속한다. 그리고 이 11종의 완문들을 앞에서 언급한 (a)형 대 (b)형의 구도로 분류하면 다음과 같다.

표 7-7. 문서 수급자와 실익 수혜자의 유형에 따른 탈역완문의 분류

유형	(a)형	(b)형
종류	효자열녀완문, 훈예완문, 계방완문(里稧), 향교완문(교촌, 교생 등), 사찰완문, 성촌완문, 재개간완문, 빈농구제완문	묘직탈역완문, 서원완문, 궁방완문, 계방완문(戶稧)

이 가운데에서 묘직탈역완문은 (b)형에 속하는 가장 대표적인 예이다. 묘직은 탈역의 대상자임에도, 이 탈역완문의 발급을 청원하거나 수

취한 사람은 따로 있다. 그는 대체로 사족으로서 사회적으로 공유되는 효(孝)나 존현(尊賢)의 논리와 결부된 이념적 명분으로 탈역권을 보장받을 수 있었다.[81)]

서원완문은 서원의 운영과 관련된 각종 인력과 재력을 안정적으로 보장받기 위해서 발급받는다. 서원에 이와 같은 특혜가 제공될 수 있는 명분은 궁극적으로는 존현(尊賢)에 있었다. 이 같은 명분을 통하여 서원촌(書院村), 원노(院奴), 원생(院生) 등 다수의 인력이 탈역 받을 수 있었다. 이들 인력은 서원 운영에 필요한 실질적인 노동력이 되었을 뿐 아니라, 이들의 역을 막아주고 그 대가로 원납전을 받음으로써 완문의 수급자인 사족이 서원 재정을 마련할 수 있는 길을 열어 놓았으며, 또 그 노동력은 사족에게 사적으로 이용되기도 하였다.[82)]

향교완문 가운데 교촌을 탈역하는 경우도 서원촌을 탈역하는 것과 유사한 구조를 가지고 있는 듯하지만, 사실 이 두 방면의 완문은 문서의 기능에서 많은 차이가 난다. 서원완문은 어디까지나 양반문화를 보호하기 위해 사족에게 부여하는 특혜 명목으로 발급되는 반면, 향교완문은 특정 계층의 이익과는 무관하게 향교의 운영에 필요한 공적인 성격이 강하였다.

계방완문(楔房完文)은 이서(吏胥) 관청이나 향소(鄕所)가 자신의 재정을 마련하기 위하여 호계(戶楔)나 이계(里契)를 통하여 완문의 수급자를 역으로부터 보호하는 문서다. 이와 같은 탈역은 이들 관청의 재정 부족을 해결하기 위한 방편으로 인정받을 수 있었다.[83)] 더욱이 이들 관청들이 역의 분배와 수거의 실무를 담당하였다는 점에서 이를 그 재원으로 이용할 수 있는 조건이 되었다. 그 가운데 호계완문만 (b)형에 속

---

81) 김혁, 앞의 글(2005), 122~125쪽 참조.
82) 위의 글, 559~561쪽 참조.
83) 위의 글, 376~383쪽 참조.

하는데, 이것은 이 구조에서만 주인과 수하인의 관계가 나타나기 때문이다.

이 같은 탈역완문은 무엇보다 탈역의 보장을 목적으로 한다는 특색이 있다. 이와 같은 탈역의 보장은 수급자인 사족 등의 청원과 발급자인 관 등의 처분이라는 수직적 구조를 이룬다. 즉, 이 구조에 따라 수급자가 탈역 특권을 성취하기 위해서 관에 어떤 방식으로 노출되며, 관은 어떠한 조건에서 그들에게 특권을 부여하였는지 파악할 수 있다.

그리고 더 큰 관점에서 이 탈역완문을 통해 집안과 국가 사이에 형성된 합의의 균형점을 이해할 수 있다. 탈역완문에서는 탈역이란 사안을 중심에 두고 조가와 관가, 수급자, 탈역자가 맺는 결합방식을 간취할 수 있다.

그림 7-5. '(b)형 탈역완문'에 나타난 사회적 결합방식

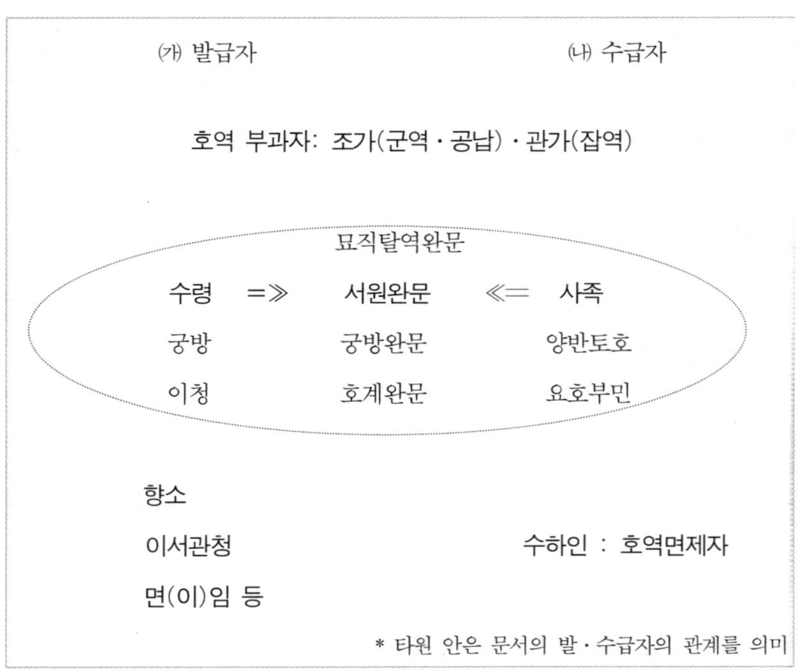

탈역완문 가운데 (a)형의 경우는 조가나 관가가 탈역자를 직접 탈역시키는 비교적 단순한 구조를 가지고 있었다. 반면 (b)형의 경우는 이보다는 복합적인 사회적 관계의 산물이었다. (b)형의 탈역완문을 통하여 사족들이 갖는 경영방식, 사족들의 신분 문제 등을 살필 수 있다. 다음은 (b)형 탈역완문에 나타난 사회적 결합방식을 도식화한 것이다.

(b)형 탈역완문은 수하인이 그 주인의 사회적 권력에 의해 탈역 받을 수 있다는 점에서 유사한 사회적 결합방식을 표현한다고 말할 수 있다. 그럼에도 그것들은 생산하는 과정, 즉 탈역권을 형성하는 과정에서 차이가 난다.

묘직탈역완문과 서원완문은 조선 후기 사족의 대표적인 특권을 대변하였던 문서다. 사실상 완문만큼 사족들이 소유한 특권의 실태를 적절히 간취할 수 있는 문서는 흔하지 않다. 위의 〈그림 7-5〉는 이 완문에서 드러난 발급자와 수급자, 그리고 탈역 대상자 사이의 독특한 관계 구도를 표현한 것이다. 완문의 내용에 나타난 탈역구조의 특성은 현실 세계에서 탈역을 둘러싼 사회적 결합방식이 반영된 결과다.

위 그림에서 사회적 결합방식을 보면, 탈역을 둘러싸고 ① 조가와 관가, ② 공가(조가와 관가)와 사족, ③ 사족과 그 수하인 사이의 사회적 결합관계가 양파껍질처럼 겹겹이 설정되어 있다. 이는 조가와 관가, 사족, 그 수하인 등이 사회적 주체로서 각각 서로 다른 이해관계를 가지고 있었으며, 그들이 서로 어떤 일정 부분에서 타협하며 현실의 균형점을 형성하고 있었음을 말해 준다.[84]

이 완문의 발급자가 주로 수령이었다는 사실은, 탈역을 둘러싼 사회

---

[84] 위에서 완문의 문서양식을 추상화하여 밝혀낸 사회구조는 주호와 협호의 사회적 관계를 탐구한 이영훈의 연구 결과와 깊이 연관되어 있다. 그런데 그는 당시 현실에서 사족이 자신의 신분을 통해 주호로서 존립하는 능동적인 방식에 대해 적절히 지적하지 못하고 있다.

적 결합관계를 이해하는 데 시사하는 바가 매우 크다. 탈역권의 부여는 수령이 가지고 있던 적극적인 의미의 고유 권한이기는 하지만, 조선 후기 사회에서 수령의 탈역권은 조가의 재정과 긴장관계를 형성하고 있었다. 잘 알려져 있듯이, 조가 쪽에서는 군역의 허액화를 막고자 하였고, 이것은 수령에게 사회적 압박이 되어 자신의 탈역권을 마음대로 행사할 수 없게 하였다.

따라서 이 같은 압박으로 수령의 탈역권은 매우 불안정할 수밖에 없었고, 설사 수령으로부터 탈역의 행정처분을 획득하였다 하더라도 수령의 재임기간에만 유효하였다. 따라서 이러한 특성은 탈역완문의 발급관행에도 그대로 반영되어, 동일한 탈역 사안에 대하여 완문을 중첩 발급하는 사례가 자주 발생하였다.

7.4.2. 사족 특권의 성격

17세기 이후 사족들의 욕망은 16세기에 비해 노골화될 수 없었다. 이는 사족의 사적 욕망을 억제하려는 조가의 정책이 현실적으로 성공하였다는 것을 보여주는 한편, 사족의 입장에서도 자기 욕망을 실현하기 위하여 조가와 타협점을 찾았다는 반증도 된다. 그러한 두 입장의 균형추로 작용하였던 것은 유교적 이념에 기반 한 사회적 공의(公義)였다.

사족들의 이권은 문화적 명분을 통해 간접적으로 성취되었다. 사족들은 특권의 범위를 넓히고자 사회적 공의의 틀 안에서 이념적 명분을 최대한 활용하였다. 다시 말하여 사족들은 사회적 공의를 외형으로 나세우고, 그 명분을 벗어나지 않는 범위 안에서 자신의 욕망을 확대하나갔다.

대표적으로 사족이 묘직의 탈역을 확인받고, 또 그 묘직의 수를 도도록 증가시키려 하였던 역사적 과정을 살펴보면, 사족 특권이 갖는 특성을 이해할 수 있다. 사족들은 법전에 있는 왕족이나 선현에게만 해당되었던 특권을 자신의 특권으로 확대하였다. 그 과정에서 양반문화의 이념은 조가나 관가를 설득시키는 주요한 도구였다. 완문에서는 이러한 탈법적인 관습이 실제로 법전에 실려 있는 것으로 잘못 알려질 정도로 이러한 특권은 관습화되었다.

사족이 특권을 확대하는 방식은 이러한 묘직의 탈역에만 국한되지 않았고 묘역의 점유에서도 드러난다. 앞서 살펴보았듯이, 조선 초에 묘역이 위치해야 할 산지는 대부분 국유지였다. 15세기《경국대전》의 규정에는, 선영을 수호하기 위한 영역으로 사족에게 허용된 묘역의 범위는 보수 규정에 의한 매우 좁은 범위였다. 그리고 좁은 영역이나마 수호 범위를 허용한 것 자체가 그러한 신분에 주어진 특권이었음을 알 수 있다.

그런데 17세기에 사족은 이러한 특권을 더욱 확대하고자 풍수적 이념을 수용하였다. 이는 확실히 땔감을 포함한 목재의 수요가 급속히 증가함에 따라 송추의 경제적 가치가 높아진 것이 큰 이유일 수 있다. 그리고 이 풍수 관념에 의거하여 수호 영역은 사산국내로 확대되었다. 17세기 말에는 사산국내를 넘어 수호 범위를 더 넓게 확대하려는 광점의 경향이 일반화되었다. 이때 조가에서는 이를 제한하려는 목적으로 선영의 수호 범위를 사산국내 안에서는 허용하여, 오히려 그 점유를 합법화하는 데 이르렀다.

여기서 사족이 선영을 보호한다는 이념을 이용하여 그것을 이념적 엄폐물로 삼아서 자신의 특권을 확대하여 갔던 방식을 이해할 수 있다. 이것 또한 기존의 법적 이념을 현실에서 적용하는 차이를 이용하여, 그 차이로부터 자신의 현실적 특권을 확대해 나가려는 전략이었다.

서원을 통하여 사족이 자신의 특권을 확대하고자 하였던 것도 이것과 크게 다르지 않다. 애초에 서원 가운데에서 특권을 부여한 대상은 사액서원에 한정되어 있었다. 사액이란 국왕이 그 서원을 수호한다는 의지를 천명한다는 의미로 받아들여졌다. 따라서 서원이 사적 기관에서 출발하였음에도 사액서원은 왕명으로 보호받을 수 있었다.

그런데 사액을 받지 않은 서원들조차 사액서원과 동일한 특권을 요구하였다. 그리고 그러한 특권의 명분은 대개 향교에 준행하여 갖추려 하였다. 향교는 공적 기관이고 서원은 사적 기관이라는 점에서 사회적 조건은 엄연한 차이가 있었다.

그럼에도 사적 기관으로 출발한 서원을 공적 기관화하려는 시도, 즉 사액화로 사회적 지위를 높이고 있다. 그리고 서원 수호의 명분으로, 그로 인해 취득하는 특권은 서원의 공적인 운영에만 관계된 것이 아니라 현실적으로는 그 서원 운영에 참여하는 사족들의 사적인 욕망과 깊은 연관이 있음을 확인할 수 있었다.[85]

사실상 사족의 실질적인 특권이나 그 이하 신분에서 특권이 취득되기 위해서는 '대동'이나 '균'을 내세우는 조가나 사회적 이념을 돌파하여야 했다. 이러한 이념의 장애물은 또 다른 이념의 명분을 필요로 하였다. 따라서 수하인의 탈역은 법적으로 공식화되지 못하고, 존현(尊賢)이나 효(孝) 등 유교적 명분에 따라 수령에게 요구되고, 둘의 문화적 공감에 따라 취득이 가능하였다.

다시 말해, 사족은 자신의 사회적 지위를 통하여 관습적 문화적 권력을 이용하여 국가로부터 부과되는 역을 막아냄으로써 이를 통해 안정된 경영을 꾀하려 하였다. 이는 수하인의 탈역을 중심으로 사족이 관가와 대립적인 관계를 형성하였음을 의미하는 것으로서, 사족이 관

---

85) 물론 문중 서원인 경우 서원 경영에 사족들의 생활을 위협하는 경우도 있지만, 이는 사족의 수가 늘어나 사족끼리 지나친 경쟁을 한 결과 나타난 말폐에 불과할 뿐이므로 서원이 갖는 본질적인 위상과는 거리가 있다고 할 것이다.

가나 조가에 미칠 수 있는 영향력, 특히 지방 정부에 미칠 수 있는 영
향력에 따라 탈역의 규모가 달라졌다는 것도 이러한 현상의 반증으로
볼 수 있다.86)

이와 같이 사족과 공가 사이에서 형성된 사회적 결합방식에 의해 취
득된 탈역권은, 다시 그 하부에서 사족과 그 수하인이 맺는 사회적 관
계를 재생산하였다. 16세기나 17세기에 이 같은 사회적 관계는 여전히
기존에 형성된 공식화된 법적 예속관계, 예컨대 주인과 노비의 관계를
바탕으로 그 위에서 다시 노비의 탈역을 도모하였던 것이다.

그런데 18세기 이후로는 사족이 이 탈역권을 미리 획득하여, 이를
통해 수하인을 모집하여 새로운 사회적 관계를 형성한 사례가 훨씬 보
편화되었다. 이 경우 사족은 관으로부터 취득한 탈역권에 의해 일반
잔민(殘民)을 모집하였고, 이때 모집된 수하인은 노비보다는 훨씬 자립
성이 강한 예속민으로 상정될 수 있었다. 자립과 예속 사이에 어느 정
도 거리가 있는지 모르겠지만, 이때 탈역권의 담지자인 사족과 수하인
인 탈역자 사이에 형성된 사회적 관계는 주인과 노예로 표현될 수 없
는 독특한 예속관계를 형성하였다.

이러한 독특한 예속관계에서 사족이 유교를 매개로 한 문화적 지배
라고 할 수 있는 일련의 방식이 고안되었다. 사실 사족은 상민을 사형
(私刑)하거나 그의 재산을 강점할 수 있는 법적 강제력을 가지고 있지
않다. 다만 문화적으로 차별하고 배제시킴으로써만 그들을 구별할 수
있을 따름이었다.

한편 궁방완문이나 호계완문의 생산과정에서 발생한 사회적 결합방
식은, 사족이 자신의 문화적 특권을 이용하였던 위의 경우와 외형상
유사하지만 현실적으로 차이가 크다.

---

86) 김혁, 앞의 글(2005), 538~540쪽 참조.

궁방완문에 나타난 사회적 결합의 주체는 궁방, 지주, 농민이다. 이 같은 결합방식의 핵심은 궁방이 국왕으로부터 부여받은 권한에 의거해 지주―농민으로 구성된 민전(民田) 위에 다시 소유권을 설정하는 소유구조를 취하고 있다.

그런데 앞서 살펴본 바와 같이 지주가 도장으로 존재하는 경우, 대개는 경영에서의 난점으로부터 발생한다는 점에 주목할 필요가 있다. 이때 궁방은 물력(物力)을 지원하거나 권력을 통해 관속(官屬)으로부터 그를 보호하고, 그 대가로 일정 액의 돈이나 생산물을 도장으로부터 수취한다.

여기서 유념할 점은 도장이 겪는 경영상의 난점이 어디서 발생하는가이다. 그들은 상민으로서 신분이 낮았으므로, 관속들이 각법(刻法)에 의거하여 엄격한 법 적용으로 불이익을 당하는 경우가 많았다. 이들이 사족이었다면 애초에 당하지 않았을 그런 것들이다. 그럴 경우, 신분이 낮은 그들이 택할 수 있는 방법은 더 상위의 권력인 궁방에 의탁하거나 관속들에게 붙는 것이다.

호계완문의 경우는 위에서 말한 후자의 경우다. 이는 주로 요호부민이 이서관청에게 원납을 하고 계방화됨으로써 탈역을 실현하는 사회적 결합방식을 보여준다.[87] 요호부민과 이서관청이 맺는 사회적 결합방식은 다분히 금전적 수수에 의한 계약관계라고 할 수 있다.

두 경우 모두 애초에 탈역이 계약관계에 의해 발생하였으므로, 이때 지주의 농업경영에서 수하인과의 관계는 사족이 지주가 된 경우와는 차이가 있을 수밖에 없다. 따라서 농민의 지위도 사족의 농장에서와는 상당히 다를 것이라고 추정된다.

어쨌든 이와 같은 (b)형 탈역완문의 경우, 사족 지주든 비사족 지주

---

87) 요호부민의 사회적 성격에 대해서는 전경목, 〈조선말기 어느 요호부민가의 신분상승을 위한 노력〉, 《호남문화연구》 31, 2002 참조.

든 자신의 농장을 경영하기 위해서는 각종 역으로부터 수하인을 보호하는 조처를 취하려 하였음을 알 수 있다. 17세기 중반 이래 갑오경장으로 사족의 특권이 공식적으로 폐지될 때까지 이러한 사회적 결합관계는 매우 일반적이었을 것이다.

다만 사족의 경우, 그러한 탈역을 자신의 신분에서 나온 명분으로 활용하였다는 데 특징이 있다. 이러한 특권은 사족이 타인을 직접 속박하여 지배할 수 있는 권리를 조가나 관가에게 당당히 요구하는 직접적인 방식으로 얻은 것이 아니라, 훨씬 간접적인 우회를 필요로 하였다. 즉 사족은 자신의 신분으로 통용되는 문화적인 힘을 이용하여 조가에 응당 치러야 할 수하인의 역을 덜어주는 형식을 취하였다.

이것은 사족에게 신분이 현실 사회에서 어떤 의미를 가졌는지를 이해시켜 준다. 완문을 통해 살펴보았듯이, 그들에게 문화란 조가(朝家)와 소통할 수 있는 통로이자 그들의 특권을 얻는 수단이었으며, 무엇보다 지배를 위한 상징으로서 기능하였다. 이것이야말로 당시 사족이 특권 신분으로서 갖는 존재방식의 한 특성으로 주목해야 할 점이다.

8장 19세기 완문의 남발과 특권의 저변화

8.1. 19세기의 사회 조건

8.1.1. 완문 남발의 배경

완문의 역사에서 19세기는 매우 중요하다. 무엇보다 이 시기에 만들어진 완문이 가장 많이 남아 있어서인데, 그것은 시기적으로 현재와 가장 가깝기 때문으로 보인다. 또한 당시 완문이 대량으로 생산되는 사회 조건이 있었다는 점 또한 중요한 이유로 지적하고 싶다. 완문의 대량 생산을 가능하게 하였던 사회 조건은 중앙 정치구조의 변화와 그에 따른 지방 사회에 대한 영향을 먼 배경으로 꼽을 수 있다.

17세기 후반 이래 국왕들은 왕실의 권위 회복에 진력하였다. 국왕들은 양반의 권력이 증대됨에 따라 왕가가 상대적으로 위축되었다고 판단하였기 때문이다. 따라서 그들은 분열된 사회를 자신의 권력으로 통합하고자 시도하였다.[1]

이때 국왕들은 사회 세력의 균형 위에 선 조정자로서 이념적으로 초월적 지위를 확보하려 하였다.[2] 이것이 현실적으로 강화된 왕권 그 자

---

1) 영조와 정조의 탕평책이 왕권으로서 갖는 의미에 대해서는 이태진, 〈조선왕조의 유교정치와 왕권〉, 동양사학회 편, 《동아사상(東亞史上)의 왕권》, 한울아카데미, 1993, 111~116쪽 참조.

체를 의미하는 것이었는지는 필자로서는 판단하기 어렵다. 다만 이를 통해 국왕권의 성격이 정치 세력의 지나친 경쟁을 억제하여 조정하는 지위를 얻는 쪽으로 전환되어 가고 있었음은 짐작할 뿐이다.

당시 국왕이 초월적인 지위에 서고자 한 것은 이념적으로 정치 사회적 시스템 밖에 위치하여 그것을 조정하는 자로서 남기를 원하였다는 의미로 읽힌다. 이러한 정치적 조건의 변화는 권위 회복을 위해서 왕가의 권위도 함께 높일 필요성이 요구되었다. 이는 또한 왕가가 유력한 사가들과 경쟁 관계에 돌입하였다는 의미이기도 하다.

영조는 왕실의 권위를 높일 목적으로 왕실의 후예와 공신 자손 가운데에서 지방으로 이주하여 사실상 평민이나 다름없는 신분이 되어버린 그들의 먼 후손에게까지 특혜를 부여하는 쪽으로 시선을 돌렸다.[3] 그리고 국왕은 왕실의 권위를 높이기 위한 또 다른 방책으로 자신의 권위를 외적으로 표현하는 데 힘썼다. 정조는 화성에 행궁을 건설하였고, 전국적인 규모의 왕실 의례를 빈번하게 치르는 일도 불사하였다. 이에 따라 왕실 재정은 크게 압박받았고, 국왕은 필연적으로 더욱 많은 재원의 확보를 필요로 하였다. 따라서 당시 새로운 재원의 대상으로 떠올랐던 것은 부유한 상민층이었다.

이 시기에 발생한 이러한 새로운 정치적 조건들은 특권의 대상자가 하층민으로 하향되게 하였으며 특권의 남발을 초래하였다. 그 결과 특권이 갖는 사회적 의미는 변화하였으며, 그에 따라 그 이전에 완문에 부여되었던 지배 상징의 성격도 크게 탈색되었다.

그리고 이 시기에는 이전에 볼 수 없었던 새로운 성격의 완문들이 출현하였다는 것도 주목해야 할 요소다. 당시 완문들은 이미 사족의

---

2) 이태진, 〈정조의 대학탐구와 새로운 군주관〉, 《이회재(李晦齋)사상과 그 세계》, 성균관대 대동문화연구원, 1992 참조.
3) 이 책 '3.2.4. 왕실 후예의 특권 보장' 참조.

특권을 확대시키는 도구로서 기능하였던 것만은 아니다. 19세기가 되면 완문은 이전보다 훨씬 다양한 목적을 위해 이용되었다.

당시의 새로운 환경에서 새롭게 등장한 완문으로는 구폐완문과 완의완문, 도고완문을 꼽을 수 있다.

구폐완문은 18세기에서 19세기 중반까지 중앙 정부의 중심 담론 가운데 하나인 삼정문란의 개혁이라는 지배적인 분위기 속에서 사회의 폐단을 합리화시키기 위한 조처로 나타난 것으로, 순전히 당대의 분위기를 반영하는 산물이다. 구폐완문은 중앙 정부가 주도적으로 각 사회의 모순과 폐단을 시정하고 조절한다는 점에서 독특한 사회적 기능을 담당하였다.

완의완문은 19세기의 새로운 사회적 관계가 시작되고 있음을 보여주는 적나라한 실례라 할 수 있다. 완의완문의 출현은 사족층과 평민층, 보부상 등 새로운 전문인층에서 발생한 2차 사회집단, 즉 중간단체가 각각 다른 사회적 장, 다른 동기에서 출현하는 것을 배경으로 하였다.[4)]

사족의 경우는 문중·종중·향회 등 비교적 자율적이고 독립적인 사회집단을 형성하였다. 사족들은 이러한 집단을 운영하는 데 '완의'라는 문서를 사용하였다. 그런데 사족층이 자신의 사회조직 내부에서 해결하기 힘든 문제, 즉 문중 사이의 갈등, 문중 안에서 자력으로 해결하지 못한 문제들이 송사 등으로 불거진 경우는 부득이 관의 권력이 필요하였으며, 관이 중재한 결과에 대해 관이 그 결과를 보장하는 완의완문을 발급하였다.

---

4) 미야지마 히로시는 조선사회가 일찍부터 문중, 단안조직, 촌계, 보부상, 계 등의 중간단체가 존재하였고, 19세기 후반에는 지방 지배체제가 동요되기 시작하는 시대적 분위기에서 그에 대응할 만한 체제가 확립되지 않았다는 지적은 적실한 것일 수 있다.(기시모토 미오·미야지마 히로시/김현영·문순실 옮김, 《조선과 중국 근세 오백년을 가다》, 역사비평사, 2003, 376~379쪽 참조)

평민층이 형성한 중간단체의 경우, 기존의 향약조직에 지속적으로 귀속되면서도 한편으로 국가의 수취체제가 총액제가 강화되고, 그에 따라 향촌에서 이에 대해 공동으로 대응하는 과정에서 수취의 행정단위에서 면계 등 중간단체를 결성하기 시작하였다. 이들 중간집단은 운영을 위해서 규약의 설정과 위약에 대한 제재를 관으로부터 보장받았으며, 이때 그 '보장'이라는 행정처분으로서 관에 의해 완의완문이 발급되었다.

도고완문의 경우, 19세기의 조선 정부는 이들 기술자 집단을 효율적으로 조작하려 했다. 이는 때때로 발생하는 공인의 수요에 대응하기 위해서가 일차 목표였다. 이들을 효율적으로 관리하는 일이란 곧 이들을 조직하는 것이었고, 전국적인 조직망을 갖추려 했다. 이는 한편으로 끊임없이 새로운 세원을 개발하려 하는 정부가 재정을 늘리려는 기도를 통해서도 드러난다.

이와 같은 완문들이 19세기에 출현한 것은, 국가수취체제의 변화나 사족층의 분화, 평민층의 성장, 새로운 기술자층의 등장에 따라 다기한 중간 사회단체가 이 시기에 출현하였기 때문이다. 이러한 중간단체 내부에서 발생하는 문제나 중간단체와 정부 사이의 관계에서 발생하는 문제를 다시 국가에서 조절해야 할 필요성이 생겼다. 이때 완문은 그와 같은 조절 기능을 새롭게 부여받았음을 확인할 수 있다. 이는 19세기 조선사회에서 수평적 사회적 연대에 기초한 사회적 움직임이 관찰되기는 하지만, 자기 조직의 자율적 힘으로 움직이지 못하는 매우 불완전한 것이었으며, 따라서 내부에서 국가 공권력을 요구하고 있었음을 확인시켜 준다.

더욱이 이러한 결합방식의 핵심은 수령과 향중의 중간단체와의 관계에 있다. 여기에서도 볼 수 있듯이, 완의가 발생하는 모든 사회적 장에서 완의완문이 생산되었다고 할 수는 없다. 대표적인 중간단체라고 할 수 있는 문중·서원·향회의 완의는 현전하지만, 완의완문은 보이지 않는다. 이것은 무엇을 의미하는가?

이것은 이들 집단이 대표적인 사족의 중간단체라는 데에서 원인을 찾을 수 있다. 이것으로 향촌 내 사족의 조직에 대해서는 수령이 완전한 자치권을 허락하여 구체적인 의사 결정에 개입하지 않고, 그들이 송사를 했을 경우에도 되도록 사족집단 내부에서 해결하도록 문장 등의 결정을 보장하는 수준에서 수령권이 행사되었음을 확인할 수 있다. 이들 사족집단은 약간의 위기는 있었지만 어떠한 형태로든 조선 전기부터 20세기 초까지 그 건재함을 과시하였다.

한편 향약(鄕約)·면중(面中)·학계(學稧)·교중(校中) 등에서 완의완문이 발생할 수 있었던 것은 어떤 이유에서였을까? 이런 각 조직들의 성격과 기원은 다를 수 있지만, 이들이 아무런 맥락 없이 19세기에 들어와 갑자기 출현하였던 것은 아니다. 기존의 면리 조직은 공동납제라는 수취제의 변화에 따라 더욱 공동체적 성격이 강화되면서 면중 조직으로 발전하게 되었고, 이러한 사실은 이 조직들에게 비교적 자율적인 의사결정기구로 성장할 것을 강력히 요구하였다. 향약이나 교중, 계도 그 기원이 조선 전기부터 있었던 비교적 오랜 연원을 가진 조직이었지만, 이때에 이르면 당시의 체제를 유지하기 위한 조직으로 활용된다.

완의완문이 출현하게 된 배경을 알기 위해서는 발급자인 수령 입장에서의 검토가 필요하다. 왜냐하면 이들 집단의 합의 내용들이 흥학이나 납세 등 대체로 수령의 주요 업무와 관련된 일이었으므로 수령의 주도권이 작용할 만한 영역에 있었기 때문이다. 다만 수령이 이러한 수령의 업무를 수행하기 위해 이와 같은 자치조직을 이용하였다는 점은 주목할 만하다.

그런 점에서 완의완문에 나타난 수령과 사회조직과의 관계에서, 수령이 이들 조직을 일방적으로 주도해 나갔다고 보기는 어렵다. 이 시기 수령권에 새로운 위상이 부여되고 있었던 것은 사실이지만, 이들 집단에 미쳤던 수령의 권한은 어디까지나 합의된 사안을 보장함으로써 공권력을 보족적으로 사용하고자 했을 뿐이지, 조직에 대한 강력한 통솔의 의미는 적었다.

이러한 완문의 성격 변화에는 그 밑바탕에 향촌에서 차지하는 관가의 역할이 변해 갔고, 이는 그에 따른 사회적 조건이 급격하게 변해 가는 정황을 짐작하게 한다. 이를 통해 관가가 지방 사족의 지배권을 보장함으로써 사족을 중심으로 한 대리 지배체제를 유지하는 것 대신에, 향촌의 자율 통치를 합의하게 하고 수령은 그 전체를 관리하는 체제 쪽으로 변모시켜 갔음을 알 수 있다.

이런 정황은 외형적으로 수령권의 강화로 드러났으며, 다른 한편으로는 향촌사회의 중간계층이 성장하였다는 것을 의미하기도 하였다.

이 변화의 끝인 19세기 말의 한 수령일기인 《총쇄록》에서, 향회(鄕會)가 성장하여 이들이 자체적으로 고을의 총 수취액을 결정하면, 수령은 그것에 대해 비판하고 조정하는 방식을 취하는 모습을 볼 수 있다.5)

이러한 맥락에서 19세기를 전후로 한 시기에, 지방에서 향리층과 향임층(鄕任層), 무임층(武任層)으로 구성된 중간 신분층이 향촌 안에서 급격히 신장하였다는 연구 성과는 눈여겨볼 만하다.6) 특히 이들이 사회적으로 뚜렷이 성장하는 세력으로 등장한 것은 수취체제에서 그들이 차지하는 비중이 커졌다는 데서 반증이 된다.

---

5) 장동표는 19세기 말 함안(咸安) 향회를 관 주도의 향회로 규정한 바 있다. 그런데 이 또한 향회 자체의 발전을 전제로 한 것으로 이해해야 할 것이다.(장동표, 《조선후기 지방재정연구》, 국학자료원, 1999, 316~336쪽 참조.)

6) 19세기 동래 지역 무임집단의 형성과 중간집단으로의 성장은 손숙경, 〈조선후기 변경지역 무임집단(武任集團)에 대한 고찰〉, 고문서학회 엮음, 《동아시아 근세사회의 비교》, 혜안, 2006 참조.

8.1.2. 완문 기재방식의 변화와 그 사회적 의미

당시 향촌에서 나타났던 사회체제의 변화는 당시 완문의 기재방식에도 뚜렷이 반영되어 있다. 여기서 16세기부터 18세기 중기까지의 탈역 완문들이 주로 수령의 단독 처분에 의거하였지만, 18세기 후반 이후 수령의 단독 처분권만으로는 탈역이 어려워졌다는 것은 당시 완문의 기재방식으로 확인할 수 있다.

그에 대한 한 예로, 1789년 11월에 거제부사(巨濟府使)가 관내 일운면(一運面) 항리(項里)의 거주민들에게 발급하였던 다음의 완문을 참고할 수 있다.

문서 8-1[7])

완문

이 완문은 작성해 주기 위해서 발급한 것임.

곧 항리에 거주하는 백성들의 등장(等狀)을 접해보니, 그 마을은 비록 산 밑에 있는 마을로 편입되어 있으나 원래는 해촌(海村)이었다. 따라서 진상물과 □□ 표고를 전혀 담당(擔當)할 길이 없으므로, 본전(本錢) 40냥과 첨보전(添補錢) □□냥을 동에 주고서 지금부터 표고를 영원히 탈면하겠다는 뜻으로 동민에게…… 한다고 하였으니 육지냐 바닷가냐를 막론하고……에 따라 마련하고 나누어 정하는 것이 곧 공적으로나 사적으로 공평한 방법이다.

항리는 표고가 생산되는 곳이 아니고, 11동민의 완문과 착표가 이미 이와 같이 명백할 뿐 아니라, 본전과 첨보전을 합한 백 꾸러미의 돈을 이미 11동에게 주었으니, 당초 항리가 담당하였던 물건도 11동에 분배하여 담당하게 할 수 있게 할 것이다. 공의를 좇아 완문을 작성하여 탈급하는 것

---

7)《古文書集成》35, 完文 2.

이 사리에 온당하고, 향소(鄕所)와 공형(公兄)에게 물으니 또한 옳다고 하
였기 때문에, 이 항리에게 표고를 공납하는 의무를 영원히 면제하겠다는
뜻으로 이와 같이 완문을 작성하여 준다.

아울러 빙고하여 시행하는 것이 의당할 것임.

기유년 11월 일

　행부사(行府使)[署押]　　　　　　　　　　　좌수(座首)　윤(尹)[着名]

　　　　　　　　　　　　　　　　　　　　　별감(別監)　윤(尹)[着名]

　　　　　　　　　　　　　　　　　　　　　　　　　김(金)[着名]

　　　　　　　　　　　　　　　관청색(官廳色)　유용시(兪勇施)[着名]

　　　　　　　　　　　　　　　　승발(承發)　　하치린(河致麟)[着名]

　　　　　　　　　　　　　　　　이방(吏房)　　유언형(兪彦衡)[着名]

　　　　　　　　　　　　　　　　호장(戶長)　　하경린(河慶麟)[着名]

　　* □는 글자의 결락을 표시한 것임.

항리는 해변에 위치한 민동(民洞)으로서, 주민들은 진상 공물로 표고
를 올리고 있었다. 항리는 해촌(海村)이었기 때문에 표고와 같은 육산
물을 마련할 길이 없었다. 따라서 이 마을 사람들은 인근 11동에 본전
(本錢)과 첨보전(添補錢)으로 총 100관(貫)을 내어, 그 동에서 표고를 공
납한다는 완의(完議)와 착표(着標)를 받고, 이를 근거로 이러한 사실을
인정받음으로써 자신들의 표고 진상을 면제 받고자 하였다. 그 결과
수령은 이 동의 탈역을 행정적으로 처분하였다.

그런데 여기서의 면제는 다른 일반적인 완문의 탈역 처분과는 구별
된다. 우선 수령은 최종 심급이라는 의미에서 단독 결정권자이기는 하
지만, 이와 같은 행정처분을 결정하는 데서 향중의 공의(公議)를 따를
수밖에 없었다.[8]

---

8) 이와 같은 공의는 이미 같은 해 7월에 완의(完議)로 작성되었고 이 완의가 현존한다.(《古
　文書集成》 35, 完議 1 참조) 등장을 올렸을 당시 이 완의가 증빙서류로 첨부되었을 것이

이러한 결정 과정에서 수령은 관련된 다른 동민을 포함하여 향청과 이서(吏胥) 관청의 공의도 함께 고려해야만 했다. 따라서 여기서의 탈역은 특혜나 특권의 의미라기보다는, 다분히 사회 내부에서 발생하는 등가교환에 따라 이루어진 합의에 대해 수령이 나중에 인정해 주는 방식으로 처분되었다. 사실 명목으로는 탈역이지만 실제 내용은 그에 상응하는 등가교환에 대한 공증에 가깝다.

그런데 여기서 주목해야 할 것은, 수령이 처분을 하는데 단독적으로 하지 않고 향리들과 향임층의 의견 및 동민의 동의도 함께 요구하였다는 점에 있다. 이는 위의 문서에서도 볼 수 있는 것처럼 기재방식에서도 변화를 보여서, 이와 같이 좌수와 별감 및 그에 따라 거제도에서 향임과 향리, 관청색(官廳色), 승발(承發), 이방(吏房), 호장(戶長)이 각각 착명하여 동의를 구하는 방식으로 변모하였음을 보여준다.

이 같은 기재방식의 변화는 민촌의 탈역을 결정하는 과정에서만 나타난 것이 아님을, 전라도 강진에 거주하던 사족 윤효관(尹孝寬; 1745~1823) 집안이 그의 사후인 1831년에 묘직 탈역을 목적으로 수취한 다음의 완문에서도 전형적인 예를 볼 수 있다.

문서 8-2[9)]

완문

이 완문은 영구히 준수하여 행하기 위한 것임.

보암면(寶巖面) 보등리(寶嶝里) 윤참의댁(尹參議宅)의 묘소는 본면의 언등(堰塯)리에 있다. 산직(山直)이 매번 역을 피하고자 도모한 것은 그

다. 이 완의는 '산저'(山底)로 완의하는 결사체를 표기하고 있고 후기에는 이 완의에 참여한 12동의 이임(里任)들이 수결하고 있다.

9) 목포대학교박물관 소장, 문서번호59. 현재 이 문서는 목포대학교박물관에 기탁되어 있고, 2004년도에 국사편찬위원회가 주관한 국내 지방사료 기초조사수집사업의 일환으로 김경옥이 보고한 바 있다.

약정(約正)배들이 여러 가지를 침탈하기 때문이다. 침어하게 되면 묘소를 금양할 길이 없으므로, 여기의 묘직과 산직은 잡역을 침탈하지 말도록 한다는 내용으로 후록하고 완문을 작성하여 주니, 이것을 준수하는 것이 의당할 것임.

여기 아래의 향청, 질청 및 보암면 면임이 이것에 의거할 것.

신묘년 12월 13일

관[署押]　　별감(別監) 윤(尹)[着名]　　호장(戶長) 손이묵(孫彝默)[着名]

　　　　　　좌수(座首) 윤(尹)[着名]　　이방(吏房) 김재기(金緈起)[着名]

　　　　　　별감(別監) 이(李)[着名]　　승발(承發) 강승문(姜升文)[着名]

　　　　　　　　　　　　　　사창색(司倉色) 김명주(金命胄)[着名]

　　　　　　　　　　　　　　세초색(歲抄色) 이정식(李貞植)[着名]

　　　　　　　　　　　　　　현사색(縣司色) 박형엽(朴瀅曄)[着名]

　　　　　　　　　　　　　　대동색(大同色) 강맹표(姜孟杓)[着名]

후기

1. 한정(閑丁)을 침책치 말 것.

1. 환자를 받지 말 것.

1. 약정(約正), 도령장(都領將), 도로품관(道路品官)을 침책치 말 것.

1. 옥천전죽군(玉川箭竹軍)을 침책치 말 것.

끝

이 완문에서 윤참의라고 한 것은 다름 아닌 윤효관을 가리킨다. 이 완문을 수취하였던 때는 윤효관의 사망 후 채 10년도 안 된 때였다. 윤효관 집안의 선산은 그들의 거주지인 보암면(寶巖面) 보등리(寶磴里)로부터 그리 멀지 않은 같은 면내의 언등리(堰墱里)에 있었다. 선산이 같은 면내에 있는 것은 향촌에서는 매우 일반적인 일로 보인다. 후기에 연호잡역의 구체적인 내용을 수록하고 있다.

앞서 언급하였듯이, 여기서 부여된 탈역의 특혜를 보장하기 위하여 향청과 질청에 소속된 관리들 및 면임 등 역과 관련된 모든 하급관리들이 다 함께 보증인으로 이 완문에 서명하고 있다.

이와 같이 향촌의 사회구성에서 이들이 차지하는 위상은 매우 컸다. 특히 향촌에서 부과하는 잡역의 경우 이들의 소관이었으므로, 이를 통해 그들의 지배적인 영향력을 짐작할 수 있다. 물론 이들의 임명권자는 수령이었지만, 그것도 비삼망(備三望)에 의거해 천거하면 그 가운데에서 낙점하는 방식을 취하였으므로, 사실상 그들의 인사에 수령이 행사할 수 있는 영향력은 그다지 크지 않았다고 보아야 할 것이다.

더욱이 향리들은 향촌 안에서 자신들의 독자적인 질서를 가지고 있었다. 따라서 탈역을 실제로 좌우할 권한이 있었던 듯하다. 그에 대한 대표적인 예로 윤선도(尹善道) 집안에서 1833년에 수취한 다음 완문을 볼 수 있다.

문서 8-3[10]

완문 현일면(縣一面) 백연동(白蓮洞) 마름 앞

이 문서는 영구히 준행하기 위한 것임. 저 덕음산 아래 □⋯□ 선현(先賢)의 옛터를 바라보니 후생(後生)의 감회가 어찌 □⋯□와 차이가 있겠는가? 이 집안은 계관(系貫)이 읍호로 되어 있으니 어린 아이도 주반(主班)이 연포(蓮浦)에 세거하여 왔음을 알고 있으며, 어리석은 백성들조차 윤사부(尹師傅)가 세 번 옥문을 열어주셨음을 모두 칭송하고 있다. 사람들을 보살피는 덕이 세세면면(世世綿綿)으로 전해져 내려왔고, 향사(鄕祠)에 주벽이 되어 부조의 은택이 계승(繼承)되어 왔다.

엎드려 생각건대, 우리들도 모두 의관(衣冠)을 한 고족(古族)으로서 비록 명분이 현격히 다르기는 하지만 어찌 세의(世誼)의 자별함이 없겠는가? 등록(謄錄)을 징험하여 고찰해 보니, 호저(戶底)의 신역(身役)과 연역(烟役)을 침책치 말라는 것은, 거의 호호(戶戶)마다 앙모(仰慕)하는 적(蹟)

---

10) 《古文書集成》 3, 完文 3.

이 될 만하다.

그런데 일이 오래되어 잎이 나고 가지 위에 마디가 생겨 점점 얽혀 들어가, 반호(班戶)까지도 환자를 분배하고 노속(奴屬)을 파정(疤丁)하기를 거의 끝이 없이 하는 것은 곧 우리들이 부끄럽게 여길 만한 것이다. 어찌 사적을 징험함이 없어서 그런 것이겠는가, 아니면 후속(後屬)들이 불초(不肖)하여 그런 것이겠는가? 고금(古今)의 일을 생각해 보니 참으로 한탄스럽다.

중도(中途)의 실착(失錯)이 어디서 생겼는지 지금 따지지 말고 다시 고례(古例)를 따라서 각항(各項)의 견제(蠲除) 조건을 완문을 작성하여 일일이 그 뒤에 기록해 놓는다. 아아! 우리는 각자 맡은 일에서 서로 힘쓸 것이고, 잘못 배당하여 선현을 더럽히지 않도록 하는 것이 의당할 것임.

계사년 8월 25일

질청(作廳)　　호장(戶長) 조성학(曺聖學)[着名]

이방(吏房) 강석행(姜錫行)[着名]

호방(戶房) 김서장(金瑞章)[着名]

사창색(司倉色) 김문연(金文淵)[着名]

세초색(歲抄色) 정지관(鄭志寬)[着名]

선소색(船所色) 유재연(柳在演)[着名]

각항(各項)의 환자(還子)분을 배당하지 말 것.

제읍(諸邑)의 군정(軍丁)을 침책치 말 것.

연호잡역(烟戶雜役)을 모두 침책치 말 것.

해남현의 질청에서는 현일동 마름에게 이 같은 완문 한 장을 발급하였다. 현일동은 윤선도의 종손집이 대대로 거주하던 마을이다. 이 완문의 발급자는 질청이었다.

이 질청의 아전들은 이 지역의 고족(古族)으로 자처하며, 윤선도 집안과 맺어온 세의(世誼)를 강조하고 있다. 이 완문은 그들의 행정력 안에서 그 마을에 부여될 환자 등의 연호잡역을 부과하지 않았다는 점에 특징이 있다.

이와 같은 완문을 질청에서 발급한 것은, 완문의 내용에서도 확인할 수 있듯이, 이 기관이 윤선도 집안에 환자를 배징하고 노속에 대한 파정(疤定)을 담당하는 실무기관이었다는 사실에서 기인한다.

이는 담당 업무에 관해서는 매우 자율적인 행정권이 있었던 당시 향촌의 중인층이 존재하였음을 의미한다. 그리고 이것은 수령의 자의적 의지가 개입하기 힘든 고을 내부의 사회구성이 이미 형성되고 있었음을 동시에 보여준다. 물론 고을마다 각 사회세력 사이에 권력의 적정성을 형성하는 정도가 달랐으므로, 이들이 운용할 수 있는 권력의 차이는 컸으리라고 본다.

8.1.3. 상민(常民)의 공동대응

19세기의 사회 현상에서 상민이 공동 대응을 통해 향촌에서 새로운 사회세력으로 떠오르기 시작하였다는 것은 주목할 만한 요소다. 이와 같은 평민의 성장을 보여줄 수 있는 하나의 사례를 들어보기로 한다.

당시 사족들이 선영 경관을 조성하는 데에서 이것이 중대한 장애물의 하나로 떠올랐다. 특히 새로이 묘산(墓山)을 조성할 경우, 기존 동민의 반발이 만만치 않았기 때문이다. 동민의 반발이 어떠하였으며 그와 같은 동민의 반발을 어떠한 방식으로 무마했는지를 이해하는 데에서는 안동의 풍산김씨 영감댁에 소장되어 오던 산송 관련 문서가 참고가 된다.[11]

이 사건은 안동 지방의 유력 양반 가운데 손꼽히는 집안이라고 할 수 있는 풍산김씨 영감댁이, 산록에 묘를 정하면서 동민과 대립한 데

---

11) 이 문서들은 현재 안동의 한국국학진흥원에 기탁되어 있다. 이 자리를 빌려 자료 이용에 협조해 주신 관계자 여러분들에게 감사한다.

서 비롯하였다. 동민과의 싸움은 1877년부터 1882년까지 5년에 걸쳐 벌어졌다. 이 사건의 전말을 알려주는 문서로는 장사택일지를 포함하여 상서, 완문, 명문, 수표 등 총 11건으로, 이 집안의 어느 후손이 연대별로 편철하여 보존하고 있었다. 그 내용의 전말을 이해할 수 있도록 문서를 정리하면 다음과 같다.(표 8-1)

피장자인 김두흠(金斗欽)은 승지(承旨)를 지낸 인물로, 이 집안의 택호를 영감댁으로 하게 한 주인공이기도 하다. 19세기 후반의 영남 지역에서 승지를 관력으로 하고 있다는 것은 그 자체만으로도 가격이나 집안의 위세가 상당한 집안이라는 것을 짐작하게 한다. 소송 당사자인 김병황(金秉璜)은 김두흠의 장손으로, 아버지 김낙주(金洛周)가 1869년에 이미 사망하였으므로 자연히 승중자가 되었다.

김병황이 할아버지의 장지로 택한 곳은 같은 안동부내에 있는 남후면(南後面) 개곡동(皆谷洞) 덕산(德山)이었다. 영사(營使)와 안동부사에게 올린 1877년 7월의 상서에 따르면, 이곳을 장지로 정하여 오고갈 때만 하더라도 산 아래에 살던 백성들이 미동도 하지 않다가, 막상 양례(襄禮)를 치르려 하자 기다렸다는 듯이 이들의 길을 가로막고 훼방하여 지금에까지 이르렀다는 것이다. 이들이 내건 명분은, 이 산이 연석(硯石)을 진상하는 산이라는 것이다.

이러한 주장은 김씨 측에 따르면 무고라고 한다. 이에 장차(將差)를 파견하여 엄히 다스려 줄 것을 청하고 있다. 이에 대해 영사와 안동부사로부터 엄히 징벌할 것이라는 내용의 제사를 얻어내고 있다(번호 1·3). 게다가 영감댁뿐 아니라 풍산김씨 전체가 동시에 일어나 등장을 올려 이 일에 힘을 모음으로써 동민을 크게 압박하였다(번호 4).

그러나 엄징하겠다는 영사와 안동부사의 제사가 있었음에도, 이 대립은 현실적으로 다른 방향으로 흘러갔다. 영감댁이 동중에 이 산록의 한 구역을 산 대가로 돈 185냥을 지불함으로써 비로소 끝나게 되었다.

표 8-1. 풍산김씨 영감댁의 산송 문서

번호	문서번호	문서종류	발급자	수급자	발급일자	간략내용
1	소지0016	상서	김병황 (金秉璜)	영사 (營使)	1877-07	개곡동(開谷洞) 전록(前麓)에 묘를 정하였지만, 동민들이 연석(硯石) 공납을 이유로 훼방하므로 지금까지 장례를 치르지 못함.
2	소지0016-1	장택지	지관	김병황	1877-07	김두흠의 장례에 장례 시기와 장소를 점침.
3	소지0016-2	상서	김병황	안동부사	1877-07	번호 1과 동일. 후록한 황묵이(黃默伊) 외 3명을 잡아다 엄징할 것을 청함
4	소지0016-3	상서 (등장)	김익흠(金益欽) 외 29명	안동부사	1877-07	위와 같음.
5	소지0016-4	명문	김승지댁	개곡동중	1877-08-21	우리 동은 본래 연석을 진상하는 마을이어서… 이 산록의 한 구역을 185냥에 팔아서 동중 경비에 보태 씀.
6	소지0016-5	소지	김승지댁	안동부사	1877-09	국내를 수호할 묘직을 탈역한다는 입지와 완문을 요청함
7	소지0016-6	완문	안동부사	김병황	1877-09	묘역을 수호할 묘직을 탈역함
8	소지0016-7	소지	김승지댁	영사 (營使)	1878-11	동장의 아들 김주석(金周錫)과 동임 장백운(張伯云) 등 4, 5명이 돈을 받아갔는데, 분배가 균등치 않는지 송추를 난작(亂斫)하여 민둥산이 될 지경에 이르렀다. 그 주벌이 장백운 외 3명이라고 하니 처벌해 줄 것을 청함.
9	소지0016-8	수표	황묵(黃默)	김승지댁	1878-10-25	동의 덕산(德山)은 김승지댁이 매득한 묘산이므로 산직과 함께 금호할 것을 다짐함.
10	소지0016-9	수표	황묵, 박도석 (朴道石)	김승지댁	1878-10-25	위와 같음

| 11 | 소지0016-10 | 소지 | 김승지댁
대손
(大孫) | 영사 | 1881-10 | 묘동에 사는 박도석(朴道石) 외 3명이 투작(偸斫), 방우(放牛)하여 국내를 훼손시켰으므로 엄처한 것을 청함. |
| 12 | 소지0016-11 | 소지 | 김승지댁 | 안동부사 | 1882-04 | 묘동에 사는 김성운(金聖云) 외 3명이 묘소의 요해처(要害處)에서 석회를 구었는데, 이는 풍수상 해로운 일이므로 종을 보내 타이르려 하였다가 도리어 방자히 패악을 부리며 구타를 하니, 이들을 처벌해 줄 것을 청함. |

그 다음 달인 8월의 일이었다(번호 5). 그리고 9월에 영감댁이 완문의 발급을 요청하는 소지를 올려 그 결과 완문을 수취함으로써 이 문제는 일단락되는 듯하였다(번호 6 · 7). 결과적으로 이 집안은 동민들로부터 선영 경관 조성을 위한 토지를 산 결과 일단락되었던 것이다.

동민들이 내건 진상의 명분은 과연 맞는 것일까? 그 명분은 일단 젖혀 두고라도, 동민들에게 이 산이 현실적으로 매우 중요한 가치가 있었을 것임은 짐작하고 남음이 있다. 우선 땔감을 구하는 일은 생활 면에서 긴요한 조건이 되었기 때문이다. 일단 돈은 동민 사이에서 분배된 것으로 미루어볼 때, 진상을 빌미로 경제적 이익을 취하고자 한 것으로 보인다. 그러나 이후 금양이 제대로 이루어지지 않고 작벌이 심해져 그 다음 해인 1878년에 소지를 올려 처리한다(번호 8 · 9 · 10). 이후 금양을 위해 수시로 관의 힘을 빌려 작벌을 처리하고 있으며(번호11), 심지어 금양 구역을 요해처로까지 확대시키는 양상을 보여준다(번호 12).

이상에서 살펴보았듯이, 안동의 유력한 사족이 같은 고을 안에 선영을 경영하는 데에서조차도 돈으로 매득하여 점유하지 않을 수 없었음을 볼 수 있다. 그러나 그 이후는 매득이 근거가 되어 소유권을 주장할 수 있었고, 관권을 동원할 수 있었다. 이는 역설적으로 말하여, 하민이 그에 상응하는 대가를 받기 전에는 결코 호락호락하지 않았다는 것을 보여주는 실례라고 하겠다.

이와 같이 묘직과 묘동은 현실적으로 존재방식을 달리하며, 심지어 대립적이기까지 하였다. 묘직이 수호하려는 송추란 곧 묘촌민에게는 직접적으로 자기 생활에 필요한 땔감을 공급 받는 재원이었기 때문이다. 실제로 어느 사족의 묘산이 되기 이전에 그 산은 묘촌민의 공유지였으며, 그런 점에서 사족이 그곳에 선영경관을 조성하기 위해서는 불가피하게 이들과 충돌하지 않을 수 없었다. 19세기 이전에 사족은 자신의 권세를 이용하여 묘동을 탈역시킴으로써 이러한 모순을 해결할 수 있었다. 그러나 19세기에 접어들면서 묘촌의 탈역은 쉽지 않았으므로, 이전과는 구별되는 새로운 사회관계를 형성하지 않을 수 없었다.

이 사건은 사족이 자신의 특권을 자신의 지배력으로 더 이상 유지하기 어려웠음을 보여주는 하나의 사례다. 그 이면에는 화폐경제의 발달, 지방행정의 발달 등이 배경으로 깔려 있었겠지만, 그와 함께 상민들이 사회적 환경에 공동으로 대응할 필요에 따라 사회적으로 성장하였다는 것도 주목할 만한 이유로 꼽을 수 있을 것이다.

상민의 공동대응에 대하여는 다음 성호리의 문서를 통해 더욱 자세히 이해할 수 있을 것이다.

문서 8-4[12)]

완문

이 문서는 완문을 작성해 주기 위한 것임. 성호포(星湖浦)의 마을은 본래 어리(漁利)로서 살아가던 곳이다. 전에 부유한 호가 여염에 즐비하여서 공사(公私) 응역(應役)이 폐단 없이 거행되었다. 그런데 어쩐 일인지

12) 국사편찬위원회, MF0001520-01..

근래에 백성들이 많이 흩어지고 고기잡이에서 이익을 얻지 못하였는데도 공납이 줄어들지 않고 정비(情費)가 늘어나서 사람들이 모두 부담하여 열 집에 아홉 집은 빌 우려가 있다. 그러므로 해당 동의 여러 백성들이 계속 진소하여 견감해 줄 것을 애걸하니, 관에서는 비록 측은히 여기는 마음이 있더라도 조처해 줄 방도가 없었다.

그런데 지금 김판서댁(金判書宅)이 선산을 곡진히 보호하여야겠다는 생각으로 특별히 500냥의 돈을 내어서 동민을 위하여 폐단을 보충하려 하니, 사람들이 욕심이 많고 중민들은 보호하기 어려운 데 고심이 있으니 마땅히 염려스럽다. 금년부터 시작하여 모두 절목(節目)을 개정한다.

이 돈 500냥 가운데에 250냥은 해동에 맡겨서 존본취리(存本取利)하여 영문(營門)에서 배당한 봉진(封進)과 관가에 납부하여야 할 석어(石魚)를 작정(酌定)하여 대전(代錢)으로 매년 때에 맞추어 상납하게 할 것이고, 보역청(補役廳) 계방전(禊方錢)은 당초에 정한 수 50냥에 의거하여 춘추에 25냥씩 분납(分納)한다. 나머지 250냥은 각 청에 맡겨서 존본취리하여 이른바 각 항의 정비(情費)는 이것으로 보태어 쓰고, 그 밖의 제반 잡역을 일체 침책치 말게 한다. 이렇게 하여 이 동민으로 하여금 옛날 그대로 전접(奠接)하여 공사가 다 편하게 하는 길을 마련하여야 하니, 혹시 각 청이 조약을 유념하지 않고 해당 동민에게 조금이라도 구하거든 동민(洞民)은 즉각 와서 호소하고 또 관청에 들어오는 일이 있으면 해당 죄를 범한 사람은 결단코 특별히 엄치하고 그 구하는 바 물건은 관정에서 추급(推給)할 것이기 때문에 완문을 작성하고 절목(節目)을 작성하여 1건은 관에 보관하고 1건은 본동에 내주어서 영구히 빙고하고 삼가하여 시행하도록 하는 것이 의당할 것임.

함풍(咸豊) 10년 5월 일

관(官)[署押]

* 이하 절목과 부서는 생략

이 문서는 철종 11년(1860) 5월에 홍성군수(洪城郡守)가 충청도 홍성군 결성면(結城面) 성호리(星湖里)라는 어촌에 내린 완문이다. 내용을 요약하면 다음과 같다.

성호리는 전형적인 어촌이면서 민촌(民村)이었다. 전에는 부호요민들이 많이 거주하여 즐비한 각종 역을 감당하는 데에 별 문제가 없었다. 그런데 마을 주민이 어업으로 얻는 수익이 점차 떨어지고, 이에 따라 마을 사람들은 뿔뿔이 흩어지는 반면, 마을에 부과하는 역은 계속 증가하는 추세였다.

이에 수령은 매우 난처한 상황에 빠졌다. 관청의 경상비를 조달하는 문제와 동리의 경영이 어느 한쪽을 편들 수 없을 정도로 맞닥뜨려진 것이다. 바로 이러한 상황에서 서울에 사는 안동김씨 집안인 김판서댁은 선산의 관리를 위하여 성호리에 구폐전으로 500냥을 쾌척하였다.

수령은 이 구폐전을 사용하는 절목과 그 밖의 각종 잡역을 탈면하는 것을 정하는 이 완문을 발급하였다. 묘촌에 500냥이라는 돈이 주어졌다. 이때 수령은 이 돈을 250냥씩 반분하여 성호리와 관청에 주고 존본 취식하여 각자의 비용에 보태도록 하였다.

이 마을에서 짊어졌던 역은 다양하였던 것 같다. 그 세역의 종류와 물량, 구폐 내용을 보면 다음과 같다.

위의 〈표 8-2〉에서 볼 수 있듯이, 구폐전을 받기 이전에 이 마을에서 담당하였던 역은 보역청의 예납전 100냥, 염수어(鹽秀魚) 3마리와 염석어(鹽石魚) 7속의 대가인 백미(白米) 51말, 10냥을 합하여 총 110냥과 백미 51말이었다. 거기에다 여러 관청의 각종 정미(情米)도 만만치 않았던 것 같다. 정미도 예납이었다고 하는 것을 보면 일정 액수가 있었던 것 같은데, 이 자료만으로는 포착되지 않는다.

이 사례를 통해 크게 두 가지 정황을 포착할 수 있다. 하나는 위에서 본 것과 같이, 19세기 당시 묘촌을 형성하기 위해서는 그 이전과 같이 양반의 위세에 의한 점유가 가능하지 않다는 것이고, 다른 하나는 이러한 양반이 돈을 쾌척하였던 것은 그 지역 동민은 물론 관청의 이해

표 8-2. 성호리의 세역 내용과 구폐전 사용 절목

번호	세역의 종류	세역 물량	납부관청	구폐 내용	비고
1	순사도(巡使道) 교체시 도계(到界)에 봉진(封進)	염수어(鹽秀魚) 3마리, 염석어(鹽石魚) 7속		관정에서 백미 51말, 본동에서 10냥을 색리(色吏)에게 내주어 사서 상납.	성호리에 250냥을 존본취식, 1년에 60냥, 백미 51말을 감당
2	예납전(例納錢; 秖房錢)	100냥(원 50냥+무신년 이후 50냥)	보역청 (補役廳)	50냥은 감면, 25냥씩 춘추로 분납	
3	예정전(例情錢), 형방청(刑房廳), 임선(賃船) 상납·명송대량(明松大樑)·순환선(巡還船)·과섭초둔(過涉草苞)·황죽(篁竹)·어피(魚皮) 등 잡역		질청	130냥을 존본취식	관청에 250냥을 주어 존본취식함.
4			향청	10냥을 존본취식	
5	예정전		장청(將廳)	25냥을 존본취식	
6	차사례(差使例), 집장례(執杖例), 옥전례(獄典例)		장방청 (長房廳)	65냥을 존본취식	
7	예정전		노방청 (奴房廳)	20냥을 존본취식	

관계에도 어느 정도 부합되었다는 점이다.

성호리에서 내야 할 공동납은 봉진과 정전으로 요약될 수 있는데, 특히 관가에 내야 할 인정전은 그 세목으로 미루어볼 때 관가의 주요한 재원이었음을 알 수 있다.

이와 같은 공납이나 잡역 말고 군역의 부담도 촌민에게는 상당한 것이었다. 다음은 면 단위로 군역을 공동 대처하기 위해 만든 계 조직의 운영을 보장하는 내용의 완문이다.

문서 8-5[13]

호암면승호계책(虎巖面陞戶楔冊)

---

13) 《古文書資料集(Ⅰ)》, 광주민속박물관, 1996, 112~115쪽 소수.

　　　　기묘년 11월 일

호암면승호자장계완문(虎巖面陞戶資裝稧完文)

　　　　기묘년 11월 일

완문

완문을 작성해 주기 위함. 호암면(虎巖面)의 양덕관(梁德觀)·임종휘(林宗輝)·박광두(朴光斗) 등이 올린 소장을 것을 접해보니, 그 내용은 다음과 같다. "본 면은 계곡에 위치해 있으므로 애초에 부요(富饒)한 호(戶)가 없이 거의 모두 가난한 백성들입니다. 매번 승호자송(陞戶資送)을 분정(分定)하는 날에 본 면이 감당해야 할 호는 으례 2명이었고, 1명 당 30냥씩 즉 합하여 60냥을 수납하여야 했습니다. 면에서는 재력이 없기도 하고 경영하기가 어려웠으므로 호마다 징렴하여 분전(分錢)하여 수합(收合)하였습니다. 거의 간신히 견디어 가는 상황이었는데 진실로 일조일석의 일이 아니기 때문에 이번에는 온 면이 모두 의논하여 각 리에 나누기를 권하여 돈 50냥을 얻어서 면계를 만들고 그것을 승호자장계(陞戶資裝稧)라고 이름 하였습니다. 각 리에 특별히 근실한 사람을 택하여 유사를 정하고 매년 봄 가을 두 차례씩 강신(講信)하였습니다. 이자는 매년 두 번씩 봄에 2전, 가을에 2전씩 차례차례 이자를 취하면 매 식년마다 60냥을 마련할 수 있고, 본전은 그대로 있을 것입니다. 이것을 시행하면 그 이자가 엄격치 않으므로 지금 바로 창설하는 것입니다. 대개 이 자장계는 본 읍 가운데 각 면에 없는 것인데도 오직 본 면만이 창시하는 것이니, 그 뒤 식년이 되어 나누어 정하여 자송(資送)할 때 본 면은 계전은 없지 않으나 혹시 더 정할 수도 있다는 근심이 있으므로 이에 제소(齊訴)합니다. 원분(元分)으로 정한 2명분 60전 외에는 그 수를 더하지 않겠다는 뜻으로 완문을 작성해 주십시오"라고 하였다.

매번 승호식년(陞戶式年)때마다 분정(分定)하여 자송(資送)하는 것은 본 읍의 읍례고, 본면(本面)의 백성들이 걱정하는 것은 무궁(無窮)한 폐단이니 돈을 마련하여 면계(面稧)를 창설하자고 한 것은 일이 심히 가상하다. 거행절차는 그들이 올린 소장에 있는 대로 시행하며 자송(資送)의 분정(分定)은 분정 때마다 면마다 각각 정하여진 수가 있으니 어찌 본 면에 더 정하겠는가? 이것은 염려하지 말고 착실히 거행하여 실효를 볼 수 있도록 하라.

돈을 거두어 들리고 흩을 때에 잃어버리게 되기 쉬우니 각자 유념하고, 유사 중에 잘 거행하지 못하는 자가 있다면 그때마다 치보(馳報)하여 엄히 다스리고 태정하도록 하여 완문(完文)에 실린 뜻대로 영구히 준행하는 것이 의당함.

기묘년 11월 일

사(使)[署押]

후기

등광리(登光里) 돈 2냥, 우치리(牛峙里) 돈 6냥, 호암리(虎巖里) 돈 8냥 5전, 국정리(國亭里) 돈 7냥, 청소리(淸沼里) 돈 2냥, 상고기(上高基) 돈 2냥 5전, 하고기(下高基) 돈 1냥, 중촌(中村) 돈 4냥, 신석정(新石亭) 돈 1냥 5전, 신기리(新機里) 돈 2냥, 도치리(島峙里) 돈 5냥, 대초리(大草里) 돈 9냥, 신흥리(新興里) 돈 3전, 황장동(黃莊洞) 이상 돈 50냥 8전

추부(推祔)

구석정(舊石亭) 돈 1냥, 수락리(水落里) 돈 2전.

춘(春) 강신일(講信日) 2월 29일

추(秋) 강신일(講信日) 8월 29일

도유사(都有司)

공사원(公司員)

부유사(副有司)

이 문서는 능주목사(綾州牧使)가 호암면(虎巖面)의 승호자장계(陞戶資裝稧)를 보장하기 위하여 발급한 완문으로, 1879년에 작성된 것으로 추정된다. 여기서 자장(資裝)이란 군역에 직접 복무하는 대신 군사들의 장비를 제공하기 위하여 삼베나 쌀을 바치는 군보(軍保)라는 의미다.[14] 이 완문은 군역을 해결하기 위한 면계(面稧)를 맺고 그 계가 운영될 수

있도록 더 이상의 군보를 침책치 말 것을 청하는 면민의 소청에 따라 그러한 사항을 보장한다는 내용이다.

이 면에서는 식년마다 승호자송(陞戶資送)으로 2명을 배정받았고, 1명당 30냥씩 60냥을 수납하도록 규정되어 있다. 이 면에서는 수납한 60냥을 호마다 분전(分錢) 수납해 오던 것을 존본취식(存本取殖)의 방식에 의하여 해결하려 하였다. 즉, 각 리별로 돈을 수납하여 50냥을 본전으로 만들어 이것으로 이자놀이를 하고, 거기서 나온 이자로 자장전을 충당하려 하였던 것이다. 이때 각 동리별로 거두어들인 명목과 액수는 후기에 기록하고 있다. 면민의 요청은 자장계를 통하여 군역을 해결하고자 하므로 더 이상의 군액 부과는 없다는 확약을 해달라는 것이다. 이에 수령은 더 이상의 군액 증가는 없을 것임을 보장하는 한편, 유사 중에 잘 거행하지 않는 자가 있으면 처벌하겠다는 처분을 내렸다.

이 문서로 군역이 면 단위로 부과되었던 실정과 면계(面稧)를 통해 공동 대응하려는 움직임을 이해할 수 있다. 그런데 무엇보다 이 완문의 형식에 주목할 점이 있다. 이는 당시에 '면'이라는 하나의 마을 단위가 공동납에 대응하는 과정에서 일종의 공동체로서 성장하였다는 것이다. 그리고 이 완문은 행정절차에서도 다른 완문과 구분되는 특징이 보인다. 즉, 이 문서는 면계를 맺은 뒤 합의의 결과가 단순히 자치적인 조약으로 기능하는 것이 아니라, 그 결과를 다시 능주목사로부터 보장을 받았다는 점에 특색이 있다.

완문을 청원하는 면민(面民)들의 바람은 더 이상의 자장전 부과는 없다는 보장을 해달라는 것이었으나, 수령은 그 계의 운영상의 문제까지 보장해 준다는 내용의 완문을 발급하였다. 결과적으로 촌민들의 계 운영에 관이 개입한 예로서 주목된다.

---

14) 《韓國漢字語辭典》 卷4, 〈資裝〉, 〈資裝保〉 참조.

위의 예를 통해, 촌민들이 공납·잡역·군역에 공동으로 대응하는 실태를 살펴보았다. 이들이 공동으로 대응할 수밖에 없었던 것은 외부로부터 부과된 역에 공동 납 방식이 요청되었던 데 따른 것이다. 공동 납에 대한 이 같은 외부 강압의 현실은 상민들로 하여금 동중(洞中), 면중(面中)과 같은 공동 계 조직을 발전시켜 나갈 수밖에 없는 사회적 조건이 되었다. 이것은 당시 상민들의 사회적 성장과 궤를 같이 하여 이해해 볼 수 있을 것이다.

8.2. 특권과 집안

19세기에 각 신분층에 속하였던 여러 집안들에게 특권은 이전과는 다른 다채로운 빛으로 다가왔다. 그 빛은 그것을 향해 질주하던 여러 집안들에게 각각 다른 삶의 의미를 가졌다. 우리는 여기서 그 집안들에게 특권이 어떤 의미였는지에 관해 비교적 가까운 거리에서 살펴볼 것이다.

8.2.1. 향반(鄕班)으로서의 존립 ─ 전라도 부안 김채상 집안

1) 배 경

일반적으로 향반은 국반(國班)이나 도반(道班)과 대비되는 개념으로 고을 안에서만 양반으로서 행세할 수 있을 정도의 집안을 가리킨다.[15] 향반이야말로 그 수로 보자면 사족이 취할 수 있는 가장 일반적인 예일 것이다. 향반은 당시에 어떻게 자신의 사회적 지위를 유지하려고

---

15) 양만정, 〈순창(淳昌)지방의 양반가문에 대한 고찰〉, 《송준호(宋俊浩)교수정년기념논총》, 1987, 334쪽 참조.

노력하였을까? 이 문제에 접근하는 한 가지 예로서, 여기서 전라도 부안에 거주하였던 김채상 집안16)의 경우를 꼽을 것이다.

우선, 여기서 이 집안이 19세기에 어느 정도의 사회적 지위에 있었는지부터 알아보기로 한다. 일단 김채상 집안의 가계부터 검토해 보자.17)

이 집안은 고려 무신집권기에 과거에 급제한 김의 때 양반 계급을 획득하여 그의 아들 김구(1211~1278) 때 양반의 지위를 단단히 굳혔다. 김채상 집안은 여말선초의 김세영에 이르기까지, 적어도 이 지역에서는 양반으로서 상당한 가격(家格)을 인정받았던 것으로 보인다. 그러다가 이 집안은 이후 조선조 내내 한 사람의 관력자도 배출하지 못하였다.

그런데 이 집안이 쇠락하기는 하였지만 사족으로 인정받지 못하였다고 할 수도 없다. 김채상이 일도면 훈장에 차정된 점이나,18) 주위의 사족들이 이 집안을 여전히 고족(古族)으로 인식하고 있었다는 점 등을 종합해 볼 때, 이 집안이 그나마 향반의 지위에서 간신히 턱걸이를 하고 있었음이 짐작된다.19)

조선시대 지방에서 관직은 매우 중요한 지배 상징이었다. 도학자나 문장가를 못 낸 경우에는 그나마 관직이 그 집안의 가격을 보여주는 지표였다. 그런데 이 집안처럼 조선시대 내내 현관을 배출하지 못하였

---

16) 이 논문에서 이용한 김채상 집안의 문서는 《부안김씨우반고문서》(扶安金氏愚磻古文書; 한국정신문화연구원, 1983)에 탈초되어 실려 있다. 다만 이 탈초본에서는 부안김씨 4개 집안이 혼재되어 있으므로, 김채상 집안의 문서를 일목요연하게 구별하여 보기 위해서는 이후 원본을 그대로 편집하여 재차 출간된 《고문서집성》 2(한국정신문화연구원, 1998)의 해제를 참조할 수 있다. 이 글에서 이용한 문서번호는 1983년의 탈초본을 기준으로 하였다.
17) 가계의 정리는 정구복, 〈해제: 부안김씨우반고문서〉, 《부안김씨우반고문서》, 한국정신문화연구원, 1983, 11쪽에 의거함.
18) 《古文書集成》 2, 差帖 14.
19) 송준호는 지역 사회에서 양반으로 행세하는 데서 경제력은 보조 내지 간접적인 차원의 것으로 간주하고 얼마든지 가난한 양반이 있을 수 있다는 것을 밝힌 바 있다.(송준호, 〈1750년대 익산 지방의 양반〉, 《조선사회사연구》, 일조각, 1987, 263~264쪽)

을 경우, 어떻게 지배신분을 유지해 나갈 수 있었을까?

그림 8-1. 김채상 집안의 세계도

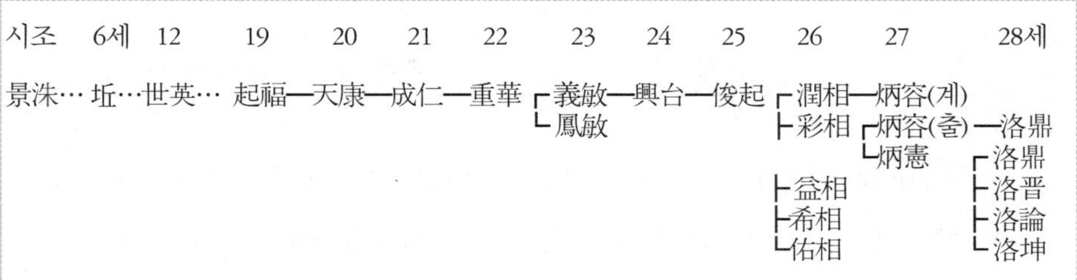

  필자는 당시 이 집안은 향반 신분을 유지하기 위해서 밖으로 드러날 수 있는 구체적인 문화적 수식을 강렬하게 요청하였다는 점을 강조하고자 한다. 여기서의 문화적 수식이란 이러한 처지에 있던 향반들이 택할 수 있는 마지막 통로였을 것이다.

  이 집안의 문화적 수식에 대한 강한 집착은 이 집안을 효자집안으로 나아가는 쪽으로 문을 열어 놓았다. 이 집안은 19세기 초만 하더라도 분명히 효자열녀집안이 아니었다. 그런데 19세기 중반에 이르러서 지역사회에서는 물론 국가로부터 효자를 배출한 효자집안으로 공인받을 수 있었다.[20] 이후 이 집안은 효자집안이라는 문화적 수식을 통하여 수령으로부터 완문을 발급받아 환자 및 각종 잡역을 면제받았고, 급기야 정려를 받을 수 있었다.[21]

---

20) 이 글에서 '효자집안'이라는 용어를 매우 제한적 의미로 사용할 것임을 미리 밝혀둔다. 통상 효자열녀집안이라는 용어에는 '저 집은 효자집안이야' 또는 '열녀집안이야' 하는 식의 사회적 공의의 형성을 포함하지만, 무엇보다 이 개념은 국가로부터 효자열녀집안으로 인정받았는가 여부를 개념의 관건으로 삼는다는 점에서 이 용어는 일종의 역사적 개념이 될 수 있다.

21) 김채상 집안의 성격에 대해서는 김혁, 〈19세기 김채상 집안의 효자정려 취득과정〉, 《장서각》 12, 2004 참조.

표 8-3. 19세기 김채상 집안의 효자집안으로의 변모

단 계	내 용	연 대	중심인물
1기	효자집안 형성기	1820~1862	김채상
2기	효자완문 수취기	1863~1885	김병헌
3기	효자정려 취득기	1886~1910	김낙종

이 60년은 집안의 가계가 김채상-김병헌-김낙종의 3대가 이어지던 때이기도 하였다. 효열의 행적은 대체로 김채상대에 발생하여, 김병헌과 김낙종대에서는 효열을 바탕으로 구체적으로 현실적인 힘을 행사할 수 있었다.

1기는 김채상이 효자라는 사실에 대한 사회적 공의를 형성하여 이를 바탕으로 효자열녀집안으로 형성되어가던 시기다. 이때는 대체로 김채상의 활동기로서, 김채상 집안의 행적이 신화화되는 과정이기도 했다. 이 과정을 거쳐 30, 40년이 지난 뒤에는 명색이 효자집안으로 행세할 수 있었다.

2기는 김채상의 아들 김병헌의 활동기로, 효자열녀집안으로 인정받은 사회적 기반을 이용하여 완문을 수취할 수 있었던 시기였다. 김채상 집안은 이로써 환자와 연호잡역 등을 면제받을 수 있었다. 그러나 수령권 안에서 취득한 완문의 효력은 대체로 그 수령의 임기에만 유효하였으므로 매우 불안정한 면모를 드러내었다.

3기는 효자 정려를 취득한 시기다. 이후 이 집안은 비교적 안정되게 탈역을 보장받았다. 이 시기는 김병헌 활동기의 연장이자 다음 후계자인 김낙종으로 이어지던 시기였다고 할 수 있다.

19세기 김채상 집안이 효자집안이 되어 효자정려를 취득하기까지의 과정을 단계별로 표현하면, 다음의 표로 나타낼 수 있다.(표 8-3)

이 집안이 효자집안으로 변모하는 과정을 보면, 무엇인가 계획적이

고 단계적으로 진행된 의도가 짙게 풍긴다. 그 의도를 살피기 위해 우선 어떠한 과정을 거쳐서 효자집안이 되었는가에 대하여 면밀한 검토가 필요하다. 그것을 통해 이 집안이 효자집안으로의 변모 의지를 분석하고자 한다.

2) 효자집안으로의 변모

김채상은 순조 26년(1826) 모친의 병을 지극한 효성으로 구환하였다. 이 일로 김채상은 효자로 인정받을 수 있었다. 국가로부터 효자로 인정받는 데에는 국가에서 적극적으로 효자를 박채(博採)하는 방식과, 아래로부터 주위 사람들의 천거로 효자 인정을 받는 방식이 있다.[22] 김채상 집안은 후자에 속한다.

그의 효행은 그로부터 2년 뒤인 순조 28년(1828)에 전주 유생들이 부안의 향교에 보낸 통문으로 처음 알려졌다.[23] 그 다음해인 순조 29년(1829) 8월에 인근 지역 유생들은 부안향교에 또 한 장의 통문을 내고 있다.[24] 이 통문은 부안 인근인 정읍·고부·담양·태인·흥덕·장성·김제·만경·익산 등 9개 지역 26명의 사인이 참여하고 있다.

이 두 번째 통문은 참여한 사람들이 속한 지역도 광범위하지만, 통문의 내용도 앞의 통문보다는 설득력 있게 꾸며져 있다. 다음은 그 통문의 한 부분이다.

귀읍의 사인 김채상은 곧 문정공 구의 후예로서, 잠영을 세습하여 호남의 명망 있는 족속입니다.…… 모친이 갑자기 병을 얻어 몇 달 동안 병을

---

22) 포장의 일반적인 절차와 과정에 대해서는 임선빈, 〈충청도 대흥·덕산·예산 지역의 효행포장〉, 《조선시대 사회의 모습》, 집문당, 2003, 169~170쪽을 참조할 것.
23) 《古文書集成》 2, 通文 4.
24) 위의 책, 통문 5.

앓고 있다가 증세가 심히 위극하니, 목욕재계하고 밤낮으로 하늘에 기도하여 자신을 대신 데려가 달라고 하였습니다. 그런데 그날 밤 꿈에 한 마리 영이한 새가 나타나 산 위에 떨어졌습니다. 잠에서 깨어 괴이하다고 여기고, 그곳에 가보니 곧 꿈속에서 본 새가 있었다고 합니다. 이것을 가지고 의원에게 보이니 의원이 말하기를 '오도조이니 약으로 만들면 그 효험이 신이할 것이다'라고 하므로 돌아와서 약을 지어 복용하니 마침내 어머니께서 회복할 수 있었습니다.…… 형제지간에도 우애가 더욱 독실하여…….

이 통문은 "고암다회소"(考巖多會所)라는 이름으로 보내졌다. 다회소라는 용어를 도회소 정도로 이해한다면, 고암서원에서 전라도의 여러 지역 사인들이 모여서 의결한 내용으로서 집단적인 의사표현의 성격이 강한 것이라고 볼 수 있다. 그러나 고암서원에 이 많은 사람들이 이 문제를 논의하기 위하여 모였다고는 보기 어렵다. 대체로 도회소에서는 진사생원시 초시의 역할을 하는 공도회가 행하여지는 것이 상례였으므로, 공도회를 위해 많은 사람들이 모였을 때 그 기회를 이용하여 이 사안을 논의하였고, 그에 힘을 실어 통문을 보냈을 가능성이 높다. 이 통문의 효과는 금방 나타났다. 사정이 이쯤 되자 부안향교에서도 가만히 있을 수 없었던 것 같다. 통문이 전해진 바로 그달에 부안의 사족들은 성주에게 상서를 올렸다.[25]

이때 올린 상서의 내용을 바로 전의 통문과 비교하면, 앞의 통문에서는 꿈에 새를 본 것으로 그려진 반면, 이 상서에서는 노인이 나타나 새를 점지해 준 것으로 묘사함으로써 이야기가 점점 체계적으로 발전되어가고 있다. 이 과정을 정리해 보면 다음과 같다.

---

25) 이와 같이 모범이 될 만한 인물을 추천하는 문서를 천장(薦狀)이라고 하며, 특히 이처럼 해당 지방관에게 올리는 천장을 향천이라고 한다. 한편 순찰사에게 올리는 것을 도천(道薦)이라고 한다.(임선빈, 앞의 글, 192쪽)

그림 8-2. 김채상이 새를 구하는 이야기의 변모

> 우연히 이상한 새를 얻어 의원에게 가서 보이니 의원이 말하길
> '이 새는 심상한 것이 아니다. 급히 약으로 사용하라'고 하였으므로
> 돌아와 약을 지어 사용하니 쾌히 차도가 있었다.

⇩

> 자기 몸으로 대신할 수 있도록 하늘에 빌어
> 그날 밤 꿈에 한 마리 영이한 새가 나타나서…

⇩

> 꿈에 한 노인이 나타나서 이르기를 …
> 변산에 가서 두 마리의 새가 있어…

처음에는 새를 우연히 구하여, 그것으로 어머니에게 약을 지어 복용시켰더니 쾌차하였다는 사실적인 묘사를 하고 있다. 그런데 시간이 지날수록 그의 행적은 더욱 신화화되고 체계적인 이야기 구조로 변한다.[26] 특히 여기서 약을 얻는 대목은 꿈 이야기를 도입하여 더욱 극적으로 표현된다. 범범하기 짝이 없던 어머니의 병환을 치유한 이야기가 시간이 흘러감에 따라 더욱 체계적인 구조로 윤색되어 갔다. 또한 어린 시절부터 어른을 공경하였다는 요소와 부상(父喪)에 범절이 탁이하였다는 요소가 첨부되었다.

더욱이 형제지간의 우애는 전에 없던 요소로서 여기에 첨부되었다. 이것은 필시 법전에 정려의 대상으로 '자기 족속을 화목히 하고 환난을 구휼한 사람인 우애 있는 자'를 포함시킨 것을 겨냥한 표현일 것이다. 이어 형제간에 우애 있었다는 이야기는 더욱 구체적으로 병약한

---

26) 필자가 이 논문에서 김채상 집안의 행적이 미화되고 있는 과정을 '신화화'라는 개념을 사용한 것은 근거 없거나 있다 하더라도 미미한 사실을 미화하여 성화(聖化)시키기 위한 것으로 보기 때문이다.

동생을 도운 이야기로 진전되어 나타났다. 이와 같은 이야기는 김채상의 행실에 대한 신화화 작업이라고 할 만하다.

김채상 집안이 효자정려를 받기까지 60년 가까이 걸렸다는 사실은 앞서 언급한 바 있다. 다음은 그에 대한 신화화가 어떻게 진행되었는지를 특징적인 사안만 뽑아 종합 정리한 것이다.(표 8-4)

김채상의 효행에 대한 신화화 작업은 앞서 언급한 바 있다. 그런데 천장을 올리면 올릴수록, 그 밖의 효행에 대한 새로운 요소들이 계속 덧붙여졌다. 특히 1847년의 상서에 김채상이 모상을 당해 3년 동안 시묘살이를 하면서 한 번도 산을 내려가지 않자, 수령이 친히 와서 음식을 내려주었다는 이야기나, 1854년의 상서에 김채상이 일흔 살의 나이에 부모를 우산내면에 이장하고 매월 두 차례씩 한 번도 거르지 않고 전성하였다는 이야기, 그리고 김채상이 여든 살이 되자 이야기 속의 나이를 여든 살로 곧바로 고친 것 등은 모두 김채상이 효자라는 사실을 보강하기 위하여 인위적으로 덧붙인 것들이다.

또 처음에는 김채상 한 사람만 신화화하였지만, 일정 시간이 흐른 뒤에는 김채상의 제수인 밀양박씨의 효열이, 그리고 이어 김채상 부인의 효열이 새 요소로 더해진다. 이와 같이 효자나 열녀를 중첩적으로 늘려가는 궁극적 의도는 정려를 받는 필연적인 사유를 만드는 데 있었다. 이 요소를 첨가함으로써, 결국 정려의 수급자가 단지 김채상 한 개인이 아니라, 김채상 집안으로 확대되는 결과를 낳는 셈이다.

이 과정에서 상서를 올린 대상이, 수령·순찰사·암행어사·예조판서·영의정·선무사 등의 다양한 관직자들이다. 이들 관직자들은 정려를 상신할 수 있는 행정적 통로와 거의 일치함을 알 수 있다. 수령이나 순찰사, 암행어사에게 상서를 올려 추천해 달라고 하여 거부되자, 계속 행정기관을 거슬러 올라가 이들 기관에 직접 상서를 올린다는 특색이 있다.

표 8-4. 김채상 집안의 효·열행에 대한 신화화 과정

번호	연도	문서	내용	비고
1	1826		편모의 병 구환	사실
2	1828.8	통문4	① 편모를 정성껏 모심. ② 어머니가 병에 걸리자 기이한 새를 구하여 약으로 써서 병을 낫게 함.	
3	1829.8	통문5	①+②의 변경 : 자기 몸으로 대신할 수 있도록 하늘에 빌어 그날 밤 꿈에 한 마리 영이한 새가…. ③ 동생에게 우애.	
4	1829.8.18	소지86	①+②의 변경 : 꿈에 한 노인이 나타남, 변산에 가서 두 마리의 새가 있어, ③의 변경: 병약한 동생을 병구완, 동실(同室). ④ 어린시절부터 어른 공경, ⑤ 부상(父喪)에 범절이 탁이.	
5	1833		김채상의 동생 김우상 사망	사실
6	1844		김채상 모 사망	사실
7	1846.12	소지90	①, ②, ③, ④, ⑤ +⑥ 김채상의 동생 김우상의 처 밀양 박씨의 효열	
8	1847.8	소지91	①, ②, ③, ④, ⑤, ⑥ +⑦ 김채상의 3년 거려, ⑧ 수령의 시궤와 천목	
9	1851		김우상 처 박씨 사망, 김채상 모 이장	
10	1854.1	소지75	①, ②, ③, ④, ⑤, ⑥, ⑦, ⑧ +⑨ 김채상이 70의 나이에 부모를 우산 내면에 이장하고 매월 두 차례 전성	
11	1854.3	소지76	①, ②, ③, ④, ⑤, ⑥, ⑦, ⑧, ⑨ +⑩ 암행어사도 가상히 여김	
12	1868.5	소지82	①, ②, ③, ④, ⑤, ⑥, ⑦, ⑧, ⑨, ⑩ +⑪ 후사를 정할 때의 일화	
13	1868		김채상 사망	사실

그렇다면 순찰사가 천거를 거부한다고 하여 그 상부기관에 올리면, 이런 경우가 한두 건이 아닐 것이므로 거부되리라는 예측은 충분히 가능하였을 텐데, 그럼에도 계속 올렸던 이유는 무엇일까? 이 같은 행동이 전혀 무익하지는 않았다. 이들 관장의 제사에는 '가상한 일이지만

조금 더 공의를 기다려 볼 것이며……'라는 식의 은근한 거부의 문투를 사용하고 있는데, 이때 의례적으로 사용하는 '가상한 일이지만'이라는 말은 이후 상서를 올릴 때, '순찰사나 예조판서, 영의정께서도 이와 같이 포상하셨으니'라는 말로 포장을 받기 위한 새로운 근거로 이용하였다. 따라서 이와 같은 시도에는 처음부터 전략적인 측면이 있었다고 하겠다. 다음은 김채상 집안이 정려를 받을 때까지 해당 관직자에게 어느 정도 상서를 올렸는가를 정리한 것이다.

표 8-5. 인근 사족들의 천장(薦狀) 개관

대상	부안현감	순찰사	암행어사	선무사	예조판서	영의정	총 횟수
횟수	4	7	5	1	2	1	20

위의 표에서 볼 수 있듯이, 순찰사에게 올린 횟수가 가장 많고, 다음이 암행어사·부안현감·예조판서·영의정 순이다. 이것은 아마 법적으로도 규정되어 있듯이, 정려 후보자를 선발하는 과정이 순찰사가 보고하여 올라가거나 암행어사가 잠행시 추천하는 과정을 따르기 때문이었을 것이다. 암행어사에게 올린 경우는 현지 주민인 부안현의 사족만 참여하고 있다. 이때 암행어사는 직접 천목(薦目)을 작성하여 상부에 보고하도록 되어 있었고, 이 행정적 통로는 국왕에게 직접 다다르게 되어 있었으므로 정려를 취득할 절호의 기회라고 할 수 있다.

필자가 무엇보다 주목하는 것은, 부안을 중심으로 주위 고을의 수많은 사인들이 서로 연합하여 김채상의 효행을 신화화하는 것을 도왔고, 이를 통하여 그가 정려를 취득하는 과정을 돕고 있다는 사실이다.

도내 유생들이 등장으로 상서를 올릴 경우 20명에서 50명이 참여하였고, 고을 수는 8곳에서 15곳이 된다. 부안읍의 유생들이 참여할 경우에는 10명에서 20명 정도였다. 이 과정에서 참여한 인원수는 20차례에

표 8-6. 상서(上書)에 참여한 사족(士族)들의 출신지와 참여인원

번호	작성연도	출처	발급자	수급자
1	1828.8	통문4	전주 유학(幼學) 류경화(柳京華) 등 1처 17명	부안향교
2	1829.8	통문5	고암다회소(考巖多會所; 정읍 등 9처 26명)	부안향교
3	1829.8.18	소지86	화민(化民) 유학 김의조(金宜祖) 등	부안현감
4	1829.9.18	소지87	담양 등 14처 37명	순찰사
5	1832.2.30	소지88	만경 등 13처 27명	순찰사
6	1837.9	소지93	김제 등 11처 25명	순찰사
7	1842.4	소지89	남원 등 15처 30명	순찰사
8	1846.12	소지90	도내유생 25명	순찰사
9	1847.8	소지91	부안유생 15명	암행어사
10	1847.8	소지92	전라도 유생 22명	예조판서
11	1850. 3	소지72	흥덕 등 14처 45명	순찰사
12	1851. 1	소지74	부안 유학 이규영(李奎榮) 등 13명	암행어사
13	1851. 3	소지73	순창의 양세기 등 8처 24명	순찰사
14	1854. 1	소지75	우산내면(右山內面) 김두원(金斗元) 등 22명	부안현감
15	1854. 3	소지76	본읍 유생 유학 이예술(李禮述) 등 33명	부안현감
16	1854. 8	소지77	부안유생 이예술 등 22명	영의정
17	1857. 10	소지78	부안유생 임경택(林慶澤) 등 12명	암행어사
18	1862. 5	소지79	부안유생 이의영(李義榮) 등 12명	선무사
19	1864. 5	소지80	전라도 유생 유학 이원달(李源達) 등 21명	예조판서
20	1869. 3	소지84	유학 민(民) 이가진(李可眞) 등	부안현감

걸쳐 약 400여 명이었다. 이 같은 규모는 비교할 만한 다른 근거는 없
지만 결코 적은 인원은 아님을 알 수 있다.

필자가 이와 같이 그 상서에 참여한 인원수에 대하여 거론하는 것은

표 8-7. 김채상 집안의 차정(差定) 현황

번호	연도	출 처	내 용
1	1831	차첩15	현감이 김재상[김채상]을 여제종헌관으로 차정
2	1852	차첩13	현감이 김채상을 여제초헌관으로 차정
3	1852	차첩6	현감이 김병헌을 사직대제대축으로 차정
4	1853	차첩9	현감이 김채상을 염소면훈장으로 차정
5	1953	망기4, 고목2	청계서원에서 김병헌을 집례(執禮)로 천망
6	1854	망기5, 고목5	동림서원에서 김병헌을 축(祝)으로 천망
7	1856	차첩7	현감이 김병헌을 성황단기우제전사(城隍壇祈雨祭典祀)로 차정
8	1859	차첩11	현감이 김채상을 여제 초헌관으로 차정
9	1862	차첩10	현감이 김채상을 성황발고제헌관(城隍發告祭獻官)으로 차정
10	1863	차첩8	현감이 김병헌을 여제 집례로 차정
11	1864	차첩14	현감이 김병헌을 사직대제 집례로 차정
12	1866	차첩12	현감이 김채상을 염소면 훈장으로 차정
13	1877	차첩5	현감이 김병헌을 일도면 집강으로 차정

이만한 인원이 한 가지 사안에 대하여 지속적으로 참여할 수 있으려면, 김채상 집안이 지닌 경제적 배경이 없었다면 불가능하였을 것이라고 생각하기 때문이다. 여기에 참여한 인원들이 자발적인 동정심의 발로였다고 하더라도, 일단 모였을 때 사용되었을 거마비나 식사비 등은 실제로 자신들이 부담했을 것 같지는 않다. 필자의 생각으로는 재력이 바탕이 되지 않고서 이 같은 일은 거의 불가능하였을 것이므로, 김채상 집안은 당시에 이미 어느 정도의 재력을 갖추고 있었을 것으로 추정한다. 앞서 언급하였듯이 이 집안은 결코 부유해 보이지는 않기 때문에 재력의 출처가 더욱 의아하다. 김채상이 훈장을 하면서 어느 정도의 돈을 축적했을 것으로 볼 수밖에 없는데, 그것도 분명하지 않다.

원래 효자집안이란 국가로부터 공식 인정받는 과정을 거친 이후, 즉 정려를 받은 이후의 집안을 말한다. 그런데 인정받는 과정이 지연되고 장기화되면서 그에 따라 대규모 사족들이 상서에 참여하는 등 공의가 형성되면, 국가에서 공식적으로 인정받지는 않았다 하더라도 효자집안으로서 사회적 위상을 가질 수 있었을 것이다. 이런 과정에서 이 집안의 위상은 자연히 변화할 수밖에 없었을 것이다. 이 과정을 통해 김채상 집안의 사회적 위상이 어떻게 변화할 수 있었는지 살펴보기로 한다.

김채상 집안이 효자집안이 된 것이 이 집안의 향촌사회에서의 지위와 어떻게 관련되는지 알아보자. 다음은 김채상 집안이 부안현감으로부터 차정된 직책을 정리한 것이다.(표 8-7)

1831년에 김채상이 서원으로부터 여제 종헌관에 차정된 이후, 김채상과 그의 아들 김병헌은 여제와 기우제, 사직제 등의 제관으로 임명되었다. 제관이 향촌 안에서 차지하는 지위가 정확히 어느 정도인지는 모르겠으나, 서원의 추천 등으로 행해지는 것으로 보아 향촌 안에서 어엿한 사족으로 인정받았음을 알 수 있다. 서원에 출입한다는 것은 곧 그들의 사회적 지위가 사족임을 나타내는 것이다. 그리고 제관으로 차정된 시기가 1852년부터 1864년 사이에 집중되었다는 점은 김채상 집안이 효자집안으로 형성된 것과 어느 정도 관계가 있을 것으로 추측한다.

더욱이 소지에서 자신들을 화민(化民)으로 지칭한 점은 당시 김채상 집안이 자칭 타칭 사족으로 통용되었다는 증거이기도 하다.27)

위의 사실만으로도 김채상 집안의 사회적 지위가 상승되었다고도 볼 수 있으나, 그러한 정황을 더욱 명확히 해주는 것은 김채상이 1853년과 1866년에 훈장으로 차정되고, 1877년에 이르러 김병헌이 일도면의 집강으로 차정된 사실이다. 앞서 언급한 바와 같이 부안현의 경우,

---

27) 전경목, 앞의 글(1994) 참조.

표 8-8. 김채상 집안의 완문 수취과정

번호	작성연도	출처	발급자	수급자	내용	제사
1	1863.12	소지48	부안유생 김병헌 (金炳憲)	겸성주	김채상의 아들 김병헌이 연호잡역 물침 완문 성급 요청	완문성급
2	1863.12	완문2	겸임 부안현감	김채상 집안	김채상의 효행에 대한 포상으로 그 후손의 환자와 연호잡역 면제	
3	1863.12.28	전령1	겸임 부안현감	일도면임	김채상 후손의 연호잡역 면제	
4	(1)1863.12 (2)1863.12 (3)1884.9	완문1	(1), (2) 미상 (3) 풍헌(風憲) 유(兪)	(1), (2), (3) 모두 김채상 집안	(1), (2)는 ①, ②, ③, ④, ⑤, ⑥, ⑦, ⑧, ⑨, ⑩ (3) 정전(情錢) 물침	
5	1864.5	소지80	전라도 유생 유학(幼學) 이원달(李源達) 등 21명	예조판서	①, ②, ③, ④, ⑤, ⑥, ⑦, ⑧, ⑩ ⑨변경: 80세의 나이로 전성 김채상과 동생의 처 박씨의 효열행을 등문하여 정려를 받게 할 것과 잡역을 면제하라는 관문을 본읍에 내려달라는 요청	먼저 본관의 예에 의거하여 완문을 성급
5-1		배관 (背關)	예조	부안현감	김채상과 동생의 처 박씨의 효열행으로 연호잡역을 면제	
6	1864.5	완문4	예조	김채상 집안	효열가 자손의 연호잡역 물침	
7	1864.9	통문3	남고서원 도회소	부안향교	김채상의 효행이 정포의 은혜를 입지 못하여 이에 대한 논의하기위해 통문을 돌림	
8	1864.9	소지49	김병헌	부안현감	부친의 효행과 숙모의 효열로 연호잡역을 물침하라는 예조의 완문과 배관에 의거해 처분	연호잡역은 관문에 의거해 제이(除頉)

9	1865.5.27 접수	품목2	일도면 훈장 최씨	부안현감	김채상 집안의 환호연역 면제하는 완문과 전령 요청	완문성급
10	1865.5.28	완문3	부안현감	김채상 집안	예조의 배관에 의거해 김채상의 환호와 제반 연역 물침	
11	1865.5.28	전령2	부안현감	일도면임 및 당북중리 동임	김채상 후손의 환호연역 면제	

훈장과 집강은 사족에 한정하여 택정(擇定)하였기 때문에, 명확히 이 집안이 효자집안이 된 뒤에 더욱 어엿한 사족으로 행세했다는 증거일 수 있다.

3) 효자열녀완문의 수취과정

앞에서도 이야기한 바와 같이, 중앙정부에서는 충신이나 효자, 열녀를 포상하고, 이를 통해 다른 사회구성원에게 삼강의 윤리를 권장하려는 정책을 적극 추진하였다. 법전의 규정에 따르면 정려를 내리면서 현실적인 이권을 동시에 포상하고 있는데, 포상은 복호, 즉 호역을 감면하여 주는 것을 내용으로 하였다. 정려를 남발할 수 없기 때문에 함부로 정려를 내리지는 못하였지만, 대신 수령은 실제적인 경제적 혜택으로 호역을 면제하는 조치를 취하였고, 이때 발급한 문서가 바로 완문이다.

김채상 집안이 효자열녀 완문을 발급받는 과정을 구체적으로 밝혀보면, 완문 수취의 행정적인 체계는 물론, 김채상 집안이 완문을 수취하기 위해 어떠한 움직임을 보였는가 하는 점을 자세히 알 수 있을 것이다. 다음은 김채상 집안이 탈역완문을 신청하는 소지를 제출한 때로부터 예조의 완문과 관을 발급받고, 마지막으로 이를 근거로 본관 수령에게 완문을 발급받는 때까지의 과정을 정리한 것이다.(표 8-8)

1863년 12월에 김채상의 아들 김병헌은 자기 아버지의 효행과 숙모의 효열을 이유로 완문 발급을 요청하는 첫 번째 소지를 올렸다.[28] 여기서 주목할 점은 소지를 올린 대상이 겸임성주였다는 사실이다. 왜 완문 발급을 요청하는 첫 번째 소지를 본관이 아닌 겸임관에게 올렸을까? 겸임관은 해당 지역의 수령 자리가 잠시 공석일 경우, 이웃의 수령이 잠깐 그 자리를 대행해 주기 위하여 임명된 사람이기 때문에, 수령으로서의 권한을 온전히 가지고 있기는 하지만, 사실상의 통치기간은 아주 짧을 수밖에 없으므로 그저 스쳐가는 관직자에 불과하였다. 더욱이 탈역에 대한 완문일 경우, 해당 수령의 임기 안에만 효력이 발휘되는 것이었으므로 그 수령이 임기를 마치고 돌아갈 경우 다시 발급받는 것이 상례였기 때문이다.

김병헌이 소지를 올린 대상이 겸임수령이었다는 것은 석연치 않은 점이 많다. 바로 다음 해에 김병헌이 그 지역의 사족들을 동원해 예조에서 완문과 관을 발급받고 이를 통해 부안현감에게 정식으로 완문발급을 요청한 발빠른 행보만 보더라도, 겸임수령에게 완문을 받으려 했던 기도가 예사로워 보이지 않는다. 겸임수령이 김채상과 안면이 있는 관계였는지 어떤지는 확인할 수 없지만, 어쨌든 겸임수령에게 탈역완문을 받으려 하였다는 것은 관료체계의 약한 고리를 노린 것 같다는 혐의가 짙다. 그 의도에 대하여 정리하자면, 겸임수령에게 완문을 발급받는 것이 그 수령의 임기가 짧아서 지속적인 효력을 갖기는 힘들다 하더라도, 일단 완문을 발급받았다는 사실은 이후 완문을 재발급 받을 때 비교적 유리한 발판으로 이용할 수 있었기 때문이다. 이후 본관에게 올렸을 때 바로 완문을 발급하지 않고 1년 가까이 시일을 끈 사정도, 당시 본관으로부터의 완문 발급이 쉽지 않았음을 보여주는 반증이

---

28) 《扶安金氏愚磻古文書》, 한국정신문화연구원, 1983, 所志 48.

라 할 수 있다.

그런데 당시의 정황을 더욱 분명하게 보여주는 것으로 이 집안이 소장한 위조 완문이 있다.[29] 이 완문에는 관인이나 발급자의 휘호도 서압도 없다. 더욱이 이 완문의 발급시기는 위에서 겸임수령에게 완문을 발급받은 때와 같은 시기로 되어 있다. 그런데 이때 겸임수령에게 발급받은 완문은 따로 있으므로, 전후 사정으로 볼 때 이 완문이 이 시기에 발급되었다는 것은 이치에 맞지 않는다. 그리고 덧붙은 입안이 있는데, 이것 또한 완문과 거의 같은 필체와 문서식을 가졌고, 관인이나 발급자의 휘호나 서압이 없다. 따라서 필자는 이 완문과 입안을 일단 위조문기로 파악한다.

여기에는 또 한 가지 피할 수 없는 의문이 있다. 이 집안이 왜 위조 완문을 작성할 정도의 처지가 되었는가 하는 점이다. 이것은 앞서 김채상 집안에서 하필 이때에 탈역완문을 수취하려 하였는가와 같은 질문일 수 있다. 즉, 두 사안의 핵심은 김채상 집안이 어떤 이유에서인지 극력으로 역을 회피하려 하였다는 데에 있다. 이전까지는 계속해서 역을 부담해 오다가 이때에 처음 탈역 받게 되었다는 내부적인 원인에 초점을 둘 수도 있겠지만, 그것이 위조문기를 작성할 정도의 이유는 될 수 없다. 분명 이 집안은 이전까지 역의 부과대상에서 완전히 제외되었고, 어떤 외적 요인이 급박하게 김채상 집안을 죄어 왔음을 알 수 있다. 이 외적 요인은 김채상 집안이 요역 대상으로 지목되기 시작한 데서 찾을 수 있다. 이것은 김채상 집안뿐만 아니라 당시 사족들의 지위가 크게 위협받던 시대적 분위기 때문이라고 할 수 있다.

어쨌든 김채상 집안에서는 앞서 언급한 바와 같이 겸관으로부터 최초의 완문을 발급받은 그 다음 해인 1863년에 다른 사족들을 움직여

---

29) 위의 책, 完文 1.

예조에서 완문을 발급받는 것은 물론, 본현으로부터 탈역해 주라는 완문 발급 요청 관문을 받을 수 있었다.

김병헌은 1864년 9월 부안현감에게 예조의 완문과 관에 의거하여 자신의 집안을 탈역시켜 달라고 하였다. 그런데 부안현감은 제사를 통해 환호와 연역을 면제해 주겠다고 하면서도 완문의 발급은 늦추고 있다. 다음해 5월이 되어서야 훈장의 요청으로 다시 완문을 발급받을 수 있었다.(완문 3) 그리고 현감은 일도면임 및 당북중리 동임에게 전령을 내려 김채상 집안의 탈역을 명하였다.(전령 2) 이와 같이 김채상 집안에서 완문을 발급받는 일련의 과정은, 겸임수령에게 완문을 발급받은 이후 예조의 완문을 거쳐 다시 본관 수령에게 완문을 발급받는 과정으로 정리할 수 있다.

여기서 각각의 완문이 갖는 사회적 의미를 엿볼 수 있다. 겸임관이 발급한 완문은 본관수령의 완문에 비해 효력이 한시적이다. 김채상 집안에서 그것을 알고도 겸임관에게 완문을 발급받은 것은, 차후 본관 수령에게 완문을 발급받기 위한 교두보로 이용하기 위해서이다. 곧이어 발급받은 예조의 완문과 관문은 본관 수령에게 직접적인 영향력을 끼칠 수 있었으며, 본관 수령의 완문은 이를 얻어내기 위한 터닦기 작업을 마친 뒤에야 얻을 수 있었다.

김채상 집안이 완문을 발급받으려는 의지는 앞서 말한 바와 같이 호역에서 벗어나기 위한 기도였다. 김채상 집안으로서는 완문의 수취가 효자집안으로 형성되어 가는 도약기에 지방 관청으로부터 효자집안으로 공식 인정받는 징표가 될 수 있었다. 그러나 완문은 정려에 비해 효력이 제한적이고 불충분하였기 때문에 그와 같은 현실적 조건이 김채상 집안으로 하여금 정려를 취득할 수밖에 없도록 계속 추동하고 있었다.

4) 효자정려의 취득과 그 이후

김채상 집안은 1865년 수령으로부터 효자열녀완문을 받은 뒤, 정려를 얻기 위해서는 1886년까지 20년을 더 기다려야 했다. 20년 동안의 김채상 집안 상황을 그 기간의 문서를 정리하여 다음 표로 정리하였다.(표 8-9)

이 표의 문서들에 따르면, 김채상 집안은 그들의 사회적 지위 유지와 상승을 위해 두 방향에서 노력해 왔음을 알 수 있다. 첫 번째는 완문을 이용하여 자신의 환자와 연호잡역을 면제 받는 권한을 지키려 한 것이고, 다른 하나는 정려를 취득하기 위한 노력이었다. 필자도 이 두 방향에서 사안을 검토할 것이다.

김채상 집안은 완문을 받은 뒤, 이것을 자신의 특혜를 증명할 증명서로 사용하고 있다. 1867년 1월에 일도면 당북중리의 주호 김홍록은 부안현감으로부터 해당 훈장과 집강에게 김채상의 아들과 손자 및 동생 김우상의 처 3호에게 환호연역을 침어하지 말도록 분부해 달라는 요청을 받았다. 이것은 이전에 김채상의 후손을 대상으로 한 것보다 탈역의 범위가 늘어난 것이다. 이에 대해 부안현감은 완문에 의거하여 침책하지 말 것을 면임과 창색에게 명하고 있다.

위의 사례는 완문이 어떠한 효력을 가질 수 있는가를 보여준다. 완문이 일단 발급되면 그 효력이 절대적인 것은 아니었던 듯하다. 위에서 보는 바와 같이 집강이나 훈장 등 실무자에 의해 끊임없이 역이 부과되었고, 그렇게 되면 해당 집안에서는 완문에 의거하여 수령에게 탈면을 요구하는 과정을 지속적으로 거쳤다. 1869년(소지 50), 1875년(소지 51), 1878년(소지 53)에 각각 올렸던 소지들은 모두 해당 실무담당자들이 김채상 집안에게 역을 부과하자, 그 탈역 여부와 탈역 호수 문제에 대한 조처를 호소한 것이다. 여기서 특히 눈길을 끄는 것은 탈역 호수를 김채상 집안에서는 3호를 주장하는 반면, 실무자 쪽에서는 계속 1호를

표 8-9. 효자정려의 취득과정

번호	작성연도	출처	발급자	수급자	내용(첨부 사항)	제사
1	1867.1	소지85	일도면 당북중리 주호(主戶) 김흥록(金興錄)	부안현감	해당 훈장과 집강에게 김채상의 아들과 손자, 동생의 처 3호에게 환호연역을 침어하지 말아 달라는 분부 요청	완문에 의거하여 침범하지 말 것. (面任과 倉色)
2	1867.4	소지81	부안유생 유학 이원달(李源達) 등	암행어사	정려를 받도록 하는 보고 요청	
3	1868.5	소지82	부안유생 유학 손기오(孫基五) 등	암행어사	+후사를 정할 때의 일화	포양(襃揚)할 때가 있을 것임
4	1868.12.9	품목1	일도면 훈장	부안현감	김채상의 처 최씨의 열행 포상 요청	
5	1869.1	소지50	일도면 당북중리 죄민(罪民) 김병헌(金炳憲)	부안현감	완문에 의거 초호(抄戶)시 탈호 요청	완문에 의거하여 요청
6	1869.3	소지84	유학 민 이가진(李可眞) 등	부안현감	김채상의 처 최씨의 열행 소개, 포상 요청	
7	1870.1	봉계			김채상의 정려에 대한 등문	
8	1875. 2	소지51	김병헌	부안현감	3호의 탈호 요청	1호는 완문에 의거하여 더 탈호[해색]
9	1878.5	소지52	김병헌	부안현감	동포, 환호, 연역은 완문에 의거하여 탈면.	2호를 예조완문에 의거하여 탈호
10	1878.5	소지53	김병헌	부안현감	탈하 사실을 해색에게 알리도록	해색에게 분부할 일
11	1886.1	입안5	예조	김채상 집안	김채상 및 그의 처 최씨, 그의 동생의 처 박씨의 효열에 대하여 모두 정려, 그 자손가의 연호 환자 등 제반 잡역 면제	
12	1886.1	관4	예조	전라도 관찰사	본현으로 하여금 정려 건축	

고집하고 있으며, 수령은 2호 이상은 잘 허용해 주려 하지 않는다는 점
이다.(소지 51)

앞서 김채상 집안이 완문에 의해 탈면 혜택을 유지하려 하였다는 것
과, 또 다른 방향으로 계속 정려를 받으려 하였다고 언급한 바 있다.
이 집안에서 정려를 받으려는 노력은 1867년(소지 81), 1868년(소지 82),
1869년(소지 84)의 소지에서 여실히 드러난다. 이와 같은 지속적인 노력
의 결과 그들은 1886년에 예조로부터 정려를 하사한다는 입안과 정려
를 건축하라는 관문을 받을 수 있었다.

김채상과 그의 처 최씨, 동생 우상의 처 박씨의 효열에 대해 정려를
내려줄 것을 명하는 입안이 내려진 것이다. 이때 같이 발급된 관문은
위의 입안과 거의 같은 내용으로 전라도 관찰사에게 전달되었다. 정려
건설은 전라도 관찰사의 주관 아래, 해당 관에서 정려 건설에 필요한
실질적인 업무를 책임지도록 하였고 그 일의 처리 결과를 다시 예조에
보고할 것을 명하고 있다. 이로써 60년 가까이 추구하여 온 이 집안의
소망이 드디어 결실을 맺은 것이다.

그런데 이 과정에서 외견상 달리 보일 법한 현상들, 즉 완문에 의거
하여 탈역을 입증 받는 일과 정려를 받으려 했던 일은 밀접히 연결되
어 있다. 다시 말하여, 이 문제는 정려에 대한 실질적인 혜택인 탈역을
받고도 왜 다시 정려를 받으려 하는가 하는 문제와 연관되어 있다.

효자정려를 발급받으려 한다는 것은, 효자집안으로 가문의 숭상을
도모한다는 점에서도 정려를 취득한다는 명목상 이유도 한몫하겠지만,
필자는 효자정려에는 완문의 발급과는 구별되는 어떤 경제상의 특혜
가 있었던 것이 또 다른 이유였을 것이라고 생각한다. 위의 사례에서
알 수 있듯이, 수령이 발급한 완문만으로 지속적인 특혜를 누리기에는
크게 불안정하였다. 왜냐하면 완문으로 보장하는 것이 해당 수령의 권
한에 한정되어 있었으므로, 수령이 교체되면 전 수령이 해당 면임이나

동임에게 명령하였던 사항이 사실상 유명무실해지기 때문이었다.

그런데 정려를 취득한 뒤에 내리는 복호는 중앙정부가 법으로 부여하는 권한으로서 수령의 탈급권보다 훨씬 강력하였다. 사실상 이에 의거해 중앙정부에서 부여하는 역의 총액에서 감면될 수 있었으므로, 이것이 김채상 집안에서 정려를 취득하려 한 실질적인 이유였을 것이라고 생각한다.

그렇다면 이 정려가 김채상 집안이 효자집안으로서 누릴 수 있는 특혜를 이전과는 다르게 제대로 보장해 줄 수 있었는지, 그리고 이를 통해 효자집안으로 누리는 사회적 지위는 어떠한 것인지를 알아볼 차례다. 그러나 당시 상황에 대하여 이 집안에 남아 있는 문서가 거의 없어 무어라 단정하기가 어렵다. 완문보다는 정려가 더 강력하게 이 집안의 특혜를 보장해 주었을 것이라고 추정되지만, 다음의 문서를 통해 그 정황을 분명히 할 수 있다.

문서 8-6[30]

일도면(一道面) 당후리(堂後里)의 화민(化民) 김낙진(金洛晋)

삼가 말씀드리고자 합니다. 저의 조부의 효행과 조모(祖母) 최씨(崔氏)의 효열(孝烈), 종조모(從祖母) 박씨(朴氏)의 열행(烈行)으로 일문(一門) 삼려(三閭)로 인하여 그 자손가(子孫家)의 연호(烟戶) 환자 등 제반잡역(諸般雜役)을 모두 견제(蠲除)한다는 뜻으로 이미 예조의 입안과 완문, 관이 있었고, 또 본현에서 2호를 탈하라는 제교가 있었으므로 결단코 집호(執戶)할 단서는 없습니다. 그런데 지금 초호(抄戶)할 때 1호만을 겨우 탈면 받았을 뿐입니다. 1호는 성책(成冊) 가운데 혼입되었으므로 예조입안(禮曹立案) 및 전상(前狀)의 제교(題敎)를 첩연(帖連)하여 효로 다스리는 아래에서 우러러 호소하니, 일일이 친히 살펴주신 뒤에 전례대로 견이(蠲

---

30)《扶安金氏愚磻古文書》, 所志 40.

頌)하여 정여(旌閭)를 더욱 현창하도록 몹시 바라오니, 처분을 내려주십
시오.

　성주(城主) 처분(處分) 정해(丁亥) 7월 일
　〈題辭〉
　1호를 탈급해 줄 것. 18일
　관(官)[署押]

위의 문서는 1887년 7월에 김낙진이 부안현감에게 올린 소지다. 내
용에 따르면, 이 집안이 2호를 탈면하도록 부안현감과 어느 정도의 타
협이 있었음을 짐작할 수 있다. 탈면 받기로 약속한 2호조차도 사실상
앞의 예조입안에서 "그 자손가는 연호환자 등 제반잡역을 모두 면제해
주겠다"는 말에 비추어 훨씬 못 미치는 것으로, 완문에 의해 탈면을 보
호받을 때와 같은 숫자였다. 예조입안의 탈역 호수대로라면 적어도 3
호에서 5호 정도가 탈면되어야 마땅할 터인데, 기대했던 것과는 달리
탈역 호수가 늘어나지 않았음을 확인할 수 있다. 그런데 당시 김채상
집안이 정려를 받았음에도 이 2호조차도 제대로 탈급 받지 못하는 처
지가 되었음을 확인할 수 있다.

1903년에 김낙곤이 올린 소지[31]를 보면 역시 정려호임에도 집호(執
戶)에 들어간 것에 대하여 호소하는 내용이다. 이 소지를 보면 매우 이
례적인 경우로, 대체로 정려에 의해 탈역이 제대로 보호받는 것을 알
수 있다.

이 같은 사정을 종합해 보면, 정려를 받은 뒤의 김채상 집안은 완문
을 통해 탈역을 보장받을 때보다 탈역 호수는 늘어나지는 않았지만
효력 면에서는 훨씬 안정적이었던 것 같다. 부안현감과 타협한 2호의
탈역은 가끔 지켜지지 않았던 듯하지만, 이것은 매우 이례적인 경우에

---

31)《扶安金氏愚磻古文書》, 所志 41.

지나지 않으며, 이 경우에는 곧바로 소지를 올려 해결하고 있음을 알 수 있다.

이상과 같이 김채상 집안을 통해 19세기 전라도의 한 향반(鄕班)이 자신의 사회적 지위를 유지해 나가기 위해 어떤 사회자원을 동원하였는지를 살필 수 있었다. 이들이 효자집안으로 변모할 수 있었던 기반은 여타 사족들의 원조였다. 이 집안이 정려를 받기까지 인근 고을의 사족들 거의 400여 명이 참여하여 지원하였다는 것은 결국 이 집안이 당시 어떠한 사회적 지위를 누릴 수 있었는지를 반증한다. 이 같은 자기 고을 포함한 인근 고을 사족의 대대적인 원조는 주로 등장(等狀)에 참여하는 형식을 띠고 나타났고, 결국 이것이 근거가 되어 이 집안은 효자집안으로 인정받고 정려까지 받을 수 있었다.

김채상 집안이 수취한 효자완문이나 효자정려는 결국 현실적으로 자기 집안에게 부과되는 잡역을 막는 보호막이 되었음에 틀림없다. 이것은 이 집안의 사회적 지위를 이해할 수 있는 적절한 표지가 된다. 이 집안이 역과 무관할 만큼 높은 지위에 있지는 않았지만, 어느 정도 사족으로서 사회적 지위는 유지할 수 있었다.

김채상 집안의 효자정려 취득과정을 살펴보면서 알 수 있었던 사실은, 이 집안이 자신의 사회적 자원과 조선시대 행정구조의 허점을 적절히 이용하여 자신이 목적으로 하는 이점을 얻어내고 있다는 사실이다. 이것은 이 집안이 얼마나 능동적으로 자신의 역량을 발휘하며 사회적 환경을 최대한으로 이용하고 있는지를 보여주는 귀중한 실례이다. 필자는 이것을 당대인들이 제도 속에서 제도가 갖는 고유한 규정적 성격을 이해하고, 그것을 이용하여 자신의 욕망을 실현하는 과정으로 읽고자 한다.

8.2.2. 상민(常民) 신분의 발흥 —경기도 화성 차도항 집안

1) 배 경

남산 밑 차씨는 현재 화성시 정남면 괘랑 2리에 살고 있다. 이 집안에 대해서는 그들이 작성한 족보를 제외하고 정확한 근거는 없지만, 조선 세조조의 정난공신 차운혁의 후예로 알려져 있다. 이 집안이 이 지역에 정착한 것은 17세기 중엽 이후이다. 그 뒤 지금까지 250여 년 동안 이곳에서 살아왔다.[32]

그들의 증언에 따르면, 이 집안은 이곳에 정착할 당시만 하여도 매우 영락한 지위에 있었던 것만큼은 분명하다. 이 점은 이 집안이 소장한 문서를 통해서도 헤아려볼 수 있다. 그들은 하급무관의 길로 입신을 도모하다가, 이웃에 읍치가 있었던 관계로 정조가 그곳에 현륭원을 조성하려 한 정치적 사건을 발판으로 그 공역에 참여함으로써, 급기야 19세기 이후에는 공신의 후예로 인정받는 지위에 올랐다.

차도항 집안의 경우는 평민에 가깝던 집안이 어떻게 훈예집안까지 올라설 수 있었는지를 보여주는 좋은 사례다. 여기서 남산 밑 차씨 집안이 어떤 사회적 자원을 동원하여, 어떤 기회를 이용하여 훈예집안이 되었는지, 또 그런 사회적 지위 상승을 꾀한 원동력이 어디에 있었는지에 대하여 검토할 것이다. 그리고 이 집안이 수취하였던 훈예 관련 문서들이 이 집안에서 어떤 의미를 갖는지도 검토하고자 한다.

2) 정조의 화성 경영과 훈예집안으로의 변모

연안차씨 집안이 이 지역에서 처음 정착한 곳은 화성시 정남면 남산

---

32) 이 집안의 내력에 대해서는 김혁·이정일, 〈정조의 현륭원 조성과 '남산밑 차씨집안'의 대응〉, 《경기사학》 9, 2005 참조.

밑이었다. 이 '남산 밑'에는 현재까지도 차순인—차진성—차도항으로
이어지는 종손 계통 집안이 거주하고 있다. 그래서 이 집안을 남산밑
차씨라고 한다.

이들 차씨들이 각골과 뺏골 등 옆 골짜기로 이전한 것은 18세기 중
엽으로 추정된다. 먼저 차도항의 동생인 차도원과 차도홍이 각골로 이
주하였고, 사촌인 차승문과 차승원은 각골 옆 뺏골로 이주하였다. 그
뒤 남산 밑에는 차도항 집안, 각골에는 차도원·차도홍 집안, 뺏골에는
차승원 집안이 세거하였다. 남산 밑이라는 곳이 좁고 농토도 적어서
자손이 늘어남에 따라 필요한 농토의 확보를 위해서도 분화가 필요하
지 않았을까 생각된다.

차도항 집안은 조선 초의 공신 차운혁을 조상으로 두었지만, 그 뒤
로는 이렇다 할 현달한 조상이 없었다. 이 집안의 딱한 사정은 그들의
족보에도 어렴풋이나마 반영되어 있다. 차사대와 차상은 성균 진사를
지낸 것으로 기록되어 있고, 차희로는 종7품인 계공랑(啓功郞)을 지내
고 있으나 27대와 28대에는 아예 관력이 보이지 않으며, 차도항의 증
조부와 부의 대에 정3품 하의 어모장군을 지내는 등 친족들까지 보아
도 서반직을 거친 경우가 간간이 보일 뿐, 과거급제자나 이렇다 할 현
달한 조상은 없었음을 알 수 있다. 이같이 평민층이 서반직으로 입신
을 모색하는 사례는 매우 흔한 일이다. 더욱이 이 집안이 위치한 남산

그림 8-3. 남산밑 차씨 집안의 분화

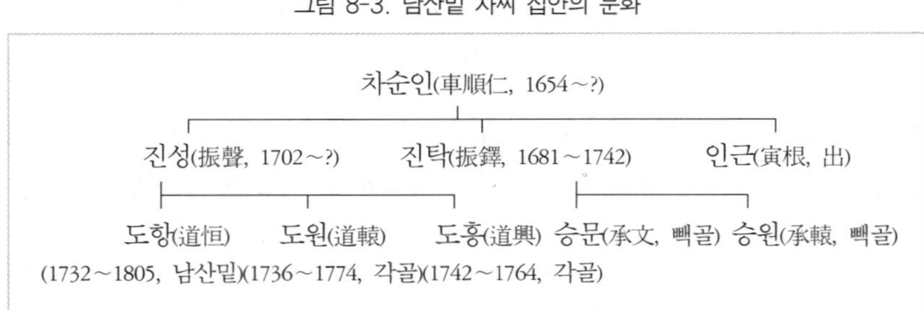

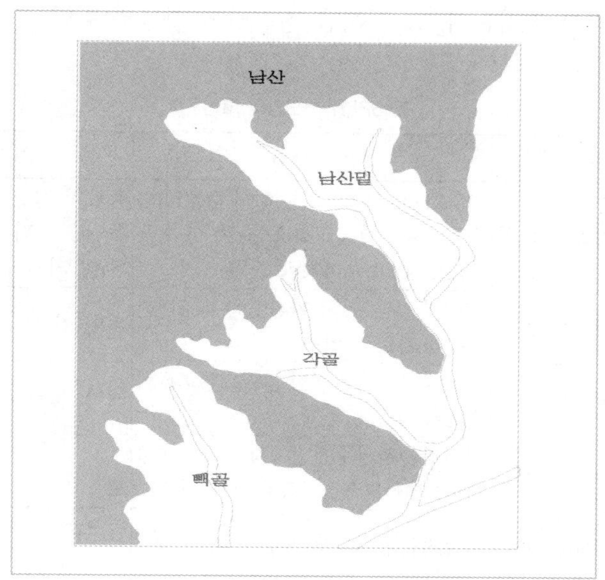

그림 8-4. 남산밑 차씨 집안의 세거지역

밑이 당시까지 고개 하나를 두고 읍치였다는 것은, 이들이 사회적 진로에 대한 정보를 얻기에 여러 가지로 편리하였을 것이라는 짐작이 가능하다.

남산 밑 차씨 집안에 새로운 전기를 마련한 인물은 차진성의 아들인 차도항이었다. 남산 밑 차씨 집안에는 차도항의 관력을 살필 수 있는

표 8-10. 차운혁 이후 후손들의 관력

대수	이름	관직	비고
24대	차사대(車思戴)	성균진사	
25대	차왕상(車王象)	성균진사	
26대	차희로(車希輅)	계공랑(啓功郎)	종7품
29대	차응신(車應信)	어모장군행훈련원첨정(禦侮將軍行訓鍊院僉正)	
30대	차순인(車順仁)	유학(幼學)	
31대	차진성(車振聲)	어모장군행용양위부사과(禦侮將軍行龍驤衛副司果)	

고신 7건이 전하는데, 그 목록을 정리하면 다음과 같다.

표 8-11. 차도항의 고신목록

번호	발급시기	임명관직	비고
1	건륭22년 12월	건륭21년 3월 11일 겸사복(兼司僕) 차도항을 병절교위용양위부사과(秉節校尉龍驤衛副司果)로 임명	총융청 장관(將官)으로 근무일수가 다 차서 사목(事目)에 의거하여 승진
2	건륭29년 2월	정략장군행훈련원판관(定略將軍行訓鍊院判官)으로 임명	위와 같음
3	건륭36년 11월	진위장군행훈련원첨정(振威將軍行訓鍊院僉正)으로 임명	위와 같음
4	건륭51년 6월	선략장군행의주진관옥강병만호(宣略將軍行義州鎭管玉江兵萬戶)로 임명	
5	건륭56년 4월	절충장군(折衝將軍)으로 임명	상으로 더해준다는 전교를 받듦.
6	건륭57년 4월	가선대부(嘉善大夫)로 임명	왼쪽 부분 결락
7	건륭59년	가선대부동지중추부사어진봉안각위장(嘉善大夫同知中樞府事御眞奉安閣衛將)으로 임명	

이 고신들에 의거하여 그의 관직 이력을 정리해 보면 다음과 같다.

표 8-12. 차도항의 관직 이력

나이	임명연도	품계		관직	
26세 전				총융청의 군병, 겸사복	
26세	1757(영조33) 2월	병절교위	종6품하	용양위부사과	종6품
33세	1764(영조40) 2월	정략장군	종4품	행훈련원판관	종5품
40세	1771(영조47) 1월	진위장군	정4품	행훈련원첨정	종4품
55세	1786(정조10) 6월	선략장군	종4품	행의주진관옥강병마만호	종4품
60세	1791(정조15) 4월	절충장군	정3품상		
61세	1792(정조16) 4월	가선대부	종2품하		
63세	1794(정조18)	가선대부	종2품하	어진봉안각위장	종2품

차도항의 관직 이력을 보면 그가 서반 쪽으로 꾸준히 자신의 진로를 모색했음을 알 수 있다. 남산 밑 차씨 집안에서 이와 같이 서반으로 진출한 것은 차도항이 처음은 아니었다. 위에서 살펴보았듯이 그의 증조부인 차응신과 아버지 차진성에게도 서반의 관력이 보이며, 서얼이기는 하지만 삼촌인 차진탁도 선략장군훈련원사과(宣略將軍訓鍊院司果)를 거친 것을 보면, 이 집안이 전통적으로 서반으로 진출하여 진로를 모색하고자 노력했음을 알 수 있다. 그러나 차도항의 행로는 무과에 급제하여 서반직에 나아가는 그런 길과는 거리가 멀었다.

26세 전에 겸사복의 직책을 맡고 있던 차도항은 26세가 되던 영조 33년(1757)에 종6품의 병절교위 용양위부사과를 제수 받아 본격적으로 관직에 나아간다. 그리고 7년 뒤인 영조 40년(1764)에 종4품 정략장군으로 승진하여 행훈련원판관에 임명되고, 다시 5년 뒤인 영조 47년(1771)에는 정4품 진위장군으로 승진하여 행훈련원첨정에 임명된다. 이러한 세 번에 걸친 승진은 모두 총융청의 장관으로 임기가 찼기 때문에 이루어진 것이었다.[33)

이렇듯 7년 내지 5년마다 승진을 거듭하던 차도항은 진위장군행훈련원첨정에 봉해진 후 한동안 관직이나 품계의 변화가 없다가, 무슨 이유에서인지 15년 뒤인 정조 10년(1786)에 진위장군보다 한 품계가 낮은 종4품 선략장군으로 봉해지고, 옥강병마만호로 임명되어 외직인 의주진관으로 나아간다. 그리고 5년 뒤인 정조 18년(1792)에 갑자기 정3품 절충장군에 임명되고, 다시 1년 뒤에는 종2품 가선대부에 봉해진다.

30년에 걸쳐 아주 더디게 올라가던 품계가 1790년대에 들어와 이렇듯 가파르게 상승할 수 있었던 까닭은 무엇일까? 더구나 이 집안은 사회적 지위에서 완전히 평민이라고 보기는 어렵고, 그렇다고 전형적인

---

33)《경국대전》권1,〈이전〉(吏典)에 따르면, 6품 이상의 관리는 출근일수가 900일, 7품 이하의 관리는 출근일수가 450일이 차면 벼슬을 옮기고 품계를 올려주도록 되어 있다.

양반가문으로도 볼 수 없는 그런 집안이었다. 그야말로 평민과 양반을 가르는 아슬아슬한 경계를 걸었던 집안이다. 그렇다면 종6품에서 관직을 시작한 차도항은 어떻게 든든한 가문의 후원도 없이 종2품 당상관의 실직을 받을 수 있었을까?

다음은, 이러한 문제를 풀기 위하여 차도항이 살았던 시기에 남산 밑 지역에는 어떤 변화가 있었으며, 남산 밑 차씨 집안이 변화에 어떻게 대응하여 자신의 사회적 지위를 확보하였는지를 살펴보고자 한다.

알려진 바와 같이 정조는 재위 13년(1789)에 수원부의 읍치 자리로 사도세자의 묘를 이봉하여 현륭원을 조성하였다. 정조가 아버지의 묘인 현륭원에 기울였을 정성은 상상하고 남음이 있다. 그는 당시의 문화적 역량을 총동원하여, 그곳에 각종 석물들을 배치하고 봉분에는 화려한 병풍석까지 두르는 등 왕릉에 버금가는 치장을 하는 정성을 보였다.

이러한 정성은 현륭원 주변에 대한 식목 및 조경사업에까지 이어져, 천봉 직후인 1789년 가을에서 1792년 봄까지 매년 봄과 가을 두 차례에 걸쳐 대대적인 식목·조경사업이 이루어졌다. 이 공역에는 수원부를 비롯하여 광주부·남양부·용인현·양성현·과천현·안산군·진위현 등 8개 읍민이 각 읍 수령의 책임 아래 동원되었다.[34] 부역에 동원된 백성들에게는 일정한 임금이 지급되고 환곡이 탕감되는 등의 은전이 베풀어졌으며, 이 사업에 관여한 관리들에게도 상품을 내리거나 직품을 더해 주는 등 각종 상전이 베풀어졌다.

현륭원 조성을 둘러싼 일련의 사업진행 과정은 그 인근에 세거하는 남산 밑 차씨와 매우 밀접하게 연관되어 있었다. 식목사업이 한창 진행 중이던 1791년 4월, 정조는 원소(園所) 경내에 나무를 심고 씨를 뿌리고, 흙을 돋우고 잔디를 깎는 등 현륭원 주변과 용주사를 꾸미는 여

---

34) 최홍규는 정조가 현륭원을 천봉한 이후 그 일대에 행한 식목과 조경 정책 및 과정이 소상하게 밝힌 바 있다.(최홍규, 《정조의 화성건설》, 일지사, 2001, 299쪽 참조)

러 가지 일들이 끝났다는 보고를 받고 "이제는 미진하다는 탄식이 거의 없어졌으니, 이는 모두 일을 감독한 사람들이 성실하고 근면하게 한 결과다"라고 하면서, 공역에 관계된 인사들에게 상을 내리도록 지시한다.[35]

이때의 포상자 명단 속에 남산 밑 차씨가 끼어 있는 것은 너무나 당연해 보인다. 현륭원의 식목사업과 이후의 송추 보호는 현륭원 주위에 살고 있는 사람들의 협조가 없이는 불가능하였을 터이고, 이 집안의 세거지인 남산 밑은 현륭원과 바로 맞닿은 곳이었기 때문에 그들의 조력이 필요한 것은 너무나 당연하였다. 특히 당시 남산 밑 차씨 집안의 종손인 차도항(車道恒; 1732~1805)은 수원부의 초관(哨官)으로 이 공역에서 나무를 심는 일에 참여하였고, 그 수고한 공로를 인정받아 품계를 더하였다.[36] 정조 15년(1792) 차도항이 절충장군으로 승진하게 되는 고신은 바로 이때 받은 것이며, 이 고신에서 상으로 더해 준다[賞加事承]는 것은 이 내용을 말하는 것이다.

식목사업을 위한 공사는 시작된 지 3년 만인 1792년 4월에 마무리되었다. 이때 정조는 이 사업에 참여한 인사들에게 등급을 나누어 차등 있게 상을 주라고 하교하였다.[37] 이 시상에서 차도항은 공로를 인정받아 다시 한번 품계를 더하는 상을 받는다.[38] 1792년 4월 차도항을 종2품하의 품계인 가선대부에 봉하는 고신은 원래 발급근거가 씌어 있어야 할 자리인 연도의 왼쪽 부분이 잘려나가 정확한 발급근거를 확인할 수 없으나, 이때 내려진 고신일 것으로 추정된다.

그로부터 2년 뒤, 차도항이 종2품의 실직인 어진봉안각위장의 직에

---

35) 《正祖實錄》 正祖 15년 4월 16일조.
36) 《日省錄》 正祖 15년 4월 16일조.
37) 《正祖實錄》 正祖 16년 4월 4일조.
38) 《日省錄》 正祖 16년 4월 4일조.

까지 이르게 됨으로써 이 집안과 현륭원은 더욱 밀접한 관련을 맺게 된다. 그렇다면 차도항이 임명된 어진봉안각위장은 어떠한 관직인가?

정조는 재위 15년(1791) 9월부터 김홍도·이명기·김득신·신한평 등의 화원들에게 명하여 자신의 어진을 그리게 하고, 정조 16년(1792) ⃞월 25일에 그 가운데 하나를 현륭원의 재전에 봉안하도록 명하였다. 아버지를 늘 곁에서 모시고 싶지만 그렇게 할 수 없는 상황이기에, 자신의 초상화나마 묘 곁에 걸어두어 그러한 마음을 대신하고자 한 것이다. 그리고 두 달 뒤인 3월 25일에는 어진을 봉안한 어목헌(禦牧軒)에 수호하는 사람을 두고 요포(料布)를 지급하도록 명하고,39) 다시 두 달 뒤인 5월 25일에는 어목헌을 어진봉안각으로 칭하고 위장(衛將) 2원을 두되 화성의 이교(吏校) 가운데서 차출하게 하고, 아울러 본부의 대동 결전(大同結錢)에서 요포를 더 주도록 하교하였다. 아버지에 대한 효심에서 마련된 어진봉안각40)에 대한 정조의 애틋한 마음은 그 관리를 맡은 위장에 대한 배려로 이어졌던 것이다.41)

같은 해 11월 19일, 정조는 현륭원 남산 밖에 사는 백성들의 신역을 면제해 주는 대신, 길을 닦고 눈을 치우는 등의 일을 전담하도록 명하였는데, 이때 치도장교(治道將校) 안인문(安仁文)에게 목 2필을 사급하면서 일후에 황계청(黃啓淸), 차도항과 함께 차차 위장으로 승차시키도록 하였다.42) 이 기사는 차도항도 앞으로 위장으로 승차할 후보임을 나타내고 있다.

이어서 정조는 재위 17년(1793) 4월에 현륭원을 관리하는 여러 사업에 관여한 이들을 시상하면서, 파종에 참여한 차도항에게 포(布) 1필을

---

39) 《正祖實錄》 正祖 16년 3월 25일조.

40) 《日省錄》 正祖 16년 1월 25일조.

41) 정해득, 〈정조어진(御眞)의 도사(圖寫)와 화녕전(華寧殿) 건립〉, 《경기 지역의 역사와 문화》, 한신대학교출판부, 2003, 207~210쪽.

42) 《日省錄》 正祖 16년 11월 19일조.

지급하기도 한다.43) 그리고 차도항이 어진봉안각위장에 임명되는 정조 18년(1794) 1월에는 어진봉안각위장 이하 관계자들에게 시상을 하였는데, 그 명단에서 차도항의 이름을 발견할 수 있다.44) 차도항은 윤치횡(尹致宖)과 함께 위장으로써 궁자(弓子) 1장을 받고 있다. 따라서 차도항이 어진봉안각위장으로 임명 받은 교지에는 월과 일이 기록되어 있지는 않지만, 최소한 1월 14일 이전에 임명되었음을 알 수 있다.

차도항과 관련된 일련의 고신들을 통해 대과도 거치지 않고, 문벌도 없는 집안 출신의 차도항이 종6품으로 벼슬살이를 시작하여 종2품 가선대부의 직에까지 오르고, 이어 어진각위장직에까지 오르는 과정을 되짚어보았다.

그의 선조들처럼 범범한 직위 이상으로 올라가지 못하였을 차도항의 인생행로에 결정적인 계기를 제공하였던 것은 다름 아닌 정조의 현륭원 조성이었음을 이 과정에서 확인할 수 있었다. 경기 지역에서 신분이 갖는 의미는 경상도나 전라도 등 다른 먼 외방과는 또 다른 의미를 가지고 있었던 것이다. 이것은 이 집안이 경기 지역에 위치해 있었으므로 중앙 권력과 쉽게 접촉할 수 있는 기회 때문에 그러하였다. 어쨌든 이와 같은 차도항의 종2품 실직으로의 상승은 이 집안의 운명을 한번에 바꿔놓기 충분하였다.

3) 훈예 문서의 의미

차도항까지 이어오던 이 집안의 행로를 살펴보면서 확실히 확인할 수 있는 것은, 이 집안이 17세기 이전까지는 확실치 않은 가계를 가지고 있었을 뿐만 아니라 사회적 지위도 결코 높지 않았다는 점이다. 이 집안이 서반계로 계속 진로를 모색하였던 것은, 평민층이 사회적 진로

---

43) 《日省錄》 正祖 17년 4월 3일조.
44) 《日省錄》 正祖 18년 1월 14일조.

를 모색할 수 있는 거의 유일한 길이었기 때문으로 보인다. 차도항대에서 종2품의 실직을 받게 된 것은 사실상 몇 대에 걸친 꾸준한 노력의 결과였고, 이 같은 사회적 기반은 이 집안에게 새로운 가능성을 열어주었다.

차도항 집안이 공신의 후예로서 인정받은 것은 차도항이 죽고 15년이 지난 순조 21년(1821)의 일이었다. 조선 후기 사회에서 공신후예로서 인정받는다는 것은 중앙 정부로부터 탈역을 받는 것은 물론, 사실상 사회적 지위가 상승되었음을 의미한다.

그런데 훈예로 인정받는다는 것은 경우에 따라 지역 단위에서 효자열녀로 인정받는 것보다는 한 단계 낮은 사회적 지위의 상승을 의미하였던 것으로 판단된다. 무엇보다 효자열녀로 인정받기 위해서는 주위 사족의 광범위한 지지가 필수조건이었다. 효자열녀로 인정받는 것은 반드시 타천(他薦)의 과정을 거쳐야 했으므로, 그 지역 사족들의 광범위한 지지가 없으면 불가능한 일이었다. 반면, 훈예로 인정받는 것은 공신의 후예임을 혈연적으로 증명할 수만 있다면 가능하였다. 심지어 충훈부의 하급관료에게 뇌물을 써서 훈예로 인정받는 경우가 있었으니, 그 과정이 상대적으로 쉬웠음은 짐작할 수 있다.[45]

차도항 집안이 공신의 후예임을 인정하는 문서로 충훈부에서는 '계하사목', 즉 충훈부 등급을 발급하고 있다. 다음은 이때 발급받은 충훈부 등급이다.

문서 8-7[46]
계하사목
충훈부가 등급하기 위한 것임. 이번에 국왕께서 계하하신 본 충훈부의

---

45) 효자열녀집안으로 인정받음으로써 사회적 지위 상승을 도모한 사례는 앞에서 분석한 김채상 집안의 사례와 비교할 수 있다.
46) 김혁, 《화성사람들, 정조를 만나다》, 162~165쪽 수록.

계목에는 이렇게 실려 있다. "우리 조선조의 개국공신으로부터 양무공신에 이르는 22공신의 자손들은…… 수령은 판하하신 뜻에 의거하여 잡아다가 문초하고 죄를 정할 것이며 유향소와 담당관리는 형을 가하고 정배할 것이다"라고 되어 있다.

가경(嘉慶) 24년 정월 3일에 좌부승지 신 조진화가 맡았던 승인하신 이같은 내용을 경외에 반포하였다. 그러므로 지금 여기 경기 화성에 사는 차효준 등은 세조조 정난공신 연천군 운혁의 자손이니, 그 선조의 많은 위열은 기린각에 실려 있고 그 자손들이 세세토록 수록되어 은전이 영세토록 하라는 교시는 반반히 단서철권(丹書鐵券)에 현존하여 있으니, 혹시 외읍에서 법의를 돌아보지 않고 군관·교생·원생·군보 등 여러 가지 천역 및 연호잡역에 혼침하는 폐단이 있더라도 계하사목을 이와 같이 등급하여 주니, 이것을 가지고 지방관에게 빙고케 하며 본관 사또도 이것을 알아서 받들어 살펴서 시행하는 것이 의당할 것임.

여기 아래에 있는 충의위 차효준(車孝俊)·차석범(車錫範)·차인범(車麟範)·차선범(車善範)·차주범(車周範)·차치관(車致寬)·차치열(車致烈)·차치익(車致益) 등은 이것에 의거할 것.

도광(道光) 원년(元年) 4월 일
등급하기 위하여 이 문서를 작성함.

충훈부(忠勳府) [署押]

이 문서에서 가장 핵심 사항은 과연 누가 탈역의 대상자가 될 수 있었는가 하는 점이다. 앞서 살펴보았듯이, 훈예완문이나 충훈부 등급의 발급목적은 훈예를 탈역시키는 데 있었기 때문이다. 훈예완문 등에는 반드시 탈역의 대상자를 문서의 끝에 밝힘으로써 탈역의 범위를 분명히 하였다. 따라서 이 완문에서 탈역 범위를 밝힌 부분은 어쩌면 가장 핵심 구성요소라고 하여도 과언이 아니다.

그런데 훈예의 입장에서 이 탈역 범위가 어떻게 정해지는지가 문제라 할 수 있다. 필자의 생각으로는, 이 탈역 범위가 그들의 실질적인 공동체를 나타낼 수 있는 지표였을 것이라고 생각한다. 크게 보아 이 탈역의 범주가 혈연적으로 지친(至親)만 대상으로 한 것인지, 아니면 모든 문중을 대상으로 한 것인지, 서얼의 경우는 여기에 포함되어 있는지에 대한 여러 가지 궁금증들이 켜켜이 쌓인다. 이 문제는 19세기 한 집안이 설정하는 공동체 범주가 어떤 원리에 의해 결정되는지를 보여주는 실질적인 사례라는 점에서 특히 주목된다.

〈그림 8-5〉에 따르면, 남산 밑 차씨 집안의 탈역 범주에 들어 있는 인물들은 그 거주지가 남산밑·각골·빽골에 분포되어 있었으며, 혈연적으로는 차진성과 차진탁의 후손들로만 이루어졌음을 알 수 있다. 그런데 남산 밑을 떠나 다른 곳으로 이주해 간 차순태의 집안과 양자로 보내진 차인근 집안의 사람들은 이 충훈부 등급의 탈역 대상에 포함되지 않았다. 촌수로는 차효준을 기준으로 우리가 통칭 친족의 범위로 생각하는 8촌의 범주를 훨씬 넘고 있다. 충훈부 등급을 발급받았을 당시 아직 태어나지 않았거나, 어려서 여기에 해당되지 않았던 사람들을

그림 8-5. 남산밑 차씨의 친족관계와 탈역대상

차순인(車順仁)

차진성(車振聲)　　　*차진탁(車振鐸)

차도항(車道恒)　　　차도원(車道轅)　　　차도흥(車道興)

차윤섭(車允涉)　　차윤흡(車允洽)　　차윤집(車允楫)　　차윤빈(車允彬)　　차윤일(車允逸)

<u>차효준</u>(車孝俊)　차영준(車英俊)　차기준(車麒俊)　차준범(車駿範,系)　**차석범 차인범 차준범**　　　**차주범**
　　　　　　　　　　　　　　　　　　　　　　　　　　　(車錫範)(車麟範)(車駿範,出) (車扃範)
　　　　　　　　　　　　　　　　　　　　　　　　　　　　6촌　　6촌　　　　　　6촌

차치열 차치희　**차치익**　　　차치익
(車致烈)(車致熺) (車致益,系)5촌 (車致益,出)

제외하고 지역적으로 가까운 곳에 있는 남산 밑 차씨들의 장정들은 모두 포함되어 있다. 이것은 우리가 '남산 밑 차씨'라고 부르는 친족범위와 일치한다.

특히 주목할 점은, 차진탁의 나이가 종손 차진성보다 거의 스무 살이나 앞서는 데도 차진성이 종손으로 되어 있다는 사실이다. 이것은 차진탁 집안이 서얼 집안이기 때문이다. 그런데 차진탁의 후손들도 탈역의 범주에 속한 것으로 보아, 탈역의 범주를 정하는 데에는 적서의 차별이 없었음을 알 수 있다. 이때 탈역을 받은 각 집안의 후손들은 외부로 나간 몇몇 집안을 제외하고 거의 대부분이 괘랑리 남산 밑, 각골, 뺄골에 그대로 세거하였다. 이는 현재 괘랑리 남산 밑 차씨의 동족마을의 형태가 이미 이때 형성되었음을 입증하는 것이다.

이 사례를 통해 훈예의 탈역 범주는 혈연성과 지연성이 결합되어 있으며, 이것이 연안차씨 가운데도 '남산 밑 차씨'라는 특정 집단의 공동체의식과 결속을 형성하게 한 직접적인 계기가 되었음을 확인할 수 있

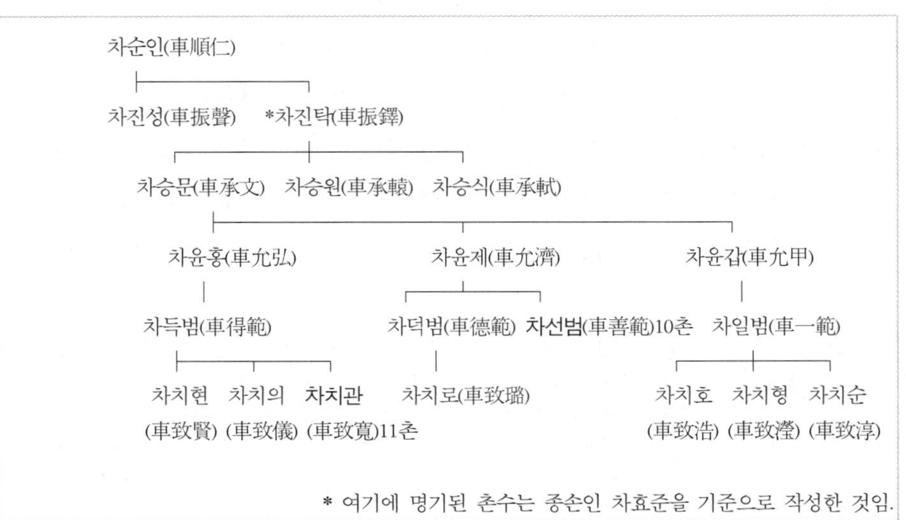

다. 이러한 사실은 무엇을 시사하는가? 조선시대의 친족공동체는 문화적 관습과 경제적 원칙 위에서 형성된 역사적인 산물이라고 심희기는 지적하였다.[47] 필자도 이 점에는 동의한다. 그런데 여기에 지연적 요소도 뚜렷한 구성요소로 자리 잡음을 지적하지 않을 수 없다. 또 한 가지, 심희기가 이상형으로 삼고 있는 모델들은 대부분 양반 가문들이기 때문에 이 집안과는 사회적 위상에서 차이가 있을 수 있다. 그러나 상식적으로 지연을 단위로 한 요소가 각 집안의 생활공동체에 끼친 요소에 대해서 결코 간과할 수 없을 것이다.

그러나 충훈부 등급을 받음으로써 누릴 수 있는 혜택은 군역과 잡역을 면제받는 경제적 부분에만 한정되는 것은 아니었다. 이들 공신의 자손이나 왕실의 후예들은 현달한 선조를 배출하지 못할 경우, 조선후기에 이르면 사실상 평민과 다름없는 지위로 전락할 수밖에 없었다. 한편, 당시 군역이나 잡역을 면제받는 것은 사족과 같은 특권계층이나 누릴 수 있었다. 이러한 사회적 현실에서 국가로부터 공신의 후예임을 입증 받고 군역과 잡역을 면제받은 것은 경제적 혜택은 물론, 이들이 사회적 지위를 상승시킬 가능성도 내포된 것이다.

남산 밑 차씨도 훈예로서 인정받는 데 성공함으로써 사회적 지위가 다소 상승할 수 있었을 것으로 보이기는 하지만, 그것으로 향촌사회에서 이 집안의 위치가 영구히 확고해질 수 있었던 것은 아니다. 훈예로 인정받는다는 것은 사회적 공의가 없더라도 공신의 후예라는 조건만 충족되면 가능한 것이었으므로, 훈예로 인정받았다고 해서 지역 사회

---

47) 심희기는 조선 후기 혈연공동체의 실체를 종중과 종계에서 찾고 있다. 그런데 이들 혈연공동체는 보선수목(報先修睦)을 목적으로 설정된 제사공동체였을 뿐 경제적 공동체는 아니었고, 경제적 소유관계는 종계의 각 구성원 내부에서는 지주제가 존재하였고, 구성원의 사유지도 각 구성원의 개별경작이 원칙이었다는 견해를 주장하고 있다.(심희기, 〈조선후기 토지소유에 관한 연구—국가지주설과 공동체소유설 비판〉, 서울대 박사학위논문, 1991, 224~251쪽 참조)

를 형성하는 다른 구성원들로부터 이 집안의 사회적 지위를 인정받았다고 보기는 어렵다. 따라서 이후 남산 밑 차씨들은 지역 사회에서 자신들의 지위를 공고히 하려는 노력을 계속하게 된다.

남산 밑 차씨 집안의 종손으로 충훈부 등급을 발급받는 과정을 주도했을 차효준은 헌종 1년(1835) 47세의 나이로 사망하였다. 그는 사후 9년 만인 헌종 12년(1846) 5월, 생시의 효행을 인정받아 종4품 조봉대부(朝奉大夫) 동몽교관(童蒙敎官)으로 추증되었다. 동몽교관으로 추증된 것은 일단 예조의 관할 아래 이조에서 시행하는 것으로, 그에 따라 그 집안은 각종 잡역으로부터 탈역 되는 것을 의미한다. 이는 단순히 탈역의 의미뿐만 아니라 이 지역에서 효자집안으로 인정받아 사회적 신분이 한 단계 올라가는 것을 의미하기도 한다.

한편, 차효준의 아들 차치열은 철종 8년(1857) 58세를 일기로 사망하였다. 그도 또한 사후 5년이 지난 철종 13년(1862) 11월, 아버지와 마찬가지로 효행으로써 조봉대부 동몽교관에 추증된다. 이러한 차효준과 차치열의 추증은 이 집안이 이 지역의 사족 등으로부터 인정받으려고 하였던 또 다른 시도라는 점에서, 당시 지역 사회에서 사회적 지위를 확보하고자 이 집안에서 행하였던 노력의 일면을 보여주는 것이다.

조선후기 향촌 사회에서는 평민 집안, 사족 집안, 그리고 이 둘 사이에 애매한 위치에 놓인 집안까지 다양한 계층이 공존하였다. 한때 당당한 사족 집안이었다 하더라도 몇 대에 걸쳐 현달한 인물이 나오지 않으면 차차 그 지위가 하락하여 사족과 평민의 중간쯤 되는 애매한 처지로 전락하고 마는 것은 당시의 현실이었다.

따라서 이러한 집안들은 자기 집안의 지위를 유지하기 위해 각자 나름의 방법을 모색하기에 이르렀고, 조선시대에 가장 존경받는 미덕이었던 충·효·열을 실천한 것을 국가로부터 인정받아 각종 포상을 받는 것도 그러한 방법의 일환이었다. 그러나 충절을 인정받는 것과 효열을 인정받는 것은 전혀 다른 범주의 문제였다. 앞서 말했듯이, 충절을 인정받는 것은 이미 그 행위에 대한 사실은 공인된 상태이기 때문에 충절을 실천한 인물의 후예임을 입증하기만 하면 되는 것이지만, 효열의 경우에는 그러한 사실 자체를 국가로부터 인정받아야 했으므로 지역 사회에서 그 집안의 효열 사실에 대해 일정한 공의가 형성되어야만 가능한 일이었다. 그러나 일단 효열에 대한 포상을 받고 최종적으로 정려를 받았을 때, 그 집안의 사회적 지위 상승은 이미 지역 사회의 공의를 거친 것이기에 충절로 인한 그것보다 확고한 힘을 발휘할 수 있었다고 생각한다.

남산 밑 차씨 집안은 국가로부터 공신의 후예로 인정받기는 하였으나 그것만으로는 당시 지역 사회에서 상승된 신분을 확보하기에는 부족한 감이 있었을 것이다. 세월이 조금 지난 뒤에 훈예의 자격으로 행세할 수 있었을 수도 있지만, 그것이 곧 그 지역에서 사회적 지위가 상승한 것으로 인정받았다는 의미는 아니다. 이후 차치열·차석봉대에 공신의 후예에 효행을 실천한 집안이라는 명예를 더하여 집안의 사회적 지위를 확고히 하려 하였다는 것은 그러한 사실을 더욱 웅변해 주는 것이다.

그러나 차효준·차치열의 추증교지 2건이 남아 있을 뿐, 정려나 구전이 없는 것으로 보아, 이 지역에서 학행으로 명망을 쌓은 진주강씨 집안이 비슷한 시기에 삼대의 효행을 인정받아 정려를 받은 것과 대조적으로, 남산 밑 차씨 집안의 경우에는 추증을 받는 데에 그치고 효자 정려를 받는 데에까지는 이르지 못한 것으로 보인다.

한편, 효행으로 사회적 공의를 얻고자 하는 노력과 함께 훈예로서의 지위를 더욱 공고히 하고자 하는 노력도 병행되었다. 즉 충훈부 등급을 받고 훈예집안으로 인정을 받은 지 40여 년이 지난 철종 11년(1860)에 남산밑 차씨 집안은 드디어 차운혁의 충신정려를 받게 된다. 지금도 남산 밑에 서 있는 이 충신정려를 받음으로써 당시 남산 밑 차씨 집안이 차지하고 있던 훈예로서의 위치는 더욱 안정되었으리라 생각한다. 그리고 26년 뒤, 차석봉은 다시 한번 훈예집안으로서의 지위를 확인받는다. 현재 이 집안에 남아 있는 차석봉의 충훈부 등급과 완문, 그리고 3건의 고신이 이러한 사실을 증명해 준다. 이 문서들은 모두 고종 23년(1886) 3월에 발급된 것으로, 충훈부 등급과 완문은 차석봉이 공신의 후예이므로 침책하지 말라는 내용이고, 3건의 고신은 차석봉을 충훈부도사(忠勳府都事), 선략장군(宣略將軍) 행충무위부사용(行忠武衛副司勇), 통정대부(通政大夫) 돈녕부도정(敦寧府都正)에 각각 임명하는 차정첩이다. 충훈부도사는 종5품, 선략장군 행충무위부사용은 종4품, 통정대부 돈녕부도정은 정3품 당상관의 품계였다. 이때 왜 차석봉이 하루아침에 종5품, 종4품을 거쳐 정3품 통정대부에까지 봉해졌는지는 알 수 없지만, 차석봉의 이러한 관력이 이 집안의 사회적 지위를 더욱 확고히 하는 데 기여하였을 것은 짐작할 만하다.

그런데 차석봉에게 발급한 완문은 두 가지 문제를 남기고 있다. 첫째, 전대의 충훈부 등급에서 완문의 탈역 대상이 전 집안을 포함하는 것이 아니라 차석봉 한 사람에 한정되어 있다는 것이다. 둘째, 완문과 성격이 유사한 충훈부 등급을 동시에 발급하였다는 것이다.

차석봉 1인에게 탈역 대상이 한정된 것은 남산 밑 차씨뿐 아니라 고종대의 일반적인 현상인 것 같다. 그런 점에서 이것은 훈예에 대한 국가의 일반적인 정책의 일환으로 보아야 할 것이다. 아직 더 검토할 여지가 있지만, 탈역이 일반적인 문제가 되던 당시로서는 탈역 대상을 한정할 필요가 있었고, 되도록 종손에 한정하여 시행한 것은 아닌가 추정된다. 이 문서는 한편으로 남산 밑 차씨에게도 의미 있는 문서다. 그 전대에 효행으로 지위상승을 꾀하다가 안전하게 탈역을 하려고 집안의 방향을 선회하였다는 점에서 더욱 그렇다.

어째서 충훈부에서는 공신의 훈예라는 사실을 인정하는 충훈부 등급을 발급하였음에도 따로 완문을 발급하였던 것일까? 더욱이 이 두 문서를 보면 내용에서 대동소이하기 때문에 그러한 의문은 더한다. 거의 비슷한 내용의 문서를 동시에 발급한 것은, 분명히 문서의 기능에 차이가 있다는 뜻이다. 이와 같이 충훈부 등급을 발급하였음에도 완문을 별도로 발급하였던 것은 완문이란 문서의 성격을 이해하는 데 여러 가지 시사하는 바가 크다. 필자의 생각으로는 충훈부 등급은 글자 그대로 국왕의 교시를 등급해 주는 데 문서의 주기능이 있는 것이라면 완문은 훈예의 완호가 목적이었다고 본다.

4) 훈예집안에서 특권의 의미

이 집안이 훈예집안으로 거듭난 행적을 돌아보도록 하자. 17세기 중반 남산 밑 차씨가 남산 밑에 정착할 때까지만 하여도 그들은 평민에 가까운 처지였다. 이 집안이 들어왔던 당시 괘랑리 일대에는 이미 여러 집안들이 자리 잡아 살아가고 있었다. 남산 밑 차씨의 역사는 뒤늦게 들어온 이주민으로서 다른 집안들과 경쟁하면서 평민에서 벗어나 자신의 사회적 지위를 확보하기 위한 분투의 역사라고 할 수 있다. 이와 같은 경쟁관계가 사실상 이 집안을 추동하였던 실질적인 동력이었던 셈이다.[48]

이후 이 집안에서는 계속 서반 쪽으로 진출하기 위하여 몇 대에 걸친 노력을 기울였다. 그러던 중 세거지인 남산 밑 인근의 읍치 자리에 현륭원이 들어서게 되고, 남산 밑 차씨는 이 외부적인 사건을 자기 집안의 사회적 지위를 상승시킬 수 있는 절호의 기회로 삼았다. 그 과정에서 차도항은 종2품 어진봉안각위장까지 이를 수 있었다. 이 집안의

---

48) 남산 밑 차씨 집안과 이 지역의 다른 집안과의 관계에 대해서는 김혁·이정일, 앞의 글, 758~759쪽 참조.

거침없는 행보는 여기에 그치지 않았다. 그들의 원래 뿌리가 공신 차운혁의 후예인 점을 적절히 이용하여, 국가로부터 공신의 후예로 인정받으려 하였다. 이는 차도항의 사후 15년에 충훈부로부터 공신의 후예임을 인정받는 충훈부 등급을 발급받음으로써 가능해졌다.

공신의 후예인 것과 국가로부터 공신의 후예로 인정받는 것은 전혀 별개의 일이다. 실제로 공신의 후예라고 해서 누구나 다 국가로부터 인정받는 것은 아니다. 심지어 훈예가 아닌데도 금전이나 부정으로 세계를 조작하여 얼마든지 훈예로 둔갑하였다. 그렇다면 어떤 공신후예는 국가로부터 인정받고 어떤 공신후예는 그렇지 않은가는 결국 그 집안의 실력에 달린 일이었다.

충훈부의 문서를 통해 취득된 훈예의 지위는 향촌에서 상당한 경제력과 위세를 바탕으로 하지 않고는 불가능하였다. 이러한 사정을 모를 리 없는 그 지역 사람들에게 어떤 집안이 훈예로 인정받았다고 해서 그 집안의 사회적 지위가 높아졌다고 볼 수 있을까?

그런데 훈예임을 인정받는 문서들, 예컨대 충훈부 등급이나 완문 등이 갖는 특징은 수급자 당자의 군역이나 요역을 면제받는 것이었다. 이것은 결국 이러한 문서를 수취하려는 집안이 어떤 처지에 있었는지를 반증하는 것이다. 이 집안이 적어도 당시까지는 군역의 면제대상에 끼지 못하였음을 알려주는 것이기도 하다. 앞서 여러 번 언급하였듯이, 조선 후기 역의 부과 여부는 그 자체가 사회적 지위의 표지 역할을 하였기 때문에, 이 집안이 군역 대상이 되었다는 것은 이 집안의 사회적 지위가 그다지 높지 않았다는 반증이 된다.

이와 같이 각종 면역의 특혜를 주는 일은 물론 사회적 지위가 상승하였음을 의미하였다. 충훈부의 문서들을 통해 취득된 훈예의 지위는 이 지역에서 행사하였을 남산 밑 차씨의 상당한 경제력과 위세를 바탕으로 하지 않고는 불가능하였을 것이다. 더욱이 남산 밑 차씨들이 사회적 환경의 변화에 보여준 유연성이야말로 그들의 사회적 지위 변화의 실제적인 원동력이었다. 그러나 이러한 저간의 사정을 환히 다 아는 향촌 사회에서, 훈예로 인정받는 것이 어느 정도까지 주위 집안의 인식을 바꾸어 놓았을지는 의문이다. 충청도 해미(海美)에 살았던 정진규(鄭鎭奎)의 예를 통해서 이 점을 살펴볼 수 있을 것이다.

다음은 충훈부에서 충청도 관찰사에게 내린 관문이다. 고종 13년(1876)에 개국공신 정빈(鄭濱)과 보사공신(保社功臣) 정신(鄭信)의 후손인 해미에 거주하는 정진규에게 그들에게 부과된 향역(鄕役)을 물침할 것을 청하고 있다.

문서 8-8[49)

이 문서는 충훈부에서 관찰사가 상고(相考)할 수 있도록 작성한 것임 지금 접해 본 도내(道內)인 해미(海美)에 사는 유학(幼學) 정진규(鄭鎭奎) 등이 올린 단자에는 다음과 같이 실려 있었다.

"저희들은 곧 국조 개국공신 정빈(鄭濱)의 후예이고 보사공신(保社功臣) 정신(鄭信)의 7세손입니다. 가세가 기울어 향역에 모입되어 극히 지극히 원망스러웠습니다. 그러므로 연전에 저희의 장사(狀辭)에 의거하여 충훈부에서 본도(本道)와 본읍(本邑)에 발관(發關)하여 저희의 이름을 영원히 향안(鄕案)에서 삭거하고 청금록에 이름을 올려서 공신의 후손임을 드러내었으므로 다행스럽게도 침어(侵漁)의 폐단을 면하였습니다.

그런데 지금 갑자기 본읍에 사는 김풍희, 정덕원 두 사람이 관가에 무고하여 일찍이 교임을 거친 사람을 또 향임에 차출하니 억울함을 견딜 길이 없어 발을 싸서 먼 길을 와 우러러 호소합니다."

훈예에게 잡역을 물침하지 말라는 것은 열성조께서 수교로 신칙하였으니 극히 절엄하고 사목으로 판하하신 것도 또 다시 정중하니 그 우러러

49) 國史編纂委員會, MF01716158

본받는 도에 극히 편치 않기 때문에 이에 발관(發關)한다. 이 관문이 도착하는 즉시 이 사람에 침역된 향역을 즉시 탈급한 뒤에 청금록(靑衿錄)에 올릴 것이며 중간에 무고하여 폐단을 만들어 낸 김풍희, 정덕원 두 사람을 심상히 처리할 수 없으니 본부로 압송하여 형률(刑律)에 입각하여 엄히 다스리겠다는 뜻으로 문서를 작성하여 해당 읍에 알린 뒤에 관이 도착한 일시, 거행한 시말들을 즉시 보고하여 올리는 것이 의당할 것임.

이치에 맞게 관문(關文)을 내리니 청컨대 잘 살피고 시행하여 관문대로 처리하도록 할 것임.

위의 관(關)을 충청도 관찰사에게 보냄.

광서(光緒) 2년 8월 일

상고(相考)를 위한 것임.

關 당상(堂上)[署押]

이 관문에 따르면 정진규의 집안은 가세가 기울어 언제부터인가 향역(鄕役)을 담당하는 계층으로 전락하였다. 그러던 중 연전에 충훈부에서 충청도와 해미에 각각 발관(發關)하여 이 집안이 공신의 후예임을 입증한 뒤에, 이들 훈예들의 지위는 격상되어 향안(鄕案)에서 이름이 삭거되고 청금록(靑衿錄)에 이름을 올릴 수 있었다. 지역과 시대에 따라 청금안과 향안의 기능에 차이가 많아 일률적으로 말하기는 어렵다. 그런데 적어도 당시 해미에서만큼은 청금안에 오른 사람은 향안에 오른 집안과는 엄격하게 구별하여 관리되었음을 알 수 있다. 정진규 집안의 사회적 지위 변화는 품관층(品官層)이 사족층(士族層)으로 상승한 사례로 볼 수 있다.

그런데 여기서 한 가지 주의해야 할 사실이 있다. 정진규 집안을 국가에서 공신의 후예로서 그 계층을 한 단계 높이고자 이전에 지속적으로 시도하였으나 향촌 사회에서 이를 수용하지 않았다는 점이다. 위의 완문이나 관의 내용도 이전에 이미 공신의 자손임을 인정하는 완문을 발급받았음을 확인시켜 준다.

이와 같이 사회적 신분의 변화란 중앙 정부의 명령으로 쉽게 이루어지는 것이 아니라는 것은 분명하지만, 그렇다고 정부의 명령이 무효하다고도 볼 수는 없다. 이 충훈부 완문의 경우를 통해 법으로 명시된 강제력에 의해 현실적으로 그 내용이 집행되었다는 점에서 완문에 반영된 특권의 현실적 효력을 새삼 되새길 수 있다.

8.2.3. 부민층(富民層)의 신분상승 ─전라도 흥양 백만기 집안

1) 백만기 집안의 향임층으로의 진입

19세기에는 사회적 지위는 낮지만 재력이 있는 신분이 있었다. 이들은 이른바 요호부민층이라고 불린다.[50] 재력이 있는 집안의 경우 특권을 통해 부과된 역으로부터 벗어나고자 하는 것은 당연한 현상이었을 것이다.

이들은 무엇인가 공적인 일에 금전을 희사하고 그에 대한 반대급부로 관청에서 포상 차원에서 역을 면제받고, 그와 같은 행정처분에 대한 행정처분으로 완문을 발급받았다. 그렇다면 이들 하위계층에서 금전을 투척함으로써 얻고자 하였던 실익은 과연 무엇이었을까? 이것에 관해서는 다음의 기사가 매우 적절한 답변이 될 수 있을 것이다.

---

50) 요호부민이라는 용어는 매우 애매하다. 전경목도 요호부민가의 애매한 신분적 지위를 양반과 평민 사이에 끼어 있는 계층이라고 언급하는 정도에 그치고 있다. 그런데 전경목이 다루고 있는 절골김씨가 과연 요호부민층의 범주에 들 수 있는지는 매우 애매하다. 거의 19세기 후반이 되면 사족의 생활방식을 어느 정도 외형적으로 갖추고 있기 때문이다. 일단 역에서 벗어나 있다는 것이 이 집안을 단순히 평민층으로만 다루기에는 더욱 모호해지기 때문이다. 전경목의 지적대로 이 집안은 결코 전형적인 사족의 범주에서 이해할 수도 없다. 재력을 바탕으로 밑에서 올라온 집안이기 때문이다.[전경목, 앞의 글(2002), 181~185쪽]

옛날의 군정은 1필 외에 다시 침어하는 일이 없었다. 지금은 그렇지 않다. 군정을 면제받았는데도 부표채(付標債)가 있고, 죽었는데도 물고채(物故債)가 있다. 식년이 있고 또 개도안채(改都案債)가 있다. 명색은 동일하지 않지만, 징렴은 한이 없으므로 일단 군액에 들어오면 파산(破産)하기에 이른다. 그러므로 부민(富民)은 원납전(願納錢)을 내고 완문을 받아내고 노호(奴戶)는 투탁하여 그 세력에 의지한다. 관보(官保)와 교모(校募)의 무리들은 군액(軍額)의 포수가 아님이 없다. 이것은 간리배들이 가운데에서 농단하며 수령된 자도 잘 조사하여 포괄하지 못하였던 소치이다.[51]

위의 기사를 보면 부민(富民)이나 노호(奴戶) 등 원래 군액으로 잡힌 계층이 어째서 완문을 더욱 수취하려 하였는지를 분명히 이해할 수 있다. 즉 군액에 편성되면, 군액에서 빠지지 않는 한 온갖 명목으로 잡역세를 징수하므로 경제적인 외압이 견딜 수 없는 지경에 이르기 때문이다. 역의 범주에 들어 치르는 경제적 손실이 탈역을 통해 얻는 경제적 이득보다 훨씬 크기 때문에 원납을 선호하였다.

여기서는 전라도 흥양현(興陽縣) 도화면(道化面) 동백정리(冬栢亭里)에 살았던 수원(水原) 백씨(白氏)들이 질청[作廳]에 원납하고 계방으로 투탁하는 사례를 다룰 것이다. 이 집안에는 완문 4건이 전해지고, 그 밖에 관련 문서도 발견되었다. 이 완문이 특히 주목되는 것은 이 집안의 독특한 사회적 위치 때문이다. 그리고 다른 곳에서 좀처럼 보기 힘든 완문의 내용도 일단 주목된다. 관련 문서로는 각종 향역 등에 임명하는 차정첩(差定帖)이나 전령(傳令)이 동시에 발견되었다.

사실 이러한 직위를 맡은 계층이 향촌에서는 어떤 지위에 있었는지, 또 그 집안의 기원은 무엇인지 파악할 수 있는 자료가 아직껏 공개된 적이 없다. 이 집안이 원납 이전에 어떤 계층이었는지를 다음의 문서

---

51) 《承政院日記》 正祖 17년 6월 11일조.

로 살펴보자.

문서 8-9[52)]

완문

이 문서는 완문을 작성해 주기 위한 것임. 도화면(道化面) 동백정리(冬栢亭里)에 거주하는 백만기(白萬琦)는 자손의 면역과 일마다 돌보아주도록 자기가 사들인 논인 도화면(道化面) 동백정평(冬栢亭坪) 신자정(新字丁) 5두락지 2배미 짐수의 논을 문서로 작성하여 청에 바치기를 원한다. 그러므로 청료(廳僚)와 회의하니 모두 그 마음을 안타깝게 여길 뿐만 아니라 청을 설치하고서 소금에도 이런 전례가 있으므로 원하는 대로 시행해야 피차가 마땅할 수 있다고 하며 중의가 모두 같았기 때문에 이와 같이 완문을 작성하여 주니 이것에 의거하여 영구히 준행하고 일이 있을 때 돌보아줄 것이다. 이와 같은 뒤에 혹시 청원(廳員) 중에서 만일 청의 합의를 따르지 않고 범범히 괄시하고 군역을 침책하거나 불행히 군정으로 뽑았는데 즉각 면제해 주지 않는다면 마땅히 특별히 의논하여 처벌할 것이니 이 모든 것을 이에 의거하여 고찰하여 시행하는 것이 의당할 것임.

질청중(作廳中) 을묘(乙卯) 8월 15일 호장(戶長) 이홍보(李鴻輔) [着名]

이방(吏房) 신익영(申益泳) [着名]

승발(承發) 김치화(金致和) [着名]

공원(公員) 박지효(朴志孝) [喪不着]

장무(掌務) 박문채(朴文采) [着名]

이 문서는 1795년 8월 15일에 질청이 백만기(白萬琦) 집안에 발급하였던 완문이다. 직사각형 인장에는 "흥양현작청인"(興陽縣作廳印)이라는 인기(印記)가 있다. 내용은 작청의 완의로서 완의한 사항을 보장한다는 것이었다.

---

52) 전주 국보고미술원 소장. 이하 이 집안 문서의 소장처는 같다.

이 완문을 발급한 까닭은 "도화면(道化面) 동백정리(冬栢亭里)에 거주하는 백만기(白萬琦)가 자손의 면역과 일마다 돌보아주도록 자기가 사들인 논인 도화면(道化面) 동백정평(冬栢亭坪) 신자정(新字丁) 5마지기 2배미 집수 논을 문서를 작성하여 청에 바치기를 원한다"는 완문의 내용으로 알 수 있다.

백만기 집안이 지속적으로 역의 부담으로부터 벗어나기 위하여 질청에 논을 직접 원납하였다는 사실로부터 두 가지 의미를 끌어낼 수 있다. 백만기 집안이 각종 군역과 잡역의 부과대상이 되고 그것으로 괴로움을 당하고 있었다는 사실은, 이 집안이 평민층이었음을 알려준다. 또 일정한 논을 원납하였다는 것은 이 집안이 어느 정도 경제적 여유를 가진 집안임을 말해준다. 굳이 말하자면 이 집안은 이른바 요호부민층이 아니었나 생각한다.

이러한 처지의 백만기 집안은 원납을 실행하고 난 뒤 어떠한 사회적 지위 변화가 있었는가? 그에 대하여 백만기의 둘째아들 백규찬(白圭燦)에 관한 문서가 참고 된다. 이후 백규찬은 각종 향역에 차정되고 있다. 백규찬이 향역에 차정된 문서는 다음과 같다.(표 8-13)

이 문서에서 볼 수 있듯이, 백규찬은 호적수단별유사(戶籍收單別有司)에서 존위(尊位), 별감(別監)을 교차로 역임하고 있다. 호적수단별유사와 환자도검독(還上都檢督)은 일시적인 향역이므로 잠깐 맡는 역할인 듯하고, 그 밖에 존위나 별감은 비교적 장기간 맡았던 것 같다. 적어도 고흥 지역에서는 이 같은 향직이 같은 집안에서 교차로 행해졌음을 알 수 있다. 이후 후손으로 보이는 백성수(白聖洙)를 별감으로 차정하는 것으로 보아 향직은 세습되었던 것 같다.

그런데 위에서 백규찬의 아버지 백만기가 1795년에 질청에게 원납한 것이 그 뒤 백규찬의 이력과 어떤 관계가 있는지 분명하지 않다. 필자는 군역을 부과하지 않자 그 다음에 향역을 부과한 것은 아닌가 생

표 8-13. 백규찬(白圭燦)의 향역(鄕役) 차정 문서

번호	문서명	발급연도	내용
1	차정첩	1797	호적수단별유사(戶籍收單別有司)
2	차정첩	1800	위와 같음
3	차정첩	1801.5	존위(尊位)
4	전령	1801.5	위와 같음
5	차정첩	1801.9	이별감(二別監)
6	전령	1801.9	위와 같음
7	차정첩	1803	호적수단별유사(戶籍收單別有司)
8	차정첩	1806.8	위와 같음
9	차정첩	1806.10	환자도검독(還上都檢督)
10	차정첩	1808	위와 같음
11	차정첩	1818	존위
12	전령	1818	위와 같음

각한다. 그렇다면 백만기 집안은 군역과 연호잡역의 대상이 되었던 평민 집안에서 향역을 지는 계층으로 상승했음을 의미한다. 큰아들인 백규화가 있는데도 둘째아들이 집안의 중대사에 필집으로 등장하는 것을 보면, 큰아들보다는 둘째아들이 학식이 더 있었던 것 같다. 백규찬의 교양을 추측할 만한 것은 호적수단별유사 등을 역임한 정도면 한문에 대한 식견이 웬만하였을 것이라는 정도고, 직접 그의 교양을 평가할 자료는 바로 이 명문이다.

명문으로 본 백규찬의 한문 교양은 중간 정도로 평가된다.[53] 결코 해정하다고는 볼 수 없는 글씨체로, 깨끗하고 정연하게 더듬더듬 써내려간 정도다. 결정적으로 백규찬의 한문 교양이 높지 못하다고 생각하는 근거는 '청'(廳)자를 제대로 쓰지 못하였다는 데 있다. 이 글자가 획수가 많아 쓰기가 쉽지 않지만, 어쨌든 당시 백규찬은 '청'자를 제대로

---

53) 이 명문의 전체 소개는 김혁, 앞의 글(2005), 592~594쪽 참조.

쓸 수 없는 정도의 한문 실력이었
다고 생각할 수 있다. 그런데 그가
그 3년 뒤에 호적수단별유사란 향
직을 맡은 것을 보면, 결코 적은
나이는 아니었을 것이다.

사진 8-1. 명문의 부분

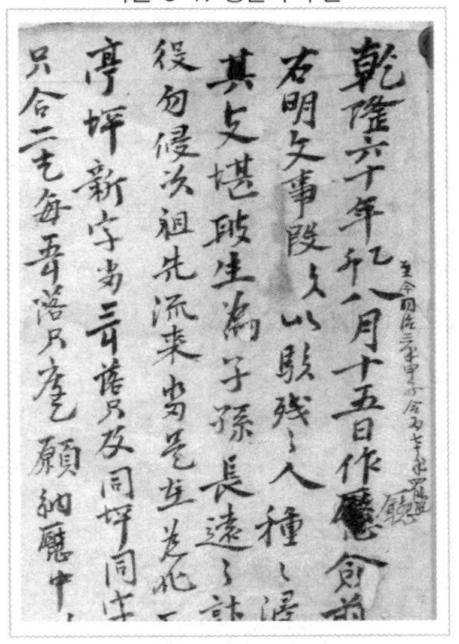

정리하면, 이 집안에서 백규찬
이 가장 학문이 높았을 것으로 추
정되지만, 학문의 정도가 '청'자와
같은 복잡한 획을 가진 한자는 쓰
지 못할 정도인 것이다. 그리고 이
집안은 논을 원납할 정도의 재력
이 있었던 것 같고, 그것에 의해
최소한 1864년까지 70년 동안 작청의 비호 아래 있었다는 것은 분명하
다. 이는 "至今同治三年甲子合爲七十年罷脫"이라고 후대에 써넣은
문구로 알 수 있다.

이와 같이 백만기 집안은 원납을 통해 평민층에서 향임층으로 올라
갈 수 있었다. 향임은 향소의 직책을 맡고 있는 임원을 가리킨다. 조선
후기의 향임층은 전대와는 달리 수령에 복속되어 호적과 조세 등의 업
무에 관여하며, 수령의 행정을 돕는 업무를 맡았다. 향임층은 중인층
가운데 상위의 대표적인 계층이라 할 수 있다. 그런데 향임층 가운데
에는 이런 향임을 벗어나야 할 장애물로 인식하는 이가 많았다.

2) 원납을 통한 향임층의 면향(免鄕) 노력

당시에 향임은 역의 일종으로 인식되었다. 향임층은 이 역에서 벗어
나는 것을 사회적 지위의 상승과 동일시하였다. 향임층이 원납을 통하
여 향임에서 벗어나려 한 사례로 다음을 들어보자.

문서 8-10[54]

무술년 4월 일

완문

이 완문은 작성해 주기 위한 것임. 신안면(新安面) 치동(治洞)에 거주하는 출신(出身) 최병수(崔炳壽) 유학(幼學) 병태(炳台) 병두(炳斗)는 본래 고려(高麗) 문묘정신(文廟正臣) 시호 문창공(文昌公) 휘(諱) 치원(致遠), 15대조 적개공신(敵愾功臣) 증병조판서(贈兵曹判書) 월은공(月恩公) 휘(諱) 형손(亨孫), 11대조 임진공신(壬辰功臣) 도순무사(都巡撫使) 휘(諱) 준(峻)의 후손이다. 이것은 세보(世譜)에 이미 분명히 밝히 나타나 있으니 지벌(地閥)에 대해서는 언급할 필요조차도 없을 것인데, 어찌하여 이곳까지 흘러 들어와 향임(鄕任)에 종사하게 되었는가? 오호라. 안타깝구나. 회수를 건너면 탱자가 된다는 탄식이 오늘날 최민(崔民)을 두고 맞추어 놓은 말이다. 잠영(簪纓)의 후예로서 어찌 원망하지 않을 수 있겠는가? 원망이 있었으면 반드시 펴는 날이 있을 것이고, 공(功)이 있으면 반드시 상(賞)이 있는 날이 있는 것은 무엇을 두고 한 말이겠는가? 읍에 성이 있는 것은 날씨가 흐리고 비가 오는 때를 대비하기 위한 것이니, 훼손될 때마다 중수하는 것은 그만둘 수 없는 정사이거늘, 작은 읍세에서 성이 비록 무너졌더라도 재력을 마련할 수 없었다. 이와 같이 몹시 걱정스러운 때에 최민(崔民)이 지금 500냥의 돈으로 자원(自願)하여 보조(補助)하였다. 아름답구나, 공이여. 한 읍의 다행함이 이것보다 더한 것이 없다. 그 폐단을 메우도록 하는 데 대해서 어찌 보상이 없을 수 있겠는가? 그러나 달리 보상할 만한 도가 없어서 후록한 최민 8인을 모두 면향(免鄕)시키겠다는 뜻으로 이에 완문을 작성하여 준다. 이것으로 영구히 준행하여 변함없이 완전히 하기를 금석과 같이 하도록 하는 것이 의당할 것임.

광무(光武) 2년 무술 4월 일

작성해 주기 위한 것임.

관(官) [署押]

---

54) 《古文書》 14, 完文 60.

유학(幼學) 최병태(崔炳台) 병두(炳斗) 병수(炳壽) 장필(璋弼) 용필(龍弼)
정규(貞奎) 재규(在奎) 신규(信奎)
끝

위의 문서는 1898년에 경상도 산청현감이 당시 향임을 맡고 있던 유학(幼學) 최병태(崔炳台) 등 8명으로부터 원납전을 받고 향임의 역을 면제해주는 일을 보장하기 위한 목적으로 발급한 완문이다.

완문을 발급하게 된 직접적인 계기는 최병태 등이 500냥을 원납하였기 때문이다. 원납을 거두어들인 명분은 읍성을 수리한다는 데 있었다. 읍성의 수리가 시급하지 않은 것은 아니지만, 가뭄이나 홍수 등의 재해에 비한다면 시급하게 급전이 요구되는 상황이 아니었으므로, 원납이라고는 하지만 당시 읍에서 필요한 재용 마련을 위한 관의 여러 가지 노력의 결과였을 것이 예상된다.

최병태 등이 이 원납으로 이루려 하였던 것은 자신들이 지고 있던 향임에서 벗어나려는 것이었다. 여기서의 향임이란 "잠영의 후예로서 어찌 원통하지 않겠는가"라는 진술을 통하여, 이 향임이 사족이면 결코 달가워하지 않았을 일이었고, 이 집안이 고을에서 사족으로 대접받지 못하였음을 짐작할 수 있다.

산청현감은 최병태 등을 최치원으로부터 15대조 적개공신(敵愾功臣) 증병조판서(贈兵曹判書) 월은공(月恩公) 최형손(崔亨孫), 11대조 임진공신(壬辰功臣) 도순무사(都巡撫使) 최준(崔峻)에게 그 세계를 이어대고 있다. 이는 11대조인 약 300년 전의 현조가 있은 이후 이 집안에서 이렇다 하게 꼽을 만한 현달한 조상을 두지 못하였다는 반증이기도 하다. 산청현감은 이 집안의 이러한 딱한 사정을 굴이 회수(淮水)를 건너자 탱자가 되었다는 고사를 들어 설명하며, 원래 이 집안이 사족이었음을 거듭 강조하고 있다. 그런데 이러한 표현은 이 집안의 상황을 묘사한 것이라기보다는 문서의 투식적인 표현이다. 특히 회수를 건넌 탱자라는 표현은 《유서필지》(儒胥必知)에 실려 있다.55)

더욱이 거의 같은 시기에 작성된 한 문서는 일률적으로 이 문서식에 의해 작성되고 있다. 원납전 납부가 향임을 면제받는 근거가 되므로 이 집안이 사족이었다는 사실을 거듭 천명할 필요가 있었음을 알 수 있다. 이러한 정황을 더욱 확실하게 해주는 것은, 사실상 이러한 문서의 내용이 면향(免鄕)을 위해 발급하는 완문의 일정한 문서식에 의거한다는 사실이다.

이 완문이 발급된 시기와 비슷한 시기에 발급된 다음의 완문을 보면 이 문서와 문서식이 거의 같음을 알 수 있다.56) 이 문서의 발급시기는 위의 문서가 발급된 해와 같은 해 7월이고, 같은 수령에 의하여 거의 같은 사안으로 발급되었다. 위의 두 문서를 비교하면, 수급자가 한씨 집안이라는 것과 향교의 수리를 위하여 300냥을 원납했다는 구체적인 사실과 약간의 표현만 제외하고 거의 유사한 형식이다. 이를 통해 앞서 언급한 최씨 집안에게 발급한 완문의 서술이 일정한 문서 투식에 따른 것임을 거듭 확인할 수 있다.

그런데 한씨 집안이 원납전을 내고 취득하려 한 자격은 면향(免鄕)이 아니라 '부유'(附儒)로 표기되었다. '부교'(附校)라는 말이 향교의 액외생에 드는 것이라고 한다면, 부유는 아마 유안(儒案)에 드는 것을 가리키는 것이 아닌가 생각할 수 있다. 이는 본문에서 부유의 '부'(附)가 원래 '승'(陞)이던 것을 고친 것으로 보면, 이는 단순한 실수로 보이지만은 않는다. 애초에 '승유'(陞儒)라고 썼던 것은 아마 유(儒)보다 낮은 계층이 유로 올라갔다는 의미였을 것이고, '부유'라고 한 것은 원래 사족이었던 집안이 다시 사족으로 돌아간다는 의미로 읽힌다.

---

55) 전경목 외 옮김, 《유서필지》(儒胥必知), 사계절, 2006, 208~209쪽 참조
56) 《古文書》 14, 完文 61.

8.2.4. 사족 특권의 위기 —전라도 해남 윤선도 집안

1) 배 경

조선은 19세기에 들어와서 그 이전에 보기 드문 많은 사회적 변화를
겪었다. 그 가운데에는, 많은 연구자들이 주목하였듯이, 19세기 중반
이후 그 전에는 보기 드물 정도로 많은 대규모 민란(民亂)이 연속 발생
하였다. 민란의 시발이라고 할 수 있는 1862년 진주민란을 분석한 송
찬섭은, 그 직접적인 원인을 이노(吏奴)들의 환포(還逋)와 그 결과 환자
를 토지에 부과한 데서 찾고 있다.57) 그는 국가재정의 압박이 하민(下
民)에게 전가된 결과였다고 본다.

1862년 농민봉기로 위기감을 느낀 조정은 대책에 부심한 나머지 환
곡제도를 개선하는 쪽으로 정책 방향을 잡았다.58) 그러나 근본적으로
국가재정 문제는 해결되지 않았다.

그런데 1870년대에 들어 대원군은 또 다른 방향에서 국가재정이 궁
핍해지는 원인을 찾고자 하였다. 그가 주목하였던 것은 군정에 있었다.
이것은 곧바로 사족의 지나친 특권과 연관되는 문제였다. 그러한 지적
이 양반관료로 이루어진 조가에서 나온 것이 아니라 왕실의 대원군에
게서 나왔다는 것은 주목해야 할 점이다.

이러한 사정은 고종이 막 즉위하였던 때에 대원군의 뜻을 대변하여
조대비(趙大妃)가 신칙한 다음 기사에 잘 드러나 있다.

이제 향현사(鄕賢祠)나 서원(書院) 등에 딸린 하인들과 관련하여 신칙

---

57) 송찬섭, 〈1862년 진주농민 항쟁의 조직과 활동〉, 《한국사론》 21, 1989 참조.
58) 1862년 이후 환곡 개혁정책의 추이는 제임스 팔레/이훈상 옮김, 《전통한국의 정치와 정
　　책》, 신원문화사, 1993, 241~269쪽 참조.

(申飭)하여야 할 말이 있다. 사대부가의 묘(墓)가 있는 마을에서 불법적으로 양호(養戶)하는 것이 끝이 없다고 하니, 실로 군정(軍丁)이 허액화(虛額化)되는 폐단의 근원이 된다. 남연군(南延君)의 묘가 있는 마을에서는 몇 백 호나 되는 많은 민호들이 군역이건 환곡이건 한 가지의 부담도 지지 않지만, 이것을 해당 고을에서는 당연한 것으로 보면서 애당초 말도 꺼내지 않는다. 대원군은 언제나 이런 것을 근심하고 안타까워하면서 앞으로 투탁해 들어갈 자들이 지금보다 몇 배나 될지는 모를 것이라고 하였다. 이런 것이 대원군의 본의겠는가? 본 도로 하여금 해당 고을에 신칙하여 원래 정해준 수묘(守墓) 이외에는 전부 군사로 충당하고, 아울러 민호로서의 의무도 지게 하여 법이란 것은 어디에서나 일치하게 적용된다는 뜻을 보여줄 것이다. 그리고 사대부가의 묘가 있는 마을에서 불법적으로 차지한 민호도 낱낱이 조사하여 군사(軍士)로 채워 넣고, 감히 종전의 버릇을 되풀이하지 말라는 내용으로 묘당(廟堂)으로 하여금 각 도에 공문을 띄워 신칙하게 하고, 동시에 책도 만들어 올리도록 할 것이다.59)

흥선대원군이 앞으로 투탁할 인원이 지금의 몇 배가 될지도 모른다는 우려 섞인 개탄은, 사족의 특권이 국역체제에 결정적인 위협이 된다는 사실을 똑바로 보았음을 알 수 있다. 그런데 여기서 문제로 여겨졌던 것이, 묘촌의 탈역 자체가 아니라 묘촌의 명목으로 탈역 된 인원의 규모가 크다는 것에 유의할 필요가 있다. 즉 그의 의도는 사족의 특권 자체를 폐지하는 것이 아니라, 그들의 지나친 특권을 견제하는 더 있었다.

현실적으로 사족 묘직의 탈역을 공식적으로 금지한 갑오경장 이후조차 향촌에서 사족 묘직의 탈역은 여전히 지속되었다. 이를 통해 국가의 이 같은 정책 목표가 사족의 선영문화 자체를 부정하였던 것이 아니었음을 확인할 수 있다.60)

---

59) 《高宗實錄》 高宗 1년 8월 17일조.

대원군의 이후 행보를 보아도 그의 정책적 의도가 어디에 있었는지 그 대강을 짐작할 수 있다. 그는 이후 잘 알려진 것처럼 1863년 묘촌의 철폐에 이어 1868년부터 1871년에 시행되었던 서원 철폐, 그리고 다시 1873년 이하촌(籬下村) 철폐를 단행하였다. 그의 이러한 일련의 정책적 행보가 무엇을 의미하는가? 그것은 모든 제역촌을 철폐함으로써 사족들이 가진 지나친 특권을 억제하려는 것이 목적이었음을 알 수 있다.

그러한 정책이 향촌의 사족들에게 구체적으로 무엇을 의미하였는지에 대해서는 해남(海南)의 해남윤씨 집안에 남아 있던 완문으로 짐작할 수 있다.

잘 알려진 바와 같이, 윤선도 집안은 해남의 대표적인 명족이다. 그런 그들에게 19세기에 수취한 완문들은 당시 이 집안의 가세가 현격하게 기울어가고 있다는 서글픈 징표와도 같았다.[61] 이 문서들을 통해 여말선초 이래로 이 집안이 해남에서 누려왔던 위세와 영화들이 몰락해 가고, 여러모로 위기에 처하였음을 알 수 있다.

우선 이 집안의 당색이 남인(南人)이었다는 사실은, 노론 장기 독재의 정치적인 상황에서 이들의 행로에 적잖은 영향을 끼쳤다. 이 집안은 정치 실세에서 소외된 처지였으므로, 노론 계열 인사들이 이곳 지방관으로 계속 부임해옴으로써 이들의 정치적 편견에 입각한 지방 통치를 막아낼 수 있는 어떠한 보호막도 얻을 수 없었던 집안에서 겪는 비통함과 황폐함을 피할 수 없었기 때문이다. 따라서 이 집안의 사례는 어쩌면 19세기에 정치적으로 소외되어 향촌에 눌러앉아 있을 수밖에 없는 처지에 있던 사족이라면 누구나 겪었을 법한 일반적인 모습이

---

60) 김혁, 〈조선시대 완문에 관한 연구〉, 한국학중앙연구원 박사학위논문, 2005, 172~173쪽 참조.

61) 해남윤씨 집안의 완문에 대해 소개한 논문은 다음과 같다. 박병호, 〈거래와 소송의 문서 생활〉, 박병호 등, 《호남지방 고문서 기초연구》, 한국정신문화연구원, 1999; 이해준, 〈고문서를 통해 본 호남지방의 촌락〉, 같은 책.

었을 것이다.

이와 연관하여, 완문 자료가 향촌 사회의 사족에게 갖는 의미에 다해서 이해준은 다음과 같이 언급한 바 있다.

> 이 같은 완문 자료를 통하여 우리는 일편 사족의 향촌 사회에서의 특권적 지위가 아직도 유지되고 있음을 볼 수도 있으나, 결국 이러한 완문이 발급되고 있고, 이를 통하여 양반 촌락에 대한 관(官)의 침탈을 제어해야 하는 상황이라는 것은, 그만큼 양반 사족의 향촌 사회에서의 지위가 도전받고 있다는 증거일 것이다.62)

그가 여기서 "양반 촌락에 대한 관의 침탈"이라고 지적한 것은 역사적으로 매우 복합적인 의미를 지닌다. 이 말은 그동안 향촌 세계에서 양반이 갖는 자체적인 지배력에 대하여 이전에는 관가가 거리를 두고 방관하여 왔다는 의미로도 받아들여진다. 이것은 그만큼 국가 권력이 향촌에서 양반이 갖는 자치권을 존중하여 왔다는 뜻도 된다. 그런데 이때가 되어 관의 통제력이 양반에게 미치기 시작함으로써, 국가 권력과 양반 사이에 대립적인 경계점이 형성되기 시작했다는 역사적인 이미지를 보여준다.63)

그런데 윤선도 집안의 경우가 이러한 시대적 이미지에 부합하는 것인지에 대해서는 좀더 생각할 여지가 있다. 즉 이 집안의 쇠퇴가 갑작스러운 관의 침탈에 의한 것이라고 한다면, 이 문제는 19세기 국가 성격의 일반적인 변화와 관련하여 논의되어야 할 것이고, 이 집안 자체

---

62) 이해준, 〈고문서를 통해 본 호남지방의 촌락〉, 《호남지방 고문서 기초연구》, 1999, 221~227쪽 참조.

63) 19세기 조선의 향촌사회의 상황을 '관 주도적 통제'라고 설명하는 일반론을 통하여 이해하고 있다. 이러한 관점은 김인걸을 필두로 하며, 이는 이해준, 〈'관 주도' 지방지배의 심층화〉, 《조선은 지방을 어떻게 지배했는가》, 아카넷, 2000에서도 극명하게 조명되었다.

의 쇠락이라고 본다면, 그것은 사회적 맥락에서 더 논의해야 하기 때문이다.

윤선도 집안은 19세기 당시 어떠한 현실적 지형에 있었는가? 이세영은 양반토호의 양태를 '향반·항족형'(鄕班鄕族型)과 '퇴거사족형'(退居士族型)으로 구분한 바 있다. 이 구분에 따르면, 윤선도 집안은 초기에 대대로 해남의 세거지를 토대로 하면서도 경기 지역에도 토지를 소유하며 자신의 권력적 토대를 중앙과 연계시켜 왔다는 점에서 전형적인 '향반·항족형'은 아니며,[64] 한때 중앙 권력을 잡은 적이 있다는 점에서 '퇴거사족형'일 수 있다.

그런데 19세기의 이 집안은 차라리 향반·항족형으로 구분하는 쪽이 적절할 듯하다. 남인이 중앙 권력으로부터 실각된 이후 해남윤씨 집안은 누가 보아도 향반에 가까운 지위로 전락하였기 때문이다. 윤선도는 실각된 직후 해남으로 내려와 은자와 같은 생활을 하였다는 것은 잘 알려진 사실이다. 더욱이 그 이후 이 계보에서 한 사람의 중앙 관리도 나타나지 않았다는 것은 이 집안의 처지를 단적으로 보여준다.

19세기 초 윤선도 집안의 처지에 대해서는 최원규가 간략히 지적한 바 있다.[65] 그에 따르면, 이 집안은 윤지정(尹持貞; 1731~1756)대에 들어서 내리막길로 들어섰다. 윤관하(尹觀夏; 1841~1926)가 집안 경영에 참여하기 전인 19세기 초에 이 집안으로서는 최대의 위기라고 할 수 있을 정도로 가세가 기울었다고 한다.

2) 사족 특권의 위기

앞서 소개한 1830년대에 수취하였던 완문은, 당시 이 집안이 이미

---

64) 이세영, 〈18·19세기 양반토호지주의 지주경영〉, 《조선후기정치경제사》, 혜안, 2001, 210쪽 참조.
65) 최원규, 〈한말·일제하의 농업경영에 관한 연구 — 해남윤씨가의 사례〉, 《한국사연구》 50·51합집, 1985, 277~280쪽 참조.

위기로 가고 있었다는 징후를 보여준다.66) 이 문서는 그 이전까지는 향리들이 응당 피해 갔을 이 집안 수하인들의 역을 향리층이 굳이 보호하겠다는 내용이다.

그런데 이러한 상황은 그와는 정반대로 해석될 소지도 충분하다. 오히려 침책되어야 할 역을 이 지역의 고족이라는 명분으로 버티어 나갔다는 해석을 할 수도 있다. 그러나 문서란 현실에서는 역설로 존재하는 경우가 많다. 이러한 일이 문서로 남아 있었다는 것은, 기존에 당연히 누리던 특권이 흔들리게 되었다는 반증인 것이다.

여기서 유의할 점은, 해남윤씨가와 호저(戶低)의 관계다. 어느 반촌을 답사해 보면, 호저집이 주인가인 사족의 집 주위에 포진되어 있는 것을 보았다.67) 이 경우도 이와 같았을 것으로 추정된다. 이 집이 차지하는 경관을 보면, 서양 중세의 성처럼 뚝 떨어져 높이 위치하여 그 주위를 고압적으로 관망하는 형세다.

사족이 호저와 맺고 있는 가부장적 관계에 대해서는 이미 이영훈이 다루었다.68) 주반이라고 불리는 주호와 호저의 관계는 단순한 경제적 관계 이상일 것이다. 즉 그들은 가부장적 질서에 의한 인격적 관계가 형성되어 있었다는 것은 이미 지적되었다. 주호는 가부장적 의식을 가지고 협호를 자식처럼 돌봐주고, 협호는 주호에게 그 은혜에 보답한다는 의식으로 아들처럼 따랐을 것이다.

그런데 협호를 더 이상 돌볼 수 없다는 현실은 윤선도 집안에게는 경제적 문제는 물론이고, 정서적으로도 깊은 상처를 남겼을 것이 분명하다. 질청에서 이러한 일을 부끄럽게 여겼다고 하는 정서적인 외상드 이것과 연관되어 있는 것이다.

---

66) 이 책 '문서 8-3' 참조.
67) 대표적으로 의정부의 박세당 집안의 예를 들 수 있다.
68) 이영훈, 앞의 글(1988), 258~344쪽 참고.

또한 질청은 윤선도 집안이 묘산을 경영하던 금쇄동(金鎖洞)에도 거의 같은 시기에 완문을 발급하였다.[69] 금쇄동은 윤선도가 은거하던 지역으로, 윤선도 사후 그의 묘소가 있던 곳이다. 금쇄동은 현일동으로부터 그다지 멀리 떨어지지 않았다. 앞서 언급하였듯이 사족으로서의 가격(家格)을 유지하기 위해서는 선영 관리가 필수적이었다.

그런데 금쇄동은 옛날부터 수총호(守塚戶) 4, 5호가 있었지만, 두 차례에 걸친 흉년으로 거주하던 사람들이 모두 흩어지고, 당시에는 온통 진전(陳田)이 되었다. 질청에서는 이후 이곳에 새로 이주할 사람들에 대하여 신역(身役)과 호역(戶役) 모두를 면제해 주겠다는 완의를 맺는다. 그 명분으로, 첫째는 윤선도가 이 고장에 끼친 공적을 들어 이들을 통해 윤선도의 묘역을 보호하자는 것이고, 둘째는 진전을 개간할 수 있다는 점을 들었다.

이유야 어떻든, 작청에서 적극적으로 윤선도의 묘역을 보호하려는 의지를 가지고 있었다. 그 어느 것이나 이 집안의 당시 궁색했던 형편을 보여준다.

윤선도 집안에서는 이후 1870년대까지 제역촌과 관련하여 별다른 문서를 남기지 않았다. 이는 질청으로부터의 보호가 잘 이루어졌다는 반증이 된다. 이후 40년 동안이라면 비교적 장기적이며 안정적인 것으로 받아들여진다.

그런데 1873년에 들어, 다음 면중(面中)에서 발급한 완문을 보면 탈역에 대한 압박이 이전과는 다른 상황으로 전개되어 감을 알 수 있다.

문서 8-11[70]

완문

---

69) 《古文書集成》 3, 完文 2.
70) 《古文書集成》 3, 完文 4.

영구히 준행하기 위해 작성한 것임. 본면(本面) 연동(蓮洞)의 연호잡역을 견탈(蠲頉)하는 것은 본래 주호(主戶)인 윤씨 댁이 모면하고자 한 것이 아니라 온 읍민들의 공론이니, 대개 향선생(鄕先生)의 유택(遺澤)을 잊을 수 없기 때문이다. 어초은(漁樵隱) 윤공(尹公)이 행한 적선(積善)의 덕으로 세 번 옥문을 여는 은혜가 있었으니 우리 해남 사람 가운데 누가 그 은택을 입지 않았을까? 이향(吏鄕)의 논의가 대개 백세토록 잊지 않고자 하였고, 선생의 구묘와 별묘도 연동에 있으므로 전례를 따른 지가 수백 년이었다. 이제 조령이 있어서 읍중의 제역촌을 모두 함께 세역을 징수하라고 하므로 연동에 징수하면 선배들이 선배(先輩)들이 입의(立議)한 뜻이 아닌 것이 있으므로 면중(面中)에서 터놓고 논의하여 매년 돈 8냥씩 봄가을로 나누어 받고, 해당 이역과 호역은 탈급하라는 뜻으로 완문을 작성하여 주니, 영구히 준행하는 것이 의당할 것임

계유(癸酉) 4월 5일

면중(面中)　　면수(面首)　 신종(申綜)
　　　　　　　집강(執綱)　 민인호(閔仁鎬)
　　　　　　　다사(多士)　 나석기(羅錫基)
　　　　　　　　　　　　　 민유호(閔有浩)
　　　　　　　　　　　　　 윤규칠(尹圭七)
　　　　　　　　　　　　　 윤주형(尹柱亨)

이 문서의 성격을 굳이 구분하자면 완의(完議)라고 할 수 있다. 여기서 '면중'(面中)이란 면 단위로 움직이는 공동 합의기구를 가리킨다. 면수(面首), 집강(執綱) 등 세역의 실무 책임자와 지역 인사들이 합의한 내용을 문서로 작성한 것이다. 잘 알려진 바와 같이 완의문은 합의문의 일종이므로, 그러한 합의 사실 자체가 보장문의 성격을 띨 수 있다는 점에서 보장문에 속한다.

읍중(邑中)의 제역촌을 모두 혼징(混徵)하라는 조령(朝令)에 의거해 연동(蓮洞)에 혼징하려 하는데, 선배들이 윤선도 집안을 완호하라는 입의

(立議)한 뜻에 거슬리므로 매년 8냥씩 봄·가을로 나누어 받는 대신 이역(里役)과 호역(戶役)을 탈급한다는 내용이다.

이 완문에서는 8냥씩 받는 것조차 매우 부득이한 조처로 서술하고 있다. 고종 10년(1873)에 내려진 조령이 제역촌에게까지 징수하라는 내용이라고 한다면, 당시 조정이 제역촌을 탈역의 온상으로 보고 칼을 빼든 것으로 짐작할 수 있다.

이러한 상황을 매우 부득이하게 보는 것은, 한편으로는 조정의 의지가 향촌에 관통하고 있다는 것을 암시하면서, 다른 한편으로 실무자들이 자신의 재량권을 통해 조절하고 있음을 알 수 있다.

3) 촌락 지배질서의 해체 위기

1873년에 모든 제역촌을 해체하라는 조령이 내려진 이후, 향리나 면중에 의해 이 집안의 제역촌이 지켜지기 힘들어졌다. 조정의 외압은 매우 큰 무게로 내리눌렀다. 이러한 정황은 그로부터 3년 뒤인 1875년에 연동에서 수취한 완문을 통해 당시의 정황을 이해할 수 있다.

문서 8-12[71]

완문

이 문서는 영구히 준행하기 위한 것임. 아아! 본 연동(蓮洞)은 선현(先賢)께서 터를 닦아 놓으신 곳이다. 그 자손들이 대대로 이곳에 살면서 그의 아름다운 명성을 실추시키지 않았으니, 참으로 일세에 모범이 되어 백세토록 감화를 입힐 만한 것이다. 그 덕성을 숭앙하고 갚는 도에 있어서 진실로 마땅히 그 마을임을 표시해 주어야지, 일반 백성들과 함께 잡역에 편성해서는 안 될 것이다. 그런데 오호라, 말속(末俗)이 되어 선철(先哲)을 돌아보지 않고 집강(執綱)과 면약(面約)들은 오직 호총을 마구 집호하는

---

71)《古文書集成》3, 完文 5.

데에만 여념이 없어서, 매번 남김없이 싹 쓸어들이는 데에 이르러 반드시 단노(單奴) 단비(單婢)까지도 군정(軍丁)에 보태고 환자를 받기까지도 하였다. 말이 여기에 미치자 자신도 모르게 한심해지니, 후예에게는 어찌 그 울타리를 걷고 그 담을 허물지 않을 줄 알겠는가? 모든 아전들의 옛 약속이 근거할 바가 있고 영문(營門)의 새로운 완문도 다시 이르렀으므로, 이를 이어받아 조약을 나열하여 이를 준행하기를 영구히 변함없이 하는 것이 의당하게 할 것임.

　　　　　을해(乙亥)년 2월 일
　　관(官)[署押]　[이하 부서자 생략]
　　　〈후기〉
　　　　각항의 환자분은 배당하지 말 것.
　　　　갖가지 군정으로 침책치 말 것.
　　　　연호잡역(烟戶雜役)으로 논하지 말 것.

　1875년 2월에 해남현감(海南縣監)이 연동(蓮洞)에 내린 이 완문에는 향청과 이서 관청의 관원들이 부서하고 있다. 해남현감이 제리(諸吏)의 구약(舊約)과 "영문(營門)의 신완(新完)"에 의거해 이 완문을 발급해 준다고 한 점을 미루어, 이때 구약은 위에서 언급한 바 있는 향리들의 완의를 가리키는 것이고, 영문의 신완은 해남윤씨가에서 이 완문에 앞서 감영의 완문을 발급받았음을 알 수 있다.

　이 경우도 관(官)에게 직접 신청하여 발급받은 완문이 아니라 감영을 거쳐 관에게 신청하고 있음을 알 수 있다. 이는 윤선도 집안이 이 지역 수령과 결코 편치 않은 관계임을 시사한다.

　이때가 되면, 1873년의 완의에서 춘추 2냥씩 받는 것으로 타협되었음에도, 면의 집강과 면임배들이 마구 호총(戶摠)으로 잡아 단노(單奴)·단비(單婢)까지도 군역을 지우고[添丁] 환자를 받게 하기에 이른다. 이것은 1873년의 완문이 별다른 효력이 없었음을 말해주는 것이기도 하다. 이러한 현상은 수령에 의한 자의적인 농단에 의한 것이 아니라 전국적인 상황이라는 점에서 주목된다.

당시는 윤씨가의 주호－협호의 사회적 관계가 극단적인 위협으로 다가오고 있었다. 그 위기감은 "후예에게는 어찌 그 울타리를 걷고 그 담을 허물지 않을 줄 알겠는가?"라고 표현한 데에서 짐작할 수 있다. 이때의 울타리나 담은 주호가 호저를 경영하기 위하여 쌓은 것이다.

이 테두리가 갖는 상징적인 함의는 크다. 윤선도 집안이 사족으로서 어떠한 지위를 유지하여 왔는가를 상징적으로 보여준다. 한국 사람들이면 누구나 연상하듯이, 울타리란 단순히 담만이 아니고 자기 식구 내지는 보호구역이란 의미도 되는 것이다.

그런데 이 안으로 국가의 권력이 밀고 들어와서, 윤씨가가 이제껏 보호하고 있던 호저들에게 역을 책정하기 시작하였다는 것은, 가부장으로서 유지해 오던 그들의 정신에 큰 상처를 입혔다. 이는 양반과 호저 사이에 맺어진 가부장적 관계의 실체가 드러나는 셈이고, 촌락에서 사족의 권위가 탈역권을 통해 형성되어 왔다는 사실을 보여주는 대목이다.

문서 8-13[72)]

완문

이 완문은 작성해 주기 위한 것임. 해남(海南) 백연동(白蓮洞)에 거주하는 윤종연(尹鐘淵) 등이 올린 소장의 내용에 따르면, "저희들은 유현(儒賢)의 후예며 잠영(簪纓)의 고족(古族)으로서 이 땅에 살아왔습니다. 선세(先世)에서 공덕을 쌓고 베푼 것은 일일이 다 열거하기도 힘들 지경입니다. 읍중(邑中)의 제리(諸吏)들이 영원히 잊지 못하겠다며 잡역을 침책치 말라는 뜻으로 완문과 약조를 작성하기에 이르렀습니다. 이후 자손들이

---

72) 《古文書集成》 3, 完文 6.

영체(零替)하게 되어 집강(執綱)과 면임(面任)들이 능멸하고 횡침하는 가운데에서 본동만이 살아남을 수 없었습니다. 속오군(束伍軍) 명색(名色)으로 하여 지금 허명(虛名)으로 군안에 부친 것이 6, 7명이나 됩니다. 그밖에 과부가(寡婦家)와 행랑붙이 및 앙역단노(仰役單奴)를 모두 집호(執戶)하여 요역을 첩징(疊徵)하고 편호소민(編戶小民)들의 역을 다름없이 적용하니 매우 원통합니다. 전례에 의거하여 침책치 말도록 특별히 완문을 작성하여 주십시오"라고 하였다.

만일 선현의 후예를 하민편호의 역과 함께 편호한다면, 이는 마디 없는 자나 눈금 없는 저울대처럼 기준이 없는 처사라고 할 수 있을 것입니다. 본 읍의 여러 아전들이 조약하였던 근거할 만한 행적이 있으니, 지금부터 각 항의 환자분과 갖가지 군정(軍丁), 연호잡역(煙戶雜役)은 한결같이 구규(舊規)를 좇아 모두 침책하지 말도록 할 것이며, 이 완문에 의거해 영구히 변함없이 준행하는 것이 의당할 것임.

덧붙임. 지방관은 완문 속의 사연을 고찰하여 시행토록.

을해(乙亥)년 5월 일

도순사(都巡使) [署押]

이 문서는 1875년 5월에 순찰사가 연동(蓮洞)에 내린 완문이다. 협호 경영을 국가가 위협함으로써 급기야 주호-호저로 이루어진 이 마을의 사회적 구조가 깨질지도 모른다는 앞서의 우려가 현실로 나타나게 되었다. 이 완문은 이미 2월에 관으로부터 완문을 수취하였음에도 다시 순찰사에게 정장하여 완문을 수취하는 점은 일단 주의를 요한다. 왜냐하면 2월에 받은 완문으로는 안심을 할 수 없었거나, 완문을 받은 2, 3개월 사이에 새로운 상황이 전개되었을 것이다.

문서 8-12의 완문을 발급받았을 때 그 명목이 순찰사의 완문에 의한 것이었다는 점을 상기한다면, 완문을 받은 이후 새로운 상황이 전개되었다는 쪽으로 읽는 것이 타당할 것이다. 순찰사가 인용한 윤종연(尹鍾淵) 등의 등장(等狀)에서는 당시 윤선도 집안이 겪었던 고통의 실체를 엿볼 수 있다. 집강과 면임들은 총액제에 의해 세원이나 역원을 마련하고자 부심하고자 한 상황에서 윤선도 집안의 제역촌도 예외가 될 수 없었다.

이런 상황은 당시 매우 일반적인 향촌의 풍경이었던 것 같다. 이 마을에 속오군의 군액을 6, 7명으로 배당하였고, 과부가나 앙역단노(仰役單奴)에게까지 요역을 부과하였다. 이는 이미 이 집안이 주호로서의 구실을 할 수 없게 되었다는 것과, 주호-호저의 사회적 결합방식이 깨어지고 있음을 알 수 있다. 이러한 현실로 닥쳐왔던 위기는 점점 가속화되었다.

4) 사족 특권의 위기

이 집안에게 당시 완문은 향권으로부터 물러나 촌락에 머물고 있던 사족이 그나마 유지해 오던 촌락에서의 권위조차 무너져가던 상황을 늦추어 보려고 애썼던 마지막 안간힘이었다고밖에 표현할 말이 없다. 1830년 초부터 1870년 말까지 이 집안의 사정은 둑이 조금씩 무너져 나가다가 모든 것이 쓸려나갔다는 인상을 받는다.

1873년에 있었던 이러한 제역촌에 대한 외압은 조정으로부터 오는 불가피한 시대적 압박이었다. 대원군의 의도가 궁극적으로 무엇이었는지는 여기서는 논외다. 다만 그의 정책적 의도가 거의 국토의 끝이라고 하는 해남 지역에까지 관통하는 것을 보면, 해남윤씨 집안이 겪었던 일은 거의 전국적인 현상이었을 것이며, 전국의 제역촌이 다 겪었을 일이라는 것은 쉽게 짐작된다.

그 결과 사족들이 마지막 보루인 촌락에서의 권위에 지대한 타격을 받았다는 것은 특히 주목할 점이다. 이는 그 이전까지의 사회적 질서를 크게 바꾸어 놓고 있었다. 사족은 촌락에서 그 이전과 같은 가부장적 관계에 의한 농업경영 방식을 유지하기 힘들었는지 모른다.

표 8-14. 윤선도 집안의 제역촌 완문 및 관련 문서

번호.	문서 종류	《집성》 문서번호	발급 시기	발급자	수급자	내용	비크
1	완문	완문3	1833.8.25	질청(作廳)	현일면 백연동마름	제역촌	
2	완문	완문2	1836.11.4	질청	금쇄동(金鎖洞)	제역촌	
3	완문	완문4	1873.4.5.	면중(面中)		제역촌	완의
4	완문	완문5	1875.2	해남현감		제역촌	
5	의송	소지9	1875.5.5	윤생원댁노 득춘(得春)	순찰사	군역, 호역, 연역이 한꺼번에 침독. 낭속, 앙역단노, 과부가까지 집수, 속오군 6, 7명	* 등잗이 함께 올라감.
6	완문	완문6	1875.5	순찰사		윤종연(尹鍾淵) 등의 등장에 의거해 발급	
7	소지	소지36	1879.8	윤감역댁노 복철(福哲)	해남현감	세초정전(歲抄情錢)과 죽목물(竹木物)이 부가되었으므로 이전에 발급받은 영읍의 완문에 의하여 탈급을 청함	세초식(歲抄色)과 군기감곤(軍器監官)
8	소지	소지2	1880.7	현일 연동 이임 오준철(吳俊哲)	해남현감	호역부과(竹物價, 藥丸情䭾錢)에 대하여 탈면 받기를 원함.	본읍과 순영의 완문에 의거함

그러나 필자가 예상하였듯이 과연 그랬는지, 그 현실적 결과에 대해서 알 수 있는 이 집안의 문서는 더 이상 남아 있지 않다. 이후 대원군의 실각으로 모든 것이 제자리로 돌아갔을 수도 있다. 그러나 갑오경장에서 사족이 갖는 모든 특권을 공식적으로 폐지한 것을 보면, 시대의 흐름은 이미 그런 쪽으로 가깝게 가고 있었던 것은 분명하다.

8.3. 완문과 신분

완문을 수급자와 연관시켜 살펴보면 다른 문서에서는 보기 드문 특성이 나타난다. 완문을 수취한 명분에 입각하여 주제별로 분류한 결과, 완문의 주제와 그 집안의 신분이 매우 밀접하게 연관되어 있다는 사실을 확인할 수 있었다. 각 신분에 속한 집안들은 각 집안이 처한 사회적 조건에 따라 특권의 내용이나 그것에 접근하는 방법이 달랐다.

완문을 통해 각 신분층에 속한 집안의 움직임을 이해할 수 있다. 각 집안은 완문을 수취하는 과정에서 매우 독특한 편향을 드러냈다. 대개 한 집안은 1종의 완문을 수취하였던 것이 일반적인 경향이었다. 자신이 수취하려는 완문 이외에 다른 종류의 완문을 또 다시 수취하였던 경우는 드물었다.

예컨대 효자열녀완문을 취득하려는 집안이라면 그 밖의 완문을 수취하려 하지 않았다. 훈예완문을 취득하는 쪽도 마찬가지다. 예컨대 안동의 이정회 집안은 묘직탈역완문만 취득하려고 하였던 반면, 부안의 김채상 집안은 효자열녀완문만 수취하려 하였다. 그리고 해남의 윤선도 집안은 계방완문을 발급받았고, 경주 독락당 계열의 여주이씨가는 주로 독락당이나 장산서원과 관련된 서원완문을 취득하는 데에 주력하였다.

이와 같은 완문 수취의 편향성은 완문의 종류에 따라 수취할 수 있는 자격조건이 다르며, 특권의 종류가 달랐다는 데에서 기인한다. 이것을 뒤집어 이해하면, 각종 완문은 그 자체로 일종의 계서화된 질서를 보여주고, 그것을 수취할 수 있느냐 여부가 각 집안의 사회적 지위와 깊이 연관되어 있다는 것을 말해 준다. 즉 어떤 종류의 완문을 수취할 수 있었느냐는 그 집안의 사회적 지위와 그 집안이 동원할 수 있는 사회적 자원의 종류와 질에 달려 있는 셈이다.

각종 완문에 드러난 각 집안이 조가의 규정력 속에서 어떻게 자신의 삶의 양식을 변화시키고자 노력하였는지를 이해할 수 있다. 이때 완문은 모든 사회계급이 각각 자신의 능력 안에서 자신에게 유리한 사회자원을 동원하였던 방식과 한계를 동시에 보여주는 징표라고 할 수 있다. 왜냐하면 각 집안은 그들의 사회적 지위에 따라, 즉 그들이 처한 사회적 환경에 따라 이용할 수 있는 사회자원을 달리 하기 때문이다. 따라서 완문이 규정하는 특권의 성격은 이 문서의 수취자가 갖는 사회적 잠재력 내지는 자원동원력에 따른다고 할 수 있다.

여기서 각 집안에게 자원동원력을 한정 짓는 관습적 혹은 법제적 힘이 무엇을 의미하는가? 결국 각 집안이 가지고 있던 자원동원력은 각 집안의 신분이 갖는 한계로 나타나며, 그것이 곧 신분제의 실질적인 내용을 설명하는 것이기도 하다.

특권의 입장에서 신분을 규정한다면, 특권이란 자기 집안이 제시할 수 있는 권리의 명분이 통용될 수 있는 한계를 의미한다. 사족 신분이 특권을 취득하기 위하여 제시하는 명분은 사족만이 갖는 문화적 상징을 통해서만 취득될 수 있다. 다른 신분은 사족이 이용한 이러한 문화적 상징을 이용할 수는 없다.

다만 같은 문화적 상징을 이용하면서도 그 특권의 실질적인 내용에서는 차이가 났다. 이것은 같은 신분 안에서도 실질적인 사회적 실력의 차이, 즉 구조적 차별이 엄존한다는 사실을 보여준다.

그런데 완문이 구체적으로 신분과 어떤 관련성이 있는가를 알아보기 위해서는 우선 향촌 안에서 신분이 어떻게 구성되어 있었는지를 검토하는 일이 선행되어야 할 것이다.

그런데 여기에는 문제가 있다. 각 지역의 향촌이 형성된 배경과 관련하여 각 집안이 차지한 세력 균형의 위상이 차이가 나기 때문에 한

마디로 단언하기가 쉽지 않다. 그리고 18세기 이후 사족뿐 아니라 상민 신분 안에서도 계급분화가 활발하게 진행되어, 향촌 안에서 신분이 갖는 의미를 어떻게 이해할지 더욱 모호하게 만든다.

다만 19세기의 향촌은 우리의 일반적인 통념보다는 훨씬 세분화된 신분 분화가 이루어졌음에 주목해야 할 것이다. 19세기로 추정되는 어느 수령의 지침서에는, 통치를 위하여 자기 고을의 사회계급을 사족층(士族層), 품관층(品官層), 중서인(中庶人), 서인재관자(庶人在官者), 양인(良人), 천인(賤人) 등으로 구분하였다.[73]

이 같은 구분 짓기가 얼마만큼 실제적인 실증의 바탕 위에서 이루어졌는지는 여기서 논외이다. 다만 이러한 계급 분류가 수령이 향촌을 통치하기 위한 유용한 준거점으로 이용된 것이었던 만큼, 당시 사람들이 향촌 안의 위계를 이렇게 상상하였으며, 그러한 상상의 위계가 현실을 지배하고 있었으리라는 것을 짐작할 뿐이다.

위에서 언급한 바와 같이, 신분마다 수취한 완문들의 주제가 각기 달랐다는 것은 그러한 명분을 주장할 수 있는 근거와 자격이 그 집안의 신분에서 나온 것이라고 할 수 있다. 이와 같이 동일한 명분으로 권리의 주장이 가능하고 또 인정받을 수 있는 사회적 범주의 집단이 존재하였다는 데 유념해야 할 것이다. 왜냐하면 이러한 범주에 속한 집단은 그들의 공통된 연대감을 전제로 하지 않고도 동일 신분이라고 부를 수 있을 것이기 때문이다.

완문 가운데에서 묘직탈역완문과 선산수호완문, 서원완문을 수취하였던 집안은 아마 조선사회에서 상위 신분에 속한다고 생각하여도 무방할 것이다. 분산을 보호하려는 명분은 사족만이 자기 신분의 고유한 정체성을 형성하고 유지하는 문화적 지표였다.[74] 점거나 매득을 통해

---

73) 內藤吉之 編, 〈政要抄〉, 《朝鮮民政資料 — 牧民篇》, 1942 참조.
74) 김혁, 〈19세기 사족층의 '선영경관' 조성과 그 의미〉, 《퇴계학과 한국문화》 40, 2007 참조

분산을 취득하고 또 그것을 유지 관리해 나가고자 하는 것은 지배신분에 속한 집안이 아니고서는 엄두도 낼 수 없는 일이었다.

이러한 명분을 통해 사족이 수취하였던 특권들은 원래 사족 신분에게 부여되었던 특권의 범주를 훨씬 뛰어넘었다. 이때의 특권은 당시 향촌 사회의 지배신분이었던 사족이 유교적 상징을 통해 자신의 권리를 매우 능동적으로 심화시켜 나가는 권력의 확대 재생산 과정을 보여준다. 다시 말하여, 사족들은 문화를 타자와 구별 짓는 문화적 징표로서 활용하였을 뿐만 아니라, 현실적으로 조가로부터 취득한 기본적인 권리 이외에 더 많은 권리를 취득하는 근거로 삼았다. 그들은 이러한 상징을 통해 향촌 사회 내부에서 자신의 권력을 심화시키는 근거로 활용하였다.75)

그런데 사족들이 그러한 명분을 통해 얻을 수 있는 권리의 실제적인 규모는 현실적으로 큰 차이가 났다. 그러한 차이는 구체적으로 탈역하는 묘직의 수나 묘촌의 탈역 여부, 수호하는 묘산의 범위 등에 대한 것이다.

예컨대 어느 집안의 경우 묘직만 탈역 시킬 수 있었던 반면, 어느 집안은 묘직을 포함한 묘촌까지도 탈역의 대상에 포함시킬 수 있었다. 그리고 탈역 묘직의 규모도 대개는 정형화되어, 그 집안의 위세에 따라 묘직의 수가 1명에서 10여 명에 이르기까지 다양한 층차가 나타났다. 묘촌까지 포함하여 생각한다면 몇 백 명의 탈역도 가능하였다.

이와 같이, 같은 신분 안에서도 권리의 현실적 차등이 나타났다는 것은 무엇을 의미하는가? 이것은 같은 신분 안에서도 또 다른 현실적 차등이 존재하였음을 의미한다. 그런데 이러한 차등은 일시적인 것이 아니라 매우 계서화되어 있고, 몇 백 년 동안 같은 수준을 유지하였다.

---

75) 이 책 6장 참조.

예컨대, 앞서 권벌가의 예에서 볼 수 있듯이, 묘직 3, 4명을 탈역 시킬 수 있는 집안의 경우, 대개 그 탈역 묘직의 수는 몇 백 년 동안 큰 변화를 보이지 않았다. 이와 같이 취득된 권리는 그 집안이 가질 수 있는 자격과 같은 것으로, 관가나 사회에서 합의되고 공인된 성격을 띠었다. 이러한 자격은 향촌 안에서 그 집안이 신분 외에도 또 다른 사회자원 동원력을 반영한 것이라고 볼 수 있다.

신분 안에서 엄존하는 이 같은 또 다른 위계를 어떻게 이해해야 할 것인가? 이 위계도 신분의 속성을 그대로 가지고 있지만, 기존의 신분 안에서 또 한 번 분화된 위계로서 설정되어 있다. 이는 같은 신분 안에서 신분이 분화된 결과 나타났던 것으로 생각한다.

그런데 완문을 통한 권리의 범주가 사족층의 특권으로 지목되곤 하였던 자기 집안의 군역이나 잡역의 면제에 그친 것이라고 한다면, 일단 이러한 성격의 완문을 요구하는 집안의 신분이 현실적으로 통상적인 사족의 범주보다는 아래에 속했다고 보아야 할 것이다. 군역 면제는 사족에게 부여된 기본적인 특권이므로 굳이 완문으로 요구될 수 있는 것이 아니었기 때문이다.

예컨대 김채상 집안과 같은 효자집안이나 열녀집안에게 부여된 완문의 경우는, 위의 완문들과는 달리 그 집안의 군역을 탈면해 주는 것이 주된 사안이었다. 조가에서 효자열녀를 포상하고 복호(復戶)시키는 규정은 민간의 풍속을 교화시키는 차원에서 고대국가부터 있어 왔던 중대한 국가정책의 일환이었다. 그런데 19세기에 들어서 지방 사회에서는 조가의 이러한 정려 정책이 조가의 의도와는 무관하게 또 다른 기능을 하게 되었다. 원래의 사회적 신분이 사족이었다고 하더라도 향촌 사회 내부에서 벌어진 계급분화의 결과, 사족에서 떨어져나갈 위기에 처해 있던 최하위계급에 속하였던 집안들이 사족으로서의 지위를 유지시키려는 욕구를 반영한 것이다.

당시에 효자나 열녀로 인정받는 과정에서 두 가지 점에서 특히 유의할 필요가 있다.

우선 효자나 열녀를 포상하는 문제는 개인의 문제가 아니라 배출 집안을 대상으로 하고 있다는 점이다. 그러한 선행을 가능하게 하였던 가풍을 중시한 때문이다. 조가에서 효자나 열녀 집안에서 정려를 내리면서 부여하였던 탈역의 특권은 그 집안의 후손들에게까지 대대로 세습되었다는 것이 그 반증이다.

그리고 효자집안이나 열녀집안으로 인정받는 과정이 타천(他薦)에 의거하였다는 것은 무엇보다 유의해야 할 점이다. 즉 어떤 집안이 효자집안이나 열녀집안으로 정려를 받기 위해서는, 우선 그 출신 고을이 아닌 다른 고을 선비들의 집단적인 연명에 의한 천거로 시작하여야만 했다. 그 뒤는 매우 정형화된 절차를 밟아나갔다. 동(洞), 면(面), 향(鄕), 도내(道內)로 확산되며 공의(公議)를 형성하였다. 한편 그 청원의 대상도 향교, 수령, 암행어사, 관찰사, 예조로 상승해 나가는 것은 매우 일반화되고 정형화된 행정상의 관행이었다.

이러한 청원 과정이 100년 이상의 오랜 세월이 걸리기도 하였고, 또 심지어는 정려를 받지 못하고 일제강점기로 넘어가기도 하였다.76) 그런데 이와 같이 장기에 걸친 청원 기간 동안 이 집안은 향촌 사회에서 대개 '효자집안'으로 인정받을 수 있었으며, 수령권의 범주 안에서 포상이나 특권의 부여가 이루어졌다. 그리고 효자집안으로 정려를 받기까지 이 집안에서는 자기 집안의 위상을 더욱 공고화하기 위하여 효자와 열녀를 거듭 배출하여야만 하는 사회적 압박을 받았다. 이때 그러한 특권을 보장하는 문서가 완문이다.

그런데 이와 같은 청원과정을 돌이켜볼 때, 효자집안으로 인정받기

---

76) 박주, 〈18, 19세기 동래부 영양천씨 집안의 효자정려 청원 과정〉, 《사학연구》 85, 2007 참조.

위해서는 계급적 연대가 필수적이었음을 알 수 있다. 무엇보다 이 제도가 타천(他薦)에 의거하였기 때문이다. 그리고 직접적으로는 대규모의 인적 물적 자원이 필요하였기 때문에 상당한 정도의 자산이 필요하였다. 효자집안이 된다는 것은 결국 그 집안의 자원동원력이 같은 신분적 처지에 있는 다른 집안보다 뛰어났음을 의미한다. 적어도 도(道) 단위에서 같은 신분 안의 다른 집안과 상호 부조적 성격을 띤 것이었음을 알 수 있다.

그리고 효자열녀완문을 통해 묘직 등 그 수하인의 역을 탈급(頉給)시키려는 경우도 없었던 것은 아니다. 그러나 이것은 매우 드문 사례였고, 대개는 그 집안사람들의 탈역이 주된 사안이 되었다. 이는 위에서 말하였듯이, 그 추구하는 권리의 내용이 사족이 기본적으로 누려야 할 신분적 권리를 목표로 하고 있었다. 그런 점에서 사족 신분과 그 아래쪽의 경계에 선 계급이 주로 추구하던 것임을 알 수 있다.

훈예완문(勳裔完文)이나 선파완문(璿派完文)은 효자열녀완문보다 더 하위의 계급이 주로 취득하던 문서다. 선파완문은 18세기에 왕실이 왕실 자신의 권위 회복을 위하여 왕실의 후손에게 특혜를 확대하면서 발생한 것이다. 그와 더불어 훈예완문도 공신의 후예들에게도 지위를 상승시키는 것을 모색하는 과정에서 발생한 완문이다. 따라서 이들 두 완문은 우선 조가로부터의 제도적 규정이 주도적인 역할을 수행하였다는 점에서 위의 완문들과는 차이가 있다.

사실상 훈예에 대한 탈역 규정에는 이를 제대로 집행하지 않을 경우에 해당 수령과 관속을 엄히 처벌한다는 규정이 실려 있다. 이는 여타 완문에서 좀처럼 볼 수 없는 조가의 강력한 의지를 표명한 것이다. 그런데 그 같은 조가의 의지가 얼마만큼 현실적으로 향촌 사회에 관철될 수 있었는지는 일단 의문이다. 예컨대 공신 후예의 권리를 규정한 충훈부등급이나 충훈부완문이 발급되었음에도, 여전히 향촌의 수령이 이러한 같은 사안에 대해 완문을 발급하였다는 것이 반증이다.

어쨌든 공신 후예 집안으로 인정받는 과정이 직접적으로 충훈부의 인정에 의거하였다는 것은, 다른 집안과는 상관없이 사회적 실력만으로 그로부터 얻어지는 특권에 접근할 수 있는 가능성을 보여준다. 심지어 공신의 후예임을 충훈부 관리로부터 인정받기만 한다면 얼마든지 가능한 일이었다. 때문에 관리의 매수를 통한 모록(冒錄)이나 세계(世系)의 조작도 얼마든지 가능하였다. 그러한 부정에 대한 논란이 즈정에서도 주목하는 당시의 주요한 사안이었고, 사실상 그러한 실례드 최근 연구로 밝혀진 바 있다.[77]

이와 같이 효자열녀완문이나 훈예완문, 선파완문은 조가에서 전국을 대상으로 행한 정책의 집행 과정에서 발생하였던 완문이다. 이 완문의 발급자가 각 고을 수령이라고 하더라도 조가의 정책적 의지가 반영된 것에 불과하다. 그런데 이와는 달리 관가의 수령에 의한 단독적인 처분권에 의거한 완문이 있다.

그 한 예로 향교완문을 들 수 있다. 여기서 향교가 서원과는 달리 국가의 공적 기구라는 점을 상기할 필요가 있다. 그리고 향교의 관리와 향교에서 행하는 제사에서 초헌관 자격이 수령에게 주어졌다는 것은 향교완문의 성격을 이해하는 데 매우 중요하다. 그 고을의 수령은 향교의 재산 관리와 향교의 건물 보수, 춘추로 행하는 제례의 제수 및 운영비의 마련 등을 위하여 깊은 주의를 기울였다. 이에 따라 향교완문은 여러 목적을 위해 발급되었고 성격도 다양하였다.

조가에서 향교의 유지를 위하여 허용하는 특혜는 다양하였지만, 그 가운데 하나는 동재생(東齋生)뿐 아니라 서재생(西齋生)과 액외교생(額外校生), 교촌(校村)에게 탈역할 수 있는 권리를 수령에게 허용한 것을

---

77) 김현영, 〈조선후기에 있어서 '전통의 창출'―탐진최씨 천곡파의 《송계유고》 '충훈부등급'의 분석을 중심으로〉, 《조선시대 사회의 모습》, 집문당, 2003 참조.

꼽을 수 있다. 잘 알려져 있듯이, 이와 같이 교생을 탈역시킨다는 규례
는 사실상 향교에서 공부하는 학생들을 보호하기 위한 학문 진흥책의
일환으로 시행되었다. 그런데 향교를 유지하는 경상비의 보충을 위하
여 서재생, 액외교생, 교촌까지도 탈역의 대상이 됨으로써, 중서인층(中
庶人層)에게 탈역을 피하는 수단으로 이용되었다.

한편 중서인 신분에서 탈역을 꾀할 수단으로 이용되는 것은 계방을
맺는 방식이다. 계방완문(稧房完文)은 관가에 예속된 말단 관청이었던
향청(鄕廳), 이청(吏廳), 장청(將廳), 군관청(軍官廳) 등이 자신의 재정확
보를 위하여 마을이나 개별 호를 계방(稧房)으로 삼아 일정 재물을 수
취하고, 그 대가로 각종 잡역 및 환자 등을 면제하는 것을 내용으로 발
급한 완문을 말한다. 따라서 계방완문도 공공기관의 재정 마련을 위한
것으로 이해할 수 있지만, 그것이 지방 재정 마련을 위한 고육책이었
다는 점에서 향교와 다른 경우임을 알 수 있다.

결국 각 관청이 호나 마을을 계방으로 삼아 탈역시키고 있고, 계방
이 호인 경우에는 호계(戶稧)라고 하고, 리(里)인 경우에는 이계(里稧)라
고 하였다. 이계의 탈역 대상은 상민이었다.

한편 호가 계방의 대상일 경우, 주호 밑에 수백가가 있는 경우도 있
었다. 우선 주호 자신은 탈역이 가능한 사회적 지위였으므로, 이들이
계방이 되는 주 목적은 자기 수하에 있는 협호들의 탈역이었다. 따라
서 이들의 경우, 탈역의 대상 또한 사족이 역의 부담자인 일반 양인을
탈역시킴으로써 그로부터 얻는 현실적인 이익을 취득하였다는 점에서
사족층의 특권 보호로 이해할 수 있다.

원납완문(願納完文)이 발생하였던 배경도 대개는 계방완문과 유사하
다. 결국 지방 관아에서 필요로 하는 경상비의 마련이 직접적인 목적
이었다. 따라서 원납완문은 계방완문이나 위의 향교완문과 구별되지
않는 경우도 있다. 그러나 위의 개념만으로는 원납이 갖는 사회적 의

미를 제대로 표현하기 어렵기 때문에 중복되는 부분이 있음에도 필자
의 이러한 구분법은 불가피하였다.

이와 같이 서재생·액외원생의 탈역이나 호계(戶契)·원납(願納)에
의한 탈역 등이 불가피하였던 원인은, 곧 지방 정부의 재정을 각 기관
에서 자체 조달해야 한다는 제도에서 발생하였다. 더욱이 조선후기 이
후 각 관가의 행정조직이 정비되면서 조직 유지를 위한 경상비는 늘어
갔다. 이러한 압박은 원납완문을 발생시키는 주요한 조건이 되었을 것
이다.

한편, 궁방완문(宮房完文)과 사찰완문(寺刹完文)의 경우는 향교완문이
나 계방완문이 일종 관가의 재정 마련책이었던 것과는 달리, 중앙의

표 8-15. 완문과 수급자 신분의 관계

종류	수급자	수취명분	사회적 자원의 성격	사회적 위계
묘직탈역완문 (다수)	이정회 집안, 송시열 집안, 장동김씨 등	존현과 효	종손, 선현의 선영, 수령과 친분	상급사족층
선산수호완문	조만원 집안	효	재력, 수령과 친분, 근처의 농장	중급사족층
서원완문	최진립 집안, 독락당	존현	재력, 관청과 친분	중급사족층
계방완문 (제역촌)	윤선도 집안	존현	해남의 세족(世族), 향리층과 친분, 재력	중급사족층
효자열녀완문	김채상 집안	효열	사족의 지원	하급사족층
훈예완문	차도항 집안	충열	자금, 무관, 훈예	상급평민층
원납완문	구례의 절골 김씨, 흥양의 수원백씨	공기관의 재정	재력	상급평민층
원생완문 교생완문		공기관의 재정	재력	중급평민층
정충(貞忠)완문	순천 박기회(朴起和) 집안	전망(戰亡) 관속의 후예	선조의 전사	중급평민층 (庶人在官層)
계방완문 (里楔)	경상도 거제 구조라리, 충청도 홍성면 성호리	공의(公議)	재력	상급평민층

왕실재정과 관련된다는 점에 특색이 있다. 궁방은 왕실기관의 일부인 점에서 틀림없이 왕실재정의 범주에서 이해할 수 있지만, 사찰의 경우는 의아하게 여길 수도 있다. 그런데 이때 탈역을 받는 사찰의 경우는 대부분 왕실의 원당(願堂) 자격으로 탈역을 받고 있으므로, 이것이 사찰완문의 기능을 왕실재정의 확보 차원이라고 이해한 이유다.

필자는 궁방의 유지를 목적으로 재원을 마련하려는 경향을 궁방완문이나 사찰완문을 통해 이해할 수 있다는 점을 지적하고 싶다.

수취자의 입장에서 볼 때 궁방완문의 경우, 대개 사족 이하의 신분에서 수취한 것으로 이해된다. 그리고 사찰완문도 수혜의 대상이 되는 승려인 경우, 조선에서는 일종 천인으로 취급되었다. 따라서 이 두 종의 완문 역시 사족 이하 양인 계급이 탈역을 보장받기 위하여 수취한 문서였다고 할 수 있다.

이러한 완문들을 통해서 사족 이하의 계층에게 부여하는 특권은 근본적으로 중앙의 왕실이나 지방 관가의 재정 압박에서 비롯된 의도되지 않은 불가피한 것임을 알 수 있다. 이러한 사실이 18세기 이후 국왕을 중심으로 한 정치·사회체제인 왕조체제의 온전한 복원을 위하여 왕실의 권위 회복을 위한 의례 비용이 급격히 증가하였고, 관료제의 발달로 인해 지방 행정조직이 점차 체계화됨에 따라 그에 대한 경상비 증가가 왕조체제를 유지하는 새로운 구조적인 부담으로 다가왔다는 거시적인 조망과 결코 무관하지 않을 것이다. 그러나 이것에 대한 구체적인 분석은 여기에서 본격적으로 다루기에는 너무 큰 주제이므로 이후의 또 다른 연구과제로 남겨두었다.

맺는말

완문은 16세기부터 지방 사회에서 지방관이 각종 특권을 보장하기 위하여 발급하기 시작하였다. 그 뒤 이 문서의 성격은 조선의 총체적인 사회 변화와 비교적 자율적 세계로 존재하였던 지방 사회의 특수한 사회적 맥락에 따라 다양하게 변화하여 갔다. 조선의 멸망 직전까지만 하더라도 어느 신분이나 할 것 없이 이 문서를 수취하기 위하여 몹시 분주하였다. 당시로서는 매우 익숙한 풍경이었다. 이를 통해 이 문서가 조선 사람들에게 매우 각별한 의미를 지녔으리라는 것을 짐작하고 남음이 있다.

완문이 지방의 관가에서 활발하게 생산된 문서였으며, 그 내용이 특권과 관련되었고, 근대 이후에는 더 이상 생산되지 않았다고 한다면, 이 문서에는 조선시대 사람들이 가지고 있었던 권리를 향한 욕구와 성취를 알 수 있는 고유한 흔적이 남아 있을 것이다. 따라서 이 문서가 무엇보다도 지방 사회에서 특권과 욕망을 둘러싼 사회적 리얼리티를 해명할 수 있는 중요한 단서가 될 것이라는 기대는 이 연구의 출발점이었다.

그리고 완문에 관한 문서학적 탐색으로부터 그 사회적 기능을 밝히고, 나아가 그것을 통해 왕조체제의 구조와 시스템의 분석까지를 연관성 있게 해명하려는 것은 이 글의 주요한 목적이었다.

완문은 문서학적으로 증빙문서에 속한다. 그 중에서도 완문은 증명문서(證明文書)이자 규정문서(規定文書)이며 처분문서(處分文書)이기도 하다. 그러나 이 같은 완문에 관한 정의는 형식에 의거한 분류의 결과에 지나지 않는다. 무엇보다 이 책에서 주목한 것은 특권문서로서의 완문이었다.

특권에 대해 주목한 결과, 완문에 실린 사회적 현상뿐 아니라, 개별 완문 그 자체는 사회 현상으로 간주되어야만 하였다. 한 건의 문서 내용은 그 문서가 생성되기까지 반영된 인간 행위와 미메시스의 관계를 형성한다. 다시 말하여, 문서는 그것을 통해 자신의 욕구를 실현하려는 인간 행위의 결과로서 나타나며, 현실세계에서 그 같은 인간 행위의 의지는 문서로서 구체화된다. 문서는 현실세계의 제도적 조건 속에서 자신을 실현해 나가는 구상물로서 존재하게 되는 것이다. 따라서 그 내용을 통하여 문서가 생산되기까지에 반영된 총체적인 인간 행위를 이해할 수 있을 것이다.

그런 점에서 문서는 책과 다른 특성이 있다. 책이 의미가 집합되어 있는 해석의 대상으로 접근될 수 있다면, 문서는 그것이 발생하는 특수한 사회 환경과 연관하여 해석되기를 요구한다. 문서가 발생하는 구체적인 사회적 맥락에는 발급자와 수취자 각자의 현실적 요청에 따른 심리적 역학이 담겨 있기 때문이다. 따라서 필자는 완문에 반영된 인간 행위를 개별 완문이 발생한 사회적 맥락을 통해 접근하는 방식을 취하고자 하였다.

완문의 발급에는 조선사회의 특수한 구조에 따라 다양한 특성이 나타났다. 이 책에서는 그 가운데서도 완문의 발급행정에서만 볼 수 있는 중첩발급과 복수발급이라는 관행에 주목하였다.

중첩발급은 같은 사안에 대하여 거듭 유사한 내용의 완문을 발급하는 것을 말한다. 완문의 문서 효력은 이 문서의 말미에 대개 영원한 효력을 보장한다는 내용의 관용구에 명시되어 있다. 그러나 현실적으로 이 문서가 수령의 단독적인 처분권에 의거하여 발급되었던 만큼, 대개 그 효력은 수령이 재임하는 기간까지만 온전히 보장되었다. 그래서 이후 탈역의 실효성이 사라질 때마다 또 다른 수령에게 새로운 완문을 요구하여야만 했다. 그 결과 완문에는 다른 문서의 발급행정에는 전혀 볼 수 없는 이 같은 중첩발급이라는 특성이 나타났다.

이와 같은 중첩발급의 한 가지 예로 봉화의 권벌 집안에 남겨진 완문들을 거론하였다. 이 집안은 권벌 묘의 묘직을 탈역하는 일을 보장하는 사안으로 150년 동안 35건 이상의 완문을 수취하였다. 분석 결과 이 완문들은 각기 다른 수령에 의해 발급된 것으로서, 새로운 수령이 부임한 바로 뒤 발급되는 것이 관례였음을 확인할 수 있었다.

완문의 발급관행에서 두드러진 또 다른 특성은 복수발급이다. 여기서 복수발급이라고 하는 것은 발급자가 동일 사안에 대하여 각기 다른 행정주체에게 동시에 발급되는 것을 가리킨다. 탈역(頉役)을 내용으로 하는 완문의 경우 2건에서 5건이 동시에 발급되는 경우가 많았다. 이와 같이 완문이 복수로 발급된 까닭은 탈역의 효력을 더욱 공고히 하고자 하는 데 있었다. 이는 탈역이 당시에도 매우 예외적이고 불안정한 특권으로서 인식되었음을 알려준다.

완문의 발급행정에서 드러난 이러한 특수한 관행을 통해 조선시대 지방의 탈역 특권이 결코 안정된 것이 아니었음을 알 수 있었다. 이 같은 불안정성은 지방 사회에 부과된 중앙 정부의 압력을 반영하는 것이기도 하다. 역의 공평한 부과는 당시에 사회 윤리의 중심에 서 있었고, 이는 탈역이 매우 예외적으로 다루어졌던 특권으로서 위치하였다는 것을 보여준다.

한편, 조선의 신분제를 특권과의 연관 아래에서 이해하고자 하는 것은 이 책의 또 다른 의도였다. 신분제를 특권과 관련지어 이해할 수 있는 것은 조선의 정체(政體)가 기본적으로 왕조체제였다는 점에서 비롯된다.

왕조체제란 권력이 국왕에게 귀속되어 모든 행정명령이 이념적으로 국왕의 명령에 의해 수행되는 사회를 말한다. 그리고 이 정체의 본질은 왕가가 수많은 사가(私家)를 지배하는 구조로 이루어진 제민(齊民) 지배체제라는 점에 있다. 국왕은 개국 초기 집권 과정에서 무력을 동원하였지만, 그 뒤 체제 안정을 위해서는 필연적으로 덕치(德治)에 의거하여야만 했다. 일본의 저명한 중국사가인 니시지마 사다오(西嶋定生)는 덕치를 국왕이 은혜와 보은이라는 사적인 관계를 매개로 한 정치사회체제라고 파악하였다. 이 덕치는 현실적으로 작제적 질서를 형성함으로써 예치(禮治)를 통해 실현된다. 여기서 예치는 법치(法治)와 구별되는 개념이다. 법치에서 국왕은 엄격한 아버지상을 갖는다면, 예치에서의 국왕은 자애로운 아버지상으로 나타난다. 여기서 작제는 곧 자애로운 아버지가 백성과 맺는 인간적인 관계다. 국왕은 이 작제적 질서를 통해 수많은 사가(私家)들에게 특권을 차등적으로 부여함으로써 의례적 관계를 형성하였다.

이러한 왕조체제의 한 특성인 작제 시스템에서 특권은 신분제를 형성하는 직접적인 계기가 되었다. 국왕이 부여한 특권은 사회적으로 그 수혜자에게 국왕의 교화를 받은 신민이라는 우월한 지위를 허용하는 지배 상징으로서 기능하였다. 따라서 이 특권은 이 같은 정치적인 의미에만 그치지 않고, 현실세계에서는 지배신분이 갖는 상징으로서 작용하여, 그로부터 더불어 파생되는 권리들을 취득할 수 있는 근거가 되었다.

조선 초기에 특권은 국왕의 친위세력인 좁은 영역을 대상으로 하였다. 이 좁은 영역은 팔의(八議)에 속하는 왕족(王族)·외척(外戚)·공신(功臣)·상급 관직자 집안 등을 가리킨다. 이들에게 부여된 특권은 대개 형사상의 특권이었다. 이는 사대부 이상만을 예치의 대상으로 한다는 고대로부터 형성되어 온 사회적 이념의 영향 때문이었다.

한편, 당시 지방 사회에서는 여러 유세가들이 토착적인 힘을 이용하여 자체적인 세력을 형성해 가고 있었지만, 국왕의 작제적 질서 안으로는 포섭되지 않았다. 필자는 당시 지방 사회의 이러한 정황을 16세기의 일기인 《묵재일기》에 드러난 완문을 둘러싼 행정관행으로 파악한 바 있다. 당시에 지방에서 수령은 향촌을 지배하는 데 유세가들에 대한 우대책의 일종으로 완문을 발급하였다. 따라서 완문은 관문서임에도 예외적으로 그 문서식이 공식 법전에 실려 있지 않다는 특성을 갖게 되었다.

김성우가 상세히 밝혔듯이, 16세기로부터 시작한 조가의 거듭된 논의를 통해 임진왜란이 끝난 17세기 이후에 특권의 대상은 제도적으로 지방의 향촌에 세거하였던 유력 집안인 사족으로 확대되었다. 이것은 중국 고대국가에 지방의 호족을 작제 시스템 안으로 끌어들이려 하였던 이십등작제(二十等爵制)가 시행된 배경과 거의 유사한 풍경을 보여준다.

그런데 당시 지방 사족을 대상으로 부여된 특권에는 그 이전 팔의에게 부여되었던 형사상의 특권 이외에 다른 성격의 특권이 끼어 있었다. 그것은 국역을 면제하여 준다는 탈역을 내용으로 하는 특권이었다. 이것은 당시 지방의 유세가들 가운데 상당수가 국역체계에 노출되어 있었기 때문이었다. 물론 이들 가운데 중앙의 고위관료로 진출한 집안은 특권집단의 범주에 들겠지만, 그렇지 못할 경우 법적으로는 역의 부과 대상일 수밖에 없었다.

이와 같이 현실적으로 지방 사족의 신분을 규정하고 있는 특권은 사실상 탈역 특권에 있었다. 형사상의 특권은 현실세계에서 뚜렷이 겉으로 드러나지 않지만 역의 부과 여부는 상민과의 신분적 차별을 드러내는 일률적으로 규정된 범주에서 드러나기 때문이다. 그런데 이러한 조가의 정책이 근본적으로 의미하는 바는 국역체제로부터 벗어났다고 해석하는 것만으로는 충분하지 않다. 이는 조가가 지방의 유세가들을 작제적 질서의 범주 안으로 끌어들여 조가체제의 지배신분층으로 편제하기 위한 조처였음을 의미한다.

이와 같이 지방의 유세가들을 대상으로 새롭게 수립된 작제 시스템은 지방 사회에서 사족이라는 신분층을 형성하는 직접적인 계기가 되었다. 그리고 그들에게 부여된 특권들은 그 자체가 지배 상징으로서의 의미를 띠었다.

이러한 정책의 결과, 지방 사회에서는 사족지배체제라고 불릴 만큼 사족 중심의 신분제 사회가 공고화되었다. 완문은 당시 유교문화의 대표적인 이념인 존현이나 효 등을 매개로 하여 제도적으로 안정된 바탕 위에서 발급되었다. 이때 완문은 사족이 이러한 문화를 매개로 조가로부터 규정된 특권 이외에 더 많은 특권을 확대 심화하는 도구로 이용되었다. 이러한 사족의 성장으로 이후 이들은 당파에 의하여 쪼개진 완전한 것은 아니었지만 전국적 단위의 계층적 연대를 형성해 나갔다.

사족의 성장은 왕조체제의 입장에서는 지방의 안정된 사회체제를 딛고 중앙의 조가와 지방의 관가 및 사족지배체제가 균형적인 세력 관계를 형성해 가고 있었음을 뜻한다. 그러나 사회적 안정은 곧 정치적 불안으로 이어지는 법이다. 즉 조가에서 집권 양반의 세력이 증대됨에 따라 국왕의 헤게모니는 약화되게 마련이다. 인조반정 이후 국왕은 사족을 정치적 발판으로 삼았기 때문에 그들이 유교적 이념에 입각하여 비교적 정밀하게 짜놓은 정치사회적 프레임은 왕권을 압박해 나가기 시작하였다.

18세기를 전후한 시기부터 국왕은 중앙의 양반 권력이 지방 사족을 배후로 하여 계속 증대되는 것을 경계의 눈으로 보았다. 다시 말하여 국왕은 양반권력과 경쟁관계에 놓이게 되었다. 그 결과 국왕은 왕권을 새로운 위상으로 설정하여 새로운 정치 프레임을 제시할 필요를 느꼈다. 그 지향점은 민국체제(民國體制)라는 말로 표현될 수 있을 정도로 백성의 욕망을 적극적으로 수용하는 이상적인 대동사회(大同社會)를 지향하는 형태의 새로운 왕조체제를 수립하는 쪽으로 나아갔다. 이러한 정책적 전환은 작제의 범위를 하층민까지 포섭시키고자 하였다는 것을 의미한다.

이러한 정책의 결과 국왕은 특권의 대상 범주를 지방으로 이주하여 하층민이 된 팔의집단(八議集團)의 먼 후손에게까지 확대시키는 한편, 그 대상을 상민들에게까지 넓혀 나갔다. 이러한 정책을 실시한 데에는 현실적으로 왕실재정의 궁핍도 한 가지 원인일 수 있다. 그러나 결과적으로 많은 상민 부유층들이 납속을 통하여 특권의 대상 범위 안으로 밀려들어갔다는 것은 작제의 성격이 당시에 또 한 차례 질적으로 변화하였음을 보여준다. 이것이 훈예완문, 선파완문 등 상민까지를 포섭하는 완문들이 새롭게 등장하게 된 배경이다.

그런데 국왕의 이러한 정책은 양반의 특권에 대한 정면적인 대응이라기보다는, 자신의 권위를 그들보다 상대적으로 높임으로써 자신의 곤궁을 해결하려 한 임시변통에 가까운 조처였다. 왕조체제의 입장에서 이 시기는 이미 쇠락의 길로 접어들었음을 의미한다. 이미 양반의 특권을 제한하기 힘든 시점에서 하층민에게까지 특권이 남발됨에 따라, 특권이 갖는 고유한 지배 상징으로서의 기능이 탈색됨으로써 국왕이 이용할 수 있는 사회적 자원이 부족해졌기 때문이다.

19세기 초가 되면 당시 중앙 정치는 세도 정치기로 접어들면서 상대적으로 중앙 양반의 권력은 더욱 비대해졌고, 국왕은 특권의 남발로 인하여 재정적인 부담을 지게 되었다. 위에서 언급하였듯이, 그 주원인으로는 지방 사족의 특권이 심화 확장됨에 따라 특권의 실질적인 내용이기도 한 사족 신분층에게 보호를 받는 역 부담자가 증가하였던 것도 결코 간과할 수 없는 측면이다. 이것을 특권의 관점에서 볼 때 중앙의 세수(稅收)는 계속 줄어들어 국왕에게까지 재정적 압박을 초래하였고, 그 결과 다시 하층민에게 특권을 남발하도록 하는 체제적인 악순환이 거듭되도록 하였다. 이는 필연적으로 특권의 인플레이션을 초래하게 하였다.

특권은 인플레이션이 일어나서 특권의 실질 가치를 떨어뜨림으로써 특권이 액면가 이하로 거래되거나, 더 이상 의미가 없는 지경에 이르게 될 때까지만 의미를 갖는다. 이는 최종적으로 국왕이 동원할 수 있는 유일한 사회적 자원인 특권이 더 이상 교환가치를 갖지 않을 때까지 진행된다는 의미다. 19세기의 완문에서 살펴보았듯이, 이 시기가 되면 완문에 의해 부여된 특권은 더 이상 어떤 특정한 집단을 대상으로 하는 것이 아니라, 일정한 조건만 갖추면 어느 집안이라도 취득할 수 있는 자격과 같은 것으로 변모하였다. 이것은 특권에서 지배 상징의 의미를 더 이상 찾아볼 수 없게 되었음을 의미한다.

이와 같이 통시적으로 완문에서 이해할 수 있는 특권의 성격을 통해 왕권이 지방 사회로 확대되고 점차 일반 상민까지를 포괄하는 진정한 의미의 왕조체제를 지향해가는 과정을 읽을 수 있었다. 한편 공시적으로는 특히 19세기 당시 폭넓은 스펙트럼으로 존재하였던 당시 신분 사회의 역동성을 동시에 보여주었다. 국왕에게 이와 같은 특권은 권력 집중화의 도구이었으므로 왕조체제를 수립할 수 있는 제도적 기반이었다. 지방 사족에게 완문으로 부여받은 특권은 자신의 권력을 심화시키는 도구였으며 신분의 지표였다. 하층민에게 특권은 자신의 신분을 격상시킬 수 있는 기회였다.

이와 같이 조선 왕조체제가 유지되기 위해서는 특권이 지방의 유세가에게, 그리고 다시 지방의 하층민에게 확대되는 일은 불가피하였다. 그러나 지배 상징으로서의 특권이 안정적으로 기능하기 위해서는 남발을 막았어야 했다. 그런데 역사의 패러독스는 지나친 남발이 불가피한 환경을 조성하였다. 조선 말기에 국왕이 사회적 조절 능력을 잃어버렸던 것은 자신이 부여할 수 있는 상징재(象徵財)를 지나치게 소비하였던 것도 주요한 원인이었다.

특권의 남발은 지배 상징의 인플레이션을 초래하였고, 이는 곧 특권이 원래의 자기 가치 이하로 거래되는 인플레이션을 가져왔다. 여기서 특권의 인플레이션은 이중적인 의미가 있었다. 즉 상층 신분에 이어 하층 신분에 남발된 특권은 특권이 갖는 의미를 무화(無化)시킴으로써 성원권의 대상 범주가 확대된 결과를 초래하였다. 다른 한편, 특권의 가치가 하락함으로써 기존의 왕실재정이 크게 의지하고 있었던 재원이 사실상 위태로워지는 결과를 가져왔다.

조선 말 대원군의 정책은 지배 특권 신분이 가지고 있던 지나친 특권을 정면으로 제한하는 정책을 폈다. 특히 1863년 묘촌의 철폐, 1868년부터 1871년 사이에 시행된 서원 철폐에다 1873년 제역촌 철폐로 이어지는 조령의 귀착점은 지방 사족들의 특권을 제한하고자 그들에게 던진 승부수였다. 이 과정에서 사족들이 가지고 있던 특권이 갖는 지배 상징으로서의 의미가 크게 손상되었으며, 이것은 곧 지방 사족의 신분적 위상이 크게 떨어졌음을 의미한다. 그리고 이러한 사건은 특권과 신분이 갖는 관련성을 들여다보는 계기를 제공한다. 따라서 당시 그들이 수취한 완문에는 그들이 지배신분으로 존립하고자 애썼던 안간힘의 흔적만이 남게 되었다.

충분히 예상할 수 있듯이 사족들의 반발은 만만치 않았고, 명성왕후의 집권으로 이러한 일련의 정책은 주춤거렸다. 그러나 갑오경장으로 사족의 특권은 공식적으로 폐지되었고, 그 이후 왕조체제도 함께 몰락하였다. 그런데 이것은 결코 조선에서만 일어났던 일이 아니다. 거의 모든 왕조국가에서 유사하게 겪었던 일이다.

지난 세기에 신분제의 공식적인 폐지를 선언하고 우리 시대를 신분제의 피안으로 설명하는 역사주의적 논법은 지나치게 낙관적이라는 인상을 준다. 사실상 특권이나 신분이 어느 시대에나 존재할 수 있는 개연성이 충분하다.

그리고 역사적으로 평등을 이념으로 내세운 것은 근대 국가만이 아니었다. 물론 동일한 이념적 기반을 가지고 있지 않았다 하더라도, 이는 어느 국가에서나 공통된 것이다. 신라나 고려에서도 불교로부터 평등의 이념을 끌어내었고, 조선도 유교를 통해 평등의 이념을 내세웠다. 이와 같이 어느 국가나 평등의 이념에 입각하여 백성들을 통합하려 하였던 것은 마찬가지다. 그런데 현실 세계에서는 차별에 근거한 특권이 여전히 존재하였다. 그리고 특권의 부여는 언제나 이념적으로 불가피하다는 명분을 동반한다. 즉 어쩔 수 없는 필연적인 추세라고 특권 부여의 당위성을 설명한다. 평등을 이념으로 한 사회에서 특권 부여에 이 같은 문화적 외양은 반드시 필요하다.

그런데 여기서 특권의 패러독스가 발생한다. 불가피한 사회적 여건으로 부여된 특권은 사회적 조건의 적정성으로부터 나온 필요악인 경우가 많다. 그러나 특권은 사회적 변화로 인해 발생한 새로운 적정성이 요구되는 시점에도 결코 사라지려 하지 않는다. 특권의 존재는 수혜자를 특정한 신분으로 유혹하게 마련이다. 특권을 받은 사람은 기존에 받은 특권을 이용하여 더 많은 특권을 차지하려 하고, 더욱이 그러한 구조적 차별을 영속화하여 신분화하려는 욕망을 갖게 되기 때문이다.

그리고 특권은 사회적 합의와 적정성을 유도하는 문화를 외투로 걸치고 있다. 그 문화적 명분에 동의하는 사람의 눈에 특권 부여는 당위적인 성격을 띤다. 그런데 특권은 그것을 감추고 있던 문화적 외투가 벗겨지면 그것이 본래 가지고 있던 지배 상징으로서의 가치를 상실하게 된다.

신분제 사회에서 특권의 사회적 의미를 살펴보고자 하였던 의도는 특권이 거래되었던 그 시대 나름의 합리적 적정성을 찾고자 하는 데 있었다. 그런데 이와 같이 당대의 특권에 대한 적정성이 어떻게, 어떤 방식으로 성립되었는지를 이해하고자 하였던 것은 그 시대를 위해 변명을 덧칠하고자 한 일은 결코 아니었다.

오히려 필자의 의도는 그것과 정반대다. 특권이라는 차별적 요소가 그 사회에서 어떻게 수용되었는가를 조망하는 일은, 오히려 특권에 씌워진 문화적 외투를 벗기는 일과 다름없다고 생각한다. 여기서 필자의 바람은, 특권의 원리를 이해함으로써 패러독스로 가득 찬 우리 사회가 새로운 적정성에 이를 수 있는 좁은 길을 비추고자 하는 것뿐이다.

오늘날 우리 사회에서는 사회 이념상 특권의 존재는 인정되지 않는다. 따라서 특권을 부여하였던 국왕도 특권을 부여받은 사족과 같은 신분적 위계 같은 것도 용인되지 않는다. 그런 점에서 신분으로부터 자유롭다. 그러나 그 '~로부터의 자유(freedom)'는 동시에 위험을 내포한다. 이 같은 자유는 자칫 정치적 권리인 또 다른 적극적인 자유(liberty)로부터도 자유롭게 될 우려가 있기 때문이다.

우리 사회의 이념적 축의 하나가 된 '~로부터의' 자유가 다른 사람이 응당 누려야 할 사회적 성원권을 박탈하거나, 처음부터 성원권을 주지 않는 실업과 불안전 고용이 만연한 체제로 이행한다면 그것은 신분제 사회에서 우리가 어둡게 느꼈던 폐쇄성이 강한 사회로 가는 것과 크게 다르지 않을 것이다.

그나마 조선사회에서는 폐쇄적 사회로 내몰고자 하였던 당시 사회적 강자였던 양반을 견제할 수 있는 시스템이 엄존하였다. 국왕의 모호한 존재는 분명히 왕조체제의 패러독스다. 그로부터 신분제 사회로 가는 길이 열렸던 한편, 그로 인하여 신분제 사회가 갖는 폐쇄성을 완화시키고자 하는 노력이 병행되었다는 점에서 그렇다. 왕조체제의 한 축에는 덕치를 통해 사회적 통합을 시도하려는, 자애로운 시선을 가진 아버지와 같은 존재가 있었다.

그렇다고 오늘날의 사회를 자애로운 국왕을 바라보고 있는 왕조체제로 되돌릴 수는 없을 것이다. 위에서 살펴보았듯이 특정한 개인을 권력의 중심으로 상정한 왕조체제는 그 자체로 많은 결점을 가진 사회체제라는 사실이 역사적으로 증명되었으며, 식민지를 거치는 동안 완전히 권위를 상실한 국왕의 존재는 더 이상 우리에게 어떤 의미도 갖기 어렵기 때문이다.

그러나 우리는 이러한 지난 역사를 돌아보면서 덕치로 표상되는 자애로운 아버지로서 국왕이 담당했던 역할에 대해서 주의를 기울이지 않을 수 없다. 현대 국가에서 이러한 국왕의 자애로운 시각에 버금갈 만한 정책적 함의를 갖지 않는 것은 아니지만, 아직 우리 사회에서 그것이 명확한 담론의 중심에 서있다고 생각할 수 없다. 조선이 추구하였던 도덕국가의 이상이 인간과 인간이 사용하는 도구의 자리를 명백히 구분하여 이 둘 사이의 관계를 뒤바꾸지 않으려 하였다면, 이 점은 우리가 계승해야 할 가치이기도 하다. 그런 점에서 소외된 많은 사람들을 공동체의 범주로 적극적으로 끌어들여 성원권을 부여하고 따뜻하게 껴안고자 하는 더욱 관용적인 사회로 나아가고자 하는 대동사회의 이상은 결코 포기될 수 없다.

참고문헌

1. 자 료

1) 문서

《光山金氏烏川古文書》, 한국정신문화연구원, 1982

《扶安金氏愚磻古文書》, 한국정신문화연구원, 1983

《古文書集成 3―海南尹氏篇 影印本》, 한국정신문화연구원, 1986

《古文書集成 6―義城金氏篇Ⅱ(川上各派)》, 한국정신문화연구원, 1990

《古文書集成 8―廣州安氏.慶州金氏篇》, 한국정신문화연구원, 1990

《古文書集成 9―昌原黃氏篇》, 한국정신문화연구원, 1990

《古文書集成 10―藏書閣篇1》, 한국정신문화연구원, 1990

《古文書集成 16―河回豊山柳氏篇(Ⅱ)》, 한국정신문화연구원, 1994

《古文書集成 20―屛山書院篇》, 한국정신문화연구원, 1994

《古文書集成 22―靈巖南平文氏篇》, 한국정신문화연구원, 1994

《古文書集成 23―居昌草溪鄭氏篇》, 한국정신문화연구원, 1995

《古文書集成 24―灆溪書院篇》, 한국정신문화연구원, 1995

《古文書集成 25―德川書院篇》, 한국정신문화연구원, 1995

《古文書集成 26―居昌鄕校篇》, 한국정신문화연구원, 1995

《古文書集成 27―靈光寧越辛氏篇》, 한국정신문화연구원, 1996

《古文書集成 29―龍淵書院 1》, 한국정신문화연구원, 1996

《古文書集成 31―陜川鄕校》, 한국정신문화연구원, 1996

《古文書集成 33―寧海 載寧李氏篇(Ⅰ)》, 한국정신문화연구원, 1997

《古文書集成 34―金海鄕校篇》 한국정신문화연구원, 1997

《古文書集成 35—巨濟舊助羅里篇》, 한국정신문화연구원, 1998

《古文書集成 37—求禮 文化柳氏篇(Ⅰ)》, 한국정신문화연구원, 1998

《古文書集成 39—海南 金海金氏篇》, 한국정신문화연구원, 1998

《古文書集成 41—安東周村眞城李氏篇(Ⅰ)》, 한국정신문화연구원, 1999

《古文書集成 45—扶餘 恩山 咸陽朴氏篇》, 한국정신문화연구원, 2000

《古文書集成 47—晉州 丹牧 晉陽河氏 滄洲後孫家篇(Ⅰ)》, 한국정신문화연구원, 2000

《古文書集成 48—晉州 丹牧 晉陽河氏 滄洲後孫家篇(Ⅱ)》, 한국정신문화연구원, 2000

《古文書集成 49—安東 法興 固城李氏篇》, 한국정신문화연구원, 2000

《古文書集成 50—慶州伊助慶州崔氏·龍山書院篇⑴》, 한국정신문화연구원, 200

《古文書集成 53—鎭安程川 全州李氏 西谷李正英後孫家篇(Ⅰ)》, 한국정신문화연
　　　구원, 2002

《古文書集成 61—禮山 閒谷 韓山李氏 修堂古宅篇》, 한국정신문화연구원, 2002

《古文書集成 62—慶州 蘇亭 慶州李氏篇》, 한국정신문화연구원, 2002

《古文書集成 65—慶州 玉山 驪州李氏 獨樂堂篇》, 한국정신문화연구원, 2003

《古文書》 13, 서울대학교 규장각, 1996

《古文書》 14, 서울대학교 규장각, 1997

《古文書》 15, 서울대학교 규장각, 1998

《古文書》, 국립중앙박물관, 2004

《古書·古文書展示會》, 영남대학교중앙도서관, 1997

《박물관도록—고문서》, 전북대학교 박물관, 1998

《嶺南古文書集成(Ⅰ)》, 영남대학교민족문화연구소, 1992

《영주금석문전집》Ⅰ, 영주문화원, 1999

《朝鮮前期古文書集成—15세기편》, 정구복 외 편, 국사편찬위원회, 1997

2) 편찬서

《朝鮮王朝實錄》《備邊司謄錄》《承政院日記》《日省錄》《各司謄錄》

《頤齋亂藁》(黃胤錫, 韓國學資料叢書 8, 한국정신문화연구원, 1994~2003)

《大典會通》《受教輯錄》《新補受教輯錄》《眉巖日記》《默齋日記》《牧民心書》

《朝鮮民政資料》《臨官政要》《度支準折》《孤山遺稿》《玉山書院誌》《扶安志》

《鳳城誌》,《不憂軒集》,《靑莊館全書》,《存齋集》,《澤堂先生別集》
《韓國財政槪況·臨時財産整理局事務要綱》(탁지부, 1909; 아세아문화사 영인,
　　　舊韓末日帝侵略史料叢書, 1988)
《李朝漢文短篇集》(이우성·임형택 역편, 일조각, 중판, 1993)
《儒胥必知》(전경목 외 옮김, 사계절, 2006)

3) 사전류

《법률용어사전》, 현암사, 2002
《봉건관료기구 및 벼슬이름 편람》, 오희복, 여강출판사, 1992
《朝鮮語辭典》(영인), 아세아문화사, 1976
《朝鮮後期漢字語彙檢索辭典—物名考·廣才物譜》, 鄭良婉 등, 한국정신문화연구
　　　원, 1997

2. 연구서

金東旭,《韓國歌謠의 硏究》(再版), 을유문화사, 1976
김석형,《조선봉건시대 농민의 계급구성》, 신서원, 1993(원 책은《조선봉건시대 농
　　　민의 계급구성》, 과학원출판사, 1957)
김성우,《조선중기 국가와 사족》, 역사비평사, 2001
김용덕,《鄕廳硏究》, 한국연구원, 1978
김필동,《차별과 연대》, 문학과지성사, 1999
김　혁,《화성사람들, 정조를 만나다》, 화성문화원, 2004
─── ,《천리의 거울을 닦은 괴헌가 사람들》, 소수박물관, 2007
김현영,《朝鮮時代의 兩班과 鄕村社會》, 집문당, 1999
金鴻植,《朝鮮時代 封建社會의 基本構造》(重版), 박영사, 1989
문숙자,《조선시대 재산상속과 가족》, 경인문화사, 2004
문용식,《朝鮮後期 賑政과 還穀運營》, 경인문화사, 2001
박병호,《韓國法制史攷—近世의 法과 社會》, 법문사, 1974
─── ,《근세의 법과 법사상》, 진원, 1996

────── 등,《호남지방 고문서 기초연구》, 한국정신문화연구원, 1999

白承鍾,《韓國社會史硏究 — 15~19세기 全羅道 泰仁縣 古縣內面을 중심으로》,
　　　　일조각, 1996

설석규,《朝鮮時代 儒生上疏와 公論政治》, 선인, 2002

송준호,《朝鮮社會史硏究》, 일조각, 1987

신명호,《조선의 공신들》, 가람기획, 2003

오영교,《朝鮮後期 鄕村支配政策 硏究》, 혜안, 2001

劉承源,《朝鮮初期 身分制硏究》, 을유문화사, 1987

윤병태 등,《한국고문서정리법》, 한국정신문화연구원, 1994

윤택림,《문화와 역사연구를 위한 질적 연구방법론》, 아르케, 2004

尹熙勉,《朝鮮後期 鄕校硏究》, 일조각, 1996

──────,《조선시대 서원과 양반》, 집문당, 2004

이성무,《朝鮮初期 兩班硏究》, 일조각, 1980

──────,《朝鮮兩班社會硏究》, 일조각, 1995

이세영,《朝鮮後期政治經濟史》, 혜안, 2001

이수건,《嶺南士林派의 形成》, 영남대학교출판부, 1979

李樹煥,《朝鮮後期書院硏究》, 일조각, 2001

이영훈,《朝鮮後期社會經濟史》, 한길사, 1988

────── 편,《수량경제사로 다시 본 조선후기》, 서울대학교출판부, 2004

이종영,《생산양식과 존재양식》, 백의, 1995

李春植,《中國史序說》, 교보문고, 1991

이태진,《韓國社會史硏究》, 지식산업사, 1989

──────,《의술과 인구 그리고 농업기술》, 태학사, 2002

이해준,《조선시기 촌락사회사》, 민족문화사, 1996

任敏赫,《朝鮮時代 蔭官硏究》, 한성대학교출판부, 2002

장동표,《朝鮮後期 地方財政硏究》, 국학자료원, 1999

정구복,《고문서와 양반사회》, 일조각, 2002

전경목,《고문서를 통해서 본 우반동과 우반동 김씨의 역사》, 신아출판사, 2001

정만조,《朝鮮時代書院硏究》, 집문당, 1997

정진영,《조선시대 향촌사회사》, 한길사, 1999

崔承熙, 《韓國古文書硏究》(증보판), 지식산업사, 2003
崔泓奎, 《정조의 화성건설》, 일지사, 2001
한상권, 《朝鮮後期 社會와 訴冤制度》, 일조각, 1996
韓㳓劤, 《儒敎政治와 佛敎》, 일조각, 1993
許興植, 《韓國의 古文書》, 민음사, 1988

中村裕一, 《唐代官文書硏究》, 中文出版社, 1991
秋葉隆, 《朝鮮巫俗の現地硏究》, 復刊本, 名著出判, 1980
渡邊信一郎, 《中國古代國家の思想構造》, 校倉書房, 1994

貝塚茂樹 외/윤혜영 편역, 《中國史》, 홍성사, 1986
기시모토 미오·미야지마 히로시/김현영·문순실 옮김, 《조선과 중국 근세 오백년
        을 가다》, 역사비평사, 2003
노르베르트 엘리아스 외/박애미 옮김, 《기득권자와 아웃사이더》, 한길사, 2005
E. P. 톰슨/나종일 외 역, 《영국 노동계급의 형성》, 창작과비평사, 2000
러셀 키트·존 어리/이기홍 옮김, 《과학으로서의 사회이론》, 한울, 1993
베네딕트 엔더슨/윤형숙 역, 《상상의 공동체》, 나남출판, 2002
마르티나 도이힐러/이훈상 옮김, 《한국사회의 유교적 변화》, 아카넷, 2003
미야지마 히로시/노영구 옮김, 《양반》, 강, 1996
에드워드 와그너/이훈상·손숙경 옮김, 《조선왕조 사회의 성취와 귀속》, 일조각, 2007
제임스 버나드 팔레/이훈상 옮김, 《傳統韓國의 政治와 政策》, 신원문화사, 1993
체사레 파올리/자코모 바스카페 엮음/김정하 옮김, 《서양고문서학개론》, 아카넷, 2004
한스 요아스/신진욱 옮김, 《행위의 창조성》, 한울, 2002

Jonathan Friedman, *System, Strucrure, and Contradiction: The Evolution of Asiatic Social
        Formations*, Second Edition, A Division of Sage Publications, Inc., 1998.

3. 연구논문

1) 학위논문

具玩會, 〈朝鮮後期의 守令制運營과 郡縣支配의 性格〉, 경북대학교 박사학위논문, 1992

金建泰, 〈16~18世紀 兩班地主層의 農業經營과 農民層의 動向〉, 성균관대학교 박사학위논문, 1996

金景淑, 〈조선후기 山訟과 사회갈등 연구〉, 서울대학교 박사학위논문, 2002

김문택, 〈16~17世紀 安東의 眞城李氏 門中 研究〉, 한국학중앙연구원 박사학위논문, 2005

김선경, 〈조선후기의 조세수취와 面·里운영〉, 연세대학교 석사학위논문, 1984

金仁圭, 〈16世紀 慶北 星州地域의 匠人 研究 — 이문건의 《默齋日記》를 中心으로〉, 서강대학교 박사학위논문, 2001

金仁杰, 〈조선후기 鄕村社會 변동에 관한 연구〉, 서울대학교 박사학위논문, 1991

김준석, 〈朝鮮後期 國家再造論의 擡頭와 그 展開〉, 연세대학교 박사학위논문, 1990

김 혁, 〈조선시대 完文에 관한 연구〉, 한국학중앙연구원 박사학위논문, 2005

盧惠京, 〈18世紀 守令 行政의 實際 — 황윤석의 《頤齋亂藁》를 중심으로〉, 한국학중앙연구원 박사학위논문, 2005

朴盛鍾, 〈朝鮮初期 吏讀 資料와 그 國語學的 研究〉, 서울대학교 박사학위논문, 1996

朴竣鎬, 〈韓國 古文書의 署名 形式에 관한 研究〉, 한국정신문화연구원 한국학대학원 박사학위논문, 2004

朴賢淳, 〈16~17세기 禮安縣 士族社會 研究〉, 서울대학교 박사학위논문, 2006

申明鎬, 〈朝鮮初期 王室 編制에 대한 研究 — '議親制'의 정착을 중심으로〉, 한국정신문화연구원 한국학대학원 박사학위논문, 1999

심희기, 〈조선후기 토지소유에 관한 연구 — 국가지주설과 공동체소유설 비판〉, 서울대학교 박사학위논문, 1991

安光鎬, 〈朝鮮後期 文化 柳氏의 全羅道 求禮 移住와 對內外的 葛藤〉, 한국정신문화연구원 한국학대학원 석사학위논문, 2003

안승준, 〈16~18세기 海南尹氏家門의 土地·奴婢 所有實態와 經營〉, 한국정신문화연구원 한국학대학원 석사학위논문, 1987

안승준, 〈朝鮮前期 私奴婢의 社會經濟的 性格〉, 한국정신문화연구원 한국학대학원 박사학위논문, 2000

元昌愛, 〈朝鮮時代 文科及第者 研究〉, 한국정신문화연구원 한국학대학원 박사학위논문, 1997

이해준, 〈朝鮮後期 門中書院 研究〉, 국민대학교 박사학위논문, 1993

전경목, 〈朝鮮後期 山訟研究〉, 전북대학교 박사학위논문, 1996

정무곤, 〈조선시대 가훈서의 교육학적 해석〉, 한국학중앙연구원 박사학위논문, 2007

정순우, 〈18세기 서당연구〉, 한국정신문화연구원 한국학대학원 박사학위논문, 1985

鄭勝謨, 〈朝鮮後期 地域社會構造 研究〉, 한국학중앙연구원 박사학위논문, 2007

이종서, 〈14~16세기 한국의 친족용어와 일상 가족관계〉, 서울대학교 박사학위논문, 2003

河永輝, 〈한 유학자의 書簡을 통한 19세기 湖西 사회사 연구〉, 서강대학교 박사학위논문, 2003

2) 일반 논문

金景淑, 〈조선후기 문중통문의 유형과 성격〉, 《고문서연구》 19, 2001

―――, 〈16, 17세기 宗族秩序의 형성과 山訟〉, 《朝鮮의 政治와 社會》, 2002

김기봉, 〈미시사란 무엇인가〉, 《京畿史論》 6·7호, 2003

김문택, 〈安東 眞城李氏家 齋舍의 건립과 운영〉, 《朝鮮時代史學報》 27, 2003

―――, 〈조선후기 山訟과 산림소유권의 실태〉, 《東方學志》 77·78·79합집, 1993

김성우, 〈조선시대의 신분구조, 변화, 그리고 전망〉, 고문서학회 엮음, 《동아시아 근세사회의 비교》, 혜안, 2006

김소은, 〈16세기 兩班士族의 수입과 경제생활〉, 《崇實史學》 8호, 2002

―――, 〈16세기 星州지역 士族의 交遊와 書院 建立計劃〉, 《정신문화연구》 26권 2호(통권 91호), 2003

―――, 〈16세기 兩班 士族의 交遊와 그 形態〉, 《仁荷史學》 10, 2003

김재웅, 〈조선후기 야담계 한문단편소설 연구 ― 의적의 성격을 중심으로〉, 《古小說研究》 2, 1996

김정하, 〈역사기록물에 대한 고문서학〉, 《古文書研究》 16·17, 2000

김준형, 〈몰락 양반층의 軍役侵奪에 대한 대응양상 ― 19세기 진주권 지역을 중심

으로〉, 《古文書硏究》 25, 2004

김 혁, 〈가문소장문헌 ― 부발읍 풍천임씨가 문헌, 부발읍 파평윤씨가 문헌〉, 《利川市誌》 7, 2001

――, 〈'東國新續三綱行實圖撰集廳儀軌'의 문헌학적 특성〉, 《書誌學報》 24, 2001

――, 〈朝鮮時代 祿牌 硏究〉, 《古文書硏究》 20, 2002

――, 〈조선 후기 守令의 赴任儀禮〉, 《朝鮮時代史學報》 22, 2002

――, 〈朝鮮後期 中央官廳 記錄物에서 謄錄의 위상〉, 《書誌學報》 26, 2002

――, 〈藏書閣 所藏 儀軌의 性格〉, 《藏書閣所藏儀軌解題》, 한국정신문화연구원, 2002

――, 〈19세기 김채상 집안의 효자정려 취득과정〉, 《藏書閣》 12, 2004

――, 〈完文의 16세기 기원과 그 특성〉, 《古文書硏究》 27, 2005

――, 〈안동 李庭檜 집안 소장 '墓直頉役完文'을 통해서 본 조선후기 사족특권의 성격〉, 《法史學硏究》 31, 2005

――, 〈증빙의 개념에서 본 증빙문서 연구의 과제〉, 《嶺南學》 10, 2006

――, 〈19세기 사족층의 '先塋景觀' 조성과 그 의미〉, 《퇴계학과 한국문화》 40, 2007

김혁·이정일, 〈正祖의 현륭원 조성과 '남산밑 차씨집안'의 대응〉, 《경기사학》 9, 2005

김현영, 〈고문서 조사·정리에 있어서 '現狀記述'의 문제〉, 《고문서연구》 11, 1997

――, 〈16세기 한 양반의 일상과 재지사족 ― 묵재일기를 중심으로〉, 《朝鮮時代史學報》 18, 2001

――, 〈17세기 '鄕中'=향안조직의 형성과 향촌자치〉, 《민족문화논총》 28집, 2003

――, 〈조선후기에 있어서 '전통의 창출' ― 탐진최씨 천곡파의 《송계유고》 '충훈부등급'의 분석을 중심으로〉, 《조선시대 사회의 모습》, 집문당, 2003

남지대, 〈중앙정치세력의 형성구조〉, 《조선정치사》(상), 청년사, 1990

노명호, 〈고려후기의 功臣錄券과 功臣敎書〉, 《古文書硏究》 13, 1998

노혜경, 〈이재난고의 여행기 분석 ― 서행일력을 중심으로〉, 《古文書硏究》 20, 2002

미야지마 히로시(宮嶋博史), 〈조선시대의 신분, 신분제 개념에 대하여〉, 《大東文化硏究》 42, 2003

朴秉濠, 〈공정성의 개념과 실천〉, 문옥표 등, 《조선양반의 생활세계》, 백산서당, 2004

594_

———, 〈八議와 應議〉,《사법행정》 23, 1982

박성준, 〈대한제국기 내장원의 역둔토 경영의 성격〉,《朝鮮時代史學報》 6, 1988

박　주, 〈18, 19세기 동래부 영양 천씨 집안의 효자정려 청원 과정〉,《史學研究》
　　　　85, 2007

成鳳鉉, 〈朝鮮後期 門中所有 墓直奴婢의 運營과 所有規模의 變化〉,《重山鄭德基
　　　　博士華甲紀念韓國史學論叢》, 경인문화사, 1996

손계영, 〈古文書에 사용된 종이 연구〉,《古文書研究》 25, 2004

손숙경, 〈朝鮮後期 변경지역 武任集團에 대한 고찰〉, 고문서학회 엮음, 〈동아시아
　　　　근세사회의 비교〉, 혜안, 2006

송양섭, 〈19세기 良役收取制의 변화 — 동포제의 성립과 관련하여〉,《韓國史研究》
　　　　89, 1995

申明鎬, 〈朝鮮初期 八議의 刑事上의 特權〉,《淸溪史學》 12, 1996

양만정, 〈淳昌地方의 兩班家門에 對한 考察〉,《宋俊浩教授停年紀念論叢》, 1987

오항녕, 〈실록: 등록의 위계〉,《기록학연구》 3호, 2001

윤희면, 〈養士齋의 設立과 運營實態〉,《정신문화연구》 17권 4호(통권 57호), 한국
　　　　정신문화연구원, 1994

이민식, 〈조선시대 御筆碑에 관한 연구〉,《경기지역의 역사와 문화》, 2003

이성규, 〈中國 古代 皇帝權의 性格〉,《東亞史上의 王權》, 한울아카데미, 1993

이성임, 〈朝鮮中期 柳希春家의 物品購買와 그 性格〉,《韓國學研究》 9, 1998

———, 〈조선 중기 양반관료의 '稱念'에 대하여〉,《조선시대사학보》 29집, 2004

이영훈, 〈朝鮮時代의 主戶-挾戶 關係再論〉,《古文書研究》 25, 2004

이우연, 〈18~19세기 산림황폐화와 농업생산성〉,《수량경제사로 다시 본 조선후
　　　　기》, 서울대학교출판부, 2004

李鍾日, 〈光武年間 羅州 古幕浦 船旅閣文書〉,《古文書研究》 6, 1994

이준구, 〈양반층의 증가와 분화〉,《한국사》 34, 국사편찬위원회, 1995

———, 〈朝鮮後期 門中書院의 槪念과 性格 問題〉,《李樹健教授停年紀念韓國中
　　　　世史論叢》, 2000

———, 〈光山金氏 墳菴 '永思菴' 資料의 性格 — 충남 논산지역 광산김씨 사례〉,
　　　　《古文書研究》 25, 2004. 8

이태진, 〈15세기 후반기의 鉅族과 名族意識〉, 《한국사론》 3, 1997

――――, 〈正祖의 大學探究와 새로운 君主觀〉, 《李晦齋思想과 그 世界》, 성균관 대학교 대동문화연구원, 1992

――――, 〈朝鮮王朝의 儒敎政治와 王權〉, 《東亞史上의 王權》, 한울아카데미, 1993

――――, 〈18세기 韓國史에서의 民의 社會的 政治的 위상〉, 《진단학보》 88, 1999

이해준, 〈고문서를 통해 본 호남지방의 촌락〉, 《호남지방 고문서 기초연구》, 1999

――――, 〈조선후기 문중서원의 개념과 성격 문제〉, 《이수건(李樹健)교수정년기념 한국중세사논총》, 2000

――――, 〈'관 주도' 지방지배의 심층화〉, 《조선은 지방을 어떻게 지배했는가》, 아 카넷, 2000

――――, 〈光山金氏 墳菴 '永思菴' 資料의 性格 ― 충남 논산지역 광산김씨 사례〉, 《古文書研究》 25, 2004

이희환, 〈조선말기의 정려와 가문숭상의 풍조〉, 《조선시대사학보》 17, 2001

임선빈, 〈충청도 대흥·덕산·예산 지역의 효행포장〉, 《조선시대 사회의 모습》, 집문당, 2003

전경목, 〈朝鮮後期 校生의 身分에 대한 再檢討〉, 《宋俊浩敎授停年紀念論叢》, 1987

――――, 〈조선후기 소지류에 나타나는 '化民'에 대하여〉, 《古文書研究》 6, 1994

――――, 〈소지류의 데김에 나타나는 '告課'에 대하여 ― 親審과 代理審을 구별하 는 방법〉, 《古文書研究》 11, 1997

――――, 〈조선말기 어느 饒戶富民家의 身分上昇을 위한 노력〉, 《湖南文化研究》 31, 2002

――――, 〈조선중기 守令의 管外 업무〉, 《全州史學》 9, 2004

정구복, 〈고문서 연구의 현황과 문제점〉, 《정신문화연구》 15권 1호(통권 46호), 1992

――――, 〈19세기 중엽 靈光 寧月辛氏家의 書齋稧文書〉, 《古文書研究》 20, 2002

鄭勝謨, 〈18·19세기 農民層分化와 '鄕村中人'〉, 《대동문화연구》 52, 2005

정진영, 〈조선후기 호적자료의 노비기재와 그 존재양상〉, 《古文書研究》 25, 2004

정해득, 〈正祖御眞의 圖寫와 華寧殿 建立〉, 《경기 지역의 역사와 문화》, 한신대학 교출판부, 2003

최승희, 〈朝鮮時代 兩班의 代加制〉, 《진단학보》 60, 1984

崔元奎, 〈韓末·日帝下의 農業經營에 관한 研究 ― 海南 尹氏家의 事例〉, 《韓國

史硏究》 50·51, 1985
홍은진, 〈求禮 文化柳氏家의 한글所志에 대하여〉,《古文書硏究》 13, 1998

高橋正彦, 〈古文書と古文書學〉,《日本古文書學講座》 第1卷, 雄山閣出版社, 1978

부록

완문 원문

문서 3-1

完文
庚坐川後麓公州居洪參奉宅新點入葬而主山與案山
左右龍虎局內以禁養之意特爲完文成給事
　　　　　　　　　　甲子八月　日
官[署押]

문서 3-2

乾隆柒年丙寅三月卄日完文
右完文爲成給事介軍面仰德洞宋進士
宅先山在於本洞子坐之原而禁養松楸累世
守護矣四標段東龜浦村西新恩川下流
南驪江水北石墻邨而前江西心灘魚箭果
龜浦曲灘魚箭收稅等事舊有立完矣閪失於回祿
之中故玆以更呈爲先之誠聞極嘉賞禁養四標自有界
境而兩灘魚箭收稅事以仍舊之意成完文以給以爲
憑考宜當向事
官[署押]

문서 3-3

都巡使[署押]
甲午五月　日
完文　反貼
京畿道果川縣完文二冊　一冊藏之家
　　　　　　　　一冊置之山直家

右完文成給事段京
居金直閣宅山所在
於本邑上西面外飛山
而主龍與左右龍虎

以內定界事因　巡營
門甘飭四標定界後
玆成完文爲去乎以
此憑後之地宜當者

官[署押]

主龍西至一百十步
青龍西北至三十步
白虎南至五十步
脣前東至九十步
際
〈山圖〉

문서 3-4

完文
右完文爲成給事
忠定公沖齋權先生墓直
奴得先馬夫里百漢等三名
依前雜役及戶還並爲勿
侵事完文成給者
丙申三月　日
官[署押]

문서 3-5

完文
右完文爲成給事淸陽縣北下
面野光里登芳山天峰雪仁峰朴
達峰聖主峰中信峰將軍峰兄弟
峰氷洞獐洞佳獐洞及白石巖小
登芳山登芳峴都長洞老柯洞葛
杰峴佛堂洞細洞鍮店洞旧野光里
雌鷄洞中山腰洞店洞石陽卽京
中寺洞金判府事宅墓村立案
處凡於貽弊之端不得不隨處顧護
是如乎本邑烟戶雜役虛額軍丁
還上戶斂火粟等及外他各鎭營校卒
出沒之弊傀儡店士舍堂無賴輩侵
索之患一切勿侵禁斷以爲專心守護
之地是遣四山局內松楸犯斫之弊這
這採探着實禁養之意玆以完文
立案成給爲去乎或有如許之事一一
摘發禁斷俾無大段罪責之地宜
當者

　　　　　己未三月　日
右下靑陽縣各廳及該面里任掌輩准此

문서 3-6

　　　完文
右明文事段京居趙承旨宅先山在於溫陽西面希安里而自前墓村不過四五家
守護無路欲爲勸民居接以爲禁養故以其成村前勿侵雜役之意曾前營邑完
文非一非再而近來官爲人心去益無常之故多般侵漁將至敗洞矣他處免役之民艱
辛勸入則本邑官爲率百端侵役畢竟難保而渙散則在本邑不無添丁之益
在墓村只留役名則一村白徵於逃去流民之身役漸至一村蕩敗者此也於斯之
間不得守護豈有如許無限狼狽之事乎從此以後則更勿侵役以墓村殘民
毋至離散以爲山所禁養之意更爲成完文以爲永久遵行事

官 [署押]　辛丑八月初七日　座首洪[署押]
　　　　　　　別監李[署押]
　　　　　　柳[署押]
　　　　戶長　方振爀 [着名]
　　　吏房　鄭繼學 [着名]
　　　戶房　方圖畿 [着名]
　　　禮房　方度敏 [着名]
　　　　　　兵房　鄭駿敎 [着名]
　　　　　　刑房　全道爀 [着名]
　　　　　　工房　鄭始學 [着名]
　　　　　　　御營色　姜文會 [着名]
　　　　　　　束伍色　千始澤 [着名]

문서 3-7

　　　　完文
爲完文成給事今此北
內面池內里墓村便同草
刱烟戶雜役與還上
不可依他侵責則
其在永久保存之計
不可無措手之資故
錢文壹百兩出付本
洞使之存本取利爲
去乎兩尊位次知

看檢取殖補役是
矣自今爲始毋論墓
直守墓軍山直永勿
侵役是遣如有新寓
墓村之民一倂勿侵
而若是軫念捐財寔
出於無窮之慮也如
有犯用乾沒之弊則
責有所歸知悉遵
行爲宜者

　乙巳八月初十日

　趙領府事宅[署押]

墓直山直守墓軍除役之意
前已有完文而墓村草刱新
寓之民若侵烟戶雜役還上
等節則實非永久保存之道
故今番 行次特念此弊捐財
取殖使之補役是如旀依完文
永久遵行而如或犯用乾沒則
該里洞任難免重勘向事
　　　乙巳八月初十日
使[署押]

문서 3-8

　陶山書院完文
右完文爲本院奴婢居在各邑者軍布雜役依前例勿
侵事完文成給事
　　丙寅三月　日
兼巡察使 [署押]
　　　　安東　禮安　榮川
　　　　奉化　豊基　順興
　　　　醴泉　尙州　英陽
　　　　眞寶　靑松　寧海
　　　　盈德　淸河　興海

慶州 義興 義城
際

문서 3-9

　　完文
右爲完文成給事梅谷 書院卽
尤庵先正獨享俎豆之所而 國家賜額
多士藏修之地也凡係本院之事夫孰不敬
奉而周旋也哉今見本院齋任稟目則 本院
院生之得免身戶役與面里任卽是不易之規令
近年以來官屬輩嘗試侵漁致有紛紜云是豈
成說乎院生之得免身役載在法典自今以後梅
谷 書院西齋身戶役與面里任依例勿侵是矣如或
有侵漁之端是去等自齋中卽爲稟官頉給是遣
依此遵行永久勿替宜當者
辛亥六月 日
官 [署押]

문서 3-10

　　完文
爲永久遵行事郡
內面場巖村龜巖
祠宇卽 靑蓮李
先生 白蓮文先生幷
享之所而自嘉慶辛
酉道內儒林呈于
京營以至於春秋
享祀兩先生德行

之篤禮節之美爲
當世領袖幾百年
後章甫之論不泯
有此血食之擧猶
爲欽善而況繼往
開學之地乎然而院
財不贍春秋丁享
時無路成樣云故院

生及保卒元額外
以五名式合十名加定
爲去乎以此額數永
久遵行俾全今日加
定之本意爲旀有闕
者則自本初隨闕
塡代以爲反財宜
當者
甲辰十月日
官[署押]
　　　　座首吳[署押]
　　　　戶長金禮恒[着名]
　　　　吏房河岐鳳[着名]
　　　　戶房韓德謨[着名]
　　　　禮房河世範[着名]
　　　　兵房韓應範[着名]
　　　　刑房尹鐘鎬[着名]
　　　　　　金秉瑞[着名]
　　　　工房李漢奎[着名]
　　　　差役色曺邦燁[着名]
　　　　承發朴良軾[着名]

문서 3-12

　　　　完文
右完文成給事北安面靈寂菴一以屬
御札奉守之溪堂是遣一以屬章山書院者已多年
所矣中間公役許多來侵之中本菴僧徒遽爾
散渙已至空虛是如所當公役段永爲減給是矣房
舍未卽毀撤之前　使客所用草鞋草條所小小等
物姑爲當納是遣僧番錢燻太搗麥冊紙錢白楮等
侵役永久勿侵之意完文成給事
甲申正月初三日僧廳祇林寺書記善華[署押]
　　　　　　　長興寺書記有根[署押]
　　　　　　　障川寺書記平允[署押]
　　　　　　　佛國寺首僧性寬[署押]

　境內都僧統[署押]

문서 3-13

　　　完文
右完文成給事本院器用許多故自院中別設
鐵店以爲需用之地而今年秋自外南中里移設
於本面奈前里是如本府內鎭營兵營大小衙
門皆成完文以杜 官隸輩侵漁之弊實遵
朝家崇奉之意也自院中隨用定式器物代文
春享時拾兩秋享時拾兩每年例納之意如是成
完文以給事
　　　　　己酉正月十五日
龍山書院[署押]

此亦中己酉春等拾緡
新役段從公議減給事

문서 3-16

　　　完文
右爲完文成給事本面小洞里居尹禮
發之女以常漢而孝行卓異云誠極
嘉尙眞在褒美之道不可無別樣顧
護乙仍于洞內烟戶雜役例爲蠲減
爲旀如是完文成給爲去乎有今爲始
洞內凡干烟戶之役一切勿侵以爲效
此激勵之地幸甚者
　　　　　辛未七月二十六日
使[署押]

문서 3-17

　　完文
右文爲孝子永久
遵行事孝行卓異
　承
傳贈朝奉大夫童蒙
敎官姜公錫祉子

孫段依 春曹立案烟
戶還上等諸般雜役無

附統結奉
朝令依例蠲減以爲引之
永世遵行事

　己未七月　日
官[署押]

作廳
郡司　各該色
倉色

문서 3-18
　完文

禮曹爲完文成給事安東居進士
權瓚銖家以父祖上三世孝行之卓異
特蒙褒贈之典而已有三道儒生數千
人齊會焚黃自道席通論各院又
爲回文于該邑該洞卽爲頉復襐役自營

本府嚴題傳令完文到付洞中申
飭永爲頉復戶而所謂今年洞任倡出
橫論以至妄自回文不遵官令之嚴重不
顧士林之公議更欲徵稅極爲可痛故
玆以發關爲去乎該洞任輩若有一

向不遵橫論之弊是去等自本府捉囚
後嚴繩以明茂孝之風雖子孫中移居
他邑永久勿侵事
甲申四月　日

曹判書　錫興
堂上　[署押]

문서 3-19
　完文故金汝玉妻池氏
右完文夫死九日仍爲殞命

同埋一壙不無嘉獎之道
烟戶雜役勿侵者
戊戌四月　日
兼使［署押］

문서 3-20

殉　國貞忠完文
庚寅五月　日

嗚呼丁酉之事尙何言哉冠鋒所指望
風奔竄以至於三京失守八路蕩殘本府
人朴起和以軍器監官在城中乃能戰
死於北門城陷之日人到今而稱之嗚呼
奇矣當日殉　國諸公皆褒　贈之享祀之
朝家褒揚之道可謂盡矣而獨起和事不

少槪見何也余於莅府時謂以起和裔孫者
抱券來訴按簿考籍可據而信也於是
以起和爲祖而名編軍籍者盡免之懼其
文蹟之毀裂無傳粧褙而付其孫使之
世守而壽其傳嗚呼當亂殉國百世可宥
況使之荷戈徵布乎其不可以人微而忽之也
丁酉後百七十四年仲夏太守書

　　　完文

右完文爲永久勿侵事松內坊
居朴泰厦泰相泰材泰裕等名呈

所志內矣等高祖父起和往在丁酉
倭亂本府陷城時以軍器監官入
城戰亡爲　國殉節宥及子孫故矣
祖父擇信被侵騎兵之役呈于兵曹別
關蒙頉此爲後孫免役之鐵券是去乙

不肖屛孫見侮於面任俱以作名充
定軍役積年對答抱寃莫伸矣今

當頉役簽丁間區別玉石之日此政矣等
伸寃之秋也高祖死節實蹟俱載昔日
兵曹關文及前後呈狀中細細參考後
矣等兒名所定之役一倂頉給事所志

是置有亦狀辭誠然則事宜稱寃而狀
者等之爲朴起和子孫與否猶未準信泝
考帳籍則起和非其高祖爲渠六代祖
明的無疑是乎所起和之殉節已極嘉尙
而後孫之賤役實爲可矜乙仍于同朴泰相

名騎兵朴泰材名騎兵朴泰厦兒名戶音谷
老未砲保朴泰裕兒名惡只繕工之役特許
頉給是遣後孫段置勿侵賤役之意完文成給
爲去乎永久施行宜當者
　　　　　　　　庚寅五月十七日
行府使[署押]

丁酉戰亡南原軍器監官朴起和系錄
朴起和　見康熙丙子松內坊籍
子栢楠　春桂　籍上同
子擇信
子再賢
子萬周　　　　　　　　萬重
子夢相　前名泰材　　泰相　　子泰裕　　　　泰厦　無籍　泰孫
子渭成　子昌湖　子正祿　　　子震成　子昌煥　　子順采　　　子大成
子明彦　子明秀

　　　　　　　　　　　　　　已上並有籍

3-21

　完文
右完文爲成給事
璿派後裔雖賤庶勿定
　軍役載在法典是遣

前後受

敎炳若日星而

先王之澤百世不斬毋

論遠裔賤庶擧皆載

名於

璿譜則疤定軍役下

同匹庶不但心有所不

忍且懷五百年

祖宗之憲章

國綱解弛

英廟朝特

敎雖勝國子孫若在賤

役而登

聞其爲旣役況

璿派乎此不可使聞於

隣國爲道臣守令

者亦視若尋常此豈

食祿靑邱之義哉申

飭諸道詳實嚴査

奉承

傳爲有置降自中葉

布在八域擧皆殘微

駸駸然入於軍役者

多乎究其源則

天潢餘派金枝餘生豈

不寒心哉大哉
王言爲其
璿派之人已極感激昂何幸

聖衷克明　庚申十一月
　三十日
傳曰
璿源各派世譜令宗親

　府復舊例修正以入事
命下敎是置謹稽舊例
德興大院君以下十三所先
　爲校正以入矣辛酉

　十二月初五日
傳曰
璿源世譜卽積年未
　遑之事而今此十三派

　先爲校正者誠幸矣
其餘諸派仍令宗府
斯速修整事亦
命下敎是置屢下

聖敎寔出於親百代朝
　宗之誼而遐鄕吏任
　輩雖曰獰頑
朝飭截嚴之下必不能

　容奸而恣行非法誣
　訴官長無難侵漁任
　意操縱事之駭歎

莫此尤甚殄除良卽

見全羅道寶城郡
兆內面藪村村居幼學
李基祚基淳等呈
單則以

讓寧大君後裔落南以後
家勢零替子孫劣弱
混入於烟戶雜役庶近
於常漢之數言念先

世豈不寒心哉不勝
冤枉裹足上來具由
泣呈依事目完文成
給俾無更侵之地云云矣

聞甚駭然
璿派後裔之勿侵雜役
列聖朝前後飭
敎何等截嚴而有此侵

漁之擧不但無嚴揆
以事體萬萬未安事
當侵漁之吏任輩上
使別般嚴處是矣十

分安徐玆以完文成給
爲去乎從今以後右項
李基祚基淳等門內
諸般烟戶雜役等節

依事目並一一頒給俾
無更侵之弊宜當者
同治元年三月　日

宗親府[署押]

문서 3-22

完文
右完文爲成給事今
此北靑居忠義衛溫信
禹等則
肅宗朝保　社功臣　以牧十二
代孫
英宗朝揚武原從功臣海進十
一代孫也其先祖豊功偉烈
昭載　麟閣其子孫世世收錄
爰及苗裔共享綿遠與
國朝同終始之意
列聖朝與勳臣歃血會盟作
爲誓文祭告于天地山川
此乃金石之典是白去乙近來
外邑不有法意無難侵役
乙仍于每當式年修正世
系之意入　啓蒙　允後
行會各道者　朝家優恤勳
舊子孫之德意至矣盛矣亦
有怠慢不從令守令論罪之
嚴　敎是白如乎其或外邑
不知法例之所重若有一毫
侵漁之弊是良置依
判下內辭意永久勿侵之
意玆以完文成給爲去乎
以此受　敎申飭憑考於
當該地方官爲旀本官段

置知此奉審施行宜當者
　　　右下忠義衛溫承和溫利完
　　　　溫基永溫尙默溫仕益
　　　　溫尙喆溫希舜溫倍德
　　　　溫應奎溫晩俊溫仕淑
　　　　　等准此

　　光緖七年閏十月　日
　　　　　成給

忠勳府[署押]

문서 3-23

01　　　　完文
02　禮曹爲完文成給事在昔新羅儒理王時
03　九干會長得金樻於龜旨峰開視之有六
04　金卵皆化爲男子奇偉長大衆推始生者
05　爲王冒姓金氏建國於漢光武皇帝建武
06　十八年是爲駕洛國首露王至獻帝十年
08　薨壽一百五十八年妃許氏亦一百五十
09　七而薨子孫相承至蕭梁間仇衡王時國

10　除而實狀事蹟略現於史乘曁其孫大角
11　干公庾信功化事業永有賴於百世之下
12　故首露王遺陵之守護殿宇之崇奉角干
13　公俎豆之享旣出於我　聖朝盛典而壬
14　子年仍其後孫金熙明等呈上言特下
15　傳敎昭揚日星未有餘憾而今其後孫或
16　流落遐鄕轉爲殘微將不得保有門戶至
17　於侵逼軍伍之賤者久矣何幸其後孫金

18　洪斗等以尊祖扶宗之意數年積功矣去
19　壬辰年呈上言蒙　聖恩判下　傳敎敎
20　是乎旀其在尊賢恤後之道宜用饒異之
21　典故玆以完文成給爲去乎以此憑考凡
22　係其後者煙戶雜役及軍保之役永爲蠲
23　除俾　朝家德意無間遐邇之地永久遵

24 行施行須至帖呈者
25 　　所居邑準此後頉下事

26 堂上[署押]

문서 3-24

完文

　爲完文成給事營下長門居孔
　泰文孔泰謙等所訴內以爲生等
大聖後裔淪落遐陬蟄居務農
　而勿侵煙役分任 校院之意
列聖朝受敎及巡營門完文自
　在而生等方居在於營下然營
　門褋役間有渾侵之慮特軫情
　私以爲完文成給亦爲置道於嶺
　南素稱鄒魯先賢遺風藹
　然不泯而孔氏卽
列聖朝愛恤之 聖裔其所仰
　慕之地未嘗少弛于中是如乎其
　子孫之雖派居鄕曲之微褒而揚
　之入錄於 校院春秋享祀時
　特差齋任實爲昭代之美事
　一遵
　列聖朝 判下盛敎亟令施行爲旀
　至於煙戶雜役及還上等諸般
　條件有不敢擧論永永蠲減
　宜當者
　　庚寅二月 日

統制使[署押]

문서 3-25

完文
都巡使[署押] 甲午六月 日 反貼

右完文爲成給事

卽到 巡營門甘結內
校宮本是淸寒之
所而本州校儒每

於居接試藝之時
其所需用之節自
不無艱拙之歎乙仍
于錢壹仟兩自營
門某樣辦備玆以下
送爲去乎卽爲出付
校儒存本殖利以爲
養士之需是遣成完

文上使以爲反貼下送
之地亦敎是如乎
校宮本是淸寒居
接試藝之需每多
艱絀今此 巡營門劃
下錢壹仟兩誠是養
士惠澤其所存本殖利
之方豈可毫忽者哉

同錢利條出給居接所
需用於供士之資爲旀
這間用下自 校中修
成冊每於年終來勘
官庭爲乎矣無或爽實
消融之弊永久勿替
宜當者
　右下校中齋任居接儒生準此

　甲午六月　日
　　　　成給

官[署押]

문서 3-26

完文
右爲永久遵行事興學
崇儒古之道也以本邑養
士之資甚不敷焉恒所顧
悶捐出二百四十緡銅付
之校中以此殖本于各面

每年取其利條以爲育英
齋養士之需則或可爲一
分矜式之效矣悠久勿替
事
　　　　　　丙戌六月　日

行使 [署押]

문서 3-27

校村鑭役完文

爲永久遵行事校村卽
聖廟守護之所也諸般應役
與凡民倍蓰故　營邑間鑭役完
文不啻申明而今未蒙實效云
者是豈成說乎參拾戶鑭
役旣有已例從今以往先自

洞布錢以至小小煙役凡爲戶
斂戶排者切勿擧論是遣雖
閑散之民將校奴令軍丁等
亦不得侵責於該村是矣鑭
役諸條臚列于後完文三件

成出一件出給該村二件留上
於司倉及軍廳依此施行
永遵勿替宜當者
　　　　　戊寅五月二十六日
此亦中完文一件謄出成貼留上校中

亦爲憑考次

官[署押]
一洞布及戶斂勿排事
一面戶斂勿排事

一戶還頉給事
一廳價錢勿排事
一補租勿排事
一官運役勿侵事
一將校奴令軍丁等勿侵本村事

문서 3-28

丁未九月十五日

爲完文成給事
春秋釋菜時經費每多不足之慮故因
校任呈單近西面庖場一肆劃付
校宮俾供 享禮之脯腊爲去乎庖肆中
雜稅一併勿侵是遣永久勿替遵行宜當
事
　　　　　右下 校宮西齋齋任 準此
　　　　　乙巳四月 日
行官 [印]

문서 3-29

完文
　右文爲憑考事月乎本
　所所屬而修理擧行每多□□
　之弊右洞蕩殘無餘故限五
　年後貳兩式輸納是遣防限
　內雖新舊交遞別般應役
　切勿侵責之意成完文爲
　去乎以此知悉永爲憑考
　事
　　　　丙辰九月十五日
　所(押)

문서 3-30

宮上
　　　　庚申十二月　日
慶尙道金海府新島捄弊完文

咸豊十年庚申十二月日金海府新島捄弊完文
右爲完文成給事府南四十里之地有一新島西接熊川加德境
東越一小江卽本府鳴旨島而環四者皆海也其地形則積沙
成陸起墾則可以爲牟田防堰則可以爲塩田禁養則可以爲
蘆田防簾則可以爲漁基是遣本府下面下沙旨信地又有泥生
處一庫可以植蘆成庄故作民裵綱旻自其父生時二去甲
午年分訴于本邑又呈京營成出立案矣去乙巳年分同裵
綱旻自備物力墾田闢土願屬於　龍洞宮而自本宮

啓稟折受後定監色打量至登
御覽圖形永作　宮庄則一土一草莫非　本宮所管而
新設之初或不無襲謬之弊故捄弊諸條臚列于左玆
成完文兩件一件　宮上一件出給監官依此永遵毋替
宜當者
通訓大夫慶尙道金海都護府使兼金海鎭兵馬僉節制使別中營將討捕使鄭 [唧]

一新設未完之地居民之烟戶雜役亦所當念待其奠接間
大小繇役一切勿侵是齊
一無土不農之民以塩換穀而賴活以塩貿柴而禦冬事勢固
然沿江各處稱以貿穀貿柴到處防禁則將何以卒歲乎同
新島與鳴旨島段一幷弛禁是齊
一今此新島全幅旣係　宮庄則該信地所存漁基段置統
營防簾監官與本邑均役色毋敢執稅爲乎矣如或依前
作弊則一從該監官所告自本邑論報　營門以爲重勘

是齊
一塩之爲物非柴不成則不得不貿柴煮塩而雖或貿柴私
養山是良置或不無松枝葉相雜者則統營將校與加德
鎭屬輩稱以犯松從中討索之弊難保其必無是遣雖以
封山松木言之備邊司行會中有曰罪在山民罪不在於
島民云云則松木偸賣山民之依法勘處亦或無怪而豈可
藉托禁松侵漁於島民乎況此　宮庄煮塩與他自別今

後段毋論營鎭所屬稱以摘奸一或冒入新島者是去

等該監官卽爲告官轉報該營從重科治是齊
一宮稅塩上江時不可無船隻故同稅塩所載船二隻貿柴
來往船二隻合四隻關係 本宮而掌牌與帖文圖署
亦爲成給同船四隻段勿爲渾錄於均役船案爲旀毋論
某邑稱以上下納時執船如或有混侵之弊是去等該監官
非但告官懲治往訴 本宮隨所聞京司上使斷不饒
貸是齊
一本宮稅納以貳百兩錢依丁未新創例每年五月內準

數上納是齊
一新島之一草一木無非宮庄所出則若於日後居民中有
若干漁基漁綱塩田及田畓新墾處是去等該監官
隨起收稅以爲添補於元稅納是齊
一新島中所生蘆草卽 宮塩煮納之資而毋論本邑
與他境無知頑民輩或有偸伐者是去等該監官隨
卽告官嚴治後偸伐之物一一懲出以爲添補稅納是齊
一鳴島塩民輩稱以地稅塩雜費與塩廳下記混同排

懲之弊各別禁斷是齊
一該島新接之民卽是各處糾合之衆男女間如或有
酗酒作拏之弊該監官卽其地結縛逐送境外爲
乎矣先從賣酒而各別禁斷然後可革此弊毋論豐
歉永爲禁釀是齊
一該監官帖文與行用圖署今已下來文牒上以此憑
信是齊
一未盡條件追後磨鍊是齊

座首幼學盧 [着名]
副鄕幼學柳 [着名]
別監幼學安 [着名]
幼學金 [着名]
中軍韓啓宇
千摠裴仁度
戶長金璟振
吏房裴宇賢

戶房裴讚琪
公禮房裴繡文
陸兵房裴讚祿
刑房裴宅晉
工房裴瀅奎
承發金文赫

문서 3-31

完文
右完文事段 本房賜牌庄土在於進禮面中村前
長灘島石井宋校坪蘆田等地而歲月浸久京城絶
遠不能常常往來看檢之致附近里居民輩視若
無主空地或以時起田畓或以陳荒處爲柴場而其
所收稅比前減半矣去年分至於呈官呈營之擧始爲
推覓所失等地詳細查櫛成出量案是在果自今秊
田畓收稅與刈柴作人等處一一從公議收捧以
爲日後憑考向事
道光二十七年八月 日
麟坪大君房

문서 3-32

明溫公主宮
辛丑三月
完文
右完文爲成給事宣
惠廳所管各道大同
穀上納時京鄉各船
一石主人付屬於本宮
事己丑五月日有
判下節目敎是乎所京
江則無論舟司與訓
局船各邑則無論地
土與漕運船以每船收
米壹石式永爲定式爲
去乎
判付內所重與他自別則
京鄉各船斷當恪遵

成規毋敢違越是矣
京江則已有所行會知
悉而各邑之賃船上納
者則有難逐一曉論慮
或有稱託遲滯之弊故
玆以成給完文爲去乎
各道大同上納京鄕船沙
工及當該監色等處通
同諭知一依
判下定式俾爲永久遵
行之地宜當向事
辛丑三月　日
明溫公主宮

문서 3-33

　完文
右完文事段可化面水砧里　胎室三百步內起耕處五結
收稅未知刱自何時而封標以內旣是　朝家之所劃
給則自邑徵稅大非法理故因　信城君房奴子呈訴自
今年永爲蠲減還付　本房爲去乎日後欲以謬例收
稅是去等此完文憑考事
　　　　　　　　己酉十一月　日
官[署押]

문서 3-34

庚子四月　日
　完文

　完文
右爲完文成給事海州詠亭
坪中洑主人李源夏所納付洑
文書見之則近來京鄕人心不
淑有主之洑間或侵奪水稅
愆納洑難修築無弊不有

則洑主不得爲洑主是如右
洑付屬於本宮資出物力每

年修洑收稅以納云故隨其所
入役費物財磨鍊出給是在果
李民自爲鄉洑主本宮亦爲京
洑主不得私自擅賣與他而

互相守洑是矣稅納段正租
七十石式依恒定年年上納爲旀
導掌舍音鄉洑主自當傳之
子孫而恪勤擧行世世勿替
之意如是成完文以給者
庚子 月 日

桂洞宮

문서 3-35
完文

禮曹爲完文成給事慶尙道靑松府
普光山大典寺卽我
昭憲
仁順兩聖母始祖山所守護之齋宮也自
列聖朝軫恤本寺與他自別至於環山種
栢劃給屯田以奉四時香火之故備局與
本曹兵曹及本道巡兵營本府以雜役
勿侵之意前後完文嚴重申複而挽
近以來年久解弛無前之弊轉多層
生乃是僧番錢也三手粮也劃給結
卜六十負見失條也官屬輩之麻鞋
侵索也然則守齋殘僧何以支保
朝家軫恤之意固安在哉言念守護
之節不勝驚駭玆以更出完文付給
爲去乎依前永久勿侵俾爲奠接
守護之地宜當者
光緒二十年正月 日
堂上[署押]

문서 3-36
完文

右完文事本邑僻在窮峽土瘠人稀而間在
村落或不成樣者以其煙役之夥多也今此韓駒胙
定新基於天川面柿木洞以爲永年奠居之計
而除役則將有成村之望云故限十年煙戶
雜役一幷勿侵以成村樣之意立旨成給
事
　　　　　丁巳十月初四日準此
　官[署押]　　　　　座首韓
　　　　　　　　　吏房柳
　　　　　　　　　戶長李

문서 3-37

　　　　完文　　五美洞按山五峰谷
右完文爲成給事凡民之取生理因其勢也
今此五美洞前以淅瀝閑曠之地相基入宅不過
爲三四戶而語其生涯淡泊巖豆崖粟觀其村樣蕭
條疏籬短墻至於煙戶雜役旣係大同之役則固不可
一戶民隱漏頉減是乎矣其在增戶口生取之政不可不寬
而恕之然後旣居之民宜有典撨之勢願移之戶可遂比
隣之望是乎等以限成村內面任領將及各項軍丁勿侵之
意如是後錄完文爲去乎轉爲搬移以爲安堵之地宜當者
　　　　　　　　庚戌十二月卄四日
官[署押]
一各項軍丁及面任領將山城軍官將官官軍官
　等勿侵事

문서 3-38

　　　　完文
光緒十二年丙戌五月日

爲完文成給事求
禮吐旨面五美洞卽
柳豐川家立案成村
者也衣冠繼世文物

彬彬蔭武聯翩爲一
鄕之歸望而挽近人

心不淑烟戶雜役漸
漸層生廊戶殘民

莫可支保云聞甚駭
歎況又朝官家頉役
載在法典故玆以成
完文以給自官永爲

蠲減以杜後弊之意
成完文以給事
　　丙戌五月　日

漢城府 [署押]

문서 3-39
　完文
右完文成給事寺洞金判書宅
庄穧在於長在坪是如乎年久陳
荒起墾無路故特以募民力農之意完
文成給爲去乎所謂洪浦洞一里如有願爲之
氓而來接者是去等限十年襦役間勿侵是
矣日後面任或有侵漁之端則違　令之罪斷
當嚴治以此永久遵行事
　　戊申二月　日
行使

문서 3-40
　　完文
爲完文成給事東面城洞處在山谷僻隅所
存田土無非瘠薄居民鮮少中流來未蒙頉
掘破成川之結至爲三十餘卜之多而數戶殘民年年
寃徵則豈不可悶哉特念民情同寃徵之結除
給於邑簿摠冊中減頉卜數與字號後錄成給
依此永久遵行宜當向事
戊戌九月日　鄕作廳及本洞尊洞準此
　　　　完文
行郡守[署押]

　　　後
墨字十■(口)八　田一卜二束　　　　　　成文名下
十七田一卜七束
十一田一卜七束
八　田四卜七束
八田三卜
十田　七束

十田七束　　　　　　　　　　　一用名下
十一田六卜九束

墨字九田六束　　　　　　　　　占用名下
十五田一卜七束
同田一卜四束
二十田　九束
二十一田五卜三束

문서 3-41

　　同治十一年十一月　日擔軍錢捄弊完文
　　上栗本栗洞

擔軍捄弊完文　上栗本栗
爲完文成給事本縣以斗小之
邑處大路之傍其所爲弊指不勝
摟而其中擔軍之弊尤極慘憐各
邑喪行一年之內不知幾次過去
□不意之令臨時忽到則把丁於
各洞呼聲相續鞭扑狼藉夏之

方農冬之隆寒吏無歇脚之時民無
息肩之日如是而民生安得不困瘁
乎往在己酉壽洞趙君深軫此弊辦
給百緡使之殖利補弊矣不幸中間
緣何消瀜致此痼弊此若不捄則民
不保而邑將無矣興念及此寢食靡
甘故特以百緡銅出給各洞每朔以

四分邊逐年殖利每值喪行以此
雇軍年年如是則民可安業而吏
亦免窘矣兹成節目另置吏廳
同殖利錢拾兩給付本洞各別取
殖利錢段每以十一月十五日來納
以爲漸次出給他洞殖利之地此完
文着實典守憑後勿替宜當者

壬申十月　日
官[署押]　此亦中此錢不可不限數
年取殖然後可以排用
故癸酉甲戌兩年段
依例以擔軍分廳各
洞自乙亥爲始以其
利條雇軍擧行矣
以此知悉次

문서 3-42

完文

卽接道內面多士齊稟則以爲人之生也不
敎無以知道不學無以成才故鄉有庠
家有塾先聖之所以爲設也本面之以道字
名焉者地靈魁偉古多文章才德之士
而崇學敦敎之風擅於境內因以名矣
挽近以來文風沉熄學宮頹廢有子無
就學之方立師無供奉之資雖有志學
之人其可以入學乎後生來裔未免於牛襟
馬裾故衆議慨惜鳩聚錢兩收合米斗數年
殖利以爲建學立師之計是乎矣如無別
般之條約則稧員中或有圭角之端用
錢中或有頑拒之弊而致中途之廢
閣故兹此仰籲亦爲置我東禮義
之邦文之郁郁士之彬彬皆原於興學尙
文之化內而兹土之士尤爲好學則齊之
於稷下魯之於武城也幸値唐虞文明
之世後見鄒魯絃誦之風不亦美哉諸
員中如有圭角之人則自稧中鳴鼓而攻

罪分叱除良用錢中如有頑拒之人則
亦自官家懲治督捧庶幾勉哉刱建
書齋迎立嚴師以爲永久學習之規模
宜當者
　　庚戌四月初二日
行官[署押]
　　　　條約
一每員各出一兩錢作稧而講會則春三晦秋十晦完定而
　　每年春利二錢只捧利條秋利三錢幷本收捧抄擇勤
　　實次次出給是齊
一取息後營建書齋而束脩之例就此錢劃給而餘條亦
　　如前殖利每年遵守以爲永久之道是齊
　　稧員中雖分錢切勿犯用而此後財諸員會議分給毋或爲
一人之拘顏私用錢人如有頑拒稧中齊會搜家毋至闕
　　失之弊是齊

元稧外每員各出三錢別作一稧名以補學講會與
取息一如稧約束而取其所仍以補四友之需用是齊
斗會而作米稧此是師糧與客糧也出納之節稧員中定
有司措處秋穫而收合當夏而改色以爲財剩計糧是齊
稧員中或稱不敎子或有違約作弊則毋論元稧錢
補學稧錢師粮稧米只以本錢本米還給斥送而其外
息利多寡不爲擧論是齊

문서 3-43

　　完文　李龍凡李會錫李淳宇
右完文成給事因南原狀民李起燮
與族人李壽儀山訟呈議送事
巡營門題旨據兩隻及其門長與
諸族人對査之場當初起燮之
逼殯於壽儀父塚腦後甚欠敦
宗之體面而及其移葬後壽儀之
猝地起訟兩次勒掘其宗婦之塚
而侵辱宗孫極其可駭而況又凌蔑
門中長老背置宗中條約肆然逃
避於　營題下査官捉待之令究
厥前後所爲公私間罪狀非輕故爲

先嚴杖懲勵是在果大抵一門相訟
有關駭俗傷倫之弊故自官從公決處
壽儀父塚一壙之地使門中特爲許
給是旀起變入葬山處旣是三
十餘年於已賣之地則今不可還退以
此歸正是遣兩隻之前後訟軺自官
庭竝爲消火無使更鬧是旀壽
儀所犯之過亦自宗中長老及宗
孫處別般懲罰以嚴宗規而如是決
處之後兩隻中切勿更鬧互相
和協永勿違越以保宗誼宜當者
　　　　　　　己丑十月初九日
長城查官〔署押〕

문서 3-44

　　申金兩姓完議
右完議事段　惟我兩家　先塋在
於龜洞一局同原四山局內未能
守護爲其子孫者豈可曰有爲先
之誠乎至于中年金則居於山下
以園林長養申則雖在他處以墳
麓歸重而申曰申山金曰金園兩
相爭詰以至呈卞已斫之松全歸
長養之人以後之松同作守護之
地自今以往兩家雲仍同心勉勵
世世修好之意成此完議事
　　庚寅十一月二十五日
　　　　次宗孫金達在
　　　　　金台永

官〔署押〕

문서 3-45

　　完文
羅州　古幕浦

爲完文成給事卽接羅

州居平面古幕浦金達
水等所訴內以爲浦口者商
船湊泊之所也而本浦處在
於羅務兩界只有浦名尙無

船旅閣之主人商旅之貿販
無所依賴以是而浦民不能
旺業是乎所際玆通貨旺
商之時本浦設實船旅閣
主人護接商旅流通物貨
使此浦民旺業奠保之地亦
爲置大抵旣有浦口不可無
船旅閣主人則浦民之此訴
猶爲晩矣依所訴誰許旅
閣之設置差出船主人爲遺
成給完文務從實施永久
勿替宜當者
光武九年二月　日
觀察使[印]

문서 3-46

神廳完文

巫夫等捄弊節目

爲遵行事 巫夫之爲役 比諸他民 不啻倍蓰叱分不喩 且巫稅布每名所納至爲四
兩之多 故不能擔當 流離失所者什

居八九 目下餘存者亦無幾希 則各項使役責備無路之中 最所難堪者還上受食
也 爲先捄幣[1]之方 各等還穀許令不受

無可爲一分支保是如 呈官呼訴非止一再 則其在顧恤之地 宜有從長之道 故上
項巫夫等分還一款 特爲頉[2]免之意

稟告 官家後 成出節目 以給爲去乎 依此遵行者

壬辰五月　日

座首　安　烑

戶長　申佺宅

由吏　申天祐

---

1) '弊'라 하여야 옳다.

2) '頉'이라 하여야 옳다.

戶吏 金處鉉
公禮吏 金啓聲
兵吏 申榮祐
刑吏 周賢佐
(이하는 복원한 것임)
內工吏 □□□[着名]
都書員 □□□[着名]
司倉色 □□□[着名]
賑恤色 □□□[着名]
南倉色 □□□[着名]
司倉色 □□□[着名]
海倉色 □□□[着名]
大同色 □□□[着名]
捧稅色 □□□[着名]
官廳色 □□□[着名]
均役色 □□□[着名]
結役色 □□□[着名]
府司色 □□□[着名]
戰船色 □□□[着名]
公事色 □□□[着名]
水軍色 □□□[着名]
軍器色 □□□[着名]
結錢色 □□□[着名]
醫生 □□□[着名]
承發 □□□[着名]
護送色 □□□[着名]
戶籍色 □□□[着名]
陪持色 □□□[着名]
客舍色 □□□[着名]
紙庫色 □□□[着名]
所吏 □□□[着名]
進上色 □□□[着名]
軍色 □□□[着名]
禁盜色 □□□[着名]
馬料色 □□□[着名]
行府使 [署押]

문서 7-1

　　鵠山齋舍完文
府爲永定守護事故松安君卽退陶李先
生之五代祖故軍器正卽 李先生之高祖故贈
戶曹叅判卽 李先生之曾祖也世積德慶爲生
大賢凡諸尊慕我李先生之人孰不於玆三府君惟
其所以景慕者耶三府君之墓皆在境內而禁護無人
樵火之患將無以禦之豈所以侍吾先生之先世者哉□使
中朝之人處之尙德景賢之意豈如是哉宜爲守土者之羞
也玆於松安君之墓別定五戶軍器正夫人及叅判墓各定
五戶蠲除齋舍典守僧徒雜役永世無墜使先賢先世之
墓得免意外之撓後來繼今其有所考而諒之向事
　萬曆三十五年七月 日
府使 [署押]

* 음각 판각본임

문서 7-2

　　完文
右完文事段本院旣無奴婢又無他
除役兩等支供各項使役專責於院
戶岔不喩庚寅以後備置祭需殘於
院戶以爲逐年需用之地是遣雖有逋
欠是良置一体分徵則院戶之役固已煩且
重矣若又重之以私使喚則勢將流亡而
後已院戶流亡則無祭需錢矣無祭需錢
則 享祀無路矣然則本院之急務只在於
院戶之支保矣 其在斗護之道不可無蠲減之
事段院役外毋論本孫宅凡員宅雖一朝使役
是良置一切勿侵是遣至於院戶農牛段置
亦勿借役事今番 享祀時士林公議據如
是完文爲去乎遵守勿失永久遵行者
　丙午二月十三日
方山書院齋中 [署押]

문서 8-1

　　完文

右爲完文成給事卽接項里居民等狀則
其矣洞雖入於山底元是海村　進上與□□
藁古萬無擔當之路故本錢四十兩及添補錢□
□兩付之於十一洞而自今以後藁古永頉之意□
文於十一洞民處是如爲有臥乎所毋論陸海從其所□
磨鍊分定卽是公私平均之道是如乎項里果非藁
古所産之處故十一洞民之完文着標旣如是明白分
叱不喩本錢添補幷百貫之銅旣付於十一洞則當
初項里所當之物亦可以分排於十一洞擔當從
公議成文頉給事理穩當故詢問於鄉所
公兄則亦曰可矣是乎等以同項里藁古當
納一款永爲頉給之意如是完文成給爲去乎幷
以憑考施行宜當者己酉十一月　日

行府使[署押]　　　　　　　　　　座首尹[着名]
　　　　　　　　　　　　　　　　別監尹[着名]
　　　　　　　　　　　　　　　　　　金[着名]

　　　　　　　　　官廳色兪勇施[着名]
　　　　　　　　　承發河致麟[着名]
　　　　　　　　　吏房兪彦衡[着名]
　　　　　　　　　戶長河慶麟[着名]

문서 8-2

　　　　完文
右完文爲永久遵行事
寶巖面寶登里　尹參議宅
墓所在於本面堰墱而山直
之每每謀避者以其約正輩侵
於多端之故也一向任其侵魚則
墓所無禁養之道故同墓直
山直段雜役勿侵之意後錄
完文成給爲去乎以此遵行
宜當者
　　右下鄉作廳及寶巖面任準此
　　　　辛卯十二月十三日
官[署押]　　別監尹[着名]　　戶長　　　　孫彝默[着名]

座首尹[着名]　　吏房　　　金緯起[着名]
別監李(着名)　　承發　　　姜升文[着名]
　　　　　　　　司倉色　　　金命胄[着名]
　　　　　　　　歲抄色　　　李貞植[着名]
　　　　　　　　縣司色　　　朴瀅曄[着名]
　　　　　　　　大同色　　　姜孟杓[着名]

　後
一閑丁勿侵事
一還上不受事
一約正都領將道路品官勿侵事
一玉川箭竹軍勿侵事
　　　　┐

문서 8-3

　　完文　縣一面白蓮洞舍音
爲永久遵行事　瞻彼德蔭山下□
先賢古基後生之懷感烏可以地□
有間耶系貫邑號尺□知有主班
世居蓮浦愚■(婦→夫)皆稱師傅三開
獄門薰人之德世世綿綿主壁鄉祠不
祧之澤繼繼承承伏惟吾儕俱以衣冠古
族雖有名分之懸絶豈無世誼之自別
徵考謄錄戶底身烟役之勿侵庶可爲
戶戶仰慕之蹟而事久生葉枝上生節
轉成葛藤班戶之分還奴屬之疤丁
殆無限節者卽吾輩之所羞此豈非
事蹟之無徵而然歟抑或後屬之不肯
而然歟感古懷今良可歎也中途失
錯今不追究而更遵古例各項蠲除
條件成出完文一一錄左嗟我各守掌
互相勉旃毋至違劃忝先之地宜當者
　　　癸巳八月二十五日
作廳　戶長曺聖學[着名]
　　　吏房姜錫行[着名]
　　　戶房金瑞章[着名]
　　　司倉色金文淵[着名]
　　　歲抄色鄭志寬[着名]

船所色柳在演[着名]

後
各項還分不受事
諸邑軍丁勿侵事
烟戶雜役一倂勿侵事

문서 8-4

完文

右完文成給事星湖浦村本
以漁利資生者而在前饒戶之
居閭閻從以櫛比公私應役無
弊擧行矣夫何挽近以來民多

渙散漁不蒙利而公納則無減
情費則有增人皆荷擔將有
十室九空之慮所以該洞諸民
縷縷陳訴懇乞蠲減是如乎
自官雖有矜悶之心莫施措處

之方是加尼今者金判書宅爲
先山下曲護之念特出五百兩
錢爲洞民補弊則苦心所在令
人艷欲衆民難保係是當念
收議各廳自今年爲始一倂改

定節目是矣右錢五百兩中二
百五十兩付于該洞存本取利
營門準苽之封進與夫官家應
納之石魚酌定以代錢每年及
時上納是遣補役廳稧方錢則

依其當初定數五十兩春秋
以二十伍兩式分納是遣右錢
二百五十兩付于各廳存本取
利所謂各項情費以此補用

外他諸般雜役一切勿侵使此

洞民依舊奠接以爲公私俱便
之道爲去乎如或各廳不有成
約一毫干求於該洞民是去等
洞民卽爲來訴而亦有入於官
廬者則當該犯科之人斷當

別般嚴繩是遣其所干求之物
自官庭推給乙仍于成完文成
節目一件官上一件出付本洞
以爲永久憑考恪勤施行之
地宜當向事

　　　　咸豊十年五月　日
官[署押]

　節目
依完文成節目以給事
一寺洞
金判書宅爲山下補弊錢二百五
十兩出付本洞存本取利各項公

納以此補用是白齊
一官用石魚三同每年自官庭出
給本泉十七兩五錢果自本洞出給六
十兩合爲七十七兩五錢使官廳色
推尋貿取出納是白齊

一巡使道準瓜遞等時到界封
進鹽秀魚參尾鹽石魚柒束段
本泉白米五十一斗自官庭出
給是遣又自本洞十兩出給色吏
以爲貿取上納是白齊

一補役廳例納本以五十兩而自戊
申年又加五十兩合爲百兩矣自

今加錢五十兩永減是遣以本例
五十兩酌定春秋分等以二十五兩
式自該洞出給是白齊

一自寺洞
金判書宅爲山下補弊錢二百五
十兩分排各廳存本取利以爲
補用是遣永勿侵漁該洞是白
齊

문서 8-5

一道面堂後里化民金洛晋

伏以民之祖父孝行祖母崔氏孝烈從祖母朴氏烈行一門三閭事其子孫家烟戶還
上等諸般雜役一倂蠲

除之意旣有 禮曹立案完文發關且承本縣二戶頉下之題敎而果無執戶之端矣今
者抄戶之時一戶纔爲蒙頉

是乎乃一戶混入成冊中故 禮曹立案及前狀題敎帖連仰籲 孝理之下一一親鑑
後今此二戶依前例蠲頉益彰

旌閭之地無任祈懇

行下向敎是事

城主 處分 丁亥七月 日

〈題辭〉

一戶頉給向事 十八日

官[署押]

문서 8-6

虎巖面陞戶稧冊
己卯十一月日

虎巖面陞戶資裝稧完文

己卯十一月　日

　　完文
爲完文成給事卽接虎
巖面梁德觀林宗輝朴
光斗等所訴則以爲本面
處在峽中初無富饒之
戶幾皆貧殘之民而每

當陞戶資送分定之
日本面所當例爲二名
而每名錢三十兩式合
錢六十兩收納是如乎
自面中旣無財力且難
經紀故逐戶徵斂分錢

收合其所艱辛之狀誠
非一朝一夕之故乙仍于今
番段一面齊議各里勸
分得錢五十兩而作爲面
稧名之曰陞戶資裝稧
各里良中別擇勤實

人仍定有司而每年春
秋兩次講信而利條則
每兩邊春爲二錢秋亦
二錢式次次取利則每
式年可辦六十兩而本錢
則固自如也以此施行則

其利無巖故今方刱
設是白乎所蓋此資裝
稧本邑中各面所無者
而惟獨本面之創始者
則後式年分定資送
時本面則謂有稧錢不

無加定之慮故茲以齊
訴爲白去乎元分定二
名六十兩外無得加數
之意完文成給亦爲置
每當陞戶式年分定資
送卽本邑邑例而本面

民人爲慮無窮之弊
措辦錢兩創設面楔云
者事甚可嘉擧行節
次依狀辭施行爲旀資
送分定一款每於分定
時面各有定數豈可加

定於本面乎此則勿爲之
慮着意擧行俾見實
效爲矣錢物斂散之際
易致見失各自惕念有
司中不善擧行者這
這馳報以爲嚴治汰丁

之地是遣完文辭意
永久遵行宜當者
　己卯十一月日
使[署押]

　　後
登光里錢二兩
牛峙里錢六兩
虎巖里錢八兩五錢
國亭里錢七兩
淸沼里錢二兩
上高基錢二兩五錢
下高基錢一兩

中村錢四兩
新石亭錢一兩五錢

新機里錢二兩
島峙里錢五兩
大草里錢九兩
新興里錢三錢
黃莊洞
　　　已上
錢五十兩八錢
　　　推衬
舊石亭錢一兩
水落里錢二錢
　春講信二月二十九日
　秋講信八月二十九日
　　　　都有司
　　　　公司員
　　　　副有司

문서 8-7

勳府事目

　　啓下事目

忠勳府爲贍給事節
啓下　敎本府　啓目內自　國朝開國
以下至揚武二十二功臣子孫等每當
式年收捧單子修正世系有如宗簿
寺之　璿源錄修正敦寧府之族
譜修正毋論代數遠近　璿派勳裔
一體單子收捧世系修正雖千百代
不可廢闕者乃是山河帶礪爰及苗
裔共享綿遠與　國朝同終始之
意作爲誓文祭告　天地安寶而
藏之　麟閣此乃
祖宗朝成憲堅如金石是白去乙外

邑鄕所色吏輩不知法例之重正勳
子孫少有嫌端則恣意執頉瞞告
本官不可修單之意論報本府以絶

其先蔭驅入賤役雖非法意此後
若有如前之弊是白去等當該守令
罷職鄉所色吏刑推徵礪爲白齊

一外邑功臣子孫世系單子自其地方
官着名踏印三鄉所着名上送者
法意實非偶然是白如乎近來自
本邑收單上送的知其正勳子孫
而監色輩不遵 朝令侵責軍役
甚至於曾蒙 朝家德意本官才

已頉役者旋復充定他役殘疲
勳裔不堪安堵景像可矜本府
枚擧事目行關勿侵則該邑守令
無意擧行此後段另加嚴飭自其
官收單上送者混侵身役是白去等
當該地方官依事目罷職本府行關

不卽擧行則本道帥臣亦難免不
能檢飭之責從重推考該邑座首
色吏各別重治爲白齊
一忠義衛有口 傳之人前定身役卽
爲官代定頉下爲旀煙戶雜役勿
侵事前後事目申飭極其嚴重

是白去乙不體 朝家優恤之意
不卽擧行事體極爲未安壬戌冬
定奪時自
上優恤勳舊子孫特下從厚之 敎
出擧條申飭是白遣丁卯年本府
擧動敎是時因大臣陳 達正勳子

孫依法典勿侵軍役怠慢不從令
守令拿問定罪事
榻前下敎敎是白如乎 下敎申飭與
他事目事體尤重此後各邑復踵前
習仍置前役是白去等道臣帥臣

依事目從重推考守令依
判下辭意拿問定罪鄉所色吏
刑推定配爲白齊事嘉慶二十
四年正月初三日左副承旨臣趙晋和次知
啓依允事 判下後頒布京外爲有如乎
今此京畿華城居車孝俊等
世祖朝靖 難功臣延川君諱云革之
子孫也其先祖豐功偉烈昭載
麟閣其子其孫世世收錄宥及永世
之 敎斑斑見存於丹書鐵券是白
如乎其或外邑不有法意混侵於
軍官校院生軍保等各樣賤役及
煙戶雜役之弊是良置

啓下事目如是膽給爲去乎以此憑考
於地方官爲旀本官段置知此奉審
施行宜當者
右下忠義衛車孝俊車錫範
　　　　車麟範車善範車周範
　　　　車致寬車致烈車致益
　　　　　　　等准此

道光元年四月　日
　　　膽給

忠勳府[署押]

문서 8-8
忠勳府爲相考事卽
接道內海美居幼學鄭
鎭奎等呈單內以爲生等卽
國朝開國功臣濱之後裔
保社功臣信之七代孫家勢
零替冒入鄉役極爲至冤
故年前因其狀辭發關本道
本邑永削鄉案升名衿錄
以表功臣之列幸免侵魚之

弊矣今忽本邑居金豊喜
鄭德源兩人誣告官家曾
經校任之人又差鄉任不
勝抑鬱裏足仰籲爲
臥乎所勳裔之人勿侵雜役
列聖朝受敎申飭極爲
截嚴　判下事目尤復
鄭重則其在仰體之道極
涉未安乙仍于玆以發關爲
去乎到卽右人等所侵鄉役
卽爲頉給後升衿錄爲旀
中間誣告作弊之金豊喜
鄭德源兩人不可尋常處
之押上本府照律嚴繩之意
措辭知委於該邑後關到
日時擧行形止等卽報來宜
當向事合行移關請
照驗施行須至關者
　　右　　　　　　關
忠淸道觀察使
　光緒二年八月　日
　　　相考
關 堂上　［署押］

문서 8-9

　　　完文
右爲完文成給事道化面冬栢亭里居白萬
琦爲子孫免役與隨事顧護次自己買得畓
是在道化面冬栢亭坪新字丁五斗落只二夜味負
數　畓庫乙成文記自願納廳故會議
廳僚則皆以爲非但情原之可矜設廳古今亦
有此等前例依願施行彼此得宜是如衆意
如一是乎等以如是完文成給爲去乎依此永久
遵行隨事顧護爲乎矣如是之後廳員中
如有不遵廳議泛然꼈視侵責軍役是去乃不幸簽
丁不卽頉給則當有別般論處之道并以憑考施行

宜當者
作廳中　　　　　　乙卯八月十五日　戶長李鴻輔[着名]
　　　　　　　　　　　　　吏房申益泳[着名]
　　　　　　　　　　　　　承發金致和[着名]
　　　　　　　　　　　　　公員朴志孝喪不着
　　　　　　　　　　　　　掌務朴文采[着名]

문서 8-10

戊戌四月日
完文

右完文爲成給事
新安面治洞居出身崔
炳壽幼學炳台炳斗本以
高麗　文廟正臣　諡文
昌公諱致遠十五代祖敵

愷功臣　贈兵曹判書月
恩公諱亨孫十一代祖壬
辰功臣都巡撫使諱峻
之后孫世譜旣爲昭明
則地閥不必可論而胡

爲乎流落玆土從事
于鄕任歟嗚呼惜哉渡
淮之歎於崔民可謂今
日準備語也以若簪纓
後裔安得不冤抑乎有

冤有必伸之日有功有
必賞之道何謂而言也
邑之有城爲備陰雨則
隨毀重修不得不已之
政而以若如斗邑勢

城雖頹圮顧無財力
之可辦方切憂悶之際

崔民今以五百兩錢自願
補助休哉功兮一邑之
爲幸無過於斯矣其

在補弊之地豈無投
報之擧哉然而無他可
償之道後錄崔民八人
並令免鄕之意玆成
完文以給爲去乎以此

永遵勿替完爲金石
之地宜當者
光武二年戊戌四月　日
　　　　成給

官　[署押]

　幼學崔炳台
　　　炳斗
　　　炳壽
　　　璋弼
　　　龍弼

　　　貞奎
　　　在奎
　　　信奎
際

문서 8-11

　　　完文
爲永久遵行事本面
蓮洞蠲頉烟戶之役本
非主戶尹氏之謀免■(之→也)
一邑公論所歸也盖鄕先
生遺澤不可遽忘故也
漁樵隱尹公積善之德有
三開獄門之惠凡我海南之人誰不蒙其澤

乎吏鄉之論盖欲百世
不忘而先生之丘墓別
廟亦在蓮洞故遵例數
百年矣今有　朝令邑中
除役之村一倂渾徵而
渾徵於蓮洞則有非先輩立議之意故面中爛
議每年錢捌兩式春秋
分捧該里戶役頒給之
意著成完文永久遵
行宜當者
　　　　癸酉四月初五日
面中　面首申綜
　　　執綱閔仁鎬
　　　　多士羅錫基
　　　　　　閔有浩
　　　　　　尹圭七
　　　　　　尹柱亨

문서 8-12

　　完文
爲永遵事慨本
蓮洞卽　先賢
之所基也其子
孫世居于此不失
令名眞可謂範
一世而鎔百代者也
其於崇報之道固
當以表厥宅里不
可與凡民等而編
之襍役是去乙嗚噫
末俗罔念先哲　執
綱面約者之惟意
操縱濫執戶總
每到箕斂而須使
單奴單婢之隷至
有添丁受還之擧
興言及此不覺寒

心其在後裔安知
不有撤其藩而毁其墁者耶諸吏
之舊約旣有所據
營門之新完又復
切至故因之踵成
更列條約以此遵
行永久勿替宜當
者
乙亥二月 日
官[署押] 座首金鎭垕[着名]
兵校金志浩[着名]
戶長姜成浩[着名]
吏房金章郁[着名]
戶房金基海[着名]
司倉色金章瑀[着名]
大同色安埰鉉[着名]
歲抄色車濟順[着名]
束伍色金大洪[着名]
承發鄭南善[着名]
後
各項還分不受事
諸色軍丁勿侵事
烟戶雜役勿論事

문서 8-13

完文
爲完文成給事
海南白蓮洞居
尹鐘淵等呈狀
內以爲生等以儒
賢後裔簪纓
古族奠居玆土
先世之積功施
德難以枚陳而
邑中諸吏以永
世不忘雜役勿侵
之意至成完文

條約矣中年
以來子孫零替
執綱面任輩凌
蔑橫侵之中本
洞元無生存束
伍軍名色而今以
虛名案付至爲
六七名之多其外
寡婦家及廊
屬與仰役單奴
一倂執戶疊徵
徭役與編戶小
民無所異同極
爲冤枉以依前
勿侵事特爲完
文成給亦爲置以
若先賢華冑之裔混同下民
編戶之役可謂
無寸之尺無星
之稱而本邑諸吏
輩之條約亦有
可據之蹟是如
乎自今以往各項
還分諸色軍丁煙
戶雜役一遵舊規
並勿侵責爲旀依
此完文永久無替
遵行宜當向事
此亦中地方官
段完文內辭緣
相考施行次
　　乙亥五月　日
都巡使 [署押]

찾아보기